中共三大

历史文献资料汇编

（下册）

中共三大会址纪念馆　中共三大研究中心　中山大学历史学系　编

SPM
南方传媒

广东人民出版社

·广州·

图书在版编目（CIP）数据

中共三大历史文献资料汇编 / 中共三大会址纪念馆，中共三大研究中心，中山大学历史学系编. —广州：广东人民出版社，2023.4（2024.1重印）

ISBN 978-7-218-16514-1

Ⅰ.①中… Ⅱ.①中… ②中… ③中… Ⅲ.①中共三大（1923）—会议文献—汇编 Ⅳ.①D220

中国国家版本馆CIP数据核字（2023）第064254号

ZHONGGONG SANDA LISHI WENXIAN ZILIAO HUIBIAN

中共三大历史文献资料汇编

中共三大会址纪念馆
中共三大研究中心 编
中山大学历史学系

版权所有　翻印必究

出 版 人：肖风华

责任编辑：林斯澄　古海阳
特约编辑：王　鹏
封面设计：奔流文化
责任技编：吴彦斌　周星奎

出版发行：广东人民出版社
地　　址：广州市越秀区大沙头四马路10号（邮政编码：510199）
电　　话：（020）85716809（总编室）
传　　真：（020）83289585
网　　址：http://www.gdpph.com
印　　刷：广州市豪威彩色印务有限公司
开　　本：787毫米×1092毫米　1/16
印　　张：61.25　字　数：878千
版　　次：2023年4月第1版
印　　次：2024年1月第2次印刷
定　　价：320.00元（上下册）

如发现印装质量问题，影响阅读，请与出版社（020-85716849）联系调换。
售书热线：020-85716833

目 录
contents

下 册

第三部分 论述与回忆

002 对于民族革命运动之议决案（节录）
——中国共产党第四次代表大会通过
（1925年1月）

005 中国共产党的初期革命活动（节录）
（1926年）

014 中国共产党底历史与策略（节录）
（1927年1月4日）

016 中国革命中之争论问题（节录）
（1927年2月）

018 狱中自述（节录）
（1927年4月）

019 党的机会主义史（节录）
（1927年9月）

023 中国革命与共产党（节录）
（1928年4月）

025 在党的六大上讨论政治报告时的发言（节录）

（1928年6月22日）

027 中国共产党历史概论（节录）

（1929年）

031 告全党同志书（节录）

（1929年12月10日）

033 一九二五至一九二七年中国大革命的教训（节录）

（1930年1月）

035 党史报告（节录）

（1930年2月1日）

039 共产党内的取消主义倾向

（1930年6月）

041 一九二五至一九二七年大革命中的中国共产党（节录）

（1931年4月）

046 论陈独秀主义（节录）

（1931年9月10日）

053 第三国际第四届世界大会之经过

（1923年3月25日）

065 蔡和森回忆中共"三大"前后（节录）

（1926年）

083 与斯内夫利特谈话记录

——关于一九二〇至一九二三年的中国问题

（1935年）

091 英勇奋斗十五年（节录）

（1936年）

096 中国国民党的改组与国共合作（节录）

（1938年）

103　我与共产党（节录）

　　　（1943年）

115　毛泽东回忆中共"三大"

116　张国焘回忆中共"三大"

167　中共"三大"的预备会议

168　中共"三大"前夕举行的预备会议

170　徐梅坤回忆中共"三大"

　　　（1980年3月）

177　中共"三大"会址及大会经过

　　　（1972年10月22日）

185　刘仁静关于共产国际"四大"和中共"三大"情况的回忆

　　　（1979年4月）

189　参加中国共产党第三次代表大会

　　　（1979年）

191　回忆大革命时代（节录）

　　　（1958年6月）

204　中国回忆录（1921—1927）（节录）

　　　（1975年）

210　中国共产党在广东地区建党初期的一些史料

　　　（1979年）

223　徐梅坤回忆《向导》的出版发行情况

　　　（1979年）

226　刘仁静关于中共"三大"的回忆

　　　（1983年8月）

228　罗章龙回忆中共"三大"及中央执委会

261　罗章龙谈中共"三大"的前后情况

273　关于中共"三大"前夕的会议

274　文学与政治的交错（节录）

　　　（1980年）

第四部分　理论与评论

286　造国论

（1922年9月20日）

289　读独秀君造国论底疑问

（1922年10月4日）

294　国民运动、革命军和革命宣传

（1922年11月8日）

298　中国劳动群众的觉醒

（1922年11月22日）

302　中国铁路工人的罢工

（1923年3月8日）

309　工人们需要一个政党

（1923年3月24日）

312　普遍全国的国民党

（1923年4月18日）

314　资产阶级的革命与革命的资产阶级

（1923年4月25日）

320　中国革命运动与国际之关系

（1923年5月2日）

326　吴佩孚与国民党

（1923年5月9日）

330　第二次的世界战争

（1923年5月16日）

332　墓中人语

（1923年5月23日）

335　临城案件与国民党

（1923年5月23日）

338　中国改造之外国援助

　　　（1923年6月13日）

341　羞见国民的中国国民党

　　　（1923年6月13日）

343　中国国民运动之过去及将来

　　　（1923年7月1日）

352　中国农民问题

　　　（1923年7月1日）

359　北京政变与上海工会之主张

　　　（1923年7月11日）

363　中国商工阶级应有之觉悟

　　　（1923年7月15日）

367　讨论中国社会革命及我们目前的任务

　　　（1923年7月15日）

374　旅法各团体敬告国人书

　　　（1923年7月15日）

378　中国社会主义青年团对于时局的宣言

　　　（1923年7月16日）

382　他们的道路与我们的道路

　　　（1923年7月18日）

386　中国共产党对于时局之主张

　　　（1923年8月1日）

390　国民革命与国民党

　　　（1923年8—9月）

401　自民治主义至社会主义（节录）

　　　（1923年9月23日）

412　中国共产党存在的理由

　　　（1923年11月30日）

413　中国国民革命与社会各阶级

　　（1923年12月1日）

423　一年来之广东

　　（1923年12月1日）

445　论工人运动

　　（1923年12月15日）

448　论农民运动

　　（1923年12月29日）

451　中国革命史之第二篇

　　（1924年1月）

456　一九二四年的世界形势与中国

　　（1924年2月1日）

466　评国民党政纲

　　（1924年2月16日）

475　国民党底分析

　　（1924年12月27日）

第五部分　其他史料

480　倪忧天致谢持函

　　（1923年10月8日）

481　陈独秀致彭素民函

　　（1923年7月19日）

482　杨匏安档案资料一辑

490　《香港华字日报》谭平山、杨匏安等报道一则

▊ 第六部分　附　录

492　斯内夫利特和初期的中国共产党

516　对《是否有一个斯内夫利特战略？》一文的答复

528　对《有关斯内夫利特战略的中文资料》一文的答复

542　关于"中共三大"会址的调查报告
　　　（1972年12月28日）

549　中共三大旧址考古勘查与复原研究
　　　（2008年）

▊ 后记　　568

第三部分

论述与回忆

对于民族革命运动之议决案（节录）

——中国共产党第四次代表大会通过

（1925年1月）

（四）中国共产党对于民族革命运动政策之经过及其"左"倾右倾之错误

中国共产党，在第二次全国大会（一九二二年），已经决定中国无产阶级应该参加民族革命运动并赞助中国国民党，提出的口号是："民主的联合战线""推翻帝国主义推翻军阀"。在此大会后，共产国际派代表向中国党提议：中国同志们应以个人资格加入国民党，使民主革命的联合战线更进一步实现，使中国民族革命运动加速的进行。当时党中虽尊重国际的提议，而大多数同志只赞成民主革命的联合战线，对于加入国民党的组织十分怀疑，因此，在实际上，国际的提议未曾实行。

到了第三次全国大会（一九二三年），才重新正式决定本党同志们有加入国民党的必要，又决定扩大国民党的组织于全国并到劳动群众中。当时党中已无人反对加入国民党及扩大国民党的组织，惟有大部分同志反对在劳动群众中发展国民党的组织，主张工人应该在自己的政党旗帜之下参加民族革命，若加入资产阶级性的国民党组织，便不免有混乱无产阶级思想的危险。第三次全国大会后，国民党因我们同志积极参加之努力，实现了改组大会，思想上组织上都有了显著的进步。国民党改组大会（一九二四年正月）后，我们的同志大半都加入了国民党，因此，在农民工人中，并且在军事上得了许多实际工作的机会及能够公开的做反帝国主义运动。同时因为接触了实际工作，党的幼稚也暴露出来了：大部分同志们疏忽了第三次全国大会"我们以国民运动为中心工作并同时发展我们党的组织及国民运动中拥护劳动阶级利益的宣传"及"防止国民党妥协政策"之决定，现出了"左"倾或右倾的错误。"左"倾的错误，是主张继续做无产阶级的革命运动及无产阶级专政的宣传，反对加入国民党，甚至反对参加国民革命，以为这是和资产阶级妥协，使我们的党变成黄色。右倾的错误比"左"倾的错误更危险，而且更普遍：（一）以为我们既然以国民运动为中心工作，便应集全力于国民党的工作，不必同时进行我们党的工作，这种错误，以实际工作中得力的同志为尤甚；（二）以为我们既然加入多阶级的国民党做国民运动，便只好采取劳资调协的政策，不便鼓动阶级争斗，怀这种错误观念的，只是少数由国民党加入本党的同志；（三）以为我们应当帮助整个的国民党，不必助长左右派之分裂。本党扩大执行委员会（一九二四年五月）将这些错误，都指摘出来，并指出"我们帮助国民党组织上的渗入产业无产阶级"之危险。这些错误与危险，不但现在仍旧存在，即不存在而将来也再会发生，所以指出我们在民族运动中错误的倾向，确定无产阶级在民族运动中的地位与目的，是此次全国大会重要的职务。

我们参加民族运动，是为了全民族的解放，并且为了无产阶级自己的利益，决不是为了资产阶级的利益，若是忘了无产阶级的经济组织及党的工作，若是忘了民族运动中无产阶级的经济争斗，若是忘了无产阶级在民族革命中自己阶级革命之准备，而沉溺在资产阶级性的民族德谟克拉西运动中，便遗无产阶级以不容易挽救的大害，并且足以减少民族运动之革命性，这些右倾危险，我们的同志应当时刻警戒在心。

在另一方面也要提防"左"倾的错误，如反对无产阶级参加民族运动，这个错误是显而易见的；又或断定中国民族革命只有无产阶级自己担任，他阶级没有参加的可能，及其成功便是无产阶级的革命或接着即是无产阶级的革命。第一，中国民族革命有两个特点：他是继续或完成辛亥革命，这个革命的内容是反对封建的经济关系，反对封建的军阀政治（如督军制，雇佣军队制，政治分裂，农民屈伏于官绅，人民无法律的保护）；同时，中国民族运动是反对国际帝国主义，因为他是中国革命不能成功之重要原因，他在政治上经济上继续的奴隶中国（强迫实行不平等条约，支配中国对外贸易，事实上管理中国交通，剥削中国劳动力，外侨享受种种特权，军队军舰驻在中国为其外交的后援，设立教育机关、教堂及新闻愚弄中国人民）。因此，中国民族革命性，是由这两个特点决定的，在历史上说：是一个资产阶级性的德谟克拉西革命，在政治上是含有社会革命的种子，因为中国民族革命特点之一是反对世界资本帝国主义，所以他的革命运动，是和世界的无产阶级革命运动——推翻世界资本主义建设共产主义运动，相联结的，由此一点看来，中国民族革命运动，是十月革命后，广大的世界革命之一部分。第二，民族革命胜利后，能否接着就是无产阶级革命，是否必须经过资产阶级民主制度，必得无产阶级在民族革命中自己阶级的革命准备至何种程度及那时的社会的客观条件定之，那时的世界政治状况也有很大的影响。第三，若要民族革命运动得到较彻底的胜利，固然需要最革命的无产阶级站在领导地位，同时这领导阶级也要能够抓住被压迫的各社会阶级的力量，向共同的敌人——帝国主义及其工具（国内军阀及地主买办阶级）——作战，才免得处在孤立地位，这是一个重要问题。

（《"二大"和"三大"——中国共产党第二、三次代表大会资料选编》，中国社会科学出版社1985年版，第306—309页）

中国共产党的初期革命活动（节录）

（1926年）

葛萨廖夫

一九二二年革命运动的巨大进展并不在于人数的增加，却在于质的提高。人们可以感觉到：真正革命力量在精神威力上正在增长，他们勇敢前进，百折不挠地来达到他们的目的和解决他们自己所提出的一切问题。这种情况是那些在内心潜藏着非民主思想的准民主分子所特别注意到的。

真正的革命运动在广州受到了第一次打击：陈炯明在广州发动了政变，赶走了孙中山。这个打击发生在一九二二年七月中国共产党第二次代表大会刚刚结束以后，虽然不是对中国共产党的直接的打击，却使党很感到苦恼。

政变的原因是孙中山坚决主张不惜任何代价组织北伐。孙中山是从革命利益出发来提出这个要求的，但可能他对于进行北伐的实力和可能性估计得不够。当时孙中山唯一能依靠的力量是中国人民和他个人的信徒；他自己也当然是这样估计的。陈炯明冒充老革命家，可是他和孙中山不一样，没有致力于中国的统一这类的远大目标。陈炯明已经成了一个以抢劫发财作为唯一目的的典型军阀。那时，他已经和广东的有产阶级密切的联系起来，成了一个有钱的商人。为了对抗孙中山的要求，陈炯明提出首先要整顿广东，然后才能提出北伐问题。他无疑是广州以及香港的买办和有产阶级的代言人。这些买办和有产阶级很了解，北伐会要他们出很多钱，孙中山会弄得他们囊中空空；不管陈炯明多么贪婪，供养他和他的广州驻军总是比供给北伐合算的。我们如果对于孙中山先生当时所面临各种条件加以反复考虑，就能明显地看出北伐是肯定地要失败的。至于一般的政治革命分子，他们在这点上也不赞成孙中山。所谓最有"名望"和最有"学问"的"民主"分子都拥护陈炯明，都不满意孙中山的政策。例如胡适在他所有的著作和公开的讲演里就尽力证明陈炯明是个真正的革命家，他的行动都是革命的，孙中山先生是十分错误的。孙中山先生旧日的朋友们和信徒们，因为事情已经破产，都劝他脱离政治活动。他终于离开广州，前往上海。

这时，忠实于自己的决议的中国共产党，断定党积极走上政治舞台的时机到了，而且首先要实行第二次党的代表大会的主要决议，那就是建立统一战线。当时孙中山力量纵然很小，而且失去了他主要根据地的广东和广州，党却认为他和他的拥护者，即国民党，是唯一真正的民主成分，在相当的条件下是可以成功的。党于是派代表去见孙中山，向他说明党的意见，并且建议国共两党合作，即建立统一战线。党答应从各方面支持孙中山，孙中山也的确不曾辜负党对他的信任，他不顾严厉的非难和各方面的攻击，立即同意了中国共产党的建议。诚然，在这个问题上他得到当时留沪的著名的国民党员象廖仲恺等人有力的支持。同时竟有一群右派国民党员反对这种合作，他们说统一战线不过是共产党想牺牲国民党来发展自己的一个骗人的把戏。他们至今还在说中国共产党过去和现在之所以发展是因为牺牲了国民党。这完全是胡说。忠实的国民党员们自己都承认国民党的发展完全靠共产党多方面的帮助。

中国共产党中央委员会的代表和孙中山的磋商获得了确定的结果。不久之后，一九二二年八月，党在浙江省城杭州召开了中央委员会全体会议，把这个问题在更广泛的意义上重新提出来。全会议决中国共产党应当努力实现国共两党内部组织上的合作。当时情况需要作出这样的决议，因为各广大的社会阶层的群众的政治兴趣一天天高涨，单靠工人阶级和它的政党是不能独立承担起遍及各阶层群众的巨大工作的。国民党事实上已经不存在，它没有任何活动的迹象。党把决议告诉了孙中山，他非常高兴，又表示完全同意。国民党那时是如此薄弱，因此它的所有首要人物，包括从来没有承认过左派主张的胡汉民，都赞同孙中山的决定。

通过两党合作的决议的时候，党就完全预计到将来在这方面可能遇到的一些困难。那时国民党的确还不能算是一个政党。不过是和孙中山抱有共同政治见解的一些小团体和个人，除了共同信仰之外再没有什么东西使他们彼此结合起来。党纪和任何纲领都不存在。况且整个党都充满着各种偏见。我们只要举一个例子就可以说明这个国民"党"是如何落后了。入党的时候要举行几种仪式，一点也没有革命政党的气味。入党的人要对党的总理孙中山宣誓效忠，按手印。这是最特出的仪式，此外还有许多繁琐的礼节，都表现它不是一个政党，仅是一个教派。中国共产党之所以和孙中山缔结和国民党合作的协定，因为只有这样才能取得从事群众运动的合法途径。

中国共产党首先决定向国民党提出最迫切的问题，加以研究，然后作为当前的战斗口号来广泛宣传。提出的两个口号是"打倒帝国主义"和"打倒军阀"。这两个国内和国际性质的口号，概括了中国社会结构中一切活跃的东西和当前的严重问题。对广大群众来说，这两大口号好比中世纪所发现的新大陆一样，甚至被称为"中国社会结构最上层"的知识分子对这两个口号也不知道，因此在取得人们相信以前，党必须进行广泛的宣传，为使这些口号得到承认而努力。

宣传在社会下层和中层阶级中进行着。说起来奇怪，党却被迫的去向社会上层人物和大学教授之流进行论争。这两个口号中的第一个"打倒军阀"，还容易了解和接受，因为军阀完全是国内问题，广大群众无时无刻不直接感觉到它的压力。它损害人们的幸福，不叫人们和平地生活。第二个口号，"打倒帝国主义"，却不那么容易了解，更不容易接受，就在革命的圈子里也都遭到猛烈反对。前边提到过的胡适在他编的《努力》周报上发表一系列的文章，申述自己的主张，大意是：中国人从来没有受过帝国主义的压迫。帝国主义反而对中国做了很多好事。它对中国人很好。所谓压迫问题根本不存在。胡适的意见不仅代表中国上层知识分子，而且和中国社会上好些人的意见相符合。这是由于帝国主义者通常并不直接执行它的政策，而主要是利用它的走狗买办资产阶级和军阀。有些人曾正确地指出，帝国主义者如此不露形迹来进行他的卑污勾当，竟使广大的人民群众有时把它当成一个"和事佬"。

唯一的例外是日本人。广大群众仇恨日本人，准备随时摧毁他们，但是这种反日运动并不就等于是驱除帝国主义出中国的斗争。不仅广大人民，就是社会中的上流人物对这个问题的想法也是这样。甚而国民党党员以及某些其他革命集团都认为日本人是中国人的仇敌，却从不提到其他的帝国主义者。反日运动并不是有很独立的性质，那时它是和反政府、反安福系运动密切结合的。这就很容易使人不明真相，因为对日本人的仇恨会被对政府的仇恨所冲淡。

对外国人"亲善友好"的态度，可以认为是帝国主义者实行对华政策的结果。帝国主义者在使用暴力，实行掠夺的同时，他们又设立了报馆、学校、农民团体等等。这一切综合起来成为帝国主义整套的宣传机器。我们应当注意这种宣传是独占性质的，多年以来没有什么东西和它对抗。中国是如此落后，我们不难想象这种独占性质的宣传当然会发生作用，并且确实起了作用。中国人民被教会学校和造谣报纸愚弄得这样厉害，结果是，在向他们的死敌帝国主义进行斗争的这样紧急问题提出来的时候，竟不能马上得到他们的任何反应。

为了使广大人民群众了解并且关心这个口号，中国共产党需要两整年的功夫来积极进行宣传和工作。两年后这两个口号却传遍了全中国，成为广大群众中最流行的口号了。这时几乎没有人不熟悉和不了解它的意义。除了可恨的反动派，除了帝国主义的工具和头脑幼稚、梦想复古的国粹主义者以外，中国人民没有不对帝国主义者和中国军阀充满着仇恨的。

党的第二次全国代表大会以后，工会刚开始布满了全中国，这当然指的是那些无产阶级所在的和环境适宜的地方。这次工人运动和以前的不同的地方，是罢工随着就开展起来了。某些地方的罢工比工会开展得还快，也就是说组织工作还赶不上迅速增长的工人的行动。例如，差不多所有的铁路都受到罢工运动的影响。这无疑是和工人组织的领导机关的力量不相称的。有时突然宣布罢工，但是撤消［销］得也很快。全国十八条铁路中只有中部的九条的工会组织还多少有些力量，而其余的都很弱。当时，中国共产党党员不过是二百到三百八十人左右。工会的数目却很大。单在上海就有三十个，长沙有十个，汉口、天津、广州和别的城市的工会数目大约和长沙相同。参加工会的工人大约有十二万五千到十五万人。所有的工会组织，所有的工人群众，都是在中国共产党领导下的。当时多次罢工的结果都是工人胜利。这证明许多地方的运动已经是有组织的，而且工会已经有维护工人利益的力量。但是这并不是普遍的情况。前面已经说过了，到了一九二三年二月七日，反革命势力对中国工人运动来了一个毁灭性的打击，工人运动的兴盛时期因此告一段落。运动起初在京汉铁路开展的时候，群众的情绪是很革命和很积极的。起初反动当局不得不敷衍一阵，并且批准召开铁路工会成立大会。后来资产阶级和军阀们深信这个运动不会就此为止，必然会继续发展，终于会威胁到他们的统治，他们于是决定来一个全盘解决，这样就发生了二七惨案。在工人运动史上和中国共产党史上，"二七"是一个有历史意义的日子。

造成这种结果，首先是由于中国共产党力量还薄弱，不能照顾整个运动。事变发展得很快，环境的变化也异常迅速，因此党的领袖来不及适当地注意每天发生的各种问题。例如，有些工人的要求即使是纯属经济性的，如果经过仔细的考虑，在当时也还是不应该提出的。总之，工人的这些要求已经大大地超过了工会组织所能运用的力量。提出这些要求是感情战胜理智的结果。中国共产党曾经劝告工人和他们的代表说，当前的整个局面要求他们特别慎重，要求减低他们的愿望，因为时势不适于实行进攻政策，这样做是没有好处的。我要重说一遍，共产党领袖们赶不上运动的成长。当工人和他们的代表感情上已经沸腾了，党才对他们进行劝告，这是丝毫不能减轻党的责任，和它所确实犯了错误的严重性。党的工作人员大多数是些知识分子，虽然他们的生活有时还不如工人，而且他们也很能吃苦，但是他们对工人的利益和工人日常生活的情况只有肤浅的了解。他们特别是高高的呆在工人组织的中央机关里边，不曾深入下层。若是他们能及时对"下层"（工人）组织进行指导，或是仅仅伸进这些组织里去，他们自然能适时的提出劝告。这次错误是中国共产党所造成的，影响自然也是很大的。

二七事变不仅对局部的革命力量，而且对整个中国共产党都是一个猛烈的打击。它好像一块沉重的石头落在全党的组织上面。遭受这次打击的年轻的党员们慌张起来了。党员之间发生了几项意见的分歧。特别在许多同志聚集在上海以后，这些分歧就更加厉害起来了。许多同志认为这次失败是中央执行错误政策的直接结果，中央同志应当担负全部责任。中央却根据一些理由说是工人们的责任。这种意见分歧的消极现象没有延续很久，党员之间的秩序在短时期内就恢复了。这个时期中国革命和中国共产党的情况，令人想起俄国在一九〇五年革命后和当时俄国共产党的情况。这时中国共产党是遵循着已故的列宁同志在一九〇五年所指示的："革命应当迅速进行，然而它并不是一天所能完成的。共产党员应当有勇气承认自己的错误，改正自己的错误。只要改正了错误，我们就能前进一步。"中国共产党知道灰心失望是没有用的，因为只有从痛苦的经验里和工作里党才能考验自己的力量和党员的坚定性。

在党的第二次全国代表大会后的一年中党走过了一段极端艰苦的路途。这里的"艰苦"指的是在这一年里党遭受了严重的挫败，可是终于避免了全面的毁灭。

革命统一战线的正式建立和
第一次国内革命战争的发动

一九二三年六月在广州召开了党的第三次全国代表大会。这次大会的处境比前两次大会还要困难。因为前两次大会的目的只是奠定党的基础，这次所面临的问题却广泛得多。这时党几乎和国民党联结起来了，这就加重了党的责任。群众已经知道了党。有组织的工人运动已经处在党的领导之下。可是党所能运用的力量却不多，工作经验也不够。第三次全国代表大会必须在这种情况下进行工作。

下面是这次大会的重要决议：

一、大会认为党必须以发展国民革命运动为其活动的中心；

二、党认识到国民党应当成为组织国民革命运动的中心，由于历史的原因，国民党应被认为国民革命运动的领导者；

三、为了上述理由，中国共产党应加入到国民党里面去；

四、中国共产党必须进行有效的工作，以便把国民党改组成为一个广大的群众性的党；

五、中国共产党必须帮助国民党扩大它在工人中特别在农民中的影响；

六、为了把国民党改造成一个真正的政党，中国共产党应当主动地领导起改组国民党的工作。

因此第三次全国代表大会批准了曾在第二次全国代表大会第三次全国代表大会间举行的中央委员会全体会议的决议，即是关于中国共产党和国民党合作或加入国民党的决议。大会所得出的结论是，工人阶级不能独自地进行斗争，工人阶级斗争的胜利和群众性的国民革命运动的发展是密切关连着的。决议特别强调建立一个足以掌握和领导广大国民运动的政党的必要。大会对国民党问题有长时间的辩论，最后才议决：由于中国共产党在最近期间还不可能在全体广大的工农群众中普及自己的影响，所以国民党可以在工人群众中，特别是农民群众中扩大它的影响。如果党的第三次全国代表大会通过相反的决议，即是说不让国民党接近工农群众，那么一切国共合作的谈判都会失去意义。因为那时中国共产党是需要国民党的，党打算通过国民党去组织广大的群众，在他们中间扩大党的影响和领导国民革命运动。

中国共产党在第三次全国代表大会上作出了关于和国民党联合以及两党关系的决定。但这个决定并不认为是最后有效的，因为最后还要看国民党怎样说。直到一九二三年秋，国民党才在这个问题上作了肯定的决定。

第三次全国代表大会时期党员人数比起现在来虽然还是很少，但是党已经意识到自己精神上的力量和对群众所应负的责任。党的精神力量主要依靠它在群众中的威信。这种威信使党有权利和有责任多多少少地显示出自己的完整的政治面目。党的第三次全国代表大会所通过的纲领（说准确一点，是纲领草案）指出党不只要领导工人阶级，而且要代表工人阶级在国民革命运动里取得适当的地位。因此纲领包含了有关农民、知识分子以及小资产阶级的各项条款。由于在这些条款和整个纲领里党都采取了恰当的立场，因此便能够在很短的期间取得国民革命运动的领导地位。这些成绩是由于中国共产党及其领袖们了解了中国国情，能正确预计到国民革命发展前途、努力工作的结果。而且，这些决议都在国民党同意共产党加入，实行改组以前通过的，当时并没有外在的影响，这就证明这方面的功劳是属于中国共产党的。我们有把握说，党的第三次全国代表大会通过的各种决议和全面的纲领，大大加速了国共的合作。因为国民党和它的领袖们从中国共产党的纲领里了解到共产党和他们合作来领导国民革命的意愿。

到了一九二三年八月，国民党才召开中央委员会全体会议。在这个问题上肯定地解决了共产党员加入国民党的问题。这次会议上国民党中央委员会对中国共产党一切有关共产党员参加国民党的建议，都表示同意。统一战线的问题是一个最重要的问题，这个问题在党的第二次全国代表大会上就提出了，国民党却迟迟不决。国民革命运动正在进行着，极需要指导，国民党却把建立一个从事集合和组成国民革命力量的政党这件事拖延下来。若干共产党员因此有些灰心。这次国民党中央全会的决议对这些共产党员当然是个很大的鼓舞。中国共产党几乎把整个一九二三年和一九二四年头几个月的时间（用）来大力进行建立和巩固国民党组织的工作，这个工作确实进行得很快。党的力量在增长着，这主要是在群众影响方面，不是党员的数量。

　　我们应当将第三次全国代表大会以后，一九二三年以来的工作综合叙述一下。党在这个时期也经过了几个困难关头。它遭受了挫败，也取得了一些胜利。二七事变当然是一个挫折，党内一部分人在一个不长的时间里，曾经因此感到混乱。然而这个事变也不能完全说成是失败。这个事变和国民革命觉悟因之而提高的情况，在颇大的程度上促成了国共两党的联合。它推动了国民革命运动的高涨，并逐日扩大和深入。这应当说是个胜利。国民革命运动在继续增涨［长］着，然而却缺乏领导，在这个情况下国共两党合作问题的解决就更显得重要。

　　（《党史资料》1953年第7期；转引自《"二大"和"三大"——中国共产党第二、三次代表大会资料选编》，中国社会科学出版社1985年版，第465—478页）

中国共产党底历史与策略（节录）

（1927年1月4日）

社会科学研究会①

　　第二期——由民十一年八月间杭州中央会议到十三年国民党改组为进行与革命派联合及参加革命时期。这时候中国共产党已发表了他对时局的主张，对内要求消除内乱，打倒军阀，建设国内和平，对外要推翻国际帝国主义的压迫，达到中华民族的完全独立。但此时（一九二二年六月）陈炯明驱逐孙中山先生出广州。当时许多名流都附和着通电请孙下野，中国博士胡适之还大做文章，歌颂陈炯明的举动是革命的行动。此时中国共产党的态度与众不同，当中山到上海的时候，共产党即对他表示愿意与国民党合作。中山先生常赞成这个意思。是年八月中国共产党在西湖开中央委员会议，决定不但与国民党合作，并且加入国民党。当时中山先生及逗留在沪滨的民党要人廖仲恺、汪精卫、胡汉民等都非常之欢迎。于是中国革命势力，就在"打倒帝国主义""打倒军阀"这两个口号之下联合起来。关于打倒军阀这口号，当时的人都还懂得，至于说打倒帝国主义，连博士大学教授也莫名其妙，以为中国只有军阀压迫及日本矮鬼子可恶，并没有什么国际帝国主义之侵略。可是经过二年长期的努力后，竟至非常普通妇孺皆知了。这时候

---

　　① 一说社会科学研究会系中共中山大学总支委员会所属之组织。

的工会组织都兴盛起来了；各处底工潮也奔腾起来了，各铁路都有罢工的行动。可是全国的共产党员不过一百廿人罢了。而全国的十八条铁路，有了九条主要的铁路工会之组织，且完全在共产党指挥之下。如上海的各种工会卅余个，长沙的工会十余个，各处都预备组织地方的总工会。共有廿余万有组织的工人，如雨后春笋一样，萌芽甚壮，长大起来。可知这时同志们做工作之努力，讲到工人罢工，则到处都得到胜利，中国劳动界，显然呈出了一种新气象。反动的军阀吴佩孚，见得工人渐渐抬头，恐于他不利，所以到最高潮的京汉路罢工，吴佩孚就用他的军事势力，狠命压迫。结果酿成了"二七"惨剧。这一场惨剧，工人被杀的很多，但他们毫不惧怕，决定要同吴佩孚拼了死活。这时共产党见得在这种严重的反动局面之下，就运用了很好的退守政策。虽然没有得到很好的结果，但能顾全我们的工人，不致再作无代价的牺牲。可知这时的党，在策略上已有很大的进步。

一九二三（民十二年）六月开全国第三次大会于广州，大会重要的决议，便是"认定国民革命的中心工作，认定中国国民党是中国国民革命的中心势力，应该领导国民革命"。便决定努力扩充国民党，扩充到工农群众中去，改组国民党，使趋于完善。这个决议案定了，就与孙中山先生商量改组国民党的问题。民国十三年（一九二四）的春间，国民党改组的主张便实现了，并决定了最低限度的政纲。于是我们同志都努力为国民党工作，不过此时有些同志犯了一些错误的观念，以为已加入了国民党，就不必要共产党，这种见解，当然是那时所不免的。

（《"二大"和"三大"——中国共产党第二、三次代表大会资料选编》，中国社会科学出版社1985年版，第501—503页）

中国革命中之争论问题（节录）

（1927年2月）

瞿秋白

第三次大会的党纲，是我起草的；但是大会之后，独秀同志又修改了再付印的。除文字的修改外，其中重要之点是：（一）"此革命之中，只有无产阶级是唯一的最现实的最先进的最彻底的力量，因为其余的阶级……"——改为"无产阶级却是一种现实的最彻底的有力部分，因为其余阶级……"之下还加了一句"一时不易免除妥协的倾向"；（二）原文"……不得农民参加革命不能成功"——改为"……也很难成功"；（三）原文"无产阶级应竭全力参加促进此民族革命，促醒农民阶级，与之联合督促不彻底的资产阶级……"——改为"……督促苟且偷安的资产阶级"。我现在这种声明并非要标明独秀同志的错误，而是要客观的研究过去错误的来源。——一、当时确有一派同志，无意之中承认资产阶级应当领导革命，认为资产阶级不过暂时苟且偷安罢了；二、另有一派同志，是现在彭述之派的祖，自认为"正统的专政派"，反对一切民权，所以党纲草案上虽然写着"建立真正平民的民权"，而实际上大多数同志听都不愿意听"民权"两字，他们正在"准备着将来之无产阶级革命"呢，关于"合流直达社会主义"的话，他们更是不肯承认，所以"无产阶级应参加国民革命，取得政治的地位，以至于革命领导权"一层意思，完全抹杀，变成废纸；三、我自己的严重的错误，正在于没有具体的认识农民问题之解决，所以党纲草案原文上虽有"不得农民参加，革命不能成功"一语，然而农民要求中，只有减租，而没有土地问题。当时谭平山同志与国民党谢英伯的"耕地农有"之争，已经过去；我在争论时虽然很赞成"耕地农有"，或广东文法的"耕者有其田"的口号，然而起草党纲时，我屡经思索，始终不敢写上去，而平山同志也没有提起。这可见当时大家都在无意之中恐怕认清了农村中的阶级分化，会使农民的阶级斗争过于激烈，或是根本不承认中国有土地问题。我不过在说明党纲草案的报告时，曾经特别指明农村自治的运动，农民应当力争参政权，反对"包办地方事务的乡董"，然而我这种"民权主义的倾向"，始终受大家的腹诽，也就无足重轻了。总之，第三次大会时的党纲草案，在现在看起来简直是不值一笑，很幼稚的；但是，大家应当知道（不但我起草人自己）：这党纲草案的最严重的错误，就是没有切实的勇敢的解决农地问题。我直到五卅之后的北京十月的扩大会议，才首先坚决赞成"耕地农有"的主张。

这是因为我受着实际的革命时势及群众的教训了。

（瞿秋白：《中国革命中之争论问题》1928年6月单行本，第92—95页；转引自《"二大"和"三大"——中国共产党第二、三次代表大会资料选编》，中国社会科学出版社1985年版，第504—505页）

狱中自述①（节录）

（1927年4月）

李大钊

　　惟吾中国，则自英法联军而后，继之以太平天国之变、中日战役、庚子战役、辛亥革命，直至于今，中国民族尚困制于列强不平等条约之下而未能解脱。此等不平等条约如不废除，则中国将永不能在国际上恢复其自由平等之位置，而长此以往，国计民生必将陷于绝无挽救之境界矣！然欲挽此危局，非唤起全国民众及愿与民众结合之武力共同立于国民党旗帜之下不可。于是决心投入中国国民党。事在四、五年前（其时孙中山先生因陈炯明之变，避居上海，确期则不复忆矣），钊曾亲赴上海，与孙中山先生讨论振兴国民党以振兴中国之问题。曾忆有一次中山先生与我等畅谈此问题亘数小时间，当即由先生亲自主盟，介绍钊入国民党，是为钊献身于中国国民党之始。翌年夏，先生又召我赴粤一次，商议外交政策。又翌年一月，国民党在广州召集第一次全国代表大会，钊曾出席，被选为中央执行委员。

　　（《党史研究资料》1980年第6期；转引自《"二大"和"三大"——中国共产党第二、三次代表大会资料选编》，中国社会科学出版社1985年版，第506页）

----

　　① 原稿无写作日期及标点符号。

党的机会主义史（节录）

（1927年9月）

蔡和森

（一）党的产生时期

有人说："中国C.P.从产生那日便是机会主义的"。理由是：（1）是由几个智识分子大学生教授产生的；（2）开始以来便做出许多错误。

这种理论完全是不对的。

中国C.P.是俄国十月革命后中国工人运动的革命的产儿，他不是由几个大学教授产生的，而是从"五四"运动后中国幼稚的革命的工人运动产生的。他产生的时期在国际上是资本主义的最后阶段，俄国无产阶级已取得政权；在国内是欧战期中，中国已相当的工业化，从香港、广州、上海以至北方工人纷纷开始初期的自动的罢工争斗与组织，开始趋向于要形成一个独立的社会阶级。中国C.P.便是从这个客观情形之下产生的。所以他不仅不是一个机会主义的产物，乃是世界革命运动和中国革命的初期劳动运动的产物。他的产生带有光荣的革命的历史背景是很明显的。现在机会主义派欲文饰其自己的罪恶，故不惜污蔑党的产生的历史。

党的初期不是没有错误的；但却是些偶然的零碎的错误，而不是严重的系统的机会主义，现在列举这一时期的所谓有名的错误如下：

1. 所谓只注重经济争斗忽略政治争斗。这便是说："最初的党只知做劳动运动而不知做政治运动。"后来一些懂得政治的同志们攻击过去一切做劳动运动的活动分子都是"工团主义"，其实这类错误纵有，也是很稀少很偶然的；在党的初期劳动运动中，始终未形成一种所谓工团主义。党的初期注重工人经济争斗，借此发展阶级觉悟与组织，这完全是对的。另一方面，不要忘记"二七"是中国工人第一次严重的政治争斗。

2. 与吴佩孚的关系。与吴佩孚接近的政策是当时国际代表主持的。彼时纵然一、二同志对吴多少有些幻想，然始终未上大当，几个同志利用交通部的职务，迅速的发展了几条铁路的工作，铲除了交通系工贼在各铁路的势力；同时在文字和口头的宣传上，亦从未散播幻想于群众之中。"二七"之役，工人代表及群众自动的决斗起来，便是对吴没有幻想的表征。拿这些情形与所谓"与冯合作""与蒋合作""与汪合作"对照一下，便知完全是不同的。所以当时利用吴佩孚的政策并未做出机会主义的错误。

3. 所谓第三次大会中的左派幼稚病。这是当时张国焘、蔡和森两同志反对马林及独秀同志："一切都到国民党内去做！"及对中国C.P.与无产阶级势力发生悲观倾向的一种反响。国焘、和森并不是根本反对加入国民党的政策（在第三次大会前，根本反对加入国民党的只有陈公博、李汉俊、沈玄庐、杨明斋几人及一部分广东与湖北的同志，[①]张国焘、蔡和森和陈独秀一起反对这种倾向），而只是反对这种倾向中的过火行为，认为对小资产阶级的党（国民党），应采取一种"商做生意的态度"，不能过分相信，不能把工人无产阶级政党的一切工作都交给国民党。因此，这些同志坚决主张中共对于劳动运动应采取独立态度，不应到国民党内去做；同时，他们还认为必须保留产业工人群众不加入国民党组织。这个观点在第三次大会的决议里没有被采纳。只是在这次大会以后，共产国际派工作

---

① 以上按《顺直通讯》第二期刊印，以下译自俄文。

人员来召开中共中央第一次扩大会议时，才原则上通过保留产业工人的决议。

4．公开猛烈地批评国民党领袖的缺点和错误。党的机关刊物《向导》，在其创刊后的第一年和第二年，对国民党及其领袖采取了公开批评的态度，几乎每期都刊登批评国民党的文章。在宣传上采取独立态度是完全正确的。在广东纸老虎①叛乱和平定杨刘之乱当中，胡汉民和汪精卫的立场发生动摇，有几期《向导》发表了猛烈抨击这种动摇的文章。这种抨击给群众造成的印象非常好，可是，这些文章在对待国民党领袖方面，自然也有某些缺点。由此可以完全清楚地看出，这些错误不是机会主义的错误。

5．在冯玉祥的自由派和一切右派反对共产党人的初期，孙中山、胡汉民和汪精卫利用右派的反对，想把中共组织和一切政治工作都置于国民党的管理和监督之下，从而解决"党内有党"的问题。很明显这是想消灭独立的共产党组织，限制其行动和批评自由。这时，鲍罗廷和广东的其他负责同志转而赞成这个观点。而蔡和森同志在中央竭力反对，并直接打电报给国民党中央，否认似乎中共中央同意这个观点。

6．反对孙中山北上。这件事情的发生，是因为蔡和森同志一方面不相信冯玉祥，另一方面也不相信孙中山，认为他北上的目的是想同军阀和帝国主义达成协议，因为这时他在广东已高唱联日论调，此外，北上之前要到日本去一趟；同时，他与段祺瑞和张作霖没有断绝联系。后来，孙中山的北上在人民群众中引起了拥护国民会议的运动，并提高了反帝情绪。这是北上的成果，然而也只是唯一的成果。如果孙中山不死，则很难说他会做出什么其他事情，是否会同帝国主义达成协议。此外，这个北上的策略不是以人民群众力量的发展为基础，而是建筑在利用军阀分化过程上，建筑在政治变革上。离开广大工农革命群众已经奋起的广东北上，值得详细讨论。当时，蔡和森同志的反对立场只是有些过于强硬。

---

① 指广州商人的军事组织。——译者

综上所述，可以说是共产党在其初期所犯的错误。这些错误的性质和程度，现在可以从我党的新方针的观点加以讨论。从这个观点来看，至少可以承认，我们没有犯系统的机会主义错误。因此，没有任何证据可以说中国共产党从其产生时起便是机会主义的党。

（《"二大"和"三大"——中国共产党第二、三次代表大会资料选编》，中国社会科学出版社1985年版，第507—510页）

中国革命与共产党（节录）

（1928年4月）

瞿秋白

　　中国共产党决定加入国民党，是在一九二三年夏天的第三次大会。中国共产党的发端，还在一九二〇年，这显然是从五四运动中直接产生出来的。

　　五四运动，是中国第二次革命的发端——辛亥革命之后真正第二次革命，是1925年至1927年的革命。五四运动之后，中国民族资产阶级开始自己的"革命作用"。同时，中国无产阶级的斗争和组织也开始了。当时的形势，显然是在"革命快发动了"的预觉之中。中国资产阶级和无产阶级，双方都在团集准备自己争取革命领导权的力量。中国共产党的独立组织之形成，便是无产阶级革命力量团聚的开始。

　　中国革命果真发动了，他的性质是反帝国主义的民权革命——这从五四运动直到现在的革命事实，表现得很明显的。无产阶级是如何的在这"民权革命"之中取得领导权，这一革命前途是甚么，是否中国的民权革命将要造成欧美式的民权政治而告一段落，然后再来无产阶级的革命（所谓两次革命的理论），当前这一革命的主要的社会内容是什么，革命的斗争方式是如何的运用等等问题，都摆在无产阶级及共产党的面前。共产党加入国民党的决定，客观上是对于这些问题的总答案。但是，主观的策略与总的战术路线，是模糊的笼统的——

因为直到中国共产党第五次大会，甚至直到中央的八七紧急会议，共产党对于中国资产阶级与农民在革命中的作用，是没有明显的观察的。因此，对于上面所列几个主要问题，实际上都种着机会主义的种子。

第一，关于中国革命的前途问题。中国共产党的加入国民党策略，客观上是和民族资产阶级的联盟。中国革命的初期——反帝国主义革命运动的初期，这一策略是必要的，是正确的。因为中国革命的前途，在国际的国内的具体形势之下，可以以无产阶级争得领导权来决定是非资本主义的。那时，中国共产党中央是如何观察呢？第一种意见是说：中国资产阶级是"一时不易免除妥协的倾向……苟且偷安"的；他的发展将要使他革命起来。无意之中，这是承认资产阶级应当要领导革命，革命的前途是资本主义的。第二种意见是说：中国的民族资产阶级等于零，所以革命领导权天然在无产阶级手里；但是国民革命要由国民党革成功，然后来第二次的无产阶级革命，现在共产党且"准备将来之无产阶级革命"再说。这说法中间，含着很明显的矛盾，但是，同样也很明显的承认：现在之国民革命前途是资本主义的，因为将来之无产阶级革命方能给非资本主义的前途。第三种意见是："平民之革命民权独裁制是民权革命中最切近的目的……就是劳工阶级的方法来行国民革命；劳工阶级在国民革命的过程中，因此日益取得重要的地位，以至于领导权。……到国民革命的最高度，很可以与世界革命合流而直达社会主义。"可是，当时虽然有三种意见，第三种意见是并没有传播，甚至等于没有存在，因为第二种意见仿佛是第一、第三两种的综合，即实际上不自觉的成为党的正式意见。

（《"二大"和"三大"——中国共产党第二、三次代表大会资料选编》，中国社会科学出版社1985年版，第511—512页）

在党的六大上讨论政治报告时的发言（节录）

（1928年6月22日）

蔡和森

现在来说第二类问题，即过去的教训。这一点，布哈林、国焘、秋白都说得很多。秋白与国焘同志所说，我是有点不同意的。关于过去理论方面的教训，他们算是说了一个大概，我现在说一说当时的事实，即机会主义在武汉时代之一般的经过。首先我要声明的，我是犯过机会主义错误的一个，我今天是向大会以"机会主义者"的负责资格来说明机会主义的一般经过，而且偏重于武汉时期，在此以前的错误只附带说明一二。秋白以为机会主义是从第三次大会发生的，因为第三次大会为了加入国民党的问题有两个不同的倾向，就是一主张加入国民党，一反对加入国民党。其事实不完全如是，因为第一，自从西湖会议（一九二二年八月）以后，经过很坚决的反对李汉俊、陈公博、施存统等的不加入国民党的观念，到三次大会时，对于加入国民党的问题已经不成争论的问题；所争论的是关于C.P.政治面目和劳动运动的独立性。当时孙中山对国际代表马林说，中共如加入国民党，就应该不能另有共产党存在。马林的意见，只要孙中山能接受反帝国主义的口号，什么东西都可以归给国民党，因此有一切工作归国民党的口号。当时我们要问一切劳动运动，是不是也归国民党？我们对各种政治问题，可不可以单独发表宣言？依马林，这都是可以归国民党的。独秀及秋白同意于马林的，我和国焘反对得很坚决，因为当时的劳动运动，都是在我们的领导之下，认为这是取消C.P.存在的主张。马林、独秀等在解释此策略的理由时，确是很右，对于工人阶级势力和C.P.之存在是很悲观的。我们听了以后，益发加紧反对，秋白以为是先有"左"的倾向以至引起右的倾向，这与事实是相反的。第三次大会闭幕时，还有一个废督裁兵，开国民会议的问题，我主张用C.P.名义单独发宣言，马林开始还不甚赞成，可见当时的争论与争独立的批评和存在问题有密切关系。自然，两种倾向都有错误都是很幼稚的，特别是我的"左"稚病，当时我说的话最多，偏于认定资产阶级革命作用是怎样薄弱的，是怎样没有力量的，这当然是错误的了。可是另方面如独秀、马林等在理论上也实在犯了些原则上的错误。不过这也还说不上是固定的，有系统的，继续一贯的机会主义。秋白认为从那时就是有系统的继续下来了，这是我不同意的。

（蔡和森：《在党的第六次代表大会上讨论政治报告时的发言》，《蔡和森文集》，人民出版社2013年版，第944—946页）

中国共产党历史概论（节录）

（1929年）

瞿秋白

（中国共产党第三次全国代表大会）
党务状况

三次大会时党员总数420（44人在国外，164工人，19妇女，110人在狱中）。一、二次大会至三次大会之间新加入200人，其中130为工人。地域：广东、上海、北京、长沙、安源、长辛店、唐山、济南、浦口、杭州、汉口、莫斯科——代表。

工会——湖南有三万人（其他——不详）（北京［学生］、广东、上海皆曾有民权大同盟）。

刊物——《向导》（28期）五、六千份；此外，上海、广州、湖北、北京尚有周刊。《新青年》改季刊，已停多时。

国民革命问题
（三次大会六月十日至二十九日）

张（国焘）：工人的群众政党之造成。只在南方有民党之处赞助之，在北方则否（学生加入，工人则否）；已加入者则留，未加入者则不入。资产阶级不能有革命作用，不会反对帝国主义。今虽有反日运动，然反英美运动则无，亦不会有。中国阶级分化虽有清楚，然须竭力引之直接加入共产党。和森则谓资产阶级无革命作用，革命亦非资产阶级民权主义的，故应组织独立工会（刘仁静亦然）。

陈（独秀）：发展国民党，批评国民党之军事行动与勾结把戏。发动其民主宣传，组织其中之工农为左翼。李大钊、毛泽东亦然（秋白——致季诺维也夫信，"工人阶级利于这一不可免的民权的国民革命用更加革命的方法更加激烈的手段"。中国革命的性质是资产阶级的，这是无疑的，我们马克思主义者决不能够怕消沉在资产阶级的民权主义之中，如果我们能够保存党的独立，而造成极大的国民运动中之劳动群众的左翼。无产阶级是唯一最彻底的革命阶级，只有他能把革命进行到底。他只有积极参加国民革命斗争的进程之中，更加强大觉悟，更加有战斗的能力，以达到最终目的［共产主义］之胜利。农民受帝、军之压迫而尚不口敌人［地主］。资产阶级虽然已经妥协软弱，然尚有革命作用。需要强大的群众的国民党——不靠国民党则为削弱国民革命运动，故三次大会决改组国民党而扩大之，劳动分子之加入。同时，发展共产党及工会）。

国民运动及国民党问题的议决案

国民革命势力之集中的大本营——国民党

一、因军阀政府是非资产阶级的，因为帝国主义妨碍中国工业之自由发展，故当以国民革命为中心工作。

二、无产阶级落后，非政治倾向非常之重，少数知道国民运动之必要，更少数知共产主义，因此工人运动尚未强大起来，成功一个独立的社会势力，以应中国目前革命之需要。

三、工人阶级尚未强大起来，自然不能发生一个强大的共产党。因此C.P.要加入国民党。

四、保存中国共产党而在工人团体及国民党左派中吸收党员，渐渐扩大。

五、注意：——（1）不妥协反帝、军；（2）阻止军事偏向和改良主义；（3）党团作用；（4）赞助C.P.接近苏联。

六、扩大中国国民党于全国——同时组成全国总工会。劳动群众中宣传国民运动，扩大国民党，更加觉悟的加入C.P.；并在群众中普遍宣传在国民运动中拥护劳动阶级利益的必要。

工会运动

恢复工会的口号可用，党的活动须系于工会的活动。

农民运动

军阀、贪官、污吏、地痞、劣绅及帝国主义之打倒及牵制、反抗，以保护农民之利益而促进国民革命运动（已有抗租、抗税的暴动）。

党员做官问题

中央审查决定。

青　年

组织教育青年工人，青年学生，参加国民运动。

妇　女

女工之"分裂倾向"，要团结男女。工儿院女工夜学（而不说工会）。一般妇女，赞助劳动女同胞（不要轻视小姐太太，阶级的主义的色彩不要太骤太浓，至使他们望而生畏）。

章程（及中央组织法）

中央局以三人组织（委员长、秘书及会计）——凡承认本党党纲章程并愿忠实为本党服务者，均得为本党党员。劳动者候补三个月，非劳动者六个月。

党　纲

帝国主义与买办阶级之关系，封建军阀之阶级基础，都未明答——土地问题更不必说。

资产阶级之一定妥协——一时不易免除妥协倾向。

无产阶级为唯一彻底力量——现实的最彻底的有力部分。

农民不参加，革命不能成功——农民不参与，也很难成功。

缩短政治革命至社会革命之进程——进到无产阶级独裁。

现在以革命的方法建立真正平民的民权及完全的民族独立。

参加促进此国民革命，唤醒农民与之联合，与之联合，而督促暴露妥协的资产阶级以引导革命到底。

中国资产阶级的资本主义的发展与国际帝国主义不能不根本上冲突，而劳动平民的解放，大与军阀国际帝国主义根本上不能相容：国民革命是必不可免的……资产阶级必然"叛卖"出卖平民，所以无产阶级……参加而锻炼集中其能力而取得政治斗争中的位置。

选　举

第二届中央为：独秀、和森、国焘、仲夏、君宇。

第三届大会选举：独秀（40），和森（37），守常（37），荷波（34），泽东（34），朱少连（32），平山（30），项英（27），章龙（25）。候补：邓培，张连光（潜逃），梅坤，李汉俊，邓中夏。

（《"二大"和"三大"——中国共产党第二、三次代表大会资料选编》，中国社会科学出版社1985年版，第516—520页）

告全党同志书（节录）

（1929年12月10日）^①

陈独秀

　　一九二一年（民国十年）由国际召集的远东劳动人民大会，中国方面是由本党领导国民党及其他各社团的代表进行的，大会的决议，在东方殖民地国家应进行民主革命的斗争和在革命中进行农民苏维埃的组织。于是中国党的第二次大会（一九二二年）遂决议了民主革命的联合战线政策。并根据此议决发表时局主张，同时青年团国际代表达令来中国，向国民党提出民主革命派联合战线政策。国民党的总理孙中山严词拒绝了，他只许中共及青年团分子加入国民党，服从国民党，而不承认党外联合。大会散会不久，共产国际即派马林来中国，要求中共中央全体委员在西湖开会，提议加入国民党的组织，力言国民党不是一个资产阶级的党，而是各阶级联合的党，无产阶级应该加入去改进这一党以推动革命。当时中共中央五个委员：李守常、张特立、蔡和森、高君宇及我，都一致反对此提案，其主要的理由是：党内联合乃混合了阶级组织和牵制了我们的独立政策。最后，国际代表提出中国党是否服从国际决议为言，于是中共中央为尊重国际纪律遂不得不接受国际提议，承认加入国民党。从此国际代表（及中共代表）进行

---

① 此时陈独秀因在党内组织"左派反对派"，已被开除出党。

国民党改组运动。差不多有一年，国民党始终怠工或拒绝，孙中山屡次向国际代表说："共产党既加入国民党，便应服从党纪，不应该公开的批评国民党，共产党若不服从国民党，我便要开除他们；苏俄若袒护中国共产党，我便要反对苏俄。"国际代表马林因此垂头丧气而回莫斯科，继他而来的鲍罗庭，他的皮包中挟有苏俄对国民党巨量物质的帮助，于是国民党始有一九二四年（民国十三年）的改组及联俄政策。

（《"二大"和"三大"——中国共产党第二、三次代表大会资料选编》，中国社会科学出版社1985年版，第521—522页）

一九二五至一九二七年中国大革命的教训（节录）

（1930年1月）

李立三

四　一切工作归国民党

　　当时中国党对于列宁主义对殖民地民族革命的理论一点也不了解。在第三次大会讨论共产国际加入国民党的指示的时候，曾经发生很大的争论。陈独秀领导的右倾的思想，赞成加入国民党，同时主张"一切工作归国民党"，共产党不应该有什么独立的工作。甚至说"中国共产党早生了五年"，这是无疑的取消主义的思想。另一方面的"左"倾的思想，起初是反对加入国民党，后来赞成共产党加入，但要保留产业工人不要加入，这是一样的不了解与资产阶级争夺革命领导权的策略。

　　这两派主张的根本思想，都是机会主义的"二次革命"的理论。前一派的主张认为现在是资产阶级革命，无产阶级应该竭力帮助资产阶级，将来的社会主义革命等到将来再说，所以甚至觉到共产党都可以取消。后一派的主张认为现在是资产阶级革命我们固然应该参加，可是我们的任务是准备将来的社会主义革命，所以产业工人决不应该加入国民党中去受了资产阶级思想的洗染。很明显的，这两种思想都是把资产阶级革命与社会主义革命看做有一座万里长城的隔离，而不知道从资产阶级革命转变到社会主义革命的马克思列宁主义的路线。

三次大会的结果，没有把这样的机会主义的思想驳斥下去，因此一方面固然实行了共产国际加入国民党的指示，另一方面机会主义的思想却充满了当时的指导机关。于是"一切工作归国民党，共产党不要有独立的工作""一切运动都是国民运动，工人运动只是国民运动的一种"，成为当时指导机关的路线。这是很明显的与列宁指示的"不要与资产阶级混合，而要保存无产阶级运动的独立性"完全相违反；这就是极可耻的以阶级利益去服从民族利益，以无产阶级去服从资产阶级的机会主义。这样自然不会去在联合战线中力争革命的领导权，更不会有"对待同盟者要犹如对待敌人一样"的认识。所以在接受共产国际加入国民党的策略时候，就只认识了应当"加入"的一点，而完全没有注意加入以后在联合战线中争取领导权的策略。他们遂这样的把列宁主义的路线，变成了孟塞克维的机会主义的路线。

（《"二大"和"三大"——中国共产党第二、三次代表大会资料选编》，中国社会科学出版社1985年版，第523—524页）

党史报告①（节录）

（1930年2月1日）

李立三

　　党从第一次大会到二七运动是一个段落。这一时期中党的政治口号是社会革命万岁，主张直接无产阶级革命，这可以说是共产主义运动时期。虽然在斗争策略上是和列宁主义殖民地策略必须经过资产阶级民主革命的阶段的策略不相合的，但是在组党历史上，这一共产主义思想运动是组党的前提，他与俄国党的历史有些相同。俄国党有蒲列汉诺夫的马克思主义运动，不过俄国党在组党不久，就有党的政纲，最高政纲和最低政纲。而中国党第一、二次大会都只有最高政纲即社会革命政纲，但是在二七运动中党已经提出打倒军阀的口号。这一口号的意义是资产阶级反对封建势力的口号。二七运动的失败，给党一个大的转变。

　　列宁在共产国际第二次大会殖民地决议中指出，殖民地共产党人可以和资产阶级暂时的协作，做民主革命，他不必经过资本主义发展，可以转变到社会主义的道路。因为世界革命已经开始，并且有苏联的存在。当时中国党不了解这一策略，国际代表虽是了解，但不知道中国实际情形，因此要去找民主力量来合作，结果是找到吴佩孚，因为他在衡州反段祺瑞

---

　　① 此报告是李立三讲，冯菊坡记录的。

时是打出国民会议的口号。的确党当时和吴佩孚有些关系，并且国际代表还去找他。

"二七"以后，中央第二次扩大会议，即西湖会议，决定做民权运动，出版《向导》，当时主要是两个口号：1. 打倒帝国主义；2. 打倒军阀。对于打倒帝国主义的口号，一般社会莫名其妙，胡适之还专门作一篇文章，指为海外奇谈。党当时组织民权运动大同盟，的确有一个企图，准备把民权运动大同盟，转变为民主革命的政党。

但是那个时候国际已派越飞来中国，他会见了孙中山共同发表一个宣言，提出打倒帝国主义口号，认为国民党可以做民主革命的工具，所以国际要中国党加入国民党。为什么要加入国民党？这是因为中国经济基础规定中国革命是一个资产阶级民主革命，他不仅有广大工农群众，并且有小资产阶级参加，并且当时资产阶级也要反对帝国主义，有民主的要求，党应当执行与资产阶级暂时协作的策略，所以必须有一个政党来容纳广大的民主分子。尤其是我们要了解中国革命对于世界革命是一个很大的助力。因此党要和资产阶级暂时协作，这一路线战术上的运用，就是加入国民党。国民党的三民主义固然是一部改良政纲，但是他的阶级成分，从小资产阶级到华侨地主都有，可以将他改组成为各阶级联合的政党，尤其是他接受了反帝国主义反军阀的口号，所以西湖会议决定加入国民党。

可是西湖会议发生很大的争论，就是小组织派和非小组织派的争执。当时小组织派张国焘等主张不应加入国民党，认为国民党是一个官僚的党，加入去只有使党腐化，他们在理论上承认现在是民主革命的阶段，可是党不仅作民主革命并且要做第二次社会革命，如果加入国民党，是把工人送给了他。这是小组织派的意见。陈独秀、瞿秋白等主张加入国民党，他们的理论则最机会主义没有了，他们以为目前是民主革命，社会革命是将来的事，甚至陈独秀说党早生了五年。这两方面的争论，都有共同的出发点，就是二次革命论，在这一理论基础上，因此在策略上不了解争夺领导权的重要。陈独秀等不了解加入国民党决不是替资产阶级服务，而是要极力扩大工人阶级的影响，加强工人的斗争，逐渐驱逐资产阶级，使革命领导权在工人阶级之手。陈独秀等是完全解释成为替资产阶级服务，这不是列宁主义的路线，而是孟什维克的路线，同时在国焘方面也一样是错误的，他认识工人还有自己革命的任务，但不知道不加入国民党如何去争夺革命领导权，在这一斗争后，国焘修改自己的主张，以为党可以加入，但工人群众不能加入。这一修正表面上是进步了些，但实际上是五十步与百步之别。这是西湖会议的争论。这一争论的两方面，理论基础都是错误的，都是机会主义的路线。二次革命论，都是不了解国际列宁主义路线。这一会议是陈独秀派胜利了，决定加入国民党，并召集第三次大会。

第三次（大会）是在一九二三年召集，这一大会重新讨论加入国民党问题，这一大会就更表现机会主义的面目，开始是加入国民党与否的争论，以后是工人群众加入国民党与否的争论，当时陈独秀主张一切都是国民运动，一切工作归国民党，这完全和国际第二次大会殖民地决议案大相违反，他忘记了列宁所指出，在殖民地最落后的国家中，职工运动也要保存他的独立性，保存党的工作之独立面目。国焘同志当时反对他的意见，他的表面的"左"倾，在理论基础上找不出什么不同，不过独秀的意见是更向机会主义方面发展，因此小组织问题就严重起来。第三次大会国焘没有当选，其实他的意见是当时一般做劳动运动的同志的意见，大家总是轻视国民党，以为加入进去会使我们腐化。所以虽然是第三次大会决议，但大家是不执行，消极抵抗。因此小组织问题就在全国爆发起来，凡是不赞成加入国民党的，都有小组织的嫌疑。实际这一问题是由于两个政治路线，两个不同的主张，因为有了政治上严重问题，所以小组织才成为严重问题，这是教训我们，党内斗争只有政治问题上才有分野，我们一定着眼于政治问题，从个人问题封建关系去推测是看不清楚的。

小组织问题的总爆发，是在S.Y.的南京会议上。国焘的意见既然在三次大会上失败，所以他们还到S.Y.方面活动，希望在S.Y.上胜利。但是南京会议的结果依然是他的失败。但是组织上则是他们胜利。

第三次大会是有伟大的意义。他确定了党的民主革命政纲，加入了国民党，这一原则的确定，成为推动一九二五到一九二七大革命的动力。可是陈独秀在接受国际正确路线之下就爆发他机会主义的观点，主张一切工作归国民党，这是明显的主张无产阶级去服从资产阶级的利益，成为以后机会主义的根源。同时国焘一派的意见，同样是二次革命论的错误意见。

第三次大会中陈独秀完全是极右的机会主义的主张，他在最近被党开除后，发表一篇告全党同志书，里面有许多谣言，说他开始就反对加入国民党，以后因为国际代表提出纪律问题，他才忠实的执行了国际的路线。这不过是表示他要做托洛斯基的信徒罢了。在《新青年》上，他还有一篇《国民革命与各阶级》的文章，这真是一个机会主义的基础，他说资产阶级是要求革命，无产阶级的阶级自觉是很薄弱的，所以无产阶级力量是比资产阶级薄弱，并且说历史的发展也表现这一事实！这完全是和列宁主义相违反，列宁说在无产阶级的国家，无产阶级的力量总是比资产阶级大，因为他的经济基础使然，他必然更彻底、更坚决、更要革命，而依据陈独秀的理论，很明显的是要无产阶级利益去服从资产阶级，并且一定要经过资本主义的发展，无产阶级力量才能壮大，才有革命的可能。所以他在第二〔三〕次大会以后，就违反国际的指示，走到机会主义的孟什维克的路线。

第三次大会以后，在广东党发生一个很大的争论。广东党的负责者是陈公博和谭平山。当时他们已办《群报》，这一报纸和陈炯明有关系，陈炯明当时提倡新文化运动，并且找陈独秀去作了几个月的教育厅长。当孙中山和陈炯明决裂，党决定联合孙中山，陈公博等还是主张联合陈炯明。他在《群报》上发表反党的言论，拥护陈炯明。中央决定要《群报》服从党的路线，陈不执行。中央第二次决议《群报》停刊，陈自动停版，在停刊宣言上，依然反对党的主张，所以党给他一个惩戒。他脱离了党，跑到美国去了。

（《"二大"和"三大"——中国共产党第二、三次代表大会资料选编》，中国社会科学出版社1985年版，第525—529页）

共产党内的取消主义倾向

（1930年6月）

邓中夏

　　二七失败以后，中国共产党内发生右倾的取消主义，代表人物就是现今共产主义的叛徒陈独秀，陈独秀从二七失败所得的结论是工人阶级没有力量，于是他的整个机会主义的理论就在此时完全形成了。我们这里不能详细说到整个陈独秀主义，而只就其与职工运动有关者略略提及。陈独秀说："半殖民地的中国社会状况，既然需要一个资产阶级的民主革命，在这个革命中若失了资产阶级的援助，在革命事业中便没有阶级的意义和社会基础。"又说："殖民地半殖民地的各社会阶级固然一体幼稚，然而资产阶级的力量究竟比农民集中，比工人雄厚。"又说："中国工人阶级不是独立的革命势力……大部份还沉睡在宗法社会里……不感觉政治的需要，并未脱离神权帝国之迷信……"所以他断定"中国大多数的工人，还没有自己阶级的政治斗争之需要与可能"。这样，陈独秀把资产阶级恭维得很高，把工人阶级看得一文不值，不用说应用到实际工作上便是取消职工运动。不仅取消职工运动，他当时还主张取消共产党呢！他当时公开的说："混蛋的中国，便有混蛋的无产阶级。混蛋的无产阶级便有混蛋的共产党，共产党不该早成了几年，所以弄成一个三不象的共产党。"真的，陈独秀此种观点是得到一部分中央委员的拥护，于是另一中央委员就说："劳动运动吗？这一名词根本不能成立，现时只有一个国民运动，即是要劳动运动也只能与青年运动、妇女运动等量齐观，而共同的隶属于国民运动之下，做国民运动之一部份。"在这种取消主义的观点之下，无疑的中国职工运动要遭到巨大的不幸。真的，二七失败后差不多有一年，陈独秀的中央，实际上对于职工运动不闻不问，或者怠工。

陈独秀这种叛卖阶级的取消主义的观点，曾受着抵抗的。比如邓中夏当时在《中国工人》、《中国青年》，以及党报上，就曾经作文章批评过这种观点，在党报上而且是指出这位"家长"陈独秀的名字公开批评的。

陈独秀的中央，对于职工运动的取消主义的倾向，一直到一九二四年五月共产党的扩大会议上，才纠正过来，也就是从此以后，共产党对于职工运动才重新又做起来。

（邓中夏：《中国职工运动简史》，人民出版社1953年版，第111—113页；转引自《"二大"和"三大"——中国共产党第二、三次代表大会资料选编》，中国社会科学出版社1985年版，第530—531页）

一九二五至一九二七年大革命中的中国共产党（节录）

（1931年4月）

华　岗

一、中国共产党与国民党关系问题

研究中国大革命问题，绝对不能撇开与中国革命息息相关的中国共产党。中国大革命的发动和发展，在极复杂的阶级关系之中，在极迅速发展的阶段之中，中国共产党显然都演着极重要的作用，这是谁都不能否认的。同时，中国共产党过去指导机关所犯的机会主义错误，也就是中国大革命失败的主要原因之一。因此我们在记载大革命经过之后，更不能不用点篇幅来说明一番大革命中的中国共产党。不过，这是一个极其复杂的问题，这里，我只能在几个中心问题上加以扼要的说明，至于要详细论列中国大革命中之各种争论问题，则应该另外的专书去完成它。

这一章中之劈头的问题，就是中国共产党与国民党关系问题，因为在这一问题中包含了中国无产阶级与民族资产阶级联合战线与争夺革命领导权等重要问题。自然这里的任务并不是有系统地详细叙述中国共产党与国民党的历史，而只能扼要说明中国共产党与国民党发展之关系的历史。

国民党在辛亥革命之后，原已崩溃瓦解，经过一九二四年改组才复生的。中国共产党员加入国民党也就从一九二四年改组时开始。共产国际为什么要决定中国共产党员加入国民党呢？因为中国国民党自始就不是一阶级的政党，当它初发生的时候，就包含着中国各种复杂的社会阶级，自初生的资产阶级（主要是华侨），小资产阶级的知识分子至一部分的工人（如海员），破产的农民，失业的群众（如会党）等各种社会阶级都有，甚至在当时只反对满清的汉族封建地主军阀势力，也有很多加入国民党。辛亥革命之后，国民党孙中山与袁世凯妥协，一方面许多官僚、军阀、买办都加入了国民党，另一方面国民党原有党员，大部分腐化反动，投降袁世凯，投降种种军阀，于是国民党更加成了一个无所不包的垃圾堆。孙中山的三民主义其所以从孔子道统以至平均地权，甚至阶级斗争的思想都染着一点，成为一种杂七杂八的东西，固然是反映当时社会思想的复杂，同时也就是反映国民党内成分的复杂。这种复杂的政治集团，"如果它不牵制共产党的手足，不妨害共产党煽动和宣传工作的自由，不阻碍无产阶级团结在共产党的周围，而又使共产党这方面便于作事实上领导革命运动的事"，那末共产党就可以加入进去，使它转变为真正民族革命联合战线的组织。而且"共产党为得在反帝国主义的争斗中去分离妥协的本国资产阶级，与其引导城市和乡村几十百万的小资产阶级群众随着自己走，它尽可以而且应该加入公开的联合，与资产阶级的革命合作"。自然这里所说"合作"的意思并不是"混合"，因为"我们共产主义者，帮助殖民地的资产阶级的解放运动，仅仅当这种真正革命的，且运动的代表不阻碍我们组织农民和被压迫群众的时候"，而就在与革命派资产阶级暂时合作的过程中，也必须坚决保存无产阶级的独立性，那怕这种运动尚在萌芽的时候；不仅如此，无产阶级在民族革命的联合战线当中，应极力争取革命的领导权，以领导资产阶级性的革命之彻底完成，以争取非资本主义即社会主义的前途。共产国际根据这一列宁主义的路线，所以当国民党孙中山表示接受共产国际与中国共产党所提出的"打倒帝国主义""打倒军阀""联合苏俄"等革命政纲的时候，便正式决定中国共产党员加入国民党，中国国民党亦因此得以改组成功。国民党经过一九二四年这一次改组，因为得到最急进、最革命的共产党员的加入，因为接受了共产国际与中国共产党"打倒帝国主义""打倒军阀""联俄"等革命政纲（一九二四年国民党第一次代表大会宣言及政纲），便开始转变成为中国民族革命联合战线的组织，成为中国国民革命的旗帜，于是在国民党的领域之内，工农组织及斗争的发展，也开始得着相当的自由；一九二四年勃兴的反帝国主义宣传和冯玉祥政变以及国民会议废除不平等条约的要求，都在国民党的联合战线之中发展出来。国民党在当时的确是反帝国主义联合战线的政治组织。孙中山赤化和冯玉祥赤化的名声，也在这一时期喧腾于帝国主义者之口。而且国民党改组不久，就发生了反帝国主义的沙面大罢工（一九二四年九月），当时国民党左派对这罢工是予以积极帮助的。一九二五年五卅事变发生，接着广东爆发省港大罢工，这一罢工是极明显的反帝国主义的革命运动，当时国民党左派的确是在积极的支持这一罢工，在各方面来帮助罢工，对于反对罢工的都加以打击。同时广东农民运动也在这个时候发展起来，许多地方与豪绅地主发生武装冲突。国民党左派当时主要的倾向也是站在农民方面，相当帮助农民去反对地主。农民的组织也可得相当的自由，可以有自己的武装，并且曾经收缴一些地主的武装来交给农民。这些事实证明中国共产党加入国民党的路线是很正确的。

然而中国国民党既然不是一阶级的政党，国民党之中，不但有民族资产阶级，并且还有地主、买办阶级的成分；这些地主、买办阶级的成分自然不愿意国民党革命化，所以一开始改组，国民党内便有冯自由等所代表的极右派起来反对，这种斗争事实上继续到消灭刘镇寰、杨希闵的战争。冯自由等被打击下去之后，接着便又发生西山会议派。西山会议派所代表的阶级背景，实际上和冯自由等所代表的一样，亦是地主、买办阶级，不过西山会议派发生的时候，中国民族资产阶级已经有些反动的端倪。五卅之前，孙中山死后的第一次国民党中央会议上（一九二五年五月），戴季陶、沈玄庐等已经起来提出所谓国民党的最高原则——反对工人阶级斗争，这是民族资产阶级的戴季陶主义的发端。自此以后，国民党内反对改组的右派表面上消灭，而承认改组，同时要求控制共产党的新右派之斗争已经开始。五卅之后，戴季陶主义便公开的发动，孙文主义学会组织起来，黄埔军官学校的右派形成起来。于是国民党的右派中央委员在北京西山开会，以廖仲恺被刺后广州国民政府成立与省港罢工开始时之"左"倾政策为反对目标，中心的反革命政纲是在打击共产党。这一轰动一时的西山会议，实际是在戴季陶主义的旗帜之下，进行它们反共的斗争。不过当时的民族资产阶级还只很小心谨慎的发动自己的斗争，觉得公开反动太早，于己不利，所以戴季陶本是发起西山会议之一人，结果竟不得不中途逃席，这一复杂的过程，我在前一章已经分析过了。

可是另一方面，当时中国共产党虽然执行了加入国民党的策略，但是对于列宁主义关于殖民地半殖民地民族革命的理论却并不了解。首先，"中国共产党，在第二次全国代表大会时（一九二二年），已经决定中国无产阶级应该参加民族革命运动并赞助中国国民党，提出的口号是：'民主的联合战线''推翻帝国主义推翻军阀'。在此大会后，共产国际派代表向中国党提议：中国同志们应以个人资格加入国民党，使民主革命的联合战线更进一步实现，使中国民族革命运动加速的进行。当时党虽尊重国际的提议，而大多数同志只赞成民主革命的联合战线，对于加入国民党的组织十分怀疑，因此，在实际上，国际的提议未曾实行。"（见中国共产党第四次大会《对于民族革命运动之决议案》中之第四节"中国共产党对于民族革命运动政策之经过"）。到第三次大会（一九二三年六月）重新讨论共产国际关于加入国民党的指示的时候，又曾经发生争论。陈独秀领导的右倾的思想，赞成加入国民党，同时主张"一切工作归国民党"，共产党不应该有什么独立的工作，甚至说"中国共产党早生了五年"，这是无疑的取消主义的思想。同时有一派"左"倾的思想则"反对在劳动群众中发展国民党的组织，主张工人应该在自己的政党旗帜之下参加民族革命，若加入资产阶级性的国民党，便不免有混乱无产阶级思想的危险"（见同上）。他们起初是反对加入国民党，后来赞成共产党加入国民党，但要保留产业工人不要加入，这是一样的不了解与资产阶级争夺革命领导权的策略。

　　这两派主张的根本思想，都是机会主义的"二次革命"的理论。前一派的主张认为现在是资产阶级民主革命，无产阶级应该竭力帮助资产阶级，将来的社会主义革命等到将来再说，所以甚至觉到共产党都可以取消。后一派的主张认为现是在资产阶级民主革命，我们固然应该参加，可是我们的任务是准备将来的社会主义革命，所以产业工人决不应该加入国民党中去受资产阶级思想的洗染。很明显的这两种思想都是把资产阶级革命与社会主义革命看做有一座万里长城的隔离，而不知道从资产阶级革命转变到社会主义革命的马克思列宁主义的路线。

　　三次大会的结果，没有能够把这样的机会主义的思想驳斥下去，因此一方面固然实行了共产国际加入国民党的指示，另一方面机会主义的思想却充满了当时的指导机关。于是"一切工作归国民党，共产党不要有独立的工作""一切运动都是国民运动，工人运动只是国民运动的一种"，便成为当时指导机关的路线。甚至中国共产党第三次全国大会宣言中还说："中国国民党应该是国民革命之中心势力，更应该立在国民革命之领袖地位。"这是很明显的与列宁所指示的"不要与资产阶级混合，而要保存无产阶级运动的独立性"完全相违反，这就是极可耻的以阶级利益去服从民族利益，以无产阶级去服从资产阶级的机会主义。这样自然不会在这联合战线中去力争革命的领导权，更不会有"对待同盟者要犹如对待敌人一样"的认识。所以在接受共产国际加入国民党的策略时候，就只认识了应当"加入"的一点，而完全没有注意加入以后在联合战线中争夺革命领导权的策略。他们遂这样的把列宁主义的路线，变成了孟什维克的机会主义的路线。

（《布尔塞维克》第4卷第3期，1931年5月10日）

论陈独秀主义（节录）

（1931年9月10日）

蔡和森

一

陈独秀主义是什么？是中国革命运动和工人运动中之机会主义和孟塞维克路线之典型的代表。所有从中国近时革命运动中发生出来的各种机会主义的理论与实际——自戴季陶主义，彭述之主义，谭平山主义，以至鲍罗庭主义，都可以且应该归纳在这一中国孟塞维克的总路线之中——陈独秀主义之中。

陈独秀从中国民族资产阶级的左翼，而且带着民族资产阶级的理想跑到中国共产党里面来影响中国工人运动，原来是很明显的。他是欧战后中国资产阶级文化革命运动的主唱者，美国式"科学"和"民主主义"（《新青年》杂志的两个主要口号）的宣传者；哲学上，他是从美国杜威博士的实验主义进到法国启蒙时代的机械唯物论。这恰好是当时中国民族资产阶级从欧洲大战时期中发展起来的思想的和政治的表演。这一时髦的表演，在"五四"时期确是起了不少的革命作用。

凭靠在民族资产阶级和学生群众的"五四"反日运动，渐渐的软弱下来，而由此运动所引起的北方工人运动（主要是京汉路工和唐山矿工）和上海以及广东的罢工斗争，继续不断的表现出新的社会阶级带着伟大的革命力量跑出舞台。于是陈独秀首先起来对民族资产阶级和学生群众说："工人的力量比我们大些。"此时正当他们对于"五四"运动的前途发生悲观，对于"五四"以后的发展方向发生彷徨，他们的先进分子正想"从下等社会"中找出自己的力量的来源和凭靠，这就不得不使他们看中了时髦的工人运动。因此陈独秀同着他所影响的急进的智识分子就开始与胡适之派（《新青年》杂志中的左翼）分化，改变自己的方向：由资本主义的美国方向改变到社会主义的俄国方向；由凡尔赛会议和华盛顿会议改向远东民族会议（一九二二年在第三国际旗帜之下召集的）。由此，陈独秀成为中国共产党的发起者和组织者之一。

二

陈独秀主义不是忽然一下形成的，他的发展经过一个长期的历史过程。大约可分为四个时期：一九二三年党的三次大会之前后建立了他的孟塞维克的路线之一般的理论基础；一九二六年三月事变前后以至武汉时期建立了他的机会主义的实际策略；武汉失败至六次大会时，是他的动摇和消沉时期；一九二九年中东路事变后，进到公开的反对共产国际和中共的总路线，由取消主义进到"资产阶级工党"之叛逆的社会民主党地位。

三

首先看他在党的三次大会时期所形成的孟塞维克路线之理论的基础。这一时期有他最典型的两篇文章：《资产阶级的革命与革命的资产阶级》和《中国国民革命与社会各阶级》。这两篇文章最能代表他的一般理论的立场和倾向。

假若在一九一九至一九二二年陈独秀看重过中国工人阶级的力量，那末，到一九二三年京汉路罢工失败后，他就跑到孟塞维克的根本立场——

不相信工人阶级的势力。他说：

> 工人阶级在国民革命中固然是主［重］要分子，然亦只是主
> ［重］要分子而不是独立的革命势力。概括来说［说起来］，是因为
> 殖民地半殖民地产业还未发展［达］，连资产阶级都很幼稚，工人阶
> 级在客观上更是幼稚了。详细说（起）来，产业幼稚的中国，工人阶
> 级不但在数量上（是很）幼稚，而且在质量上也很幼稚；此时中国工
> 人阶级的理想，界分为三愿［略分三类］：第一，大多数还沉睡在宗
> 法社会里，家族、亲属、地方观念还非常之重……有许多目前虽是近
> 代产业工人，而他过去未来的生活，并未能与独立生产者（小手艺、
> 小商人、小农等）的环境绝缘，不感政治的需要，并不脱神权、帝王
> 之迷信……工人阶级的思［理］想，尤［犹］是宗法社会的而非国家
> 的……第二，只少数有了国家的觉悟，有了政治的要求……只在最进
> 步的海员及铁路工人罢工中才表现出来……第三，真有阶级觉悟并且
> 感觉（着）有组织自己阶级政党的工人，更是少数中的极少数……因
> 此，我们可以知道：中国最大多数的工人，还没有自己的阶级（的）
> 政治斗争［争斗］之需要与可能，而且连一般的政治斗争［争斗］之
> 需要……都不曾感觉的工人……也并不是少数。（《中国国民革命与
> 社会各阶级》）

固然中国工人阶级不是没有缺点的，可是陈独秀经常的乐于从缺点方
面来看中国工人阶级。他在三次大会的演说中，简直把中国工人阶级咒骂
得不成东西。什么"宗法思想"呵！"不脱神权帝王迷信"呵！没有"国
家觉悟"呵！他举了许许多多的琐细事实来形容中国工人阶级之"穷极丑
陋"而不是独立的革命势力。上面所引的文章，是在大会开幕后写的，语
句口气已经比在大会争论时客气万倍了。他在大会中从中国工人阶级的落
后，神权帝王迷信及没有国家觉悟的立场发出来的分析中国革命的动力，
拼命的肯定中国工人不是独立的革命势力之后，他就很骄傲的夸大民族资

产阶级是中国革命的主要动力。他说："殖民地半殖民地的（各）社会阶级固然一体幼稚，然而资产阶级的力量究竟比农民集中，比工人雄厚，因此国民运动若轻视了资产阶级，是一个很大的错误观念。"（同上文）又说："半殖民地的中国社会状况既然需要一个资产阶级的民主革命，在这革命……若失了资产阶级的援助，在革命事业中便没有阶级的意义和社会（的）基础。"（《资产阶级的革命与革命的资产阶级》——此文是大会前二星期写的）他在大会的答辩中，热烈地辩护民族资产阶级是中国资产阶级民权革命的主人。

他对于农民怎样呢？大会中的左翼曾提出工人阶级与农民是中国革命的主要动力的理论与他对抗，这在他看来简直不值一笑，因为中国农民更是宗法观念，反动思想，神权帝王迷信，散漫不集中的"四不像"。大会闭会后，在他的论文中很客气的这样说：

> 农民占中国（全）人口之大多数，自然是国民革命之伟大（的）势力，中国之国民革命若不得农民之加入，终不能成功一个大的民众革命。但是农民居住散漫势力不易集中，文化低生活欲望简单易于趋向保守，中国土地广大易于迁徙畏［被］难苟安，这三种环境是造成农民难以加入革命运动的原因。

在他的革命势力的计算中始终没有农民，因为他看定了三个原因，农民难于加入革命。试看他所计划的民族革命联合战线："中国的经济状况［现状］，军阀阶级已与资产阶级显然分开，而资产阶级与无产阶级之分化，尚未到截然分离的程度，所以革命的资产阶级应当与［应该和］革命的无产阶级妥协，打倒共同敌对的军阀阶级……中国国民党目前的使命及进行的正轨应当［该］是：统率革命的资产阶级，联合革命的无产阶级，实行［现］资产阶级的民主革命。"在一切时候，陈独秀是把农民放在资产阶级民主革命的联合战线之外，他自始至终了解这联合战线为资产阶级与无产阶级之联合，为资产阶级与无产阶级之阶级合作和阶级妥协，在这革命联合战线中资产阶级是居领导地位，而无产阶级是附属的。

陈独秀怎样决定中国革命的性质和任务呢？他说：

半殖民地的经济权大部分操诸外人之手，政治权形式上大部分尚操诸本国贵族军阀之手，全国资产阶级无产阶级都在外国帝国主义者及本国贵族军阀压迫之下，有产无产两阶级共同起来，对外谋经济的独立，对内谋政治的自由，这是半殖民地国民革命的特有性质。

固然在党的六次大会以前，对于中国革命性质和任务全党都没有明确的观念，然而如像陈独秀始终不认识土地革命为中国革命之主要内容，始终不认识而且不愿认识工农民主独裁制，这对于他完全不是偶然的。他说：

在普通形式［势］之下，国民革命的胜利，自然是资产阶级的胜利……国民革命成功后，（在）普通形式［势］之下，自然是资产阶级握得政权；但彼时如［若］有特殊的环境，也许有新的变化……但是这种未来的机会我们没有预算［计］的可能，也并没有预计的必要，现在只有一心不乱的干国民革命。（同文）

那末，工人阶级为什么目的要加入这革命呢？他说：

殖民地半殖民地国民革命的意义，就是对外要求民族之经济的政治的独立，对内要求一般国民在政治上之［的］自由。这种一般国民之政治自由，如集会结社罢工等自由，正是中国工人阶级目前至急的需要。（同文）

工人阶级参加革命的目的就仅仅在这里——不是为得争取资产阶级民权革命之领导权，不是为得工农民权独裁制的胜利，更不在争得革命之转变到社会主义的前途。这种转变的观念在他是完全没有的。他同俄国的少数派一样，把资产阶级民权革命和社会主义革命截然划分为两个不相连续的阶段，即现在既然是资产阶级民权革命，工人阶级只有帮助资产阶级取得政权，在资产阶级民权革命和资本主义发展以后，再来实行社会主义革命。他对于农民运动也就是从这样的立场出发，他说：

> 所以中国农民运动，必须国民革命完全成功，然后国内产业勃兴，然后普遍的农业资本化，然后农业的无产阶级发达集中起来，然后农村间才有真的共产的社会革命之需要与可能。

从以上所述，就可明显的看出陈独秀主义在第三次大会时期所形成之理论的基础，即中国革命的工人运动中之少数派的路线；他对于革命动力的估量——重视资产阶级，轻视无产阶级，而忽视农民；对于民主革命联合战线的了解——资产阶级和无产阶级的阶级妥协，无产阶级隶属于资产阶级的领导之下；对于革命性质和前途的观念——看不见土地革命的内量，看不见工农民主独裁而更没有看见革命有转变到社会主义革命的前途，只有"一心不乱的干国民革命"，只有"自然是资产阶级的胜利……自然（是）资产阶级握得政权"，待资本主义发展之后，将来再来社会革命。所有这些就确确实实形成了中国少数派的总路线。从他的"造国论"以至"汪陈宣言"以至中东路事变后的三封信，不过把这总路线"一言以贯之"罢了！

为什么使他这样呢？这不是偶然的，因为他自始至终是站在左翼民族资产阶级的立场上来影响中国革命的无产阶级。既然自始至终是站在民族资产阶级的立场，所以不能了解无产阶级在革命中的领导，而只能了解资产阶级的领导；不能了解土地革命，只能了解反帝国主义和反军阀；不能了解工农民主独裁，而只能了解资产阶级握得政权和建立资产阶级的国家（造国论之精神）；不能了解资产阶级民权革命必然要转到社会主义革命，而只能了解革命是停留在资产阶级民权主义的阶段之上，或完全跳过此阶段。

陈独秀在三次大会的立场既然如此，他当时发出些什么具体的口号呢？"一切工作归国民党！""没有阶级斗争，只有民族斗争！""无产阶级和共产党的独立性此时是鬼话！""等待和国民党分家后，再组织共产党不迟！"……

三次大会闭会后，陈独秀和马林共同提议响应上海资产阶级的民治委员会召集国民会议的主张，办法是请求国民党发宣言，而不用共产党名义发宣言。当时，我向他们抗议，才把这一个企图打消。难道现在陈独秀的取消主义和叛逆是没有历史的深远的来源？

一九二五年的革命高潮，推动中国党开始由智识分子的小团体变为工人群众的党。党在这一高潮中起了相当的组织的和领导的作用。这一高潮首先就是证明中国无产阶级之领导的能力与作用，打破陈独秀马林以至鲍罗庭等对于中国工人阶级势力之不相信和轻视。

（蔡和森：《论陈独秀主义》，《蔡和森文集》，人民出版社2013年版，第1008—1015页）

第三国际第四届世界大会之经过

（1923年3月25日）

朱枕薪

现世界上有三个国际，即第二、第三、第四三个国际。

第二国际于一八八九年成立于法京巴黎，继承第一国际的工作，营谋第一国际所抱的目的之实现。

第一国际即第一国际工人协会（The First International Working Mens' Association），于一八六四年在英京伦敦成立，发表马克思（Karl Marx）与英格尔斯（Friedrich Engles）[①]二人起草的《共产党宣言》（*Communist Manifesto*）。第一国际反对个人私有生产机关，拟用种种政治运动的方法，以期达到经济解放的目的。

当初第一国际的基础不甚牢固，随后即现涣散之势。第二国际是第一国际的继承者，主张似较第一国际为缓和与稳健。

第三国际亦称国际共产党（The Communist International），于一九一九年成立于俄京莫斯科，距离《共产党宣言》发表的那年，整整有七十二年。他自命是"继承与完成由第一国际所开始的大工作的"。他又诋毁第二国际，他说："第二国际在一九一四年世界大战开始之时，就已完全失败了。"又说："他们——第二国际的几位首领——采用机会主义，遂使自己

---

① 即弗里德里希·恩格斯（1820—1895），其原名应为Friedrich Engels。

变节，竟跑到有产阶级方面去，第二国际便从此消灭。"

第三国际于一九一九年正式举行第一届世界常年大会，会期自三月二号延至六号，此会俄为发起人，德为附和人，到者有英、美、法、奥等大小三十五国的代表。第三国际的口号，就是《共产党宣言》的最后一句话："全世界的无产阶级，联合啊！"

第三国际要使全世界的无产阶级结合一致，协同与有产阶级宣战，以强固的武力，暴烈的革命，打破资本制度，推倒有产阶级，实行无产阶级专政，作为由资本主义社会转移到共产主义社会的过渡时期内之方便的制度。——这就是第三国际运动的方法与目的。

翌年——一九二〇年——七月十九号至八月七号，第三国际举行第二届世界常年大会，赴会者有俄、德、英、法等大小三十四国的代表，选举执行委员会的委员，通过规约十七条，加入条件二十一条；大会又通过"共产党与议会政策""劳动组合与第三国际""民族主义与殖民地问题""农业问题"等几种决议案。

一九二一年六月二十二号至七月十二号，第三国际举行第三届世界常年大会，各国代表到者竟有五十国之多，通过"世界形势与第三国际之任务""关于战术之纲领""国际共产党与红色国际劳动组合之关系""合作组合""国际共产党之组织""妇女书记部之设立"以及"国际共产党与少年国际共产党之关系"等几种决议案。

在第三届大会至第四届大会之间的一年多时日中，第三国际中央执行委员会的运动有下列三大种：

（一）统一战线的运动；

（二）公判社会革命党的运动；

（三）救济俄国饥荒的运动。

一九二二年十一月二号，第三国际举行非正式的大会，齐诺弗夫（Zinoviev）致欢迎词。此时赴会的代表到者如下：

德意志	二一人	法兰西	九人
意大利	一六人	捷克斯洛伐克	七人
南非洲	一人	美利坚	六人
阿根廷	二人	澳洲	二人
比利时	一人	保加利亚	二人
中国	一人	丹麦	二人
埃及	一人	英格兰	五人
爱沙尼亚	一人	乔治亚	一人
印度	一人	爪哇	一人
南斯拉夫	一人	加拿大	二人
莱多维亚	三人	挪威	五人
奥地利	二人	波兰	五人
罗马尼亚	一人	俄罗斯	七五人
瑞典	一人	瑞士	三人
盎格鲁土耳其	一人	君士坦丁堡土耳其	二人
土耳其斯坦	三人	匈牙利	六人
日本	四人		

此外少年国际共产党（The Youth Communist International）与红色国际劳动组合（The Red International Labour Union）各派二十位代表赴会，共计赴会的代表有二百三十四人之多。

当日议决共产党分为五组：

第一组　德意志、法兰西、意大利、俄罗斯、捷克斯洛伐克的共产党，与少年国际共产党、红色国际劳动组合等七个代表团，各有四十五票，共有三百十五票。

第二组　英吉利、美利坚、波兰、乌克兰、日本、挪威、南斯拉夫、保加利亚、芬兰等九个代表团，各有三十票，共有二百七十票。

　　第三组　西班牙、罗马尼亚、瑞典、莱多维亚、瑞士、奥地利、荷兰、比利时等八个代表团，各有二十票，共有一百六十票。

　　第四组　希腊、中国、印度、爱尔兰、阿才培疆、乔治亚、立陶宛、爱沙尼亚、丹麦、波斯、土耳其、澳洲、阿根廷等十四个代表团，各有十票，共有一百四十票。

　　第五组　南非、爪哇、加拿大、智利、乌拉圭、巴西、墨西哥、亚美尼亚等九个代表团，各有五票，共有四十五票。

　　合五组统计之，共有四十七个代表团体，九百二十票，三百五十二名代表。此外如蒙古、高丽等处因没有代表赴会，故尚未计算在内。在这四十七个代表团体之中，除少年国际共产党与红色国际劳动组合之外，有表决权的只有二十九国，其余十六国都只有发言权而已。

　　大会的主席团由十三人组织而成：

俄罗斯	三人	德意志	一人
法兰西	一人	意大利	一人
捷克斯洛伐克	一人	巴尔干	一人
日本	一人	英吉利	一人
美利坚（合众国）	一人	斯堪狄那维亚	一人
波兰	一人		

　　主席团中的主席，他们公推俄人齐诺维夫担任此职。最后他们议决三日后实行正式开会。

　　十一月六号，第三国际举行第四届大会开幕礼。李宁（Vladimir Ulganov Lenin）[①]于事前曾有函致贺，兹特译之如左：

---

①　即弗拉基米尔·伊里奇·列宁（Vladimir Ilich Lenin，1870—1924）。

我不能赴会与诸君同行开幕礼，心中非常抱歉，现在我祇［只］能用书信来祝贺你们。各国的共产党虽然屡遇困难，但是共产党的国际团体，即国际共产党，却日渐发展，日渐强固。我们现在最重要的工作，还是使多数工人投入我们旗帜之下通力合作。我们应当战胜各种困难，完成这种工作。

第二国际与第四国际的合并，无产阶级的革命运动因之获得许多助力，国际的团体如能互相携手，推诚相见，于劳工阶级总是有利无弊的。

你们邀我来彼得格勒赴会，我大概不久就能遵命来与你们晤谈的。

苏维埃执政权已有五年了。现在较前益形根深蒂固了。俄国内乱已终止了。第一步经济改组的试验，已告成功。苏维埃俄罗斯现能出其全力，扶助全世界工人，去与有产阶级竞争，实行推翻资本主义。最后的胜利，总是属于我们的。

国际共产党万岁！

李宁，一九二二年十一月四号

十一月十号，是大会开会的第一天。齐诺弗夫演说，报告过去一年中执行委员会经过的事情，预拟国际共产党将来进行的计划。他说：

第三届大会毕会后，有产阶级袭击无产阶级。工人大受压迫。俄国亦患饥荒。我们为自卫计，不得不"去与群众为伍"，这就是我们进行的方法。"统一战线"是我们的口号，我们要联合一致共同动作，我们定须成为一个世界的中心团体！

我们为工人团体的统一而战。工人团体是无产阶级击敌的唯一的武器，宜统一不宜分离，分离无异自杀。所谓统一战线，就是反对分裂，这不仅是一种计划，且亦是一种重大的运动了。

第三届大会的口号是："使多数工人都投入第三国际旗帜之

下。"但是这种目的，至今还未达到。统一战线的战策，是达到这种目的最好的方法。统一战线的时机现已成熟，我们不应空谈，应当实行。现在第二国际联络有产阶级，不能实行无产阶级革命。我们急宜设立共产党，联络无产阶级，虽至分裂，亦所不惜。我们定能获得多数工人的同情。救济工人的团体，这是我们的事务。我们自己内部统一战线，不致发生什么困难。我们联络一致，就在同一的战线，攻击共同的敌人。我们经济与政治二方面的动作都应一致。

统一战线，给工人以奋斗的途径。我们联合全体工人，为生活而奋斗。我们更要为反对改良主义而战，要使工人直接从事革命。现在各国都在那边宣传统一战线的战策，行见成为事实了。

工人政府是统一战线之具体的表现；但是工人政府不易实现。工人政府不是过渡时期中必要的组织；并不能替代无产阶级专政，也不能免除内乱的滋扰。这是我们应当明白的。

苏维埃俄罗斯的物质地位，现已较前进步多多。其他各国应步俄国的后尘，实行革命。俄国的工人所受的痛苦很重，都是为了孤立无援的缘故。别国的工人，现在作事似较易便；俄国能予以援助。我们应要牢记勿忘胜利是痛苦之花这一句话。

齐诺弗夫言毕，听众大鼓掌。各代表对于齐氏的话，当即加以讨论。翌日十一号由齐氏致答。他说："工人政府有好几种形式。凡是有产阶级的政府，都是资本主义的有产阶级政府；然而工人政府未必都是社会主义的无产阶级政府。"

工人政府可分为四大种。奥〔澳〕洲的"自由的工人政府"（Liberal Labour Government），是第一种工人政府。英国现在也有这种同样的团体。这种政府不致实施一种纯粹的有产阶级的政策。我们共产党人须时时援助他们，使得成功。

第二种工人政府是"社会民主党政府"（Social Democratie Government），我们有时亦可援助他们。

第三种是"社会民主党人，职工组合会员与共产党人的联合政府"（Coalition Government of Social Democrats，Trade Unions and Communists）。这可作为无产阶级专政的起点。

第四种是"真正的工人政府"（Real Labour Government），这就是无产阶级专政（Dictatorship of the Proletariat）的政府之别名。

工人政府成立，有产阶级势必失去原有的地位。但是他们必不甘心放弃他们的特权，我们应先推翻有产阶级才对。我们要实现工人政府，就先当与有产阶级战争。我深恐工人政府不能实行无产阶级专政，造成机会主义的危险，这种危险是很大的。

最后实行投票，多数代表赞同执行委员会的行动，承认执行委员会的议案。

十三号开会，李宁受大欢迎；各代表唱国际歌。李宁演说"俄国革命五年的经过与世界革命的形势"（Five Years of Russian and the Perspective of the World Revolution）。他先解释新经济政策，他说：

实现社会主义最好的方法，就是施行国家资本主义。待至无产阶级握有政权时，国家资本主义就不攻自破了。

俄国至一九二一年，内乱始行平定，敌人始告失败。外界的敌人既被我们打倒，内部政治的竞争也就开始了。农民大多都反对我们。工人对于我们亦不惬意。群众都觉我们经济方面的主张太高远了，未免不切事实。因是于一九二一年三月，我们就议决实行新经济政策。自新经济政策实行后，至今已十有八月，试验的结果，颇有成绩可观。农民现在都很满意，但在一九二一年不然，我们发生饥荒，有人说这是我们实行社会主义的结果，其实是国外的封锁与国内的战争所造成，不能专责我们。好在饥荒现在已被我们战胜了。本年农民交给我们作为赋税的麦谷，已达一万万蒲特之多。我们并不与农民为敌，农民也是我们的好友。不过现在我们工人执政，他们管治全国，他们并不反对农民，所以现在不致发生农民反对我们的运动，他们与我们现在已妥洽了。

我们经过五年战争，至今还能握有政权，其间都赖农人与工人的帮助。农人不愿复处在地主之下，所以要来援助我们。不过我们不仅要推倒地主，亦要实行无产阶级专政，以求实现社会主义。我们俄国要先经过国家资本主义时代，然后始能进入社会主义社会。

俄国的国家资本主义，是一种特殊的国家资本主义，土地与工商业的大权，一概操在国家手中。个人只准经营小企业。如个人经商不良，我们即能勒令他们停止贸易。他们的方法，千稳万当，不虞失败。

至于国外，则世界革命的形势很好，假使共产党长此继续发展，以后的结果必更良佳。深望诸君一面自学，一面教人，将来必能获得良果，不患不能达到目的。

李宁演说毕，听众照例大鼓掌。柴脱金（Clara Zetkin）继之演说，演题与李宁相同。她说，俄国这次革命，是改良派与革命派之竞争。第二国际表面上虽反对改良政策，实际上却采用机会主义。俄国自二月革命后，孟希维克党与社会革命党主张制宪，借以反对创立苏维埃的说素。他们又主张民主主义，反对无产阶级专政的要求。英格尔斯早已说过"民主主义"是革命后无产阶级的大敌，我们应当加以反对。

十月革命，鲍尔希维克党节节前进，孟希维克党想借宪法议会之力，恢复原有的地位。然而宪法议会究竟敌不过苏维埃，随后宪法议会即被解散，有产阶级从此失势，一蹶不振。组织红军，是苏维埃一件最大的事情。实行无产阶级专政，更是历史上所不可避免的；结果解放了几百万人民，脱离了资本主义的束缚。

柴脱金讲到这里，主席宣告散会。翌日十四号，仍由柴脱金继续演说。她说，鲍党虽用力反抗敌人，但不曾以力自卫，实现共产主义，不是一个（国）的事情，是国际的事情。我们日夜所营谋的，不是一国的革命，是世界的革命。

她又论及新经济政策，指明俄国的农业政策，与马克思主义并不背道而驰。又说全国电气化是一种改良农业最好的方法，由此能自然进化至共产主义社会。俄国革命的目的，就在使大规模的生产、运输、贸易各机关，以及各种银行之社会化。革命后，无产阶级一跃而握政权，实行八时制，使产业社会化，从事社会立法，教育人民。无产阶级的地位，因之增进不少。我们应学俄国无产阶级那种革命的理想，实地从事革命。（大鼓掌）

倍拉锟（Bela Kun）演说后，脱洛斯基（Trotsky）起立演说。他说，共产党政治上最重要的目的，就是获得政权，第二国际专尚空谈，缺乏实行的能力。但在俄国不然，我们始终抱定这种目的，时时刻刻求其实现。俄国自无产阶级获得政权后，国内即行发生战事。——这都是阶级战争，不言可知。

过去五年中，俄国备尝艰苦。我们获得政权，虽较欧西诸国为易，但是不易持久。欧西诸国共产党人获得政权稍难，然而较易持久，与俄国恰成一反比例。……

十五号开会，执行委员会的秘书加尔赖狄克（Karl Radek）演说"资本家的攻击"（The Capitalist Offensive），末谓"共产党的目的，不是要获得政权就算了事的，仍要继续向前奋斗。我们现在不能以为仅仅通过几件议案，就算责任已尽，我们须抱定坚强的奋斗的意志才行"。

十六号由意大利的代表蒲狄茄（Bordiga）演说法西斯主义（Fascism）。捷克斯洛伐克的代表亦演说此题。

十七号各代表讨论赖狄克的演说辞。赖氏又说，国际共产党的敌人有二，一为右派，一为左派。右派的危险，当然较左派为烈。所以我们先要攻击右派，不得不以全力与资本阶级作战。……

后由瑞士代表范尔天（Velti）提议组织一委员会，专门从事国际共产党统一战线的运动。

十八号开会，布哈林（Bucharin）演说"国际共产党的纲领"（Program of the Communist International）。他说，议定国际共产党纲领的问题，是一个很困难的问题。但是我们不能知难而退，故遂提出这个议案。今将布哈林所提出的国际共产党的纲领，择要摘录如下：

（一）资本主义的奴隶制度

现在全世界都受资本主义的束缚，资本主义根据私有财产制度及以贸易为目的的生产事业。少数人私有生产与分配的机关，造成所谓资本阶级。他们握有经济大权，劳工因此不得不出售他们的劳动力。

人类中大多数是劳工，多数反被少数侵掠［略］。劳工是工的银奴隶，经济固然受人压迫，即政治与教育二方面，他们亦不得自由。

资本制度发展至最盛的时候，就是资本制度崩坏的日子。那时生产漫无限制，自由竞争，无产阶级失业，经济发生恐慌的现象，产生阶级的竞争。同时资本阶级内部分裂，国与国相攻。至一九一四年，欧洲大战发生，资本制度就开始崩坏了。

战争的结果，致生产停滞，世界的经济解组，阶级战争愈演愈烈。

俄国的十一月革命，是无产阶级的革命，是世界革命的先导。一声霹雳，打破资本制度，推翻有产阶级，世界的资本主义，因之遂根本动摇了。

资本主义既倒，无产阶级遂得自由，世界革命的无产阶级之革命的总团体，就是国际共产党。国际共产党引导人类走上新的轨道，凡是反对国际共产党的人，就是自己不要长进的人，结果没有不死亡——失败——的。

（二）工人的解放与共产的社会

国际共产党之终极的目的，就在破坏资本主义的社会，建立共产主义的社会。这是人类解放后所居的乐园。废除私有财产制度，使私人的生产机关，转为社会的共有财产，同心协力的通力合作，易自由竞争为互相扶助，生产事业便蒸蒸日上，一天发达一天，此时战争亦无形消灭。社会中秩序良佳，不复有阶级的区分，于是阶级战争就无由发生了。人类间的侵掠［略］，也必绝迹于世。国家自然消灭，世界大同，天下太平。

（三）有产阶级的倾覆与共产主义的战争

由资本主义社会转移至共产主义社会，其间必有一种长期间的无产阶级运动。他们与有产阶级血肉相搏，最后他们获胜，握得政权，才能实现他们的理想。

在这由资本主义至共产主义的过渡时代，有产阶级已被推翻，劳工阶级初握政权，防他死灰复燃，自然不得不实行无产阶级专政。

（四）到无产阶级专政之路

到无产阶级专政之路的第一步，就是共产党之坚固的团结，联络工人，共同反对军国主义与帝国主义。我们当努力实行国际共产党所已通过的种种议案。

上面就是布哈林所草的《国际共产党纲领》之大概，是第四届世界大会中一篇最重要的文字。

随后继续开会，赴会各代表相继演说，一面报告事实，一面发挥意见。中国共产党的代表名Voytiusky[1]在会中报告中国最近一年来的劳动运动。

各代表报告毕，随即讨论议案。大会中所通过的决议案是：

一、执行委员会的报告　　二、爱尔兰问题

三、凡塞尔和约问题　　四、国际共产党的纲领

五、共产党的教育工作　　六、法国共产党活动的纲领

七、俄国革命　　八、妇女问题

九、农业问题　　十、东方问题——殖民问题

十一、共产党人对于劳动运动的工作

---

[1]　即刘仁静。

此外，大会又发表好几种宣言，现亦列下：

一、告被资本主义束缚的工人

二、告彼得格勒的男女工人

三、告俄罗斯社会主义联邦苏维埃共和国的海陆军人

四、告英吉利、比利时、意大利与捷克斯洛伐克的无产阶级

五、告俄国的工人

六、告意大利的无产阶级

最后，改选执行委员会，有人提议仍推齐诺弗夫为会长，全场一致通过。后即宣告毕会，高呼：

俄国劳工万岁！

俄国共产党万岁！

国际共产党万岁！

世界无产阶级万岁！

世界革命万岁！

呼毕，奏国际歌，全场和之。第三国际的第四届世界常年大会，于是闭幕。

一九二三年三月草于上海

（《东方杂志》第20卷第6号，1923年3月25日）

蔡和森回忆中共"三大"前后（节录）

（1926年）

（五）党的第二次大会到第三次大会

第二次大会在一九二二年七月，第三次大会在一九二三年。在这年中，中国工人运动的潮流兴起来了，广东、湖南、湖北及北方铁路工人运动均勃兴，广东、湖南各地都得到很大的胜利，只有上海的罢工是失败的，但也不能影响于全国。这些职工运动因"二七"的失败，各地均向工人阶级进攻，以致渐渐消沉下去了，我们现在分以下几个方面来说：第一，职工运动；第二，党的政治生活；第三，党的内部生活。

1. 职工运动。这时北方京汉路工人的组织发展起来了，同时唐山已早有工人罢工的发生，在长辛店已有张国焘等设立的工人补习学校，把我们的工人刊物《劳动音》普遍起来了，并举行了"五一"节，北京也举行了纪念日，都有很广大的群众参加，就引起了北京政府注意，被捕了许多工人，但不是我们的同志。这是"五四"运动以后渐渐起来的，不过在香港罢工胜利以后跟着扩大的。此时湖南组织了工团联合会，发生了人力车夫及纱厂大罢工；在安源三万多人的大罢工，结果得了胜利；在水口山也组织了很有力量的俱乐部；在湖北工人运动跟着扩大为人力车夫和汉阳铁厂的大罢工。它影响全国都组织起来了，湖北工团联合会并设立了"劳动书记部"，也设立了支部，于是引起了中部的工人运动。而在广东的影响下香港的罢工，他们也组织了一百多个工会，在"五一"节组织了大示威运动，参加者有八万多人。在我们指导之下，这时广东有两个指导机关：一个是总工会；一个是广东工团联合会。而在上海有一纱厂大罢工，也在我们指导下，也组织了一个工会，不久失败了。这时党的计划要把沪宁铁路组织起来做为上海工人运动之中心，结果也没有成功。

劳动立法运动，这时工人阶级发生了立法运动，我党有下列几个原因也来做立法运动。

第一，引导劳动运动到政治争斗上来；

第二，直系欺骗工人，我们于中揭破其面具；

第三，职工运动的本身，职工会是不能永久存于秘密的状况下，而事实上劳动运动这时已起来了，但政府常用法律来压制，所以为本身计，提出劳动立法；

第四，对付工贼，自职工运动发生，即有工贼发生，如交通系收买工贼，散布谣言，说共产党是使工人流血的，是利用工人残害工人，工人要同交通系合作，利益要大，这影响工人很大，为对付交通系工贼计，可以主张劳动立法；

第五，这时有投机政客（胡鄂公等）借立法运动来欺骗工人，所以我党应先发起这运动。自立法运动的提出后，全国工会互相赞同，虽未成功，但影响甚大。第一次全国劳动大会所提出十七条，使工人有深刻的印象，第二次劳动立法运动，就是共产党第一次引导工人阶级走向争自由的路上来，因此这时就决定在一九二三年"五一"节在汉口成立全国劳动总工会，后因"二七"失败未实现。这时职工运动的政策：第一是极力在北方组织工会；第二是引导劳动运动由经济争斗到政治争斗。这时期党的政治生活如何呢？

2. 党的政治生活

（1）各国政治状况：吴佩孚打倒日本的工具段祺瑞之后，新的军阀崛起的时候，在南方陈炯明作英帝国主义的工具，及全国民众反帝国主义运动完全被消灭，这时国际情况为华盛顿会议后，日美冲突最厉害的时候，结果日本失败美国胜利了。

（2）这时党的生活状况：在第一次大会（一九二一年）我们党没有决定什么政策，曾讨论过与国民党的关系问题，但无具体的决议。当时的意见分赞成与反对两派，赞成派的理由很简单，没有说明政治理由，而只主张合作。反对派的理由以为国民党已经消灭了，没有什么作用了，所以主张自己统一势力。这是从国民党本身来反对，而没有从政治上去了解和分析，所以第一次大会时对此问题没有决议，只有宣传和党纲的规定。这证明，只能说是宣传机关，而说不上政党，因为对政治问题没有政策的决议。到第二次大会时党已有政策，开始作政治的宣传，从前完全是鼓吹主义，这时是政治的主张了。

（3）党的第二次大会，在一九二二年七月开的，这时我党才开始分析中国社会的政治经济，结论是：第一，辛亥革命未完成。我党分析的理由是：

① 帝国主义帮助反革命来压迫革命。

② 政权落于封建军阀手中，因此得出的结论是要继续的革命，所以提出的口号是打倒帝国主义和军阀。所以当时共产党即发表对时局之主张，第一分析帝国主义侵略中国后的势力；第二分析北洋军阀之产生及其存在（是帝国主义帮助的）；第三分析辛亥革命失败之原因，是帝国主义帮助。因此，这次大会提出的口号是继续辛亥革命，联合各阶级起来打倒帝国主义和军阀。这次大会还讨论联邦制问题，因为这时一派主张武力统一，又有一派主张联省自治，还有一般大学教授主张立法（美国式的），孙中山主张护法。所以此次大会对于这几派的主张都加以分析，并且在宣言中指出其来源及谬点：武力统一是军阀专政，这对帝国主义与军阀都有利益的；联省自治是小军阀瓜分中国，使帝国主义在中国有固定的地盘和势力。胡适等主张立宪来解决中国一切问题，这完全不了解中国病源是由帝国主义和军阀的压迫。如说能用宪法解决中国问题，是不是帝国主义和

军阀欺骗人民的口号呢？我们说宪法是革命的结果，没有革命决不能产生真正民意宪法。其次，反对孙中山护法的错误，我们说明现在是革命没有成功的问题，根本不是护法问题。现在的问题是怎样继续革命的问题，而不是讲法律的问题。所以我们主张联合全体人民反对帝国主义和军阀。这宣言是党第一次走上政治舞台的政治主张，贡献于全国人民之前。怎样实现我们的政治主张呢？所以党决定在北京办一《远东日报》（一九二二年八月决定），专是宣传国民革命，而国际代表马林反对，理由如下：第一，本党能力不足；第二，恐不久被封闭；第三，以为当时党不应该办这样大的机关报，只应办一周刊等。因此一九二二年九月我党机关报为《向导》，发行这报的纲领完全是根据第二次大会的政治宣言，口号是打倒帝国主义和军阀，实行民主革命。本报的影响及本报未出世以前的思想：

① 封建的政治思想绝对不知道中国的政治乱源如何。复古尊孔，提倡道德，反对民主制，代表此思想的中坚人物为军阀。

② 半封建半资本主义的思想代表人物为交通系、研究系，他们否认中国受帝国主义的压迫，认为国民革命弄糟了，以为中国主要问题是提高文化。

③ 买办阶级大商人的思想，一方面崇拜帝国主义和军阀，一方面反对国民党而无独立的主张，且禁止谈政治口号，如在商言商，即国民党党员亦变为军阀的走狗，或消极完全不谈政治了。一部分党员（张浦宗、张继），反对驻防军，以为中国之乱由于军阀，但认不清军阀是整个统治阶级，而仅仅反对的是那个人的问题。这就是当时的政治的最高主张。对帝国主义完全认不清，尤其认不清帝国主义与中国的关系，且否认帝国主义与军阀的关系。自我党政治报出版后，很引起一般人的注意，当时称我们的主张是海外奇谈的研究系，对我们的言论，谓宣传共产主义是可以的，至于主张与俄联盟、反对帝国主义是不可能的，在第四期，帝国主义者完全将《向导》翻译在《字林西报》登载，四期以后，工部局即严禁出售。

④　普通一般知识分子的思想。《向导》周报在最初出三千份报，而增至四千份，思想界起了大的变化，并对国民党丧失希望，《向导》在上海、长沙、北京都有出版。

⑤　对于工人阶级的影响。以前工人运动的口号是打倒资本家，但工人能看报的说不上政治，他理解不了整个观念，而且还受军阀的影响，还没有共产党的政治观念，此报发出后，才把同志们的地方观念打破，非党观念改变过来，所以《向导》是统一我党的思想工具。总起来在第二次大会后党始有政治的策略，并且实际上做了许多成绩，在社会上有很大的影响，在思想界上亦有很大的影响。在党的本身说，不仅统一了思想，而且作了组织的工具。

第二，民权运动大同盟，是在"二七"以前发起的，两湖、上海、广东均有此组织，这时在政治上即有政治的主张，但怎样进行，在第二次大会还没有决定加入国民党的问题。原因是：

①　本党只有抽象的理论；

②　国民党未变换态度及孙中山态度不定；

③　这时的政治情形，如吴佩孚胜利时，在广东虽然孙、陈得广东，但陈马上反孙，另方面英、美帝国主义的势力在中国正是兴盛起来的时候，孙中山这时主张四派势力联合，第一西南派，第二奉系张作霖，第三安福系段祺瑞，第四直系吴佩孚，这是孙中山的主张，同时他对外主张联德，代表是朱和中，到美国代表是马素，到日本是廖仲恺。这时我们看得出他有两个幻想，第一是希望军阀和平，第二是幻想帝国主义帮助。这时对我们敬而远之。这时我们当然不能与国民党发生具体关系。既然如此，我们用什么方法实行我们的主张及政策，因为我们的政策不是宣传的口号，而是要组织民众，所以党决定组织民权运动大同盟，这时党内曾有讨论，如国民党不与我们合作的问题，C.P.不能公开的问题。因此这时我们决定组织第三党，但在当时不能正式组织党，最初只能组织普通团体，所以我们开始在北京组织了，参加者非常踊跃。但在北京的知识阶级的政治观点很弱，如他们赞成精神很好，对实际上去做觉得害怕，并且不承认打倒

帝国主义，结果后来北京教职员也参加了，甚至议员也参加。

第三，一九二二年九月〔八月〕西湖会议。会议讨论加入国民党的问题。

① 在此次会议以前讨论过此问题，一九二二年C.P.第二次全国大会时，国际代表主张马上加入国民党，而有一部分不赞成加入，有一部分在理论上赞成，但关于具体方法，会议的结果要中央解决之，所以我们决定用C.P.中央执行委员会写信致国民党，请求联席会议，但中国政治问题而实际上做不到，因为孙中山不承认有C.P.的党，故因此未作。

② C.P.第二次大会议决了政治的纲领，内容是对于时局的宣言，号召各阶级与国民党合作，这是党未开西湖会议以前的两件事，这时候党员和团员对加入国民党非常不满意，但在另一方面又看不清革命的道路，这些人反对加入国民党的理由是：第一在主义上与三民主义不合潮流；第二组织的方法不能适合新的要求；第三革命方法倾向于军事运动，所以不赞成加入国民党。

③ 西湖会议的经过，结果一方面两党联合，另一方面设法个人加入国民党，经过数月后才加入（和森、秀松）。此后我们才与国民党发生具体关系，但影响很少。但这时客观的要求不仅如此，我们的政治生活也不仅如此，简单举个例子来说，全国劳动群众和学生运动非常发达，因此这种的影响很大，反映到北洋军阀派内起分裂，吴佩孚反段、反日本，这是"五四"运动的影响，军阀的分化第一次不能不说吴是左派军阀，这事我党是什么态度呢？C.P.对于任何事变必须参加，决不应中立，放过机会，究竟在这时我们对吴态度是怎样呢？反对吴必须赞成国民党与段及张联合攻吴，其次就是作国民党与吴佩孚联合的政策，我们怎样决定政策呢？首先看国际的情势，其次看国内的形势，在国际方面是华盛顿会议，英美竭力要吴统治中国，但关系未固定，而日本与段、张关系比较巩固，同时吴佩孚对群众和国民党态度都比较张作霖好，所以我们赞成国民党与吴联合，如我们赞成国民党与段、张联合就是右倾危险很大，结果使国民党成为日本帝国主义的工具，所以这时竭力破坏国民党与段、张联合，赞成国民党

与吴联合。还有一点，孙是揭破吴佩孚的黑幕，如他真能赞成中山，于国民的利益是很大的，这种事实虽未做到，但有三大作用：一使吴与英美帝国主义关系暂时不能密切；二使国民党与张关系破裂；三可以揭破吴佩孚的种种面具。

此时借吴佩孚的势力打倒交通系在京汉铁路的势力，所以此种政策在政治上收相当结果，在劳动运动中打倒交通系在工人中的势力。在另一方面对南方陈炯明的政策，自"五四"运动后，陈不但赞成民主革命，并且日益赞成社会革命，学列宁，因此我们曾与他在短期间发生了关系，但到他反动时，即与他脱离关系，而且坚决的反对，当那时与陈联合时曾办了《闽星》《群报》，这是对于党有利益的。再其次就是联省自治的政策，原因是，第一是小军阀对付大军阀，第二是帝国主义利用中国之分裂，第三各省政客绅士想揽地方政权。自吴打倒北洋军阀段祺瑞，有武力统一的趋势，所以小军阀号召联省以抗吴武力统一的口号，这是社会的影响，因民众厌恶战争，希望和平，所以这时复辟的思想复兴起来，这不是偶然的，乃在历史上都是如此，所以表现出复辟思想，这是建筑在社会的背景上（落后的农民）。吴之武力统一是这个传统思想，是建筑在新兴资产阶级的利益上（纺纱业），所以武力统一的口号得长江流域大资产阶级的同情，尤其是庐山会议、制宪会议，上海资产阶级特别起来响应吴佩孚，赞成武力统一，尤其是赞成反对日本，所以小军阀不得不在政治上找一个口号，但如果中国分裂究竟对帝国主义有什么利益呢？第一不能使中国工业发展，第二可以加强他们对中国的财政的统治，帝国主义可以均衡在英国的势力下瓜分中国，使中国民族不能形成一个整个的民族以反对帝国主义的革命运动，那么联省自治就应做了，但这口号怎样号召呢？原因是第一，一乡一村农民可以自治；第二，知识阶级的投机，产生政客，因此我中央重新提出口号，各省小军阀的主张自治，这联省自治影响一般知识阶级是很大，这是辛亥革命后及"五四"运动以前的中国政治思想，到"五四"运动已由马克思和列宁主义的观点来分析，开始打破此种思想，中山自上次失败后发表宣言反对英国，所以日本主张亚细亚与条顿民族同盟，反对昂格鲁萨克逊（英、美），这且是战前的思想，这恰与世界的形势相同。自大战发生后，即发生中国参战问题，所以就主张参加协约国（这是段祺瑞的主张），但国民党主张参加同盟国，战后主张中、德、日、俄联盟，所以发生实业借款。

3. 党的内部生活。党内的生活都有什么问题呢？第一是李汉俊、沈玄庐、陈望道；第二是小资产阶级的理论与态度问题；第三是小组织的问题；第四是广东的党部问题。

李汉俊、沈玄庐、陈望道。在第一次大会仅汉俊到会，和森、独秀未到会。因他有许多的错误，及我们对他有许多的批评。这时他对国焘同志有很多不满意，同时对独秀也不满意。因编《向导》周报和组织问题说独秀是专制，这就是因为汉俊、望道他们的意见与独秀的意见根本不同，按党的影响来说，他们是争领袖，结果大会选举第一届委员为独秀、国焘、李达，因此汉俊非常消极而回家去当教员，所以第二次大会召集汉俊他未到，只写一封意见书，内容是反对集权制、铁的纪律及作劳动运动和领薪水等。玄庐比汉俊煽动能力高，而他与戴季陶关系很深，但他与汉俊的消极是一样的，因为在党内也是没有占着地位，所以也不满意独秀。他的生活非常奢侈，后来他到浙江做议员。最初他做过农民运动，而到做议员时，他就联合了一派议员，所以渐渐变成了浙江省宪派，因此他影响一般的群众，所以在政治上的势力日高，渐渐就表示脱离党，不久就请求退出党，理由如下：第一说党内有拆白党；第二说党不注意农民问题，同时反对青年团改组，反对集中制，因此他另组织青年团，势力比我们要大，并且他另出一种刊物，到第三次大会派人请他，结果他不到，而后来中山派蒋介石要到俄，这时他同蒋介石一起来俄到莫斯科，以后才稍稍变更，承认不出党。国民党改组时，我党派他作国民党中央执行委员会的候补委员及浙江省党部的预备员。后来中央减少他的预算案及与同志及生活问题而又引起他对中央不满意。到第四次大会时他发表意见：第一，主张国民党独立，不应由共产党去指导，尤其反对党、团在国民党中的组织；第二，反对共产党加入国民党；第三，共产党的组织在各地不要太发展了。他为什么主张国民党独立呢？这就是社会的背景使他只主张作民族革命，否认无产阶级是领导革命的力量，同时又反对阶级斗争，完全是受戴季陶的影响，所以在第四次大会后又渐渐消极下去，而到了第二次国民党扩大会议时，一九二五年五月戴季陶提出最高的原则，他说国民党唯一原则就是三民主义，就是要使共产党退出国民党，这时玄庐就取反叛党的态度特别明显，所以党决定开除玄庐。望道同志在主张上与汉俊、玄庐等全相同，因个性阴沉，反对集中制和批评，怀疑工人加入共产党，反对大罢工，主张党应秘密不应如此公开，同时在第二次大会时，旅莫同志回国，以为上海太消沉，多数主张积极活动，但望道非常消极，这时中央显然分两派，所以在第二次大会发生竞选问题，结果这次委员为独秀、国焘、君宇、和森、中夏等同志，因此望道对中央更加不满。在西湖会议时，马林不满意新委员完全系新分子，主张扩大加李汉俊、李大钊为委员。望道一直消极下去。汉俊、玄庐、望道等退出党，对党的影响如何呢？大部分同志认为汉俊等退出党是独秀同志专横，使汉俊等消极，直到第四次大会都对汉俊表示同情，到现在才明了。又有党内同志反对国焘同志批评的态度太严重，第一次大会时国焘批评汉俊等太严格，后来国焘同志由莫回国到上海、北京、广州等处严重批评，而引起全国同志不满意，国焘与佛海、平山、中夏、公博发生很大的冲突，这都是站在个人的观点上和小资产阶级的心理上去攻击同志。另一方面国焘太左，这个问题在第二次大会未解决，因国焘被选举为中央委员，所以又发生下面的问题，第二次大会后所发生的小组织问题。因为这两派的见解和行动都有分别，所以第二次大会活动分子被选，自然的党内分了派别的观念，反对"劳动组合书记部"与中央组织发生关系的问题，后来劳动组合书记部开会讨论怎样实行第二次大会决议，只有活动分子全到，这时太雷发觉后即报告中央，因此独秀辞职。不久仲甫同志被捕。以后我党又开西湖会议，此次会议讨论问题是：（1）小组织问题；（2）对国民党的态度。

在西湖会议上解释小组织是偶然在表面上表现，完全没有别的倾向，但这是错的，理由如下：第一，为什么中央执行委员会不在大会上对付消极分子；不按照中央执行委员会的决议，去实行改组上海支部。以后我们再看会议的决议。

（1）因党最初组织理论和训练的基础都很幼稚，小资产阶级的心理很浓厚；

（2）因党中央都不满意国焘同志，所以借此夸大，以实行其攻击的野心；

（3）把组合书记部当中央执行委员会的变形，一切事情由组合书记部发命令找活动分子去工作，不用经党的通过；

（4）国焘不善分配工作——因为有以上这些原因，一时很难消灭这些意见，影响还是存在；

（5）广东党部问题及对陈炯明政策问题：第一，反对陈炯明——广东同志很奇怪；第二，认不清对陈的关系，所以有偏袒陈炯明的倾向，一时不容易转变态度——《群报》。陈公博他不赞成陈炯明，虽然反对陈炯明，但实际上帮助了陈炯明，因此中央去信严格责备公博、平山等，这时与陈有关系的等等同志并调回上海，公博反责独秀，不久独秀来俄后，公博等又在广州办《珠江评论》，主张联省自治，胡适之在北京主张作联省自治，独秀在上海反对联省自治，并说中国地大，交通又不便，主张联省自治是不对的，我们不反对割据，而怕的为割而不据，他又主张作劳动运动，因此中央看见广东党部已变为陈的工具了，所以派人去调查，所得的结果：第一，《珠江评论》是陈炯明出钱办的；第二，陈炯明办劳动局要公博当局长；第三，反对中央对陈炯明的政策，并拟离党而组织广东共产党。中国共产党中央根据这报告即将陈公博、谭植棠开除，马林亦赞成，并在《向导》上公开反对《珠江评论》。但广东团体仍非常混杂，直到陈炯明失败，始知道中央意见是对的，其原因是由广东同志相信公博太深，其次相信陈炯明反对中山是对的，再其次不相信国焘，以为中央此举为国焘所为。此时广东情形非常不好，他们以为应开除国焘，后来公博去英国，植棠被开除。以至"二七"后中央移广东，广东同志始觉悟他们之错误。以上四个问题，只有一个是态度问题，其余三个问题是根本的政治问题，这种倾向在幼稚的党中是影响很大的，同时他们在党中的地位很高，所以不得不与这种倾向奋斗，这种奋斗故是对的，这并不是什么小的问题，而是根本的政治问题。国焘问题在表面上是态度问题，实际上是党的纪律问题，不明白党员与党员的关系和上级机关与下级机关的关系，根本是反对纪律和集中制，至第四次大会始明了。

小组织问题，发生于第二次大会以后，动机是好的，但方法是错误的。应当不是另外组织活动分子，而要以中央执行委员会去推进全党进行，如这问题不解决必定发生派别，所以小组织的组织是不对的。因为在党中有两个方法，一是以活动的分子去推动消极的，一是将不革命的分子开除，这动机是对的，但方法是错的。此外，广东党部问题，起初他们是不自觉的，后来完全是自觉的作陈炯明的工具。中央解决这问题，广东党部同志不明了，因这问题完全是根本政策问题，故宁肯失掉广东党部，也必须严格向广东党部的叛逆行为争斗，而这时马林主张恢复陈公博的党籍，这是马林的错误。另外，在此时因上面种种原因，多数党员对党是消极的，但这种现象是必然的，因为社会的背景不同，所以反映到党中的政策不一致，发展到党中时，党中央就形成政策的不同，党的组织于是形成消极与积极，而影响到行动上来，但到现在我们的党能成为一个行动的党，真正的党，这就是由于不断的争斗而形成及得来的。

（六）"二七"运动与党的第三次大会

1. "二七"事变在党内的影响。在第二次大会与第三次大会之间，是中国工人运动新兴时期，这时期各地工人都起来组织工会，并影响到知识分子之分化，仅左派来做工人运动，并促成一部分军阀的左倾，高唱优待劳工。总之，在"二七"以前的工人运动是在勃兴时期，我党同志当时都抱乐观态度，以为可以不经过国民革命而无产阶级革命可以马上成功。在这时期所有运动十分之八九是胜利的，虽然有小部分的失败，但不能影响到全国。但"二七"失败却不同了，马上在工人阶级中引起失望，特别是京汉路的工人，因此影响到党内思想发生变化，发生悲观，对劳动运动怀疑，这是坏的思想。但还有好的，就是"二七"失败后得到教训，工人阶级独立斗争是不能得到胜利的，而还要有各阶级的援助，且军阀利用民众开会反对京汉路罢工，因此工人阶级应联合各阶级引导群众做自由的解放运动。但坏的影响甚大，如京汉路工人罢工策略问题上（要上工）而善后方法是很困难的。当时有些分子主张马上联合一切反英的势力以打倒吴佩孚（到上海公开登报反吴），这时中央的政策：第一，保存各地工人阶级的势力；第二，在京汉路迅速进行秘密的组织；第三，在政治上极力进行反直系大运动。这些不是一时可以成功的，因此一部分同志（周无为、张子采、郭平伯、郭寄生、陈天甘）发生自由行动，不服从党的命令，自动到奉天国民党等处求援，因他们渐渐不信党而变为反动派了，自此党内的困难问题亦来了，因为受了此次精神上的打击。

2. 党的第三次大会争论的内容和倾向。"二七"失败后三个月到一九二三年五月［六月］开第三次全国大会。这次争论的问题，如加入国民党问题，此问题在西湖会议上已决定全体党员以个人名义加入国民党（守常亦在），在理论上还未确定，所以在这次大会上争论的还是这个问题。在"二七"失败后，工人要领导各阶级作民族革命的争斗，这点中委同意，但在理论上的解释就发生分歧，马林最初则反对加入，后来受越飞的影响就倾向国民党了（他自己急躁，对党悲观失望，以为党很小，还是俱乐部，仅仅数百人，有时还发生纠纷）。这时马林提出"一切工作到国民党去"的口号，甚至不要共产党的右倾主张，仲甫是赞成的，后来第三国际训令来了，对于中国政治分析，以为中国目前是国民革命，领导责任是共产党担负，共产党应加入国民党，但要保住自己的独立的组织，这个训令是对的，当时中央对此是无问题的，不过怎样实行这个训令却有不同意见。马林认为我们职工运动都能到国民党工人部去做，而仲甫在大会报告，观点亦非常之右，说：中国无产阶级在数量上质量上都非常少，至于党的发展只有五百余人，工作只能做经济争斗，而不能做政治争斗，并且共产党目前不能在工人中公开宣传共产主义，而在小资产阶级中更甚，至于党更不能公开，故我们要做工人运动只有加入国民党，集中势力于国民党。当时讨论的问题为：

（1）联合战线问题：马林、仲甫、秋白、太雷认为中国目前的革命是资产阶级性的革命，故应与资产阶级联合，国焘、和森、仁静以为中国的资产阶级是不革命的，因阶级性使然，所以我们只应与小资产阶级联合，即是与国民党联合，因为他是代表小资产阶级的；

（2）党的地位与独立工作（亦分为二派）：

第一，马林、仲甫、秋白、太雷以为目前应加入国民党作国民革命，故当完全作国民党的工作，将来国民革命成功，这时党的独立是不成问题的了，因为那时共产党自然会出现了。

第二，国焘、和森、仁静以为加入国民党后应保存党的独立性。

（3）是否保持产业工人（亦分两派）：

第一，主张不保留产业工人，因为保留就是减少国民革命势力。

第二，以为产业工人是共产党的基础，应留，而不应加入国民党内去。

由以上看来根本的意见不同，具体的方法亦不同，一派右倾，一派左倾，结果组织一委员会把前面问题修正，对于后一问题又开一大会，始通过不保留产业工人而加入国民党，我们现在的估量以前是右倾的结果。

①　把工人的势力看轻，在马克思主义尚未深入工人群众脑中以前时，工人群众中的小资产阶级心理与色彩是不免的，但不应抹杀工人阶级的势力；

②　把资产阶级看作领导者，并未看清小资产阶级的势力；

③　共产党没有不要紧，只要国民党工作好时自然可以产生共产党。以上三点如果发展起来有成为少数派的危险。但他们也有好的地方，即是能接近各界群众，而他们也是很积极的，仲甫曾说：不要怕共产党有消灭的危险，我们去参加国民党的工作，假使是有危险也是历史的危险。但在左的方面是很消极的，其缺点亦有三：

①　怕加入国民党而削弱自己的势力，因之不积极去参加国民党；

② 等孙中山左倾然后再加入，而忘却支配国民党的责任；

③ 不能加入，去促进国民党改组，而站在被动的地位。左派的背景，只看孙中山是对象，而未看清全国国民党的群众，只看见反动势力右派。这背景是没有看清共产党是帝国主义侵入与侵略后的国民革命的领导者。总的背景是"二七"失败后党右倾，而看重国民党。在国际的背景是否是帝国主义向无产阶级进攻，因是各国共产党和工人阶级均取守势，而认为这左派太过火，这就是三次大会的情形。

3. 党的第三次大会关于加入国民党问题的讨论。前次曾说过关于加入国民党问题，在当时是极严重的。这时接到第三国际的训令，要中国共产党加入国民党，并指明这是目前重要的工作，但应保存自己独立的组织。在当时工人运动很发展，如南方海员罢工得胜利，可是京汉路罢工是失败了。这次失败给了我们很大的教训，教训就是孤军奋斗。此时在政治上是曹吴及英帝国主义统治之时，故政治的压迫很严重，因此第三次大会无论客观上与主观上都有加入国民党找得政治上的同盟者（的条件）。但当时党中曾发生一个问题，就是"二七"事件初失败，工人们心中都惑恐，欲用京汉路总工会名义在上海办报，公开反吴。我们知道这种复仇的感情是原始的，在策略上绝不应如此，因为我们的进攻是有策略与有步骤的。另一方面这种倾向在客观上，是要求中国共产党有一很正确的政策，即是对国民党之联合政策，因为国民党在中国革命史上是有地位的。此时加入国民党本来已根本不成问题，但如何这会上再发生争论呢？就是由于当时此问题的解释不同。在第三次大会所争论的主要点：第一，是否保留产业工人组织的问题；第二，国民党是否是中国集中的和唯一的政党。关于第一个问题讨论的结果是产业工人加入国民党，在国民党中去吸收我们的同志，此问题争论甚大，到大会中乃解决。至于第二个问题则在委员会中解决了。加入国民党问题已通过于大会了。今后的问题就是如何实行这个议决案的问题。第三次大会后，北方曹锟上台，随着临城事件发生，而帝国主义者就借此威吓曹锟与直系军阀，当时舆论为之一变。而在南方则孙中山重新得着政权（这是当时的政治情形）。这时国民党的政策是借临城案来反曹、吴，孙中山曾拍出一通电，但这若以革命观点来看，对于革命是不利的，因为主观上虽是反曹、吴，但在客观上间接帮助了帝国主义。中国共产党曾派代表欲与国民党联合宣传反对临城事件。可是孙中山不同意，故结果只得单独发表宣言。此时大资产阶级多是反对曹、吴的，大资产阶级同小资产阶级曾联合组织了一《民治报》。当时我们的宣言召集国民会议，引起了外报的嘲笑，此时孙中山并未发出号召，以致这口号不能扩大，这不能不说是国民党的一大缺点。此时在政治上虽有鼓动的机会，一般民众都反对，但因国民党只注意广东军事运动，故革命的浪潮不久就消沉下去了。第三次大会后不久到一九二四年一月国民党乃召集第一次代表会议，举行改组。在这个过程中，我们的政策一方面是宣传国民大会，另外又主张国民党组织的改组。但在这个时候，正是反曹、吴的时候，可是国民党没有利用此机会出来活动，故不久反曹的空气就消沉下去了。如上海资产阶级的"民治委员会"，不久就瓦解下去。在第三次大会中，于工人运动之决议案多是保守，而实际上因"二七"失败，故不能不保守，但同时也有进攻的。

4. 国民党之改组。一九二四年国民党实行改组，因此我们第三次大会对国民党所定的政策有实行的可能了，这证明第三次大会之政策是正确的。虽在当时有左倾的主张，这是不可免的。在七月之前主观上我们的党决定了此政策，而今客观上都已成功。再看国民党改组的意义，第一，国民党以前的态度是犹疑的，尤其是反对帝国主义，当第三次大会时，我们党中央移广东，公开发表宣言，国民党尚恐怖，简直不愿意我们的党公开发表政治主张，另方面广东离香港太近。但改组后就确定了正确的反帝国主义之纲领，这在中国革命历史上从来所未有的。自鸦片战争八十余年以来，也曾经过了许许多多次的反帝国主义运动，但都没有正确的反帝国主义之政策。孙中山虽有三民主义，可是对帝国主义之态度尚有些暧昧，直到此时才有明确的政纲。一方面这是证明中国八十年的经验，另一方面又是证明是世界革命的产物，是苏联十月革命和西方工人运动及第三国际的影响。这次大会确定了革命的目标，即是中国革命的要求，劳动平民的解放，把中国从帝国主义和军阀压迫之下解放出来，又在纲领上具体规定了工农之要求，确定了国民党之政治趋向，又规定了要与世界革命发生关系及联合苏俄，而以前国民党的口号，是中国人民自己解放自己。国民党之改组又是证明了我们第三次大会之成功。但此时我们党中就发生了不好的趋向，因为努力于国民党的工作，故对于我们党的工作与组织就忽略了，同时把共产党与国民党弄不清楚，这是由于党尚幼稚的结果。

（七）党的第一次中央扩大执行委员会议。在一九二四年五月在上海召集党的第一次扩大执行委员会。这时的情形；第一，因国民党改组后已有五个月的努力，我们努力工作亦有五个月的经验：第二，政治的环境在南方，国民党在广东并没有好的成绩，而在北方仍是曹锟执政，同时工人运动尚是保守的，故这次扩大会的责任，就是审查过去的工作，重新决定以后的政策，开会时国际代表已到中国，这次会议的主要问题如下：

1. 讨论我们在国民党的工作；

2. 讨论工人运动新的责任；

3. 讨论农民问题；

4. 讨论党与团的关系。

在第一个问题中包括了审查第三次大会的决议案。因为第三次大会中曾发生了争论第三国际亦知道，同时第三国际在土耳其国民革命运动中得着了不少的经验，国际代表以土耳其的经验，故对第三次大会的决议稍有所修改。他主张工人运动保留其独立的组织，工人是我们的基础，同时工人加入于小资产阶级的政党中。第二对国民党性质的估量，谓国民党是小资产阶级的政党，故本身上是不能集中的如无产阶级的政党。同时在实际上如国民党的组织太集中了，则工农加入不便。第三对于国民党工作确定了最正确的政策，就是我们唯一的工作是国民革命之宣传组织工作，是很需要的。因为在理论上国民党是小资产阶级的政党，本身不能集中，同时在五个月的经验中，国民党的组织是过于集中而机械化了，同时我们在国民党的工作过去偏重于组织，甚至于中央执行委员会大部分都到国民党中去工作，而党的会议停止，有许多问题拿到国民党中去解决，因为有些地方全是我们的同志，在事实上已发生了这个危险。第二个问题就是关于工人运动的议决案，中国的产业工人数量上虽少，但在革命运动中是集中的，共产党要把他们集中与组织起来，然后才能领导与推动中国的革命，组织工人是我们唯一的责任。我们的基础应建筑于工人阶级之上，又因当时工人阶级的觉悟需有共产党的指导才会走正确的道路，因此把第三次大会的错误完全纠正了，在关于组织上指明应注意工人基本的组织。第三个问题是农民问题，在这次扩大会议中讨论农民问题尚有一议决案，但当时的理论很少，唯一决定了许多口号（如组织农民自卫军、反对苛捐杂役、反对预征钱粮、反对土豪劣绅及苛租等）。以后的农民运动都是在这些口号之下去做的。第四个问题就是党与团的关系问题，在这次会议中何以会发生问题呢？因为在实际上弄不清楚，发生了许多困难，在此次扩大会上，第一确定了青年团的责任，指明了青年团的工作，其次确定了入青年团的年龄，青年团员至少不能超过二十五岁，同时又因青年的分子有很多是成年工人，都在青年团中，故使青年团发生独立的倾向，另外使许多党员及负责同志视青年团为党的预备学校，当青年团在南京开第二次大会时就发生了独立的倾向，议决案写下了青年团的工作，是独立的，不受党的支配，如北京青年团的负责同志，完全不受党的指挥，故这次党的大会，特加以指明。经过这次决议后，于是就有大批的团员到党中来了，以后团与党的工作及组织渐分化了。这次扩大会议的意义：第一，把第三次大会的错误纠正了，把未解决的问题确定了，同时又把不好的影响洗脱，对于国民党的工作有很正确的答复，即是应以宣传工作为主要，而组织工作次之，但是并不是不作组织工作。一九二四年五月开第一次扩大会议，而一九二五年开第四次大会。在第一次扩大会以前就有同志发生一种疑问，就是我们目前工作即是加入国民党作国民革命，然则共产党是否可以取消呢？这种错误是由于同志对主义的了解或是对党的理论同志们的观点尚未稳固的原因，这个错误若不纠正，不特对党危险，即对国民党的工作亦危险。但自第三次大会以后，因得了正确的了解，故把同志们的错误完全纠正了。其次，把国民党与共产党的组织分开，即是把中国共产党的组织独立起来。再其次，在国民党中的工作，把以专门做组织工作纠正而转到注意作宣传工作，因为我们之所以加入国民党是要到国民党中去做政治的鼓动及煽动。另外对于农民运动，当时只有广东作起来了，都有很好的成绩，组织了十几万的农民群众在我们口号之下。其次在工人运动方面，虽然当时还是保守的，但注意了党的组织了，以前不过是工会的组织，在第三次大会以后，就使各地同志明白了工人运动的意义与必要。再者团与党的关系也在第三次大会确定了，这些都是第三次大会后所得的成绩。

（蔡和森：《蔡和森的十二篇文章》，人民出版社1980年版，第29—48页；转引自《"二大"和"三大"——中国共产党第二、三次代表大会资料选编》，中国社会科学出版社1985年版，第479—500页）

与斯内夫利特谈话记录

——关于一九二〇至一九二三年的中国问题

（1935年）

伊罗生

　　我被派往中国，是由于我参加了一九二〇年共产国际第二次代表大会。在那次会上，我代表爪哇党。我是一九一九年被驱逐出爪哇的，一九二〇年初，在荷兰被邀前去参加共产国际的代表大会。我被指定参加殖民地问题委员会。列宁是这个委员会主席，里面还有罗易。我任秘书。我们依据列宁和罗易的两组提纲进行工作。

　　当时，虽有共产国际伊尔库茨克局在进行与远东的联系工作，莫斯科仍想派一个共产国际的直接代表驻在中国。我是一九二〇年八月被委派的。在为共产国际在意大利、维也纳处理了一些工作并重访莫斯科之后，一九二一年四月，我动身去中国。

　　没有给我什么专门的指示。我仅有的事先准备就是共产国际第二次世界代表大会的讨论和提纲。之所以没有其他指示是由于没有什么指示可给，因为只有伊尔库茨克局了解一些中国动态的情况。伊尔库茨克局全都是俄国人。它与在北京的非正式的俄国使团有联系。中国承认赤塔远东共和国政府的谈判正在进行。赤塔的俄国人坚信，为开展中国的民族主义运动而可以合作的人是吴佩孚，而不是孙中山，他们认为孙中山是个不切实际的梦想家。他们同意支持吴佩孚。伊尔库茨克局只与赤塔政府合作，它的活动仅仅受俄国在华北的利益所支配。这是一九二〇至一九二一年间的情况。

在上海，我必须从头做起。在北京，那时有俄国使团的一些代表，有苏俄国家安全委员会的一些人员等等，他们与北京大学一些小组有接触。而在上海，我不得不从了解中国情况入手。这使我同那里的国民党总部发生了接触。当时孙中山与陈炯明在广州。陈炯明的观点是把民族主义运动局限于广东，一种中国斯大林式的在一省发展民族主义运动的观点。孙中山则着眼于全国，他要攻击北方的腐朽的军阀、政客和外交官。孙中山要求组织北伐，他的主要敌人是吴佩孚，孙认为吴是英帝国主义的工具。那时，吴的傀儡曹锟正在主持北京政府。张作霖也是吴佩孚的敌人。张和孙中山关系很好，孙中山批评赤塔政府把张作霖仅仅看成是日本帝国主义的工具。在赤塔俄国人认为纯粹是日本的工具的张作霖，在孙中山看来实际上在想尽办法反对日本人，他修铁路、建港口等等，以与日本对抗。孙中山在沈阳有一个常驻私人代表，在一个长时间内由汪精卫掌管这些联系。

孙中山正在广州准备北伐，和他一起的有国民党的最重要人物汪精卫、胡汉民、廖仲恺、蒋介石等。在上海，我会见了孙中山的最重要代表之一张继，他是中国第一届国会的议员，作为孙中山的人，他曾在国会内积极反对向外国借款。他比我曾遇到过的任何一个人，在政治上更为成熟，并具有更多的西方观点。这是一九二一年下半年的情况。

与此同时，我与北京的俄国代表和伊尔库茨克局建立了联系。从伊尔库茨克局我得到了第一份关于中国共产主义者的情报。从他们那里我了解到中共与工人阶级的联系很少。中共只有几个分散的小组，到那时为止，真正的组织工作还没有做多少。

由于同张继的联系，国民党邀请我去访问孙中山。他那时正致力于控制广西和组织北伐。我和共产党员张太雷一起经过湖南到广西去会见孙中山。在湖南省会长沙，我同被认为与国民党友好的省长及其顾问们取得了联系。我听说长沙有一个青年学生组织与工人阶级（纺织工人）有联系，就去和他们接头，并花了一个晚上的时间向这些学生讲阶级斗争、俄国革命和在他们帮助下建立工会的必要。

然后我续赴广西。孙中山正在那里组织部队，拟进军汉口。我在孙中山的总部大约住了两星期①。我向他的军官们作了关于俄国革命的报告。我与孙讨论了群众运动和在工人阶级中进行宣传的必要性等等。我告诉他爪哇民族主义性质的群众组织——伊斯兰教联盟的发展；孙则向我讲述了国民党的策略、它的历史、袁世凯时期在国外的非法活动、与太平洋各国华侨的联系和他们对国民党的帮助。他还利用这个机会与张太雷就需要青年更加积极地参加民族主义运动进行了详细的讨论。就在这一次，他宣称马克思主义里面没有什么新的东西，中国的经典学说早在两千年前就都已经说过了，为了给你提供孙中山思想的神秘特性的某些概念，我可以举一个例子，孙向我说明他是怎样发展一个有希望的青年军官加入国民党的："一连八天，每天八小时，我向他解释我是从孔子到现在的中国伟大的改革家的直接继承者，如果在我生前不发生重大的变革，中国的进一步发展将推迟六百年。"孙中山比甘地更有战斗性，但是他单纯地沿着搞军事阴谋的路线想点子。

一九二二年初，正值香港海员刚刚宣布大罢工的时候，我继续前往广州。罢工的领导权掌握在国民党手中。国民党的领袖们支持这次罢工。支持民族主义运动的现代式的群众运动已经开始。海员的组织已经存在好几年了，它是孙中山同海外华侨联系的一个纽带。

在同一时期，中共领导人以北京为中心开始把京汉铁路工人组织起来并取得了惊人的成果。陈独秀在北京的组织与汉口的铁路工人总部有密切的联系。

我回到上海，发现在我离开以后的三个多月中，共产党人已经和上海工厂工人建立了更广泛的联系。一九二二年初，我们安排在杭州西湖召开

---

① 1921年12月4日，孙中山抵桂林，成立北伐大本营。12月23日，孙中山在桂林军次会见马林。——译者

一次会议。主要参加者有陈独秀、李大钊、张国焘，我记得还有瞿秋白，另外还有一个很能干的湖南学生，他的名字我想不起来了。

这次会议上，讨论了中国党和工人运动的前景。我坚持了以下观点：首要的是，赤塔政府对待吴佩孚的方针是完全错误的；这次强有力的海员罢工和国民党的领导证明民族主义运动同工人阶级组织之间的联系已经建立；到那时为止，工人阶级活动的最强烈表现是香港罢工；国民党领导集团方面对群众运动和民族主义运动相联系的重要性缺乏理解，这是中国反帝力量在发展民族主义运动道路上的一个巨大障碍；国民党松懈的组织形式使得在党内很容易促进群众运动的思想，因此必须与国民党建立友好关系；我们的人应该利用左翼（廖仲恺）去改变国民党的策略；他们应该加入国民党，但应保持自己的组织和报纸，并应继续在工人中建立自己的活动和组织中心。

我提出这些意见时，从来没有从莫斯科得到什么具体专门指示的问题。我离开莫斯科时没有什么指示。我只是以我自己在爪哇伊斯兰教联盟运动中取得的经验作为依据。伊斯兰教联盟是爪哇最早的群众组织。它建立于一九一一年，具有经济、社会和宗教混合一体的性质。它的斗争锋芒直指欧洲糖厂主对爪哇人的剥削。这个群众组织的左翼（集中在三宝垄）接受印地社会民主同盟的宣传，这个同盟是我帮助组织并使之沿着阶级斗争路线开展宣传。这种宣传在伊斯兰教联盟内部得到了强烈的支持，特别在一九一四至一九一八年的战争年代里是如此。结果，在一九一八年代表大会的宣言中接受了同"罪恶的资本主义"作斗争的思想。和伊斯兰教联盟左翼的联系创造了在我们自己人领导下组织工会的可能性，其中最重要的是铁路工会。纯粹民族主义分子反对我们社会主义宣传的日益增长的影响，他们效法正在发展中的工联主义，建立他们自己的工会。伊斯兰教联盟这一松懈组织形式，使我们社会民主同盟的印尼人、爪哇人、马来亚人的影响迅速增长。其影响之大，甚至在军队里也建立了联合会，而这种情况还是在战时呢！

由此，你就能理解在中国努力同国民党建立这种形式的合作是直接以爪哇的成功经验为依据的。保持我们中国共产党的独立性是这条路线的逻辑结论。在爪哇，实现了这一点。至于中国，更有必要强调共产党和工人运动的独立性，因为在中国民族资产阶级已经兴起，而在爪哇则还没有。从一开始就预料到，我们的人参加进去，国民党领导人将会抱着怀疑的态度迎接他们。还预计到会出现这样的可能性，即我们的人被收买过去，使他们成为执行国民党政策的工具。当我们采取在这一类群众组织中进行工作的策略时，这种危险总是存在的。

在杭州，绝大多数人接受了这些观点。只有一两个人反对，如果我没有记错的话，反对最强烈的是张国焘。这些反对者的论据，集中围绕着对国民党的评价问题，它成为群众运动组织的可能性问题，以及预料得到的、来自国民党领导人方面的反对的问题，等等。陈独秀同意我提出的观点。没有要求作补充说明的明确的反对意见。

（在这里，伊罗生向斯内夫利特提出询问，说他关于这次会议的叙述同陈独秀所说的有出入。他回答说：）

如果陈独秀的叙述是真实的，那么，第一，杭州会议后的一个时期，这个问题曾有许多机会拿到莫斯科讨论，中国的同志也可以把这个问题提交同年后期来华的越飞，但当时没有此种做法。第二，没有"服从纪律"这个问题，我向来十分反对这种手段。何况，我并没有从共产国际得到什么专门指示，我手头没有任何文件。[①]

我认为这是可以采取的唯一策略。一切决定于我们的同志是否有能力保持他们的独立性和他们的报纸。我认为，这种做法不仅有爪哇的经验为依据，而且完全符合共产国际第二次代表大会上的讨论和大会所通过的殖民地问题提纲。

况且，香港海员大罢工证明国民党与工人阶级组织有真正的联系，国民党也愿意与工人阶级组织保持友好联系。当时，南方的工人阶级组织正

---

① 伊罗生提出，陈独秀曾说1922年作出国共合作的决定是由于马林以共产国际的纪律相威胁而服从的。对此，马林作了上述回答。——译者

在发展成为民族主义运动的一部分，而在上海和北方情况大不相同，那里只有少数工人俱乐部。这就使得加入国民党更有必要。因此，作出这个决定基于三个因素：爪哇的经验；第二次代表大会的提纲；以及南方无产阶级组织在民族主义运动中所处的有利地位。其中包含的危险并不大。国民党的组织形式是松懈的，在民族主义运动中推行我们的思想和开展革命的反帝群众运动的可能性是存在的。

孙中山在一九二二年被陈炯明逐出广州后，我曾与他在上海多次会谈。他请我在国民党中央委员会阐述关于群众运动的观点。他变得更易于接受意见了。我劝他不要用军事行动收复广州。我向他建议要使上海成为一个在全国城市工人中以及在农民中积极开展宣传工作的中心。国民党领导人对这个问题的看法有分歧。右派反对这个建议，他们想不要群众参加而实现民族主义目标；但是以廖仲恺为首的左派则赞成这个意见。由于孙中山在广州的失败，迫使他不得不按照发展现代群众运动的路线来考虑问题，其次，考虑从俄国取得援助。

这时，我经马赛回莫斯科，到达莫斯科时（约一九二二年九月），正好决定越飞来华。我向共产国际、特别是向被认为是中国问题的专家拉狄克报告了我的工作。在我和他谈话中，产生了我应陪越飞来华的想法，并被接受了。这就意味着我在莫斯科只能停留两星期。这期间，我在《共产国际》上发表了一篇论中国革命运动的论文（马林：《中国南方的革命的民族主义运动》，《共产国际》，第二十二期，一九二二年九月十三日）。

在与拉狄克的谈话中，我清楚地看出他们对那里的军事问题比对宣传工作更感兴趣，那时，我心中已经怀疑有两条路线，两个中心（正在形成），即俄国利益中心和革命中心。无论如何，我的报告成功地粉碎了赤塔依赖吴佩孚的方针，那种想法宣告彻底终结了。我还没有给共产国际执行委员会提出正式报告，就很快与越飞一起启程。越飞也赞成和国民党保持友好关系，此后一个时期内我和他配合得很密切。我们到达中国后，越飞到北京，我到上海。随后，我们之间开始了关于事态发展的频繁而生动的通信。越飞的意见是我们必须帮助工人阶级组织与国民党建立紧密的联系。当然，不能取消共产党和他的机关报：《向导》周报和《前锋》月刊。

一九二三年初，我被派往沈阳见张作霖和他谈铁路问题——（我真奇怪，为什么一个革命的先锋战士要混进这种关系和这一类事情中去！①）——回到北京后，我天天与陈独秀接触。这正是京汉铁路工人运动（"二七"运动）时期。汉口工人中心的活动迅速发展。汉口工运高涨，正是一九二二年香港罢工的直接后果。这次运动的事实众所周知，无庸复述。你会记得京汉铁路工人的失败，表明汉口工人运动在其后一个长时期内被镇压下去。"二七"屠杀后，汉口中心被摧毁，北京发布了对马林和陈独秀的通缉令。我们于郑州枪杀后不久前往上海。

我在中国一直待到一九二三年十月。这个时期最重要的发展是越飞与孙中山建立了关系。孙中山当时已回到广州，建立一个新的政府和国民党总部，经常遭到陈炯明的攻击。我在上海停留了很短一段时间后去广州，以我和越飞的通信为依据，我与孙中山每周保持三四次联系。一九二三年"五一"节，我在广州一次公众集会上发表演说。当时我们的党员已经在广州、汉口、北京、上海开展工作。在北方，杭州会议带来的变化不大，因为国民党在那些地区没有多大影响。在吴佩孚所统治的整个长江流域国民党是非法的。在上海，只有几个领导人，不成其为一个党。只有在广州它才真正存在，而我们的人如陈独秀，在工人组织中开展了工作，出版小册子和报纸等等。

孙中山直到临死的时候，从来没有真正吸取群众运动的思想。他接受它，但并不真正热心。一九二三年时，他对发展群众运动是冷淡的，只关心军事问题。但是只有广州是我们共产党人能开展工作的唯一地方。海员工人为我们提供了工作基础，并且有机会将民族主义工会转变为社会主义的革命的工会。这有可能是我们的出发点。

---

① 括号中的话是伊罗生所加。——译者

在我知道越飞要离开、加拉罕和鲍罗廷到来之前，我被先后提议任驻广州领事和俄罗斯通讯社[①]记者，我拒绝了。后来，当我知道已作出上述人事变动的安排时，我就离开了。在哈尔滨遇到了正来华的鲍罗廷。工作被转移到一个新的航向。此后发生的事情是很清楚的。尽管提供了发展真正的群众运动和群众组织的机会，共产党人却变成了国民党领袖的工具。作为工具，他们此后不过是为蒋介石做嫁衣裳。

在中国所采取的准备步骤，业已证明对发展工人运动是大大有利的。但是，在斯大林、加拉罕、鲍罗廷和罗易（一个天生的民族主义者！）领导下，为开展群众宣传所付出的代价是太沉重了。

[《中国季刊》第45期，1971年；转引自中国社会科学院现代史研究室编：《马林在中国的有关资料》（增订本），人民出版社1984年版，第22—31页]

---

① 俄罗斯通讯社（1918—1934），塔斯社的前身。——译者

英勇奋斗十五年（节录）

（1936年）

米　夫

8．中国共产党第二次全国代表大会

第二次全国代表大会，举行于一九二二年七月。参加大会的代表，共二十人。大会决议中国共产党加入共产国际为其正式支部，并通过党的政治行动纲领。在纲领中规定：

（一）打倒封建军阀；（二）推翻帝国主义统治，争取中国民族和国家完全的独立；（三）建立统一的联邦民主共和国；（四）保障中国境内各民族——蒙回藏等以民族自决权；（五）争取言论集会结社出版罢工的自由，争取普遍平等直接不记名选举制；（六）争取八小时工作制，以及其他各种改善工人生活的条件；（七）取消厘金及苛捐杂税，规定统一的所得税及固定的低度租金；（八）力争妇女平权及改良教育。

在这一纲领中，以及在第二次代表大会其他决议中，完全反映出党在当时的弱点，党尚未充分了解农民问题的伟大意义，没有认识为争取自己对农民群众的领导的必要。

在这一时期中，党的基本工作，就是宣传革命理论，组织职工会，首先是组织铁路工人、海员以及纺织工人等等工会。同时，党在青年群众中，也进行了极大的工作。一九二二年五月，在中国共产党领导之下，中国青年团在广州举行了第一次全国大会，当时，全国已有四千团员。党在工人中间的影响，日益增长了。在中国共产党领导之下，已有几十个职工会，会员人数，约在十五万以上。中国工人经济斗争与革命斗争的发展，使中国上层资产阶级，封建军阀，特别是国际帝国主义，惊惶万分了。他们专等适当的时机，以图打击和摧残革命的工人运动。结果便发生京汉铁路"二七"流血的惨案。

9. 京汉铁路工人大罢工

自一九二二年十月起，资本家已开始向工人举行进攻了。在这时期中，上海纺织和烟草工人底罢工，遭受了武力的压迫，工会亦被解散。在极短的时期以内，单在上海即先后封闭了十一个工会。开滦五矿四万工人的大罢工，发生了两次流血的冲突，结果，开滦工会同样也遭受了摧残。但最大的惨案，还是一九二三年二月流血的事件（著名的"二七"事件）。

京汉工人决定于一九二三年二月一日在郑州举行京汉路总工会成立大会。一月三十一号，军阀吴佩孚突令禁止集会，调派军警占领工会，并实行驱逐来到郑州参加会议的代表。为反抗军阀的强横压迫与摧残，二月四号京汉路各站工会一致宣布罢工。六号晚，驻汉各国领事与湖北军阀及京汉铁路当局，共同集议于汉口，决定以武力镇压罢工。于是二月七号在长辛店、郑州、江岸等处，军警实行大批枪杀和逮捕罢工工人。反对复工者概遭残杀毒打，工人组织亦尽被封闭。而在这次罢工斗争中，林祥谦同志（京汉路工会江岸分会主席）和施洋同志（著名律师）之英勇行动与光荣牺牲，深得全国各界民众之称赞，并成为中国工人阶级及其共产党的斗争史上最光荣的一页。

"二七"事件中，京汉铁路罢工工人，虽极端坚定壮烈与一致的斗争，而"二七"的大罢工终于失败了。但从这一失败中，中国无产阶级获得了很大的教训。流血惨案打破了工人对于吴佩孚的幻想，在"二七"之前，尚有些工人组织，相信吴佩孚之所谓"保护劳工"与赞助"劳动立法"的谎话，而在"二七"之后，则每一个工人都明白看出，吴佩孚完全是帝国主义忠实的走狗；中国工人在自己切身斗争经验中，相信了自己的经济斗争是不能不与政治斗争联系的，是不能不与反对帝国主义及其走狗——中国军阀——的斗争联系的。同时，每个工人也更深刻感到，只有建立自己的坚固组织，方能争得真正的自由与真正改善自己的生活。

10. 中国共产党第三次全国代表大会

"二七"以后，中国职工运动，表面上似归沉寂，但实际上在一九二三至一九二四年，职工会虽处于秘密状态，仍继续顺利进行其在工人群众中的组织工作；并将全国各重要城市与产业中心的大部分工人，都组织起来。中国共产党的组织，在全国各地也有普遍的发展，党员已增至四百人。党已开始由小组——由狭隘的宣传团体变成为群众的政党。

中国共产党第三次全国代表大会，在这一方面实起着极其重要的作用。这次代表大会于一九二三年六月举行于广州。无论第二次全国代表大会或一九二三年二月〔一九二二年八月〕的西湖扩大会议，都未能肯定解决关于反帝统一战线与共产党员与国民党合作的问题。而第三次代表大会，则根据共产国际执委一九二三年一月十二日的特别决议而解决了这一个问题。共产国际执委在决议中写道：

> 国民党是现时中国唯一强大的民族革命组织，它以自由民主资产阶级和小资产阶级，以及一部分学生和工人为依据。

> 因为中国独立的工人运动尚属薄弱，因为中国目前的中心任务是反对帝国主义，及其在华代理人——中国军阀，尤其是因为解决民族革命问题，直接有利于工人阶级，而现时工人阶级又尚未充分分化成

为完全独立的社会力量——所以，共产国际执委认为：年轻的中国共产党与国民党实行合作是必要的。

共产国际一面号召中国共产党加入国民党，在国民党中工作，但同时又要求中国共产党保持自己政治的组织的独立性，而不应依附于任何其他政治派别：

> 只要国民党客观上进行着正确的政策，中国共产党就应在民族革命战线上一切运动中帮助国民党，但中国共产党无论如何，不应与国民党合并，无论如何不应在这些运动中，隐藏自己特殊的旗帜。

于决定国共合作问题中，第三次代表大会曾遇到"左"右倾分子的抵抗。"左"倾分子轻视民族革命解放运动的意义，而反对国共合作——反对共产党员加入国民党。右倾分子则以为实行国共合作，就是取消中国共产党在民族革命中的独立性与自己的政策。第三次代表大会进行了坚决的斗争，反对"左"右的倾向，且终于通过了有历史意义的重要决议。大会决定中国共产党员加入国民党，但同时完全保存党的组织及党的政治独立性。中国共产党以变国民党为真正广泛的民族革命群众组织，为自己的重要任务。

此外，第三次代表大会又修改了党的纲领。这个纲领比以前的纲领，更加扩大了关于推翻帝国主义统治与封建军阀压迫的要求。但无论旧的纲领或新的纲领，却都不曾提出农民群众的根本要求。而这一缺点，是特别应当指出的，因为共产国际执委在其给中国共产党第三次代表大会的特别指示当中，曾着重指出，正确决定农民问题，具有第一等重要意义，并明白指出土地革命的基本口号，首先就是"无代价没收地主土地，分给农民"的口号。在该指示中说道：

> 为要发展民族革命与建立反帝战线，就必须同时发展农民反封建残余的土地革命。只有能够吸引中国人民基本群众——小农——参

加运动，这个革命才能取得胜利。……因此，中国共产党——中国工人阶级的政党——就应力求工农联盟的实现，而达到这一目的之唯一办法，则就只有不倦的宣传和实际上实现土地革命的口号：如没收地主土地，没收寺院庙宇的土地，无代价的交给农民；取消苛租，取消现行税则，取消税卡，取消包税制，取消官僚制度，建立农民自治机关，以处理已被没收之土地等等。

（共产国际执委一九二三年五月给予中国共产党第三次代表大会的指示）

共产国际执委这一重要指示，在第三次代表大会决议中，显然没有任何的反映。

（《"二大"和"三大"——中国共产党第二、三次代表大会资料选编》，中国社会科学出版社1985年版，第555—559页；参见中共中央党史研究室、中央档案馆编：《中国共产党第三次全国代表大会档案文献选编》，中共党史出版社2022年版，第7—12页）

中国国民党的改组与国共合作（节录）

（1938年）

中国现代史研究会

四、中国共产党的发展及其
对于国民党的影响

中国共产党第一次全国代表大会后，在组织上、在工作上都有着初步的发展。至一九二二年七月，中国共产党召集第二次全国代表大会于杭州西湖［上海］，到会代表共二十人，代表党员约百人左右，讨论的中心问题为中国革命的基本问题与党的策略路线。大会通过了"中共第二次全国代表大会宣言"，大会讨论各个问题的全部结晶都在宣言中显示出来了。宣言中指出：

中国人民应当反对割据式的联省自治和大一统的武力统一，首先推翻一切军阀，由人民统一中国本部，建立一个真正的民主共和国……

更确切的认定：

真正的统一民族主义国家和国内和平，非打倒军阀和国际帝国主义的压迫是永远建设不成功。

宣言中清楚认识了中国革命的力量，与无产阶级领导的作用，指出：

中国劳动运动是在第一阶段中发展起来，香港海员和其他工人为经济要求的罢工运动，足够证明工人们的伟大势力，工人们的组织近来亦见迅速的扩大。而且工人们处在中外资本家的极端压迫之下，革命运动是会发展无已的。发展无已的结果，将会变成推倒在中国的世界资本帝国主义的革命领袖军。

中国三万万的农民，乃是革命运动中的最大要素……如果贫苦农民要除去穷困和痛苦的环境，那就非起来革命不可。而且大量的穷苦农民能和工人握手革命，那时可以保证中国革命的成功。

……手工业者，小店主，小雇主也日趋困苦，甚至破产失业……这个大量的群众也势必痛恨那拿痛苦给他们受的世界资本主义，加入到革命队伍里面来。

……中国幼稚资产阶级为免除经济上的压迫起见，一定要起来与世界资本帝国主义奋斗。

中共当时就主张在全国范围内建立民主的联合战线去打倒帝国主义和军阀。宣言中说：

各种事实证明：加给中国人民（无论是资产阶级、工人或农民）最大的痛苦的是资本帝国主义和军阀官僚的封建势力，因此，反对那两种势力的民主主义的革命运动是极有意义的；即因民主主义革命成功，便可得到独立和比较的自由，因此我们无产阶级审察今日中国的政治经济状况，我们无产阶级和贫苦的农民，都应该援助民主主义革命运动。而且我们无产阶级相信在现今的奋斗进行中间，只有无产阶级的革命势力和民主主义的革命势力合同动作，才能使真正民主主义革命格外迅速成功。

中共更具体提出了民主革命联合战线的斗争纲领：

中国共产党为工人和贫农的目前利益计，引导工人们帮助民主主义的革命运动，使工人和贫农与小资产阶级建立民主主义的联合战线。中国共产党为工人和贫农的利益在这个联合战线里奋斗的目标是：

一、消除内乱，打倒军阀，建设国内和平；

二、推翻国际帝国主义的压迫，达到中华民族的完全独立；

三、统一中国本部（东三省在内）为真正民主共和国；

四、蒙古、西藏、回疆三部实行自治，成为民主自治邦；

五、用自由联邦制，统一中国本部、蒙古、西藏、回疆建立中华联邦共和国；

六、工人和农民，无论男女，在各级议会、市议会有无限制的选举权，言论、出版、集会、结社、罢工绝对自由；

七、制定关于工人和农人以及妇女的法律：

（一）改良工人待遇：甲、废除包工制；乙、八小时工作制；丙、工厂设立工人医院及其他卫生设备；丁、工厂保险；戊、保护女工和童工；己、保护失业工人等；

（二）废除丁漕等重税，规定全国——城市及乡村——土地税则；

（三）废除厘金及一切额外税收，规定累进率所得税；

（四）规定限制佃租率的法律；

（五）废除一切束缚女子的法律，女子在政治上、经济上、教育上一律享受平等权利；

（六）改良教育制度，实行普及教育。

在第二次全国代表大会宣言发表之后一月余，中国共产党发表了它的"第一次对于时局的主张"，更具体的提出了联合战线的办法：

中国共产党的方法是要邀请国民党等革命的民主派及革命的社会主义各团体开一个联席会议，在上列原则的基础中共同建立一个民主主义的联合战线，向封建式的军阀继续战争；这种联合战争是解放我们中国人受列强和军阀两重压迫的战争，是中国目前必要的不可免的战争。

二次大会以后，党在工人中的工作更加开展起来了。在中国共产党领导下已有几十个职工会，会员人数约在十五万以上。在青年群众中的工作也加强起来了，一九二二年五月，在中国共产党领导之下，中国社会主义青年团（中国共产青年团的前名）在广州举行了第一次全国代表大会。当时全国团员已有四千人。二次大会后中国共产党开始定期出版中央机关报。《向导》周报就是在二次大会后出版的。

显然的，中国共产党一开始就在中国革命的正确道路上前进，它在全中国人民面前同时也在中国国民党面前提出了中国革命的正确道路，它推动着国民党走上中国革命的正确道路，一直到国共合作。

五、中共决定国共合作的经过

在国民党大踏步地走向革命的情形中，国共合作在一九二三至一九二四年终于形成了。中国资本主义发展在某个具体的历史情势中，要求反对帝国主义和军阀。而由于这共同的目标，在革命发展的某个阶段上，中国民族市民层小市民层与中国无产者的联合成为必要，这种联合就在国共合作的形式下表现出来了。

马克思主义者在相当条件之下和相当时期内，可以参加在一般的革命民主党内或革命的民主政府内，与革命的资产阶级合作，这在历史上，本来是有先例的。马克思自己及其同志在一八四八年德国革命中，就曾参加过莱茵省资产阶级民主同盟会。而列宁在共产国际二次大会上更这样演讲过："共产国际在落后的国家中，应有时要暂时的与资产阶级民主派妥协或合作，但绝不能与他们混合，而要保存无产阶级运动之独立性，虽是这种无产阶级运动尚在萌芽的形式。"因此，在打倒帝国主义军阀、为建立民主共和国奋斗时，在共同的目标下，无产阶级与资产阶级合作是马克思主义者所容许的。

此外，当时国共合作的具体条件也是存在的。

第一，当时国民党已不是一个纯粹资产阶级的政党。在"五四"后，国民党已开始参加了新的成分，已加入不少小资产阶级、工人、农民。而中共加入国民党可以更加吸收广大的群众参加国民革命，为国民革命而斗争。

第二，以孙中山为首的广东国民党政府，当时并不禁止劳动运动，而且取除［消］了治安警察条例与压迫罢工刑律，表现对民主政治的拥护。

第三，国民党同意中国共产党所提出的政治主张，并且容许共产党员在国民党内外组织群众，领导群众斗争。同时国民党的三民主义含有革命的内容，可以经过共产党来发挥其革命的主张。

所以共产国际执委一九二三年一月十二日的特别决议指出：

国民党是现时中国唯一强大的民族革命组织，它以自由民主资产阶级、小资产阶级以及一部分学生和工人为依据。

因为中国独立的工人运动尚居薄弱；因为中国目前的中心任务是反对帝国主义及其在华代理人——中国军阀；尤其因为解决民族革命问题直接有利于工人阶级，而现时工人阶级又尚未充分化成为完全独立的社会力量——所以共产国际执委认为：年轻的中国共产党与国民党实行合作是必要的。

可是，共产党与国民党合作，帮助国民党的革命事业，并不是说，两党应当合并，这种合并，对于国民党和民族革命事业，并无好处，而且会使国民党失了独立的净友，使中国失了劳动大众力量的组织者和集中者，使中国革命失去了最好的舵手；而且，由于中国无产阶级的存在，要取消其政党的存在，在历史上也是不可能的。所以，共产国际当时又指出：

> 只要国民党客观上进行着正确的政策，中国共产党就应在民族革命战线一切运动中帮助国民党，但中国共产党无论如何不应与国民党合并，无论如何不应在这些运动中，隐藏自己特殊的旗帜。

根据共产国际这一指示，中共于一九二三年六月举行第三次全国代表大会于广州，到会代表二十人，代表党员三百人左右。这次大会代表中有陈独秀、张国焘、毛泽东、瞿秋白、谭平山、张太雷、蔡和森等人；大会讨论中心为国共合作问题，大会并正式确定了共产党加入国民党的问题。中共第三次全国大会宣言引进了些事实，接着说：

> ……在在可以证明内忧外患更复加于国民之身，除集合国民自己的势力、做强大的国民自决运动，别无他途可以自救。也在在可以证明本党一年以来号召的："打倒军阀""打倒国际帝国主义"之国民革命运动，不是一条错误的道路。

宣言中关于革命指导的问题参［掺］杂了不正确的观念，但是三次大会对于国共合作的主张，无论如何是正确的。

第三次代表大会曾又修改了党的纲领。关于推翻帝国主义统治与封建军阀压迫的要求，是更加扩大了，但却同样的疏忽了国际关于土地问题的指示。

中共三次大会后，一九二三年十一月，国民党在广州成立的临时中央执行委员会就已有共产党员参加了。至一九二四年一月国民党之第一次全国代表大会，则正式通过容许共产党加入国民党，正式通过其联共政策了。于是国共合作就成为实际的行动了。

国民党第一次全国代表大会的宣言和政纲，诚然还有温和的成分存在。但无疑地，那宣言和政纲在大体上是成了国共合作的政治基础；而那宣言和政纲的革命内容，是留有当时共产党人的笔迹的。

在这里我们必须指出：当时中国共产党领导机关的个别负责者，对于加入国民党的意义虽然接受了国际的指示，可是还没有彻底的了解。为了这个问题，在中国共产党内，尤其在第三次代表大会上，有过很大的争论。一个极端代表者是陈独秀，他认为中共的一切工作应该归国民党，一切工作应该集中到国民党，这种观点实际上是要使共产党和国民党合并起来，取消共产党，这正如我们上面所说的这种合并是对于国民党和中国革命都无好处，而只有坏处，而且事实上也是完全不可能的。这种错误观点曾部分的参［掺］杂到大会宣言中去。另一极端以张国焘为代表；他们"反对在劳动群众中发展国民党的组织，主张工人应该在自己的政党旗帜之下参加民族革命，若加入资产阶级性的国民党便不免有混乱无产阶级思想的危险"（见中国共产党第四次大会《对于民族革命的运动之决议案》）。这种倾向同样不了解无产阶级者应怎样在广泛的国民革命运动的统一战线中去争取革命的同盟者。

这两种倾向，一种由尾巴主义表现出来，另一种由关门主义表现出来，但实质都是由于不了解无产阶级在资产阶级民主革命中争取同盟者和对民主革命之指导的问题。

（中国现代史研究会编：《中国现代革命运动史》，1938年；转引自《"二大"和"三大"——中国共产党第二、三次代表大会资料选编》，中国社会科学出版社1985年版，第560—567页；参见中共中央党史研究室、中央档案馆编：《中国共产党第二次全国代表大会档案文献选编》，中共党史出版社2022年版，第3—15页）

我与共产党（节录）

（1943年）

陈公博

四

自中共组织正式在上海成立之后，陈仲甫先生不久就辞去广东教育委员会委员长的职务，回到上海。他要急急回到上海，固然以第三国际代表坚持中共的中央机关非设在上海不可为其主要原因，而附带还有一两个原因，也使他对于广东不感觉十分兴趣。其一是自仲甫到了广东以后，一班自命卫道的老先生们群起而攻，他们大概一方面讨厌所谓新文化罢，一方面又恐慌着将来学校的校长和教员们要换了属于新文化的少年们。生活问题常常可以迫人挺〔铤〕而走险，何况广东的教育久已成为他们的地盘，他们为着地盘而战也是事有必至理有固然的天经地义。他们制做〔造〕出仲甫主张公妻共产的谣言，又说仲甫改了"万恶淫为首，百行孝为先"的两句格言为"万恶孝为首，百行淫为先"。这种不合理并且荒乎其唐的谣言，居然一犬吠影，百犬吠声，社会上全都信了。于是报纸上有直接著之言论来攻击仲甫的，甚至于把他老人家陈独秀的名字改为陈毒兽。也有广东士绅联名公请罢免他的教育委员会委员长，要求官厅驱逐出境的。这一下无端的谣谤，殊使他心灰意冷。其二，仲甫先生对于写作短文，文笔可算犀利无比，但对于长篇大论，却非所长，尤其他本来不是学教育的，对于教育没有很深的理论。初到广东之时，各方面震于其办《新青年》又为北大文化策源地文科学长的大名，遂排日请他演讲。仲甫既不能公开宣传共产，也不好批评政治，就是口若悬河罢，有时也会干枯，何况他本来不善讲演，多演一会讲，令人多一次失望。教育委员会连仲甫共有三个委员，除他兼任委员长之外，还有许崇清和陈伯华两位先生，由于他的声誉慢慢低降，办事上已感觉不大适意，而且外间已骎骎有了谣言，说陈炯明要更动仲甫，而以陈伯华代之，这也使仲甫急于求去。其三，更有一个不能公开原因，仲甫忽然觉得孤立无援，有一天晚上他告诉我不能不离开广东了。他有一位朋友告诉他，某一夜在太平洋西菜馆宴会，间壁胡汉民廖仲恺两先生都在座，谈起仲甫，竟没有人加以好评。仲甫之来粤，本为各人邀请而来，现在楚歌之声四起，似乎不可终日，故不如及早引退。仲甫即已打定主意，遂请假归沪，末后由请假而辞职。

广州的中共那时着着进行，除了社会主义青年团作外围之外，吸收作正式党员的已有二十个人以上。那时它的主要工作是在工会活动，党员分子倒有一半是工人，恰巧香港的中国海员为着要求加薪罢工，所有香港的海员因为香港政府监视甚严，全行来粤。那一次的罢工本来是国民党的联谊社主持，迫来粤之后，共产党遂于中加紧活动。海员分子是当日共党的唯一目标，此次罢工可以说替共党增加了一支生力军，后来共产著名的苏兆征就是当日海员领袖之一。

说也奇怪，广州的共党并没有用过苏联一个钱，既没有地址，更没有人事费。那时平山任书记，植棠任宣传，我任组织，平山还是那样的研〔跅〕弛不羁，植棠则热心而苦于活动不足，因此书记组织宣传集中在我的一身。我和平山植棠都有职业，在各校当教授，以每月的赢余，充作党的费用，这样辛辛苦苦支持了一年。那时我的思想忽然又发生问题了，我喜欢求知，不喜欢盲从，自己是共产党员，而且又负了广东共产党的责任，但是对于共产党的理论只是一种名词上的宣传，如辩证法哪，唯物史观哪，阶级斗争哪，剩余价值哪，到底它的来源是怎样，意义是怎样，单靠着一本马克思传是不够的（那时我译马克思传已完成四分之三的工作）。靠一篇马克思和恩格斯所写的共产宣言是不够的，靠着上海中共寄来几本小册子也是不够的。并且许多问题自己固然不能解答，闲常问起仲甫也不能解答。而且我当时任宣讲所所长，经济学一门找不到适当教员，只好自己兼任，许多问题，无从找参考书，我想就有参考书，倘不从头研究起，也只有鸡零狗碎的搜罗，成了一知半解的学问。我知道想研究经济，应当从亚当斯密 *Wealth of Nations* 研究起，但严几道所译的"原富"，以中国的古文，翻英国的术语，佶屈敖〔聱〕牙，意义本浅，转为深奥难通，我看了两三遍，越看越不懂，我当时即下决心舍弃广东的事业，去美国留学。我要到美国的原因有两种，第一是我的英文已有些根底，我已学习英文四五年，而又当过英文教员，到了美国用不着再从新研究文字，比较事半功倍。第二是往美国可以半工半读。我求学自从入法专起以迄北大止，都靠着报馆的撰述和通讯维持，如果到了外国，自然不能再担任。半工半读只有美国，除了美国没有这样方便。当仲甫还任教育委员会委员长时，我已表示过我的意见，仲甫也赞成我的主张。

在仲甫离粤之后，第三国际的代表名叫斯里佛烈 Slevelet[1] 的偕着张继先生自沪来粤。斯里佛烈化名西门 Dr. Simon 博士，他是一个荷兰人，在爪哇宣传共产而被当地政府放逐，故改派来中国负了代表第三国际的任务。张继先生和他约我在长堤的西濠酒店谈话，张继先生提出国民党和共产党合并问题，当时他们所谈的还不是国民党容共问题。大约这个问题是斯里佛烈和张先生已经谈过，并且有成议的。当日担任翻译的是张春木，后来改名为张太雷，做了鲍罗庭的翻译。他也是北大的学生，去过俄国，也是中共的委员，至十六年广州共党暴动时在战争中被我们的炮舰击毙。他们问我的意见如何？我当时很诧异，在第一次全国代表大会不是他们还要发

---

① 即马林，马林原名应为亨德立克斯·斯内夫利特（Hendricus Sneevliet），Slevelet为化名。

宣言要反对孙先生的吗，为何变得那样快？

我不赞成这个提议，因为我有我的理由。第一，国民党的主义和共产党的主义究竟不同，今日纵合，终久必分，与其将来分裂，倒不如各行其是，只在党外合作。第二，我尤其坚持我的意见，我先问合并之后，共产党是不是存在，他们说不解散。我说共党既然不解散，则是党员有了两个上级机关。我承认国民党是革命党，共产党也是革命党。如果两个上级机关有不同的命令时，党员服从了国民党即是对于共产党叛党，倘服从共产党时则是对于国民党叛党。两个党是革命党，叛党即是反革命，叫党员何以自处？当时我的立论完全从党的主义和立场去辩论，却从未想到共党要加入国民党实在要吸收国民党分子，和假着国民党招牌来扩展共产党活动的阴谋。假使当时我就知道的话，我也还是反对，因为我的主张以为一党的革命就在于取得广大群众的同情，光是用策略和阴谋，只是一种旁门左道，而非正当革命方法。

斯里佛烈虽然提出这个合并主张，却和我辩论很少，他是比较沉着的，而且他还要去桂林见孙先生商议这个问题，在未有结果以前，他不大愿意发表意见。但张先生呢，却非常热烈的和我争辩，他说国民党已老朽了，须要增加新的血输，所谓新血输就是共产分子。而且三民主义和共产主义没有什么不同，现在列宁在苏俄实行的新经济政策就是三民主义中的民生主义。国民党和共产党既都同是革命党，则所发命令自然更不会不同，因之党员也不会发生反党和反革命的事实。我们辩论了两个钟头，我还是坚持我的主张，这次辩论只是私人间交换意见，当然没有结论。末后斯里佛烈要我介绍见汪先生，并在教育会会堂作一次公开演讲，宣传俄国革命后种种进步，尔后他就跟着张先生去桂林，回粤之后也不找我，径自回沪。传来的消息，他们此行，没有什么结果，焉知道当日热心主张国共合并的张继先生倒成为后来元老派中的反共大将，这真是一件不可思议的事了。

仲甫先生离粤不久，孙先生便由桂林回师转道广东北伐，师次梧州，陈炯明下野退居惠州，孙先生免了他的省长职务代以伍老博士廷芳，胡汉民先生任了北伐行营的秘书长，许崇智率了梁鸿楷、黄大伟、李福林、朱培德出发韶关，入江西北伐去了。陈炯明的部下叶举，在攻广西时任了总指挥，是时也放弃了广西，把所有陈系军队都带回了广州，广州的城内城外都是陈家队伍，那时形势真可说是剑拔弩张，陈炯明的叛变真是指日间事。

倏然仲甫先生又由沪来粤了，他说是来粤视察党务的，我们开了几次会，讨论今后党的工作问题，仲甫又找着陈炯明的秘书黄居素先生，说要往惠州和陈炯明相晤。我以为仲甫先生是慰问陈炯明之意，人是有感情的，仲甫既由陈炯明请来，现在陈炯明下野，一去存问，也是人之常理，所以我并不加以劝阻。仲甫先生又要我陪行，我说我向来没有见过陈炯明，黄居素几次介绍，我都婉谢。因为我回粤之初，就决定办报而不见大人先生，所以这次我也不愿去。仲甫对我说，他和居素不大熟，旅途寂寞，多一个熟人，比较有说有笑，一定要我同行。后来我告诉仲甫他一定要我去时，我只是陪行，而以不同见陈炯明为条件。但是他们到了惠州去见陈炯明时，我也不是一样寂寞吗，所以我坚挽秋霖一起行。那时在群报的同事中，我最和秋霖谈得来，他虽然是国民党而我是共产党，我从来不劝他相信共产主义，也从来不要求他入党，每天共同工作，共同食喝。夜深工作完毕便一起逛长堤，步着夜月至家才分手。

时间是记不起了，总在将近夏天罢，我们四个人搭广九火车至石龙，由石龙转轮船往惠州。我还记得在船上过了一夜，仲甫和居素同住一舱，我和秋霖同住一舱，早上到了惠州，进了旅馆，九时左右仲甫便和居素给陈炯明接去了，我和秋霖便在惠州城内乱逛。见了一间女子师范，秋霖发起进内参观，我觉得没有多大意思，而秋霖坚持着非进去不可，秋霖那时还没有结婚，大约是求偶心切罢，见了女师的招牌，免不了有些遐想，君子成人之美，反正是游览，我何必固执己见。名片递进之后，出来迎接的是一位校长金碧西，谈起来她是市民大学听讲的学生，原来我和她有师生之雅，惠州和广州虽不远，也可谓他乡遇故知了，她带我们参观各教室后，又要请我食饭，又要带我们游惠州的西湖，秋霖大概是兴尽了，而我那时还非常面嫩，总觉得游览地方有了女子同行不方便。秋霖和我是无话不谈的，更不难长日游玩露出粗犷的面目，因此我们都婉辞了。回至旅馆仲甫们还没有回来，大约陈炯明留他午膳了，我们草草食了午饭，买了四五斤荔枝，带了两三瓶酒，遂至西湖雇了一只小艇，到处游览，惠州的西湖比杭州的西湖具体而微，那时陈炯明住在西湖角上一所祠堂，西湖一部分倒成了戒严区域。我们关照船夫随便在湖上蹓一下，便泊在一个堤下的桥孔，开始纵谈，饮酒，食荔枝，末后更趁着清风徐来水波不兴，大睡其觉。及至午睡醒来，飞鸟投林，夕阳衔山，我们便回旅馆。仲甫和居素早已回来，我们便又打叠下船回石龙，趁车回广州了。在船上仲甫告诉我，陈炯明不像下野样子，室内挂满了军用地图，桌上架满了军用电话，恐怕广东不免有事，我听了默然。居素和秋霖都目为陈系的人，我在仲甫面前，不好表示甚么意见，更不好说甚么话。

仲甫先生在回沪之前一日，约我在宣讲所谈话，我记得是下午，学生已经放学，因为植棠在我的所长办公室，他拉了我在院后的第二班课堂谈。他说广东恐怕不久必有变故。我们应知有所适从。论道理是应当联孙，论力量是当联陈，问我有什么意见。仲甫先生到底是刺探我的，还是真要问我主张，我至今不敢判断，但我正色对仲甫说，我们暂时不说道理和力量，孙先生到底是中国一个人，陈炯明纵然了不起，也只是广东一个人，何去何从，先生当知所择。仲甫先生听了我的话，默然一回，说我们看罢。自从这次他离开广东以后，一直至到民国十五年一月国民党开第二次全国代表大会，我们才重相见。

我看见广东的紧张局面，更使我急于离开广州，于是立即筹备赴美，有一天早上，汪先生约我至他家内谈话，说广东法政专门学校校长金章已经离职，要我继任，征求我的同意。当时胡汉民先生主张林云陔，而伍老博士则主张叶夏声，汪先生告诉我，他和廖仲恺先生倒主张我长法专，因我可以专心办教育。汪先生并且告诉我，当日下午就要离开广州赴香港往浙江见卢永祥。我告诉汪先生，我久已想出国，一切都已预备，并且已在交涉署取得护照，现在所余者仅是旅费问题。汪先生也不强我所难，更给了我一封信去见新任广东财政厅长程天斗，就此我们便分别，直至到后来我在十四年回国之后才见面。

　　陈炯明终于叛变炮击观音山总统府，并通电请孙下野了，叛变那天上午，孙先生率了兵舰回泊白鹅潭，炮击陈军，自此数十天广州终日处于一个震撼飘摇的局面。这样炮火连天的绵亘了数十日，孙先生遂回沪上，陈炯明扭捏了许久，才由惠州回广州。程天斗因事变走香港，我的留学经费又行搁起，不料因陈炯明的叛变，影响到我和陈仲甫的分裂，影响到群报的分裂。那时上海消息非常之消沉，平山虽然似浪漫无所容心，但聪明却不后人，和我商议要我们举他赴沪探听消息，趁早脱离这个是非之地，我自然听他的话，开了一次会，举他为广州共党的代表赴沪。我那时的确无法离开广州，因为我赴美的旅费还未得财厅发给，而且平山既去，广州共党更无人主持，并且我的家事还未了，我去之后，就算工读有了着落，老母的家用托谁维持都是一个问题。在陈炯明叛变之后，我只在报上得一个消息，说上海孙先生已派了许多委员筹备改组国民党，陈仲甫也是委员之一，其余都不知道了。

　　还有一件事我直到今日才愿意顺便公开的，就是廖仲恺先生被陈炯明认为他这次下野的主动者，在叛变之前一日，骗他到石龙扣起还未放出，末后更解至广州幽囚在西村的兵工厂，更使我逗留在广州。说也奇怪，我和廖先生本来不熟，只在教育会开会时见过几次，他做他的财政厅长，我做我的教授，风马牛不相关。那时汪先生是广东的教育会会长，廖先生和我都是评议员，我们没有谈过话，没有交过言，只在评议会上偶然相见。那时我很爱骑马，恰巧刘毅夫跟了唐继尧回滇，把他那匹老马硬送给我，所以我每天早上都在东山的百子路跑了一回马才上课。每天驰马之时，也碰着廖先生回办公厅。一个是乘马，一个是坐车，路上碰见点点头，由是遂发生一种不相交言的神交情感。而且从各方面所得的消息，廖先生非常廉洁，在叔季之世，而有这么一个干净人，不由得不使我心折。我听见廖先生被扣，内心真是焦急万分。我知道对于营救廖先生我是无能为力，但相信可以尽万分之一的人事。我不认识陈炯明，更不认识陈系的军人，但我认识金章先生，金先生是法专的校长，外间盛传金先生是陈炯明的幕后策士。我想此时不救廖先生，更待何时救廖先生。我是没有把握的，但金先生素来敬重我，或者因我一言，有转圜余地。我从来没有到过金先生的私宅，为了营救廖先生之故，和他见面好几次。末后廖先生是释放了，我也安心了，由是我遂放心准备离广州出国。这一段的经过，我从来没有告诉过任何人，我既没有告诉过廖先生，也没有告诉过廖夫人何香凝，更没有告诉过廖梦醒小姐，倘然今日廖先生还在世，我更不会公开的自述。自然当日营救廖先生的不止我一人，何必贪天之功，以为己力。就是我一人干的罢，也不过路见不平，拔刀相助，无功可言。这是不是一种正义感呢？我更不敢说，反正是我的一种特别怪脾气罢。

廖仲恺先生释放之后，家事也处置完毕了，母亲生活的维持托了一位杜先生，于是我候船出国。恰在这时张太雷衔了上海中共之命，并携了仲甫先生手书来粤见我。希望我立刻离粤往上海，因为上海盛传我有帮助陈炯明的嫌疑。我看见仲甫的信，真是小说所说三尸神暴，七窍烟生，问张太雷是根据了什么证据，他说上海许多国民党员都那样说，而且香港的报纸也登载过。我说许多国民党员到底是什么人也要指出，至于那张香港报是晨报，我也见过，附陈者首名是古应芬，而把我排在第六第七名，头一名的古应芬就不是附陈，末后更往江门组织大本营讨陈的。我没有做过陈炯明的官，没有拿过陈炯明的钱，并且也没有见过陈炯明。陈炯明是红是黑的，我都不清楚。广东我是要离开的，但不能立刻，因为出国护照还没得美领事签字，而且还要等候船，我总不能跑到香港和上海等船期，我是一个穷教授，万不能花了许多预备留学的经费无聊的呆住在上海。张太雷又劝我，要留学何必去美国，何不去莫斯科。我的肝火已动了，我为什么要到美国的理由也不愿再申说，只说我联陈不联陈，陈仲甫应该知道，刚去上海的谭平山也应该知道，何以两人知而不言，他们不止够不上做朋友，而且更够不上做人。至于我要到美国，也早在仲甫在粤时候决定，何以赞成于前，而阻挠于动身的俄顷，是不是跟我开玩笑。我一口拒绝了张太雷，只托他带一封信给仲甫，这封信长至千余言，现在也忘记了，问他还记不记得他问我联孙或联陈，问他还记不记得我的答复。末后附带骂平山，说我们做了朋友和同事多少年，连我的性格和主张都不清楚。我在广东的行动都是公开的，他对我是最知道清楚的，上海这样无稽之言，为什么默无一语。人之相知，贵相知心，似这种卖友之人，连做寻常的朋友都不配，遑能论乎共同艰苦奋斗。我声明自今以后独立行动绝不受党的羁束了，我也从此脱离共产党了。翌日我们在一个木作楼上开会，我把这些经过报告了广州共产党，声明即日起不再负责。那时会场起了很大的震动，谭植棠刘尔崧发言最多，全体主张广东共产党独立。我自问不愿意再和共产党一起，对于独立与否我不赞一词，只是声明脱离一切共党关系，决心出国，末后谭植棠因为帮我的关系竟被他们开除党籍，两年之后才复加入，而刘尔崧也受了严重警告，其余党员处分有差，这些事都是我到了美国或在回国之后才知道的。我既决心不再问共产党事，遂于十一月上旬翛然附春阳丸渡日本，过上海连岸也上不上，省得麻烦，后来在日本一逗留便是三个月，在民国十二年二月十二才由横滨渡美。

对于群报的结束，我应该说几句话交代。本来群报的阵营就相当复杂，我在上文也曾述过。因着陈炯明的叛变，雁声起了很大反感，发起老脾气，天天在编辑室骂人。他所骂的自然是陈炯明和陈系的军人，据茅连茹，当然牵到秋霖身上。他们两个人私交本来很好的，至是双方都有些不自然的态度。我佩服雁声，也可怜秋霖，雁声在群报同人眼中本来是一个性情孤僻的怪人。但无论怪到怎样，他在这个时候倒是不畏强御，大义凛然。而秋霖呢？虽然平日同情陈炯明，但围攻总统府，心内终不谓然。可是反对在心头，苦处却说不出口。

正在无法解决之际，群报的恶命运临头了。代陈仲甫而为教育委员会委员长的陈伯华先生，平常人都目为一个好好先生，忽然注意起群报。他说群报是共产党的机关，广州在陈炯明掌握之下，不能任共党宣传，他提出两个办法，一个办法是收买，一个办法是封闭。这个严重的恶运临头，在平山未离粤之前我和他及植棠讨论结果，只好出顶，但是附带有个条件，即是出顶之后不能再用群报名称。现在仿佛记得顶费是三千元罢，除发还股东股本之外，恰恰够还债，大约他们早已把群报的账目算好，所以顶费出得不多不少。这一次也算是强制收买，我们辛苦经营的群报不在莫荣新淫威之下横死，倒在陈炯明叛变之后夭折了。

五

我到日本之后，倒碰见许多熟朋友，有些朋友是在横滨的华侨学校教书，有些朋友是在东京读书，还有些朋友在横滨领事馆服务，他们或者是广东法专的同学，或者是北大的同学，一时倒不觉寂寞。我在横滨住了十几天，到东京早稻田大学附近一家贷间和朋友居住，不到一个月，我又回到横滨住在一家英日合壁〔璧〕的旅馆候船，眨眨眼又是民国十二年一月了。

那时廖仲恺先生自上海来日，住在中国的公使馆他的兄弟廖凤书先生那里，不知道他怎样知道我在横滨，他派了个中国的海员到横滨华侨学校找我，要我到东京和他见面。终于一天借着一个书画展览会参观之便，我又到东京的中国公使馆。我记得那时在座的除了廖先生之外，还有许崇清先生和我的亲戚二人。我本来和廖先生很生疏的，这时在异国相见，倒非常亲切。他告诉我沈鸿英和杨希闵的军队已占领广州，但沈鸿英是靠不住的，刚刚接电报，沈鸿已被杨的军队驱逐至北江，广东大概可告安定，我们可以回粤做些事了。他又问我以后怎么打算，我告诉廖先生我还要到美国留学。廖先生很不客气的劝我不要到美国，他说去了几年，也不过如此，倒不如早回广东做点事。我问他做什么，他说法专没有妥人接办，你还是当法专校长罢。我默然了一阵，心想又是法专校长问题，然而当时我实在不好多说，因为我求知的心情是没有人可以了解的。当时我在广州教书，据社会的批评，似乎我已是一个名教授。在一个已博有社会微名的人，而说还要求学，是令人难得相信的一件事。可是学问不足，只有自知，我不能以肤浅之学骗人，更不能以肤浅之学骗自己，但若再坚持求学之意，恐怕廖先生不相信，终于默然之后说："再看罢。"见了廖先生之后，我遂回横滨，一夜天气很冷，忽然接到廖先生一封信，说希望我到热海一行，因为那天在座还有几个人，许多话不便谈，现在在热海可以多谈几句，如果来的话，希望接信之后即来，他在热海也不会停留很久的。

我接了廖先生信之后，心里很犹疑，我不怕么，只怕廖先生又要我回广东。但后来想想还是去罢，因为不见得廖先生会太勉强我，他真迫我时，我还可以把心情尽量告诉他。这次廖先生倒不提出我回粤问题，只是询问我国共合作意见，我告诉他我和斯里佛烈和张继先生谈话的经过，他沉吟了一下说，我们不妨和越飞谈谈。这时我才知道苏俄驻华代表越飞也来了热海。晚上三个人见了面，越飞告诉我苏联命令中国共产党加入国民党，实为完成中国的国民革命，而且越飞更郑重的说，中国只有实行孙先生的三民主义，绝不能行共产主义。我问越飞苏俄希望共产主义何时在俄实行，越飞只是摇头不答。我问越飞六十年共产主义在俄会实现吗？越飞倒很老实，说还是一个疑问。廖先生很滑稽的笑着说："公博，你还有什么话说，我们要做革命党也要做现在的革命党，不要做一百年后的革命党，我们努力实行三民主义，不必再讨论了。"廖先生这句话倒使我非常感动。不过我撇开国共的问题不谈，我表示我只能做一个党的党员，不能做两个党的党员，因为我的性格，既然不爱骗人也不爱骗自己。我回横滨之后，在民国十二年二月十二日附美国总统号赴美，开船的第二日在船上还接廖先生一个电报，希望我赶速归国，但是我既然决心求学，又焉好半途而废呢！

抵纽约之后，我入了哥伦比亚大学的大学院，那时我又由哲学而改研究经济。我研究经济的理由，固然因为经济上许多问题不能解答，尤其迫我研究经济的，我那时已有一个信念，即以为除了责任之外更没有什么道德，除了经济之外更没有什么政治。前一个思想是我研究伦理学的结论，后一个思想是我研究各国政治史的结论。

我抵美之后，接植棠一封信，说上海的共产党决定我留党察看，因为我不听党的命令，党叫我到上海我不去，党叫我去苏俄我又不去。我不觉好笑起来，我既不留党，它们偏要我留党察看，反正我已和他们绝缘，不管怎样，且自由他……

（陈公博：《寒风集》，1945年，第214—231页；转引自《"二大"和"三大"——中国共产党第二、三次代表大会资料选编》，中国社会科学出版社1985年版，第568—581页）

毛泽东回忆中共"三大"

　　1923年，共产党第三次代表大会在广州举行，大会作出了有历史意义的决定：参加国民党，和它合作，建立反对北洋军阀的统一战线。我到上海去，在党中央委员会中工作。第二年（1924年）春天，我前往广州，出席国民党第一次全国代表大会。3月，我回到上海，在共产党执行局工作的同时，兼任国民党上海执行部的委员。其他执行委员，有（后任南京政府行政院长的）汪精卫和胡汉民。我和他们共事，协调共产党和国民党的行动。那年夏天，黄埔军官学校成立了。加伦担任该校顾问，其他苏联顾问也从俄国来到。国共合作开始具有全国革命运动的规模。那年冬天我回到湖南休养——我在上海生了病。但在湖南期间，我组织了该省伟大的农民运动的核心。

　　（［美］埃德加·斯诺著，董乐山译：《西行漫记》，东方出版社2005年版，第150页）

张国焘回忆中共"三大"

从联合战线到加入国民党

陈独秀先生和我于五月中旬分途回到上海，即面临着北方政局的变化。奉系势力被驱逐到山海关外，直系完全掌握了北京政权。

这个时期，中国的形势的确有些使人乐观的征象。华盛顿会议主要虽是解决英、美、日等列强在太平洋区域的冲突及限制军备；但其决议案也规定了中国的领土主权完整、协议改善关税制度暨治外法权等。当时一般人多抱乐观，认为华盛顿会议开辟了减轻外力侵凌的途径。奉系的失败，也可以说是日本在华势力受到实际的打击，代之而起的是反日爱国的军人吴佩孚等。他们觉得循此发展，可以扭转第一次欧战以来日本灭亡中国的趋势。

因此，北京的一般名流学者如胡适等对吴佩孚寄予厚望，希望由此励精图治。他们在《努力》周报上发表了"好人政府"的主张，主张不分党派，由全国所公认的好人，出来组织一个好人政府，实行废督裁兵，财政公开，尊重国会，制定宪法，实行联省自治，停止内战，以实现和平统一等措施。

这年六月初，北京政局的变化表面化了。六月二日徐世昌通电下野，黎元洪主张以废督裁兵为其复职的条件：尤以好人政府的宣传，获得一般舆论的支持。李大钊先生致函我们，认为好人政府是当前混乱局势中一种差强人意的办法：一些从事新文化运动而在党外的朋友们，也直接间接表示希望中共对好人政府的主张予以支持。这就使中共中央觉得应根据远东劳苦人民大会所制定的方针，联系中国目前局势的发展，从速发表一个对时局的主张。

当中共中央讨论这一问题时，一致认为华盛顿会议决不能开辟一条改善中国国际地位的道路；外力始终是在阻碍中国的进步：日本势力虽然受到打击，代之而起的仍是列强共同宰治中国的局面；废督裁兵是不能的，军阀战争和军阀统治的局面仍将继续下去；好人政府的主张会阻碍革命思潮发展，将一般人引导到改良幻想的歧途。

上海的一般同志对好人政府一致讥讽，这也许是上海的环境使人易于看出北京的黑暗面。当我们将这一问题提交上海全体同志会议讨论时，到会者多采取激进的态度，要求不必等到第二次全国代表大会，也不必顾虑到与蔡元培、胡适等好人政府派的原有友谊，即应将我们的主张公开出来，并推陈独秀先生起草。当时中共还没有共同起草一个文件的习惯，陈先生在会议上即曾表示他所草拟的这项文件完成之后，欢迎所有同志不客气的修改，使之成为一个集体作品。

陈先生的草案在中共中央讨论的时候，并没有经过很多的修改就通过了。它指出了国民党过去因妥协倾向而失败的种种经过，反对好人政府的主张，并批评一切改良妥协的倾向：提出一个作为革命目标的民主纲领。现在看来这个文件是富于中国情调的。

这个被题名为《中国共产党第一次对时局主张》的文件，具体地说明了建立革命联合战线的办法：

中国共产党的方法是要邀请国民党等革命的民主派及革命的社会主义各团体，开一个联席会议……共同建立一个民主主义的联合战线，向封建式的军阀继续战争。这种联合战争，是解放我们中国人受列强和军阀两种压迫的战争，是中国目前必要的不可免的战争。

这个文件于六月十日通过之后，我即于六月中旬被派往北京。我的使命是与李大钊等同志谋得政治上的协调。我携带了一卷中共对时局主张的印刷品，交给李先生，向他说明原委并与之商讨。他毫不迟疑的表示同意；并说前些时候他曾认为好人政府是一个可行的办法；但现在时局的发展显得不可乐观，直系的曹锟别有怀抱，他的左右更想捧他做总统，连吴佩孚都受到排挤，那里说得上废督裁兵？所以上海中央这种主张是正确而合时的。

当李先生与他的那些主张好人政府的朋友们在一个会议上会面的时候，将我交给他的印刷品分送给这些朋友们。当时即有人说到仲甫（陈独秀的号）老爱标新立异，现在又在唱反调；但有些人经过一番考虑之后，也觉得好人政府将难收效，仲甫的主张不能说是无见地。李先生将上述这类反应欣慰地告诉了我，并说他曾向他们指出：这不是仲甫先生一个人的意见，而是连他自己在内的一个新兴的集团的慎重主张，因而才特别分送给大家看，希望获得谅解。这样，中共的主张开始在他们中掀起了一些波浪，有些人从此对中共表示同情，也有些人从此与中共分手了。

在北京全体党员的会议上，我报告中央慎重发布这对时局主张的意义，到会者都表示拥护。一般较年轻的同志更是特别左倾，他们对好人政府不寄予任何希冀，而且认为中共中央的态度还是不够彻底。在他们看来，中国的资产阶级是不能革命的，中共应自为主体，放手大干。这次会议通过了决议，一致支持中央的立场；在北方群众中进行宣传，以期打破一切依据现实企图改良的幻想。同时这次会议也决定了利用目前北京较自由的空气，要求劳动立法，废除治安警察法，组织反帝国主义大同盟，从事反帝国主义的活动的具体办法。后来，北方同志们的这些活动也收到了相当的效果。

我在北京耽搁了约一个星期，又回到了上海，将经过情形报告中央。中共中央根据党章每年举行一次大会的规定，正在积极筹备第二次代表大会的举行。

恰好在这个时候，蔡和森、向警予等同志被法国驱逐回国。他们两夫妇受了欧洲共产主义运动的影响，成为虔诚而热烈的马克思主义者。他们既曾受到法国政府的压迫，又与主持当时勤工俭学事宜的李石曾、吴稚晖等发生过争吵，因而满怀愤恨，准备回国来大干特干一番。刘少奇、袁达时、陈为人等留俄学生也在这时从莫斯科回到了上海；他们受过共产国际的相当锻炼，都准备在中国的实际工作中一显身手。

他们对于中共中央所发表的第一次对时局的主张，虽一致赞成，但也觉得有些不满足的地方。蔡和森首先指出这个文件并未将中国无产阶级和其先锋队的中共的作用完全表明出来。他认为中国的资产阶级不会有法国革命中法国资产阶级所能起的作用。中国是一个半殖民地，中国工人应联络广大农民和小资产阶级，形成反帝国主义的革命联盟。

他们在国外的时候，总以为中共的工作必定是十分虎虎有生气，那知回国一看，事实上却是相当松懈。他们对于党员的政治见解不尽相同的一点最感苦恼；开始强调我所主张过的统一意志和思想训练的重要。他们觉得我所主持的工人运动比较合乎理想：要求其他的工作，尤其是政治活动，要向工人运动看齐。

陈独秀先生很重视这些从外国回来的同志们的意见。他表示从国外归来的同志能增加中共的新血液，又可纠正国内同志那种受环境影响的散漫心理。他同意由第二次代表大会草拟另一个宣言，来补充前一个文件的不足。

中共第二次代表大会开会期间已届，但预定到会的李大钊、毛泽东和广州代表都没有如期赶到[①]，使会期展延了几天。第二次代表大会终于七月十日左右在上海成都路一所中共中央所租的房子里正式开幕了。

当时中共党员人数是一百二十三人，但这次到会的正式代表却只有九个人。陈独秀、李达和我三个上届的中央委员是当然代表，蔡和森是留法中共支部的代表，高尚德是北京代表，包惠僧是武汉代表，社会主

---

① 李大钊当我到北京面邀时，曾允如期参加；但卒因事未能赶到。毛泽东据他自己在自传中（第33页，史诺笔录，方霖译——香港新民主出版社1949年5月第3版）说，是因为忘记了开会地址，致未出席。至于广州代表则因陈炯明事变所造成的战争状态，联络发生了困难，所以也没有赶来。

义青年团中央的代表是施存统，此外还有一位上海代表、一位杭州代表，名字我记不起了，一共九人；非正式代表列席会议的有张太雷、向警予等人。

这次大会首先听取中共中央的报告。陈独秀先生报告中央工作的概况及所发表的政治主张：我报告远东劳苦人民大会的经过、工人运动状况及第一次全国劳动大会的情形；施存统报告第一次全国社会主义青年团代表大会等的决定。大会花了一整天的时间，听取和讨论了这些报告，决议追认中共中央工作及其所发表的时局的主张，以及劳动、青年两次大会的决议案等。我们鉴于上海环境的限制，决定人数众多的大会不必经常举行，以免遭受麻烦。大会旋即推举陈独秀、蔡和森和我组织一个宣言起草委员会，起草完毕后，再召开大会讨论通过，并选举新的中央。

起草一个政治宣言确是这次大会唯一重要的任务。我和蔡和森又推陈独秀先生为执笔人。他花了约两天的时间起草好了第一次的初稿，提交起草委员会讨论。起草委员会又连续开了好几次会议，蔡和森提出了许多补充和修正的意见，我也参加了一些意见。大会停顿了约一个星期，又再度举行，通过了我们所提出的宣言草案。在选举新的中央的时候，大会仍认为只要三个委员就够了。李达表示根据他一年来在中央工作的经验，还是专门从事写作比较适宜些，而且准备到湖南去教书，请求不再担任宣传的工作。因而选举的结果，陈独秀、蔡和森和我当选为第二届中央委员，分担书记、宣传、组织职务。

中共第二次代表大会宣言是对六月十日所发表的第一次对时局的主张作了一些重要的补充和修正。这文件列举中国受列强侵略的情形，较之第一个文件加重了反帝国主义的色彩。在中国内部状况上，它仍说到反封建制度，但没有重复资产阶级反封建制度这类的语句。它模糊的说到中国资产阶级的中间性，强调中国工人和贫农与小资产阶级应建立民主主义的联合战线。

这个宣言正式宣告"中国共产党是国际共产党的一个支部"；特别强调"无产阶级去帮助民主主义革命，不是无产阶级降服资产阶级的意义，这是不使封建制度延长生命和养成无产阶级真实力量的必要步骤"；它仍然以建立民主主义的联合战线为主要政治目标，其内容主要是把孙中山派的民主势力认为是小资产阶级的或者开明的资产阶级，并提出了民主主义革命和苏维埃革命两次革命的理论。

在这个时期，中共中央在事实上力求它的党员政治态度的一致，这就引起了党内的斗争。当六月十日中共中央发表对时局的主张的时候，我们曾将这个印刷品分送给孙中山先生及一些国民党要人，并表示希望以两党为骨干的联合战线能早日实现。

六月十六日，广州发生了陈炯明军队围攻孙中山总统府的事件。陈独秀先生当即（向）在上海的国民党要人张继等表示，曾和他一度合作的陈炯明现既已背叛革命，中共即与之断绝关系并一致声讨。

中共中央即致函广州支部的负责人谭平山等，要求他们立即脱离与陈炯明的一切关系，转而支持孙中山先生。但广州的共产党人并未依照中央的指示去做；陈公博和谭植棠仍在广州《群报》工作，并发表一些支持陈炯明的文章。

中共中央为了应付这种尴尬的局面，便向国民党方面作进一步的表示，请孙中山先生出面召集各派革命势力的联席会议，并声明中共将不因孙中山先生所受到的暂时挫折而改变其与孙合作的原有立场，中共将更积极的反对一切支持陈炯明的反动言论和行动，对于广东方面个别中共同志支持陈炯明那种错误态度，已在设法纠正。

在中共第二次代表大会开幕以后，中共中央再致函广州支部委员会，严厉指责他们对陈炯明的态度的不当；并严重警告陈公博、谭植棠二人，如不立即改变态度，将受到开除党籍的处分。负广州书记责任的谭平山，如仍优容放纵，将同样受到严重处分。结果，由于这些同志没有完全遵照中央的指示，谭植棠卒被除名，陈公博则在受到严重警告的处分后也退出了中共，谭平山遭受谴责后暂时离开了广州书记的职务。

从中共中央贯彻它的政治主张，执行政治纪律这个角度看来，这件事十分重要。但这也使陈独秀先生感觉苦恼。他有一种家长观念，现在这个共产家庭里发生了不如意的事，不免使他伤感。而且谭平山、谭植棠、陈公博这些人，都是由于他在广州任教育委员长时，受了他的影响，才与陈炯明合作的。当陈炯明公开叛变的时候，他们并不能和他一样的辨别是非，因而不得不用党的纪律予以制裁，这就使他不无挥泪斩马谡的心情。

在大会闭幕后几天，马林回到了上海。他对于中共建立政纲的努力浇上了一盆冷水。他批评联合战线是空洞不能实行的"左"倾思想。

在一次我们与马林的会议上，他说明孙中山不会赞成联合战线，只会要求中共党员参加进国民党去。他说共产国际赞成加入国民党的办法，认为是实现联合战线的可行途径。他提议，中共中央不妨再召集一次会议，讨论这个问题。但我们无人赞成他的主张。

不待说，马林不惜采取一切手段来贯彻他的主张。所谓党内小组织问题，恰恰给了他一个机会，使他那另行召集一次中央特别会议的主张得以实现。

原来在第二次全国代表大会举行时，中共中央为了秘密开会的方便起见，将在上海的党员分成几个小组，讨论一般政治问题，提出意见，供大会讨论宣言的参考。我所主持的一个小组，都是劳动组合书记的工作人员，人数最多。大会闭幕以后，这个小组仍照常举行会议，以讨论劳工问题为主，但因政治是到会者最感兴趣的问题，自也不免涉及。

当我们与马林争辩共产党员加入国民党这一问题尚未决定的时候，我们的小组也在谈论这一问题；因事来看我的张太雷这次也参加了这一小组会。在商谈一些有关劳动组合书记部的工作之后，刘少奇、袁达时等提到党内讨论政治问题太少，党员不免涣散隔膜，要求仍照大会开会时的情形，每次都讨论一些政治问题。接着就有些同志发言，反对共产党员加入国民党的主张。这使张太雷听了颇为不快。而那些从俄、法回国的同志们，也有点不满张太雷追随马林主张的意向，似不免特别加重反对的语气，含有故意向他示威的意思。

张太雷旋即将我们这个小组开会的情形报告了陈独秀先生，并向陈先生指出：共产党加入国民党一事，仍在少数中央委员与马林秘密商谈中，为何一般同志都知道了？中央尚未决定的政策，即在小组会上讨论，未免有建立另一中心之嫌，也可以说是党内发生了小组织的倾向。陈独秀先生听了张太雷的报告，一时颇为生气。

但当我为这件事去见陈先生的时候，陈独秀先生没有等我说明，就表示这并无不合之处，值不得再提。他还笑着说，他自己就曾向参加我们的小组的某几个同志，谈论过加入国民党要打手模、宣誓服从孙中山先生，中共党员如果加入国民党，也要履行这种手续，如何能与联合战线的策略，混为一谈。因此，他认为并不是我泄漏机密，动员同志们反对马林，也许是他们听了他这种议论，知道了这事，因关心而自动谈论起来。他说当张太雷向他提到这个问题时，一时没有想到这一点。他表示将再向张太雷解释，以免发生是非。

马林知道了这件事，立即借题发挥。他约我单独晤谈，并慎重其事的表示，在这一次代表大会以后，我曾竭力劝他尊重陈独秀先生，现在证明是完全对的，因而他很感激。但我现在的作为却有意无意地有些反陈独秀的倾向，所以他也同样的劝告我。我否认他这种看法。他说到党内因确定政治立场，针对陈公博这类人在作斗争；此外，中共党员中在工作上也有积极与否之分，无形中我被视为积极工作分子的代表，而陈独秀在某些方面却不是的。这件事终于引起了意见纷歧的感觉，陈先生虽然收回了他原来对张太雷所说的话，但当张太雷一提起党内小组织问题时，他就动了感情，这点可为意见纷歧的明证。他表示他并非因参加小组的同志反对加入国民党，而有所疑虑；但希望我不再反对举行另一次中央特别会议，因为他认为这对党的对外政策的决定和消除内部意见，都是有必要的。

李大钊先生也正在这个时候到达了上海。中共中央的负责人认为他和马林都没有参加第二次代表大会的机会，现在马林又提出了不同的意见，大家正好从长计议。因而中共中央便决定在西湖举行一次中央特别会议。

八月初，距第二次代表大会约三星期，另一次更重要的会议在西湖举行了。参加者有陈独秀、李大钊、马林、蔡和森、张太雷、高尚德和我共七人。这次为时两天的会议，专讨论共产党员加入国民党的问题，虽没有通过什么修正第二次代表大会宣言的议案，但著名的国共两党党内合作的方针，就是这次会议确定的，实际是修改了原定的政策。

马林在这次会议中是主要的发言者。他坚持共产党员必须加入国民党；大概是为了减少反对，他避免提到第二次代表大会的决议犯了"左"倾幼稚病。他的论点是中共党员加入国民党，为实现关于国共建立联合战线唯一可行的具体步骤。其主要理由大致是：第一，中国在一个很长的时期内，只能有一个民主的和民族的革命，决不能有社会主义的革命；而且现在无产阶级的力量和其所能起的作用，都还很小。第二，孙中山先生的国民党是中国现在一个有力量的民主和民族革命的政党，不能说它是资产阶级的政党，而是一个各阶层革命分子的联盟。第三，孙中山先生可以而且只能容许共产党员加入国民党，决不会与中共建立一个平行的联合战线。第四，中共必须学习西欧工会运动中，共产国际所推行的各国共产党员加入社会民主党工会的联合战线的经验；中共须尊重共产国际的意向。第五，共产党员加入国民党既可以谋革命势力的团结，又可以使国民党革命化；尤其可以影响国民党所领导的大量工人群众，将他们从国民党手中夺取过来等等。

我和蔡和森发言反对马林这种主张。我们认为中共党员加入国民党不能与西欧共党工人加入社会民主党工会一事相提并论，国民党是一个资产阶级的政党，中共加入进去无异与资产阶级相混合，会丧失它的独立性，这与共产国际第二次大会所通过的原则不合。我们指出与国民党建立党外的联合战线是可以做到的；这有过去国民党和其他派系建立联盟的实例为证；如果组织一个联合战线的委员会，可以推孙为主席，委员会中的国民党人数也可比中共人数多一倍左右。我们所要说明的中共并不是要求与国民党来个平行的联合战线，只是不要丧失独立性。我们还着重指出，中共除与国民党合作建立联合战线外，更应注意争取国民党以外的广大工农群众来壮大自己。根据这些观点，我们要求不接纳马林的主张，并请共产国际重新予以考虑。

陈独秀先生也反对马林的主张，而且发言甚多。他强调国民党主要是一个资产阶级的政党，不能因为国民党内包容了一些非资产阶级的分子，便否认它的资产阶级的基本性质。他详细说到，一个共产党员加入国民党以后，会引起许多复杂而不易解决的问题，其结果将有害于革命势力的团结。但他声言，如果这是共产国际的不可改变的决定，我们应当服从，至多只能申述我们不赞同的意见。

马林说这是共产国际已经决定的政策，陈先生还提出只能有条件的服从。他着重指出只有孙先生取消打手模及宣誓服从他等原有入党办法，并根据民主主义的原则改组国民党，中共党员才能加入进去。否则，即使是共产国际的命令，他也要反对。

李大钊先生却采取一个调和的立场。他虽同情我们的某些看法，也称许陈先生所提出条件，但基本上是附和马林的。他认为国民党的组织非常松懈，无政府主义者加入国民党已经多年，挂着国民党党籍，依然进行无政府主义的宣传，并未受到任何约束。即单纯的国民党员也抱有各种不同的政见，单独从事政治活动的例子也不少，足见共产党员加入国民党，同样不会受到约束。他也判断联合战线不易实现，采取加入国民党的方式是实现联合战线的易于行通的办法。

李大钊先生根据他的这种看法，向我们疏通，认为有条件的加入国民党和中共少数领导人加入国民党去为两党合作的桥梁，是实现第二次大会既定政策，同时避免与马林乃至共产国际发生严重争执的两全办法。结果，这次会议并未以文字的形式，而是以一种互相谅解的形式，通过了陈独秀先生所提国民党取消打手模以后，中共的少数负责同志可以根据党的指示加入国民党为党员的决定。这种决定显然对马林原有的中共党员无条件无限制加入国民党的主张，已作了相当的修正。

接着，马林从袋中取出一份关于小组织问题的决议文宣告党内现在并无小组织之存在，但有过这种倾向，这虽出自爱党的善意，也是不应有的，将来更不应有。这份决议文的突然提出，使会场的气氛突然为之严重。大家沉默了一会，陈独秀先生表现出惊异与尴尬的神情，显然他在事前并未看到这个文件，也没有想到马林竟撇开他而直接提出。蔡和森表示，根本无此决议的必要。他指出党内合法的小组会议讨论党内当前的政治问题，即使对中央尚未决定的政策表示了一些反对意见，也不能认为是小组织的倾向，如果这样认定的话将是压抑党内民主讨论的自由。和我们同持反对意见的高尚德，此时更愤而指斥马林是施展压抑反对意见的手腕。

这就使马林沉不住气，转而向我施其压力。他声色俱厉的表示：从蔡、高两同志的发言看来，证明党内一些年轻初参加中央工作的同志，确有一种左倾反对派的倾向；这是要由我负责的，至少我没有帮着纠正这种倾向。他希望我让这个决议顺利通过，但以后可不再提起这件事。我强行压抑内心的愤怒，起而声明，我反对党内有任何小组织的倾向，认为并无这种倾向存在，因而不赞成有这个决议。我开始指斥马林的发言是无礼而且荒谬的。

李大钊先生没有等我说完，便劝阻我继续说下去。他颂扬了一番大家坦率的交换意见，达成了对加入国民党问题的协议，彼此忍让的和谐精神十分可贵；他说不妨让这个决议存在，以作为将来的殷鉴。他声言他不相信我有什么小组织的倾向。也相信其他同志对我并无不信任的心理等等。陈独秀先生也重申他不相信我有小组织的倾向，但认为这个抽象的决议既已提出来了，就让它摆在那里好了。结果，由于当时中共内部不愿争执的气氛，和中国人爱尊重对方面子的固有涵养，这决议并没有依照我的主张予以否决：而以"摆在那里"的含混语而获得存案。马林似鉴于陈独秀和李大钊对我表示信任，又得不到其他同志的支持也就不再多说了。

这种所谓小组织问题与加入国民党的政策，纠缠在一起，曾使中共党内后来发生不少的风波。这也是国际共产党中那一套借故压抑反对者的党内斗争办法第一次介绍到中国来。事实上，陈独秀先生和我以后虽都没有提到这个问题，但因这个决议没有被否决，彼此心中都有些不痛快，在我们的纯洁感情上不免布上了一些阴影。

马林施展了全身解数，才使他的主张获得勉强通过：是他的胜利，也是他的失败。我们以后虽仍照旧保持着工作上的往来，但他对我的谈吐似已加上一层戒备。在我这方面，的确起了甚大的反感。他也许自以为具有足够的权威来仲裁中共内部的一切，因而贸然提出这个小组织的决议：结果，并不能如他所预期的获得支持，反给人以挑拨是非玩弄手腕之感，也使我失去将他当作老前辈的敬意。我从此认为他在不择手段地打击我这个反对者，而且怀疑他主张加入国民党的政策是要将中共融化到国民党里面去；并且凭借所谓小组织问题的决议，向莫斯科作些歪曲的报告，来中伤他的反对者。这一切的一切，是我们后来终于破裂的伏线。

这点，当时陈独秀先生似已有所感触，因而他在所谓小组织问题讨论结束以后，立即起而提议让李大钊先生留在上海一些时候，以便共同进行与国民党建立关系；选派我为中央代表，到北京、武汉、长沙一带，传达中央历次会议的决定，以期获得一致的支持，并指导各地党务和职工运动的进行。他并且表示，这是对我的完全信赖。所有的到会者都赞成他的提议，他们心目中认为这次的争执可用这个办法获得一些弥补。

加入国民党的政策，如果只是中共单方面的决定，还是不能实现的。当时孙先生和国民党正也有此需要，才使这一政策很快的见诸实行。

孙先生在中国近代政局的演变中，始终是个失意者。列强对他的态度一直不够友善。欧战后，他曾草拟实业计划，提出聘请西方技术人员并利用列强力量来开发中国富源的主张，遭受到列强当局的冷视。华盛顿会议时，列强也未接纳他单独派遣代表的建议。同时，孙先生反秘密派遣张秋白为出席莫斯科远东劳苦人民大会的代表。

尤其在内政问题上，孙先生一直在与环绕他四周的政敌，作军事的和非军事的斗争，叠遭挫折。孙先生一直企图获得列强的谅解与支持，而外力却总是支持他的敌对方面。他的亲俄固由于他的革命思想作背景，也是为事势所逼成的。

一九二一年底，马林赴桂林与他晤谈时，他们之间很快的找着了一些共同点。在中苏关系问题上，增进了孙先生对于苏俄的谅解。在国共关系问题上，似也获得共产党员加入国民党为党员的谅解。

在西湖会议时，马林曾很有信心的指出孙先生赞成中共党员加入国民党，但他从未向我和其他的中共负责人详细说过他与孙先生会谈的经过。当时，我们根据与孙先生接触的经验，相信他这种说法不是信口开河，很可能还是出于孙先生的主动。

孙先生素来自视为中国革命唯一领袖，在他的革命旗帜下可以包容一切革命分子。他只要求人们拥护他的革命，并不十分注重其所信仰的革命主义究竟是什么。他在我们没有组织中共以前，明知我们信仰马克思主义，即曾向我和其他以后成为中共要人的朋友们说过，既要革命，就请加入国民党。后来，他对于中共党员加入国民党的事，也有同样的解释，仿佛他代表革命的大圈子，应当将共产主义的革命小圈子，放在他那个大圈子里面，不可让它在大圈子外面。

因此，我们很有理由推测，这个加入国民党的办法用不着马林吹嘘奔走，孙先生就会自动提出的。如果这一点确是由孙先生提出，马林自然会觉得正合孤意。他在印尼工作的时候，即曾指导印尼的社会主义者，参加领导反荷兰殖民统治的宗教政治混合为一的"回教联盟"。再者，马林当时如没有得到共产国际的允许，是不会贸然自作主张的。所以他在探明了孙先生这种意向之后，就赶回莫斯科去请示。后来，我从威金斯基等人的口中，知道马林回去后提出这个建议，并为共产国际所接纳。不过当时采用这个建议的详细办法和解释，还未十分确定罢了。

陈炯明的叛变使孙中山先生一时似乎失掉了一切。

当时孙先生的处境十分恶劣，陈炯明不仅是军事上的胜利者，而且获得一部分舆论的同情。北京在高唱孙中山与徐世昌同时下野的调子。北方的实力派吴佩孚和西南各省的联省自治派，都在或明或暗的支持陈炯明。国民党分子背离他的也不少，尤其是李石曾、蔡元培、吴稚晖、王宠惠等四十九人联名通电请他下野，这件事给他的打击更是不小。

这个时候，几乎只有中共向他表示好感。中共公开宣言要与孙先生合作，指斥陈炯明为反动；而且采取行动上不惜处分在广州支持陈炯明的少数中共党员。这些事使孙先生为之感动，认为中共确有诚意与他合作。

一九二二年八月九日，孙先生离开困处广州白鹅潭的永丰舰，于十三日到达上海，这正是西湖会议后五天的事。陈独秀、李大钊和马林分别去拜访他。孙先生立即赞成中共党员加入国民党，以实现国共合作的主张。他应允取消打手模和宣誓服从他的原有入党办法，并依照民主化的原则改组国民党。几天后，陈独秀、李大钊、蔡和森、张太雷等就由张继介绍，孙先生亲自主盟，正式加入了国民党为党员。

我在孙中山先生抵达上海以前，到北京、武汉、长沙一带去执行任务。我们在西湖会议上对加入国民党一点，虽有过严重的争执；但一经决定，就一致严格执行。我向北京、武汉、长沙这三个重要的中共地委会所召集的会议中，报告第二次代表大会的决议和西湖会议的谅解；所有曾经有过争执之点，都避而不谈。因而很顺利的得到各地同志对于中央决定的支持；并按照各地具体情况，开始建立与国民党人的合作关系。

九月初，我回到上海。陈独秀先生即告知他们加入国民党的经过，并说他们曾告诉孙先生，我也是中共中央的负责人，本应一同办理入党手续，现因事他往，只好将来再行补办。孙先生向他表示，一俟我回到上海，他会欢迎我加入国民党。

因为张继担任我们加入国民党的介绍人的角色，陈先生邀我一同先去看他。我们向张继说明来意之后，他表示孙先生欢迎我入党，他要去向孙先生报告，请他约定一个时间，亲自主盟。我旋即向他们说到，共产党员第一次入党，由孙先生亲自主盟是很好的。现在我来补行这个手续，就可以由溥泉（张继的号）先生主盟，由陈先生作介绍人。如有事商谈，改天我当专程去拜会孙先生。陈先生赞成我这种说法，张继谦虚了一阵之后，也就很高兴地照做了。于是在张继的客厅中，举行了一个简单的入党仪式，我举起右手宣读的入党词，已不是什么服从孙中山先生，而是拥护孙中山先生的三民主义。宣读之后，是我们共同签名，而不是打手模了。

张继先生当时笑容满面，说要将我这张入党书立即交给孙先生，又畅谈了一些有关中国革命和与苏俄的关系以及国共合作已有了良好的开端等问题。他尤其兴奋的是，所有中共负责人都由于他的介绍相继加入了国民党，不啻是他对国民党有了不平凡的贡献。这位先生后来虽变成了著名的反共者，但那天的一幕，却象征了国共水乳交融的初期情景。

（张国焘：《我的回忆》第1册，东方出版社1980年版，第231—250页）

第三次代表大会

一九二三年三月底我回到上海以后，中共中央是在渡着"二七"罢工失败后一段悲惨的日子。

中共中央机构更严密的蛰居在上海地下，陈独秀先生匿居的地址连我都不知道。我与他第一次的会晤，是经由他的秘书安排时间和地点的。他告诉我：马林于两星期前赶回莫斯科去了。他还说马林认为中国职工运动经过"二七"失败，一时不易恢复。他向我表示，我从莫斯科带回来的关于职工运动的指示，与中共原有的决定都相符合，现在正须据此来解决"二七"罢工的善后问题，至于国共合作问题，等马林回来后，那时正应举行全国第三次代表大会，我们再行讨论不迟。

这时李大钊先生也因避免可能被捕的危险，由北京来到了上海。他匿居在他同乡孙洪伊家里，我曾到孙家去拜访他，告诉他莫斯科之行的经过。我们谈完后，李先生邀我去和那位我本来认识的孙洪伊一谈。这原不过是一趟应酬的访问，不料结果竟由此断绝了我们与直系军阀的来往。因为那时孙洪伊和直系军阀之间，关系仍极密切。

我们和孙洪伊一阵寒暄之后，孙首先向我解释说：二月七日汉口的事情，实在出于误会。这是因为有人向吴佩孚挑拨，指各地工会与孙中山的南方政府有关；第一次全国劳动大会就是在广州举行的。再则共产党公开宣扬联孙倒吴，加以交通系梁士诒等又乘机离间。由于这种种原因，吴佩孚才有这次压迫工会的举动，其实摧毁工会并非吴的本意。我一听之下，大为愤怒，说道："军阀凭枪杆子蛮不讲理的随便杀人，已成为他们的家常便饭。二七事件更是事先毫无警告的阴谋袭击的屠杀行为。这种昭昭罪行，是不能以'误会'二字来掩饰的……"我这斩钉削铁的回答，使这次的晤谈迅即结束。

这样一来，李大钊先生觉得他住在孙家，易于引起人们对他与直系仍保持接触的误会，因而不两天他就搬离了孙家，以示决绝。几天后，他旋又接到北京朋友们的来信，告以他在北京不会有被捕的危险，他便悄然回到北大图书馆去了。

这年一月间，瞿秋白由莫斯科回国了。他由北京来到上海，是中共重要人物中唯一能公开活动的人。他以记者身份回来，共产色彩尚未表露出来。他的肺病那时似乎停止了发展；满腔热忱，很想一显身手。他爱好文学，住在闸北区，屋内布置得也很像一位作家的书屋；出入于他那里的也多是一些青年作家。他与国民党的老作家于右任过往颇密。他们计议创办上海大学，由于右任任校长，他任教务主任。不久这所大学终于成立了，成为一所有名的革命青年训练所。当时，中共因职工运动遭受挫折，对瞿秋白的这种活动多方予以赞助，认为这是别开生面的文化活动，而且能与国民党的名流们建立较广泛的关系。

失败的苦味是罄竹难书的。有些国民党人物讥讽我们打击我们；他们讥笑我们对吴佩孚存有幻想，指斥我们对吴佩孚政策的不当；因而使工人们身受其害。有些国民党的职工运动工作者，更想乘机夺取中共在工人中的阵地。他们以上海为中心，展开反劳动组合书记部的活动。

一部分国民党人的这种活动，还得着湖南劳工会王光辉等人和无政府主义分子的响应。他们大多不满意中共在职工运动中的气焰，因而组成一个反中共职工运动的联合战线。他们标榜工会应为工人的经济利益而斗争，不应与政党发生关系，尤其不应受中共的利用。他们提出"穿长褂子的共产党人滚出工会去"的口号，并向工人宣传"二七罢工失败是中共领导的错误""工人们应向中共要求赔偿损失"等等。

有些工人受了他们这种宣传的影响，改变了对中共的态度；甚至有些素来同情中共，因罢工而失业的工人领袖们对中共也表示怀疑。其中有些向我表示：我们因为你的领导而罢工，现在失业了，要请你负责。还有少数人向我说：听说你去莫斯科为我们募集了大量救济我们的卢布，为何不发给我们？幸好多数的工人领袖们还是信任我们的，因而这种挑拨并未造成严重的纠纷。

这些事反过来又影响了中共的内部。陈独秀先生就不只一次说到中国无产阶级的幼稚和带有流氓无产阶级的色彩。他说：当职工运动进行顺利的时候，这些工人都是可爱的英雄：但一遭挫折，便原形毕露出来。邓中夏对陈独秀先生的这种态度大为不满，在他后来所著的《中国职工运动简史》中斥之为取消主义的倾向，指他"从二七失败所得的结论是工人阶级没有力量，于是他的整个机会主义的理论就在此时完全形成了"[①]。

当时埋头编辑《向导》周刊的蔡和森也不满意陈这种言论。不过中共中央的会议这时是大大减少了，不能遇事都提出会议讨论；尤其是陈先生所写的文章，蔡纵然有不同意的地方，也无法加以讨论，只有仍然按时发表出来。我虽是饱尝罢工失败苦味的人，也不以陈的言论为然，我常向他表示，不可因工人弱点的暴露，就失去我们对工人阶级的信心。但我们这种不同的看法，终未得着详细研讨的机会；因而有关这个问题的争论，就在第三次代表大会上一齐爆发出来了。

一九二三年五月间，马林从莫斯科返回上海。他携有共产国际中共中央一个特别训令。根据这训令，他要求中共立即扩大与国民党的合作；并提议从速在广州召开第三次全国代表大会。中共中央接纳了他的要求，立即筹备大会的举行。

我当时为了解决各地工会的一些紧急问题，到北京等地去了。在我返回上海的时候，马林已赴广州，中共中央的人员也正在陆续前往。我于六月初赶到广州，大会的筹备工作大体均已就绪。

---

① 见邓中夏著：《中国职工运动简史》（1919—1926），第112页，北京，人民出版社1953年第2版。

为了第三次大会的举行，中共中央临时在广州东山住宅区租赁了一幢房子。我们中央的职员和各代表都寄居在那里；大会也就以那里为会场。马林住在附近一幢较为华丽的房子里。瞿秋白、张太雷和马林同住，任他的工作助手。看来，马林准备在广州作久居之计，他房子里的布置美仑〔轮〕美奂，有点像共产国际大使的气概。

我们的大会在广州举行是不受任何干涉的；这与前两次大会偷偷摸摸的在上海举行的情景显然不同。我到达后首先在马林的住宅里看到了共产国际那个著名的训令。它已由瞿秋白译成中文，包括下列各要点：一、国民革命是中国革命当前的中心任务；二、中国国民党是领导国民革命的重心，中共党员应加入国民党，并在国民党内积极工作，以期实现推翻帝国主义及其工具——军阀在中国的统治；三、中共在这一国民革命中，仍应保留组织的独立和政治批评的自由；四、职工运动仍是一个独立的运动，中共应积极促进其发展。

我看完这个很短的文件后，马林即向我说明，他到达莫斯科后，共产国际曾组织一个由布哈林任主席的委员会讨论中国问题。这个重要文件就是这委员会根据他的报告草定的。他向我解释这训令的主要内含，是根据"国民革命是中心任务"这个主要论断，所有的共产党员没有例外的都应加入国民党，并在国民党内积极工作，一切工作归国民党，这是最主要之点。此外，所谓组织独立与政治批评自由则不可过于强调；因为这一点在训令中只是附属性质；否则就会有损于国共合作。至于职工运动虽然是一个独立的运动，但也是国民革命的一部分；因此，中共党员应该吸引大量工人参加国民党，俾能接受国民革命的领导；中共至多只能在工人中间进行一些阶级教育。

我当即表示不同意马林的解释，认为依照他的解释，那是将中共完全融化在国民党内。马林对于我的反对意见立即发生强烈反应。他隐瞒着在莫斯科的讨论经过，不提在莫斯科已有过的争论。他在中国工作已有两年，自以为已有足够的权威来实施高压手段。他认为反对他的解释，就是反对共产国际的训令。这样，我与马林之间，就展开了前所未有的激烈争论。

这场争论在大会举行以前就在热烈的进行着，为了寻求相互间的谅解，曾使大会推延了一个多星期。争论的主要之点大致如下：

第一，我声言赞成国民革命是我们当前的中心任务。在事实上，当职工运动遭受二七罢工的失败后，中国反帝运动的怒潮正在激荡上涨之中。一九二三年三月间，曾发生收回旅大日本租借地的反日运动。四月间，津浦路临城土匪劫车，一些外国旅客被掳，外人盛倡共管中国铁路的论调，曾激起反帝国主义乘机侵略的运动。五月初，长沙发生日本水兵残杀中国人的事件，又激起了各地反日抵货运动。凡此一切，都是明证。我相信，中国的国民革命运动有其急切的需要，并能形成广大的革命势力。

我进而声称，国民革命只是一个中心任务，并不是中共的唯一任务。这即是说，除国民革命外，还有阶级斗争。中共及其所领导的职工运动，现虽以国民革命为中心任务，但仍有其本身的阶级斗争的任务。

马林不同意我这种说法。他认为国民革命既是中心任务，就几乎包括一切，事实上也能包括一切，剩下的只有中共的阶级教育。如果在国民革命之外，再强调阶级斗争，无异就是放松国民革命。

第二，马林声称，中国无产阶级的力量，无论从那一方面说，都是脆弱的。他讥笑我："你的职工运动那里去了？早被吴佩孚几条枪杆子打垮了！"他断言："至少五年之内、中国不会也不能有一个真正具有实力的共产党发生。"他讥笑，现在一小撮的中共党员只不过是一些热情而好心肠的马克思主义的学生。如果他们不去做点实际的国民革命的工作，中共的存在不特是没有意义，反会在国民革命中成了唱高调的破坏者。

马林这种论调使我大为愤怒。我指控他的论点违反共产国际历次的决议[①]。我声言，中共的长成与发展是值得骄傲和满意的。它现在虽遭受打击，但将很快的爬起来，它将在国民革命运动中发挥显著的作用，它经过较长期的艰苦奋斗，终将领导中国革命获得更彻底的胜利。

---

① 例如1923年1月12日共产国际执委会的决议就曾指出："……但中国共产党无论如何不应与国民党合并，无论如何不应在这些运动中，隐藏自己特殊的旗帜。"

第三，马林认为中国国民党是合乎理想而具有实力的国民革命的政党，比印尼的回教联盟要高明得多。他盛赞孙中山先生及其左右的得力助手，认为他们的民族意识很强，而且其中有些还是深通马克思主义的人。三民主义是完全可以接纳的，国民党并不是一个资产阶级的政党。中国优秀的革命分子，多在国民党内；即工人阶级中的优秀者，也大多加入了国民党。因此，中共加入国民党，用不着提出什么按民主方式改组国民党等条件，中共党员应该老老实实到那里去学习民族自觉。

马林这种对国民党的过高的估计，曾遇到陈独秀先生的反对，这是他们之间最大的分歧点。我便指出马林只看见国民党的光明面，没有看见它的黑暗面。我依据一九二〇年我参加上海中华工业协会工作的经验，指出国民党分子流品复杂，缺乏组织和纪律，并说国民党如不认真改组，大量中共党员加入进去，也是不能有所作为的。

第四，关于全体党员加入国民党，在国民党内积极工作和一切工作归国民党这个实际问题，是我们争论得最激烈的部分。我指出：如果中共全体党员都加入了国民党，而且都在国民党内担任实际工作，那就是说，陈独秀也要在国民党内担任实际工作，接受国民党的指导而忙得不可开交，并须以国民党的身份对外发言，那还有什么中共的独立呢？在国民党方面看来，这些共产党人都涌进到国民党里去，要求分派一项实际工作，他们会说："这些身家不清白的人是来干什么的？是帮闲，是小偷，还是抢劫？"至少会被人认为是来挤掉那些老国民党员的地位。这样，名为国共合作，事势的演变，将是国共交恶。

我认为，国共两个不同的政党为了同一的国民革命，应更加紧联合起来，须有更多的共产党员加入到国民党里面去实际工作；但担任中共各级领导工作的中共党员，担任与国民党无关的工作如职工运动等的中共党员，则不必加入国民党，或加入而不必在国民党内担任实际工作；否则，训令中所谓"保留组织独立"的话，就毫无意义了。但我这个看法又是马林所不能接受的。

第五，关于中共保留对国民党政治批评自由一点，马林表示中共党员应以国民党员的身份，对国民党的措施作必要的批评。如果用中共中央的名义，对国民党进行批评，那就要是富于建设性的才行。我则表示中共党员为了国共间良好的合作，自然不能任意批评，尤其要避免不必要的指责和攻击。但一个共产党员经常要保持他那共产党人的面目，在国民党外固应如此，即在国民党内工作，也不可随声附和，丧失他共产党人的原来面目。至于中共中央及其各级领导机关，在政治批评方面不应受到不必要的限制和有所顾虑。这一点双方意见出入虽然不大，但马林仍旧是不满意的。

第六，关于职工运动，我坚持它是中共所领导的一个独立的运动。中共应领导各地工会积极参加国民革命；但不能领导其成为国民党的职工运动。中共将在工人群众中大量吸收党员，发展中共的组织；一部分加入了中共的工人可以参加国民党，但中共并无义务在工人群众中为国民党发展组织；因为这样，将使独立的职工运动成为国民党所领导的职工运动。马林在这点上又坚决反对我的意见。他认为工人阶级是国民革命队伍中的一部分，是其中的左翼。工人阶级须先有民族觉悟，然后才有阶级觉悟。我指斥他的主张是将"国民革命"和"中国国民党"两个不同的东西，混为一谈，硬要将中共已经领导起来的职工运动奉送给并不一定愿意接受的国民党。

从上述的这些争论之点看来，我与马林确是站在两个针锋相对的，不同的政治立场上。马林指斥我仍保留中共第二次全国代表大会时国共建立联合战线的左倾思想，轻视国民革命，反对加入国民党这一基本政策。我则指斥他犯了右倾取消主义的错误，企图取消中共的独立，使之成为国民党的一个左翼；这不仅忽视中国工人阶级的作用，也有害于国民革命势力的团结。

马林无法获得我的谅解，便使用压力。他坚称他的解释即是共产国际训令的原意，追问我是否准备违反这个训令。我向他声明，中共第三次代表大会和中共中央如果不完全同意共产国际的训令，是可以提出它自己的反对意见的；即我一个中央委员，也可以提出反对意见，我希望他能将我的意见报告共产国际。但现在主要之点是：我们愿意接受共产国际的训令，却反对他这种歪曲的解释。我将"共产国际"和"马林"分开来的说法，使他大为激动，怒形于色，几乎要和我决斗。

在这次争论之中瞿秋白和张太雷两个是支持马林的。他们在代表中展开活动，宣传马林的解释即是共产国际训令的原意，中共第三次代表大会不宜违抗这训令。瞿秋白还强调中国是宗法社会，是封建制度的统治，因而现阶段的中国革命，是资产阶级反封建的革命，这也是国民革命中的一个主要内含。我不同意瞿秋白这种说法，也与他展开争论。我认为中国主要受着帝国主义的统治，封建制度已在没落之中，阶级分化日渐显明，因而国民革命的主要内含是反帝国主义，但对内而言，除反封建外，则有工人阶级反中外资产阶级的主要因素在内。

陈独秀先生对于这种纷争觉得苦恼而左右为难。他大体上采取了李大钊先生在西湖会议中的调和立场；但他保持着作最后裁定的家长姿态。他从现实的观点出发，认为职工运动经过二七罢工的失败，一时不易复振，这也证明工人阶级力量的薄弱；因而国民革命应由力量较雄厚的资产阶级来领导；工人阶级只是其中的左翼。他不愿违反共产国际的训令，也不相信马林会歪曲共产国际的训令；他也支持瞿秋白那种中国革命是以资产阶级反封建制度为主要内含的说法。但他也觉得国民革命与国民党不能混为一谈，不同意马林对于国民党那种过高的估计。他还以多数共产党人参加国民党工作后，将引起两党间许多纠纷为忧；因而他主张接受共产国际的训令，只对马的解释作些轻微的修正。

经过互相协商互相让步的结果，我们间意见的距离虽然缩短了一些，但主要之点还是无法弥缝。陈独秀先生提议：西湖会议只决定，少数个别共产党员根据中央的决定参加国民党；这次大会应进而决定，全体党员均以个人资格加入国民党，但一部分共产党员可不在国民党内担任实际工作，尤其是负中共各级领导工作的同志，不应兼任国民党的职务，以免混淆中共的独立面目。同时，为了加强工人阶级在国民革命中的影响起见，中共应帮助国民党增加工农党员，发展其在工农群众中的组织。马林对于陈先生的这种意见表示赞成。但我则表示只同意陈先生建议的前一部分，不同意他的后一部分。这样，这个案子就只有待第三次大会作最后的解决了。

这项争论成为第三次代表大会讨论的主题。大会于六月中旬举行，共有十七位有表决权的代表出席①，代表党员约四百余人。大会开幕后，首先由陈独秀先生作报告。

他的报告内容，是中共中央一年来工作的经过和加入国民党政策的演变。他着重指出二七罢工失败及其后的种种情况，都证明无产阶级力量的薄弱；强调国民革命的重要，承认中国国民党为国民革命的领导中心，原则上主张全体党员加入国民党，在国民党内积极工作；中共应领导工农群众，成为国民革命中的一个强大的左翼。

在讨论陈独秀先生这个报告的时候，激烈的辩论便正式展开了。我在上面所述的具体的分歧点都一一被提出来了。支持陈独秀先生发言的主要是瞿秋白，他不承认中国有显明的阶级分化，他认为反帝反封建都是全民性质的，无产阶级只是其中的一小部分。陈、瞿当时这种轻视无产阶级力量的论调，引起了不少代表们的不满。

我和蔡和森、毛泽东是反对陈、瞿这种论调的主要发言者。我的发言是概括性的。我说明中国无产阶级的力量正在迅速成长起来。工人阶级在数量上虽不多，但精干而有团结，必将成为国民革命中的主要力量。我强调中共是一个独立的政党，职工运动是中共领导的一个独立运动，中共在现阶段中虽以国民革命为其奋斗的主要目标，但不能因此使工人阶级及其政党——中共——成为中国国民党的一个左翼。蔡和森的发言是陈述中共组织独立和政治批评自由的重要性。他引证共产国际已有的决议；不能因加入国民党，就牺牲这些原则性的立场。毛泽东的发言是强调农民革命的重要性，进而指出中共不应只看见局处广州一隅的国民党，而应重视全国广大的农民。

---

① 到会代表人数也许不只17人，但有表决权者，我确实记得只有17人。

　　上述这些争论之点，在会前多已经再三提到过的，只有农民运动，是一个新提出来的问题。在中共的历次讨论中，直到第三次代表大会，代表才注重这个问题，尤以毛泽东为然。中共第一个著名的农民运动者彭湃，于一九二二年九月间就在广东的海陆丰成立了第一个农会；在第三次代表大会时，他的工作已收到相当的成效。但海陆丰那时正在陈炯明的统治之下，一切消息不易外传，他的工作也未引起重视。陈独秀先生和中共广东区区委虽曾鼓励彭湃这种活动，但陈在第三次代表大会的报告中，并未提到这项农民运动，而且还慨叹农民人数虽多，但太落后了，一时不易发动起来。

　　毛泽东当时对于彭湃的这种活动也是毫无所知的。但他向大会指出，湖南工人数量很少，国民党员和共产党员更少，可是满山遍野都是农民，因而他得出结论，任何革命，农民问题都是最重要的。他还证以中国历代的造反和革命，每次都是以农民暴动为主力。中国国民党在广东有基础，无非是有些农民组成的军队，如果中共也注重农民运动，把农民发动起来，也不难形成像广东这类的局面。这种看法，是毛泽东这个农家子对于中共极大的贡献。毛泽东这种思想，是否马克思主义的旁门左道，此地暂不论及。但那时他的此项见解的重要性，是不能抹杀的。

　　这个辩论继续近一个星期，马林终于亲自出马参加辩论了。他向大会发言，表示支持陈独秀先生的报告，强调他全体党员加入国民党，在国民党内积极工作，一切工作归国民党的原有主张。他指责一切低估国民党和夸大工人阶级力量的说法，都是左倾的空谈。他素来瞧不起农民，对农民问题更是只字不提。他最后用威吓式的口吻说：陈先生的报告是否获得通过，就是大会是否接受共产国际的训令，抑或准备违反的证明。

　　当时陈先生和我都曾企图经过协商以获得谅解，但这些努力终告失败。最后在结束这一辩论时，即以我提出的一个修正案交付表决。这个修正案是就未获得谅解的部分而提出的，其内容大致是：一、中共在国民革命运动中，须加强对职工运动的领导，并在工人中发展中共的组织。二、中共在职工运动中须与国民党所领导的工会和工会中的国民党员，密切合作。但工人中的中共党员，除一部分有必要者外，不应全体加入国民党。三、工人运动既是中共所领导的独立运动，中共虽不能阻碍国民党在工人中的活动和工人加入国民党，但不应采取积极介绍大批工人加入国民党的政策。

这个修正案付表决的结果，是八票对八票，于是担任主席的陈独秀的一票，起了决定的作用，换句话说，我的修正案被一票的多数所否决而宣告失败了。这个修正案的被否决，等于通过陈独秀先生的提案：中共应在工农群众中（尤其是农民为最），发展国民党的势力和影响。当时，我们这些反对者认为，在农民中发展国民党的势力和影响还是无关宏旨的，因为中共在农民中尚无实力存在，至于在工人中无限制的发展国民党的势力和影响，就等于放弃了中共的主要阵地，这也等于取消了中共的独立存在的基础。

马林的主张终于胜利了，但他也知道这主要还是得力于陈独秀先生的支持，而且也觉得这种胜利是不够稳定的。他加强压力，大肆宣传我反对陈独秀先生的领导，违反共产国际的训令和破坏党内的团结，应当予以严重的惩戒。

同时按照共产国际的成规，持反对意见的人须向大会表明态度。我们这些反对者表示出来的态度，却不是完全一致的。首先，支持我修正案的毛泽东，以轻松的语调表示接受大会多数的决定。继之而起的蔡和森则仅沉重的说了一句话："服从多数的决定。"我则向大会发表一个声明。表示服从多数的决定，但保留我的原有意见。由于反对者所表示的态度程度不同，以及我强调保留原有意见，使一切攻击都集于我的一身。马林声言，我的保留意见意味着我仍将发表反对言论，将会引起党内纠纷，非予以制裁不可。

这时候，一位来自哈尔滨代表东三省中共组织的代表陈为人起而发言。他声称他投票赞成陈独秀的原提案，是表示对陈所领导的中央的信任，但并不赞成因加入国民党政策而牺牲中共独立的观点，也不相信陈先生会这样做。他诚恳的号召党的团结，要求陈尊重反对者的意见，他特别说到我不特不应当受处罚，而且此后仍应负责领导工作。这位一直没有卷入争辩漩涡的陈为人发言态度非常诚恳，当即转变了会场的空气，使陈独秀先生觉得须适可而止。这样，马林的高压政策便无法施展了。

中共内部第一次意见分歧的大风浪过去之后，大会旋即恢复了平静，继续讨论其他的问题。值得特别说到的是陈独秀先生还提出一个党团问题的提案，主张中共党员加入国民党内工作者都应组织党团，以保持中共党员在国民党内一致的主张和发挥他们在国民党内的影响。陈先生提出这个决议文的原意，似是要表示一下他不愿牺牲中共的独立，安慰一下我们这些反对者。其实代表们受着这场争论的震动，心情都有些不安，因而大会气氛也有些无精打彩〔采〕，这个提案没有经过讨论也就一致通过了。但后来它却成为国共纠纷的一个主题。

最后大会所通过的宣言，系表示承认国民党在国民革命中之领袖地位，并希望社会上的革命分子都集中到国民党来。但"一切工作归国民党""各项革命工作都是国民党工作的一部分"，这些马林所说过的很响亮的话，在宣言里并没有提到，这也是顾到党内的团结的结果。

中共中央改选的结果，我以落选的方式被排出了中央：陈独秀、李大钊、蔡和森、毛泽东、瞿秋白五人当选为中央委员。陈仍任书记，蔡仍任宣传，毛泽东则接替我任组织部长。

后来中共的记载多宣告我因根本反对国共合作或根本反对加入国民党的政策，被第三次代表大会开除了中央委员，这些记载多不免有些似是而非[1]。我自信我上面所述是合乎当时真相的。现在参加第三次代表大会而尚在人间者，除我以外，似只剩下毛泽东一人，如果他愿意保持历史的真相，他当不会否认我在上面所说的话。

在中共历史的发展上，第三次代表大会是一个重要的关键。西湖会议不过决定中共少数人加入国民党；第三次代表大会才进而采取在国民党内

① 胡乔木著《中国共产党的三十年》第9页及第10页（北京，人民出版社，1951年初版）和胡华著《中国新民主主义革命》第45页，都有这类似是而非的记载。

实现国共全面合作的政策。因此，共产国际和中共的一些历史家们往往着重描述这次大会的重要性，企图多方面证明共产国际领导的正确。

其实，这个加入国民党的政策，无论从那个角度上看都不能说是恰当的。在推动中国国民革命运动上，虽然因这一政策的执行获致可观的成就；但不能证明如果国共合作改采联合战线方式，成就不会相等或更大。至于国共混合终于招致了革命势力严重的分裂，使中国陷于内乱和外侮交相煎迫之中，更是铁一般的事实。实行这种政策的国共两党，都陷入了纠纷的深渊，终由友党转化为势不两立的仇敌。

后来，在一九二七年国共分裂以后，共产国际还以"天子圣明"的态度，强调这加入国民党政策的正确；并诬指一切错误都出于中共执行之不当。许多记载往往说共产国际主张中共采取加入国民党，夺取国民革命的领导权，使国民革命获得最后的胜利的政策，是绝对正确的。只因右倾机会主义者的陈独秀在执行加入国民党这一政策时，放弃了领导权的夺取，才使中国革命归于失败。同时也批评我初期反对这政策的主张，是不愿去争夺国民革命的领导权，犯了"左"倾的错误。其实，当时所讨论的，是中共应否保持独立的问题，根本没有讨论到中共要争取国民革命领导权这一问题。

在这里，恕我要批评瞿秋白几句，他有点舞文弄墨的积习，在那次大会中他极力为马林的主张找理论根据，因而强调中国是宗法社会、革命目的是反封建、阶级分化不明显等等。瞿氏这种议论发展下去，可能比马林还要右倾，即是说中共根本无存在的基础。可是他在后来继陈独秀而领导中共时，再也不提他过去有过的主张，断章取义的说他人都错了，都是机会主义，只有他自己正确，即是他主张国共两党党内合作是为了夺取领导权。其实"国民革命"和"国民党"是两个不同的东西。如果两个政党（例如中国国民党和中国共产党）互相竞争，夺取国民革命的领导权这是说得通的。如果中共作为一个政党加入到国民党里面去，先夺取国民党的领导权，作为夺取国民革命的领导权的先声，这种对盟友的手段在道义上是说不通的。怪不得当时汪精卫就曾说过，这是孙悟空对付猪精的办法。

　　加入国民党的政策本身，是一切毛病的根源。当时莫斯科对于中共的指导，事实上是很混乱的。首先是莫斯科对于中国情况缺乏足够的了解，那些共产国际的首脑们只知"国民革命的重要"和"革命势力必须集中"这两个空泛的原则，不顾国共两党的实情，硬要将它们混合为一。一九二三年一月共产国际扩大会议的决议，还强调中共的独立性，但后来似受着越飞、马林等人的影响，它的四月训令显然改变了方向，认为中共加入到国民党里面去，是首要的事，保留中共的独立性却成为次要的。换句话说，共产国际的四月训令是中共趋向右倾的起点。

　　马林个人的见解比共产国际的训令还要右些。他那时想以撮合国共两党合作的要人身份，在广州长住下来，要求中共中央移设在广州，以便将三次代表大会的决定立即付之实施。可是他不够幸运，遇着了重要的障碍。国民党方面对他的主张似并不感兴趣；他们所最感兴趣的，只是获得苏俄的实际援助；尤其是军事援助，至于全体共产党员加入国民党一点，在他们看来，也许并不是当前的急务。陈独秀先生也不完全同意马林的主张，他坚持中共中央立即返回上海工作，似不愿羁留在广州为国民党的附属品；这也不是马林所能任意左右的。

　　马林的主张虽大体为第三次代表大会所接受，但却从未实现过。在我看来，即使实现了，也不会有好结果的。国民党一般老党员多具有门户之见，他们对党内的后起者也往往抱有轻视的观念，即使中共党员加入国民党后完全放弃原有的共产色彩，循规蹈矩的为国民党工作，也不免要被视为是身家不清白的异端，那里会允许他们在国民党内自由活动？而且一般共产党员多是自命不凡的青年，其中有些还是原具有国民党籍而转加入中共的。当他们过去在国民党时，多对国民党的成规表示不满，现在这些中共党员又都加入到国民党去，那里会做安分守己的"小媳妇"？因此，我们很有理由说这一政策在先天上就是主观的幻想。

　　陈独秀先生的立场不仅与马林保持相当距离，他还始终怀疑中共加入国民党这一主要政策的正确性。共产国际指责他右倾，也是不公平的。因为那时共产国际对中国的政策比陈所主张的还要右倾些。陈先生以较现实的观点出发，认为中国无产阶级力量薄弱，中共在国民革命中一时不易起领导的作用，这是事实。但他从不以为中共加入了国民党就可以增加中共力量，扩大中共的活动阵地；反之他认为这是中共方面的一种牺牲，而且也常以引起国共两党的纠纷为虑。他主要为了尊重共产国际的领导，才接受加入国民党这一政策。

我和蔡和森等人在西湖会议时，经过争论后，接受了有条件、有限度的加入国民党的政策，视为是实现联合战线的一种方式。基本上，我们始终站在国共两党形成联合战线的立场上。在第三次大会时，我们虽然同意扩大中共党员加入国民党的范围，但坚持中共组织独立，单独提出中共自己的政治主张，独立领导职工运动，展开在广大农民中的活动等等，这都意味着是与国民党分庭抗礼的。在那段时期中，毛泽东大致上和我们少数派的看法一样。

但是中共中央所实行的政策，是国共"混合"，而不是国共"联合"；我们的主张被搁置了起来，如果当时中共坚持国共联合，相信是会得到孙中山先生首肯的。在我看来，如果实行国共联合的话，也许可以避免国共间许多不必要的纠纷。两党联合的形式，可以是平行的，也可以让国民党为大股东，中共为小股东。任何一种形式均可避免两党党员在党内争夺地位与权势。如果发展得好的话，还可以形成正常的多党的民主制度，这样，也许中国的现代史就会换一种写法了。

（张国焘：《我的回忆》第1册，东方出版社1980年版，第282—302页）

国民党第一次全国代表大会

中共第三次代表大会关于国共关系的争论，迅即蔓延到中共各地组织。也许国共两党混合为一这种办法的漏洞太多了，无论在中共党内或党外，它一直是争论不清的焦点。中共中央的负责人员和我自己于第三次大会后，迅即返回上海；不久，马林也由广州赶来了。于是在我们党内，关于这一问题的纠纷，又在上海展开。

当时我们党内很重视友谊和团结。领导人之间虽有过严重的争论，但既不愿使艰难缔造的党趋于分裂，也不愿伤损彼此友谊，因此，都有意寻求协调。我自己就为这种心情所支配着，始则保持沉默，不继续参加争论；继则从事调解；终则出席了国民党全国第一次代表大会，表示我并无根本反对国共合作的意向。

马林却不相同，他不顾一切的企图贯彻他的主张。他回到上海后，力图压制反对意见，对我继续采取高压手段，他反对中共中央分派我任何工作，并声言如我继续反对第三次大会既定的政策，即以纪律制裁；甚至以开除党籍相威胁，其用意无非是针对中共党内一团和气的气氛，防止中共中央对我有所让步。

可是，马林很快的就离开中国回莫斯科去了。他所以离去，似乎因为他掀起了中共党内的大风波，共产国际有些不放心了，因而调他回去；后来并解除他原任的职务。他在中共第三次代表大会所采取的立场，显然并未为共产国际所接受。从此，他再没有来过中国，我也再没有见过他。

回到了上海的中共中央，在国共合作问题上也面临着不少的难题。第三次代表大会时，陈独秀先生和多数代表的主张曾得到大多数广东党员的支持，声势颇壮。可是到了上海，情势显然不同，上海、北京、湖南、湖北等主要地区的多数党员，对于第三次大会的决议却表示怀疑和责难。不少的党员批评共产国际不懂中国情况，硬要将中共融化到国民党里面去；而且指斥马林胡闹，并且发出要求共产国际撤换他的呼声。

中共中央为说服这些反对意见，真是煞费气力。譬如一向以崇拜陈独秀先生著称的杨明斋，就曾指斥加入国民党的政策，无异是将中共出卖给国民党，为此与陈大闹一场，并声称不愿与陈再见面。这个性情耿直的山东人，自请调往甘肃工作，因为那里国共两党均尚无组织，自然不发生合作问题。中央无法说服他，只有允许他的要求。杨明斋与陈先生大闹的举动，事前我并无所闻；事后，他曾为我慷慨而言。我虽勉以团结的大义，也无法改变他的初衷。此后，我再就没有听见有关他的消息。

　　我在上海闲居了一个多月，一直保持沉默，是我参加中共以来从所未有过的清闲。我对全面加入国民党的政策，在第三次大会上有过保留自己意见的声明，因为我对自己主张的正确有强烈的自信，不愿依照中共中央的希望，改作积极赞成的表示。同时我也遵守服从多数的诺言，不继续表示反对的意见；这就只有沉默了。虽然那时传说纷纭，说我反对共产国际，反对国民党，反对国共合作，我也不予答辩。我不愿让我与中共中央间的关系恶化下去；我也不相信马林的主张能够始终贯彻，我在等待陈独秀先生等人意向的转变。

　　八月底，蔡和森代表中共中央来看我，他正式通知我马林已被调回莫斯科去了，陈独秀先生一直不赞成马林那种排斥反对者的态度，而且他也受着党内反对意见的压力，在逐渐改变原有的主张。他还说到中央和不少同志都以党内团结问题为虑，希望能由中央分派我一项重要工作，而我又能欣然接受，这样就是证明我和中央之间并无不可消除的芥蒂。我向他表示，我愿意服从中央的决定，无论分派我那一项工作，我都会接受，但仍保留我原有的意见遇有适当时机，再行提出讨论。

　　由于我和蔡和森谈话的结果，不几天我被邀参加一次中共中央的会议。陈独秀先生以亲切的态度接待我，表示希望我到北京去担任铁路工会的领导工作，从速建立起一个全国铁路总工会。我接受这个指派。这样，我们就恢复了已往的和谐。

　　一九二三年九月初，我又回到北京。那边四十几位同志极大多数都支持我在第三次代表大会中的主张，也同情我现在的处境。李大钊先生虽然在政见上与我略有不同，但对我仍十分友善。他遇事多和我交换意见，他告诉我国共两党都希望他在北方发展国民党的组织，他已接受了这个任务，正在策划进行的方针。我表示赞成他这样做；认为他是国共合作的一位适当主角。我自己则致力于铁路工会方面的工作，进行倒也顺手。

　　在北京按期举行的党员大会，每次仍为了国共合作问题而争辩不休。到会者有的表示中共全体党员加入国民党为党员，是犯了原则上的错误；有的强调中共的独立，不愿做国民党的附庸；有的批评中央轻视职工运动。每次都由任主席的李大钊为中央的现行政策略加辩解，结果多是将这些不同的意见，呈报中央要求解释。我在这些辩论中要完全置身事外是不容易的。我只有在会议上宣称：同志们都已知道我的意见，但我应遵守服从多数决定的诺言，不便继续发表反对意见。

我既是人所共知的中共党内反对派的首脑，代表着强大的反对意见，在北京的苏俄人员似很想知道我的动向和意见。华俄通讯社北京分社社长的斯雷拍克，便与我保持经常的接触。他曾在共产国际工作过，担任威金斯基的助手，与我原是相识的。这次重逢，他夫妇俩对我显得特别亲切。我也常到他们家中闲谈。他们虽从未对中共现行政策表示意见，但神情中似乎相当同情我的见解，我所表示出的意向，也似曾由他反映到共产国际去。

九月底，著名的鲍罗庭来到中国，道经北京前往广州曾由斯雷拍克的邀约，与我一度晤谈。我当时并不知鲍罗庭为何许人，负有何种任务。他首先向我表示：到北京不几天，还未与中国朋友接触，对中国现况也不了解，愿即往广州看看南方的情况，希望我告诉他一些中国的情形。

他从我的谈话中，知道我并不根本反对国共合作；似乎特别高兴。当我谈到中国军阀是一群并无国家观念的自私之徒的时候，他表示不赞成。他虽未加证明，但说中国军阀之中，也有不少爱国者。他这种看法，代表着当时苏俄一部分外交人员的意见。他给予我的印象，也不过是一个普通的外交家而已。

谁知这位并未引起我特别注意的鲍罗庭，后来却在中国起了不平凡的作用。我们从这次接触之后，一直保持着很好的友谊关系。他是在八月间加拉罕来到北京以后，经孙中山先生的函请，由加拉罕派往广东工作的。他初去广州的时候，似未有任何正式的名义。只因他与孙中山先生相处甚得，才成为苏俄共党和政府驻广州的代表，并兼任孙中山先生与国民党的政治顾问。

十一月初，威金斯基重来中国，道经北京前往上海。他同样约我在斯雷拍克家单独晤谈。他首先表示，他接替马林来任共产国际驻中国的代表，已经知道了我在第三次大会中的发言内容；并声明共产国际并不赞成马林的作法，要他来听取我的意见。

当他知道了我于第三次代表大会之后，在党内政见纷歧的情况下，仍极力维护团结的种种情况，他表示非常高兴。他向我坦率的说，共产国际是坚持国共合作政策的，共产国际内有些人有点怀疑我有反对这一政策的倾向。他滔滔不绝的劝我不要反对这一政策。接着他又说明共产国际并不赞成马林那种看轻中共的态度。共产国际所以要中共加入国民党，用意在使国民党革命化，决不赞成牺牲中共的独立。他并说到我主张中共负责人员不兼任国民党职务，积极领导工农运动等等，都是共产国际所称许的，认为马林打击这种意见是不对的。

我听了威金斯基这一番话，心中如释重负。但我仍向他询问，共产国际为何放弃国共建立联合战线的原定主张，改采国共在组织上混合为一的路线；在我认为，混合为一，不免引起党内分歧。他说加入国民党，正是实现联合战线的具体方式。中共加入到国民党里面去，不是遇事听命于国民党，或成为国民党的左翼；而是要支持和团结国民党内的革命派，反对国民党中不革命的分子。

最后，他认为由于马林的影响，中共中央的政策不免发生了一些偏差，至少在解释上是不恰当的。幸好第三次代表大会后，中央未继续往错误的方向发展，我也避免了加深党内分歧的行动。他说他将即往上海，不动声色的纠正中共中央这一偏向，希望我也不作反对中央的表示，以期此后工作能够圆满进行。

就在这个基础上面，我和威金斯基之间，获得了谅解。我告诉他，我此后的态度，也将决之于中央的动向；只要这种偏差能够获得纠正，党内的分歧就可能消失。

照理威金斯基这一番话只能向中共中央直接陈述，不能向中共任何个别党员提及。但因当时反对中共中央政策的声浪仍然很高，所以他特别对我透露这些意见，使我知道他代表共产国际在力图补救，以免再起波澜。

共产国际的动向已在改变中这件事，其他同志还不知道。因而在北京的党员大会上，又爆发了一次国共关系的大争论。十一月间的北京党员大会上，李大钊先生报告：中国国民党定于一九二四年一月十五日举行全国第一次代表大会，规定北京有六个代表出席，其中三人由孙中山先生指派，三人由党员选举产生。他已被指派为代表，准备前往出席。北京国民党党部也快要办选举了，他希望同志们对这件重要的事采取积极的态度。

李先生这报告当场遭受了不少的质问和责难。有的问他："你是中共一位著名领袖，现在去参加国民党的代表大会，你将采取何种立场？"有的问他："国民党要你宣誓服从三民主义，忠于国民党的一切决议和命令，你将何以置答？"这些问题都是李大钊先生所不易答覆的。于是多数同志不赞成中共党员充当国民党代表。有人还说："李守常先生去参加国民党的代表大会，最好用他的个人名义去，不必用中共党员的身份去参加。"这句不很客气的话，把素不生气的李大钊先生气坏了。他怒容满面的说："这如何可能？我虽是以一个国民党员的身份去参加，但我是人所共知的共产党人，我如何能放弃共产党员的身份？你们是根本不赞成我去：是反对中央的现行政策；而且不将我视为一个同志。"他说完后，即气愤愤的走出会场。

我目击这种情形，只好挺身起来劝阻李先生，并登台发表演说。这是我在第三次大会后，首次就这个问题公开发言。

我首先陈述西湖会议和第三次大会中我坚持过的主张，指出我所最反对的是马林那种取消中共的倾向。我表示相信共产国际不会接受马林的意见，相信共产国际只是着重国民革命，希望中共成为即将到来的国民革命中的积极分子，能发生推进的作用。

其次我声言加入国民党的政策使中共党员具有双重党籍，自然颇不妥当。这是我自始即表示怀疑，到现在同志们还是不赞成，这是毫不足怪的。但也不能说加入了国民党，或者充当出席国民党代表大会的代表，就丧失了中共党员的立场。中共党员在国民党代表大会中，依然可以坚持他本身的立场。国民党也不会要求中共党员放弃中共党籍。广州的谭平山担任国民党临时中央委员，仍负中共广东区委委员的责任，就是一个显明的例子。

其次，我指出加入国民党的政策是共产国际所坚持的，又为第三次代表大会多数所通过，为了党的团结起见，我们不应持根本反对的态度。中共党员既然加入了国民党，自应有人去参加国民党代表大会，表示诚意合作，并将中共的主张，去影响他们。此外，中共仍应保持它本身的独立，在工农中发展组织和工作，尤其不应牺牲它在职工运动中的领导地位。

最后，我说明李守常先生是我们大家信任的一位领袖，也是实现国共合作的理想人物，我们应赞成他去出席，希望他能表现出中共党员的气概。在国民党推选代表的运动中，同志们也应采取积极的态度，与国民党人协商，共同推出候选人。

我的这篇调解歧见、号召团结的讲话，似乎颇使听众感动。他们都聚精会神的倾听，没有一人提出质问。李大钊先生继起发言。他对我的说话表示欣慰。他宣称照我现在所说，党内事实上没有了不得的分歧存在。他说中共首先主张国共合作，要求国民党召集代表大会，实行改组；事到临头我们又不去参加，这是说不过去。他也指出第三次代表大会没有接纳我们修正意见是失策的，因而引起了同志们误解加入国民党政策的目的，他希望这一点很快的能获得纠正。最后，他还表示他并不怪同志们对他的责难；只希望党内歧见能够消除，步调能够一致。他愿勉为一个任劳任怨的共产党员。即使劳怨再多些，他也不会离开同志们。

接着，何孟雄起立发言。他是中共北京区区委委员，一向反对李大钊先生的主张最力。他表示从我的报告中获得了前此所未尽知的资料，因而提议这个问题先交由区委会讨论，再行提出党员大会公决，大家没有异议，一场风波，就此平息。

不几天，举行另一次党员大会。北京区委会提出一个经缜密研究的、中共党员参加国民党工作的决议草案，交由大会讨论，经过一些辩论和解释，终于通过。其内容大体是根据我前次的讲话作成，此举不仅消除了北京地区同志间的歧见，促使大家积极参加国民党的工作，甚至其他各地的中共党员，也受到了这个决议的影响，改变了他们对国共合作的政策的观望态度。

这时候，中国国民党组织在北京的发展，表现着令人乐观的气象。这与当时时局的发展，也大有关系。直系曹锟、吴佩孚等所支配的北京政局，愈来愈不像样。一九二三年六月十三日他们撵走了总统黎元洪，十月五日曹锟贿买国会议员，当选为大总统；十月十日曹就总统职并公布宪法。这幕丑剧不仅使直系的废督、裁兵、好人政府等悦耳的名词立时破产，而贿选一幕臭名四溢，使国人大失所望。另一方面，孙中山先生自这年三月一日在广州组设大本营以后，国民党处境虽很艰危，但已逐渐呈现曙光。他正倡导改组国民党，励精图治，并几次击退陈炯明军对广州的进犯，使不满现状者寄予莫大的希望。

这年九月间，李大钊先生与王法勤、丁维汾、李石曾等开始在北京建立国民党的组织，那些挂名为国民党员而实际参加曹锟贿选的国会议员，自然都自绝于国民党了。新参加国民党的多是一些激进的青年。到十一月间，中共党员改采积极支持国民党的态度后，北京国民党组织的人数增至一千余人；可以说大多是北京的优秀青年，其中共产党员和社会主义青年团团员约占三分之一。

当时一般青年倾向国民党的情绪十分热烈。他们对于广东的情况和国民党改组的真意，虽不完全知道，但对北京政局确是厌恶已极。我的朋友们，不管已否加入国民党多表示曹锟闹得太不像话了，无论如何，国民党和孙中山总要比北方这一群败类好些。

恰在这个时候，鲍罗庭的一份报告又增加了我对广东真相的了解。初到广州的鲍罗庭，做事极其谨慎周到。他写了一份关于广州情况的报告，似是给莫斯科和在北京的加拉罕的。他托斯雷拍克将这份报告的英译本送给我参阅。我细读他这份报告，知道了国共两党党员在广州合作的情况，他们一致动员民众，支持孙中山先生，击退陈炯明十月二十三日和十一月十九日的两次进犯，使广州转危为安。我觉得他这份报告并无宣传的意味，是可信的真实资料。

初期的国共合作，确是鉴于大敌当前，为了共同目标，同甘苦共患难，携手向前奋斗，两党间的磨擦那时还未暴露出来，即使有，也是很轻微的。我目击当时北京国民党发展的情况，又证以广州的实情，也觉得中共党员跨有两党党籍，暂时还不会引起严重纠纷。

由于这些演变，我对国共合作的前途是较为乐观了。我根据鲍罗庭供给的资料，在《新民国》杂志上发表了一篇题为《广州的新气象》的文章。这篇文章虽没有论到国共合作的问题，但主旨是号召所有革命分子合作，并以广东的实例为证；认为不同党籍和形形式式的革命分子，能在一个共同的革命事业上大公无私的通力合作，是今日中国革命所必要的。《新民国》杂志是北京国民党组织的机关刊物，由范体仁任主编，他并不是共产党员。我这篇文章是应他之邀而写的。

我发表这篇文章是颇有用心的，借此表明我赞成国共合作的意向，一扫前此认为我反对国共合作的误传。北京的同志们和朋友们看了我这篇文章，都认为适合时宜，态度正确。后来，廖仲恺在国民党第一次全国代表大会上就曾称赞这篇文字，认为最能体现国共合作的真义。

国民党第一次代表大会开幕的时间日益接近了。北京市国民党组织应选举三个代表出席，我被推为候选人。我是候选人中唯一的共产党员。李守常先生极力主张我去出席。他认为这样对外可以表示中共全部的一致，我们两人一同出席，遇事可以商讨解决。其他的中共同志们认为我能代表他们的意见，也支持这种主张。

我初意想辞谢代表的任务。我的主要工作是在铁路工人方面。这时各铁路工会的秘密小组正在发展之中，筹备于一九二四年二月七日（二七罢工一周年纪念日）在北京秘密举行一次全国铁路工人代表大会，如果我到广州去，将耽误这一工作的进行。再则我不愿担任国民党方面的职务，我主张北京的中共组织应推选一位将来能担任国民党方面工作的人去出席。但我的这些理由未为同志们所接受。一致表决了我为候选人。

十二月间在北大第三院大礼堂举行国民党选举大会到会者近两千人，全场挤得水泄不通，我以最大多数票当选为代表之一。

一九二四年初，我偕同李大钊先生经由上海赴广州。停留在上海的时候，中共中央曾邀请我们两人参加中央会议，讨论我们去广州所应采取的态度。当时中共中央正为国共合作在各地的发展表示乐观。李大钊先生在会议上报告国民党组织在北方发展的经过，声言北京中共同志间已无歧见存在，称许我这次能够一同前往出席是表示团结一致的好现象。陈独秀先生十分欣慰，提议由我们两人会同已在广州的谭平山、瞿秋白等组织一个指导小组，以指挥出席国民党大会的中共党员。

我当场辞谢了这个指派，我说，我将不能等待国民党代表大会的终结，就要先行赶回北京，并说我不适宜于代表中央，因为我仍不赞成多数中共党员担任国民党职务的这一作法。陈独秀先生未置可否，随便谈了些别的事情结果，这个指导小组的责任，就完全落在李大钊先生手上。

我们在一九二四年一月十日左右到达广州。当时的广州并看不出什么新气象，街道上除多了一些红绿标语而外，长堤一带仍布满了"谈话处"①。大家忙着大会的筹备工作，宴会非常频繁，情况有点像大家庭办喜事一样。

我和李大钊先生到达广州的第二天，孙中山先生便在设于士敏土厂的大元帅府接待我们和另外新到的十几位代表。孙先生将他亲笔拟订的《建国大纲》给我们传观，征询我们的意见。我当即起而发问："先生这个大纲第一条规定国民政府本革命之三民主义、五权宪法以建设中华民国。不知道在这种硬性的规定之下，是否允许其他党派存在？"孙先生听了我的话之后，不置答覆，转而征询其他在座者的意见。叶楚伦表示，这一个大纲是经孙先生长期研究而写成的，其中一切问题必有妥善解决办法，我们如能详加研究，便可获得深一层的了解。李大钊先生表示待他详细研读之后，再行提供意见。于是，我们的谈话便转到交换消息以及其他较次要的问题上去了。

我所提出的这个问题，确是一个根本问题。这是针对孙先生的"以党治国、以党建国、以党训政"这些观点而发的。尤其是国共两党的合作，大有关系，触及了党外合作和联合战线的根本所在，我在当时那种场合首

---

① "谈话处"即番摊馆和鸦片馆，为军人包烟、包赌筹饷的所在。

先提出这一问题，用意是要孙先生和在座者了解我的基本看法。可是孙先生和其他的国民党要人此后从未再直接提到这个问题，但间接的表示都是不主张多党存在的；对于中共，只是把它看作国民党大圈子里的一个小圈子。

鲍罗庭那时住在广州的东山，正忙于草拟大会的各种文件。瞿秋白就住在他那里，任他的助手和翻译。他常邀我们——李大钊、我及其他几位中共代表——到他那里去商谈。每次他都交一些文件给我们看。其中有这次大会宣言的草案，由他与汪精卫、瞿秋白共同草拟的。

那时的鲍罗庭待人接物谨慎周到，态度和蔼，避免与人争论。他告诉我这次代表大会所提的政纲，在民族主义内，提出反对帝国主义、废除不平等条约、平等对待国内少数民族等。在民权主义内，否定天赋人权之说，主张革命民权；即对多数人民给予民主自由，却不给予反革命分子自由。在民生主义内，提出维护工农利益等具体条款。这些都是很显著的进步。

鲍罗庭对于在国民革命中应允许其他革命政党存在一点，表示原则上的赞成，但认为这不是提出辩论的问题，而是实际做的问题。如果中共能有力量存在，是没有人能够抹煞的。多数同志都附和鲍罗庭的意见，认为这次大会是国民党办喜事，要求我不要提出这个难于解决的问题。李大钊先生也以指导小组负责人的身份表示，我的意见固然不错，但提过一次，就足够了，可不必再提。因此，如果我再进一步表示意见，那无异是违反指导小组的决定，而采取单独行动了。

接着，在另一个问题上又发生了不同的看法。当时鲍罗庭所草拟的国民党党章草案，无异是各国共产党党章的"译本"，其中根据民主集中制所拟订的中央和各级机构的职权、党员应守的纪律等等，无一不与共产党的原则相同。我指出这些原则未必适用于国民党，国民党的党章应有较大限度的民主。国民党一向是松懈惯了的，忽然之间要受到这样严格的约束，会妨害国民党的广泛发展和引起麻烦。对于跨党的共产党员来说，无异自我束缚。因此，我主张国民党党章应尽量扩大民主，党员除应遵守国民革命的政纲而外，可以有不同的意见存在。这样，跨党的共产党员才能立足。

鲍罗庭对于我的这种主张，有点左右为难。他不多表示意见，有时只耸耸肩不说什么。他曾轻描淡写的说："你这种主张很有道理。但有人总觉得一个国民革命的政党应该是一个组织严密的党，才能负担起它的历史使命。"

当时中共一些同志们对国共合作的良好关系十分兴奋，我仿佛成了一个专泼冷水的人。我曾问谭平山：他预定担任国民党组织部长，可是又跨有共产党党籍，如何能用严格的纪律去管这样众多的党员和党的组织。他的答覆充满了乐观。他说他已担任了这个职务两个多月，并未发生困难，他相信只要党章规定了严明的组织和纪律，执行起来是不会有问题的。

这使我只有在两个办法中间择一而行。一是不顾一切的提出我的主张，那便可能遭受中共多数同志的反对和国民党人的不满。二是为保全共产党员态度的一致，不如早点离开广州，去主持铁路工人的代表大会；这样虽不无闪避之嫌，但我终究能保留一贯主张，以待机会。中共同志们知道了我的心情，有意无意的表示希望我走第二条路，因而我在大会没有开幕以前，就开始准备北返了。

当时我虽然意态消沉，但仍照常参加各种宴会。开会前每天的晚宴席上，孙中山先生往往要发表长达两小时的演说。他以迟缓而沉重的语调，讲解他对大会的希望。在我所能记忆的他所说的要点是，辛亥革命的失败是由于轻视革命党的作用，力言当时"革命军起、革命党消"这种主张的非是，证明此后应有一个组织严密的国民党，本革命的三民主义，完成革命与建国的任务。他这些话常使在座听众大为感动。

孙先生在演说中将俄国革命与中国革命作比较的时候，说到俄国革命的胜利是得力于俄国共产党组织的坚强，但其所标榜的共产主义却失败了。他说俄国现行的新经济政策，与太平天国所实行的天朝田亩制是相类似的。俄国尚不能实行共产主义；那末，在中国实行三民主义是最恰当的了。当他论到三民主义与共产主义的关系时，他总说民生主义即社会主义，又名共产主义，理想是一致的；因此共产主义是三民主义中的一个部分。但他否定阶级斗争之说，认为在中国只有大贫与小贫的区别，并无阶级的显明分别。

他所以着重说到这些问题，用意很明显，是想将所有的革命者都团结在三民主义的旗帜之下。但我从旁观察，他的说服力也是有限度的。我觉得有些在座的国民党人物，对于共产党员能够真诚信仰三民主义一点，抱有怀疑。至于在座的共产党代表们，对于他批评俄国革命及共产主义的各种说法，则表示不安。当国民党人对孙先生这样的论点鼓掌欢迎的时候，我从未见有任何共产党人表示附和。

中国国民党全国第一次代表大会原定一月十五日举行，因筹备不及，延到二十日才正式开幕。开幕的时候，孙中山先生任主席并致开幕词，旋即指定胡汉民、汪精卫、林森、李大钊、谢持五人为主席团。

第二天继续开会，由胡汉民任主席，讨论大会进行的程序问题。在这次的大会中，两个刚加入国民党的青年共产党员毛泽东与李立三发言最多。我却坐在那里，一言未发。据我的观察，许多老国民党员大都以惊奇的眼光注射着他们两人，似乎有"那里来的这两个年轻陌生人？意见何如此之多？"的疑问，少数老国民党员又似乎在欣赏他们这样的青年精神。散会后，汪精卫曾走过来向我说："究竟五四运动中的青年不错，你看他们发言多踊跃，态度多积极！"

这是我所参加的唯一的一次正式会议，再没有更多的机会聆听毛泽东和李立三的高论了。后来有同志告诉我，他两位始终是在大会中发言最多的；而且彼此意见常有出入。李立三原名李能至，是初回国的留法勤工俭学学生，这次充当汉口市的代表，单枪匹马的在大会上发表了不少批评国民党的议论。毛泽东并不与他采同一的立场，常依据孙先生的说法来发挥他自己的意见。这是他们两人的初次交锋。

当天晚上，在鲍罗庭家里的一次集会上，我们讨论如何使共产党员在大会上发言趋于一致的问题。讨论完结后，我即向在座的李大钊、谭平山、瞿秋白、鲍罗庭等人提出我先行北返的意向，理由是看来大会一时不易结束，而全国铁路工人代表大会即将举行，我应赶往主持。我的提议为他们所接受了。由于我行前有些事需要料理，于是我托谭平山和李大钊分别向孙中山先生和大会主席团代为请假。

孙中山先生知道我要提早离开广州，便约我晤谈。十二日晚上十一时，在西濠酒店夜宴后，晤谈即在大厅中举行。我向他报告我发动铁路工人组织和参加二七罢工的经过，罢工失败后，经过许多艰苦，铁路工人的秘密组织才渐恢复，我们已决定在"二七"一周年纪念日（即当年之二月七日）在北京秘密举行全国铁路工人代表大会。现在距会期不远，我是主要负责人，是非赶回去参加不可的。孙中山先生也不问我对大会有何意见，便欣然表示赞成：并说去主持铁路工人代表大会比出席这次大会还更重要而迫切，应当从速赶往，至于彼此见面交换意见，此后还有很多机会。于是我们握手道别，谁知这竟是我和孙中山先生最后一次的面谈。

孙先生知道我对国共关系问题有不同的意见，但他极力加以弥缝。就在这天的深夜，他派亲信送给我一封信并附了二千银元，托我捐给铁路总工会，祝贺这次铁路工人代表大会的成功，并希望我个人的工作能够顺利发展。

二十三日我离开了广州。我这次来去匆匆，人们也许可以看出我的处境和情绪，也许可以看出中共内部的烦恼，而国共关系发展的大势，也许可以从这里反映了一些出来。

（张国焘：《我的回忆》第1册，东方出版社1980年版，第303—320页）

国共初期的纠纷

中国国民党第一次全国代表大会能以一个新的政纲来团集革命势力，是令人鼓舞的，但也是甚难达成目的。国共两党离奇的结合关系，实是中国前途上的一个大暗礁，也是一切纠纷的焦点。

一九二四年一月二十三日，我离开广州；路经上海时，曾将我在广州所发现的问题告知陈独秀先生。我曾向他指出，国共组织混合，一些中共党员担任国民党内的重要职务，在我看来是不会有好结果的。我要求国共两党在民主的基础上保持相当的距离；但是在广州无法贯彻我的主张，希望中央予以注意。陈先生对我的说法并没有否定；他似采取"等着瞧"的态度。

一月底，我回到了北京。我也向北京的同志们申述，但我不愿再引起争论，所以措词比较和缓。我着重说因国民党代表大会一时不能结束，又因列宁逝世须停会三天，所以我为了铁路工人代表大会必须提早北返。北京的同志们仍是支持我的看法，也同意我向大会请假的举动。

铁路工人代表大会按期于二月七日在北京秘密举行。到会代表约二十人，代表各主要铁路的秘密工会。我向大会发表一篇题为《国民革命与铁路工会的任务》的报告；提出工人应拥护国民革命，力争工会自由和改善工人生活等主张。大会接纳了我的报告，据此发表了宣言，并曾致函中共中央和孙中山先生，表示对他们支援铁路工人的谢意。最后，大会选举了全国铁路总工会执行委员会，正式宣告铁路总工会的诞生。邓培当选为委员长，我当选为总干事，办事处设在北京。

铁路总工会的组成，表示铁路工人又从"二七"的创伤中站起来了。分布在各铁路站的工人秘密小组人数增加起来，工作也较为活跃。当时各地铁路工人中，虽还没有国民党的组织，但对国民党第一次代表大会甚表兴奋。不少的铁路工人说："现在国共一家，合力革命，吴佩孚快完蛋了！"铁路总工会已经建立，为"二七"烈士报仇的声浪高涨起来。这就引起军阀们的注意，不久，铁路工会又遭受一连串的压迫。

铁路总工会成立后不久，李大钊先生和其他出席国民党代表大会的代表们回到北京，带来了不少的消息。

李大钊先生初回北京时非常乐观，极力称许这次大会的成就。他指出这次大会所发表的宣言、通过的党章和决议等具有划时代的价值。他称道孙中山先生和国民党主要负责人对这次改组的决心和诚意。他相信国共合作的发展会很顺利。

他告诉我国民党的中央委员会设在广州，另在上海、北京、武汉设中央执行部。执行部的职权很大，以中央直属机构的名义，全权领导各该管区的党务。孙先生希望老国民党员分担各执行部的领导名义，提拔一些新进的同志，来担任各执行部的实际工作。上海执行部预定由胡汉民、汪精卫主持，毛泽东以秘书的名义担任该部的实际工作。武汉执行部预定由居正、覃振主持，孙先生希望我能去那里担任实际工作。北京执行部派定丁维汾、王法勤、李大钊三人主持，至于实际工作人员，则由他们三人选任。

李先生根据这种情况，问我能不能去武汉。关于这一点，他还对我有详细的说明。他叙述孙先生强调提拔新进的主张时，曾以我为例来说明。他说曾有人向孙中山先生进言，认为我反对国共合作，不应列名为中央委员，此次出席大会又中途退席，足见仍有不满的意见。可是，孙先生坚决否定这种说法；他指出我既来出席，足证并无根本反对意见，至于因重要工作提早北返，那是他详细知道的事。他认为即使我曾批评过国民党，现在不加计较，也足证他是大公无私的。李先生又指出孙先生对我的印象很深，几次称我为"五四运动的能干的学生代表"，因此，他要分配我一项工作。

李先生也很直率的告诉我，居覃两位虽曾托他向我代达欢迎的诚意；但他却从旁听说这两位先生有些以我不易驾御为虑。他个人和中共中央目前都以发展国共合作为当务之急，所以希望我能去武汉，并相信我能够克服一切困难。不过他也向我声明，这件事中央和他个人都愿听任我自己的考虑决定。

我说，我不愿去武汉担任国民党的工作。我说明我并不以为我不能与居覃两位合作，也不是为中央所顾虑的，我这个在吴佩孚眼中的"二七要犯"在武汉会有不易避免的危险；而是我根本不赞成这样做。我还进而劝他，中共党员分据国民党机构的要津，并无重大作用，反而会引起一般老国民党员的嫉视。这样，这个拟议就被我婉词谢绝了。

当时李大钊先生也想邀几位同志去分担北京执行部的实际工作，但他所遇到的反应，也不如意。那时北京多数同志认为，领导或参加革命运动，自应争先恐后，但到国民党机关内去凑热闹，却可能会吃力而不讨好。

国民党北京执行部很快的成立了。办事处气象的堂皇远非中共的机构可比。经常在那里办公的是丁维汾先生、老国民党员王法勤先生等和具有中共党籍的李大钊、于树德两位中央委员。于方舟、韩麟符和我三个候补中央委员都经常去参加会议，有时也去办公。跨党的中共党员有李大钊先生负有指导的责任，于树德、于方舟负责发展国民党在天津一带的组织和工作，韩麟符担任三个特别区和内蒙（古）的工作，此外就没有其他共产党员在这机关里担任经常工作。

当丁维汾先生提出各种职务的人选时，李大钊先生总是请丁先生径行物色，再提交会议通过，我是和丁维汾先生在一房间办公的。两人坐对面。当我偶尔去到那里的时候，丁先生每每提出一些事和我商讨，我总是很客气的请他作主。由于我们这种表现，北京的中共组织显然没有与国民党组织争权的嫌疑。

但在国民党第一次代表大会以后，各地的国共组织都开始发生磨擦，尤以上海、广州两地为最，只有北京是个例外。我们甚至对于这些磨擦的消息都不完全知道。北京国民党组织能够平静而顺利的发展，也许李大钊先生和我所持的态度发生了作用。

再者，北京国民党执行部的构成分子，大多是五四运动以后的青年，他们没有染上国民党的旧习气，并积极支持国民党第一次全国代表大会的新政纲和孙先生对于三民主义最近的解释。因此，北京国民党员之间意见上并无显著的分歧。

广州是国民党活动的老根据地，情形大不相同。那里的老国民党员多以革命的老资格自傲，与新进的中共党员有点格格不入。有些人还觉得国民党的联俄容共政策会遭受国内外实力者的反对，在政治上国民党将陷于孤立。尤其是共产党员加入后，又有新旧党员权利地位之争。这一切都使反对跨党分子的暗流增长起来。

当一九二三年十月二十五日孙中山先生委任邓泽如、谭平山等九人为中国国民党临时中央执行委员，实施其改组国民党的政策时，邓泽如等十一个重要国民党员即于这年十一月二十九日密函孙先生，反对陈独秀、谭平山在国民党内的活动，斥为中共利用和篡窃国民党的阴谋。这件事是我当时所不知道的，中共中央方面似亦未有所闻，后来才知道这个文件当时虽曾被孙先生批驳，但他们并未放弃反对意见。

李大钊先生从广州回到北京后，说起在我离开广州不久，即有人于代表大会上提议在国民党党章中规定，不许党内有党，党员不许跨党。他曾当场发表了一个声明，指出中共党员是以个人资格加入的，可以说是跨党；但不能说是党内有党。中共党员之加入国民党者，当执行国民党的政纲，遵守国民党的章程和纪律，所以不必发生猜疑或者加以防制。李先生觉得他的声明曾发生良好的影响，似也低估了这个问题的严重性。

由于这次大会的结果，一部分老国民党因而失势；而反对党内有党、反对中共党员跨党的声浪也就随着高唱入云了。冯自由等树起反共旗帜，就是一个显明的例子。国民党员们这种反对和怀疑中共的情绪由广东播到上海等地，到处潜滋暗长。国共双方的要人则忙于解释弥缝。在上海的陈独秀先生对于这问题的接触，似是最多的，更从事实上体会到难于消解。

一九二四年四月底，我接到中共中央的通知，要我到上海去，参加在五月中旬举行的一次中央扩大会议；讨论国共合作问题。这个通知并特别注明我是非去不可的。

当我到达上海会晤陈独秀先生时，我发觉他对国共合作的态度有了显著的改变。他对国共合作的前途似已不抱乐观。在谈到中共内部情况时，他特别提出一个"共产党员不要包办国民党工作"的口号。这口号的用意，不仅在减少国民党员的疑虑，并带有修正中共第三次代表大会"在国民党中积极工作"这决定的意味。

由此他作出结论，在国民党内工作不过是中共工作的一部分；中共主要还是要注重自身的发展。他认为发展中共的组织是一刻也不能放松的，大部分党员应开展独立的职工运动和青年运动等，并开展在农民中的工作。

陈独秀先生不愿重提第三次代表大会时的纷争，但他这些话的意思，都是接受我在第三次大会时的主张。他还向我说到，这次中央扩大会议所以特别邀请我来出席，是为了共同纠正国共合作问题上发生的偏差。

陈独秀先生邀我一同会晤威金斯基。威金斯基也表示中共中央工作的方针，重点是在本身组织的发展和独立领导职工运动等工作。对于国共合作问题，他特别强调中共党员之在国民党工作者，应积极支持左派，反对右派。这样，才可以达到推进国民党革命化之目的。

威金斯基似是回到中国不久。他在去年十一月间与我在北京会晤之后，曾在上海耽了一个时期，不久便回莫斯科去了。我在当年初去广州参加国民党第一次代表大会时，他已不在上海，他所以来去匆匆，似是为了与莫斯科商讨对国民党的政策。

当时莫斯科对国民党的内情不尽了解。即加拉罕、鲍罗庭这些人也是一些新来的生手，对国民党的实况，也只是走一步才了解一步的。威金斯基奔走其间，似负责勾〔沟〕通意见的任务。鲍罗庭在第一次代表大会时，曾向国民党要人说到国民党内有左右派之分[①]。这次威金斯基肯定的说中共在国民党内应积极支持左派，反对右派，似是根据莫斯科的新决定而说的。

不两天，中共中央扩大会议举行了。参加会议的约有十人。中央委员出席者有陈独秀、蔡和森、瞿秋白三人。李大钊先生缺席。毛泽东那时奔走于上海与长沙之间，忙着在做国民党的工作，因此没有参加会议。特约来参加会议的，有沈定一和我两人。其余为沪、鄂、湘、粤等重要区委和社会主义青年团的主要负责人。

我们的会议是在极秘密的状态之下举行的。首先由陈独秀先生报告

---

① 胡汉民在其所作《中国国民党批详之批评》文（原载民国十三年出版之中国国民党改组纪念民国日报》特刊——见《革命文献》第9辑第49页至第64页），说有位外国朋友曾对他说，国民党好像已有左右派的分别。他们所谓外国朋友，就是指鲍罗庭。

国共合作与中共中央的工作。他强调中共党员不要包办国民党工作。他指出国民党内早有左右派之分。左派赞成改组和支持现行新政策；右派则反对。中共党员应支持国民党的左派，以期国民革命的顺利进展。他着重说到中共要积极发展自己的组织，中共党员之在国民党内工作者，要保持固有的优良作风，多数党员应积极领导职工运动等工作，从事独立发展，这些工作都足以增强国民革命的实力。他批评第三次代表大会后因注重国共合作而放松了职工运动等工作的倾向；似是要洗刷同志们对于他轻视无产阶级力量的指责。

陈独秀先生在报告时态度很谦虚。他说中央的决策多取于他个人，难免偏差，要求扩大会议予以检讨。他提议由沈定一任扩大会议的主席。到会者有人提出中央书记应是当然主席；但他坚持主张，认为这次扩大会议与往常不同，应由沈定一任主席，他自己似是一个被检讨者。他报告完毕后，又提议会议推举三人审查他的报告，并主张我为其中之一，并强调说这非常必要。

第三次代表大会后，中共中央的情况确也有些变化。陈独秀先生的权力是增加了；许多事往往不经过会议而取决于他个人。那时任中央组织工作的毛泽东，多半的时间不在中央。任宣传工作的蔡和森保持他在第三次大会时服从多数决定的诺言，只是埋头写作，不多过问政策方面的事。至于不管部的瞿秋白，除了在广州耽搁了一个长时期外，返沪后忙于上海大学的工作。陈独秀在中共内的"家长"称号，也就是这个时候传出来的。

最重要的还是国共合作问题。与会者对中共党员在国民党内的跨党地位，多有忧虑。我们大家鉴于加入国民党的政策既是共产国际所坚持而实行的，又感于第三次代表大会由争论而引起党内纠纷的教训，不愿尽情讨论，表现得和和气气。

主席沈定一是创立中共最初发起人之一，他原系老国民党员。一九二三年秋曾奉孙中山先生之命，偕同蒋介石等赴俄考察。他也反对中共党员加入国民党的政策，他经常颇能坚持自己主张，但在这次会议中，他特别沉默，始终没有多表示意见。他所偶然流露出来的，只是表示，他自己"与其做一个跨党的国民党员，倒不如凭他的老资格做一个单纯的国民党员"。后来，他果真照这样做了①。

我衷心欢迎这次会议，因为会议的决议，无异接纳了我在第三次代表大会时的主张。我积极参加这次会议的工作，在审查报告和拟定决议时，我都表示了不少意见，并为会议所接纳。我态度诚恳，从不提起第三次大会的争论，因而我能得着到会者多数的同情与支持。中共中央的方针在这次会议中也可说有了显著的纠正，后来邓中夏在其所著《中国职工运动简史》中也说到［道］："陈独秀的中央，对于职工运动的取消主义的倾向。一直到一九二四年五月共产党的扩大会议上，才纠正过来。"②

至于共产党员在国民党内支持左派反对右派一点，虽载明在决议之中，但似非特别强调的事，而且当时我们还觉得反对右派是国民党左派的事，中共党员不应表示突出的态度。这次会议决定的重点，是少数共产党员应当任国民党内的实际工作——不是机关工作，而是领导群众运动的工作；中共大多数党员则应致力于广大工农群众和知识青年的工作，并谋自身的发展。

可是国共之间为"党团问题"所引起的争执，在这次扩大会议之后，便爆发出来了。扩大会议开了三天而告结束，开完会的次日上午，我往访陈独秀先生，向他辞行北返。陈独秀先生一见面就向我说，刚才汪精卫、张继曾来谈了一阵，所谈的是中共党员在国民党内组织党团的问题。

陈先生说，汪张两位将社会主义青年团关于在国民党内组织党团的决议和团刊等交给他看，并向他表示，胡汉民、谢持两位不赞成在国民党内组织党团的办法，认为这违反了李大钊先生向国民党第一次代表大会所作的声明。因为这声明中曾明白宣称：共产党员以个人资格加入国民党，只是跨党，而不是党内有党。现在中共党员在国民党内有党团组织，岂非党

---

① 从这次会议之后，我再没有看见过他。他为何脱离中共，我也不得其详。但到1925年间，他却去参加了反共的西山会议。

② 见邓著第113页——北京，人民出版社，1953年第2版。

内有党吗？

陈先生承认中共党员和社会主义青年团团员在国民党内确有党团的组织，但否认这个措施违反李大钊先生的声明：既不是党内有党，也不会危害国民党。他向他们解释，中共在国民党内党团组织，用意是指导它的同志们遵守国民党的决议和纪律，积极工作；并不是要他们在国民党内争权势、闹派系和搅其他不利于国民党的事。但他这种解释并未使汪张两位满意，因而他答应他们，中共中央将举行会议商讨，再行答复。

陈先生对这件事极其为难，又异常激动。他说这都是加入国民党这一政策所引起的难题。他说中共如果遵照国民党的意见，取消在国民党内的党团组织，这无异是将我们的组织熔化在国民党内，没有独立性了，这是我们做不到的事。但要国民党员默认中共在国民党内有党团存在，也是做不到的。他认为这是无法解决的。他感慨的说，如果他是国民党人，也要反对中共这种党团组织的办法。

陈先生还向我详细分析这件事。他认为胡汉民、谢持、汪精卫、张继四人几乎可以代表国民党全体，除谢持一向反共外，其余三人都不能说是右派，而是支持国民党改组的。现在他们共同提出这个问题，决不能等闲视之。

他也告诉我一些国民党要人对于国共现行关系的观感，举吴稚晖为例。

前几天吴稚晖曾来造访，慎重其事的问他，共产党所领导的革命大约在什么时候可以成功，他答以大约需要三十年。

吴稚晖听了这句话，惊骇的说："那末，国民党的寿命只有三十年了！"吴说他所主张的无政府主义革命，是五百年以后的事，因此无政府主义者与国共两党都无现实的利害冲突。他向吴稚晖解释，所谓中共所领导的革命三十年后可望成功，并不等于说三十年后国民党就会寿终正寝。但吴对这种解释仍表不满。

就为这些事，我们平心静气的商谈了一整个下午，认为中共的党团组织是不能取消的，中共无论如何不能应国民党的要求，将自己的组织取消。现在只有两途可循：或者国民党默认中共的党团能在国民党内存在；抑或中共乘［趁］早退出国民党，另谋党外的合作。

我向陈先生表示，国共合作的现行方式是无法维持长久的；只希望不要吵架散场。

陈先生则以这件事关系重大，拟即往访威金斯基，要他请示莫斯科，再定方针。我也就在第二天一早搭车北返了。

以后的发展，因我在监狱里过了五个多月的铁窗生涯不知其详。但不久张继、邓泽如、谢持三个国民党监察委员曾为中共党团问题，向中央执行委员会和孙中山先生提出了一个弹劾案[①]，足证国共两党对这个问题的谈判没有结果。

（张国焘：《我的回忆》第1册，东方出版社1980年版，第321—332页）

---

① 张继等三监委的弹劾案是在1924年6月18日提出的；全文见《革命文献》第9辑第72页至第80页。

中共"三大"的预备会议

杨章甫

　　一九二三年五月马林从莫斯科再回上海，携有国际训令，促中共中央召集第三次党代表大会，议决国共两党如何合作推行国民大计。六月初马林到粤，中共中央人员也陆续下来。当时全国地方不受反革命军阀干涉之处只有这里，所是〔以〕第三次大会即在广州东山区租赁一幢大房子，临时办事人员和部分代表都住在这（里），开会时也就以此为会场。正（式）开会日期在中旬，日子可记不清了。这次大会最主要议题是"国共联合问题"，早知党中有人赞成，有人反对，（所）以曾经在大会前假借了"宣讲员养成所"开了两天谈话会，作为心理的准备。你还记得这回事吗？广州同志非正式代表也有参加，我也在内。当日党员才四百余人，出席代表有表决权者二十人左右罢了。一切主张总是国际方面拿出大权决策。

　　（广东革命历史博物馆编：《中共"三大"资料》，广东人民出版社1985年版，第212页）

中共"三大"前夕举行的预备会议

梁复燃

我是织布工人，一九二〇年，谭平山与陈独秀从北京回来时，我就是共产主义小组成员。当时派了一同志到上面开会回来后，谭平山说，现在我们就是党员了，就这样加入了共产党（省港罢工后，发展的党员才经过一定手续），在党内我是负责搞工运的。

一九二〇年尾，陈公博在素波巷（现市十中位置），曾办过"宣传员养成所"，陈公博任所长，学员是每县派两人来学习，每人每月有二十元补贴，另外还有饭吃。一九二二年陈炯明背叛后，当时书记陈独秀下令停办"养成所"。谭天度是南武学校教员，他并不是"养成所"的教、学员，因谭无住处，又因与谭平山熟，所以留住在"养成所"。"养成所"停办没有人来上课，继续由谭天度、邓瑞仁住，有时还会在这里开会。我没有听闻陈公博办的"通俗教育讲习所"。

一九二二年，陈公博被开除出党。当时陈公博与金章较接近，金章是市政厅长，法政学校校长给钱陈公博，由汪精卫写信给孙中山的大女婿收留陈公博在美国住下，后来国民党（廖仲恺有份）叫陈公博回来，回来后担任农工厅长。

中共"三大"一九二三年在东山召开。"三大"会议召开的前一个星期左右，在前"养成所"（养成所已停办）召开"三大"预备会议。凡是共产党员、少青都可参加，我亦参加了。广东参加开会的约三、四十人，外省参加的约九、十人，全场大概有五十人左右参加，谭平山主持会议。预备会内容如下：1.选举参加"三大"的代表，名单上级早就列好了，我们只是举手通过。广东选出的代表有谭平山、杨章甫、阮啸仙、刘尔崧、谭植棠、冯菊坡（曾是廖仲恺的秘书），其他不是代表都可以作列席代表参加"三大"会议；2.略略谈到国共合作问题（张国焘最反对国共合作）。当时开会都是讲普通话的，我不会听，其他就不清楚了。预备会开了一天时间。"三大"会议有无传达就记不清了。

（广东革命历史博物馆编：《中共"三大"资料》，广东人民出版社1985年版，第213—214页）

徐梅坤回忆中共"三大"

（1980年3月）

赴广州参加"三大"

早在一九二〇年至一九二一年，我在杭州搞印刷工会。一九二一年春节后，发动了罢工斗争，坚持了一个多月，迫使工厂倒闭，老板卖掉了机器，我们也就失业了。失业后到省办的"贫民习艺所"当艺徒，由于受不了老板的残酷剥削，我带领三百多艺徒，去省议会请愿，要求改善生活待遇，能吃饱饭。省议会答应提出的条件后，把我们送回来，生活有所改善。但不久，我还是逃了出来。这年秋天，我便回到家乡萧山县一带，组织了农民的抗租税斗争。地主派人来抓我，我又逃到上海。十一、二月间，我在上海经陈独秀介绍加入中国共产党，成为上海第一个工人党员。

一九二三年五、六月间，我在上海是第一任江浙区委书记。当时中共中央下设四个区，即北方区、两湖区、江浙区、广东区。区党组织的名称叫区委员会，不叫省委，"五大"以后才改称省委。

江浙区包括江苏、浙江、上海。中共"三大"以前，江浙区党员有四十多人，记得其中有：陈独秀、李达、施存统、张太雷、李启汉、张国焘、沈雁冰等。苏州没有党员，南京只有两个党员，杭州已建立了支部，由我兼任支部书记，党员有徐梅坤、于树德、金佛庄、沈敢臣等四五个人。于树德在法政大学教书，一九二二年下半年入党。金佛庄是保定军官学校的，后来到黄埔军校当教官和队长，他实际是我们党的第一个军人。沈敢臣是铁路工人，"二七"大罢工后才入党的。

"三大"前大约半个月，中央有人口头通知我去广州参加党的第三次代表大会。因为我是区委书记，所以被指定为当然代表。当时中央规定每个地区派出一至两名代表，没有规定代表的具体条件。参加会议的代表名单要上报，中央同意后才能出席。代表是指定的，没有经过选举。江浙区的另一名代表王振一就是由我指定的。他是山西人，负责工运。"三大"前党派他来帮助我工作。去参加"三大"没有什么要求，只通知我们有什么问题可向中央提出，并要求我们汇报工作。

我和王振一从上海坐船到广州去开会，和我们同船前往的还有李大钊、陈潭秋、于树德、金佛庄共六人。于、金两人是自己出的路费。记得当时于树德没有钱，急得没办法，我给他出主意，让他把邻居一位朋友的妻子的金手镯借来卖掉，买了船票。船不能从上海直开广州，必须在香港停留一天。记得在香港和李大钊上岸去还喝了一点酒。船到广州，在太古码头上岸。这时，天气已经很热，街上卖荔枝的很多，价钱很便宜。到广州后，广州党组织派人来接我们，是在长堤码头。因为我们互相认识，所以没用介绍信。我们都没有带行李，随身只有一个小包。一上码头就沿珠江岸边步行到"三大"会址。因其他代表还没有到齐，休息了两天才开会。

"三大"会址和代表

"三大"会址是在恤孤院路的西侧（按：原东山恤孤院后街31号，现恤孤院路3号）。从庙前街到恤孤院路的地势是由高至下的斜坡路，至开会的地点，马路转为平路。会址的四周比较空旷，北边有"逵园"，是华侨女青年读书的地方；南边走一点路就是"春园"；西边有一片荒草地和一个鱼塘；东边是"简园"。

会址是一幢砖木结构的普通楼房，两间两层。是临时租来的。楼下南边一间是会议室，北边一间是饭厅。楼上两间是宿舍，一部分代表就住在这里。屋内灰白色的墙壁，已经很旧很脏了，看上去这房子已有很长时间没人住了。

会议室当中摆放一张西餐式的长方台子，西边是一列长条凳，前后两端是小方凳。

我记得出席"三大"的代表有二十多人，他们是：

北方区：李大钊、邓培；

两湖区：毛泽东（湖南）、陈潭秋（湖北）；

江浙区：徐梅坤、王振一；

广东区：谭平山、冯菊坡、阮啸仙、刘尔崧（阮、刘二人是列席代表）；

中央：陈独秀、张国焘、张太雷；

京汉铁路：王俊、孙云鹏（孙是京汉铁路二七罢工的代表）；

津浦铁路：沈茂坤（浦镇铁路工厂工人）；

杭州支部：于树德、金佛庄（两人是列席代表，是由我报告中央同意他们去的）；

法国回国：蔡和森、向警予；

苏联回国：瞿秋白；

刘仁静以中共出席共产国际"四大"代表的身份列席了会议。

会议记录是广东区委工作人员罗绮园，他不是代表。

共产国际代表马林自始至终参加了会议。

到会代表穿的衣服不一样。穿长衫的有：李大钊、毛泽东和我。毛泽东衣着很朴素，穿一件很旧而且打了补丁的湖南蓝布长衫。我和李大钊穿北京蓝布长衫。我们三人都穿黑布鞋。穿西装的有：蔡和森、陈独秀、瞿秋白、张太雷、马林。穿学生装的有：罗绮园、王振一、谭平山、陈潭秋、冯菊坡。穿短衣的有：王俊、孙云鹏、沈茂坤、阮啸仙、邓培。

会议期间，马林、毛泽东、张太雷、瞿秋白、蔡和森、向警予等住在"春园"，并在"春园"吃饭；其他外地代表沈茂坤、于树德、王振一、徐梅坤、金佛庄、王俊、孙云鹏、陈潭秋等住在会址楼上，吃饭在楼下。广东代表都在家住，吃饭在会址。谭平山回家吃饭。

会议情况

"三大"前，党中央已由上海迁到广州。为了召开"三大"，陈独秀、毛泽东、蔡和森、向警予、瞿秋白、张太雷以及马林等提前来到广州，进行筹备工作。具体事务性工作由广东区谭平山、阮啸仙、刘尔崧、罗绮园等负责。

"三大"会议由陈独秀主持召开，没有举行开幕仪式。第一天上午，首先由陈独秀代表中央作工作报告。他着重谈了"二大"以来的革命形势和党的发展情况。

下午，马林报告国际形势与国际工运问题。他英语讲得很好，张太雷作翻译。

第二天，讨论陈独秀的报告。

第三天，各地代表汇报工作。瞿秋白简短地介绍了共产国际"四大"的情况。张国焘报告铁路工会的情况。陈潭秋作了京汉铁路"二七惨案"报告，其中谈到烈士施洋，讲了他的家庭情况，孩子小，生活苦等等。孙云鹏讲京汉铁路大罢工被捕工人的救济工作。他带来的《京汉工人流血记》在会上散发，每人一册，是三十二开本，封面上印着红色字体。

第四天是大会发言。我在会上谈了农运情况。毛泽东发言主张党的工作重点应放在城市工人运动上，同时也应特别注意农民运动。他以一九二二年长沙第一纱厂和一九二三年京汉罢工为例，说明工人是有觉悟的。他还说到历史上农民斗争的力量是很大的。

"三大"的主要议题是讨论国共合作、共产党员加入国民党的问题。

关于国共合作问题，开会以前在党内有过酝酿，共产国际也作过指示。根据国际的指示，才召开"三大"专门进行讨论。这个问题争论很激烈，一个多星期中，大部分时间是辩论这个问题。会上，陈独秀发言认为，我们的党员不多，力量不强，工人没有文化，觉悟不高，不懂革命也没有革命理论，甚至污蔑工人有流氓习气。所以他主张要在国民党里去发展共产党，可以暂时不要共产党的独立工作，整个党参加到国民党那里去，中国革命应该由国民党来领导。会上只有他一个人提出这种主张。但没有听他公开讲过"一切工作归国民党"这样的话。

张国焘发言反对国共合作，尤其反对全体共产党员加入国民党。支持他的有蔡和森和王振一。他们只要知识分子和工人的联合，认为这样就可以完成中国革命。

张国焘发言后，我接着发言骂了张国焘，而且骂得很凶，气得我站起来拍桌子，骂他不是共产党员。他不但反对国共合作，还搞小宗派活动，所以我主张开除张国焘。会上，马林支持我的观点。张国焘见势不妙，参加了几次会，大约在第四天就偷偷溜走了。他走后蔡和森成了反对加入国民党的主要发言人。向警予也反对蔡和森的观点，他们夫妻在会上会下吵得很厉害。

李大钊在会上讲话不多，他只汇报了北京工作情况，开会期间，他的活动也不多。

张太雷在会上发言很激烈，主张国共合作。

毛泽东在开会期间很活跃，多次发言，提出许多理由，主张国共合作，他利用休息时间经常到"简园"去。湖南军阀谭延闿当时就住在"简园"。我问过毛泽东经常到"简园"干什么去。他告诉我，他和谭延闿主要谈国共合作问题，谭有兵权，耐心做谭的工作，想把他争取过来。李大钊、张太雷和我也都去过"简园"见谭延闿。

会议的最后一天，上午通过各项决议案，下午通过党章和国共合作问题决议案及宣言。制定党纲、党章是"三大"的另一项重要议题。党章是事先写好的，由毛泽东、蔡和森、张太雷、陈独秀、瞿秋白以及马林参加起草。其他决议案是开会时才提出来的，边讨论边起草决议案。关于共产国际"四大"决议案及"三大"宣言，由马林起草；农民问题决议案由毛泽东、谭平山起草；妇女问题决议案由向警予起草；关于国共合作决议案由毛泽东起草；青年运动决议案由张太雷、刘仁静起草；劳动运动决议案是集体起草的。

在举手表决国共合作问题决议案时，蔡和森和王振一没有举手，他们是少数，遭到大多数代表的反对。张国焘没有参加表决。

关于日本和爪哇反动政府当局逮捕共产党这件事，当时听说过，但未在大会上进行专门讨论而是以大会名义发出了支持声明，因为这种问题无须拿到全体大会上去讨论。

马林的理论水平较高，"三大"通过的宣言及各项决议，他的贡献不小。他自己带来一部打字机，他把会议讨论的意见集中整理后，打成英文，然后再由张太雷、瞿秋白翻译成中文，发下来讨论。

通过决议后，全体代表到黄花岗烈士墓举行悼念活动，马林也参加了，由瞿秋白领着大家唱会议期间刚学会的《国际歌》。之后，宣布会议闭幕。

"三大"中央

"三大"选出了新的中央执行委员会。选举前，提出几个人征求代表们的意见，然后举手表决。我记得当选"三大"中央委员的有：陈独秀、李大钊、毛泽东、谭平山、蔡和森、向警予、张太雷、瞿秋白等，候补中央委员有三人：邓培、徐梅坤，还有一个名字想不起来了。

"三大"还选出五人组成的中央局，那时不叫常委，有陈独秀、毛泽东、瞿秋白、蔡和森，还有一个记不清了。陈独秀任书记，毛泽东负责组织，瞿秋白负责宣传（后由蔡和森接替）。

开完"三大"，代表们陆续离开广州，也有些代表停留了几天。这期间，陈独秀、李大钊、毛泽东等曾到廖仲恺家谈国共合作，我也跟他们一起去谈过两次。

我们回到上海以后，立即向江浙区的党员传达了中共"三大"的经过和决议。为了党的工作需要，我们以个人身份加入了国民党。虽然规定全体党员加入，但有的参加，有的不参加；有的公开，有的秘密。大部分是参加了，当时叫跨党分子。我们是单个而不是集体加入的，只是口头说一声，没有介绍人，没有履行什么手续，也没有举行什么仪式。

"三大"后，大约七八月间，毛泽东、蔡和森、向警予来到上海，这时也把杨开慧带到了上海。蔡和森负责主编《向导》周报，毛泽东也参加过一段编辑工作。过了一年，毛泽东第二次从湖南来上海后，主要是在国民党上海执行部工作。

（《"二大"和"三大"——中国共产党第二、三次代表大会资料选编》，中国社会科学出版社1985年版，第672—679页）

中共"三大"会址及大会经过

（1972年10月22日）

徐梅坤

一、关于"中共三大"会址的情况

（一）会址位置

中共"三大"会址是在恤孤院路的西侧，坐西向东，门临街边。准确位置约在现"逵园"门前不远的地方①。

（二）会址环境

会址是在空旷地上独立的一座二层楼，左右没有屋舍毗邻。地势比街边稍高，雨天时能见雨水北流。会址四周的环境，我的印象与老居民的回忆是基本相符的。当年的民居和洋房是稀稀疏疏的，不是现在密密麻麻地建满了新型建筑。

在北边，能见"逵园"，在会议期间，只见园内一些青年学生在出入活动。因相距较近，我们不敢唱《国际歌》，有时也见有外国人出入，怕他们听懂了。在南面，能见恤孤院路直通毛泽东在开会时住过的"春园"东侧。每次会后常见毛泽东，共产国际代表马林，"三大"代表张太雷、谭平山、瞿

① 1923年东山《四区二分署恤孤院后街图》中的恤孤院路81号（现为恤孤院路3号）。

秋白等沿恤孤院路向南直走，转弯便到"春园"了。这是一式多幢并列的楼房，外观已经模糊了。只记得四周有围墙，装上铁栏杆，门前面向一片水。我有时散步到此，往往用手向楼上代表们打招呼，未进入园内。代表住的是第二幢，或第三幢，不会是第一幢楼（由恤孤院路路边算起）。在西边屋后，是瓦砾堆和荒草地，距离不远处有一个水塘。在东边门前不远就是"简园"，筑了围墙，入口有铁门，经常开着，门顶上装着招牌，是石头上刻着的"简园"二字，涂绿色。站在会址门前，这"简园"二字还清楚可见。"简园"是简琴石的房产。在门前直走，经过"简园"前转个弯，也有一个水塘，塘边有水厕，是烂木板造的，只遮半截身，无上盖，下雨就淋湿身了。沿着门前恤孤院路北走，可以出东山，去茶楼的要路过一个恤孤院，当时有围墙，是黑色的。

（三）会址的外貌

会址的外貌，是一幢两间两层的砖木结构的普通居民住宅。给我们的印象是很高的，约六米有多，第一层约三米，楼上也有三米。屋的平面近于方形。屋顶从侧看成"人"字形，以普通民用的辘筒瓦造上盖，记得没有玻璃明瓦，正面屋檐没有栏杆，伸前平遮楼上的走廊，廊不很宽，廊边才有围栏，记得是砖砌平直通窗组成，里外通透，栏面铺上阶砖。屋内南边一间有门出走廊，装单扇门，门向外推，平时是不开的，我没有出走廊去。地下门前的走廊则稍宽些，天下雨时不会受雨淋。左右两边同被屋墙伸前所截断，不能通外。两间都各有一个窗口向街外，窗稍大，似方形，位置是在中间的，还有两个门靠近间墙左右两边，都是单扇门，向内开。北边墙楼上有两个窗，相互对称，比正门的窗略小。屋内相通的门框是在近东墙边的。楼下有横门，约于中间而稍后一点的位置。送柴火、倒垃圾是从横门进出的。两边楼上也有两个窗，也互相对称，后墙是既没有窗，也没有门。门窗都是木板造，浅褐色，不似原模型那样鲜明，记得没有玻璃窗户。外窗颜色已记不清，走廊围栏形式也模糊了。

（四）会址内观

在"三大"开会期间，这会址主要做会议室，饭厅和宿舍。以屋内间墙为界可分为南、北两间，北间稍大，南间较小。地下南边一间是会议室，北边一间是饭厅，楼上两间是宿舍，约住代表十人。楼上间墙只有半截，上有金字架承顶横梁和桁桷，顶上没有天花板，仰视就见瓦底了。门就在楼上楼梯的近处，只有门框，没有门扇，是楼上两边的通路。地下间墙也有一个通门，同是没有门扇，只有门框，它距离两个入门刚好是一个单门扇的位置。开门后，在通门来往是不会受门扇所阻的。内墙上下，都是灰白色，但很旧了，当时显得很脏。壁上没有张贴或悬挂什么，没有马克思、恩格斯像，也不挂党旗。虽然地下门和窗不多，但开会时都把门窗打开，仍通风，不觉得闷。电灯、自来水、厨房、洗澡间都没有。每天洗脸是从屋内一个大水缸里取水，水从外面挑回来。晚上用的是煤油灯、洋蜡，有的代表则自备手电筒。

会议室，直摆一张褪了颜色似带红的西餐式的长餐台，两边一列长条凳，前后两端是小方凳。长条凳形似农讲所旧址膳堂陈列的那种。小方凳形似农讲所旧址庶务部陈列的一张有靠背的方凳，是否有靠背的则记不清了。代表在长餐台两边，坐长条凳。长台前端有马林坐的小方凳，旁有张太雷作翻译；后端是陈独秀，也坐小方凳，旁有李大钊。马林一端背后不能通行人了，陈独秀背后则仍能通人。我跟毛泽东坐在一条板凳上，背靠北面向南。当时南边墙已不能走了，只近间墙一边尚能行人。会议室宽度忘记了，长度约相当于五张半长条凳，长台两边各摆一列四张长条凳。会议台上没有放什么东西。代表们当年用铅笔或钢笔，多用从"先施"公司买来的拍纸部［簿］，无封面，第一页就能写字。

饭厅，靠着间墙有木楼梯上楼，由屋后伸向前，入门能见梯底。梯宽为上下能对走一个人，沿梯边也有扶手，梯口有栏杆，造工很简单，只用一横木作栏，一竖木作柱，均为黄白色。二楼梯口放一便桶。地下梯口的墙角有炉灶，放着饭锅，是煮饭用的。灶是临时造的，没有看见烟囱，开会时记得有时室内有炊烟感觉，但不影响开会。在对边后墙的屋角放着大水缸。楼梯底下有个小木架，上放茶缸，这茶缸与农讲所旧址学员宿舍门口那个水缸差不多，大一点，颜色一样，但无缸面那条边；缸面一半有盖，一半没盖，盖是木制的。盖上放六、七只茶杯；有几个是搪瓷的，其他是陶瓷的。茶缸旁放着一张小方台。近北边墙处放着两张长凳架着两三块长板的长形台作堆蔬菜、饭箩和厨具等物之用。小方台形似农讲所旧址膳堂陈列的饭台，但台面光滑些，好像不见有裂缝。在饭桌近屋前一端有三张小方桌，摆成品字形，三者保持一定的距离。住"春园"的代表是回"春园"吃饭的。住会址的代表和其他代表则在饭厅吃饭，约有十多人。也有饭箩、饭壳。饭壳是木制的。碗、碟、筷子都有，但碗碟的形式记不清，只记得是很粗的，口大而浅。筷子似是竹造的，新的。

宿舍楼上南、北两间都住代表，北边一间住二、三人，屋后一边堆放杂物。南边一间住人较多，约住五、六人。代表睡的是木板床，两张长凳架两块床板，挂黄麻布蚊帐。南边一间床位是横排的，也有直排的，也有床位是斜摆的，我睡的床是斜摆的。近间墙一边床位较多。

"三大"的筹备是广东的几位同志搞的，有谭平山、阮啸仙、刘尔崧、罗绮园。我们用的床铺、桌子都是借来的，床板每人两块，长凳两条，一床蚊帐，房子也是临时租的，没有电灯。一座一连两间，房子很旧，因为没有人住，又很脏。

二、关于中共"三大"会议前后情况

（一）中共"三大"会议前的准备工作

为了召开中共"三大"，毛泽东、向警予、蔡和森、张太雷、瞿秋白、陈独秀以及第三国际代表马林（中文笔名孙铎）比较早到广东。"三大"会议前的事务工作是广东区的代表谭平山、阮啸仙、刘尔崧、罗绮园等人负责筹备。关于国共合作问题，共产国际是有指示的，我党接到了第三国际的指示，所以召开"三大"进行讨论。

至于米夫在《英勇奋斗的中国共产党十五年》一书谈到一九二三年二月中共中央在杭州西湖召开了扩大会议，提出召开"三大"和实行国共合作的事，我没有参加，不清楚此事。

在召开"三大"前，党中央是否迁到北京和广州的问题，我的印象不深。印象最深的是一九二二年上半年陈独秀被法国租界捕房逮捕后，可能有部分党的负责人前往北京。当时中央机关没有固定在那里办公，党的负责人在那里工作，那里就是机关，若中央短时间设在北京也是可能的。陈独秀后来是党花了一点钱保释的。他在一九二三年春同中央的一些负责人到广州筹备"三大"，并和孙中山谈判国共合作问题。

中共"三大"开会前约半个月左右，有人口头通知我。内容是关于召开"三大"问题，要我们准备汇报工作。当时我是江浙区委书记，所以中央指定为当然代表，江浙区的金佛庄、于树德、王振一则是我指定的。中央没有规定当代表的具体条件。

我们从上海坐船到香港停留了一天，再坐船到广州，在太古码头上岸。和我一起到广州的有李大钊、王振一、于树德、金佛庄、沈茂坤。到广州后由广东党组织派人接我们，并带我们沿珠江岸边走到"三大"会址去。由于接我们的人是相识的（名字记不清了），所以不用介绍信。因代表未到齐，我们休息了两天才开会。

（二）中共"三大"会议进行情况

中共"三大"在一九二三年六月十日至二十日召开，会议时间约十天左右。

"三大"的重点是解决国共合作问题和制定党纲、党章。整个会议由陈独秀主持，开幕和闭幕没有举行什么仪式。会前，由陈独秀简单地谈了党的发展情况和"二大"以来的革命形势，谈了会议的主要内容是解决国共合作问题。在国共合作问题上，毛泽东和张太雷作了补充，特别是毛泽东作了很多补充，因陈独秀讲得太简单，太含糊。接着陈潭秋（？）讲京汉铁路"二七"惨案，孙云鹏也讲了"二七"被逮捕了许多人。

参加"三大"会议的代表共二十多人，代表北方区的是李大钊、邓培；代表浦镇铁路的是沈茂坤；代表京汉铁路的是王俊、孙云鹏；代表两湖区的是毛泽东、陈潭秋（陈潭秋，是我和董老一次谈话中由董老告知的）；代表江浙区的是王振一和我（徐梅坤）；代表杭州支部的是金佛庄、于树德（两人是列席代表）；代表中央的是陈独秀、张太雷、张国焘；代表广东区的是谭平山、阮啸仙、刘尔崧；瞿秋白是从苏联回来的，代表法国支部的是蔡和森、向警予，记录是罗绮园。对于他们的下落情况，我不清楚，只知道金佛庄、张太雷和向警予牺牲了，张太雷牺牲时很英勇，金佛庄的情况我回去写出来。

会前，先把讨论的重点问题告诉大家，其主要内容就是统一战线，制定党纲、党章，其他问题是开会时才提出来的。会议的第一天，陈独秀报告"二大"和"三大"期间的革命形势。第二天讨论陈独秀的报告。第三天马林报告第三国际共产主义运动与国际工运的问题。第四天，各地工作汇报。孙云鹏作了京汉铁路"二七"罢工报告及汇报了京汉铁路大罢工的救济工作，并散发了他带来的《京汉工人流血记》，是三十二开本，封面是印红色字的。第五天是大会发言。毛泽东，似还有谭平山、张太雷、孙云鹏等多人，我也在会上谈了农运情况。毛泽东主张党的工作重点放在城市工人运动（铁路、矿山、海员、工人），同时也应该特别注意广大贫下中农运动（农民运动）。第三国际代表马林对农运不感兴趣，也不表态。

会议就关于国共合作问题，毛泽东与"左"倾和右倾思想展开了激烈的斗争。

陈独秀认为我们整个党参加到国民党中去，中国革命要由国民党来领导，因为我们的党员不多，力量不强，党员中多数是工人，工人没有文化，觉悟不高，不懂得革命，也没有革命理论。他甚至污蔑工人有流氓气，所以主张要到国民党中去发展党员，同时还反对农民运动。

"左"倾关门主义者蔡和森（张国焘和蔡和森观点相同，但没有参加辩论）则认为共产党员不能参加国民党，主张不搞统一战线。他们只要知识分子和工人的联合，认为这样就可以完成中国革命。陈独秀反对搞农民运动。他认为农民不是无产者，他们还有锄头、瓦屋，故他们是不革命的。当时王振一、蔡和森也支持了这种错误观点。

毛泽东对这些错误思想进行了斗争。毛泽东坚持了党的独立自主原则，又坚决主张实行国共合作，建立统一战线。结果陈独秀、蔡和森等人的错误思想遭到了代表们的反对，而最后通过了毛泽东等同志的正确主张。在斗争中，毛泽东态度是严肃的，斗争最激烈时，毛泽东还站起来发言。最后表决时蔡和森和王振一还是反对国共合作。（张国焘开了两、三天会就跑了，没有参加表决。）

这个问题上的争论，引起了蔡和森和他爱人向警予散会后回到住处争论得相当厉害。因为向警予在发言中是站在毛泽东一边的。

在"三大"代表中，毛泽东是最辛苦的，每天除了开会外，还经常到"简园"找谭延闿商谈统一战线工作，因为谭延闿掌握了军权，我们要把他争取过来。

"三大"中的各种决议案，是由毛泽东、陈独秀等人事先草拟好，后交到大会讨论表决的。党纲、党章是由毛泽东、蔡和森、张太雷、陈独秀、瞿秋白及马林等起草的；关于第三国际第四次会议决议案及"三大"宣言可能是由马林等起草；农民问题决议案由毛泽东、谭平山起草；妇女问题决议案由向警予起草；关于国共合作决议案由毛泽东起草（可能是在"春园"写的）。陈独秀在中共"三大"宣言和"关于国民党问题决议案"中提出了"国民党是国民革命领袖"的错误观点，引起激烈的争论。陈独秀坚持错误主张，最后稍加修改通过了。记录是罗绮园负责，他白天记录，晚上回"春园"整理。中共"三大"选出了党的中央委员会，委员七人，即毛泽东、李大钊、张太雷（可能是谭平山）、瞿秋白、蔡和森、向警予、陈独秀。候补委员二人，即邓培、徐梅坤。"三大"选出的中央叫中央局，不叫常委。陈独秀任总书记，毛泽东负责组织，瞿秋白负责宣传（以后由蔡和森接替）。

会议期间，代表们的生活是很朴素的。当时请了两个广东人（一男一女）煮饭，我们也常帮助他们洗菜、切菜。我记得开会的第一天，没有本子作笔记，第二天才到长堤先施公司去买铅笔、拍纸簿（规格是六十四开本）。本子没有封面，但里面夹有一张平滑的马粪纸。

会议期间，马林、毛泽东、张太雷、谭平山、瞿秋白等人住在"春园"，并在"春园"吃饭，其他代表住在会址楼上，并在会址吃饭。

毛泽东穿得很朴素，经常穿一件很旧的湖南蓝布长袖的长衫，而且似有补钉，开会时天气热，毛泽东经常把外面的长衫脱下摺好，攀在左臂上，就只穿白粗布短衫裤。穿一双黑布鞋，有时也穿上一双普通的黑皮鞋，毛泽东的头发是从中间分开两边的，头发较长，披在近耳朵边上。

会议进行间，我们不敢唱《国际歌》，怕被居住在会址对面"逵园"的华侨听见。会议结束后，我们到黄花岗烈士墓前由张太雷、瞿秋白教唱。

（三）中共"三大"后贯彻执行情况

"三大"开完会，我们休息两天后回去贯彻"三大"精神。毛泽东、李大钊、蔡和森、张太雷、向警予、陈独秀、瞿秋白等暂时不走。毛泽东和蔡和森、向警予在七、八月间到上海负责编《向导》，这时是和杨开慧同志同时来的。中共"三大"结束时，我们没有带文件和决议回去，因为我们当时还年轻，记忆力好，开支部会议时，只是用口头传达。

中共"三大"后，一些共产党员参加了国民党，帮助国民党建立地区分部。以后又从国民党地区分部中吸收一些符合共产党员条件的人参加共产党，所以，当年许多共产党员都是跨党的。

以上回忆由于时间相隔太久，记忆力又差，不少回忆只是一个模糊的印象，不正确之处一定很多，仅供同志们参考，还望再作进一步调查研究，以求得历史的真实。以上材料是我看过并作了修改的。

（广东革命历史博物馆编：《中共"三大"资料》，广东人民出版社1985年版，第160—170页）

刘仁静关于共产国际"四大"和中共"三大"情况的回忆

（1979年4月）

　　我去参加青共国际"三大"，开头不知道，是陈独秀从上海到北京，口头通知我，说社会主义青年团派你去出席青共国际"三大"。大约九月间（一九二二年）我们从北京出发，有三人，陈独秀、我和王俊（天主教徒，长辛店铁路工人，当时已有五十岁左右，他代表中国铁路工人参加赤色职工国际"二大"，现已去世）。第一站到奉天，在车站等车待了一个时候，再换车到哈尔滨。哈尔滨当时有很多俄国人，在那里学俄语的人也多，像上海学英语的人一样多。我们到哈尔滨就找到苏联人，帮我们乘车到满洲里，又有苏联人安排好马拉爬车过国境，再乘火车到赤塔。在赤塔等了很久，才乘火车到莫斯科。那时的火车运行很不正常，每站都停，车上不供应开水和食物，每到一站都下车打开水，并从农民手里买些吃的。从赤塔到莫斯科走的时间很长，到莫斯科已经是十一月了。

　　共产国际"四大"开幕式在彼得格勒举行，然后回到莫斯科继续开会。我是第一次出国，对外国情形不了解，看到彼得格勒的一些高大建筑物，印象很深。我们还去参观了彼得格勒的斯摩尔尼宫博物院，去过喀朗斯塔得并且去参观驻喀朗斯塔得的"曙光"号巡洋舰。

　　我和王俊虽然是分别代表青年团和铁路工人去出席青共"三大"和赤色职工国际"二大"的，但到达莫斯科时组成中国代表团，参加共产国际的第四次大会。我在这次大会上认识了瞿秋白，那时他是《北京晨报》驻莫斯科特约通讯员。在大会期间他担任代表团的翻译和我们一起参加大会，会后他和陈独秀、王俊一起回国。

　　参加这次大会的有法共领导人加香，英共领导人麦克曼努斯，意共领导人陶里亚蒂、波尔迪加，美共领导人福斯特、詹姆士·坎农，还有共产国际执行委员拉狄克，美国 I.W.W.（世界产业工人工会）主席海乌德。我们住在共产国际特别划出的招待所 пюкс（柳克斯）。我在大会上还认识了印度的罗易，一九二七年中国革命时期他曾来过中国，他曾参加共产国际"二大"，在列宁起草的民族殖民地提纲后面，附有他写的补充提纲。

　　共产国际"四大"是一九二二年十一月五日到十二月五日举行的。十一月五日，共产国际主席季诺维也夫宣布开会，并作了共产国际第三届执委会的工作报告，然后由各国代表发言。我在大会上听到列宁的讲话，列宁当时有病，由几个人保护着进入会场时，全场寂静无声，他走上讲坛，代表们就全体起立，高唱国际歌，列宁即向代表们作了《俄国革命五周年和世界革命的前途》的报告（他那时说的是德文）。报告完毕，全体代表又起立高唱国际歌，接着就由托洛茨基继续报告（他也是讲德文）。值得指出的是，列、托两人就同一问题讲话，表明他们两人对俄国革命的看法没有任何分歧。

　　出席"四大"的各国共产党代表加香、麦克曼努斯、陶里亚蒂、波尔迪加、福斯特、片山潜、罗易都发了言，我们中国代表团也准备发一次言，由于代表团长陈独秀不会用欧洲国家的语言讲话，就决定让我代表中共在大会上讲话，我当时感到很光荣，就根据我们讨论的精神，用英文准备了一个提纲，在大会上作了发言。会上拉狄克还作了关于东方问题的总结，其中告诫东方各国要多看困难，不要用粉红色眼光去看将来的事，但是当时中国代表团并没有重视他的忠告。在"四大"上，除了拉狄克针对整个东方所提的意见外，共产国际没有单独对中国革命作指示。

　　我在参加共产国际"四大"期间，接到周恩来同志的两封信（当时他在巴黎），第一封信是告诉我旅欧团支部的成立情况，第二封信内容已忘记了，只记得最后一句话是：希望这封信赶得上你这个行人。我回过信。我还见到陈乔年、陈延年、王一飞、王若飞、萧劲光、任弼时、罗亦农、彭述之等，他们当时都在"东大"学习，听说中共代表团来了，都到旅馆来看望陈独秀。

　　"四大"开完会以后，我就出席青共国际"三大"。（王俊则去开赤色职工国际第二次会议，陈独秀和王俊开完会就回国了。）青共国际"三大"开会的内容我已不记得了。只记得主席是俄国人叫沙茨金，书记叫席勒是德国人。我在会上没有发言，会后和他们没有什么接触。开完会后我留在莫斯科学俄文。并曾用英文写过两篇报导中国工人运动的文章投往柏林的《国际出版通讯》，但均未刊登。一九二三年四月张国焘到莫斯科向共产国际报告"二七"罢工失败情况。我同张国焘一起回国。回来住在北京。后来中央要我参加党的"三大"，报告共产国际"四大"的情况，我就和何孟雄一起先坐火车到上海，又坐船到广州。

　　我去"三大"是报告共产国际"四大"的情况，不是代表。参加三大的有蔡和森、王荷波、项英、毛泽东、何孟雄、瞿秋白。张太雷没有参加"三大"。张太雷参加了少共国际二大，被选为执委，回国后任社会主义青年团中央书记。马林虽在广州，那是为了谈国共合作。共产国际没有代表参加"三大"。

　　在"三大"期间我和毛主席谈过话。毛主席讲中国革命要有贫农参加，中农是靠不住的，无产阶级和贫农是革命的主力军，没有贫农，就没有中国革命。当时庸俗马克思主义者认为，要有城市工人积极参加，单是农民成不了事。这是陈独秀思想。毛主席谈话很重视贫农，陈独秀思想上没有农民。他在《中国农民问题》一文中也只主张对农民进行教育宣传，组织农会、乡自治公所、佃农协会、雇农协会，向政府要求"限田""限租"（和国民党后来主张"二五减租"近似），完全不谈土地归贫农，和托洛茨基在一九二九年为中国托派写的大纲的主张也完全不同。"三大"时陈独秀主张一切工作归国民党，走到了另一个极端。陈独秀的思想越来越右倾，一九二七年认为武汉工人过火。其实一九二七年武汉的店员和工厂工人的行动确实"过火"，湖南农民几十万大军向长沙开动。"马日事变"如果把武汉工人店员运动和长沙百万农民运动结合起来，如恩格斯、列宁主张的，这一革命岂不可以早日成功，避免一九二七年以后国民党的黑暗腐恶统治？

在"三大"上我好像报告过我在共产国际的发言以及共产国际"四大"的情况，但是这件事已经记不大清楚了。"三大"主要讨论共产党员加入国民党问题，据我的记忆这个问题在"三大"上并没有什么争论，张国焘在他的回忆录中讲他当时反对国共合作，但在我的记忆中他在"三大"上对国共合作和应当怎样合作的政策问题没有发言。中共"六大"在莫斯科开会，我带着托派思想同他谈话，他那时对我的思想既不赞成也不破坏（指我经欧洲回国而言）。可见他在一些重大政治问题上一直没有什么主见。

"三大"后，全体共产党员加入国民党，国共合作，共产党是吃了亏的，犯了策略的错误。加入国民党，在群众中抬高了国民党的地位，使群众相信国民党是革命的，是向群众写保票。把国民党分成左、中、右三派完全是无意思的。国民党从汪精卫、蒋介石到胡汉民、张继都是一丘之貉。他们只能起拉革命后退，拖革命后腿的作用。

（《"二大"和"三大"——中国共产党第二、三次代表大会资料选编》，中国社会科学出版社1985年版，第652—656页）

参加中国共产党第三次代表大会

（1979年）

于树德

访问者按：一九七九年九月二十五日、十月十六日，我们在北京医院病房里访问了五届政协常委于树德同志。从一九二二年到一九二四年，他曾先后参加过远东民族第一次代表大会、中国共产党第三次代表大会和中国国民党第一次代表大会。他回忆了"三大"前后的一些历史情况，现将访问记录整理如下：

出席远东民族代表大会以后，一九二二年六月，在北京经李大钊同志介绍，我加入了中国共产党。那时我在天津法政学校任教，同时又在北京大学、女一中等学校兼课，每星期都要往返于天津、北京之间。当时杭州法政学校也需要教员，马叙伦托李大钊给物色教员，李大钊把我介绍去了，我于一九二二年暑假到杭州去教书。

一九二三年六月，李大钊在北京写信通知我去广州参加中国共产党第三次代表大会。我当时没有路费，就把邻居一位朋友的妻子的金手镯借来卖掉，买了船票。

叫我去参加"三大"的原因，是因为我是老同盟会员，接触孙中山国民党方便一些（李锡九、江注源、吴玉章等也是这种情况），联系国共合作等具体问题，孙中山容易接受。

杭州的党务工作最初是沈玄庐负责。"三大"以前，在上海的江浙区委负责人徐行之（即徐梅坤）经常到杭州活动。杭州出席"三大"的代表有两个人，除我外，还有金佛庄，他是个军人，后来在黄埔军校当了教员和队长。我和金佛庄先到上海，然后一道乘船经香港再到广州。

我对"三大"的印象不深了，参加的人不多，只记得有陈独秀、张国焘、谭平山和几个他手下的广东党员刘尔崧、阮啸仙等，还有张太雷、瞿秋白、毛泽东、刘仁静、金佛庄、徐梅坤、李大钊等人，其他的人记不起来了。

在我的印象里，"三大"开得很急促，因为马上就要同国民党进行合作。会议的内容就是决定加入国民党的问题，最后的决定不是以全党的名义加入国民党，而是以党员的个人身份加入。所以后来大部分人参加，少数人不参加，如陈独秀和彭述之就没有加入国民党，以表示共产党是独立的政治组织。

"三大"以后，我回到杭州继续教书，到一九二四年暑假又返回北京。

（广东革命历史博物馆编：《中共"三大"资料》，广东人民出版社1985年版，第210—211页）

回忆大革命时代（节录）

（1958年6月）

包惠僧

一、共产党与国民党联合战线的提出

一九二一年七月，中国共产党第一次全国代表大会之后，第三国际代表马林向中国共产党建议同孙中山领导的国民党建立联合战线。

……因为在第一次全国代表会议中只开了五天会，第一天的会议马林出席作报告是谈的第三国际的使命、国际形势与中国共产党的任务，都是属于无产阶级革命的理论和方法问题。第四天的会议马林到会是准备谈当时民主运动与政治斗争的问题，刚一开会法国巡捕房有一个侦探闯入我们的会场，我们发现了马上散会，我们没有被他抓住。第五天的会我们是在浙江嘉兴南湖举行的，马林不便参加，所以马林的这个意见直到会后一个多月才向中国共产党中央提出来。当时中国共产党的中央书记是陈独秀，他此时还在广州任教育委员会的委员长。马林的意见是（一）陈独秀要到上海履行他的职务；（二）重新部署党的工作；（三）建立民主运动的国共联合战线的问题。又过了二十多天的时间，陈独秀回上海同马林会商了好几次，中间还发生了不少的波折，最后才决定中国共产党与第三国际的关系，中国劳动组合书记部与赤色职工国际的关系。中国共产党与国民党建立联合战线的问题是由马林的建议，在陈独秀默契的情况下，由马林出面同孙中山商谈……

当时孙中山在广东的处境矛盾很多，他内受粤军将领陈炯明、叶举等的挟持，外受北洋军阀的围攻，处在一个进退维谷的局面中。为了免除内部的冲突，希望向外发展，他亲率建国第一军黄大伟部联合一部分桂军刘震寰等出驻桂林，名义上是北伐，实际上是缓和或者说是避免与陈炯明的冲突。他只求陈炯明按月给他相当的给养，至于广东政府从上到下一切用人行政，他都不过问。陈炯明一身兼九个要职，如军政部长、内政部长、广东省长、粤军总司令之类，可以说广东政府实际权力是在陈炯明的掌握中，已形成了陈炯明的"狄克推多"的局面。孙中山的非常大总统、北伐军大元帅不过是徒具虚名而已。而且陈炯明已与北洋政府信使往还，孙中山有随时被陈炯明遗弃的危险。

马林此次到广东访孙中山，为了避免经过香港受检查的麻烦（马林曾在香港被驱逐出境，如再经过香港即有被捕的危险），所以他从上海坐怡和公司的船到武汉。我事先接到党中央的电报，按时到汉口怡和码头接他，他偕同张太雷同志带着很简单的行李，我们一路下了船，即叫一个小划子过江，笔直到徐家棚粤汉铁路火车站……

马林到达广州，孙中山派廖仲恺在广州接待他，很快地就派人送他到桂林。孙中山正在苦闷中得到马林的访问，作过好几次的长谈，主要的是谈中国革命问题，也涉及国际形势与社会主义运动的问题。孙中山……如果接受了马林的建议，建立"联俄""联共"的关系，在国际方面得到苏俄的支持，在国内得到进步的知识分子与广大工农群众的支持，使他在广东摇摇欲坠的革命政权得到新的血液……

孙中山和马林会谈之后……过了几个月的时间，他由桂林回到广州，对陈炯明等不假以词色，甚至下令免去陈炯明的本兼各职……虽然陈炯明叛变了，有一个很短的时间，孙中山被迫离开了革命根据地的广州，但在革命的真理与正义的支持下，不到几个月的光景，陈炯明为当时的清议所不容，加以滇军杨希闵、范石生，桂军刘震寰等东下，豫军樊钟秀南下，在广州近郊一战，陈炯明溃败。孙中山仍回广州，重整旗鼓再来主持革命大计。在这个时期，陈独秀一度担任孙中山大本营的宣传工作，这在当时对于收拾人心、振作士气，起了很大的作用。

约在一九二〇年粤军回粤之后，孙中山当选非常大总统之前，陈炯明任粤军总司令兼广东省长时，曾聘陈独秀为广东省教育委员会委员长兼大学预科校长。从事实判断，陈炯明对陈独秀似有相当的信任。陈独秀离开广州时，是一九二一年九月的前后，孙中山下令免陈炯明本兼各职，是在一九二二年六月中，此时国民党与共产党的合作还在酝酿中，并无成议。陈炯明被孙中山免职以后，即由广州退到惠州，表面上通电下野，暗中是在进行推翻孙中山的革命政权，实行他的所谓联省自治。在这双方相持的形势之下，国民党人跟着孙中山的固然是多数，跟着陈炯明走的也有，首鼠两端乘机观变的也有，而共产党在当时政论上是支持孙中山，反对陈炯明……

在陈炯明叛变，叶举炮击总统府的前后，广东的共产党人陈公博、谭植棠、谭鸣谦（谭平山的原名）等违反了共产党的方针政策……同陈炯明搞在一起……党中央将陈公博、谭植棠开除党籍，谭平山也受了处分，要他到北京听候分配工作。一九二二年秋天，"今日派"的领袖胡鄂公希望加入共产党，多方拉拢共产党人，他拉谭平山到高等警官学校任训导主任。当时李世璋也在警官学校任职，李世璋同谭平山的关系就从此开始。一直到一九二三年秋冬之交，孙中山再回广州主持革命大计，正式建立国民党与共产党的联合战线，共产党才派谭平山回到广东参加国共两党联合战线的工作。陈公博、谭植棠一直追随陈炯明到底，在陈炯明战败的前夕，陈公博骗了陈炯明一笔钱，溜到美国混了两年。到一九二四年，他又以邹鲁的关系回到广州，初在广东大学任教，曾向共产党要求恢复党籍，遭到拒绝。未几在共产党发展国民党左派政策的情况之下，陈公博才接近廖仲恺初任国民党中央党部秘书处的书记长。廖仲恺被刺的前后，他又作了广东省政府的农工厅长，及中央政治训练部主任。他由汪精卫又搭上了蒋介石，他成了蒋、汪间的红人。在三月二十日事变中，他完全投到蒋介石门下。一九二六年国民政府出师北伐时，他在广州发表祝词，希望蒋介石做中国的凯末尔，以后即明目张胆地站在反共的旗帜之下，死心踏地做革命的敌人，直到中日战争爆发时当了汉奸。在他当汉奸的行政院长时，写了一本什么《寒风集》，为他自己涂脂抹粉说，他在共产党初期如何重要，一九二二年孙陈战争中他如何拥护孙中山反对陈炯明。他主要的用意是想把当时的历史事实反转过来，影射当时共产党是帮助陈炯明，他是帮助孙中山的……

国民党与共产党的联合战线，经过了一年多的酝酿，到一九二三年底正式建立起来，在联合战线的初期，发生了不少的波折，主要情况是：在国民党方面……在陈炯明叛变之后，他（孙中山）理解到国民党的失败，仍然是因为组织不健全，纪律不严密。更以受了列宁的启示，苏俄革命的影响，所以马林的建议一提出，他就很敏感地接受了马林的意见。在决定改组国民党时，谢持、居正、田桐、张继、冯自由等极力阻拦；孙中山对他们说：你们愿意跟着我革命的就来，不愿意革命的就走，我不能勉强拉你们来革命，你们不能勉强拉我不革命。他们鉴于孙中山态度坚决，无法挽回，他们不跟孙中山走，也没有另外搞一套的政治本钱，因此就造成了国民党内的反共暗潮。从表面上看，当时国民党内帮助孙中山进行国民党改组活动的有胡汉民、汪精卫、许崇智、廖仲恺、陈友仁、邓泽如等。……事实证明真正襄助孙中山改组国民党，建立国共联合战线的，只有廖仲恺、陈友仁等少数人而已，其他如伍朝枢、吴稚晖、李石曾、顾孟余等大小军政学方面的人物，多半是乘机观变，依违两可，或是别有用心如胡汉民等，一面装出孙中山的股肱心腹的样子，参加国共两党联合战线的工作，暗通右派搞反共反俄的活动，这就是国共联合战线建立初期国民党方面的情况。

共产党方面……虽然有不少的同志，对这一政策有不同的意见，经过了中央的解释和说服，也就全党一致了。不过对合作的方式是有很多的争论；最后的决定是：共产党员得以个人身份加入中国国民党，共产党内部可以指定某个共产党员加入国民党，参加国民党的工作，共产党中央书记不加入国民党也不参加国民党工作。在国民党的第一次全国代表大会中李大钊、林伯渠、毛泽东及谭平山、张国焘等当选为国民党的中央委员和候补委员（事实上是孙中山指派的），参加国民党中央执行委员会的领导工作。这样才把国民党的组织形式与政策方针作了新的部署，中国国民党的阵容为之一新。

二、孙中山重建帅府与国共合作的初期

一九二三年秋冬之交，滇桂联军东下，湘豫各军南下与粤军陈炯明所部各军会战于广州近郊，陈炯明虽然败走东江，所部叶举、林虎、洪兆麟、谢文炳、陈修爵等尚有二三万人，他们割据在东江富庶之区，进可以战，退可以守，他们的最前线布置到石龙，对广州的威胁很大。入驻广州的部队如杨希闵、范石生、廖行超、赵成梁等，原仅破烂不全的六个团，进驻广州以后，加以补充整顿也不过一万多兵员，桂系刘震寰部不过三四千人，豫军樊钟秀不过二千多人，湘军谭延闿、陈嘉佑部驻粤北不及万人，还是客军的地位。以军事实力而论，陈炯明还是占优势。更以广东人有排外的天性，潜伏在广州市郊的民团和界乎兵匪之间的李福林、魏邦平、朱卓文、袁虾九等，以乡土关系与陈炯明也暗通声气，这对滇桂湘豫各军也是很大的威胁。因此，他们不得不打起孙中山的旗号，以勤王之师的姿态，派代表打电报请孙中山回粤，主持革命大计；在骨子里面，他们无非借孙中山之名，行割根［据］之实而已。孙中山准备回广州之前，电令邹鲁筹款二十万元，作为大元帅犒赏各军之用。因邹鲁历任广州财政厅长、望［盐］运使，差不多跟着孙中山革命的那些人物只有他最有钱。但是，邹鲁装病逃到香港，避不见面。孙中山到了香港，却回不了广州。在进退两难的关头，才由孙科出面找吴铁城，吴铁城曾做过香山县县长，刮了不少的地皮……很难得吴铁城慷慨地拿出八万元。孙科又找了他的部下凑了两万元，共凑了十万元，才装潢孙中山回广州的场面，重整旗鼓，组织大元帅府于河南士敏土厂。孙科吴铁城因这一次筹款有功，逐形成所谓

太子派的小组织，与以胡汉民为首的元老派并立，后来都发展为反共的势力。孙中山先生回广州以后，即发表孙科为广州市政厅长，孙科力保吴铁城为广州市的公安局长、陈其瑗为财政局长。形成了太子派的阵容。……

孙中山回广州为什么选择士敏土厂做大元帅府呢？因为广州市内精华之区，都被滇桂军占驻完了，他们占驻广州以后和陈炯明占驻广州一样，赌场、鸦片烟馆、娼寮星罗棋布，军人横行，盗匪充斥，杀人越货时有所闻，孙中山亦莫可如何也。

……广州市的赌税、鸦片烟税、花捐收入甚大，均入了杨希闵、范石生、廖行超及桂军刘震寰的私囊，北江为赵成梁所割据，还有就食广东的湘军谭延闿、陈嘉佑及杂牌军队何成濬的鄂军，李明扬的赣军，朱培德的建国滇军各部。西江为粤军许崇智所部占据。河南为李福林所占据。各私其土，各有其民。大本营的开支是十分艰窘。所以大本营的编制很小，胡汉民任秘书长徒具虚名。黄昌谷任秘书兼金柜司长，此外，只有一些挂名没有事做的参军、参谋、秘书、副官及五十多名的卫士队。他的卫士多半是华侨子弟，卫士队长卢振柳也是一个很平庸的华侨。孙中山此时的处境，与陈炯明占据广州时还是差不多的，所不同的是孙中山的思想和作风改变了；他放弃了军事投机的方法，他不重视那些落在时代后面的军人，决心学习苏俄，联合共产党，发展群众，依靠工农……联俄、联共、工农政策，即孙中山的三大政策。这个方案的决定经过了一年多的酝酿，马林与孙中山多次的协商，最后由孙中山、马林、中共中央共同决定的。

…………

三、国民党改组的前后

国民党改组为中国国民党，是在孙中山独断独行的情况下决定的。在国民党内，一开始就遭受很多人的反对，经过了孙中山对他们的说服教育，国民党的重要干部分化形成三类：第一类是国民党的顽固派，代表人物是居正、田桐、谢持、冯自由等。在国共两党联合战线的开始，他们离开广州，表示反抗。他们宁可投降到北洋军阀的门下，奔走于卢永祥、孙传芳、齐燮元、段祺瑞、张作霖、曹锟、吴佩孚那里，也不参加国共合作的局面。这一类的人物后来发展形成了最反动的集团——西山会议派。第二类是国民党的中间派，他们同意改组国民党，同意联俄，反对联共，他们以为联俄可以得到国际上的声援，可以得到物质上的帮助，所以同意联俄。其次他们的目的是为了争权夺利，在国民党的势力范围之内，久已感到粥少僧多，他们把共产党理解为同他们一样，他们怕船多碍港不便私图，所以不主张联共。这一类的代表人物张继、邹鲁、戴季陶、徐苏中、邵元冲等。他们在表面上是服从孙中山，而暗中是与第一类的人物通声气，并在广州、上海以及全国各地散布反共的空气，鼓动反共的风潮，后来他们与西山会议派合流，至一九二七年蒋介石叛变革命，他们起了很大的翻云覆雨的作用。第三类是当时孙中山最亲信的干部，他们完全跟着孙中山走，参与国共两党联合战线的谋议，他们相互之间也有很大的矛盾，后来发展的方向各有不同，但在当时他们对国民党的改组和孙中山的三大政策，是一致表示拥护的。这一类的人物主要是：胡汉民、廖仲恺、汪精卫、许崇智、陈友仁、蒋介石等。此外，还有同情孙中山改组国民党，并不参加实际活动，保持缄默的态度的，如张静江、吴稚晖、李石曾、顾孟余等。还有不问孙中山搞什么，只要有搞头，总跟着孙中山走，如李福林、邓泽如、陈树人、古应芬、伍朝枢等。孙中山对改组国民党，实行新政纲，贯彻三大政策是下了最大的决心的。他在国民党第一次全国代表大会中指出：中国革命之所以失败，就是因为国民党无组织无纪律。苏俄革命发生在中国革命之后，而成功在中国革命之前，就是因为苏俄有列宁领导的党布尔什维克，它有健全的组织与铁的纪律。今后我们一定要学习苏俄，着重党的组织工作与遵守党的纪律，这是党的最高原则。任何国民党员，如果不重视这个原则或违反这个原则，一定要受严厉的处分。接着冯自由公开发表言论，反对国民党改组，反对联俄、联共。孙中山即明令开除冯的党籍。其次，柏烈武在孙中山改组国民党为中华革命党时，曾表示反对宣誓打手印等规定。在这次代表大会上态度模糊，孙中山在大会中提出要柏烈武表明态度，并责令他在大会上表示悔过。柏烈武接受了孙中山的意见，在大会上做了检讨表示悔过，这就是孙中山建立党纪的开始。自此以后有一个时间，党内公开反对联俄联共的活动是没有，而反共的暗潮仍在发展中。

国民党第一次全国代表大会代表的产生，办法是多种多样的。当时国民党在全国各地并没有地方组织，就是在广州的组织形式也不完备。因此代表大会代表的产生就不能不采取多种多样的办法：有的是孙中山直接指派的；有的是几个老国民党员联合提出，经孙中山批准的；有的是共产党提出，孙中山同意批准的。在全国各地，国民党没有地方组织，共产党有地方组织，那就在国共合作的形式之下由共产党提出人选，由中共中央核准，取得孙中山或国民党的同意来决定。如武汉的代表是刘伯垂、廖乾五、李隆郅就是用这样的方法产生出来的。他如北京、上海等地的代表，是由当地国共双方负责同志协商产生的。中国国民党的宣言和政纲，都经过了孙中山、鲍罗廷及中共中央负责同志会商作最后的决定，虽然说孙中山和他的亲信干部，如廖仲恺、胡汉民、汪精卫等也有他们的意见，而主要的内容如反帝、反封建军阀、联俄、联共、工农政策等都是共产党方面提出，孙中山同意决定出来的。

在国民党举行第一次全国代表大会的前后，即在广州市成立中国国民党中央党部于华侨路惠州会馆。在中央执行委员会之下设秘书处，这个机构就当时的情况说很庞大，共辖会计、庶务、文书、机要各处室，工作人员不下数十人，秘书长是廖仲恺，秘书长之下设秘书处长（后改为书记长），秘书干事各若干人。另外设组织、宣传、农民、海外四部，组织部长是谭平山，秘书杨匏安，这一部的工作人员差不多都是共产党员……组织部内有一个职工运动的组织，是阮啸仙、刘尔崧在那里负责。宣传部长是戴季陶，副部长是邵元冲，秘书是郎醒石、刘芦隐、甘乃光等。宣传部内设了一个中央通讯社，中央通讯社的主任是徐苏中，宣传部内差不多都是国民党的右派分子，他们天天在那里制造谣言，发动国共两党的摩擦。农民部的部长是廖仲恺兼，另外有一个代理部长是个老国民党员彭素民，他是江西人，在一九二四年夏秋间脑冲血死了。林伯渠曾兼农民部的副部长，因为他到武汉主持两湖的国民党改组工作，并没有到农民部。在一九二四年，国共两党所计划的农民运动还没有发展起来，只有彭湃在广东东江开始搞农民运动，农民部的工作不多，工作人员也很少。海外部是邓泽如、陈树人任正副部长，这一部的工作不多，人员也很少。国民党的最高权力属于总理，孙中山先生为中国国民党的唯一的总理载在国民党的党章上。国民党当时虽然有中央执行委员会，常务委员会以及各部各处，都是秉承孙中山的意旨办事，从形式上看，这个总理制度好象是个人独裁，从实质上说，这个总理制度就是国共合作的保障，否则那些右派分子随时随地可以起哄，制造国共联合战线的破坏活动。

一九二四年初夏，我在武汉工作，我们党的机关部（设在汉口模范区德润里二十三号）被军警机关查抄，许白昊、刘伯垂两位同志被捕，由于我同项英、廖乾五诸同志都在吴佩孚、萧耀南的明令通缉中，党中央才调我到广州，参加改组后的国民党中央党部工作。约在五月中旬，我在上海同谭平山、周佛海结伴到广州，谭平山同我一路到宣传部见戴季陶，先谈了一些我在汉口被迫害的情形，其次谈了一些宣传部的工作。这是我第一次同戴季陶见面，他穿一套黑烤纱的短裤褂，留着两撇小胡子，态度轻佻、言语诙谐，活象一个小商人的样子……他当面要我担任党员干部训练班的训育工作，我只好答应。当天下午我就去找谭平山，我问党员干部训练班应该是属于组织部的工作，怎么由宣传部办呢？这个班在什么地方呢？谭平山说最初是为了开展组织工作，想招收各机关、学校、社团、部队的青年党员加以训练再回去担任各单位的小组长或区分部、区党部的组织委员。我们定出方案提到中央执行委员会讨论时，戴季陶要由宣传部办，廖仲恺等都赞成戴季陶的意见，我也不便力争，就只好让他去办。至于怎么办？在什么地方办？我也不知道。这就说明国共联合战线一开始，国民党人对于共产党人就是采取防御态度，没有分工合作的精神。他们宁可少办事或者不办事，也不能让共产党有机会活动发展。而共产党方面，遇事采取退让态度，强调合作的重要，忽视斗争的必要。所以谭平山的组织部长和他所领导的组织部，在国民党中，没有发挥应有的作用。第二天，再去找戴季陶，接洽训练班如何开始的问题，他介绍我同邵元冲、郎醒石见面，并说关于党员训练班的问题你们商量一下，他就走开了。邵元冲、郎醒石对我很冷淡，我真不知道同他们说什么才好。我坐了半个多钟头的冷板凳，他们两个拿着报纸看，也不理我。我不耐烦了，我即以沉重而急遽的声调问："你们两位有什么话说没有？"我便站起来准备要走，邵元冲抬起头来好象是看见了我的脸色，低下头去说："今天我还没有准备，明天再谈吧！"我便紧接着问："明天谈吗？什么时间？什么地点？谈些什么问题也请你先告诉我，我也要作个准备。"他慢吞吞地说："明天上午九点钟，地点仍在宣传部，谈的问题明天再说，你也用不着作什么准备。"我便出了中央党部跑回旅馆。当时我带着我爱人夏松云和孩子住在永汉马路珠江旅馆，周佛海也住在这里等着派工作。我便把我在中央党部的一切情形告诉了他们，最后我说："我想回上海。"夏松云劝我忍耐着，周佛海同我的处境相同，也很气愤，我们商量了一下，决定去找谭平山汇报情况，好决定去留。我们气冲冲跑到谭平山家里，一口气把我在中央党部接洽的情况告诉他，并说："我不愿同这样的臭官僚共事，我要回上海。"谭说："不要急，慢慢来，你既然同他们约好明天去谈，还是要去，他们知道你是共产党员，所以冷淡你，在工作中他们知道你的厉害了，就怕你了。"他哈哈大笑一阵，又接着说："今天晚上中央党部在广东大学有一个集会，欢迎各地被压迫来广东工作的同志，请了你，一定要到，并要讲话。"我本来抱着一腔怨气而来，被谭平山同我嬉皮笑脸地闹了一阵冲淡了。临走时，他给我同周佛海备三十元毫洋，作为开销旅馆的费用，他并关照我说，这是中央给我们的任务，一定要胜利地完成，不要打败仗。我们才分手。到了第二天上午九时，我到国民党中央宣传部，邵元冲对我说："戴先生到香港去了，何时回来不知道，训练班的工作，以前我没有参加，戴先生也没有明白交给我怎么办，所以昨天我不知道如何同你谈。昨天下午同廖先生（仲恺）会议后决定，仍照组织部拟定的办法调训。下星期一起学员开始报到，两个月毕业，每天上课两小时至四小时，间天开一次讨论会，你同我们一起指导讨论会的工作，其余的事另外有人办，你可以不管。训练班的地点就在中央党部大礼堂，办公地点就在宣传部，讲课的都是党政各方面的负责人，由宣传部约请。"他说到这里，就心不在焉地上楼去了。我退了出来，非常纳闷……

过了几天，训练班开学了，没有主讲的人，也没有固定的教员，没有教学纲领，也没有训练班的组织规程。每天由宣传部约一、二人来讲演，有时讲四点钟，有时讲两点钟。担任讲演的人如廖仲恺、汪精卫、胡汉民、伍朝枢、孙科、林云陔、邵元冲、谭平山等。廖、汪、胡是分讲"三民主义、五权宪法"，伍朝枢讲"外交问题"，孙科讲"市政问题"，邵元冲讲"德国劳动问题"，林云陔讲"司法问题"，谭平山讲"国民党组织工作的理论和方法"。我讲了两点钟的"中国劳动运动问题"，又讲了两点钟的"各派社会主义"。在这一个多月中，我无论有事无事，都到训练班去看看。我是抱定有事做事，无事读书的方法来对待工作与安排自己。每次讨论会我都参加，同受训人员处得很好。至于邵元冲、刘芦隐、郎醒石等都是高高在上，从来未参加讨论会，也很少到训练班。到了快毕业的时候，学员们提出请求：请中央党部重新分配工作，不愿回机关，邵元冲代理宣传部长，不接受学员的要求，也不同学员见面，很粗暴地斥责学员为无理取闹。约在七月中旬，在广东大学举行训练班的毕业考试，邵元冲、刘芦隐、郎醒石、甘乃光和我监试。邵元冲神气十足地摆出一个大主考的架子，刘、郎、甘乃光跟在他前后左右小心奉承。学员们对他们是怒目而视，有的学员发问，他们不解答，学员互相交换一个意见或说一句话，他们一声吆喝，"不准说话"。我想这样一个考试，为什么要这样地气氛森严，邵元冲是一个前清的举人，大概这一套排场是从浙江省乡试中抄袭来的吧。不到两个钟头的时间试卷都交齐了，他们把试卷带到宣传部，慎重其事地关着门评了一天多卷，发了榜，训练班的任务就算完了。学员们回原机关也好，不回原机关也好，有工作也好，没有工作也好，宣传部一概不管。有的受训人员来找他们谈工作，他们一概不见，也不说理由。也有受训人员去找组织部，组织部推说训练归宣传部，人归秘书处管，组织部无权过问。秘书处是高高在上，只管大事不管小事，基层干部问题根本就不管。从这个训练班的问题，可以看出国民党对统一战线的态度。一个工作如果由共产党发动起来，国民党一定要拿过去由他们去干，如果国民党人干不了办不好，宁可不办，也不能让共产党人去干。这样的作法是国民党顽固派的主张，由中间派运用……联系于顽固派与进步派之间的，原来是中间派。戴季陶是中间派的骨干，因为他是国民党的宣传部长，所以他有时不能不站在进步方面，对联合战线表示忠诚，否则对孙中山先生交代不过去的，因此引起了张继对戴季陶的责难。在党员训练班开始筹备的时候，张继来到广州，在邹鲁家里会着戴季陶，谈到共产党的问题。戴季陶无意之中说了几句公道话，张继就骂戴是共产党的走狗，戴也骂张是北洋军阀的走卒。彼此一句一句地争论起来，张继发了牛脾气，高声大骂道："你从保皇党干到共产党，是一个十足的反复无常的小人。"并举起拳头要打了。戴季陶打张继不过，当场大哭，于次日留了一个辞呈，跑到香港乘船到上海，仍搞他的交易所投机生意去了。宣传部由邵元冲代理部长，首先就裁撤党员训练班，我的工作也被裁了。我在宣传部工作了三个多月，从到职同邵元冲谈过一次话以后，我同邵元冲、刘芦隐、郎醒石、甘乃光等从没有说过话，见面也从不打招呼……邵元冲等对共产党专门吹毛求疵，到处找我们的麻烦，他们并把联俄、联共、工农政策曲解为联俄、容共、扶植农工……

我于一九二四年五月间到广州，七、八月间在广东大学师范部兼了六点钟的课。在这个期间，周恩来、陈延年两同志新从法国回来，调到广东工作。陈延年接谭平山的工作任广东区的书记，周恩来接戴季陶的工作任黄埔军校政治部主任。一切工作重新部署，调我到苏俄代表团资料室，搞搜集资料和整理资料的工作，并兼铁甲车队的政治教官。夏松云也在那里搞剪报工作，我在工作上算开辟了一个新的阵地。资料室是鲍罗廷的助手李洛夫任主任，资料的来源是国内外的报纸，总共有好几十份报，有中文的，有外文的。我是担任中文方面的材料搜集和整理，还有一个越南人名叫李瑞……及一个岭南大学的学生廖勤生担任翻译和打字。这里的工作很忙，我们每天要从那几十份报纸上搜集整理出好几十条新闻译成俄文或英文给鲍罗廷、加仑及其他高级顾问看。有时鲍罗廷、加仑亲自到这里看报，工作很紧张，每日工作虽规定八小时，有时还要加班，我们的工资是代表团开支，很优厚。

铁甲车队是直属大本营的，卢振柳兼任总队长、罗加觉夫将军任顾问、廖乾五任政治部主任，招收的队员不及百人，据说原定计划是准备组织一个铁甲兵团，与航空处海军局地位相等，后来因为革命形势的需要，必须集中力量发展黄埔军校，要建成一种新型的陆军，所以把直属大本营的特种兵计划暂耽搁下来了。

共产党调陈延年、周恩来两位同志到广东工作，并改组广东区党委，是为了加强国共联合战线的工作。广东区的组织开始于一九二〇年冬，只有谭平山、陈公博、谭植棠、刘尔崧等四个党员，谭平山任书记……至一九二三年……吸收了杨匏安、杨章甫、冯菊坡、阮啸仙、杨殷入党，仍由谭平山任书记……其次国共合作开始，双方的工作接触频繁，中共中央在上海，也没有派一个负责人常驻广州，一切都由谭平山负责……自陈延年、周恩来同志到广东工作以后，工作重加部署，在文德路租了一个两层楼的全楼为办公地点，党的组织和纪律都严谨起来，学生、工人、妇女、军事及农民运动等各项工作，都有平衡的发展。

（包惠僧：《包惠僧回忆录》，人民出版社1983年版，第129—149页）

中国回忆录（1921—1927）（节录）

（1975年）

C.A.达林

　　许多共产党员来到广州参加全国劳动大会和社会主义青年团代表大会。中国共产党中央局的两位成员陈独秀和张国焘也到会了。后者是共产党在1921年建立的全国劳动组合书记部的领导。劳动组合书记部完成了召集全国劳动大会的一切准备工作。在两个代表大会的代表中有各省党组织的领导人。

　　在此之前，我已经会见了孙中山。我把会见的情况告诉了陈独秀，建议召开前来广州的党的领导干部会议。

　　约有二十至二十五人出席了这次会议。应当指出，当时全国党员仅有一百二十五名左右。这样，全党几乎有五分之一的党员已在这里。我们开会的目的，乃是讨论党在劳动大会和社会主义青年团代表大会上应遵循的路线问题，首先是对孙中山的政府和他的党——国民党的态度问题。

　　广州的局势由于以下两个原因而极端复杂化：首先，广州的共产党组织支持军阀陈炯明并进行反对孙中山政府的宣传；其次是由于阶级斗争的尖锐化，资产阶级左右着国民党的政策。

　　我在这个重要的会议上作了报告，根据莫斯科远东革命组织代表大会的决议，我谈了关于建立工人、农民、小资产阶级和中国资产阶级关心中国的民族解放和民主改革的那一部分人的反帝民族统一战线的必要性。在发言中，我具体说明了我们将与国民党就这个问题达成协议，指出工人阶级应支持孙中山政府。

从中国共产党第一次代表大会到现在还不满一年。党员的人数不多，而且主要是一些研究马克思主义和俄国十月革命的知识分子。但是，这个党乃是中国唯一的在工人中进行宣传的政治组织，她从阶级立场出发摧毁旧的作坊和行会，她所建立的实际上是中国无产阶级崭新的组织。中国工人阶级一开始登上政治舞台，就在共产党的领导之下。中国工人不晓得有改良主义者。

现在党应该前进一大步，应该摆脱单纯的宣传工作和闭塞的小圈子式的工作方法，而登上群众性政治行动的舞台，成为中国历史的动力。欲达此目的，就要与孙中山以及他的党结成反帝民族革命统一战线。会议提出了共产党加入国民党的问题，但要以保持党在组织上和政治上的独立性为条件。在这里我想强调指出，在与孙中山谈判时所说的不是共产党员以个人身份加入国民党。以个人身份加入不需要孙中山的同意。共产党随时可以让本党的这些或那些党员大量地或少数地以个人身份加入国民党，以便在国民党内开展工作，并影响其政策。我们谈的是指共产党作为一个政党加入国民党，但是要以保持政治和组织上的独立性为条件。我们认为，这样加入国民党就是反帝民族革命统一战线的具体形式。这一点我同孙中山也谈过了。当然，统一战线要有一个前提，即国民党不应对工人运动进行任何限制，承认工人有组织工会的权力，有罢工的权力。

四月底至五月初在广州举行的共产党的会议上，关于与国民党建立统一战线的问题引起了热烈的争论。广州组织的代表不发表意见，实际上企图把全国劳动大会拉向支持陈炯明的那一边去。前面我已讲过，他们是孙中山的反对者。

以张国焘为首的另外一些与会者反对统一战线，他说是"反对和小资产阶级联合"。这些人是中国共产党内的"左"倾宗派主义者。尽管张国焘在讲话中承认，孙中山政府是中国最民主的政府，而陈炯明起的是反革命作用，但实际上他的立场对广州的代表有利，因为这种立场实质上是反对支持孙中山。

张太雷和瞿秋白支持我，他们所持的观点是，在反帝的资产阶级民主革命阶段与小资产阶级结成广泛的统一战线是必要的，和国民党联合以及共产党加入国民党都是必要的。

关于这个问题的争论持续了好几天。陈独秀动摇不定，但在长时间的讨论以后他认识到了统一战线的必要性。大多数与会者同意了（附有很多保留意见）统一战线的策略，但没有通过一定的决议，会议决定继续讨论。

虽然与会者之间存在重大的意见分歧，广州会议对中国共产党的历史却产生了重大的影响。共产党对国民党的政策开始转变了。在这次会议后约一个半月，1922年6月15日中国共产党中央局发表了《对于时局之主张》的声明，表示愿意同所有的民主党派合作。这个声明得到1922年7月16日至23日举行的中国共产党第二次全国代表大会的赞同。不过，当时党还是反对加入国民党。

··············

北方军阀混战方酣，广东孙中山与陈炯明发生了冲突，就是在这样的形势下，我将要初次会见孙中山。这是1922年4月27日。

在约定的钟点，我和张太雷、瞿秋白一起乘车来到了孙中山的总统府。当时孙本人及其政府都在这里。汽车停在典型的中国式的带飞檐的门楼前。这是可以进出高墙围绕的宫院和与之毗连的楼房的唯一通道。

趁卫队长打电话与某人联系和办理入门证明的时机，我仔细环视了第一个院子，这里驻扎着警备司令部和大约不下一营的士兵。

第一眼看到的是堆堆篝火，上面煮着饭食。篝火旁围着一群群的士兵，稍远一点的地方，堆着架起的来复枪。这场面像是在刚占领的地方露营。

人们一直在忙乱和奔跑。军官们跑来跑去，发布命令，更换岗哨。士兵们就睡在地上的阴凉处。令人感到整个局势紧张而不平静。

通行证办好了，一个军官应派前来，带领我们进入坐落在高岗上的总统府。我们穿过许多道内门和僻静的庭院，最后在一个台阶旁停下。这里的武装卫队没有步枪，挎的是毛瑟枪。

上山的台阶被严密地遮掩着，像一个筐子。里面黑洞洞的像隧道一样。广场上到处是岗哨。天很热。上山要走很久。我们汗淋淋地好不容易走到"人世间"——一个栽满树木的小平场。又过了一道岗，我们才进入了总统府。我被带进了将和孙中山会晤的那个房间。房间里有一张小桌子和四把椅子，石头地上铺了一张普通苇席。墙上挂着几张照片。墙角上立着花几，上面摆着银制的小花瓶。

几分钟后，孙中山进来了。他中等身材，穿着竖领带领钩的灰色弗列奇式上衣，中国式的漆皮鞋。当时他五十五岁。他的表情和姿势表现出典雅、沉静，缓慢的动作给人以某种恬静的感觉。有了初进总统府门口时的印象之后，这种沉静、安详更显得突出。门口那里的人们在奔走、忙碌，而这里却是沉着、缓慢，从容不迫。

孙中山冷静的外表与传说并不一致。据传在战时，孙中山曾亲自开炮射击敌人。

孙中山的眼睛是深棕色的，富于热情，目光炯炯，很像列宁。我对这两双眼睛的相似感到惊讶。孙中山目光的敏捷与外表的平静也是相矛盾的。

我们坐下来，马上就送上茶来。

我向孙中山递交了说明我的全权代表身份的信件，并转达了苏联工人、农民的敬意和对他在工作和斗争中取得成就的良好祝愿。我同他谈话时，强调了"总统"一词，以示与所有外国帝国主义报纸相反。外国报纸不承认他的总统职位，只简单地称其为"孙博士"。

他在回答我的祝贺时，畅叙了他对苏联的友好感情，表示很乐于向我介绍华南的情况和了解苏维埃共和国的形势。

我们谈话的中心是关于陈炯明的问题。虽说发生了武装冲突，陈炯明名义上还仍旧是广州政府的陆军部长。我确实晓得孙中山向陈炯明派了一个代表团去谈判关于消除冲突和陈炯明返回政府的问题。谈判的结果我不清楚。我提出了关于和解的可能性问题。孙中山突然变得怒气冲冲提高了声调说：

"我是总统，部长们应当服从我。他反对我，反对共和国总统，反对人民的意志。如果他一定不服从，那么他将被消灭。没有任何和解可谈。"

不过，这次谈话以后，孙中山的几个代表团又去找陈炯明进行了谈判，但是事实证明没有任何结果。

我们转到了与吴佩孚斗争的问题。孙中山告诉我，已经调补充部队到北线，同时以很乐观的语气谈到了北伐和迅速取胜的必然性。

话头又转到了苏俄的形势。孙中山对红军的人数、其组织和政治教育很感兴趣。然后，孙中山询问了列宁的健康情况。在会谈结束时，我们约好以后将再会晤。

当时，我有些奇怪的感觉。一方面感到孙中山很矜持和谨慎。另一方面，他希望经常和我见面，说明他打算与苏俄建立联系。

在后来的会晤中，专门讨论纲领问题时，我搞清楚了孙中山对我若即若离的原因。当时我们谈到俄国和中国革命的问题。

最初谈话的中心是关于无产阶级专政的问题。孙中山反复询问我这个问题。我们谈到了苏维埃、红军和自由对人民大众的意义等问题。孙中山听得很仔细，然后他向我提出了一个建议："我给你一个山区，一个最荒凉的没有被现代文明所教化的县。那儿住着苗族人。他们比我们的城里人更能接受共产主义，因为在城里，现代文明使城里人成了共产主义的反对者。你们就在这个县组织苏维埃政权吧，如果你们的经验是成功的，那么我一定在全国实行这个制度。"

这样的问题我只好一笑对之。我说，对全世界范围的共产主义来说，一个县的战场太小了。但我明白孙中山建议的含义，孙中山知道，我是一个共产主义者；他知道，广州的共产党人反对他，而我和这些人经常会面；他知道，广州工会已经脱离了他。很自然，孙中山一开始对我曾有某些怀疑，但是我的话与广州共产党人的所作所为并不一致。

在一个县里"组织"苏维埃政权的出人意外的建议，是孙中山在试探我的意图。所以，我只开了句玩笑作为回答。然后我向孙中山阐明了我们关于现阶段的中国革命、建立民族革命统一战线的必要性及其可行的纲领等问题的观点。这些问题成为我们会谈的主要内容。

（［苏］C.A.达林著，侯均初等译：《中国回忆录（1921—1927）》，中国社会科学出版社1981年版，第89—91、101—104页）

中国共产党在广东地区建党初期的一些史料

（1979年）

陈志文

前　言

第一次国内革命（1924—1927），广东是策源地。广东人民群众开始以马克思列宁主义武装思想，明确革命对象，团结在中国共产党领导下前进，开辟了中国革命史的新纪元。中国共产党怎样领导广东革命运动，党在广东地区发生、发展的情况，兹回忆当年所见所闻以及往常老友们的回忆，综合起来先写一九二〇至一九二三年的一些情况。至于一九二四至一九二七年的，容再执笔。但是，自顾年老多病，聪、明渐衰，日渐昏瞆，回忆或有错误，而本人原有的当年文物又久已荡然无存，也没有精神体力到图书馆去翻检故籍、报章，只能写一些片断轮廓。将来增补订正成为信史，固所望也。

（一）共产主义思想的传播（1920年冬至党的一大）①

十月革命给中国送来了马克思列宁主义，五四运动促成

---

① 这一段的情况，主要是综合梁复然、柯麟、薛白、张元恺等同志的回忆。

中国革命运动与马克思列宁主义结合。在这里，先进知识分子起着桥梁作用。

一九二〇年七月，直、皖军阀吴佩孚、段祺瑞混战于北方，粤军陈炯明乘机由漳州回师广东，赶走了桂系军阀莫荣新。陈炯明迎合广东仕绅各界反对桂系军阀，要求"粤人治粤"的心理，为了拉拢民心，政治上不能不略取开明。如：民选县长，制定"省宪"，成立广东省教育行政委员会，设立广东宣讲员养成所①，开办《广东群报》②等等措施。广东局面从而比较明朗。

一九二〇年冬，一些先进知识分子成立了"共产主义研究小组"，出版《劳动者》周刊③。又通过各种方式传播共产主义思想，他们还利用教育行政职能，进行了一系列的宣传教育工作。

陈独秀是广东省教育行政委员会委员长，他用行政力量提倡平民教育，进行了部分学校的调整和整顿，中等学校招收女生实行男女同校。陈独秀又亲自向青年学生演讲，传播马克思学说，反对中国的旧伦理道德和宣传帝国主义危害中国的道理。但是当时广州学生懂普通话的人不多，陈独秀演讲时要有人翻译为广州话（例如在公立法政专门学校演讲三次都由杨章甫翻译），也就使宣传的效果受到了局限。又勒令各私立贵族学校向平民开门增设公费学额。据柯麟同志回忆：广东公医医科大学为敷衍命令，不得不勉强在一九二〇年起（笔者按：应是一九二一年起）每年招收公费生五名。而且考试与录取都由省教育行政委员会办理。柯麟同志（当时他名柯辉萼）就是这一年以公费生资格考入该校肄业的。

广东宣讲员养成所设在高第街（今群众路）素波巷，以养成社会教育人才为宗旨，公开招考学员。第一届学员约五十人。于一九二一年秋开

---

①　据谭天度同志回忆："广东宣讲员养成所，由教育行政委员会负责经费，陈炯明同意办的。"

②　谭天度同志回忆："《广东群报》，不是陈炯明办的，而是由谭平山、谭植棠、陈公博办起来的。"

③　"文革"前已听说广东省立中山图书馆已搜集得几期《劳动者》周刊。

中共三大
——历史文献资料汇编——

学。所长陈公博。教师有谭夏声（现名谭天度）[1]、谭平山、谭植棠等。所内设有图书室，多是社会主义书籍，其中不少是当时广州市面买不到而是谭辉谦赠送的。宣讲所教学方法采多种形式，开学不久，举行辩论会，以教育要提高还是要普及为题（大意），让学员辩论。这次辩论由薛耀英（现名薛白）、邓俊民各持一方论点发言。[2]第一届学员中的薛耀英、钟觉（现名钟道生）[3]、陈俊生[4]等后来在大革命时期工作表现都很努力。

又开办注音字母传习所。教学地点在广东宣讲员养成所内，学员约四、五十人，派杨章甫、梁复然两人为学员担任与学员交朋友。

《广东群报》的编辑和撰述是陈公博主持，谭平山、谭植棠都参与工作。它的报导与论著大为当时知识界所重视。又于一九二一年上半年在惠爱中路昌兴新街设店发行《新青年》杂志（后来约于一九二三年底改设"国光书店"，派黄国梁任经理，推销进步书刊）。

这一段时期直到党的第一次代表大会召开，仅是一些先进知识分子结合，传播共产主义思想。还未进行过组织广大群众的革命活动。然而，虽仅仅如此，那些封建余孽与买办阶级已经大惊起来，认定陈独秀是罪魁祸首，大肆造谣中伤。他们造谣方法之一，是主使他们的御用文痞编造对联进行攻击。[5]事实证明这是捏造是非泼妇骂街式的谩骂。就这一点也可见反动分子的恶毒居心。

上面所述，是广东省会广州市的一些情况。在广东省东部陈炯明军阀的家乡海丰县，也是彭湃的家乡。彭湃于一九二〇年从日本留学返国，在

---

① 梁复然同志回忆："谭夏声住在宣讲所，他担任重要而又繁忙的工作。"

② 广东省宣讲员养成所的情况，主要是薛白同志的回忆。薛同志说，图书室的书多是谭辉谦赠送的。他与辉谦同在肇庆的广东省立广肇罗甲种农业学校同学。辉谦先后收到其兄谭平山从北京寄来社会主义书籍，常借给同学们阅读，宣讲所开办便将书籍送出。

③ 梁复然同志回忆："首届学员钟觉，是广东第一批党员，于一九二二年接受任务到广西开展工作。"

④ 张元恺同志回忆："首届学员陈俊生虽未参党，但在大革命时期任中央通讯社社长与我党合作的很好。"

⑤ 谭天度同志回忆："又把他（陈独秀）的名改为'毒兽'。"

海丰县组织了社会主义研究社。一九二一年五月彭湃任海丰县劝学所（后于一九二二年改称海丰县教育局）所长，即组织全县学生举行"五一"国际劳动节纪念大会和示威巡行。又出版了《赤心周刊》，宣传革命的道理。

（二）摸索前进
（1921年秋至两个全国性大会）[①]

一九二一年三月，共产国际秘书马林到北京见过李大钊，便到广东来工作。[②]七月一日由各地共产主义小组代表在上海举行第一次代表大会，广东派陈公博出席。大会通过了党章，选举了党的中央机关，中国共产党成立了。从此，广东地区革命运动在党中央统一领导下进行。

陈独秀已担任党中央书记，广东机关正待组成之际，广东工作仍旧暂由陈独秀、陈公博和共产国际马林共同领导。不久，谭平山、谭植棠到广州任广东公立法政专门学校教授，党的广东区委员会由谭平山为书记，由谭植棠、杨殷协助而组成。（当时广东区委兼负责广西、福建两省工作。曾经先后于一九二二年派钟觉、一九二五年派周济等到广西去开展工作。）此时广东区委还没有工作地方。因谭平山、谭植棠寄寓于他们同乡开设在惠福路甜水巷口的某建筑公司。谭夏声住在素波巷广东省宣讲员养成所，杨章甫、杨匏安住在司后街口广东省长公署东邻的杨家祠。因此，党的会议常在杨家祠召开，有时亦利用广东宣讲所或某建筑公司开会。

阮啸仙、刘尔崧、张善铭、周其鉴等此时仍在广东甲种工业学校（后改称广东工业专门学校）。甲工远建在市郊增埗。当时由西门至增埗未有马路，只是小街窄巷，而西村至增埗又是田畴荒塚。他们到市内来工作，

---

① 这一时期的情况，主要是综合了杨章甫、梁复然、冯宝铭三同志的回忆。其中有非他们提出的则另行注明。

② 据袁德韵同志回忆。

需要地方歇脚和住宿。他们是穷学生，生活本非富裕，多方张罗才能租赁在惠福路仙邻巷内的一间矮小平房①（后于一九二二年秋以此处作广东新学生社筹备处）。

总之，他们人数不多，物质条件很差，重点要抓工人运动又要抓学生运动，开展工作的主观力量是非常微弱的。那时候客观情况是怎么样的，在这里，需要简要地补述一下：

远在桂系军阀盘踞广东时代，无政府主义者和一些政客、律师们早已在广州工人和学生中活动。高等师范学校等校的教授刘师复、黄尊生、许秋菊、袁振英等无政府主义者常常在高师礼堂（今鲁迅博物馆大钟楼）举行演讲会；他们组织了世界语学会，控制了表演戏剧绘画美术的"风人新社"，扩大宣传。他们还影响、控制了许多工会。另外，在农专、高师等校也有醒狮派（国家主义派）分子的活动。在工人方面已成立一百多个工会，多属源远流长东西家（东家是资方、店主，西家是工人、店员）合组的行头会馆演变而成。多为资产阶级分子所把持，其中更有勾结政客、律师，或受无政府主义者所影响或控制的，甚至勾结武馆教头强迫工人缴费入会。它们的总机构有三个：广东机器工会（在河南堑口）、广东总工会（在丰宁路）、广东工会联合会（在旧仓巷）。还有一个不分行业的互助总社（在惠福东路维新路口）。在学生方面，五四运动涌现出来的积极分子，大多是小资产阶级家庭出身的，运动中激于爱国热情，运动后又"埋首窗下"不问政治了。那些出身于资产阶级家庭的，不少人走谋求自己升官发财之路。而各个教会学校的学校当局都是禁止学生参加政治活动的。

---

① 李甫同志回忆说，他每从黄沙到杨家祠去开会，经过仙邻巷新学生社，常进去稍息。这是泥墙小屋，门外挂上新学生社木牌（按：挂新学生社木牌，时间是一九二二年七月以后）。另据梁复然同志说，平山、植棠回来开展工作，啸仙、尔崧等因往来频繁的需要便在惠福路附近（指平山、植棠寄寓的某建筑公司附近）赁一小屋，初时挂个觉群通讯社牌子，以作掩护，后来作为新学生社筹备处（按：这个时间当是一九二二年以前，梁、李两说，时间上虽有先后之分，但新学生社未迁到司后街之前，只是在一个地方，不过梁没有记忆街名，李则记得是仙邻巷，两说实是相同）。

由此，觉悟高接受共产主义思想的尚属少数。此时各个中等以上学校虽然各仍保存着学生会（学生自治会）的组织，但大都是以"联络感情、切磋学问"为宗旨，除每年一度的校庆活动，或组织些球类练习外，没有什么活动。

党的同志们面对着这种情况，各自通过各种社会关系，利用各种形式进行串连。在工运中偏重产业机构，也不放过力所能及的各个行业。在学生运动中先着力于公立学校。例如在广东兵工厂，杨殷就与罗珠（今名罗大明）等组织十人团（后又进一步组织俱乐部）①。在粤汉铁路，杨殷就与他的香山县同乡陆枝交朋友，从而与机器工人李甫等联系②。在学生中，就利用原有的各个某属（某县）留省学生同乡会。经过努力，联系着为数不少的积极分子，为组织（改组）各种工会，组织新学生社播下了革命种子，创造了条件。

与此同时（一九二一年秋至一九二二年上半年），彭湃在海丰方面利用他的教育行政职能，发动学生成立了海丰县学生联合会，又于一九二一年九月由学联会创刊了《新海丰》杂志，广泛宣传革命道理。由此遭到军阀、地主、豪绅的极力反对，于一九二二年五月被撤去海丰县教育局长职。彭湃从此更明确认识革命力量之所在，便放弃从文化教育入手进行社会革命的做法，转向农民运动努力。③

（三）乘东风、加速革命步伐
（1922年5月至1923年6月党的三大之前）④

一九二二年五月一日到十日，在广州相继举行了有历史意义的两个大会，会场都在素波巷广东省宣讲员养成所。一个是第一次全国劳动大会，

---

① 据张元凯同志回忆。
② 据李甫同志回忆。
③ 摘自1962年1月25日《羊城晚报》的《彭湃同志什么时候开始从事农民运动》。
④ 这一时期的情况，主要是综合郭瘦真、梁复然两同志和笔者的回忆。

另一个是中国社会主义青年团（后于一九二五年改为中国共产主义青年团）第一次全国代表大会。这时候陈炯明还未叛变，孙中山还在广州当非常大总统，政治局面尚算好的。

第一次全国劳动大会是以党所领导的中国劳动组合书记部名义召开的，由邓中夏等主持。参加大会的代表共一百六十二人，代表全国十二个城市一百多个工会的二十七万会员。大会代表政治成份复杂，会上斗争激烈。大会中党的基本力量是北方和长江一带的工会代表，人数虽然不多，而政治威信却很高。所以大会能够提出"打倒帝国主义"、"打倒军阀"和"中国共产党万岁"这三大口号；通过了九项决议，奠定了中国共产党领导的基础，引导中国工人阶级走上团结斗争的道路。大会在五月一日开幕这一天，全体代表和广州市五万多工人举行示威大巡行，到达第一公园①（现在起义路的人民公园）。还举行了纪念五一节大会②，空前盛大的热烈场面，对于广州工人运动的开展有良好的巨大影响。广州工人群众在这影响下觉悟有了提高，对串连工作较能顺利进行。

中国社会主义青年团第一次全国代表大会，在党的领导下由蔡和森、张太雷等主持。会议五天，通过了团的纲领和任务等，确定团的性质是"中国青年无产阶级的组织"，选举了团的中央机构。广州出席大会的有阮啸仙、周其鉴、张善铭等，谭平山、谭植棠也出席了会议。大会后，广州立即成立了广东区团委，由阮啸仙、张善铭、黄居仁等组成，并以阮啸仙任书记。他们在广东区党委领导下，决定先开展学生运动，针对当时广州学生群众的思想觉悟程度，为了争取广大青年学生参加革命行列，决定成立一个团的外围组织"广东新学生社"，社的纲领分外交、内政、教育等方面，如："打倒帝国主义""废除不平等条约""收回治外法权""打倒军阀""学校财政公开""学生参加校务会议"等（记忆不完

---

① 据谭天度同志回忆："那时候似乎还没有什么第一公园或中央公园。"

② 摘自1962年4月29日《南方日报》的《我国第一次劳动大会简介》。

全）。在惠福路仙邻巷①设立"广东新学生社筹备处"印发章程，公开向各中等以上学校征求社员。

在海丰方面，自彭湃决心转向农民方面进行革命工作，开始筹组赤山约农会时仅有六名会员，经过几个月的宣传组织工作，到一九二二年九月赤山约农会成立时已达五百余人。又发动县内各地组织农会，到一九二三年一月海丰县总农会成立时，会员达十万人。彭湃被选为会长。②

（四）组织力量迎接大革命高潮
（1923年下半年）③

一九二三年六月党的第三次代表大会在广州召开，讨论怎样与国民党合作建立革命统一战线。这时候，孙中山及其所领导的一派国民党人也已经决定筹备改组国民党，准备实现联俄、联共及扶植农工三大政策。

建立革命统一战线问题，早在一九二二年七月党的第二次代表大会制定了中国革命的最高纲领和最低纲领，就已经号召建立民主主义的统一战线和建立国际统一战线。大会之后，党又已经同以孙中山为首的国民党内的革命民主派进行了一些联络工作。那时候，孙中山正被陈炯明赶出广东跑到上海。他们自辛亥革命后连续受了多次失败，一九二一年靠陈炯明的军事力量，在广州召开非常国会，选孙中山为非常大总统，谋求反对北洋军阀反动政府，仅一年又告失败。而苏俄十月革命的成功，五四运动后中国共产党和中国工人阶级的兴起，都会给他们影响，促使他们注意，使他们有可能倾向联俄、联共。接着，一九二二年冬苏俄代表越飞与孙中山的代表廖仲恺在日本详谈国民党与共产党合作问题。④一九二三年一月共产国际作出关于中国共产党和孙中山所领导的国民党合作的决议，同时孙中山

---

① 李甫和梁复然两同志的回忆（见本书第214页脚注）。
② 摘自1962年1月25日《羊城晚报》的《彭湃同志什么时候开始从事农民运动》。
③ 这一时期的情况主要是综合杨章甫、梁复然、郭瘦真三同志和笔者的回忆。
④ 摘自廖承志：《我的母亲和他的画》（见1979年2月14日《人民日报》）。

同越飞在上海发表宣言。三月孙中山率领着部分粤军和滇、桂、湘、赣、豫等军在广州设立大元帅府。一面派张继、蒋介石往莫斯科，一面聘请鲍罗庭为顾问，同时又筹备改组国民党。

党的第三次代表大会中心议题是同国民党合作建立统一战线，讨论合作的具体办法。大会估计了孙中山反帝反封建的民主主义立场以及把国民党改造为工人、农民、城市小资产阶级和民族资产阶级的革命联盟的可能性。批判了"一切工作归国民党"的投降主义倾向，又批判了只有工人阶级才能革命的关门主义倾向。大会决定和国民党合作，共产党员加入国民党，改组国民党成为民主革命联盟，同时保持共产党在组织上和政治上的独立。出席这次大会三十余人，其中有代表权的二十七人，代表着四百三十二个党员。[1]广东的代表是杨章甫[2]、阮啸仙、刘尔崧[3]。根据杨章甫同志回忆：这时候广东区党员人数有表决权的一十八人，未有表决权的约三十人。广东区委为了准备这次会议需要有一个地方进行工作，就租赁文明路一幢并排四间三层楼的新建房子，到此时广东区委才开始有工作地点。向广州市公安局贤思分局报户口。领迁入证，填写"管东渠"为户主姓名。[4]"管东渠"成为广东区党委的代名词就是从此时开始。另在东山租赁一间左右旷地的新建房子专作大会会场。当各地代表未到齐之前，先在素波巷广东宣讲所旧址开了两天半预备会议，参加预备会议的有林祖涵、陈独秀等十二个代表。

大会后，为了迎接革命统一战线的建立，革命高潮的来临，必须加强广东区委员会的组织。党中央就从各地调来干部，陈延年和木青先来，周

[1] 摘自《中国共产党历次代表大会简介》（见1977年8月11日《广州日报》）。

[2] 据梁复然同志回忆，杨章甫同志也谈过在大会中的情况。

[3] 摘自广东历史学会1978年年会论文——周家安等著《第一次国内革命战争时期广宁农民运动的作用》第2页。按：周家安同志是周其鉴侄儿亦即是周其柏的儿子。

[4] 据冯君锐同志回忆：用"管东渠"姓名向警察局登记，领迁入证，是郭瘦真同志谈过的。

恩来、邓颖超等也陆续来了。①在一九二四年初广东区党委的阵容是：书记陈延年，组织部木青，宣传部×××②，工委冯菊坡，农委罗绮园，军委周恩来，妇委邓颖超（邓未到之前由夏从云代），国民运动谭植棠，监委杨殷、梁桂华。

据杨章甫同志回忆：陈延年初到广州为了搞手车伕工会，每晚在长堤（今沿江路）拉黄包车两小时以联系群众。周恩来到年底才到广州③，也先搞工人运动，晚上在东堤河面小艇与工运同志碰头。

值得特别一提的：自陈延年主持广东区委，广东地区才开始了对党、团员的思想政治教育工作。又每逢纪念日和重大事件预先或及时编印宣传大纲给党、团员学习。陈延年又经常参加各部、委会议，倾听汇报、共同分析情况、共同讨论进行方法。他和木青都抓紧任何机会跟同志个别谈心，对工作方法、思想情况以及生活问题，都亲切细谈，同志们对他两人也亲切非常。

为了准备各条战线的人力需要，培养新生力量。在"三大"结束，广东新学生社即宣告成立（同时出版《新学生》半月刊）。不久，把新学生社迁到司后街（今越华路）一间两进深的房子（广东区团委设在新学生社内后进的二楼，向社员说是啸仙、尔崧、善铭、居仁等的住房）。新学生社首批成立支部的学校有：广东工业专门学校、广东省立第一中学、广东公立法政专门学校、广东公路工程学校、广东高等师范学校、高师附中、高师附师、广东省女子师范学校、广州市市立师范学校、私立法政专门学

---

① 据陈仲谦同志说："据林务农同志回忆：周恩来同志到广州时间是1924年初夏，不是年初，也不是年底。"

② 宣传部是谁我不清楚，1973年6月，有同志来问："是不是任卓宣"，我转问杨章甫同志。杨回忆说："当时（1923年下半年）任卓宣在广东北江地区工作，至于什么时候担任宣传部却回忆不起（任蜕化后改名叶青）。"

③ 据杨章甫、梁复然同志回忆。过去笔者曾回答广州市纪念馆等征集史料的询问说，周恩来初到广州的时间是1924年4、5月间。是因为当黄埔军校开学前——约是1924年4、5月间，组织着笔者在平教委员会内拨一个房间给恩来同志工作过约一个月，这时笔者才开始认识恩来同志。这个论点不够充足，今依据杨、梁两同志的回忆。

校、广东警监学校、广府中学等。其中工专和省一中两支部人数较多，各个支部都有青年团员起骨干作用。不久，其他各校也相继成立支部。此时，各支部涌现一批觉悟较高后来在大革命时期成为工农兵各条战线骨干分子的，如：工专的黄学增、周文雍、邹师贞、蒋世明，省一中的韦启瑞、陈伯忠、周其柏、龙启炎、陈志文等，公路工程的杨石魂、周济，公立法专的郭瘦真、沈厚垫、郭寿华、沈宝同、黄发、林丛郁、陈永年，高师的赖玉润、蓝裕业、高师附中的祁协恭、潘考鉴，高师附师的袁德韻、冯金高，市师的何怡之，广府中学的龙业芝等。[①]

工人运动中也加速串连，此时涌现一批有觉悟后来在大革命中斗争性强的骨干分子，如：兵工厂的罗珠、张桥、郑郁，粤汉铁路的陆枝、李甫、李连、潘兆銮，广三铁路的何根、陆芬、邝少孚，广九铁路的陈松寿、陈柏寿，辗谷业的施卜，榨油业的胡超、曾西盛，电话女司机的谭竹山、区夏民，碾米业的邝拱，蒸酒业的郭植生，织造业的张仕成。还有梁九、周冠卿、蔡葛民（此三人是哪个行业的记不清楚）。

在佛山镇的梁复然、王寒烬[②]、陈应刚、钱维方等。在香港的李佩棠（李二姑）、李义保、彭月笙、林君伟、张人道等。

在这期间有两件小事情——事情虽小，却具体表现出老一辈革命家艰苦奋斗的情景，堪作今天在幸福生活中长大的革命青年学习的，值得写出来：

新学生社迁到司后街，地方较大，而且是挂上牌子的公开社团，所以不单是学生运动的地点。各条战线工作的同志谭平山、彭湃、杨殷、谭植棠等常常也在这里会见群众。但是，新学生社很穷，常拖欠房租，常住的五个人的饭往往七、八个人吃，没有菜就用盐水淘饭。俗语说的

---

① 据陈仲谦同志补充：活动分子应补梁祖怡烈士。邹师贞是周冠卿的爱人。龙业芝的"芝"字待查，因他兄弟姐妹用"鼎"字和"鼐"字。祁协恭是高师学生，不是附中，冯金高后来变了大叛徒。

② 据李甫同志回忆：梁复然和王寒烬早就在佛山工作，到1924年才调来广州。梁在锦纶（织造）工会，王在建筑工会。

"多一个人加一双筷"正足以用来描写。遇上兵工厂来的工友常是十个八个人来，就立即到街边饭档去买白饭，到酱油店去买包酸荞头。真的花生米、腐乳也买不起。大家都"甘之如饴"地吃着、讲着、笑着。这是一件。

另一件：一九二三年秋，孙中山大元帅亲率讨贼联军在东莞县石龙附近铁路线上跟陈炯明军作战时，新学生社发动社员组成慰劳队前往慰劳，新学生社主任阮啸仙（广东区团委书记）亲自领队，他自执大红旗率领队员来到了石龙铁桥，这时敌人的掩护部队用机枪迎面射来，但英勇的阮啸仙高举着大红旗，领着赤手空拳的队员直冲过桥，敌人不知道这是学生慰劳队，看见红旗招展就狼狈逃窜，不敢进入石龙镇，一下溃散了。阮啸仙乘势率领慰劳队冲入街内，还缴获了敌人的一挺机关枪。[①]在平时，阮啸仙工作繁忙，又患肺结核，不少次数在演讲中吐血，他抹抹嘴又继续讲，再咯血再继续讲，他视吐血如吐痰，毫无畏惧，除重病外并不因病休息，真是不怕苦、不怕死的铁汉子。

总括来说广东地区建党初期的情况：在党成立前，广州共产主义研究小组和海丰县社会主义研究社传播马克思列宁主义。党第一次代表大会后，重点搞工人运动和学生运动，在困难情况下，播下了革命种子。在广州举行过两个全国性代表大会后，在工人群众中串连了一批积极分子，学生运动中公开筹组新学生社。海丰县成立了有十万群众的农民协会。党第三次代表大会后，加速革命工作的步伐，为建立革命统一战线掀起大革命高潮准备好力量。

后　记

同志们鼓励我写些革命回忆。自惭愚陋，思想水平又低，久久未敢执笔。同志们复以抢救史料任务是我辈老人理宜见义勇为，再三督促，因勉

---

① 据郭瘦真同志回忆。

力写成此稿。但以内容空虚，自己也殊不惬意。然而终于将此稿交出，是为了提出线索供编写历史者做个参考而已。

此稿所述情况截至一九二三年底。当年笔者年仅十六，是个初中学生，参加新学生社才几个月，同志们都叫我"细佬哥"。故此稿所述情况半是大革命时期讨论工作分析情况中同志们所谈及，半是建国后老友们叙旧时所谈，究非亲身经历，这是必须说明的一点。

此稿所述及的人：陈伯忠、韦启瑞等早在大革命初期在农民运动中英勇牺牲，杨殷、阮啸仙、彭湃、刘尔崧等也被反动派所杀害，他们艰苦奋斗优良作风，他们的鲜血生命推动了革命进展。我们今天的幸福生活都是他们奋斗的结果。然而也有一些人在当时是革命的，后来变了，有成为汉奸的陈公博，成为叛徒的郭寿华、潘考鉴。至于更多的人后来怎样是笔者所不知的。此稿只据当年情况来写。这又是必须说明的一点。

建党初期，广东地区老一辈革命家播下了革命种子，发动了广大群众，为一九二四至一九二七年大革命运动打下基础，作了准备，是一件伟大业绩。笔者却不能翔实地反映出来，实感惭愧！但愿因此能提供史学工作者参考，是所殷望。

（陈志文：《中国共产党在广东地区建党初期的一些史料》，《广州文史资料》第17辑，广东人民出版社1979年版，第1—19页）

徐梅坤回忆《向导》的出版发行情况

（1979年）

党的"二大"以后，中共中央决定在上海出版发行中央机关政治刊物《向导》周报。陈独秀和蔡和森负责编辑工作，他俩给《向导》写的文章最多。李大钊、张太雷、张国焘、刘仁静、高君宇等也经常写一些文章，后来写文章的还有瞿秋白、彭述之、赵世炎、恽代英等。马林以"孙铎"的笔名在《向导》上也发表过几篇文章。当时《向导》的编辑人员很少，"三大"以后，毛泽东同志曾参加过一段时间的《向导》编辑工作，并且写过一些文章。

我那时在中共江浙区委工作，因党中央在上海的人手不够，中央就叫我兼管《向导》的出版发行工作。

当时我在上海的公开身份是在一家小印刷厂当排字工人，每天半日做排字工作，半日做党的工作。这家小印刷厂在公共租界梅白格路（今新昌路），叫光明印刷厂。《向导》就是利用我的这种工作关系在这家印刷厂里排印出版的。老板的名字我已记不清了，因为我们给他的钱多一些，他见有利可图就愿意干，至于印什么内容，他从不过问，更不必担心他去外面告密。

我和该厂的五六个青年工人一起参加过很多期《向导》等报刊的排印工作，他们都是党外的人。

每期的稿子是由我到陈独秀、蔡和森的住处去取。我也到过毛泽东同志住的地方去拿稿件。那时，毛主席和杨开慧住在莫尔明路的一所两底两层楼房，他们的大孩子毛岸英刚满一周岁。他们住在楼下。楼上住着蔡和森向警予夫妇。楼下的前厢房不住人，毛主席常在这里写文章，写好的文章由杨开慧帮助抄写。因为我住的地方离他们的住处不远，所以经常能见到毛主席和蔡和森他们两家人。

每期排印好的《向导》，都存放在厂里我睡觉的一间小屋子里，这样不会引起别人的注意。

后来，老板破了产把厂子卖掉，光明印刷厂从此也就关闭了。但《向导》的印刷出版并没有就此停顿，很快又改在明星印刷所排印，也是由我负责与这家老板联系。明星印刷所比光明印刷厂大一些，距离很近，在梅白格路西福海里，老板叫徐上珍，上海人，比我小几岁，也会排字印刷，是党外人士，与我的关系很好。一九二七年我在杭州被捕时，徐上珍曾出钱营救过我，但未能成功。一九二九年他因印《向导》等刊物而被捕，罚了很多钱，还判过二、三年徒刑。明星印刷所除印《向导》外，还印《中国青年》《解放周报》等刊物。徐上珍对我们党的帮助很大，明星印刷所后来被查封，徐上珍就到河南一家印刷厂去了。

我们还在西福海里对面的三德里，租赁了一间空屋，明星印刷所印就的书刊，都存放在那里。

《向导》在国内传播很广。起初发行数量不大，大约在一千份左右，每期按规定数目送到指定的地点，不收费。我记得当时在上海、武汉、广州、北京和杭州等地发行。北京的《向导》是由我们派专人经常带过去。杭州的《向导》每期发行二百份，有两个专人拿到杭州去卖，其中有一个叫徐洁身，浙江诸暨人，是个印刷工人，家里很穷，以卖《向导》为生，他从我这里免费领去再拿到杭州去卖，当了义务推销员。他因卖《向导》曾先后三次被捕。第一次被军阀逮捕出狱后，我介绍他入了党，第三次是被国民党抓去的，我先是用钱把他营救出来，以后又不断接济他。

《向导》都是由我经手发出去的。由于当时官办的邮政系统不给邮递这类印刷品，所以我们就通过民办邮政，叫民信局，将《向导》发往各地。再后，按不同份数分发各机关、团体。"三大"前后，中共中央机关一度迁至广州,《向导》便在孙中山领导下的广州公开发行。

我是最早负责《向导》出版发行工作的,干了大约两年时间,当时有一个湖南青年,名字已记不起来,帮助我作送稿、发行等工作,以后又改换张伯简帮助我,他也是湖南人,是个知识分子,我离开《向导》以后,由张伯简接替我的工作,后来他生肺病不幸过早地去世了。

《向导》的报头题字,我是通过一个与我关系很好的熟人写的,我找到他以后,他高兴地当即就写好了"向导"二字,他是党外人士,小说作家,弟兄两个字写的都很漂亮,可惜现在名字忘记了。《中国青年》的封面题字是邓中夏的手笔,编辑是恽代英和萧楚女。

办《向导》的经费来源主要是马林从共产国际拿出钱办的。我们自己的党费非常少。

当时《向导》在国内影响很大,是党的强有力的宣传工具,战斗的武器,特别是许多革命青年,争着看《向导》,受到的教育和鼓舞也是很大的。在黑暗的旧中国,《向导》犹如一盏明灯,给那些向往进步、追求真理的工人和青年学生带来了光明与希望。《向导》真正起到了革命向导的作用。

(《"二大"和"三大"——中国共产党第二、三次代表大会资料选编》,中国社会科学出版社1985年版,第668—671页)

刘仁静关于中共"三大"的回忆

（1983年8月）

中共"三大"在广州东山召开，今年是六十周年了。回忆起当年的情况，有些问题已记不起来，有些问题印象是很深的。

中共"三大"期间，马林是在广州的，但没有出席中共"三大"。我是"三大"的列席代表，因为我参加了一九二二年共产国际"四大"，所以陈独秀要我参加中共"三大"，报告共产国际"四大"的情况。中共"三大"自始至终，我都参加了。代表北方区是何孟雄。

中共"三大"讨论过国共合作问题，陈独秀亲自讲过"一切工作归国民党"。他的思想根本问题在于没有搞清楚中国革命应由无产阶级领导，或是由资产阶级领导。他认为中国农民阶级是不革命的，中国的革命阶级有两个，一是资产阶级，以国民党为代表；一是无产阶级，以共产党为代表，所以两个革命阶级合作，打倒北洋军阀。

中共"三大"对共产党员加入国民党问题，没有很多讨论，因为这个问题在中共"二大"和西湖中央会议已讨论解决了。陈独秀先生最初是反对加入国民党的，认为国民党腐化变质分子很多，可是后来共产国际代表要中共加入国民党，陈先生慢慢将自己的主张抛弃了。

当时，工农联盟问题比国共合作问题意义大得多，共产国际对此问题不清楚，我是不同意加入国民党的，曾写了一篇文章给马林看，他对我的一些意见表示赞赏的。张国焘的回忆录说我提出无产阶级专政问题是对的，我那时没有根据中国革命的实际情况提出来，认识有了错误。那时，我认为共产党加入国民党是错误的，共产党帮助了国民党，而国民党并没有感谢共产党，我们搞国共合作，实际上是帮助了蒋介石。蒋介石把国共合作问题看成是"溶共"，国民党瞧不起共产党，只是利用共产党及其领导的工农力量，把中国大部分地区统一起来后，就对共产党开刀了，吃亏的是共产党。

当革命高涨时，托洛斯基曾提出共产党要退出国民党，这是很正确的，如果那时退出国民党，形势就不同了，到了"四一二"，共产党才大梦方醒。

中共"三大"期间，马林住在珠江岸边的一幢漂亮房子里。"三大"后，他要我带一些文件到上海。我在开会期间，住在会址的楼上。

中国革命受苏联领导，有好处也有坏处。好处是给一些经费，帮助我们建党，其实苏联的党是很薄弱的，经验不足。那时列宁有病，中国共产党是不是要加入国民党，这个问题没有告诉列宁，列宁是否会同意中共加入国民党呢？

参加"三大"的有王荷波、项德隆（项英）、蔡和森、何孟雄、谭平山等，是否有阮啸仙不记得了。

（广东革命历史博物馆编：《中共"三大"资料》，广东人民出版社1985年版，第208—209页）

罗章龙回忆中共"三大"及中央执委会

一九二三年六月，我离开多年战斗和工作的中共北方区委，去广州出席中国共产党第三次全国大会。这次会上，我被选进中央局工作。

"三大"前后

一九二三年六月十二日至二十日，中国共产党第三次全国代表大会在广州举行。这是二十年代我党最重要的一次全国大会。会议统一了全党的思想，奠定了国共合作的基础，取得了卓越的成就。

是年五月间，中央北方区委接到中共中央通知，决定在下月召开第三次全国代表大会，要北方区选派代表出席，代表人数根据北方区内党员人数比例，约十至二十名党员中选派一人。要求以产业工人为主体，其次为从事工农革命运动的主要负责人和省、区的书记。根据中央通知，北方区委进行了讨论。事后，发通知到所属铁路、矿山和北方区各大城市的党组织，说明中央即将召开"三大"的意图，要求同志们重视这件事，及时选派代表。对较为重要的地方如长辛店、天津、唐山、南口、洛阳等产业工人区，要求他们选派当地的代表参加。

通知发出不久，又接到"钟英"（当时中央的代号）给李守常和我的信，内容是了解北方区参加"三大"的准备情况；补充了出席"三大"应该注意的事项，多半属于事务和保密工作问题；信中还要求李守常和我都出席"三大"，当时北方区委书记是李守常，我是区委委员，兼管组织工作并任北方劳动组合书记部主任。中央希望我们去，以便于全面了解北方区的工作情况。我们两人也经群众选举，通过为出席"三大"的代表。北方区在所属铁路、矿山及地区支部，经选举产生出席"三大"代表共十二人，居全国各区代表人数之首位。其中有：

李守常（北方区委代表）

罗章龙（北方劳动组合书记部兼全国铁路系统党团代表）

王荷波（津浦路总工会党团代表）

王仲一（津浦路总工会党团代表）

王俊（京汉路长辛店工会党团代表）

张德惠（京汉路长辛店工会党团代表）

何孟雄（京绥路总工会党团代表）

邓培（京奉路总工会党团代表）

孙云鹏（正太路总工会党团代表）

陈涛（北京地区工会党团代表）

刘天章（陕西中共支部代表）等。

为安全和保密起见，代表们分批出发，尽量做到不乘同一趟车，不坐同一条船。我是先坐火车到天津，转乘海轮去上海，再坐船到广州的。和我同船到广州的有湖北代表项德隆。到广州后，我们立刻换上了一套半长不短的"唐装"，一副广东人打扮。广东区委派有专人负责接待。当时广东区委对外的代号是"管东渠"。我没有固定住所，时而在谭平山家中，时而在广东区党委机关，有时还住在第三国际代表马林的住所（开滦罢工期间，他曾亲来北方，深入基层，视察工人情况，与我过从较密）。我第一次到广州，道路很不熟悉，几乎每次开会都有人来指引，带我们去会场。广东区委同志担负大会后勤工作是很尽力的（当时一些中央负责同志也没有住在大会会址）。

出席大会的代表，除上述北方区代表外，还有南方各地代表，他们是：

陈独秀、张国焘、毛泽东、朱绍莲、林育南、项德隆、陈潭秋、恽代英、王用章、谭平山、阮啸仙，刘尔崧等，还有一些代表和没有表决权的列席人员，以及共产国际代表、少共国际的代表等。总计有三十多人出席了这次大会。这次大会代表的组成，具有相当的广泛性，其中以铁路和矿山工人运动中涌现的新人物占相当大的比重。这是前两次大会所未有的。

"三大"的筹备工作从五月就开始了，到正式开会约近一月时间。筹备工作主要由第三国际代表和二届中央委员会主持。各地代表齐集广州后，在正式会议开幕之前，上届中央召开中央扩大会议，我也参加了这次准备会议。会议主要是讨论准备"三大"的各项问题，由国际代表马林主持。

在扩大会上，马林报告了国际形势和国际工人革命斗争的概况，并强调了建立国际工人阶级革命的联合战线问题。他传达了共产国际的一个文件，是关于指导国共合作问题的。文件是由英文打字机打印的，由翻译译成中文，全文有几百字，大意说：中国当前的中心任务是国民革命，中国革命发展很迅速、前途很乐观，年青的中国共产党现在应该联合孙中山的国民党左派分子共同革命。这个文件无疑对这次会议起了指导作用。这次会议起草了政治报告和准备了决议案。

"三大"的事务性准备工作和生活安排，统由广东区委谭平山、刘尔崧、阮啸仙等人负责。

"三大"正式召开前，马林还事先找各地代表谈话，特别是工人代表。内容主要是交待和解释国共合作的必要性。这一问题，对工人代表来说是一个新课题。过去各地劳动组合书记部全力做工人运动，对国共合作多不理解，马林的谈话就很必要了。除此之外，马林还向代表谈到了下届中央的组织安排，党章和决议的准备情况，并不厌其详地反复说明为什么要这样做的理由。马林在提到"三大"的组织路线时指出，下届中央要多选一些工人同志到中央来，包括长期在基层做工运工作、能联系群众的同志。他谈话涉及的范围很广，除国共合作的政策外，还谈了工人运动、农民运动、妇女运动以及共产国际的观点和政策。在大会期间，马林是每会必到的。

大会的地址，是在永汉路太平沙望云楼，即陈独秀的住所。他家有一间较宽敞的客厅可作为大会会场。会议有时也在春园马林的住处召开。会议的日程安排有：国际代表的报告，"二大"中央报告，各区工作报告，并分组进行讨论。还成立了若干小组，分别起草决议和文件。这次大会通过并公布的文件和决议有：

一、中国共产党党纲草案

二、关于国民运动及国民党问题的议决案

三、关于第三国际第四次大会决议案

四、劳动运动议决案

五、农民问题决议案

六、关于党员入政界的决议案

七、青年运动决议案

八、妇女运动决议案

九、中国共产党中央执行委员会组织法

十、中国共产党第一次修正章程

十一、中国共产党第三次全国大会宣言

"国共合作"的问题，是"三大"的中心议题。这个问题在报告和决议案准备小组会上讨论费时较多，最后大家接受了国际代表的意见，并做出了相应的决议。"国共合作"的问题，如果从酝酿时算起，时间就比较长了。早在建党初期，苏俄和第三国际就着手联合国民党的准备工作。当第三国际派代表东来帮助建立中共组织时，苏俄政府也同时派人来中国活动。先是在陈炯明驻防漳州时，苏俄曾派某海军大将亲率军舰悄悄进入闽南，访问陈炯明，表示愿以军火资助陈扩充军队。陈当时受宠若惊。但是，由于漳州海港设施简陋，海轮不能入港，无法起卸大宗军火，致未实现。一九二〇年冬，陈炯明攻占广州后，引孙中山入粤，于是联合国民党事复又积极进行。

中共"一大"前后，陈独秀曾与孙中山交换对时局的看法。随后，陈又介绍国际代表马林于一九二一年十一月由张继陪同前往桂林会晤孙中山。当时马林化名为西蒙博士（Dr. Simon）。张太雷系马林的翻译，亦随同前往。双方在会谈中，广泛涉及苏俄对远东的各项政策。一九二一年岁杪，马林始返沪。旋又到北京，在北方区委会上报告赴广西与孙中山晤谈情况。其双方谈话内容：（1）有关革命的三民主义理论问题，赋予三民主义以革命内容。（2）建立有广大工、农、学生为基础的群众性的新型政党，涉及未来国民党的改组问题。（3）建立革命性新军队，同时改造旧军队，设置军校改革军事教育。（4）苏联以实力援助广州政府，包括财政、经济、军用物资与专家等。

经过这次双方会谈，孙中山同左右详加研究与突破现状有关问题。这样酝酿经年，直到一九二三年全国工运兴起后，孙对中共与苏俄才有了新的认识。最后，孙中山终于下了亲俄决心。他对左右亲信汪精卫、胡汉民、张继等说：苏俄是社会主义大国，国力强盛，可与为友。中共是中国新兴势力，我们在推翻清朝革命运动中，黄岗、潮州之役，人数极少，镇南关之役不过二百人，钦廉之役不过一百余人，现在中共组织工农革命运动，群众一起来，动辄成千逾万，开滦"二七"罢工规模浩大，震动中外，其势尤不可侮！左右听后，亦以为然，联共政策，遂确定下来。

在这期间，国民党酝酿改组。一九二二年九月六日，成立修改党章起草委员会，并延聘陈独秀加入委员会。十一月十五日提出修改草案，十二月十六日通过。一九二三年一月一日，公布党章，同时发表宣言后成立上海执行部。一九二二年十二月孙中山得滇军杨希闵、刘镇寰之助，击败陈炯明。一九二三年三月孙再回到广州，国共合作条件遂经双方正式商定，即自上而下，在中共协助下改组国民党（包括中央及地方），接受苏俄各种援助（包括军事、意识形态各方面），实行联俄、联共、扶助农工三大政策，建立国共合作的统一战线。

在此之前，一九二二年十月，越飞（Jeffe）①来华，旋赴日本与廖仲恺会谈合作问题，表示愿提供物质援助，并晓以利害。越飞后来又访孙中山，双方谈话结果，发表了一个公报，即所谓"孙越宣言"。

又据国际代表报告：一九二三年前国民党以中国革命正统自居，一部分人认为中共在中国社会尚无政治力量与地位，实在无资格与国民党合作，因此主张只联俄不联共。直到"二七"前后多次大罢工发生，中共政治声望猛然增高，孙中山才断然赞成与共产党全面合作，借以增高国民党在工农群众中的影响。

溯自一九二二年下半年始，中国共产党在党报《向导》上先后刊布了几个文件，包括党的宣言及陈独秀的署名文章。在中共第二次全国代表大会以后，即一九二二年九月二十日，陈独秀在《向导》第二期发表《造国论》，主张两大阶级（资产阶级与无产阶级）联合的国民革命，倡议组织真正的国民军，创造真正的中华民国，建设民主的全国统一政府，采用国家社会主义开发实业。

一九二三年四月二十五日《向导》第二十二期，刊布了陈独秀以《资产阶级革命与革命的资产阶级》为题的文章，对资产阶级进行了分析。据该文论证：（1）革命的资产阶级，如华侨及长江新兴工商业家之一部分。（2）反革命的资产阶级为官僚资本家及买办资本家，如新旧交通系。（3）非革命的资产阶级，不问政治，采取中立立场，如小工商业家。（4）革命的资产阶级应该和无产阶级联合打倒共同敌人，反抗帝国主义和封建军阀。上面两篇文章可作为当时主张国共合作的代表理论。国际代表马林以孙铎的笔名在《前锋》创刊号上发表文章《中国社会各阶级分析》亦表达了同样性质的论点。

---

① 阿道夫·越飞（1883—1927），拉丁化写法应为Adolf Joffe。

　　"国共合作"在共产党内也为许多人所不理解，特别是工人和作工运的同志，因为国民党并不注重工人运动，在工人中影响甚微。而国民党脱离群众，成分中官僚、政客不少，鱼龙混杂，却为人所共知，许多同志不愿与之为伍，反对加入国民党，形成一股阻力。直到这次会议，经过多方工作，"国共合作"始为全党所接受。陈独秀在会上多次提出中共应全力帮助国民党，各级组织应派出最得力的干部协助国民党进行改组工作。自此，"国共合作"乃成为全党的一项中心任务。

　　对"二七"斗争评价，也是会议郑重讨论的议题。"三大"正值"二七"斗争四个月之后，为总结这次罢工经验教训问题，首由北方代表，书记部负责人提出"二七"斗争的详细报告。报告后展开讨论，有人认为"二七"罢工与军阀武装冲突，如以卵击石，伤亡重大，得不偿失，是闯了大祸，并提出要处分闯祸的人。但是绝大多数代表批判了这种错误意见。在讨论中，马林发言高度评价这次罢工的政治意义，肯定了这次罢工的重要价值，并总结了罢工的经验。我记得这次讨论会是在春园举行的。

　　原来对于京汉铁路"二七"大罢工问题，在"三大"以前，二届中央曾召开扩大会议（杭州会议），作出了决议。这次大会着重总结其经验教训，重申二届中央决议，认为："二七"事发于北洋军阀统治强盛时期，犹如万马齐喑之会，风雷乍起，给予北洋军阀一大闪击。事虽未成，但在政治上确有极大影响，足使曹吴气夺，令天下振奋。事后证明，"二七"的政治影响确实很大，北洋军阀从此陷于与全国人民为敌的困境。反对封建军阀的伟大统一行动，由此酝酿臻于成熟。

　　国际代表在会议上还强调，北方开滦罢工与"二七"罢工从表面上说来，虽都不算成功，但却是中国工人革命运动史上空前的有组织的大规模战斗。开滦反帝斗争、"二七"反军阀斗争与党的纲领要求完全符合，从此以后，中国工人阶级才真正登上世界政治舞台。"二七"后共产国际来电，亦云："确实说，你们的行动，是已经走到世界无产阶级的行列里了！"在"三大"会上，秘书处并以《京汉工人流血记》作为正式文件分发给各代表。

中央执行委员会

经过讨论和选举，"三大"选出了中央执行委员会。正式的中央委员会九人：陈独秀、李大钊（守常）、毛泽东、罗章龙（文虎）、王荷波、蔡和森、谭平山、项德隆、朱绍莲。新中央委员会名单，系由国际代表向三届大会提出讨论后通过的。国际代表强调，中央委员会组成应以工人运动领导者占多数，其中必须有产业工人。这一原则，为大会所接受，认为是进一步发展工人党的组织的重要保证。因此，"三大"选出的中央委员会显示了工人革命政党，阵容颇为严整，工作效能亦高，为前两届中央所不及。

"三大"选出了五人中央局，其成员为陈独秀、毛泽东、罗章龙、谭平山和蔡和森。推举陈独秀为委员长，毛泽东为秘书，罗章龙为会计。委员长主持一切中央局及中央全会会议，与秘书共同签署一切公文函件，秘书负责党内外文书、通信及开会记录、管理党内文件等，会计管理全党财务行政，并对中央机关和各区各地方机关财政、行政负审议之责，主持审计财务预算和决算有关事务，稽查现金出纳等项工作。中央委员李大钊、王荷波、项德隆、朱绍莲则分别参加北方区、上海区、鄂区及湘区的委员会工作。

"三大"选出的中央委员会原在广州，后因地处偏隅，交通不便（当时粤汉路未通），对指导全国斗争不利，中央乃决定迁回产业工人聚居的上海，留中央委员谭平山在广东工作，并改选王荷波入中央局。

中央作出上述决定后，我和荷波都到中央局工作。我们二人原来均在北方区委工作，同时又都担负铁路工运工作，唯恐同时离开北方会影响北方区工作，所以有些顾虑，想保留一人在北京工作。我于是将此意见报告中央，并表示愿意继续留在北方区工作。中央乃将我的来信转商国际代表，意思说，文虎本人有意留北方区，由荷波一人南行，这样可减少北方当前的人事困难。中央和国际代表考虑后表示不同意，批示说："文虎不能留北京，应该从全局着眼，三代会既已作出决定，就应该全部执行。"

国际代表坚持让我和荷波二人均应到上海中央主持工作。

北方区委乃立即举行会议，商定关于我离京交代工作诸问题。长辛店、石家庄、天津、唐山、南口等处党的负责人均应邀来京参加会议。会议对当前工作及人事调整等均作了具体决定。会毕，尽美和我共赴天津，抵津后又参加了天津市有关工作交接事宜。天津会议结束后，决定派尽美回山东报告北方区委决议案。我于一九二三年七月乘津浦路火车南下，尽美亦同车到济南。时尽美患病颇重，临别时，我再三嘱咐尽美去青岛德国医院检查身体，作作透视，并休养一个时期后再工作。我对他表示："一年期满，我仍当北来，望多保重。"尽美说："我自觉体力日弱，不知以后如何变化，党需要兄方面甚多，不必一定要回北京。"

车次浦镇，王荷波得信到站相迎，并领我至其家下榻。其室内只有一双人铺，因嘱其夫人至邻家借宿，留我共榻。我遂传达中央来信旨意，荷被漫应之。荷波夜间向我谈说："虎兄，你大嫂闻你在火神庙蒙难，曾亲往寺院祈祷，她并求签问卜，据称，你在三十六岁还有一跳（即惊险事故），当小心在意。"我听后，暗自好笑，因答道："我们天天在'跳'，何待三十六岁？"荷波道："那是自然，娘们的话，信之则有，不信则无。"二人一笑而罢。次日，我劝荷波就此同行到沪，荷波初尚感犹豫，说不愿离开工厂，怕脱离群众。其夫人在旁催促他说："你走，我同你一道去好了，是真神到处可以显灵。"荷波遂决定离开多年的工作位置，携眷赴中央工作。

车抵上海，我与荷波寓火车站界路旅社，随至中央接头处。晚间，仲甫来寓，倾谈至深夜始兴辞而去，并约定举行中央局会议。

当时出席中央局会议除中局委员外，尚有共产国际代表、少共国际代表和社会主义青年团中央书记等。会议首由国际代表马林致词，接着是委员长陈独秀报告政治问题及中央局今后工作纲要。报告后即席讨论工作纲要，并进行具体分工。其后，润之因事赴湘，改由我任秘书兼主持宣传部工作。王荷波则任会计，监察财务。蔡和森负责《向导》编委。当时，社会主义青年团书记是恽代英。代英因事离职期间，有一个时期由我兼代团中央书记。

在这期间，中央发出的重要文件都由委员长和秘书联署，方发生效力。一般信件则仅署名钟英（中央代号）。中央代号也时有变动，从一九二三年九月起至一九二四年上半年，中央连续发布的通告，大多由独秀或我起草，并由我们二人共同联署。如目前保存下来的十三号通告，就是经中央局讨论后由我起草的。该件的署名：委员长T.S. Chen是陈独秀的英文签名；Lo Dshan-Lung[①]是罗章龙的德文签名。

国际代表经常列席中央局会议，因我党是共产国际的一个支部，所以大家对国际代表很尊重，实际上很多决议都经过国际代表同意。

随着工作开展，中央局成立了秘书处、组织部和宣传教育委员会。

秘书处：掌管文告、总务、对外联络、交涉等事项。

组织部：主要负责组织、建党、人事调动、党员训练等。组织部长为毛泽东。

宣传教育委员会：主要负责宣传工作、教育工作。宣传方面主要是办中央的党报——《向导》，后又加了《中国工人》，并协助国民党办了上海大学，邓中夏任上大总务。还办了训练班，组织学生出国学习等。我兼负宣传方面的工作。

还设有几个委员会，主要工作是设计、规划、制定方案。有工人运动委员会、青年运动委员会、妇女运动委员会等，稍后成立了军事委员会。

工委：王荷波为主任。

青委：实际就是共青团，书记为恽代英，委员为李求实等。

妇委：向警予为主任，下面设妇联。

"三大"后的军事工作，属中央局直接领导，中央及各地没有正式设立军委。

另外各省还有民委，党中央没有。主要是做国民党的统战工作，也就是后来的统战部。

---

① 下文"通告十三号"中，罗章龙的署名为Leo Dschan-Lung，原文如此。

　　三届中央的全部工作方案，主要可分为党的日常工作与"国共合作"两个大的方面。前者主要包括党的宣传与组织工作，工人运动、农民协会、青年、妇女工作等。后者包括有关改组与加强国民党等工作。

　　日常工作中值得一提的是，"三大"以来在工人运动方面作了新的部署。其重心特别放在当时比较薄弱的上海、广州与武汉等处。于是开始集中干部在上海建立工人俱乐部，项德隆、林育南、邓中夏、何今亮、李震瀛、刘剑华、李立三等先后调到上海沪东、沪西二区主持工会工作，从而揭开了上海工人斗争的序幕。随后纱厂、丝厂罢工相继兴起，影响波及武汉、广州、青岛及北方各地，工会运动风起云蒸，经时约一年遂汇合成为全国范围内的"五卅"运动，省港罢工运动和全国总工会的建立等，这是三届中央坚持工人运动均衡发展新方针所获致的革命成果。在农民运动与军事工作方面，当时亦渐渐开辟道路，积极建立新的群众组织。

　　帮助国民党改组，其中包括建立黄埔军校，目的是为了争取工农运动进一步开展。当时最迫切的工作是筹备北伐，摧毁帝国主义在中国的力量，迎接大革命的高潮。"三大"在中共党史上，在大革命高潮进展中，具有承前启后，继往开来的作用。

　　关于国共合作，从一九二三至一九二七年都贯彻这个精神，原则始终没有变动。这个时期国共合作，对方是孙中山。孙中山当时特别重视双方平等合作，成立了改组委员会。国民党方面以孙中山为代表，共产党方面以陈独秀为代表，苏联派来了特别顾问鲍罗庭。孙对鲍的意见很重视，鲍在两党合作中处于一个特殊的地位。现今留有一个文件，记载了孙中山聘请鲍为总理特别顾问、国民党中央常委，总理如果缺席，会议由鲍罗庭主持，会议决定的问题，要得到鲍罗庭同意。意思是：鲍在国民党会议上有"否决权"，可代行总理职权，权力相当大。为了国共合作，苏联派出以鲍为首的广泛的顾问团。有政治的、军事的（海陆空三军）。军事顾问团以加伦为首席代表。加伦是军事顾问团总顾问，如东征、海南岛战争、北伐战争，加伦决策起了重大作用，大家十分尊重他的意见。广东政府海空军方面，苏联顾问也起了十分重要的作用。当时有十几架飞机，由加伦领导。并曾由中共中央派刘云等到苏联学习航空专业。各军政治部主任及政工人员，也由苏联顾问及共产党共同协商派出。

黄埔军校，原来是清朝训练海军的地方。新建的黄埔军校的教官多半是中共和苏联顾问所任命，经费全部由苏联供给。苏联前后分批送给一万多支枪，各种型号的轻重武器都有，质量很好。苏联在莫斯科办了一个专供国民党留学生学习的"中山大学"，去学习的人不少，有名可查的就有一、二百人。我党还派出了一些军官在国民革命军中工作。当时，中国的军官主要来自保定、清河两个军官学校。海军方面，最大的一条舰是中山舰，掌握在共产党手中，舰长是从北方区烟台海军学校党支部挑选出来的。

国民党上海执行部的任务是帮助改组国民党，不少中央委员做这项工作。国民党省党部的改组工作，中共也投入了不少力量。北方是北方区委主持，南方是广东区委负责。通过改组国民党造成一个国民革命的高潮。第十三号通告前段主题就是讲这件事。

十三号通告后段讲的是争取关税独立自主问题。当时，这件事比较复杂。孙中山的口号是争"关余"。北京政府段祺瑞的意见是与帝国主义协商，稍为提高一点进出口税率，使北京政府财务上有所增加。这个要求最低，当然说不上维护国家主权及人民的利益。"关余"问题是南方政府关心的问题。因为北京政府外债太多，以海关收入担保，还本付息。每年关税实际收入比还债数额多些，多的一部分叫"关余"。孙中山当时在西南组织了一个西南政府，北洋海军有几十条军舰拥护他，纷纷把兵舰开到广东，因此孙要把"关余"争来发海军军饷。共产党认为"关余"是临时的财政措施，我们的目的应该是收回关税自主权。在中共策动下，后来全国爆发了关税自主运动，北京政府被迫召开关税会议，帝国主义亦被迫让步。

关于中央通告

为了执行"三大"的政策，三届中央产生后，从一九二三年六月至一九二五年一月，前后签发的正式通告约二十四、五件，目前保留下来的很不完全。

"三大"中央拟了一个全国工作规划，内容包括有宣传教育、建党建团、工运、农运、妇运、青年团工作等。各项工作还分别有所规划。中央的通告反映了上述规划的内容。当时的大部分通告由委员长陈独秀和我共同签署。一九二四年夏我以中共中央代表名义被派出国工作，我出国期间的通告则由陈独秀和毛泽东共同签署发表。

目前中共中央机关保留下来的由独秀和我共同签署的中央通告还有五号、九号与十一号、十三号等。现已公布的有第十三号通告，该通告是一九二三年十二月二十五日发出的，前部分专说国共合作问题，后一部分说的是收回海关问题。

通告十三号

各区执行委员会并转各地方同志们：兹有两个重要工作，望同志们努力进行。

（一）国民党改组问题

自大会议决本党同志参加国民党扩大运动以来，以种种障碍未能见诸实行。第一次本党执行委员会开会时，适值国民党有改组之议，遂议决关于国民党进行计划，以冀实行大会之议决案。此时国民党之改组已着着进行，颇有振作之希望；广州已设有临时中央执行委员会，其驻沪执行部业已成立；广州上海二市，已着手党员重新登记，定期开全体大会，分区组织；明年正月在广州召集全国大会，赴此大会之代表，每省六人，由当地推选三人，由总理指派三人，其曾有组织之处，业已准备推选赴会之代表。中局方努力进行复活国民党之工作，各地方同志在此工作中，望依下列步骤切实进行：

（a）有国民党组织之地方，同志们立时全体加入；没有国民党组织之地方，要即将同志非同志可加入国民党之人数及何人可以负责，报告中局，以便中局向国民党接洽，请其派人前往成立分部。

（b）在国民党已有组织之地方，本党地方会应即与S.Y.地方会合组国民党改组委员会，以主持目前即应进行诸事。改组分区事竣，即应由两地方会在各区指定我们的同志一人组织国民党委员会，受两地方会之指挥。

（c）吾党在此次国民党全国大会代表中，希望每省至少当选一人，望各区委会与地方会员预商当选之同志，此同志必须政治头脑明晰且有口才者方能在大会中纠正国民党旧的错误观念。旧国民党员中，我们也应该出力帮助其比较的急进分子当选。代表选定后，即报告国民党总部（上海法界环龙路四十四号），川资由总部发给。

（d）此次国民党大会中最重要的问题是讨论党纲章程（其草案均见《向导》）及对于时局之策略，代表动身前各区均应详加讨论，俟各省代表过沪时，我们的同志再集合议决一致的主张。

（二）收回海关主权问题

协定关税制，税则与用人均不能自由行使主权，这是国际帝国主义者致我死命的最毒政策，因为在此关税制度之下，不得列强之许可，不能自由增加进口税，以遏外货之输入；不得列强之许可，不能自由增加出口税，以遏原料之输出；如此产业落后的国家，永远不易发展，永远为销行外货之市场。

目前广东海关问题，广东政府原来之目的固然仅在关余，然相持之际已发展到用人问题。我党此时应一面声援广东政府并督促其根本的收回海关全部主权，勿仅仅争在关余；一面主张收回全国海关主权，废除协定关税制，以排斥英货美货为武器，若军阀有表同情者，虽与之合作亦所不惜。

各地方同志们应立即尽力之所能设法联络各团体，以地方公团名义，散放传单，通电全国，游行示威，发起排货。此主张一时未必即能贯彻，然我们断然不能失去宣传的机会。

以上二工作，为本党目前最急要之工作，各同志接到此通知后，拟如何进行，并已进行至何程度，各地方务须随时报告区委员会，各区会务须随时报告中局，中局即以此二项工作进行如何为各地方工作勤惰之标准。

十二月二十五日

委员长T.S. Chen

秘书Leo Dschan-Lung

"三大"前后发行的主要报刊

中共"一大"前，最先刊行的党报为《共产党》月刊，至"一大"时停刊。"一大"以后，党以全力开展工人运动，当时上海党报为《劳动界》，由独秀主编。北方党报为《工人周刊》，由我主编。

中共"二大"后，国际代表马林来京时，向北方区委提出建议，出版一种英文日报，争取在中国外交界及国际工人运动中扩大党的影响。区委讨论后，决定创办英文日报，并定名为《远东日报》，由北方区委负责筹办，并在南池子冰窖胡同租定报馆馆址，克日开始筹备工作。

《远东日报》编辑部，主要由马克思学会西文翻译组负责，在筹备过程中，立案事宜发生波折，而且一时亦无法购置英文排字机。由于上项困难，经中央商议决定作罢，改在上海出中文周报，即《向导》周刊。

《向导》周刊，原定名为《政治向导》，后简称《向导》。《向导》主编陈独秀，早期编委会成员有国际代表马林、伍廷康以及高君宇、李守常、罗章龙、张国焘、蔡和森等。编委会下设翻译室，有英、法、德、俄、日五个组。《向导》于一九二二年九月初旬集稿，每周星期三出刊。独秀主编《向导》，他几乎每期都执笔写文，仅在一九二二年十月出国参加共产国际第四次大会时中断了一个时期；一九二三年十一月间，独秀患慢性肠炎卧床不起，《向导》遂改由我主编了几期。

《向导》编委要求熟悉各国党的过去与现在的政治文献，须经常阅览中、西文报纸，如康民特尔、朴罗芬特尔出版的报纸与月刊，及英、德、法文版国际通讯等刊物。《向导》编委会对读者所提意见十分重视，一般均须作答，或在通讯栏刊布，或个别函复。《向导》编委在集稿前一、二日，齐到编辑室漫谈，交换对于下期题目及内容的意见。有时谈锋所及漫无界限，谈毕亦不必写成文。即令写成文章，由于篇幅所限，亦不一定全部刊出。

《向导》与一些党内刊物、书籍一度曾在北京印刷、发行。由于政治迫害，没有固定的发行机关。如第一期至第三期，总发行所为上海老西门肇浜路兰发里三号徐白民。第四期起始办妥邮局挂号手续。第六期至七期，在北京后门内景山东街中老胡同一号。第八期至十一期恢复徐白民，加北京大学第一院收发课转罗璈阶（我的学名）。第十二期，北京发行改由刘伯青负责（他同时是《工人周刊》助理发行人）。第二十期公开发行集中在北京。第二十一期至二十五期，除北京外，再加广州一处。第二十六期，北京照原址，取消广州发行处，改由杭州马坡巷法政学校安存真（安体诚）转。第二十九期，杭州发行处撤销，仍恢复广州昌兴街二十八号。第三十期至三十三期，又取消广州发行处，恢复杭州原址。第三十四期又撤销杭州发行处。第四十二期，恢复广州发行处。第四十三期起，独存北京一处，其他撤销。第四十四期起，又恢复杭州原址。一年间《向导》发行不断变易地址，可见其处境的艰难。前后发行人与发行地址，大多数都被军警机关传讯或搜查过。北京大学、杭州法政学校就常为此遭到检查，发行人受到侦缉。

《向导》文风泼辣、形式多样。政论文章如刀枪上阵，言辞锋利，英气勃勃，凌厉无前。以笔名只眼、独秀、孤松所为短文及诗，则语调幽默，嬉笑怒骂，皆成文章。一次，在我写的一篇文章中有"延误革命的佳期"的句子，独秀偶然看到，失声笑道："以革命与佳期联用，实为新颖，形象非凡，气氛乐观。我们平日草文，均属一时急就的篇章。如从文艺角度看，竟无一是处。"三届中央还出版了一种党内刊物《党报》，记我党内文件和通告，但出版期数不多。

《中国工人月刊》：一九二三年中共中央曾决定办一种工人运动理论刊物，但因人力不足，久未实现。一九二四年，中央再次作出决定办一个革命理论与实践综合性的工人运动刊物，定名《中国工人》，我适由欧洲回国，遂推我负责主编，并组成编辑委员会。一九二四年十月，创刊号问世。后刊行国际职工运动专号，销数很大。至一九二五年五月前后，共出五期。经编委会审定的稿件，累计约几十万字。参加写文者有下列二十余人：邵时威、李守常、徐典、刘伯青、林伟民，若愚（林育南）、邓中夏、赵世炎、项英、辟世（任弼时）、张伯简、张特立、吴雨铭、罗亦农和我等。

《中国工人》当时在国内与《向导》平行发刊，销路仅次于《向导》，而为革命阵营第二大刊物。"五卅"运动发生后，因编委会重要成员工作繁忙，且分居各地，集稿发生困难。一九二五年六月，经中央决定，暂时宣告停刊。一九二九年重组编委会，由沧海（即我的笔名），石溪（育南）、项英三人负责。一九三一年后，印刷厂因故复停，《中国工人》便成绝响！

《中国青年》是一九二三年十月二十日创刊的，由恽代英主编。社址设在上海法租界辣斐德路一八六号。一九二六年五月移广州，改由李求实主编。一九二七年五月移到武汉出版，十月迁上海，易名《无产青年》。一九二八年十月，改名《列宁青年》（化名《光明之路》），一九三二年停刊。

"中央出版委员会"，是一九二三年十月，中央局会议讨论关于党内外出版方针与机构问题时，决议由中共与社会主义青年团中央合组而成立的。以我、徐白民、恽代英、顾琢之、苏新甫等为委员，并指定张伯简、成伟、郭景仁等参加专门筹议有关出版事项。第一次会议决定统一中共及社会主义青年团出版发行事宜。原在上海南市民国路小北门设立上海书店，经整顿后，由徐白民任上海书店经理。并以上海书店为中心，建立全国书报刊物发行网。各地负责人为：

广州《新青年》社苏新甫（一九二六年改设国光书店，由黄国荣任经理）；

武昌利群书社林育南（一九二七年设立长江书店）；

北京大学刘伯青；

杭州法政专门学校安体诚；

长沙文化书社易礼容；

太原晋华书社杜时；

济南齐鲁书社王尽美。

又决定自办国民印刷厂，厂址设在闸北香山路香兴里，延聘胡忧天任经理。

三曾里三户楼

党的"三大"在广州召开后，决定"三大"中央设在上海，"三大"中央局的常委全部到上海集中。常委们陆续到达，有的由湖南到上海，有的由北方到上海，有的由广州到上海，到达上海的时间路线都不一致。到上海后，在闸北找了一所房子作为中央办公处，这就是三曾里三户楼。

三曾里的房子是王荷波租的，寓闸北火车站一二里路远。在中兴路与香山路交叉的地方有个小里弄，称三曾里。这个名称很费解，后来才知道这个里弄只有三个门牌，由此而得名。

三曾里的房子结构是普通的二层楼房子，用上海话说叫做两楼两底。我们决定找这地方作办公地点，是因为此地属于中国地界，周围有几十家缫丝工厂和一些手工业工厂。居民以广东人最多，其次为江北人。这个地方既不是贫民区，也不是绅士区，五方杂居，环境条件对工作很有利，所以才定了下来。这个房子，楼上楼下大小共有八、九间房，当时没有户口制度，但住房必须有个户主，我们三户联居，称它为三户楼。毛泽东、杨开慧一户，向警予、蔡和森一户，我一户，大大小小算起来有十口人常住。对外就说是一家人，向警予是一家户主。

毛泽东和杨开慧带着两个孩子住在这栋房子的前厢房。那时杨开慧身体好，虽然有了孩子比较劳累，但她仍然挤出时间做了很多工作。

蔡和森和向警予带着小孩住的房间和润之的房间只隔一层板壁。向警予在中央参加工作，负责妇委，兼做工人运动。在三户楼中间，她是年长的一个，做事很有经验。我们推她当户主，中央开会和里里外外的事都由她安排、照顾。

另外，有一个管事务的女同志，叫王熙春，共青团员。她是扬州邗江人，原上海某教会大学英文班学生。她排行第九，外号九姑娘，主要是在秘书处领导下负责对外联系，管理机关内一些政治性和事务性的工作，包括警卫、后勤等。房子上有一个警报电铃，也由她管。熙春同时负责女工运动，组织领导丝厂工会斗争，曾被捕过一次。我们还请了一个娘姨，叫魏贞秀，苏北盐城人，是个丝厂女工，有三十多岁。她是工会成员，不是党员，但很忠实可靠。

三户楼设有公共伙食，由向警予管理，平常吃饭有七八人。每月休息时间由向警予和王熙春规定。为了工作，我们口头约定了一些共同遵守的纪律，不成文的公约，即不准到外面上餐馆，不看戏，不看电影，不到外面照相，不在上海街上游逛，休息时间和业余时间如要出外，可在空旷的地方散步，假日可到吴淞炮台，兆丰公园，或远处如松江、太湖，虎丘、苏州等地旅行。

中央机关不止这一处，英租界威海卫路瑞兴里也有办公处，其他如共青团中央设在上海法租界霞飞路和辣斐德路等处，国际联络处即外白渡桥苏联领事馆，太平洋工会书记处设在英租界汇山路。

经常到三户楼来的有王荷波，他住在英租界同孚路，是我们当中年纪最大的，约四十多岁。国际代表也来开过会，他不常在上海，有时到广州等地去。恽代英当时是共青团的书记，中央开会他也要来列席会议。陈独秀不住在这里，离这里有一、二里路，但在三户楼设有床铺，开会晚了或有事不能回去就在这里留宿。我们这个"家庭"对外以"报关行"作职业，即帮人填外文表格到海关去报税。经常来的这几个人对外就说是亲戚串门子的。其他人非经允许不准来。例如，有一次陈独秀的爱人高君曼来找陈，王熙春不认识她，不让她上楼。还有一次，湖南有个青年从长沙来找杨开慧，杨问明来意，知道他头次到上海，很想在此留宿，杨说不行，叫他回去。这个青年远道而来，很难过，杨说你一定要离开，以后也不能来，就把他送到了车站，这只是一个例子，足见其严密了。一些特殊的、经中央允许的人和来接头的人可以来住，这个地方是不公开的。苏联领事馆派专人和我来往，他可以进我们的房子。当时，常委会在楼上的客厅举行。

在三曾里，我们订了《新闻报》《申报》《新申报》《上海民国日报》，天津的《益世报》；订外文报有《密勒氏评论》，这是当时很有影响的一家外报。还订了一些外国杂志，主要是第三国际的英、美、德、法各种文字的报刊。润之主要看中文报，代英、荷波、仲甫和我都看外文报，有时我们也在一起谈论有关报刊内容诸问题。

毛润之每天早上利用吃早饭的时间看报，把重要的记录下来或剪下来。我们的报纸头天取回来，第二天仔细看，主要是了解政治情况。报纸中最使我们感兴趣的是《申报》《新闻报》的北京专电，可借以研究全国的政治动向。我们的报纸不是送到所住的地方，而是送到信箱，由小王每天去取。我们的信箱不止一个，在北四川路离苏州河不远的邮政局地下室，也有我们的信箱，也可以收到报纸。

三曾里离环龙路执行部比较远，我们坐车子前去办公，大家指定一个地方集合，然后坐车前去，大部分坐出租汽车。当时出租汽车很多，随便什么地方都可以上车。就是专车，我们也不让他开到住处，让它在指定的地点停下来。

我从一九二三年秋搬到三曾里，第二年六、七月才搬走，住了近一年。后来我出国到欧洲工作，以后的情况就不太了解了。向警予住在此地，到丝厂做女工的工作也很方便。这附近有个湖州会馆，是浙江大资本家盖起来的，上海第三次工人起义时，它是最著名的司令部所在地。

三户楼诸人，平日生活十分紧张，如草拟文件、决议，为《向导》及党报撰文，经常静思澄虑直至深夜，但大家以革命为信仰，经常开展批评与自我批评，改进工作，生活又十分有朝气。"同心若金，攻错若石""团结一致，同舟共济"是我们遵守的信条。当时，我曾有诗记述三户楼：

黄浦[①]激浪雪山倾，淮海风云会郡城。
东楚山川多壮丽。西方瘴疠[②]满神京。
亡秦主力依三户，服房全凭子弟兵。
谊结同心金石固，会当一举靖夷氛！

按一九七〇年上海房管部门查到解放前一张房产建筑的旧图纸，确认三届中央办公处是在上海闸北区中兴路与香山路交叉的三曾里。但是，原房屋在"一·二八"时，被侵华日军的飞机炸毁了。现在原址建筑了一座新楼，三曾里已看不到了。

国际代表马林

一九二一年至二四年间，国际代表长期在中共中央工作者主要有马林与伍廷康等，二人对中国革命均有劳绩，而以马林的贡献最为显著。

马林自中共"一大"以来便在广东、上海工作。北方会议前后，马林作为国际代表曾留驻北京多日，参加北方区委会议，指导工人运动，同时研究国共合作问题，并提出方案与建议。马林全名：Henker Slievlied Maring[③]，原籍荷兰阿姆士特丹（Amsterdam），在荷京大学读完政治经济

---

① 黄浦指黄浦江。

② 西方瘴疠指西方帝国主义侵略。

③ 马林原名为Hendricus Sneevliet。

学课程后，投身荷兰工人革命运动，担任荷京港运秘书。周游世界多地，后遂侨寓泗水。一九一四年成立东印度社会主义联盟。一九一五年出版荷文《自由呼声报》。一九一八年出版印尼文《人民呼声报》。一九一八年间，马林因迭次著文抨击荷兰政府的殖民政治，被驱逐出境。一九二一年受第三国际派遣来到中国，帮助中共推动工人运动，有运筹帷幄之功。

当时，马林年富力强，兼通英、德、法等国语文，器识宏通，对中国革命问题从世界形势盱衡全局，故观察与议论非寻常之见所可比拟。仲甫对马林颇尊重，但二人秉性均倔强，如遇议论不合时，互以盛气相凌。一次仲甫尝向马拒绝国际经费支援，说道："何必国际支援才能中国革命！"马林颇为难堪。仲甫亦自觉失言。马曾戏称仲甫为"火山"。又一次在中央会议上，仲甫与马因争论，致使会议不能进行，我当时任三届中央常委会秘书，只得宣布暂时休会。马林心平气和去邻室抽烟，陈仍余怒未消。片刻后我说："时间已到，继续开会。"马问："'火山'是否熄了？"我说："熄了！"马林说："革命党头脑应该冷静。"时润之亦在场，会议结束后，润之提议：以后开会，大家不能发脾气。我们均表支持。

马林关心工人运动，身体力行，在北方时，尝不顾环境险恶参加工人支部会议。某次在会上与铁路工人谈话，有人发问："革命主要目的何在？"马答："首在争取政治自由，实现政治自由以后，经济各项改革自然水到渠成。"又问："敌势强大，如何着手？"马答："从组织群众力量入手。敌人对我施百吨压力，我们以千吨革命强力回报。"马林这些简明有力的谈话曾给予参加会议工人以极强烈的印象，亦是他长期从事实际工作，锻炼出来的战斗意志和语言。

一九二二年我在唐山领导开滦煤矿同盟罢工，斗争很激烈，双方冲突，死伤很大，罢工遇到重大困难。我即发了一个西文急电到上海中央，时值中央开会，陈仲甫和张国焘之间因意见分歧，相持不下，马林接电说："目前唐山问题是党的首要问题，要全力以赴！其他个人争执均属次要。"于是大家转入讨论支援唐山罢工问题，及时作出决定。马林还为此事亲临天津和我见面，反复商讨罢工问题。

"三大"会上，代表们对"二七"罢工问题，认识不一致，马林在会上提出共产国际文件，对"二七"给予高度评价，表示同意国际的看法，以理服人。马林对确定"三大"路线，贡献亦大。

国共合作，起初阻力很大，第三国际授权马林具体执行。中共"一大"后，仲甫与孙中山交换对时局意见，即介绍马林于一九二一年十一月由张继陪同前往桂林会晤孙中山。直到党的"三大"，马林在这期间做了很多解释说服工作，对国共合作作出了重大的贡献。

马林对中国革命视同自己的事，遇事率直倡议，不稍瞻顾。他曾担任《向导》编辑，很刻苦，每篇稿文都要我翻译讲给他听，不对的地方，就提出看法，要求我们改正。对他自己亦是如此。他在上海时曾向工委提议组织北方矿业工人联合会问题，当时我心不谓然，乃将此事提交中央会议讨论，会议上详加讨论后，认为北方矿区分散与铁路性质迥异，目前只有开滦、焦作煤矿尚有基础，六合沟、枣庄、阳泉与淄博次之，其他矿区尚无眉目。认为根据实际情况决定策略原则，北方至少须有几个大矿工会作基础，才能成立联合组织。目前尚无此条件，因此对马林提议决定缓办。此项决定尚未正式通知马林以前，马林托春木（张太雷）送来亲笔德文信一封面交给我，封面上书Mandat（命令）字样，内容仍是坚持限期成立矿工联合会事，我即往见马林，将会议讨论情形详告。马不悦，说这是"外交词令"，但亦未坚持下去，此事遂作罢。事后马林自觉前信失之操切，乃在出席会议时加以解释，并撤回前次提议，同时，对中央工委处理问题态度认真负责加以赞许。由此一事可见当时国际代表与中共组织关系互相遵守民主原则，故能同心协力共赴事功。

马林在中国工作颇称顺利，自一九二一年至二四年，中国革命循序渐进，收到确实成效，马林之功不可抹煞。但由于当时国际东方部倾轧排外政策的结果，马林于一九二三年下期被调回莫斯科，改派伍廷康继任。伍为俄罗斯人，原先来过中国，后回国，自此以后长期代替马林职务。马林回莫斯科后与东方部意见龃龉，众口铄金，马林遂辞职重返荷兰，一年以后，我们于阿姆士特丹又曾相逢。

马林自离开中国后即返荷兰担任码头工会秘书，在汉堡参加国际运输会议，我们同时出席，在会上相遇。会后他约我到荷京阿姆士特丹一行，我乃与马林同往荷京访问，约经一周时间，即暂寓其家。其夫人热情招待有如家人弟兄，亲切异常。荷兰是世界闻名的航海国家，其海员工作效率为欧洲之先进。阿姆士特丹，港政修明，足与汉堡相埒。但见海上艨艟巨舰，往来如织，工人组织极严密，生产与文化均极可观。马林尽数日工夫陪同参观造船厂、堤防口工程以及近郊农场，其中奶油乳酪、蔬菜生产量丰质高，不愧为欧洲诸国的"厨房"。几千年东方专制大国毫无民主传统，视此蕞尔小邦，经济、政治、文化均远所不及。马林对中国革命备极关怀，他告诉我说："中国是农业大国，无民主习惯，推翻一代统治者在中国历史上极为平常，但要建立民主制度却有重重困难。今天唯有通过工人运动可以接近民主，纵有困难，不宜灰心，舍此以外更无达到民主的道路。"在马林家连夕倾谈，情谊隆重，临行时，夫妇二人依依惜别，请留诗以作纪念，我用当地文体写了"十四行"诗相送，他们夫妇均曾学习过汉文，又要求把诗译成中文，我勉译成下列绝句一首：

> 海国西来万里轮，
> 威廉[①]霸迹已成尘，
> 唐山、辛店惊风雨，
> 话到当年情更亲！

夫妇两人阅后，喜甚，互道珍重而别。

---

① 威廉（Wilhelm）系荷兰开国君主。

环龙路国民党执行总部

国共合作具体执行时，中共曾多次郑重地进行讨论，各次会议均有国际代表参加。中央局会议曾作出决定，对于国共合作问题中共中央采取下列原则：

（一）中共保持独立自主原则，中共党报及中共各级刊物对国民党施政得自由批评，不受限制。

（二）中共领导的工农群众组织不受国民党及其政府干涉，工会、农会享有集会、结社、罢工、纠察自卫之自由。

（三）中共党员（包括团员）加入国民党，在国民党任群众工作，但一般不做国民政府官吏。工人运动领导者及中共所属工会会员不得加入国民党。

（四）在组织方面，自一九二三年七月起，中共中央由仲甫代表中共出席国民党最高会议。党组织自中央到省市各级按系统派遣党员分别协助国民党进行改组工作，包括在全国范围内建立党部及基层组织，训练干部，整饬宣传机构，协助国民党工作，扭转该党在民众中的不良影响，帮助国民党改善军事教育训练，建立革命军队等。

根据上述原则，中共中央政治局派政治局委员（时称中央局常委）王荷波、毛泽东、罗章龙三人参加国民党执行部，协助国民党进行改组事宜，后又续派中委李守常、谭平山等协助国民党在北方及广东的改组工作。中共各省委、市委分别派遣中共党员参加当地国民党省市委会的改组工作及军队改建工作。现就国民党第一次全国代表大会的召开与国民党执行部、黄埔军校的建立诸项略述大要如次：

国民党"一大"

一九二三年十月成立国民党改组委员会，经过一段时间的筹备，国民党第一次全国代表大会于一九二四年一月二十日正式召开。此次会议，中共方面全力以赴，动员党内大部人力协助筹备大会诸事。中共中央决定自中央到地方派遣多数干部参加国民党"一大"中央工作。派遣干部时，曾经过详细讨论，决定原则如下：

（一）李大钊、张国焘、韩麟符、毛泽东、高语罕、恽代英、谭平山、瞿秋白、于树德等参加国民党"一大"中委会，为跨党党员。

（二）原有国民党籍之加入中共党员，由中共方面提名参加国民党"一大"中委会，人名为：林伯渠、沈玄庐、邵力子等。上述名单是党中央向国民党提出的。

（三）省、市党部委员由国共双方经地方党部决定。人名为：夏曦、董必武、宛希俨、于方舟、侯绍裘、江浩、李锡九、谢晋等。作为跨党党员得当选为国民党机构委员。

（四）领导工人运动的中共中央委员及各级工运干部，原则上不参加国民党。如罗章龙、王荷波、项德隆，上海总工会负责人李震瀛、何今亮，北方工运负责人何孟雄、王仲一、张昆弟、邓培、孙云鹏、安幸生、康景星、李宝成，湖北工会负责人林育南、许白昊，江苏工会负责人朱宝庭、孙津川、姚佐唐、余立亚，浙江工会负责人沈干城、朱阿堂，赵济猛，江西工会负责人陈赞贤、王凤飞、袁孟冰，广东工会负责人阮啸仙、刘尔崧等，均不加入国民党。

独秀对于我党领导工人运动的中委不参加国民党中委会的意见开始不同意，但是中共中央大多数中委都不同意独秀的主张，所以结果仍然决定领导工人运动的中委不参加国民党中委会。

（五）向三民主义注入革命因素。在国民党第一次代表大会上，中共中央提出大会决议草案及宣言内容，决议主要包含下列几点：

（1）对三民主义注入革命因素，重新作解释。

（2）提出联俄、联共与赞助农工的政策。

（3）国民党组织从总理制改革为委员制。

（4）选举时尽量引进国民党左派进入新中央委员会。

因此，国民党"一大"政治路线与组织路线体现着两党平等精神，从理论上奠定了名实相符的合作基础，两党联合会议决定了国民政府的施政总方针。

上海执行部国民党主持人

一九二四年一月，国民党中央决定设置国民党执行部于上海法租界环龙路四十四号，作为国民党最高执行机构。执行部内主要设立组织、宣传、工人农民等部及秘书处。国民党派定胡汉民、汪精卫、戴季陶、于右任、叶楚伧、茅祖权等分任各部部长。中共方面由中央政治局决定毛泽东、罗章龙、王荷波、恽代英四人参加指导执行部工作（恽代英系代表团中央参加执行部工作），遇有特别重大问题则由国民党总理孙中山与中共中央书记陈独秀协商决定。同时，中共中央又决定派干部沈泽民、邵力子、瞿秋白、施存统、邓中夏、向警予、杨贤江、沈玄庐、张秋人、李成、刘伯伦等参加执行部各部门宣传与组织的基层工作。当时上海社会传称环龙路四十四号为"国共群英会"。

一九二四年五月五日，是孙中山就任非常大总统三周年纪念日，上海执行部国共两党工作人员齐集莫里哀路孙的住宅举行纪念活动。并在孙寓的花园中合影留念。当时参加者每人都有一张。六十年后，仅中国革命博物馆馆藏一张，但仍然清晰可见。

在这张相片中，国民党人有胡汉民、汪精卫、张继、茅祖权、叶楚伧、叶纫芳、戴季陶、林焕廷、孙铁人、喻育之、王陆一、周雍能、何世祯、葛建时、陈德征和向昆等十六人。中共方面有毛泽东、王荷波、罗章龙、恽代英、向警予、邵力子、沈泽民、刘伯伦、韩觉民（团员）和张廷灏（团员）等十一人。总计二十七人。相片是由一家广东人开设的"王开照像馆"拍摄的。上海国民党执行总部全体工作人员只三十多人，而参加合影的居其中大多数，且都是双方的主要主持人。因而这张相片也就成为当年国民党与年轻的中国共产党实行合作的真实写照，珍贵的历史见证。不仅如此，在党的"六大"以前，中共中央的同志如此众多齐集一起留影的相片也是绝无仅有的。

在第一次国共合作期间，中共中央以国家民族利益为重，告诫全党党员，不计较权位，不营求私利，努力实干，相忍为国，把完成国民革命视为当前的迫切任务，耿耿此心，薄海皆知。

在国民党中，胡汉民与汪精卫是孙中山的左右手，孙的亲信大都为广东同乡，中心人物为胡汉民与汪精卫，外间称之为国民党"平衡力量"。胡孙二人后乃分道扬镳。

胡汉民，原名鸿衍，字展堂，清末举人，一九〇三年赴日本入东京弘文学院，习速成师范，最先加入同盟会，为孙中山所倚重，胡平日对人称"位不过贤书"（意指最小的芝麻官），但自负极高，先是一九二二年五月，胡以代大元帅名义率师由韶关北伐，进入江西，攻下赣州。随闻陈炯明倒孙，即回师驰救，北伐遂无功而还。但胡对此颇炫耀，其部属也称他为胡代帅。

胡头脑冷静，能诗文，吐属隽永，外传说孙中山所刊布《三十三年落花梦序》，重要政治文告及悼刘揆一诸作品，均胡等提刀。他尝戏用广东方言写咏史诗多首，亦极有风趣，其《垓下诗》有句云：

> 八千子弟向秦封，
> 破釜沉舟究不同。
> 咁样多人为你死，
> 因何冇面见江东。

胡对中国文、史、书法颇有研究，在办公室有暇辄练字，一心不乱，临"曹全碑"极为神似。

胡平日，高自期许，于人鲜所许可，尝在办公室当众评论汪精卫"华而不实"，戴季陶"有流无源"（指戴作文多译自日文书报），某某"周而不到"，《民国日报》文字散漫无章法，其他讥评尖刻，往往而有。他对我党诸人初亦不甚重视，不久态度渐改，尝对人言："执行部中共党员各有长处，不可小觑。至于中共群众组织势力更不可侮。"胡对其属下曾说："仲甫先生，戛戛独造，究竟与众不同。"胡善观察事物，但城府极深。一天会后，闲谈中俄关系，他说："俄国即殷高宗时的'鬼方'，当时中俄双方打了三年战争。"语意双关影射时事，因询问我："罗先生对中俄关系掌故了如指掌，以为然否？"我已知其意有所指，因答道："此乃先生创见，极可参酌，但就'地望'而言，显属似是而非，且孟轲有言：'此一时彼一时也'，战争与和平本是常见的事。"胡聆言嘿然，忽扬声鼓掌道："高见！高见！"遂彼此一笑而罢。

一九二五年胡因廖仲恺被刺案涉嫌，亲往苏联报聘，以贵宾资格出席第三国际第六次大会，其祝词云：

> ……我以中国人民、中国工人和农民的名义，对允许我出席这次国际代表会议表示感谢。只有一种世界革命，而中国革命就是它的一部分。
>
> 国民党口号是：为了人民群众！这就是说：政权应由工农来掌握。
>
> （一九二六年二月十七日胡汉民在共产国际开幕会致词）

这是胡言不由衷的例子。一九二七年胡是发动并亲自主持清党的大员。

汪精卫与胡性格各异，但极能干，故时称"汪胡"。汪敏慧过人，善属文，兼擅长演讲，激昂慷慨，感染力极强，满座为之倾倒。汪为人圆通无棱角，善窥人意，对人彬彬有礼，故人乐与往还。在大庭广众间，汪对孙中山称先生，对独秀称仲甫先生，对鲍罗庭称鲍先生，对其他诸人词令婉约无不气顺言宜，即偶发笑语亦令人觉其真挚可亲，故人称其为"政治尤物"！汪对当时国共合作政策始终毫无间言，热诚拥护，对中共遇事体贴入微，奉国际代表若神明。迹其用意无非是想在合作过程中博取个人超额权益足以凌驾胡之上。一次，我与汪精卫同车到静安寺路中华书局工人进德会演讲，汪在车中与我攀谈，郑重说道："我参加革命以来，由于个人学无专长，至今一事无成，今后愿诚恳向中共工人同志学习，多读革命理论书，在即将来临的国共政府中，贡献微力。"①由此可见汪说话动人处，"巧言如簧"，真是当之无愧！

张继，字溥泉，直隶静海人，是国民党中央秘书长。孙中山指定他专门同我联系，加强执行部的日常政务工作，以提高工作效率。他在日本东京时与独秀友善，回国后时相往还。国共合作，张溥泉实为居间奔走撮合之人。在上海执行部成立前，国共双方接触频繁，多在法租界蒲柏路巨赖达路某里张溥泉寓所。一日，我至溥泉家商谈有关国共合作问题，谈锋所触极广，张性豪放，纵情高论，更无拘束。张云："同盟会革命得日本友人助力不少，今日苏联拥有红军几百万，只要从库伦出兵，中国局势立即可以完全改观。"张又云："我们过去从事中产阶级革命，十几年间浪费光阴，今后应改弦更张，从事无产阶级革命，还可以'失之东隅收之桑榆'。"张继性情豪迈、健谈，其夫人亦身材祁硕，丰仪俊秀，对客常提说我们溥泉是个直爽人，赤胆忠心，革命阵营少不了他，却不会做官……云云。张以目止之，夫人佯做不理，侃侃而谈。故外间流言张有"季常之癖"，未知确否？不久，鲍罗庭来到中国，张闻讯十分激动，走访仲甫，谈话中张幽默地说："国共合作'鲍姥'实良媒。"仲甫笑颔之。张去后，仲甫对我说："溥泉说'国共合作鲍姥实良媒'，老实说，不过炮姥

---

① 汪精卫与我谈话时初读《京汉工人流血记》，误以为我是京汉铁路工人，故有意说向工人学习等语，后汪获悉我为北京大学学生，始知其误。

做良媒罢了。"（鲍与炮谐音）从此以后，张溥泉乃成为国共合作狂热拥护者，直到一九二六年间，张溥泉忽一变而为仇共最力之一人。他向上海驻军李宝章献谋，派大刀队肆意砍杀共产党人和上海工人，要"一个不留"。前后竟判若两人。

叶楚伧在国民党原是很重要的人物，叶是上海《民国日报》的主编，同他打交道的人比较多；他又是江浙人，为照顾上海地区，让他来参加执行部。他表面中立，内心非常抵触，我们那时不把他当左派。他是做青年妇女部工作的，我党派向警予做助理，实际上是向一手把工作做起来，叶是不甚管工作的。

于右任，代表西北国民党的势力，是执行部内的左派。于曾任陕西三原靖国军司令，诗文与书法独步一时，有"北方之强"的气质。尝自述身世，言其少而孤贫，有"我亦凄凉托外家，如今橐笔走天涯"之句。为人倜傥风流，不拘细行。如在上海闸北青云里办上海大学时，于对我说外间称上大为"野鸡大学"，并解释说，野鸡投宿榛莽，故与一般大学不同，上海大学是革命逋逃薮（如刘华、余泽鸿、黄仁诸同志均上大学生）。他当时支持国共合作，将工人部交给我们。在上海大学当校长时，亦将整个权力交给中共同志。他曾到苏联去过，后把在苏联所作的歌颂十月革命的诗写给我看，以表白他内心是拥护苏联和共产党的。他口诵七绝一首，云："三原征战绩已陈，我亦关西一老兵（于常以'关西老兵'自称）；万里投荒阿穆尔，老而不死做诗人！"亦可见其性情为人之一斑。

另外，谢持代表国民党中国西部力量，辛亥革命时是四川省长，是右派代表性人物。孙让其参加执行部工作，不过是表示团结的意思。茅祖权是长江中部同盟会负责人，当过安徽省省长。在执行部任调查部部长，与仲甫同乡。

以后，戴季陶、朱执信、廖仲恺、邓演达等也先后参加上海执行部工作。戴季陶原名天仇，辛亥革命前的同盟会会员。讨袁失败后，政治失意，生活潦倒，流寓上海，混迹于证券交易所，慕陶朱公（范蠡）为人，易名季陶，后愿望落空，乃乘轮返川，在宜昌投江自杀，为一渔夫救起。

其人文风平庸，但能阅日文书刊，抄译成篇，颇自矜持。平日好饮酒，醉后尝失言。在一次会议上，戴对《向导》文字不满，悻悻地向我说道："你们太霸道，目中无人，要知你们是'客卿'，我们随时可以下逐客令！"时汪精卫在旁，对其言感到惊讶，随笑道，你又说醉话了，我们并无主客之分，国共同志，大家都是好兄弟。几句话敷衍了过去。但戴心里并不悦服，耿耿于怀，现于词色。戴在宣传部任部长，旋开始宣传正统思想，扶植政治偶像。以上事例可见他与中共同人貌合神离，意见渐不协调。

在执行部内，左、右派斗争相当激烈。

当时，组织部有个决策，凡是国民党老党员都要重新登记谈话，每人必须填一张表，经审查同意后，方是改组后的国民党员，发给党证。一天，一个人冲到楼上，胡汉民、汪精卫都起来打招呼，他们三人交谈，我和润之不认识此人。那人说，我从同盟会开始，革命几十年还要填表？可不可以免填？这个人就是谢持。胡说，这是新规定，先生（孙中山）也同意要我们这样做的。此人将桌子一拍，就是不肯填表。汪精卫也出来说：上有总理，下有组织部。意思是要他向我们说。他到我们这里说了一遍，大家都不以为然地说，党员人人都要填，胡汉民、汪精卫也填了。要遵守孙中山先生的意见。此人一怒而去。润之说，派人送张表去，要秘书好好解释一下，可以放宽点。后来谢持还是填了表，但心里是很不舒服的。

经过一段时间的工作后，准备召开一个会议，成立上海第四区国民党党部。四区就是环龙路所在的法租界地区，有许多下野的国民党政客住在那里。有的当过军长、师长、部长、省长，大约有千余人。审查后发了党证，同时还清洗了好多。他们在审查时一下子送来许多表，企图蒙混过去。在这个成立会上，国民党左、右派斗争表面化了。右派酝酿要争得更多选票，争取区党部的多数。他们自己估计没有把握，准备采取两种方法。一是合法的争取多数，请孙中山先生出来说话。二是如果办不到，就纠集些一些流氓，在会上抢主席台、制造武斗，以破坏选举。我们知道这个情况以后，认为会一定要开好。于是决定我们全体同志，党、团员及同情我们的左派都要出席会议，保证会议胜利开好。右派曾经去请示孙中山，孙没有表态。胡汉民、汪精卫说，开会那天除极少数人留室办公外，其余的人都去。还让新闻记者去采访。当时上海有许多外报记者。当时执行部决定，这个会最主要的是要组织好，主席台不能乱，万一他们武斗，我们要出面制止，使他斗不起来。同时又成立了纠察队，严格控制会场，制止武斗。由王荷波领导组织了一个很强大的纠察队，从主席台到门口设立岗哨。布置好了以后，王荷波对我说，现在准备齐全了，他们如在外头闹，我们就在外头制止他。开会那天决定我担任区大会主席。第二天我们开会，右派就在外扰乱，我们内外配合把会场控制得很严，流氓想进来，纠察队把他赶走，右派头子高冠吾多次捣乱都失败了。这一次斗争，右派失败了。他们不服气，在上海各报纸上写文章大肆攻击中共中央，攻击四区会会场主席，当时上海《申新》等报，曾记其事。

国民党执行部成立以后，继而成立黄埔军校，由是建党建军工作着着进展。在两党合作经过一段时间之后，双方冲突亦渐渐酝酿，逐渐产生和发展，至一九二七年而更趋显著。

（罗章龙：《椿园载记》，生活·读书·新知三联书店1984年版，第268—303页）

罗章龙谈中共"三大"的前后情况①

一、中共"三大"会议的准备工作

一九二三年五月间，中共中央从上海来信，内容是关于召开中共"三大"会议问题，会议时间初定一个月，要求北方区应按中央的规定，选派代表参加。根据中央通知，北方区委作过讨论，并下达了一个通知到铁路、矿山和北方区各大城市的党支部，说明中央召开"三大"的意义，要求各支部重视这一工作，重要的地方如长辛店、天津、唐山、保定等产业工人要派代表参加。

中央规定参加"三大"的条件：第一条主要是产业工人；第二条是各区委书记可以来，但不是都来；第三条是工运负责人。北方区决定派十二人，其中绝大多数是工人，北京、唐山、长辛店派产业工人党员代表，共青团组织亦派出负责同志参加。

中共中央发出召开中共"三大"通知后不久，"钟英"（中央代号）单独写了一封信给我和李大钊，内容是了解北方区参加"三大"的准备工作，并要求我和李大钊去参加"三大"。当时，李大钊是北方区委书记，我是组织部负责

---

① 广东革命历史博物馆的中共"三大"旧址调查小组于一九七二年三月和一九七四年十二月，先后近十次访问罗章龙，整理了《罗章龙关于中共三大问题谈话纪要》《访问罗仲言先生纪要》等几篇访问记录，因各篇记录的内容有重复，故将这些记录重新综合整理为现在的题目。

人，又是北方劳动组合书记部的主任。我们二人通过群众选举，便去参加"三大"。当时北方共选出代表十二名，分三批走，为了保密，不坐同一条船，不坐同一趟车，不同一天走，但时间相隔不远（分今天、明天、后天）。出发路途，由北京到天津是坐火车，天津到上海、上海到广州是乘轮船。我和湖北省书记部负责人项英（他本人是工人）一起坐船的。我到广州后住在"中共广东区委"，其他代表由广东区委派交通员带到指定的地方居住，所以代表不一定都带介绍信。广东区委对外有个代号叫"管东渠"。我没有住在会址，每天住的地方都不同，有时在谭平山家，有时在广东区党委，有时住马林（第三国际代表）处，有时住其他地方，中央负责同志也不住在会址，我每次到会址是有人带路去的。

中共"三大"筹备工作是第三国际代表马林和中共第二届中央委员会主持的。中共"三大"前，中央召开过杭州会议，议论过国共合作问题，那时我因在北方搞工人运动，忙不过来，没有参加。举行"三大"前夕，马林先找各地代表特别是工人代表谈话，解释国共合作的必要性问题和共产国际的政策。这个问题对于工人党员代表来说是个新问题，过去各地劳动组合书记部全力搞工人运动，对国共合作不理解，大家认为国际代表说的正确，一般都拥护。马林还谈了下届的中央组织原则，以及制定党章等文件的意见，提出要多选一些有工运经验，能联系群众的工人同志到中央来。

中共"三大"前夕，在广州开的预备会议我参加了，开了两天，先后在陈独秀的家（太平沙看云楼）、马林住的春园召开的。预备会由二届中央委员和一些省的负责人参加，其中有毛泽东、李大钊、马林、陈独秀、谭平山、陈潭秋、罗章龙等人，会议由陈独秀、马林主持。内容主要是对有关大会问题交换意见，国际代表马林简单传达了国际意见，谈到国际、国内形势。其次是分工草拟妇女运动等项决议案。事务性的准备工作是广东区委谭平山、刘尔崧、阮啸仙等人负责。

二、会议进行情况

会议时间不长，从准备开始到会毕回京共一个多月，正式开会时间约两个星期内外。参加的代表三十多人，有毛泽东，湖南区代表；李大钊，北方区代表；罗章龙，北方区兼全国铁路总工会党团代表；史文彬，京汉铁路总工会党委代表；王荷波，津浦铁路总工会党委代表；王仲一，津浦铁路总工会党委代表；何孟雄，京绥铁路总工会党委代表；邓培，京奉铁路总工会党委代表；孙云鹏，正太铁路总工会党委代表；朱绍莲，株萍铁路总工会党委代表；林育南，武汉工联会党委代表；项德隆，武汉工会党委代表；陈潭秋，湖北区委代表；恽代英，共青团中央代表；谭平山，广东区代表；刘尔崧，广东区代表；阮啸仙，广东区代表；陈独秀，第二届中央委员；张国焘，第二届中央委员；蔡和森，法国支部代表。

至于沈茂坤、徐梅坤、于树德、金佛庄、王用章、刘天国、陈×涛、张德惠、陈天等人是否参加中共"三大"，记不起来了。这些人中有的认识，有的听说过名字，有的没听说。张德惠是长辛店工人，党的活跃分子，"二七"罢工时，长辛店党支部派他发放救济费工作，后因贪污了几百元，被开除出党。我记不起他参加"三大"了。陈天，湖北人，江岸工会干部。"二七"罢工时，他表现很不好，擅自离开工作岗位，认为"二七"罢工是错误的，诬蔑共产党勾结吴佩孚屠杀工人，说"二七"罢工是国共两党共同领导的，不能归功于共产党，以此贬低党对"二七"罢工的领导。实际上，这次罢工完全是共产党领导的，那时还没有国共合作。他还说"二七"罢工是受第三国际利用，与杨德甫等合写《二七工仇》一书，攻击共产党。所以，他不可能当选为"三大"代表。后来，陈天与东北国民党当局勾结，被开除出党。

中共"三大"会前，第三国际来了一个文件，内容说到中国革命发展很快，前途很乐观，年青的中国共产党现在与国民党合作是必要的，应该联合孙中山的国民党左派分子共同革命。文字不多，是英文打字的，后翻译为中文。

中共"三大"开会时，首先由马林代表共产国际报告了国际形势，其次陈独秀作第二届中央委员会工作报告。毛泽东作了农民运动报告，这个报告谈了两个问题。一是湖南农民运动问题，二是安源工人运动。"二七"罢工后，全国工运只有安源继续发展，有小莫斯科之称，还谈了长沙泥木工人、水口山铅矿工人斗争的情况。"二七"罢工报告，是由一个工人作的，他发言时站起来，很激动。北方区代表作了关于北方工作的报告，谈到了北方的建党经过，劳动组合书记部北方分部的工作，北京附近五条铁路的罢工情况，北方的学生运动等问题。谭平山代表广东区作了广东工作的报告。武汉劳动组合书记部主任林育南作报告。山东当时是个独立区，其代表是王瑞俊，他的报告偏重于本区的工作的情况。瞿秋白作出了出席共产国际第四次会议的报告，并参加了决议的起草工作，还有其他人作报告。

中共"三大"会议上，为建立革命统一战线问题，酝酿的时间最长，毛泽东做了很多工作，起了很重要作用。会上，张国焘反对国共合作，搞关门主义。陈独秀不反对国共合作，但有另一个错误倾向，他在《前锋》或《向导》杂志写了几篇文章，用自己的名字发表的，说中国的革命性质是资产阶级革命，认为中国的工人年龄幼稚，中国的封建势力有二千多年之久，中国的工人阶级不能与欧洲的工人比，人数少，质量低。我们与国民党合作，目前主要的工作就是做国民党的工作，待资产阶级的国民革命胜利以后，再去搞无产阶级革命等。在"三大"大会上，经过争论，多数代表肯定了国际代表和毛泽东等同志意见。

中共"三大"会议上另一个争论的问题，是总结"二七"罢工的经验教训。一九二三年的"二七"罢工是党的政治上重要事件，有其正确的一面，但也有缺点。会议上，由我代表北方区作了总结"二七"罢工的经验教训报告，并印成文件。这个问题谈了很长时间，对"二七"罢工问题，存在几种不同看法。毛泽东以及很多同志与国际代表的看法是一致的，即"二七"罢工遭受了一些损失，但"二七"罢工的伟大政治意义和影响是主要的。但有些人认为罢工是打了败仗，得不偿失，牺牲很大。还有些人在社会上散发《二七工仇》，说什么"共产党勾结军阀屠杀工人"。（这件事有个经过，当时吴佩孚实行欺骗工人的劳工政策。因此，马林与吴佩孚见过面，谈了有关保护工人等问题，所以被一些别有用心的人污蔑共产党勾结军阀。）后来，共产国际来信，为"二七"罢工下了结论，指出"二七"罢工是正确的，是中国工人走上世界革命舞台，意义是很大的。

"二七"罢工后，我用"文虎"的笔名，编写了《京汉工人流血记》，是以北方区的名义于一九二三年四月出版的。《二七工仇》这本小册子，我记得在中共"三大"会议期间没有散发，《二七工仇》是工贼搞的，我具体讲一讲经过。一九二三年初，成立了全（铁）路罢工指挥部，由北方区委劳动组会书记部负责，我是负责这个工作的。以下分三段，北段由史文彬负责；中段由一个姓林的负责；南段姓杨（非党员）的负责，江岸搞党的党团工作是项英，他们都是工人。"二七"罢工后，南段江岸的负责人动摇。张作霖知道这件事后，派人找姓杨的，说你们反对吴佩孚，我也反对吴佩孚，但有个问题，你们要反对共产党，我就支持你们。姓杨的对张作霖代表讲，你们支持我们，我们可以反对共产党。张就给了杨四万元，杨一伙人办了个小册子，名《二七工仇》。这些事是后来项英对我讲的。项英也认为"二七"罢工有错误，中共"三大"会议上，有一部分人也同意了项英的观点。后来，项英对此问题有了认识。

中共"三大"还讨论了关于"二七"罢工的工人救济问题。"二七"罢工死伤一百多人，失业一千多人，关进监狱几百人。我们采取斗争的方法，给因罢工失业的人恢复工作，争取释放在监狱的几百工人，募捐经费救济他们，组织工人救济委员会。募捐得来的钱，我们交给工人管理。当时中央负责同志不直接管理募捐经费，是作了规定的。

开滦煤矿罢工问题，在会议上也有争论。毛泽东、马林和多数代表认为罢工是对的。但有的人认为"糟透了"。这次罢工是反帝、反资本家的，持续了四个星期。在英国社会上少见的，英人说开滦煤矿工会是新的义和团。大会多数同志也肯定了开滦煤矿罢工的重大意义和深刻影响。

中共"三大"成立若干小组，起草和公布了十二个文件，事实上是不止十二个文件的。因有些文件没有以决议案形式通过，没有发表，交下届中央去办的。从发表了的十二个文件来看，就可以了解到当时讨论的中心问题。会议有小组和大会的活动。小组活动有两星期左右的时间，每天的白天、晚上共十二个小时的工作，争论问题主要在小组会，我只参加了其中的一个小组。关于农民运动决议案的小组讨论会，是毛泽东主持的，我是参加了。对于没收地主的土地问题，毛泽东一早就提出来了，但有的人认为中国的地主经济发展不平衡，有些地方是大地主多，有些地方是中小地主多。因此，大家对关于没收地主土地问题展开了争论，最后还是没有把土地问题写进农民问题的决议案。

三、三届中央委员会和中央机关

在"三大"中央选举前，国际代表召集了一部分代表谈了一次话，谈选举中央委员会有关问题，当时代表们对选举问题都有了准备，马林要求代表把意见拿出来，我参加了这次谈话会。另一次是召集个别的人，这次是重要的人员参加。经过了两次的谈话酝酿，才提名交全体代表大会民主选举。

马林说，"二大"的会议搞得匆忙。"三大"要细致些，会议要开好。马林还说，政治路线是国共合作，组织路线则应尽量安排工人代表到中央，特别是党的中央常委要有工人代表，最好是参加工农运动中涌现出来的分子。根据这个原则，中共"三大"选出了中央委员和候补委员十几人，有毛泽东、李大钊、史文彬、罗章龙、王荷波、陈独秀、王仲一、陈潭秋、恽代英、邓培、蔡和森、谭平山等。其中毛泽东、陈独秀、王荷波、罗章龙、蔡和森等五人为中央局委员。

新中央委员在国际代表住的地方召开了中共"三大"中央委员分工会议，决定由陈独秀任委员长，毛泽东任组织部长兼农委书记，罗章龙任宣传部长兼工委书记，蔡和森主编《向导》周报，王荷波负责秘书处财务、行政兼监察工作。

张国焘因坚决不同意共产国际关于国共合作指示并与马林争论，因此没有被选为新的中央委员。毛泽东是湖南群众斗争中涌现出来的人物，贡献最大，其他几个委员也是在群众斗争中表现好的分子。陈独秀没有做下层工作，也没有参加实际斗争，选他任委员长的职务，是国际临时的考虑（党章上关于委员长的职务是中共"三大"所定的，以前叫书记，但我们一般称陈独秀为陈先生）。王荷波当选常委，是经过一番争论的。王荷波是福建人，马尾造船厂工人，父亲也是造船工人，本人文化相当高，技术也高，相当于现在的七、八级技工，在工人中有威信，为了取得斗争胜利，宁愿被扣工资，到北方找书记部。书记部经过了解，派王振一（山西太原人，北大的学生）当他的秘书。王荷波曾参加组织"二七"罢工等工作，国际代表提出北方区来一个工人当常委，所以批准他。他敬佩毛泽东，"三大"后，毛泽东把他带到上海环龙路44号工作。

中央局下设秘书处、组织部与宣传部，其职能是：

秘书处，掌管文告、总务、对外联络、交涉等事项。

组织部，主要负责组织建党，人事调动，党员训练等。部长为毛泽东。

宣传部，主要负责宣传工作，教育工作，主办了《向导》，后增加《中国工人》。部长罗章龙。

以后，中央机构扩大，除这两个部之外，还设有几个委员会，主要有工人运动委员会、农民运动委员会、青年运动委员会、妇女运动委员会等，稍后成立了军事委员会。

工委：王荷波为主任，有时称书记。委员有十多个人。工委下面有全总、铁总、海总、省总、市总（直属市），各有一个综合党支部或党团，并设有书记。

农委：毛泽东兼，下有各省农协，但成立时间先后不同，其中也有党团组织。

青委：实际就是共青团，书记为恽代英，委员为李求实等。

妇委：向警予为主任，下设妇联。

军委："三大"后的军事工作，属常委直接领导，具体事由组织部与宣传部办理，中央及各地没有正式设立军委。黄埔军校成立后，中央才设军委，广东区委也设军委，广东区委军委书记为周恩来。

另外各省区还设有民委，党中央没有，主要是做国民党的统战工作。以后中央吸取经验，才设立了统战部。

三届中央委员会办公处设在上海三曾里三户楼。

党中央机关旧址问题，上海有关部门进行了调查，认为在上海闸北区中兴路与香山路交叉的三曾里。此房子可能在"一·二八"淞沪抗日的时候，被日本飞机炸毁了。我认为中央办公处可能就在这里——三曾里三户楼。

党的"三大"在广州召开后，决定"三大"中央设在上海。"三大"中央的常委全部到上海集中，常委们陆续到达上海的，有的由湖南到上海，有的由北方到上海，有的由广州到上海，到上海的路线和时间都不一致。在上海由王荷波在三曾里租了三户楼作为中央机关。此处离闸北火车站一、二里路远，在中兴路与香山路交叉的地方有个小里弄，称三曾里，因这个里弄只有三个门牌，由此而得名。

三曾里的房子结构是普通的二层楼房子，用上海话说叫做两楼两底。我们决定找这地方作为办公地点，是因为此地属于中国地界，周围有几十家缫丝工厂和一些手工业工厂。居住的小市民以广东人最多，其次江北人多。这个地方既不是贫民区，也不是绅士区，五方杂界，这样的条件对工作很有利，所以才定下来了。

这栋房子楼上、楼下大小有八、九间房，当时没有户口制度，但住房必须有个户主，那时对外称三联居，所以称三户楼。毛泽东一户，向警予、蔡和森一户，我一户，大大小小算起来有十口人常住，对外就说是一家人，向警予是一家户主。

毛泽东和杨开慧同志带着两个孩子住在这栋房子前厢房。那时杨开慧身体好，她有了孩子比较劳累，住在前面做了很多事。

蔡和森和向警予带着小孩住的房间和毛泽东的房间只隔一层板壁。向警予在中央参加工作，负责妇委，对外搞工人运动。在三户楼中间她是年长的一个，做事很有经验，我们把她当户主，公推她安排和管理整个屋子里的生活，中央开会和里里外外的事都由她照顾。

事务秘书王春熙，是个女同志，共青团员，她是扬州邗沟人，原上海某教会大学英文班学生。她是主要秘书处领导下负责对外联系，管理屋内一些政治性和事务性的工作，包括警卫后勤等。房子上有一个警报电铃，也由她管。春熙同时负责女工运动工作，组织领导丝厂工会斗争。我们还请了一个娘姨，是个丝厂女工，有三十多岁。她是工会会员，不是党员，但忠实可靠。

三户楼里有不成文的纪律，即不准到外面上饭馆，不看戏，不看电影，不到外面照相，不在上海街上游逛，休息时间和业余时间要出外，可在较空的地方散步，假日可到吴淞炮台、兆丰公园等处游玩。

经常到三户楼的有王荷波、共青团书记恽代英。陈独秀不住在这里，但开会晚了或有事不能回去，就留在这里留宿。我们这个家庭对外以"报关行"作职业，即帮人填外文表格到海关去报税。经常来的这几个人对外就是说是亲戚串门子的。其他人非经允许不准来。苏联领事馆派专人和我们联络，他可以进我们的房子。当时常委会在客厅的楼上开。

中央机关于一九二三年七月以后搬到三曾里，第二年六、七月才搬走，我出国后对这里的情况不太了解了。

四、"三大"会址环境和会址内的陈设

中共"三大"会址在何处，我已记不明确。到广州后我参加了一些工作，到过中共广东区委，我没有在会址住。我去会址是有人领我去的，是走路去，大约走五、六里地到会址，我推测是在惠爱路的东面或东南面，或是越秀路的东南面，是一条不大宽的马路，普通房子，一座不高的楼房，附近有芭蕉树。我的印象开会的房子是间不很宽的旧式房子，三几十人可以在那里开会、吃饭、睡觉。我记得"三大"会议是在楼下召开的。（访问人拿原来马林住过东山"春园"的房子照片给罗看）我到过马林的春园，那房子有印象，比较熟悉，可容十多人在那里开会。

当年，中共"三大"开会时，我虽然不住在会址内，但对会议的会址是有印象的。我认为中共"三大"的会议，肯定在楼下召开的，不会在楼上召开。会场的布置很简单，中间放一张类似餐桌的长桌子，没有抽屉的。陈独秀、马林分别坐在会议桌的两端，是有可能的。代表坐的是简陋的长条凳，开会的房子、用具，代表的住宿、吃饭等问题，都是中共广东区委筹备解决的。至于会址的门窗、栏河等细致部分，已记忆不起来了。

中共"三大"期间，马林、张太雷、毛泽东住在东山春园，这春园是三栋房子组成，毛泽东等人住在中间的一栋楼。春园是公寓式的房子，其二楼室内有三房一厅，客厅的陈设，有写字台、转椅、书架，客厅没有挂什么东西。我们曾在客厅举行了中共三届中央委员的会议，对客厅的情况有印象。但睡房情况，因我没有进去，不了解内部陈设，也不了解毛泽东住在哪一间房。

五、贯彻中共"三大"决议与国民党上海执行部的情况

中共"三大"后，在组织方面是有变化的，把中央各部的人充实了一下，工委、农委比以前增加了一、二倍，一部分人派到国民党执行部帮助国民党改组。军事工作增加了一些人，办黄埔军校去了一些人。广州方面增加得也多，把陈延年调回来任区委书记。中央对力量薄弱的各省区党委，都重新派人去加强。四川在"三大"前那里没有一个党员、团员。"三大"后，在那里建立了党、团支部，中央派曾在日本留学期间参加了日本共产党的王右木到四川工作。中央还派柯庆施到安徽工作，派谭寿林（广西人，北大学生）到广西工作，等等。

"三大"后，中央委员会做了一个全国工作规划，包括建党建团、工

运、农运、妇运、青年团等方面工作。一九二三年六月到十二月，党中央先后发出了十三个通告，这十三个通告就包含了上述内容，今天保留下来的是一九二三年十二月二十五日发出的第13号通告，其内容是关于国共合作问题及反帝策略问题，特别着重提出了关税自主的问题。中央第13号通告的内容是我写的，委员长的签名，是陈独秀本人用英文签署。秘书长的签署，是我用德文签署。

中共"三大"后，我党派了一部分党员协助国民党改组。国民党第一次全国代表大会之前，孙中山在上海成立了国民党改组委员会。嗣后在上海法租界环龙路44号，酝酿成立国民党上海执行部。孙中山要求共产党派人援助。中国共产党经共产国际同意，派毛泽东等四十多人去上海国民党执行部工作。

一九二四年二月二十五日，国民党上海执行部举行第一次会议，讨论成立机构、决定人选。在人事安排，胡汉民、汪精卫、叶楚伧等国民党元老是执行部负责人。胡、汪是孙中山的左右手，叶在国民党里不是很重要的人物，但他是上海《民国日报》的主编，同他打交道的人比较多，又是江浙人，为照顾上海地区，让他来参加。他对国共合作的态度，表面中立，内心非常抵触。我们那时不把他当左派。在上海执行部还有其他国民党人士，于右任代表西北国民党的势力，是执行部内部的左派，是支持国共合作，将执行部内的工人部交给我们管理。他曾到苏联去过，把在苏联作的歌颂十月革命的诗拿给我们看，表白他是拥护苏联和共产党的。谢持代表国民党西部力量，曾参加辛亥革命，是国民党中的右派。茅祖权是长江中部同盟会负责人，在国民党上海执行部中任农民部负责人。他对我们说："农民运动我们不懂，请C.P做，我只是摆个样子。"于是派共产党员刘某当秘书。以后，戴季陶、张继、廖仲恺、邓演达等人也先后参加了上海执行部工作。

共产党参加国民党上海执行部的代表有毛泽东、王荷波、恽代英、罗章龙、瞿秋白、邓中夏、向警予等人。胡汉民任执行部部长，曾对陈独秀说："我们改组国民党，你们要派得力的干部来。"因此，毛泽东任组织部的秘书，罗章龙任组织部的指导干事，具体执行两党合作的政策。

当时，孙中山按照苏联共产党的经验改组国民党，要国民党员一律重新登记。国民党上海执行部遵照国民党改组规定，胡、汪、于三人亲自到组织部填表登记。汪精卫说："我只是虚名，没有实学，搞革命完全靠你们共产党出主意。只要孙先生同意，让我们怎样做，我就怎样做。"

叶楚伧是抓青年妇女部，我党派向警予做助手，实际上是向警予一手把工作抓起来，叶楚伧是不管工作的。

张继是孙中山指定专门和我联系的，这时张继表面上是要革命，要依靠共产党人，认为共产党能发动群众，并表示要联合苏联。

谢持对改组国民党是反对的，曾到上海执行部与胡汉民、汪精卫交谈，说他从同盟会开始，革命几十年还要国民党员重新填表？可不可以免填？胡汉民说这是新规定，孙先生也同意要我们这样做的。谢持将桌子一拍，离开执行部。事后，毛泽东派人送一张表，要秘书好好向他解释一下。谢持虽然想不通，还是填了国民党员登记表交回执行部。

经过一段时间酝酿，准备成立国民党上海第四区党部。右派要争选票，争取区党部的多数。他们准备采取两种方法。一是合法的争取多数，请孙中山先生出来说话。二是如果办不到，就破坏选举。我们也研究对策，毛泽东说："我们全体同志，党、团员及同情我们的左派都要出席会议，保证会议胜利开好。"选举时，我们组织了纠察队，制止了右派捣乱，并由担任了选举大会的主席，结果我们胜利了。右派失败后不服气，在上海各报纸上写文章大肆攻击我和共产党，当时上海《申报》曾记其事。

（广东革命历史博物馆编：《中共"三大"资料》，广东人民出版社1985年版，第171—185页）

关于中共"三大"前夕的会议

谭天度

"三大"广东代表是谁，不清楚，"三大"①开会地点似乎是在太平沙通津，这条街当时有一间著名的西餐馆太平馆及著名牛肉馆太白楼。在会议期间我去过一次，看见二三十人在那里挤得满满的，多数是来自外省。瞿秋白同志替国民党起草的改组宣言，可能在那里写的。毛泽东那时可能也在场，但当时我分不出，不太注意。

（谭天度：《关于广东党组织成立的回忆》，《"一大"前后的广东党组织》；转引自广东革命历史博物馆编：《中共"三大"资料》，广东人民出版社1985年版，第215页）

---

① 可能是指中共"三大"预备会议。

文学与政治的交错（节录）

（1980年）

茅　盾

　　一九二一年冬，有人拿着党中央的介绍信到商务印书馆编译所来找我。这人便是徐梅坤。他从前在杭州做排字工人，现在到上海，使命是组织上海印刷工人的工会。商务印书馆印刷所，是一个重点，徐梅坤要在这里开展工作，找我商量。当时我主编《小说月报》，常常因为临时改换版面式样，自己到印刷所去（就在编译所的旁边），因此和排字及拼版的工人熟悉了，也认识了技术工人糜文溶和柳普青，这两位，文化程度相当高。我把他们介绍给徐梅坤，并商定先在工人中发展党、团员。糜、柳二人随后都入了党。一九二二年的"五月节"，徐梅坤、董亦湘（编译所编辑，党员）和我，在北四川路尚贤堂对面空地上，召开纪念"五一"劳动节的群众大会。徐梅坤作主席。他宣布了开会宗旨后，由我上台讲"五一"劳动节的由来及其意义（这是预定的讲题）。但是我才开口讲，租界的巡捕就来干涉了。当时在场群众约三百余人，大部分是工人（其中以商务印书馆的印刷工人为最多），小部分是中学生，也还有过路人挤进来看热闹的。这是我们第一次组织大规模的群众集会，大家都没有经验，巡捕一冲，大部分群众就慌慌张张逃走，主席台上的人不知如何是好，这个纪念会就此结束。这是一个教训，到会群众必须先组织好，然后大会能够开好。

平民女学是党办的第一个学校，上海大学是党办的第二个学校。原来有个私立东南高等师范学校，这个学校的校长想用办学的名义来发财，方法是登广告宣传他这个学校有那些名人、学者（例如陈望道、邵力子、陈独秀）任教职，学费极高。学生都是慕名而来，思想比较进步的青年，来自全国各地。开学后上课，却不见名人，就质问校长，于是学生团结起来，赶走了校长，收回已交的学费。这时学生中有与党有联系的，就来找党，要党来接办这学校。但中央考虑，还是请国民党出名办这学校于学校的发展有利，且筹款也方便些，就告诉原东南高等师范闹风潮的学生，应由他们派代表请于右任出来担任校长，改校名为上海大学。于是于右任就当了上海大学的校长，但只是挂名，实际办事全靠共产党员。此时的上海大学，是名副其实的"弄堂大学"（弄堂，上海土话，即北京所谓胡同，这个名称是外边人嘲笑上海一般的"野鸡"大学的，他们也用来嘲笑"上大"）。它的校址在上海闸北青云路青云里，（一九二四年"上大"搬到了公共租界的西摩路，算是有了正式校址，但"五卅"运动时学校被封，又搬到青云路师寿坊，仍然是"弄堂大学"。）它没有校门，不挂招牌，自然没有什么大礼堂了。把并排的两个房间的墙壁拆掉，两间成为一间，算是最大的讲堂。它有个书摊，卖《新青年》《向导》《中国青年》和其他社会科学的书；它还有个学生墙报。这都是当时上海其他大学所没有的。特别是活泼民主的校风，以及社会学系的学生经常由老师带领去参观工厂和农村，这也是当时上海别的大学所没有的。这个"弄堂大学"培养了许多优秀的革命人材，在中国的革命中有过卓越的贡献。

一九二三年春，邓中夏到上海大学任总务长（总务长职权是管理全校行政事务），决定设立社会学系、中国文学系、英国文学系和俄国文学系。随后瞿秋白也来了，担任教务长，兼社会学系主任。在一次教务会议上，我遇见瞿秋白。这是我第一次会见瞿秋白。虽属初见，却对他早就有了深刻的印象。这是从郑振铎那里听来的（"五四"时期，郑和秋白同在北京，办过一个周刊），也是因为读了瞿秋白的《新俄国游记》（原名

《饿乡纪程》，一九二一年十月完稿，一九二二年作为文学研究会丛书在商务印书馆发行）及《赤都心史》的原稿，感到他的文章极有风趣，善于描写。（按《赤都心史》完稿于一九二一年十一月，出版于一九二四年六月，亦为文学研究会丛书之一。）这两部书的原稿，是瞿秋白尚未回国时由莫斯科寄来的。当时我觉得这两部书的书名是一副对联，可以想见作者的风流潇洒。然而商务印书馆当局却觉得《饿乡纪程》书名不好，改题为《新俄国游记》，便落了俗套了。我还可以讲瞿秋白的一个轶事，以见其为人之幽默。当郑振铎和高君箴结婚仪式之前一日，郑振铎这才发现他的母亲没有现成的图章（照当时文明结婚的仪式，结婚证书上必须盖有主婚人，即双方家长、介绍人及新郎新娘的图章），他就写信请瞿秋白代刻一个。不料秋白的回信却是一张临时写起来的"秋白篆刻润格"，内开：石章每字二元，七日取件；如属急需，限日取件，润格加倍；边款不计字数，概收二元。牙章、晶章、铜章、银章另议。郑振铎一看，知道秋白事忙，不能刻，他知道我也能刻图章，就转求于我。此时已为举行结婚仪式之前夕，我便连夜刻了起来。第二天上午，我把新刻的图章送到郑振铎那里，忽然瞿秋白差人送来一封红纸包，大书"贺仪五十元"。郑振铎正在说："何必送这样重的礼！"我把那纸包打开一看，却是三个图章，一个是郑母的，另两个是郑振铎和高君箴的，郑高两章合为一对，刻边款"长乐"二字（因为郑、高二人都是福建长乐县人），每章占一字，这是用意双关的。我一算：润格加倍，边款两元，恰好是五十元。这个玩笑，出人意外，郑振铎和我都忍不住捧腹大笑。自然，我刻的那个图章，就收起来了，瞿秋白的篆刻比我高明十倍。郑、高二人本来打算在证书上签字，不用图章，现在也用了秋白刻的图章。下午举行结婚仪式，瞿秋白来贺喜了，请他讲话，他便用"薛宝钗出闺成大礼"这个题目，讲了又庄严又诙谐的一番话，大意是妇女要解放，恋爱要自由。满堂宾客，有瞠目结舌者，有的鼓掌欢呼。

…………

本年（一九二三年）七月八日，中央通知，召开上海党员全体大会，会上由上海出席中共第三次全国代表大会的代表（忘其名）报告第三次全会通过的各项重要决议，如决定国共合作，各地共产党员以个人身份参加国民党等。其中有一条是成立上海地方兼区执行委员会。从前有上海地方执行委员会，第一任的委员长是陈望道，后来陈望道因不满陈独秀的家长作风而辞职。徐梅坤于本年四月间奉命担任委员长。现在上海地方委员会改为上海地方兼区执行委员会，职权扩大了，除上海市而外，兼管江苏、浙江两省的发展党员、成立小组及工人运动等事务，所以要重新选举。这天会上，选出执行委员五人：徐梅坤、沈雁冰、邓中夏、甄南山、王振一。候补委员三人：张特立（国焘）、顾作之、郭景仁。第二天，新选出的上海地方兼区执行委员会开第一次会议，中央委员王荷波（工人出身）、罗章龙代表中央出席指导，社会主义青年团代表彭雪梅列席。经过讨论，决定邓中夏为委员长，徐梅坤为秘书兼会计，王振一、甄南山为劳动运动委员，我为国民运动委员。全上海分四个小组：第一组（上海大学）共十一人，其中有瞿秋白、张太雷、邓中夏、施存统、王一知、许德良、林蒸，以林蒸为组长。第二组（商务印书馆）共十三人，董亦湘、徐梅坤、沈泽民、杨贤江、沈雁冰、张国焘、糜文溶、黄玉衡、郭景仁、傅立权、刘仁静、张秋人、张人亚，以董亦湘为组长。这一组中，董亦湘、杨贤江和我在商务印书馆编译所工作，糜文溶、黄玉衡、郭景仁或在商务印书馆印刷厂或在发行所工作。徐梅坤并非商务印刷厂工人，但他曾组织商务的印刷工人成立工会，他又是上海印刷工人总会的负责人，所以派在商务一组。第三组（西门）共十人，其中有林伯渠、邵力子、雷晋笙（震旦大学学生）。第四组（虹口）共八人，有甄南山、王荷波等。就此四个组算来，当时上海党员共四十二人。但是实际上不止此数，因为还有暂时离沪，不知住处或在监狱的，约十人，暂时不编组，有些中央委员也未编入这四个小组。这次会议又决定：指定教育宣传员若干人，轮流到各组或大会（二、三组合开的会）讲演。第一期演讲人及讲题如下：理论及党纲二人，瞿秋白、邓中夏；政治二人，林伯渠、张国焘；经济二人，张国焘、刘宜之；劳动三人，王振一、王荷波、甄南山。这次会议又决定设立国民运动委员会，国民运动委员会有与国民党员合作，发动社会上各阶层的进步力量参加革命工作等任务，事实上是做的统一战线工作，不过当时还没有这个名称罢了；其当前任务为限期使上海全体党员加入国民党，并指派我兼此委员会的委员长，委员为林伯渠、张太雷、张国焘、杨贤江、董亦湘等八人。此外又设立劳动运动委员会，这个委员会除作工人运动外，还办了劳动夜校，夜校课程有英文、共产主义常识、劳动运动常识，分别由瞿秋白、邓中夏、张国焘、王振一担任，英文教员为许德良。

最后，又决定杭州和宁波应尽先成立地方组织，以便进而建立浙江省委；此由徐梅坤（因他本来是从杭州来的）、王荷波负责。其次，松江、无锡，那是要设法发展组织的，打算由上海派人去，这项工作由邓中夏、王荷波负责。至于苏州、南通，由我负责。因此我曾到苏州去过几次，找在那里的有过文字关系的人（例如我编《小说月报》时曾投过稿或通过信的），发展为党团员。在南通，有个南通师范学校的学生顾仲起曾经投稿（诗），思想左倾，可以先和他通讯，慢慢发展他为团员。

因为担任上述的党内职务，我就相当忙了。执行委员会大约一周开一次会，遇到有要事研究就天天开会，再加上其他的会议和活动，所以过去是白天搞文学（指在商务编译所办事），晚上搞政治，现在却连白天都要搞政治了。

八月五日的上海地方兼区执行委员会第六次会议，中央委员毛泽东代表中央出席指导。这是我第一次见到毛泽东同志。这次会议讨论了四个问题，并作出决议。（一）救援在狱同志，派定我联系上海工商界知名人士设法保释。（二）江、浙军事问题，决议：上海、杭州两地同时发动反对军阀内战的运动，以"反对军阀内战，武装民众"为口号，此事由国民运动委员会负责。（三）密令金佛庄（他是浙江人，保定军官学校出身，现在杭州夏超的警备团任营长，夏超是地方军事力量的首领，任浙江省警务处长）相机作反战宣传，如果他带的一营要上阵，打仗时应设法保存实力。这是根据毛泽东同志的提议而作出的决议。由此可见毛泽东同志早年就注意共产党掌握枪杆子的问题了。会上又决定：（四）劳委会（这是党内的）和劳动组合书记部（这是公开的作工人运动的）合并为一个机构，统一负责上海的工人运动，并决定我以国民运动委员会负责人的身份加入该机构。毛泽东同志又代表中央建议：对邵力子、沈玄庐、陈望道的态度应当缓和，劝他们取消退出党的意思。这里要加点说明：陈望道不满陈独秀的家长作风而辞去上海地方委员会之职已见前文，后来他又写信给中央委员会声明他自愿退出共产党。沈玄庐本是上海共产主义小组发起人之一，后来在党内也担任重要职务，他在他的家乡绍兴萧山县是个大地主，他信奉了共产主义。就自动减了佃户的地租，并且办起了一个"农民协会"，这是全国第一个"农民协会"。可是不久前他从萧山给陈独秀一封长信，略谓当初发起共产主义小组本来郑重约定凡加入共产党的，必须品行高洁，有献身精神者；但建党以后，滥收党员，连流氓、拆白党也加入了，竟拐走了他的儿媳，这样的党，他不愿再作党员云云。这里要有一点说明。我得之传闻的是：有个姓吴的年青党员或团员到沈玄庐的家里作客，与沈的儿媳杨之华相识，杨之华向吴某探听上海大学的情况，吴告诉了她；后来吴某回上海，接着杨之华也从萧山到上海进了上海大学。沈玄庐信中所指拐逃，事实如此。据传吴某在萧山沈玄庐家里的时候，对杨之华有求爱的表示，被沈玄庐看见。其实杨之华对吴某连友谊也说不上，她向吴某探询上大情况，好比向一过路人问路。不过杨之华与丈夫沈剑龙志向不同，趣味各异，感情不和，也是沈玄庐素来知道，所以他有这样的猜想和指责。这封长信是寄给邵力子，请邵力子转交陈独秀，邵力子因为自己也想退出共产党，不愿去见陈独秀，把这封长信送给我，要我转交中央。上海的年青党员当时对沈玄庐、陈望道、邵力子三人很不满意，背后议论，都说他们投机，甚至说他们叛变。所以毛泽东同志要求党员们对他们三人的态度要缓和。党组织又决定派我去向陈望道、邵力子解释，请他们不要出党。结果，邵力子同意，陈望道不愿。他对我说："你和我多年交情，你知道我的为人。我既然反对陈独秀的家长作风而要退党，现在陈独秀的家长作风依然如故，我如何又取消退党呢？我信仰共产主义终身不变，愿为共产主义事业贡献我的力量，我在党外为党效劳，也许比在党内更方便。"邵、陈又说，不必去劝沈玄庐了，他一定不愿再入党的。不过我仍去劝了沈玄庐，他发了一顿牢骚，却表示愿意考虑党组织的挽留。但第二年春天，他还是退出了党。几年以后，沈玄庐在蒋介石叛变后，在萧山到上海的途中，为人暗杀，当时有人说此事是蒋介石指使的，因为沈玄庐是国民党的中央委员，他反对蒋介石，所以蒋介石要除掉他。人们对沈玄庐一生，毁誉参半，我此处只是叙述我所知道的事实，绝对没有对他作结论的意思。

一九二三年九月初，中共上海地方兼区执行委员会进行了一次小规模的改组，这是因为担任地委委员长的邓中夏被选为社会主义青年团中央书记，那是指导全国青年运动的重任，十分繁忙，因此就不能兼上海地委的职务。又地委委员王振一、甄南山两人也调动工作，提出辞职，张国焘将到北方，也提出辞职。这样，共缺执委三人，候补执委一人。增选结果：王荷波、徐白民（主持上海书店的）为执委，提升原候补执委顾作之为正式执委，又选出瞿秋白、向警予、林蒸为候补执委。新的执委会开第一次会议，决定委员长为王荷波，秘书兼会计是我，国民运动由白民、作之负责，劳动运动由荷波（兼）、梅坤负责。

大约九月底，执委会根据中央指示，改组了国民运动委员会，统一管理工人、农民、商人、学生、妇女各方面的运动，此委员会共十八人。恽代英和杨贤江专任学生方面。这是我第一次会见恽代英。专任妇女方面的，有向警予和我。向警予当时担任中央妇女部的领导工作，又实际在女工中作宣传、组织工作，并任《民国日报》副刊《妇女周报》的主编之一，她专任妇女方面，可谓得人。至于我，只因常在《民国日报》的副刊《妇女评论》上写写有关妇女解放的文章，所以也把我算上了。

这一届执委会还调整了各小组，因为当时各小组成员的流动变化很频繁，经常需要重新编组。执委会又指定了小组讲演员，有蔡和森、瞿秋白、施存统、恽代英、向警予、邓中夏等六人，每人每月讲一次。六人中，和森、秋白、警予、中夏都是中央委员。这一届执委会除了日常工作外，还决定在十一月七日组织一次庆祝十月革命五周年的纪念活动，确定：（一）由《民国日报》副刊《觉悟》出一张纪念号，陈独秀、瞿秋白、刘仁静、施存统和我各写纪念文一篇；（二）七日下午在上海大学社会学系开纪念会；（三）印刷小传单到工厂门口散发。不过，纪念文章后来我没有写，《觉悟》是否如期出了纪念号，则记不清了。

一九二三年十一月国民党发表了改组宣言，孙中山决心依靠共产党来改组国民党，并实行联俄、联共、扶助农工的三大政策。他决定于一九二四年正月在广州召开国民党第一次代表大会。同年十二月二十五日，陈独秀以中央名义向全党发布了第十三号"通告"，指示全党同志要积极投入"复活国民党"的工作。"通告"提出凡"有国民党组织的地方，同志们立即全体加入"，并由地方党和社会主义青年团"合组国民党改组委员会，以主持目前所应进行诸事"；没有国民党组织的地方，地方党可以联合急进的非党同志，建立国民党的地方组织。"通告"还具体指示了为参加即将召开的国民党第一次代表大会，各地方组织如何选派代表等事宜。共产党员以个人身份参加国民党，本来党的三大就通过了决议，但由于国民党右派的阻挠，也由于共产党内某些人（如张国焘）不赞成，进展一直迟缓。现在孙中山不顾右派反对，决心改组国民党，因此中央在十二月的"通告"中紧急指令"同志们立即全体加入"国民党，以便推进革命新形势的到来。

一九二四年初，改组后的国民党的上海执行部建立起来了。这是管理江苏、浙江、安徽、江西四个省的党务的机构。它有秘书处，常务委员是胡汉民、叶楚伧、汪精卫；文书科主任邵元冲，邵未到前，由毛泽东同志代理。组织部部长是胡汉民，秘书为毛泽东；宣传部部长是汪精卫，秘书为恽代英，宣传指导干事为施存统、沈泽民；工人农民部部长为于右任，秘书邵力子，调查干事及办事员有邓中夏、王荷波；青年妇女部部长为叶楚伧，秘书为何世桢，助理为向警予。这几个部的部长实际上是挂名的，真正在办事的是共产党员。

中共上海地方兼区执行委员会在同年一月，也进行了改组。一月十三日召开上海党员大会，陈独秀出席报告国民党改组前后左右派斗争之形势，筹办黄埔军官学校及他对时局发展的估计。张秋人报告共产党员及青年团员在上海国民党内所占的势力及其影响。这次会上，改选了上海地方兼区执委会，选出沈雁冰、沈泽民、施存统、徐白民、向警予五人为执行委员，候补委员为徐梅坤、杨贤江、张秋人。执委会选出施存统为委员长，我担任秘书兼会计。会议决议：多派同志进黄埔军官学校，此时属上海地方执委会管的党员共有五十人，分四个小组，第一组十八人，组长为刘剑华；第二组十五人，组长为徐梅坤；第三组十二人，组长为刘拜农；第四组仅五个人。

这第二届的上海执委会除日常工作外，还做过临时活动。第一，为纪念京汉路"二七"大罢工做了准备。事先，我们已经知道上海斜桥有一个"二七纪念筹备会"，这是当时上海的一部分资本家串通官厅利用一个流氓工头姓童的宁波人搞起来的；他们意在借此哄动一部分不明真相的工人，以便建立一个由他们指挥的假工会，和党所领导的劳动组合书记部分庭抗礼。我们分析形势之后，认为与其弄成两个"二七"纪念会唱对台戏的局面，还不如我们加入斜桥这个筹备会而在其中起领导作用。当时决定：施存统以马克思学说研究会的名义去加入，王荷波以上海劳动组合书记部的名义加入，周启帮以青年团的名义加入。又决定纪念会开会时的演讲员为邵力子、杨贤江（设法由筹备会聘请），施存统以马克思学说研究会名义自请讲演，王荷波以劳动组合书记部名义讲演。又决定出版《二七纪念册》，由罗章龙、施存统、刘仁静、沈泽民各撰文一篇，限期交稿。以上各项，都按计划基本上完成了。

第二，列宁追悼会。预定追悼会日期在三月初，即上海各校寒假以后，并由上海大学、复旦大学联名发起。但后来因为国民党决定发起，就取消原议而在《民国日报》出一特刊，由我们供稿，还要出版纪念册，除我们撰文外，也请沈玄庐撰文。

第三，决定加入黄炎培派之上（海）宝（山）平民教育促进会，为此在执委会内组成平民教育委员会。后来又决定党员应以个人名义加入黄派之平民教育促进会的教师及招生委员会。

　　第四，印制用于阴历元旦的传单两种，一散发，一贴马路两旁墙上，贴墙上的是一条标语："收回海关主权"。传单共印五千，分给杭州二千。

　　三月二十六日，我因邵力子拉我去编《民国日报》的副刊《社会写真》（后改名《杭育》），加之其他事情繁忙，向上海地方兼区执委会提出辞职。我的辞职被通过，但因补选在即，要我仍任执委会的秘书兼会计，直到补选出新的执委为止。

　　我接编《社会写真》是在四月初，到七月底就离开了。在这段时期里，几乎每天要写一篇短文，少则二三百字，多则五六百字。内容五花八门，都是抨击劣政、针砭时弊的杂文。因为这一类文章过去我在《时事新报》上也写过，所以还能应付过来。这里再多说几句，补充一段往事：那是在一九一九年，商务印书馆当局还没有约我主编《小说月报》的时候，《时事新报》的主编张东荪见我经常在《时事新报》的副刊《学灯》上投稿，认为发现了一个人才，就有意要拉我到《时事新报》工作。有一次他因事离开上海，还把我请去代理了二三个星期《时事新报》的主笔。也就在那一时间的前后，我在《时事新报》上以惕若的笔名写了不少评论时政的短文，约有几十篇之多。后来，我终于没有被张东荪拉过去，一则我要编《小说月报》了，二则，这也是主要的，因为我开始信奉马克思主义，而张东荪却公开反对马克思主义了。

　　（《新文学史料》1980年第1期；转引自《"二大"和"三大"——中国共产党第二、三次代表大会资料选编》，中国社会科学出版社1985年版，第696—707页）

第四部分

理论与评论

造国论

（1922年9月20日）

独　秀

以真正国民军　创造真正民国

我们中国此时在名义上虽是一个独立的共和国，在实质上，比南洋马来群岛酋长割据的英荷殖民地高明不多，那里算得是一个独立的国！在经济方面：国家重要的权利大部分抵押给外国了，外国货充满了全国，全中国人都是外国生产国家的消费者，全国金融大权都直接或间接操诸外人之手。在政治方面：大小酋长分据了中央及地方，这班大小酋长之发号施令又惟公使团之意旨是从。南洋英属荷属殖民地的政治经济状况完全是这样，如何能算是一个独立的国家？在这样殖民地状况之下，有何国会可言！有何法统可言！有何宪法可言！有何政治可言！所以我们以为中国还在"造国"时代，还在政治战争时代，什么恢复法统，什么速制宪法，什么地方分权，什么整理财政，什么澄清选举，对于时局真正的要求，不是文不对题，便是隔靴搔痒。时局真正的要求，是在用政治战争的手段创造一个真正独立的中华民国。

这个问题倘然决定了，接着第二个问题就是用什么方法来造国？

我们的答案是：组织真正的国民军创造真正的中华民国。

　　这个国民军，是应该由全国被压迫的各阶级爱国者而不为私利私图的有力分子集合起来号召全国各阶级觉悟的大群众组织而成。在这创造国家的大事业中，自然少不得许多有力的领袖，但英雄时代贤人政治时代都快过去了，这种新势力若不建立在大群众的需要与同情的力量上面，不是难以持久，便是造成新的军阀。在中国的产业状况看来，这种大群众决不是那一个阶级的群众在短期内能够壮大到单独创造国家的程度。商人说，在商言商不与闻政治，教育家主张不谈政治，至今没有一个代表资产阶级的政党发生，这都是中国资产阶级没有壮大的表征；在私产制度之下，资产阶级未壮大，无产阶级也自然不能壮大；因此，我们敢说，中国产业之发达还没有到使阶级壮大而显然分裂的程度，所以无产阶级革命的时期尚未成熟，只有两阶级联合的国民革命（National Revolution）的时期是已经成熟了，这个时期的成熟是可以拿十余年来的政治史及眼前要求打倒军阀建设民主政治的呼声可以证明的。

　　各阶级大群众联合的国民军如果成立了，国民的革命如果成功了，压迫我们的内外恶势力如果解除了，民主的全国（指中国本部而言）统一政府如果实现了，这时候才有宪法才有政治之可言，这时候中华民国政治上的创造才算成功，而真正的中华民国还只创造了一半，其他一半，乃是中华民国经济上的创造；因为民国必须建设在最大多数人民的幸福上面，人民的幸福又以经济的生活为最切要，经济的生活不进步，所谓人民的幸福，仍只是一句空话。

　　用什么方法来创造经济？我们的答案是：采用国家社会主义，由中央或地方（省及市）政府创造大的工业、商业、农业，一直到私产自然消灭而后已。

　　照中国社会的现状，要开发实业，只有私人资本主义或国家社会主义这两条道路；用私人资本主义开发实业，在理论上我们不能赞成，因为他在欧美日本所造成的罪恶已是不能掩饰的了；在事实上，以中国资产阶级幼稚的现状，断然不能在短期间发展到能够应付中国急于开发实业的需要，而且在国际帝国主义的侵略及国内军阀的扰乱未解除以前，中国的资产阶级很难得着发展的机会，到了国民革命能够解除国外的侵略和国内的扰乱以后，无产阶级所尽的力量所造成的地位，未必不大过资产阶级，以现在无产阶级的革命倾向大过资产阶级便可以推知，那时资产阶级决难坚持独厚于自己阶级的经济制度，所以我们敢说，采用国家社会主义来开发实业，是国民革命成功后不能免的境界。

政治的创造及经济的创造都能成功，那时国民军创造真正中华民国的工作才算完结。

总括起来说，我们造国的程序是：

第一步组织国民军；

第二步以国民革命解除国内国外的一切压迫；

第三步建设民主的全国统一政府；

第四步采用国家社会主义开发实业。

（《向导》周报第2期，1922年9月20日；转引自《"二大"和"三大"——中国共产党第二、三次代表大会资料选编》，中国社会科学出版社1985年版，第326—328页）

读独秀君造国论底疑问

（1922年10月4日）

思顺问　君宇答

中国现在底政象，确实是腐败极了。什么国会底召集，开会，什么制定宪法，什么借债整理财政，这都是表面上的时髦调子，究实没有从根本上着想，须却［知］现在底政象，无一不是破坏中国的元气，试观一班政客在北京方面怎样捣乱？国会召集起来，更使他们活动得多……或者最多不过多造几幕把戏给我们看看罢了。所以独秀君说：中国还没有造成，确是不错，我以为中国非独没有造成，就说已遵［创］造一半，我也不能同意。我说中国现在正当破坏最盛时代，中国不是已经起手造国，中国已朽腐了，国固不成国，说邦也不对；所以邦也不成，省也不成，现在只成为散乱底分子，想行联邦制去救中国的命，是药不对症！中国病症底治法，非彻底清泻消毒不可！若在表面上修饰下，都不免旧底子复现。

独秀君说："用真正国民军去创造真正民国"是对的。我想要把中国去消毒，除了"革命"实在没有别的法子，革命啊！大家起来革命啊！革命才是中国一线生机！

但是"国民军"如何造就呢？独秀君没有说出，我想组织真正有力的"国民军"断断不能一时之间，登高一呼，便能集合，须要先使一般人明了这"革命"底意思，和怎样去做；这才是有真正"革命"永久的精神底"国民军"；这才有用，才有成功底希望。

独秀君又说："无产阶级革命底时期尚未成熟，只有两阶级联合的国民革命的时期已经成熟了"，这里我有点疑问就是："如何而可使两阶级联合"？现在一般有产阶级完全觉悟的有几个？他们对于无产者底心理，能出之这个"平"字吗？纵使不计其他，就联合起来，（使两阶段联合），现在一般有产阶级完全觉悟的有几个？他们对于"无革命"到"革命"以后，终不免有产者专政，这样底"革命"是不彻底的，不彻底的"革命"，仍是"革命"罢了。

独秀君又说："到了国民革命能够解除国外的侵略和国内的扰乱以后，无产阶级所尽的力量所造成的地位，未必不大过资产阶级，以现在无产阶级的革命倾向大过资产阶级便可以推知，那时资产阶级决难坚持独厚于自己阶级的经济制度"，我想这正是资产阶级底大忌！正是两阶级联合底绝大障碍；我们且推论现在两阶级所抱"革命"的宗旨，我们敢说他是一致向同一目的看去吧？我想仍是背道而驰的。这样怎能使他们两方融洽而联合起来呢？

况且独秀君说："这个时期的成熟，是可以拿十余年来的政治史，及眼前要求打倒军阀建设民主政治的呼声可以证明的。"我说这是不足证明的：现在的打倒军阀底呼声，并不是两阶级联合底呼声，不是各呼各的，声是同的，心理是不同的；自己呼打倒军阀，及去捧军阀下的脚；这倒不明他们是忘却抑或什么，自己口呼去建设民主政治，反跑到北京去捣鬼；这可是有没有呢？

若拿十余年来的政治史来证明两阶级底联合，更不能成立，这十余年来两阶级之冲突，一天厉害过一天，你说他是联合，我说这是分裂底证明，从前专制时代的无产者，屈服于有产者之下，那时尚可说他们两方有联合的可能——这是因无力抵抗而联合——现在是不对了。

改造成民国十余年来的种种"革命"这都是有产者底利用手段，实行到无产者去，并不是无产者已觉悟愿与有产阶级联合，况且无产阶级一觉悟，只有和资产阶级宣战，断没有愿与之联合的道理。

所以我说：两阶级联合的"国民革命"并未成熟——因无足以证明——只有无产阶级底"革命"精神已露端倪；现在努力谋"纯粹的无产阶级底革命"易，谋两阶级联合的"革命"难，质之独秀君以为怎么样？

一，十，一九二二，于上海通惠

独秀昨往安徽去了，思顺君对他造国论的质疑，暂先由我代作一短答；他如有要合思顺君详细讨论的地方，待他返沪后再说。

思顺君疑问最扼要的，是"如何而可使两阶级联合"来革命。解答这一点，自然先要分析目前中国实际政治和经济情况，两阶级现在各自的地位，还要看两阶级的"联合"究站在一种什么基础上面和到一种什么程度。

讲到中国现在的实际情形，独秀文中和我们都早论过了；他是国际帝国主义公共的殖民地，他的经济生命被他们宰制了，同时支配政治的又是这些海盗们和他们扶植成的封建势力。幼弱的资产阶级他是随资本主义侵入而诞生，但他都被扼抑在外国资本主义的阻害之下，尚未能为迅速的发展，到了现在还没爬到掌政权的地位；同时无产阶级因经济情形落后的缘故，亦尚未能壮大。在这种情形之下，两阶级同被压迫是一件事实；决定目前的革命是两阶级都要来做，就是这种事实。他们都要起来推翻国际帝国主义和封建军阀有［的］压迫，这是思顺君和我们都一样不否认的事实。

我们很承认两阶级目前是呼声同而心理不同的，且要说两阶级是利益对立的，这不同的敌视且是会一天一天跟着近代化的程度增大起来。单拿经济的地位来说，他俩是没有协作的可能，且没有这样个需要。但目前确有一个问题摆在中国无产阶级面前，就是他自己还没发展到独立的政治奋斗的地位，而目前的压迫又非统一全国的革命力量，号召起全国被压迫人民一致不可抗侮的势力，不能迅速成功。吸收一切革命的势力都参加这个奋斗，这是一件最大需要。思顺君认目前已是只有无产阶级就可革命的决论，我们日夜视着事实早成这样，但不得不说这确是离了实际需要的说法。

我觉得读者要对我们提出的质问，应当是他们究联合在一种什么基础上面和联合到一种什么程度来革命；但思顺君未提到。我现要就这一层申说一下。无产阶级较资产阶级为强壮，这不止是现在的现象，任何时都是这样，因为无产阶级那一时总是较多数，只要他们团结起来。所以在国民革命当中，无产阶级是要站个主要的地位，资产阶级是被召集而参加；就是说这个革命是要让群众革命的动因来支配，无产阶级要从事这个革命，他很明白的是为了自己阶级利益，他并不为了任何别阶级利益；他与资产阶级的关系，不过只是个推翻共同仇人的政治连锁。他虽至少要求这个革命给他一定的政治和经济利益，但他决不认这个革命就是解放他们的革命。如这国民革命成功，他们所得的实际完全革命经验和组织力量充实，是会使完全解放他们的革命马上接着成功的。在外国帝国主义和最反动的封建势力交迫之下，实际的政治和经济情形是决定工人的革命是要经过如此进程的。"从事实到理论"我们要使工人革命是活的，是进展不已的，国民革命确在目前是最有意义呀！

造国论所谓"联合"的会［含］义，我们更要认他明白。他不是指大家滚和在一起来革命，见［是］有一定方式的，上段稍说到了。若以为讲"联合"就是要讲"工商友谊"和"劳资互助"，将工人和雇主混合组织黄色的行会，这不止是独秀和本报所反对，明白的工人和站在工人利益一边的都应当反对。无论何时，无产阶级要独立的组织起来，在国民革命当中更要是这样；且无论何时，不能因连锁而放松了他对资产阶级的阶级利益斗争。

独秀所说"只创造了一半"，是指国民革命政治创造成功之后，不是指现在；请思顺君再细读他原论一过，你文中还有些欠斟酌的地方，请复按一下当自发见，无须我在这里指出了。

"革命后终不免有产者专政"，这是思顺君考虑到最有意义的一点，但也要由无产阶级在这革命中所造的地位来决定罢！临了，我要代表本报表示欢迎思顺君疑问的意思，因为他的立意是站在中国无产阶级利益一边。

君宇

（《向导》周报第4期，1922年10月4日；转引自《"二大"和"三大"——中国共产党第二、三次代表大会资料选编》，中国社会科学出版社1985年版，第329—333页）

国民运动、革命军和革命宣传

（1922年11月8日）

孙　铎①

　　中国国民运动中，最堪注意的一种现状，就是缺少由一个政党主持一种有规则的、有计划的、有组织的宣传。清朝末年，智识阶级中曾有排满的宣传；清朝——那"外国人"的政府——被推翻后，这种宣传就失掉了效力和作用，虽然因而达到政体变更，民国成立，但决不能说革命的国家主义者已得到完全胜利。中国素来妄自尊大，闭关自守，以中国为天下，这或者是使中国的民族观念不大发展的缘故。那些顽固派、帝制派、国粹派，思慕旧时满洲——"外国人"——的真命天子，埋怨一班青年学生只知抄袭与中国人民心理无关的西洋种族观念和民族主义。其实近代欧洲国家和民族界限也不是历来就有的，是从工业革命和阶级分离以及阶级斗争进程中发展出来的。在另一方面，即使国民运动领袖中最急进的分子，都不免有一种错误的见解，就是他们现在还认为中国革命是纯粹中国的事情，可由中国自己解决，与外国毫无关系。他们坚持他们的意见，以为完全振兴中国的计划，外国的干涉是可以避免的。

　　虽然近十年来的历史，早已证明那些时而和合时而口角

---

　　①　马林笔名。

的列强用他们的势力抓住中国，为的是要得到最大的利权；虽然在中国内政上外国势力也站在优越的地位；虽然中国革命至今无好结果的唯一原因，是因为外力阻挠真正自由和独立的中国之建设；但是旧的观念仍是盛行，总以为只要用一种政策阻止外国的干涉，中国人民自己的国民革命终必大奏凯旋。

这种观念已屡次证明是错误：袁世凯得到外国借款扑灭南方革命党是一次；现在国贼陈炯明得着香港英国朋友物质的援助打走国民党又是一次；或者英国报纸现在正出全力使陈炯明和吴佩孚联合，借此阻止孙中山与吴佩孚结合，因为孙吴结合，对于抢掠中国的外国抢掠者是危险的，又要是一次了。

现今国人生活中，无处不看见外国的势力。真诚的国民运动者如何能忽略这重要的事实！就是中国是外国帝国主义被害者。此而忽略，真令人不解。外国势力随处都可以发现，数不胜数：为外国资本家的利益，剥削中国的财源和劳力，日益增加；供给中央和各省的军阀，以便实现他们的侵略政策，造成中国为附庸国；教会布满全国，宣传不遗余力，借以吸收一班青年，使不加入国民解放运动，反而供外力利用。而且外国的势力非特在北京东交民巷和各埠租界内见着，实已布满全国各处。

我们可以说，从满清推翻以后，中经袁世凯时代迄至这专制魔王死后，从来没有一种鲜明的国家主义宣传。我们并不是说国民运动的首领变了节。我们很晓得，国家主义的情感也常常发现，如巴黎和会声中的五四运动。但是我们也晓得这些运动消沉得太快，于中国人民没有多大影响。

国民运动领袖人物的观念上，必有许多错误。他们历来单偏重于军事活动一方面，或者是一个大错误。他们的方法只是要获得一块地盘，树立他们的势力，再练一支革命军来实行他们的计划。跟着中国革命鼻祖孙中山的真实的国民运动者们，确实只见着革命的活动就是组织军队，再没有别的方法了。

在中国现状之下，我们也知道革命团体的军事活动，的确是很重要的。但是我们不能不看得更真切，就是一个军队要真能担当革命的任务，除非是个真正的革命军。用一种武力来革命，但只是军官们相互合作的革命，实在算不得一种真正的革命势力，这是由事实证明过好些次的。广州革命政府被推倒，在我们的意见，与其只能占领一二省组织一个"自治式"政府，那就不如不组织革命政府了；因为拿军队来说，从前粤军算是组织得很好的军队，陈炯明（他不但是国民党的叛徒，还是国民运动的叛徒）一反叛，粤军全体便都变成反革命军了。这种的例真是太多，用不着多举。为什么一个军队不能算革命军？很简单的理由，就是一些野心的军官，为了自己的利益，尽可以暂时依附革命旗下，但借此达到了个人目的以后，还会管革命事业吗？

国民革命的发展，军事行动非常重要，这个意见我们是很赞成的。但是我们却极坚信：一个强有力的国家主义的宣传普及全国，比天天与军事领袖周旋结合，更为重要。我们要到处公开的宣传，倘若有些地方，外人买通军阀出来禁止宣传，便可进行秘密的宣传。倘若在兵士中和群众中，没有真正的革命宣传，革命军是永远不能有的。听说吴佩孚还在他的兵士中做了一些宣传工〔功〕夫，他的兵整队游行的时候，高唱爱国歌；这件事算是不错，因为中国军队必要为国家独立而战；能否为国而战，便看有没有爱国精神。兵士要没有国家观念，决不能为中华民族解放的目的供牺牲。

我们要建立一个革命军，便必须要在城市的劳动群众中宣传，便必须要在中等以上的青年学生中宣传；社会上其他阶级，虽然在此时的自强运动中，算是次要分子，也必须要宣传。因为一个革命军决不可在人民中没有根基。我们知道很清楚，社会中还是只有少数可以变成我们的同情者和帮助者，和我们一块来向外国的压迫宣战。但是虽然是少数，却是非常重要，只有国民运动的领袖能够了解，紧迫宣传的结果，可以组织一个布满全国而有纪律的国民党。要点就在这里！我们要问问：倘若没有一个党，就是最能干的国民运动的领袖，能够做出什么事业？他们只是时常依靠别的有力分子对他的感情为转移；那些有力分子昨天还是他的好朋友，今天能够反脸，明天或成仇敌。现在我们很有机会从俄国革命得到一些教训，我们一定要得那些教训呀。俄国现在不是有一个很坚强的军队吗？俄国不是靠这个军队抵御全世界的敌人吗？坚强的红军能够组织成功，便因为有真正革命精神，那些红军便是由一个强有力的宣传——多年的秘密和很艰难的宣传觉醒的。他们都约束在一个有力的党之下，正在一方跑进军队里去，一方依旧还在成千成万目不识丁的农人中间宣传。所以红军是一个真正革命的军队。无论何时，都能为保护社会革命的红旗而死。

在现在国民运动中，还须要什么？还须要一个国家主义革命派的全国大会——由老国民党召集。会议须要讨论：目前政治问题，中国与列强各国的关系，党的组织系统，党的宣传等问题，并且要有确当的议决。我们看来，这样一个大会，比获得福建夺回广东，还更要紧。这样一个全国大会和军事行动，差不多是有同样的意义。因为在一个党之大会中，一定可以获得新争斗的法门，可以聚集所有优秀分子而促之参加奋斗，并且乘那些侵略我国的列强，正在彼此冲突极烈的时期，一致的努力而达到胜利。土耳其这个例，便是告诉我们时机成熟了呀！

［《向导》周报第9期，1922年11月8日；转引自中国社会科学院现代史研究室编：《马林在中国的有关资料》（增订本），人民出版社1984年版，第145—149页］

中国劳动群众的觉醒

（1922年11月22日）

孙　铎

　　这一年来我国状况最可注意的事实就是劳工的大活动。在全国近代产业的中心点，劳动群众都起来要求改良那悲惨的劳动状况，虽然他们没有团体的组织，虽然外面用严格的手段对待他们，但他们还是时常发生大的小的罢工。

　　今年初广东海员的有组织的罢工，使无论哪个关心于劳动运动发展的人都惊骇不已，他们现在已经有了一个极大的产业组合了。香港英国政府自然是帮助资本家的，曾经禁止该工会在香港活动，想使这次罢工解体。但因此反激起中国爱国分子的同情和帮助。当轮船局在别地招了许多破坏罢工者来的时候，别种产业的工人亦起来援助海员了。那时正是全世界资本家减少工资和弄恶劳动状况达到成功的时候，而我国海员居然继续奋斗达到完全胜利。海员工会启封之日，香港工人的大示威运动给香港英国政府一个大打击。自从这次重要的事情发生之后，反抗资本主义掠夺的气焰立刻散布全国。不久，中国招商轮船局拒绝增加工资，上海海员便学广东同伴的榜样举行大罢工。后各铁路的工人亦表示大大的活动。京汉、京绥、粤汉、京奉路工人的罢工均能得到胜利，而尤其是汉口足以证明中国的劳动界已感触了一种新的精神。这个近代产业的最重要中心地发生了铁厂工人、兵工厂工人、人力车夫的大罢工。虽然他们的团体还很幼稚，只在他们罢工中才成立的，但他们都能达到胜利的结果。萍乡矿工起来要求改善生活状况亦告成功。在上海方面，牛马不如的人力车工人，被掠夺最厉害的丝厂女工、纺织工人、烟厂工人都实行罢工，要求增加工资，并反对虐待。最近最重大的大罢工在开滦煤矿爆发，这个罢工真值得全国人民的注意。北方学生更热烈的表示他们与罢工者的民族的同情。他们替罢工者募集援助，唐山学生更自行罢课援助矿工。在这样严重的罢工运动中，我们看出英国军队，对于罢工的弹压，一面显出英国公使领事的"尊重中国主权"，一面使公众对于罢工的同情心格外比前增高。

现在全国劳动者都创立新团体了，铁路工人正筹划各铁路工会的联合和统一。萍乡的矿工已有一个二万会员的工会。湖北的工人已经在汉口成立一个二万会员以上的工团联合会；湖南各工会，亦正在进行工团联合会的组织。只有上海方面的工人团体，特别被外国领事反对，罢工的领袖，不是下令通缉，便是判以监禁，他们并且唆使中国官厅高压工人。有位犯指导罢工嫌疑的青年既被押往会审公堂判定三个月监禁，三个月满后又押交中国官厅，不经审判就关在牢里，至今已有两个多月了，将来如何尚不可知。上海浦东纺织工会亦被中国官厅所封禁，其结果英美厂工人举行罢工，反对官厅这种行为。

我们可以不夸张的说，我国近代产业的工人已经醒了；他们已经不象从前一样是一个没有意志的奴隶了。在香港、汉口、上海、唐山发现的同情罢工，援助别种职业的工人反对资本主义，可以证明他们已感触到阶级意识了。劳动者已在中国社会上成为一种新势力，在将来一定会站于极重要的地位，不特在掠夺者和被掠夺者之间，而且在政治上将有极大的势力。我们自然知道中国近代的无产阶级还是极幼稚，但是在以上各产业中心，已显出他的极重要。他们的组织发展起来，集中起来，我们所说的，决不是过分之言。我们知道中国是正受军阀间不断战争的祸害，在北方一个好的铁路工人的组织，现在已经很可以阻止野心的军事行动并帮助那些为国家统一和自由做工〔功〕夫的领袖与国民运动了。

在中国的许多外国报纸，希图造成一种反对方在觉醒的劳动者之舆论，这是很自然的事情。虽然他们明白知道在近世产业发达各国，早已把劳动者集合在战斗组织之中，但是他们常常解释罢工是红色煽动者的秘密活动，这些红色煽动者总是在各种罢工运动的背后。并且说成中国的工厂是工人的天堂，雇主只是慈惠的引诱这些男男女女和小孩子到这个天堂里面去；工会宣布罢工，便是破坏工人们在这天堂里的快乐生活，唯一的原因就是煽动者捣鬼了。所以他们便说这些坏分子是过激党的佣工。这些拥护外国资本家掠夺中国劳力和财源的外国新闻记者以为他们很清晰，这是过激党的俄国造成这些乱子的，例如京汉路工人以金钱援助唐山罢工，这不过是坐在北京的俄国代表所做的事体。因为外国报纸这样宣传的结果，收买中国智识阶级的青年会，便设法与反叛的劳工联络，宣传狼和羊间的妥协主义，如上海地方便是著例。

在上月中一种新的"密谋"又被外国报纸发现了。非但是红色煽动者在罢工的后面，并且责国民党的领袖援助工人（京津泰晤士报载）。在上海的英国有名报纸一方面请中国资产阶级脱离这国家主义的党，说这个党已与共产党有密切的关系，一方面又劝告孙中山破坏劳动群众中的新精神。在他们看来，这个似乎是孙中山恢复中俄德同盟计划公布后的地位之最好方法。字林西报并给中山一个好差使，因为他承认孙氏在中国劳工中间的势力，于是便要孙氏做反对罢工的宣传。孙中山如果做了罢工的破坏者，或可以重得英国的宠爱。但是在我们看来，中国国民党或者还未见到中国劳动觉醒的重要，并且我们确信国民党领袖不会有反对中国工人的行动。如果如此，其结果将是国民党领袖失掉在国家独立的争斗中最有力的份子之信心。

自来国民党的活动太注全力于军事组织，把群众的教育疏忽了，因为这种政策国民党所以没有好成绩。今年十月十日，北京智识阶级庆祝革命纪念的大会中，竟把推翻清朝的革命祖宗孙逸仙忘掉没有提及。在国民运动者方面，如果反对劳动群众或忽略劳动群众反抗掠夺者的奋斗，必致产生很坏的结果，革命的国民运动将受极大的阻碍，劳动群众将创造他们自己的政治运动，完全与国民党脱离关系。国民党领袖确实懂得他们的职务时，他们一定格外留心并且极表同情于劳动群众，这些群众将是中国人民争自由的先锋。

[《向导》周报第11期，1922年11月22日；转引自中国社会科学院近代史研究室编：《马林在中国的有关资料》（增订本），人民出版社1984年版，第154—157页]

中国铁路工人的罢工

（1923年3月8日）

马　林

今年二月七日京汉铁路工人由于迫切要求成立全国总工会，而付出了血的代价。就在这一天，四日就开始的罢工在长辛店和汉口这两个中心遭到了镇压，北方是曹锟将军的军队，南方是汉口督军的军队对群众进行了枪杀。在长辛店有五名工人死亡，十五名工人受重伤；在汉口被枪杀的人数不下三十二人，几天之后汉口工人运动的两位领袖火车司机林祥谦和律师施洋被杀害。后者是根据"自由派"将军吴佩孚的特别命令执行的，这次罢工是由于吴佩孚用武力解散二月一日召开的铁路工人总工会成立大会而引起的。从此，出现了一股反对共产党人和北京激进学生的反动浪潮，它遍及中国的各大城市，甚至到达上海，它不仅是来自上述两个军阀，也得到所谓的"中央政府"的支持。

铁路工人的罢工促使我们为本刊撰文，报道年青的中国工人运动的情况。

在这个大国，现代工业还处于很年青的状态，到目前为止，仅在几个中心城市有所发展，在内地的一些省份有发展大工业的雄厚条件，然而在这些地区还没有现代交通，中国广大群众的经济生活还停留在几百年以前的水平。尽管中国同外国掠夺者已接触了几十年，然而外国的影响至今未能推动中国大部分地区的经济向前发展。但是在沿海及铁路沿线的几个中心城市，人们过着现代化的生活，近几年来经济得到迅速的发展，这里建起了现代的矿山和工厂，出现了一支现代的产业大军，这里不仅外国剥削者的财富，而且本国的工厂主——他们有的同外国掠夺者合办企业，有的独立经营现代工业——的财富都在增长。世界上没有一个国家像中国这样有廉价的劳动力，世界上也没有一个国家像中国这样受到广泛的剥削。在现代工业中，老的行会已起不到保护工人的作用。相反，在大工厂中它将工人按省籍分开，在例如长江沿岸和上海等地的秘密组织在反对工厂主的现代斗争中也毫无作用。

华南的海员中，产生了第一个现代海员工会。他同民族主义运动及其领袖孙中山保持着密切联系。在广东省省会广州，大多数企业中行会至今仍是建立新的组织的障碍，尤其是它妨碍工人力量的统一，而海员已经有了自己的同盟，该组织集中了许多海员小组，正是这一同盟，通过一九二一年初著名的大罢工，极大地推动了各地的工人运动。这次罢工一开始只是为了提高工资，但香港英国当局的干预使它具有了政治性质，民族主义政党（这时在南方组织了孙中山为首的政府）声援罢工的海员，全力支持海员的斗争，使年青的同盟能坚持较长时期的斗争并取得了伟大的胜利。这时在上海的海员（他们来自另一省份），尽管他们未参加罢工，也发展了自己的组织，还与香港的海员同盟取得了联系。香港的海员争取提高了工资，上海虽然未经罢工，海员的工资也提高了，只有一个中国公司是经过当地的一次罢工才被迫这样作的。

华南海员罢工的成绩还表现在它促进其他工人（建筑工人、冶金工人及许多较小的组织）也开始改组他们的组织。民族主义政党对工会的影响是很大的，不过一九二二年六月孙中山的失败使工人组织的发展暂时中止了。孙中山对工会的影响的确很大，这可以用下述事实说明：陈炯明的死对头恰恰是工人，他们对推翻陈炯明的斗争热情比资产阶级分子高得多。今年一月底，这位军阀又被赶出广州，而孙中山回到广州时受到当地工人组织的热烈欢迎。

华中工人运动的发展与国民党的关系不大，当然在运动中也表现出民族主义思想，然而运动的组织工作主要是由学生中的激进分子作的，学生们通过我们的同志陈独秀主办的《新青年》杂志接触到共产主义。一九二一年这些学生的代表组成劳动书记处，开始在上海、北京、汉口、长沙（湖南）等地开展组织工作，在北京和上海出版周报，开办一些培训工人宣传员的学校。

在铁路上进行的宣传工作特别有成效，工人们有计划地筹备成立铁路工人总工会。在京汉线上就成立了十六个地方工会，今年年初总共有会员一万二千人，各地都必须克服许多困难。工人大多数是文盲，地方当局常屈服于外国人的压力，反对工人的组织活动。特别是在实际上被外国人全部控制的上海，对组织工作进行了迫害，上海的卷烟及纺织工人举行的每次罢工，领导罢工的工人都被逮捕，并被长期关押。有些外国报纸虽然不时报道丝绸与纺织工业中的可怕状态，却总是准备采取一切手段使工会运动不能进行合法宣传。还有许多这样的例子：经判罪的罢工领导人坐了几个月监牢之后又被送交中国当局，又立即被关入中国监狱中，并被无限期地关押下去。

一九二二年的特点是华中举行了多次较小及较大规模的罢工。今年年初参加纺织工人罢工的两名青年学生，在长沙被当地督军逮捕并杀害了。开始多数罢工都以增加工资告终，但去年夏天上海卷烟及纺织工人罢工时，资本家改变了策略，他们不再让步而且认为最好的办法是通过饥饿迫使工人放弃斗争。另外"基督教青年会"还插手将调停人派到罢工的工人中去，企图抵销［消］劳动书记处的影响。在汉口（湖北）京汉线及汉口长沙段的铁路工人举行过几次罢工，在这些罢工中冶金工人、纺织工人和烟草工人也通过斗争实现了增加工资的要求。在汉口—长沙段的斗争中，罢工的工人卧在铁轨上以阻止火车开出，这时有四名工人被杀害。汉口工人斗争不仅是为了提高工资，还反对铁路当局的残暴和警察的干预。这一年汉口发展了许多组织，半年前汉口各组织成立了联合会，包括二十四个组织，共四万名会员。所有的组织工作都是由我们的同志领导的。这二十四个协会中有汉冶萍钢厂（矿工、冶金工人、运输工人）的总工会，一万人；汉口—长沙铁路段工人工会，五千人；京汉线南铁路段工人协会，五千人；此外还有三千名冶金工人、三千名纺织工人、六千名人力车夫等。

唐山开滦煤矿工人大罢工是年青的中国工人运动的一次重要事件，有三万名工人参加了这次罢工，天津的英国当局为了保护英国的矿山打算从天津派出军队，从而使这次罢工带有民族主义的色彩。在这些地区没有国民党分子的组织。国民党过去是，至今仍然是华南的政党。工程学校的学生曾声明支持工人，他们为了表示抗议而举行罢课。中国当局派出自己的军队到唐山，以防止英军的干预。几个星期之后，罢工者的处境变得很不利，因为罢工所需要的大量费用无法募集到。北京的学生援助唐山工程学校的同学，但是罢工的人数实在太多了。在一次特别会议上，铁路工人曾讨论过，是否有可能举行罢工以确保矿工的罢工取得胜利，但铁路工人的力量太弱了，无法实现这一计划。铁路工人不得不限于对矿工进行物质援助，但中国工人的工资太低，难以作到多援助一些。铁路工人捐助了三千元，从当地的条件来看已不算少了。经过罢工，工人的工资略有增加，实际上矿业公司得胜了，清除了工人中的激进分子，从此以后在工人中间只有一个小小的地下组织，它与劳动书记处保持联系。

京汉线上的铁路工人组织，于去年年底得到很大发展，有可能成立一个总的组织了。到目前为止，控制京汉线的吴佩孚将军还未采取什么措施对付工人。相反，他的政治顾问同北京大学激进派教授之间的个人关系被我们以典型的中国方式充分利用了。一些铁路工人组织者被安插在这条线上，继续进行宣传。这个例子绝不能说明吴佩孚这个"民治主义者"会承认工人的权力，他的保护有一些坏处。新的组织可能被吴佩孚的军队控制的危险是存在的。只是在工人想要举行为增加工资而举行的罢工斗争时，他们才真正了解吴佩孚观点的这一方面。吴佩孚对铁路工人组织的同情以及他对他的铁路线上发展起来的新权力的认可究竟有多大价值，已从最近的一次罢工中得到了充分的证明。这次罢工是在北京大学的学生进行反对现中央政府和支持受爱戴的蔡元培教授的斗争时发生的，蔡教授由于认为新上任的教育部长完全不称职而辞职的。北大的学生运动发展成为普遍性的学生运动，学生们打算动员店员组织也加入反对得到曹锟元帅大力支持的现政府的斗争。尽管这一政府是违背吴佩孚的意志而建立的，而且这两个军阀之间似乎存在着矛盾，但吴佩孚却往"卡诺沙"去了，放弃了与反动元帅曹锟的斗争并赞成曹任下一届总统。吴佩孚完全投入了反动营垒，自然也就反对学生进行反现政府的斗争。

他了解他的铁路线上学生们的活动情况，因此他打算阻止铁路工人总工会的成立并制止一月三十一日在郑州（河南）召开的会议。约有一百名铁路工人和一些积极参加组织工作的学生出席会议。在会议已作出决定要成立一个全国性的组织并确定了选举执行机构的办法时，突然遭到军队的阻挠，不能再继续下去。派往洛阳同吴佩孚谈判的代表也不能改变这位民治主义者的决定。因为工人已同激进的学生和教授相结合，因此吴佩孚反对成立总工会。会议是在到会的杰出代表们提出了保证集会权利、惩办郑州警察头目、赔偿损失等项要求之后才被迫解散的。如果要求得不到同意，工人就要于二月四日开始罢工。罢工委员会已选出，并立即出发去汉口，指望在那里争取工人的大力支持。特别是在汉口有强烈的要求立即罢工的倾向，四日京汉全线交通陷于瘫痪。政府起初打算出面调解，但军阀曹锟和吴佩孚都不主张这么作。吴派出他的技术连去郑州镇压，但未能成功，从北京向北方的中心长辛店派兵，汉口吴佩孚的心腹萧耀南对罢工进行血腥镇压。吴佩孚大将军曾企图征服河南的几千土匪，未能成功，他发现除将他们收编成"正规军"外，别无其他办法。但对付手无寸铁的工人却能轻易地用武力取胜。汉口学联及工会联合会已声明以各种方式支援罢工者。由二十四个工会派出的大型代表团六日向铁路工会表示汉口工人准备投入战斗，并将于九日举行罢工。六日在汉口举行了一次完全秘密的外国工厂主及商人的重要会议，至今没有人知道会上究竟讨论了什么问题。中国的资本家还表现出想要妥协，而欧洲殖民主义者在国外、在这里的心理状态都使人认为：七日的流血事件直截了当地就是六日秘密会议的结果。

以下事实也说明了这一点：他们不仅镇压铁路工人，还封闭了汉口工会联合会，逮捕二十名各协会的工人和约三十名参加斗争的烟草及纺织工人。北京对汉口发生的事还不了解，这时长辛店工人派代表通知学生说有五名工人被害，十五人受伤，十一名领导人被带到曹锟管辖的Taoingin去，还拿出了死难者的血衣，证实他们的消息。学生向政府提出七点要求，最重要的是承认工人的结社权，惩办元凶，给死者家属赔偿等。第二天学生举行示威游行，他们想冲进去见民国总统，但未成功。汉口的消息都被封锁，那里实行了新闻检查。两天后就传来工人群众被杀，组织活动被镇压和铁路运输恢复的消息。

汉口中国当局的行动完全是有计划地进行的。他们逮捕了一些工人活动分子，那里的铁路工人要拯救他们的同志时，他们又设圈套，对工人开枪，结果已如上述，之后五十名影响最大的工人被捕并押往车站，汉口军队在那里三次要求铁路工人领袖下令复工，他都坚定地回答："只有我的工会才能命令我这样作。"于是英雄林祥谦被绑，在五十名工人面前被杀并枭首示众，威迫工人放弃罢工斗争。残暴的士兵又将林祥谦的弟弟，同他一样也是一位罢工者，在他家里杀害。他们威逼五十名被捕者回去复工，否则统统处死，他们别无他法，只好屈服，因为再抵抗下去已没有意义了。勇敢的士兵又接到命令搜查铁路工人居住区，他们所到之处烧杀抢掠，却没有找到罢工委员会。委员会开了几次秘密会议，建议举行总罢工。汉口—长沙段已有许多铁路工人参加了罢工，一起罢工的还有长江沿岸的冶金工人和运输工人。显然这些罢工只能引起进一步的暴力镇压。汉口—北京段的铁路工人被迫复工，还被禁止相互交谈。津浦线铁路工人也举行了短期的罢工，罢工未能继续进行。十日铁路工会和汉口联合会发表宣言，宣告罢工结束，并宣布组织活动还要继续下去，同沾满人民鲜血的暴君清算的日子已为期不远了。

尽管反动当局发布逮捕令，铁路工会罢工委员会的成员还是顺利地离开了汉口，但我们的同志施洋，三十六岁的汉口联合会法律顾问被军阀萧耀南逮捕关押。我们都知道他有生命危险。这位以前的无政府主义者，半年前加入我党，是年青的工人组织的真正领袖、顾问和朋友。军阀萧耀南对这些也都很清楚，但是在吴佩孚从洛阳下令之前不想将他杀掉。吴下令后，施洋被枪杀，当时的情景就像从照片上看到的那样，他面带微笑，坚信他的理想将在中国实现。

他死后遗孀带着孩子来到上海，把照片交给我们，使国际的同志能看到东方人也能为崇高的思想献身。

我们还能举出许多残暴地对待工人的事实。在洛阳附近禁止商人向罢工工人售货；一名司机拒绝开车，在郑州车站被绑，当着许多铁路工人被鞭打。

紧接着北京发布了对十一名同志的逮捕令，他们在党的周报上发表过文章。国务总理声称，陈独秀和李大钊两同志逮捕后将处以死刑。上海发布了同一逮捕令，党报的主编也被捕，在整个铁路线上反动派都得胜了。我们工会组织只能在地下活动。这一时期，我们懂得了应该给予中国同志的不大的小组的勇气和积极性以高度评价。

但是我们也了解到这些事件引起的反响并不大，这一大规模的屠杀在全国来说几乎未被人们注意到。中国新闻界，国民党报纸除外，对此未提出任何抗议。欧洲的报纸在报道了一名传教士被匪徒绑票时总是十分激动的。现在却不仅不发表任何批评，而且相反还怕发表会激怒官方的煽动性消息。一名中国工人的生命是不值钱的。而传统的观念在这里仍然存在，他们认为最好还是用子弹来教育这些胆大的、要求愈来愈高的、厚脸皮的工人。

上海的报纸上，近日来无中生有地刊登了关于将发生一次全国性抗议罢工的消息来进行煽动，而且中国当局发布了戒严令。在根本不能给死者家属必要支持的情况下谈什么总罢工呢！但我们的同志在长江沿岸又开展起工作，建立组织，它们将在中国人民反对外来剥削者和军事专制统治的斗争中起极大的作用，长沙的学生黄爱和庞人铨、汉口的火车司机林祥谦及律师施洋，以及其他许许多多在工人运动中牺牲的无名英雄，他们是当代建设新中国的成员，在新的中国千百万人将铭记烈士的英名。

[《共产国际》（德文版）第27号，1923年；转引自中国社会科学院近代史研究室编：《马林在中国的有关资料》（增订本），人民出版社1984年版，第218—227页]

工人们需要一个政党

（1923年3月24日）

君　宇

这一回京汉罢工的失败，有两个大原因：

一是军阀武力的摧残。

一是工友的组织还未完善。

手无寸铁而组织幼稚的工人们，加以如虎如狼的兵力压迫，那自然是抵敌不得，所以京汉罢工就失败了。不过，我们确信：假使京汉工友的组织更较完固，势力虽终不足抵敌持枪带刀的军队，也不至受摧残到如是地步。

现在情形是很明白的：我们需要的自由是没争到，屠杀我们的军阀是更横暴了，我们的组织——工会——是被摧残了。这是证明我们更不自由了：我们要为了自由而奋争，应当比过去还勇敢努力。我们要努力恢复我们的工会，恢复和扩张我们的势力，以期打倒摧残我们的军阀，争到我们未获得的自由。

我们绝不灰心！我们从事的是个很长远的战争，这回失败不过是我们开场的暂而且小的挫折罢，我们决然要继续这个战争，最后的胜利一定是我们的！

组织我们是第一重要了！我们需要再组织成工会，就是努力使被封工会恢复，产生出很完固有力的团体。但我们只有完固有力的工会，还是不够奋斗的；从这回京汉罢工被摧残，使我们看明了。当京汉和武汉罢工被摧残，工会被封之后，工人中的重心和交通便消失了，行动上骤感了非常的困难；这证明工人要于工会之外另有组织，才（能）够奋斗。工会之外，还要的组织是什么呢？就是政党。我们早和工友们谈过的：我们所从事的是个战争，为了这个战争的胜利，工友们一致的很完固的组织成自己的军队——就是工会，是非常的必要；不过只有兵士群众的组织，必不足应付战争，要和通常军事组织一样，于兵队之上还有参谋部的组织，计划和统率全工人阶级利益的争斗。参谋部就是一个政党。

这个政党是怎样个政党呢？是帝制派或复辟派吗？不是的——这些是替一人一姓谋皇位的奴才，绝不是工人的政党。是交通系进步系或安福系吗？也不是的！——他们都是官僚们升官发财和捧军阀的结合，不是替工人阶级谋利益的。此外，什么民主派呢，什么无政府"党"呢，什么基尔特社会主义派呢，虽然他们于工人初步利益在相当范围之内也表示赞助，但他们也都不是始终为了工人阶级全部利益奋斗的派别。现在一切政治团体，惟一能为了工人阶级全部利益奋斗的，只有一个共产党。我们工人需要于组织工会之外，还组织政党，我们要的政党就是共产党了。

全国奋斗的工友们当然会记得，这几年来共产党是怎样和我们一块儿奋斗呢！他起首引导我们组织工会，又助我们争到工钱的增加，使我们大家认识"团结就是工人的势力"，他的目的在不断的领我们向解放之路，所以他决不畏难与懈怠，又引导我们来争我们最迫切需要的自由了。这几年他和我们肩并肩亲密的奋斗，至少当已使我们认识，他是始终为我们阶级利益亲切奋斗的了。这回他的党员与工友们奋争自由，至于被屠杀而都不稍畏缩，是何等勇敢的为阶级利益奋斗呢！而不久在北京开二七被难诸工友追悼会，当时并未曾受何等武力的压迫，不但招牌社会主义者们没有人来，就是革命的三民主义代表（民党议员）也没到一个，他们对死者甚至连这么点同情心都没有！这件很小的事情，不但证明共产党是为了工人阶级利益的政党，且是惟一的为了工人阶级利益奋斗的政党呀！

这里就许有人接口要问：共产党不就是"过激派"吗？不就是在俄国"杀人不眨眼"的那一党人吗？——可怕，可怕！你是听了好些关于俄国革命的话吗，你是被那些消息震吓过吗？但我要问你，你可知你听过的消息是从什么来源传来的吗？我可立即指出那些谣言和咒詈都是华洋资本家和白党泡〔炮〕制，经他们宣传机关传播来的。他们报告过列宁的死，不知有若干次了，然而列宁却未曾死，他们是造谣可证明了。资本家为何要造俄国的谣言呢？就是因为俄国是工人革命，国家由工人管理了：如果各国工人都要学起俄国的榜样来，全世界资本阶级马上就得要倒；所以美日法等强盗国家，便一致努力一致造苏俄的谣言，捏造他好多坏话，来蒙蔽全世界的工人们，使他们消失对俄国革命的同情，所以我们这几年关于俄国的听闻，大半是被他们欺骗了。哪一个革命能免掉了杀人？俄国共产党人是杀过人的，但杀的是阻挠革命进行和反对工人利益的那一类人。"过激派"的确是可怕的，且要使人吓得抖擞的；但这话是要对全世界资本家说，因为"过激派"的革命是在推翻资本主义。资本家永远是工人的仇敌，我们没有所为〔谓〕来怕"过激派"；资本阶级恨"过激派"，怕"过激派"，替"过激派"造谣，反倒证明"过激派"就是在我们工人这边，他所反对的就是我们工人的仇人，他们所争斗的就是工人的利益。这或者倒是我们不当怕"过激派"，反要去和他亲密的一大理由！

我们的现在的责任很明白了，我们要努力去恢复我们的营垒（工会），同时也要努力组织好我们的参谋部，凡是工人阶级的革命先驱，都要加入中国共产党的组织之内。

确认于工会之外，还须有党的组织，这是我们这次失败之下，一个很有益的教训。假使工友们努力迅速向这个需要进行，努力去扩张共产党的势力，我们损失的马上就会恢复。

中国共产党万岁！

（《京汉工人流血记》，北京工人周刊社1923年版；转引自《"二大"和"三大"——中国共产党第二、三次代表大会资料选编》，中国社会科学出版社1985年版，第353—356页）

普遍全国的国民党

（1923年4月18日）

T.C.L.

　　中国现在很需要一个普遍全国的国民党，国民党应该有适应这种需要努力于普遍全国的组织和宣传的觉悟。

　　五六年前，有一位中国人在俄国境内旅行，偶过一个人家，客厅中悬挂一幅中山先生的小照，主人指点此小照，告此旅行过客的中国人说：我甚敬佩此人，因为他能在海外创造一个中华民国。我们从这句批评赞扬的话里，可以看出国民党的根萌植在何处了。

　　国民党的根萌，实际上是培植在海外华侨散在的地方，和中国南边华侨母国的广东一省。第一革命后，虽然一时全国到处都有了国民党，但这些虚浮无根的花，只是那几株栽植在南方的广东和海外华侨散在的地方的"国民党"树上所开的花，一阵风来吹遍大地旋即萎谢了。然而那几株在社会上有根柢的树还是远在南天孤孤零零的长着。

　　中国的疆域太辽阔了，中国内地的政治景象太枯燥了，那样稀稀零零遥在南方或海外的几株树，实在润泽不过荫蔽不过这样阔大的一个沙漠似的中国来，我们要多多的播布这树的种子，若使他普遍全国，在中国到处植下了根基，任他沙漠似的狂风烈日，也吹不荒晒不荒中国政治的田地了。国民党是中国今日政治的国民的花，在广东和海外的栽植者啊，要努力传播他的种子于荒凉满目的全中国！

"推倒满洲"是一个早熟的果实，因为这个早熟的果实反以迟缓了国民运动的发育。自从第二革命后，国民党受了北洋军阀重大的打击，一般懦弱的国民不敢去参加国民党，国民党亦因此自懦，荒废了并且轻蔑了宣传和组织的工〔功〕夫，只顾去以武力抵抗武力，不大看重民众运动的势力，这不能不说是国民党的错误。

几年以来，北洋军阀造下的罪孽，使这一般懦弱的国民，亦渐渐觉悟了，亦渐渐知道要一个国民党作他们反抗军阀的大本营了，呼唤国民党的声音随时到处都听见了。今日的国民党应该挺身出来找寻那些呼唤的声音去宣传去组织，树起旗帜来让民众——反抗军阀与外国帝国主义的民众是工人，是学生，是农民，是商人，那（都）集合在国民党旗帜之下，结成一个向军阀与外国帝国主义作战的联合战线。

一个政治革命的党，必须看重普遍的国民的运动，要想发展普遍的国民的运动，必须有普遍的国民的组织，国民党从前的政治革命的运动，所以没有完全成功的原故，就是因为国民党在中国中部及北部，没有在社会上植有根底的组织。国民党现在惟一要紧的工作，就在向全国国民作宣传和组织的工〔功〕夫，要使国民党普遍于全中国，不要使国民党自画于广东；要使全中国为国民党所捉住，不要使国民党为广东所捉住；要使国民党成功一个全国国民的国民党，不要听他仅仅成功一个广东和海外华侨的国民党。

（《向导》周报第21期，1923年4月18日；转引自《"二大"和"三大"——中国共产党第二、三次代表大会资料选编》，中国社会科学出版社1985年版，第357—358页）

资产阶级的革命与革命的资产阶级

（1923年4月25日）

陈独秀

人类社会组织之历史的进化，观过去现在以察将来，其最大的变更，是由游牧酋长时代，而封建时代，而资产阶级时代，而无产阶级时代；这些时代之必然的推进，即所谓时代潮流，他若到来，是不可以人力抵抗的。在空间上各民族以环境所演的机会不同，虽至进化之迟速大相悬绝（例如非洲南洋之游牧酋长社会，东方之封建军阀社会，西欧南北美之资产阶级社会，俄国之无产阶级社会，同存于今世），而在时间上，进化的历程恒次第不爽，这是因为人类治生方法，次第变更发展，由简单而复杂，造成次第不同的经济组织而为社会一切组织进化基础的缘故。

中华民族以地大物博易于停顿在家庭农业手工业自足的经济制度之下，及与治生方法进化较速的西欧民族隔绝这两个原因，封建军阀时代遂至久延生命，由秦汉以至今日，社会的政治的现象，都是一方面封建势力已濒于覆灭，一方面又回向封建，这种封建势力垂灭不灭的现象，乃是因为封建宗法社会旧有的家庭农业手工业已充分发展而有更进一步的倾向，但新生的经济势力（即资本主义的大工业）过于微弱，还不能取而代之的缘故。

明代西力东渐，这是中国民族思想制度发生空前大变化的最初种子；清代鸦片战争，这是西欧资本帝国主义向长城内封建的老大帝国开始发展，也就是沉睡在长城内老大帝国封建宗法的道德思想制度开始大溃崩；甲午、庚子两次战争，这几乎是中国封建宗法的道德思想制度最后的溃崩，也就是资本民主革命运动最初的开始。近代资本主义的工商业，在西欧征服了封建宗法的道德思想制度，进化到世界的资本帝国主义，世界各国的铜墙铁壁都被他们打开，封锁不住了，老大帝国之万里长城那里还封锁得住？所以中国自甲午、庚子两次战争以来，已由内部产业之发展遇着外部国际资本帝国主义之压迫，驱入封建宗法主义与资本民主主义之转变时代，"富强""维新""自强""变法"的呼声遍满全国，便是这个时代的精神；自此以后，无论几多老少昏蛋天天讲什么人心道德，什么礼教纲常，什么东方文化，什么精神生活，凭他们喉咙叫得多么响亮，可怜终于被机器算盘的声音掩住了；这种历史进化的必然现象，就是封建宗法主义进化到资本民主主义的现象，或者也很可愤恨，很可鄙厌，然而我们主观的愤恨鄙厌心理，终于敌不过客观的历史进化历程之必然性，因此这班老少昏蛋的咨嗟太息终于无用，因此清西后及刚毅辈无论有如何威权终于失败。

辛亥革命，已由和平的资本民主运动进步到革命的资本民主运动，更是中国历史上封建帝制变化到资本民主之剧烈的开始表现。所以单以满汉民族冲突解释辛亥革命之原因，那便只是皮相的观察，忘了经济的历史的基本条件；因为辛亥以前，已经有了十七年以上的富强维新运动，辛亥革命，正是封建派压迫资本民主派富强维新的运动之反动，所以，非革新不能自强，非推倒满清不能革新，是当时革命派反对立宪派之重要的理论。当时革命与立宪两派的方法虽然不同，而两派之目的同是革新自强，换句话说，就同是"革旧制""兴实业""抗强邻"这三个口号，明明白白是半殖民地之资产阶级民主运动的口号，那能说是满汉民族之争。

辛亥革命所以失败的原因（此次革命表面上虽说成功，实质上可说是完全失败），也正以当时幼稚的中国资产阶级，未曾发达到与封建官僚阶级截然分化的程度，未曾发达到自己阶级势力集中而有阶级的觉悟与革命的需要，他们大部分只看见目前的损失，不懂得民主革命是他们将来的利益，更不懂得民主的革命党之胜利就是他们资产阶级之胜利，所以革命事业犹在中途，他们便现出小资产阶级和平苟安的根性，反对继续战争，而且反对革命党，遂使全国的武装及政权完全归诸帝政余孽北洋军阀之手。帝国主义的英、美、日本等国知道中国资本主义民主革命成功是他们的不利，极力援助北洋派压迫革命党；于是革命党失败逃亡，以至帝制两次复活，革命党屡战屡败，一直到现在还是孤苦奋斗，唯一的原因就是：全国资产阶级之多数缺乏阶级间利害不同的觉悟，所以始终依赖他们的敌人——封建的北洋派，而漠视或更至嫉观他们的友人——民主革命党之故。

辛亥革命本身的性质，是资产阶级的民主革命，而非民族革命，更非其他阶级的革命。这是如上文所述在经济的历史的观察上及革命的前因后果上可以充分说明的。但以革命运动中主要分子而论，却大部分不出于纯粹的资产阶级，而属于世家官宦坠落下来非阶级化之士的社会；这种非阶级化的"士"之浪漫的革命，不能得资产阶级亲密的同情，只可以说明辛亥以来革命困难不易完成的原因，不能以此说明他不是资产阶级的民主革命。将来革命事业完全成功时，社会阶级分化究竟至何程度，那时对于革命的性质究竟如何解释，我们现在还不知道，现在也没求其知道的必要；可是观察过去及现在的革命运动，确是资产阶级的民主革命，而且我们也应该希望他能成功一实实在在的资产阶级的民主革命。因为依世界的政治状况及中国的经济文化状况和在国际的地位，资产阶级的民主革命正负着历史的使命，这是毫无疑义的。半殖民地的中国社会状况既然需要一个资产阶级的民主革命，在这革命运动中，革命党便须取得资产阶级充分的援助，资产阶级的民主革命若失了资产阶级的援助，在革命事业中便没有阶级的意义和社会的基础，没有阶级意义和社会基础的革命，在革命运动中虽有一二伟大的人物主持，其结果只能造成这一二伟大人物的奇迹，必不能使社会组织变更，必没有一个阶级代替他一个阶级的力量，即或能够打倒现在统治阶级（北洋军阀），而没有真实力量牢固的占住他的地位，被打倒的阶级时时都有恢复故物之可能。因此，我们以为中国国民党应该明白觉悟负了中国历史上资产阶级民主革命的使命，在这革命运动中，不可有拒绝资产阶级之左的观念，我们对于这种左倾的观念，自然十分感佩，但是在目前革命事业上，这种浪漫的左倾，实是一个错误的观念；因为每个阶级的革命，都要建设在每个阶级的力量上面，决不是浪漫的左倾观念可以济事的。

同时我们对于右倾的观念，也不得不加以警告。原来在各阶级的革命当中，实际参与的只是该阶级中一部分最觉悟的革命分子，挺身出来为全阶级的利益奋斗，决不是全阶级的动作与意识，并且全阶级中一定还有许多失了阶级性的分子同时出来依附敌对的阶级，来做不利于自己阶级之反革命的行动，这是历史上现社会上常见不足为奇的事。因此，我们虽然主张中国国民党不可有拒绝资产阶级之左倾的观念，同时也不主张国民党有极力与反革命的资产阶级妥协之右倾的观念。在产业幼稚资产阶级势力不集中的社会，尤其是在殖民地或半殖民地的社会，资产阶级每每有分为三部的现象：（一）是革命的资产阶级，他们因为封建军阀及国际帝国主义妨碍大规模的工商业发展而赞成革命，如中国海外侨商及长江新兴的工商业家之一部分。（二）是反革命的资产阶级，他们因为素来是依靠外人的恩惠及利用国家财政机关与军阀官僚势力，造成了畸形的商业资本，专以卖国行为增加他们货币的财富，他们自然而然要依附军阀官僚及帝国主义的强烈而反对革命，他们也可以叫做官僚资产阶级，如中国新旧交通系之类；自盛宣怀以至张弧、王克敏，乃是他们代表的人物。（三）是非革命的资产阶级，他们因为所营的工商业规模极小，没有扩大的企图，没有在政治上直接的需要，所以对于民主革命恒取消极的中立态度，这种小工商业家，在小资产阶级的中国社会居最大多数。中国国民党应该一方面容纳革命的资产阶级，为他们打倒妨碍工商业发展的一切军阀，并且为他们排除援助军阀而又压迫中国工商业的国际帝国主义者，因为在半殖民地的中国，资产阶级深受外资竞争和协定关税及种种不平等的条约之痛苦，非排除国际帝国主义的势力，脱离半殖民地的地位，成为完全自主的国家，实行保护政策，决不能完成资本民主革命，所以中国资本民主运动自始便以维新自强抵御强邻外患为唯一的动因；一方面也应该提携中立的小资产阶级，引导他们上革命的路，增加革命的势力。至于那班反革命的官僚资产阶级，实是中国真正资产阶级发展之障碍，绝对不可和他们妥协。他们为做官抓钱计，有时也鬼混到革命政府做事，一到了困难艰险的时候，他们是丝毫不负责任的；就是在没有困难艰险时，他们也有使勇敢纯洁的革命党变成官僚化的能力。他们始终是靠帝国主义列强及国内的军阀而生存，他们始终是阻挠革命运动，他们当中最优秀分子，也不过一足立在军阀阶级，一足立在资产阶级，调和两方面革命冲突，结果必然造成封建的资产阶级，封建的资产阶级是帝国主义者及军阀的工具，可以永远阻住本国的资产阶级自由发展及国家独立自主。所以国民党要想完成资本民主革命的使命，万不可和反革命的官僚资产阶级妥协，因为中国此时的危机，"军资妥协"更险恶于"劳资妥协"，官僚的资产阶级正是军阀与资产阶级妥协之媒介物，也就是资产阶级之蟊贼，和欧美劳动运动中鼓吹"劳资妥协"来卖无产阶级之改良派（如社会民主党）等是同样的奸恶。

我们也知道中国资产阶级势力微弱，尚不足克服封建军阀及国际帝国主义，所以使革命党易于采用右倾的妥协政策；但是要知道现有一条活路横在我们的眼前，就是与革命的无产阶级携手，打倒我们的共同敌人。中国的经济现状，军阀阶级已与资产阶级显然分开，而资产阶级与无产阶级之分化，尚未到截然分离的程度，所以革命的资产阶级应该和革命的无产阶级妥协，打倒共同敌对的军阀阶级，不应该和反革命的资产阶级妥协；因为劳动群众本来具有革命的实力，应在革命运动中占重要部分，而且此时和革命的资产阶级共同敌对的目标相同，可以联合一个革命的战线；官僚资产阶级所处的环境，使他不得不站在军阀和国际帝国主义者那一方面，决不能和革命的资产阶级联成一个战线，这是中国国民党应该明白觉悟的。无产阶级也明明知道此种民主革命的成功诚然是资产阶级的胜利，然而幼稚的无产阶级目前只有在此胜利之奋斗中才有获得若干自由及扩大自己能力之机会，所以和革命的资产阶级合作，也是中国无产阶级目前必由之路。

　　总括起来说：在每个革命运动中，浪漫的左倾观念和妥协的右倾观念都能妨碍革命进行；中国国民党目前的使命及进行的正轨应该是：统率革命的资产阶级，联合革命的无产阶级，实现资产阶级的民主革命。可是要想资产阶级的民主革命完全实现，在革命运动中，革命的资产阶级断然不可忘记了两件大事：（一）是反抗国际帝国主义的势力而脱其羁绊；（二）是承认无产阶级的势力而与之携手进行。因为本国的资产阶级决没有在外国资本帝国主义政治或经济的侵略之下能够发展的希望，幼稚的资产阶级也很难以单独的力量完成革命事业，所以"反抗帝国主义"及"联络资产阶级"这两个原则，是全世界殖民地或半殖民地资产阶级民主革命所特有的共通原则。

　　（《向导》周报第22期，1923年4月25日；转引自《"二大"和"三大"——中国共产党第二、三次代表大会资料选编》，中国社会科学出版社1985年版，第359—365页）

中国革命运动与国际之关系

（1923年5月2日）

和　森

一、世界资本主义与民主主义之崩坏

自十八世纪以来，人类经济生活演进到资本主义时代，政治组织也就随着演进到民主主义时代；产业革命与民主革命的潮流，在欧美各先进国，次第扫荡农业、手工业与封建制度，而建立了近代资本民主的政治经济组织。

资本主义发达到十九世纪下半纪，银行资本与工业资本混合，托辣斯与加特尔垄断国际市场，于是遂入于争夺殖民地的帝国主义时代；资产阶级民主主义的国家，由阶级争斗与国际竞争的结果，一面成为一些托辣斯争夺殖民地之武力的集团，尽量扩张其军国主义与军备，一面渐渐揭破其"德谟克拉西"的假面具，显出资产阶级专政的真相。

一九一四至一九一八年，资本帝国主义世界大战的结果：一面酿成俄罗斯无产阶级革命，一面破坏了全世界资本主义的经济基础。这就是世界资本主义与民主主义崩坏之发端。

现在我们可以简单列举资本主义崩坏之科学的例证：

一、地域上的推广阻止了并且缩小了。以前资本主义之昌盛由于不停的推广殖民地及常常获得新市场；但地球面积有限，资本主义发达到今日已是无孔不入，亚洲非洲的穷乡僻壤，都有了大工业国的商品；加以劳农俄国成立，占全地球六分之一的地方，已不是资本主义的范围了。

二、有些资本主义国家，回复到资本主义以前的经济状态去了。这种状态在中欧与东欧特别显著：因为纸币的跌落，农人渐渐回复到自给的经济状况，既不愿将其农产品卖于市场，又不愿买市场的商品，而以家庭生产自给；从前以现银纳税，现在以货品纳税，从前用货币交易，现在用谷物交易；资本不投于生产事业而投于不生产的交易事业。

三、国际的分工限制了，世界经济生活的单位摇动了。比如美国从前是农业国，英是工业国，因有这种国际的分工，所以资本主义发达非常畅利。现在不然：美国由大战一跃而兼为工业最发达的国家，同时英国也高唱发展自己的农业；各大工业国皆极力恢复几百年前的保护政策，增加进口税（如美国新税则），以防外来商品之输入，巩固国内的市场；因为国际贸易额大减，国际经济的协作衰颓。

四、世界经济生活的统一破坏了。战后，资本主义的中心由欧洲移至美国与日本，但以前欧洲的旧中心能借水陆交通，将高量的生产匀送于低量生产之各地，故世界经济生活常呈统一平衡之观；现在不然，因为国际经济的平衡破坏，中欧东欧纸币的跌落，生产高的国家不能将其生产品匀送于生产低之各地，高量生产与低量生产遂失其调剂而分为两种半身不遂的经济状况。

五、生产减低，财富的积聚也减低了。战后，中欧东欧完全破产，丧失其购买力，故工业恐慌，在英美特别显明，失业者常自二三百万至六七百万，所以生产异常减低，财富之积聚自然也要异常减低，这种状况在战败国更甚。

六、信用制度崩坏了。战前欧洲各国皆采用金本位制，纸币与金币价格相等；战后几乎完全变为纸本位，纸币与金币价格相差悬殊；

国际间汇兑率尤为奇变，国际经济之平衡异常倾畸，国际交易也就异常衰竭。

资本主义这样的崩坏，有方法可挽回吗？这个问题，资本主义的本身是不能解答的（参看本报十六期至十八期的《赔偿问题与帝国主义》）。至此我们更可审查现在还勉强可以维持其存在的政治形势。

现在各大强国的资产阶级。以最少数的人口统治了十二万万以上被压迫民族（占全人类四分之三以上）及其本国几百几千万无产阶级。战前殖民事业发达，经济状况优裕，资本民主国家的统治权威，自然要算是"万能"；可是现在就不同了，经济恐慌、财政恐慌、失业问题、贫困问题，不仅一个不能解决，一纸凡尔塞和约，更弄得破产的欧洲一塌糊涂。不仅国际资产阶级不能协调一致，就是一国的资产阶级，因为利害关系亦常常四分五裂，互相冲突（如美国禁酒案、商船津贴案之争等）。他们再也没有能力解决社会问题了，对于革命的无产阶级，便只有揭破"德谟克拉西"的假面具，野蛮的反动起来。他方面，我们试看各国共产党运动之强大，英国工党左翼在上届选举之胜利，劳农俄国（世界革命的大本营）之巩固，土耳其及东方被压迫民族之崛起，就可知道世界资本主义与民主主义的末日快到了。

二、殖民地的革命运动与中国

资本主义与民主主义在历史上虽确已入了凋谢日期，但在殖民地及弱小民族，因为国际侵略的关系，还未充分发达并且不能充分发达，如中国就是一个例。国际资本主义最后生息调剂的源泉，现在可说只有中国，他们若容中国政治经济独立发展，便无异是宣布自己的死刑。中国民主革命至今不能成功，关税至今不能自立，就是因为他们不任中国政治经济独立发展的缘故。他们维持袁世凯与吴佩孚的封建势力，目的就在永远握住中国的经济生命，掠夺中国自然的富源与劳力，以图救济或和缓其国内政治经济的危机，延长其资本主义民主主义的命运。

中国三十年来的革命运动，虽然是幼稚的资产阶级民主革命运动，实际上与十八九世纪欧洲资产阶级民主革命运动有国际地位及经济地位之不同。在英法各资本主义先进国，资本主义不仅自动的萌芽于封建社会的内部，而且自动的成熟于封建社会的内部，以至打破封建制度狭隘的束缚；殖民地及半殖民地则不然，这些地方的资本主义，乃因国际资本主义之侵入而发生，但在国际资本压迫与操纵之下，决不容独立的发展至于成熟；这些地方的资本主义，在外貌上虽比十八九世纪英法的经济状况更发达（如上海），但这系外铄而非自动，系外国资本之幻影，而非本国资本发展之实质。

各资本主义先进国的民主革命，可说完全是对内的革命，他的敌人只有一个，就是封建阶级；殖民地及半殖民地的革命则不然，不仅是对内的革命而且是对外的革命，他的敌人有两个，一是封建阶级，一是外国帝国主义。当资本主义先进国革命时，国际资产阶级每每能互相援助（如法美）以对抗国际的封建势力；殖民地及半殖民地革命时则不然，国际资产阶级不仅不帮助此等地方幼稚的资本阶级去打倒封建势力，反而援助封建势力压迫民主革命，中国十二年来的往事，就是明证。

资本主义先进国的民主革命与殖民地半殖民地的民主革命既有如许区别，所以中国革命运动之性质与历程必与从前欧美资产阶级的民主革命大不相同。当此世界资本主义和民主主义业已开始崩坏之时，当此被压迫民族与无产阶级同夷为最少数帝国主义者的奴隶之时，殖民地的革命运动已不是纯粹资产阶级民主革命的问题，事实上业已变成为国民革命（亦可称民族革命）的问题，而且这个问题要待列入世界革命的议事日程中才得解决。

殖民地国民革命运动的特性就是：一面打倒国内的封建势力，一面反抗外国帝国主义；在这种立场上，殖民地的无产阶级所以可与革命的资产阶级结成联合战线。革命党的领袖们如不认清中国的革命运动为殖民地的革命运动，如不认清中国的革命须同时打倒军阀与外国帝国主义，则其方略与趋向必至大错而特错，不但不能达到成功目的，而且将使革命运动中道夭殇。

三、革命党之谬误观念

上述中国革命运动的性质，是由中国国际地位决定的；中国革命运动之动因（因外力侵凌，清庭［廷］丧权辱国）与挫折（因各国援助袁世凯以下的旧势力），自始即具有复杂之国际关系；中国革命运动之成功，亦必成为国际的问题而不是纯粹可由中国自己解决的"内政"问题。资本世界崩坏的现象：在西方业已形成普遍的无产阶级之革命运动，在东方业已形成普遍的被压迫民族之革命运动；两种革命运动的焦点就是推翻国际帝国主义，两种革命运动的成功就是世界革命；必须使中国革命运动与世界革命运动汇合，中国革命才能成功，中国革命问题才能真正解决。所以"联合苏维埃俄罗斯"实成为中国革命运动更向前进之惟一重要的先决问题。

然而，中国革命的领袖人物，常有许多谬误观念：第一，他们认不清中国的革命运动是殖民地的革命运动，所以他们把中国的革命专门做成为一种解决"内政"的运动，他们以为对于外国帝国主义无须倡言反抗，只要内政肃清，强邻自然改颜相向。第二，他们误认革命为纯粹的中国事业，与国际没甚关系，他们以为只须用一种政策阻止外国的干涉，中国革命便可成功，只须声明"承认（或不侵犯）一切条约"，外国防［妨］害革命的举动即可免避。第三，他们常常梦想所谓"友邦"的帮助，换过说即一派外国帝国主义者的帮助，虽然事实上常常证明这种梦想得不到什么益处，但是他们心中总还保留这种想头。

其实，外国势力早已在中国内政上支配着：东交民巷的太上政府可以决定北京政府一切动作；外国公使、领事、商人、牧师的态度可以影响一切官吏甚至于国民领袖；不仅北京政府一举一动要仰公使团的鼻息，就是广州前前后后的革命政府对于"如在其上"的香港英国帝国主义者也常常免不掉畏首畏尾呢！况且外力不停的援助军阀们，革命形势常在失败之中，中国"内政"何日可以肃清呢？国民党因为种了以上的谬误观念，所以对于全国如火如荼的反抗外国帝国主义的爱国运动（如现在收回旅大的运动）常常缩头缩脑不敢出面领导群众，有时且故意躲避。又如年来工人阶级罢工运动之发展与失败，这在国民革命的意义上何等重要，但是国民党因为避"赤化"的嫌疑——恐怕外国报纸指他为"过激化"，对于被军阀与洋资本家压迫工人的事情一声不响；最近吴佩孚——国民党现在主要的敌人——对于京汉路工的大惨杀，国民党还是一声不响，还是恐怕惹起英国帝国主义的嫌疑，却不顾及因此要减低劳动群众对于他的同情！

因为梦想"友邦"的援助，或者也是使国民党不敢与爱国运动和劳动群众接近的原因之一个。虽然，丢开过去的事实不谈，我们且看现在自称对于孙中山改变态度的英国帝国主义：英国帝国主义者，除了敲敲广九与粤汉路接轨的竹杠外，帮助了孙中山些什么？不但没有丝毫帮助，而且香港又成为陈炯明的阴谋窟，英国帝国主义者不日又要资助陈贼回粤发难驱逐孙中山呵！我们试回忆中山先生在香港的演说，有何意义呢？

因为要避外国帝国主义者的嫌疑，因为要保持"外交"的面孔，国民党不但不敢与民众接近，更是不敢与苏维埃俄罗斯接近；苏俄革命成功已六年了，土耳其国民党得其帮助（这才是被压迫民族真正的帮助）业已战胜外国帝国主义使土耳其民族朝向解放的路上走了，然而中国国民党至今还未派一个正式代表赴莫斯科呢！

以上种种谬误与失策，实是中国国民革命运动的损失！这种损失比较军事的失败、地盘的丧失要重大得多！我们诚恳的希望中山先生们迅速估定革命新方针，朝着国民革命的正轨走去，而且朝着世界革命走去，中国革命才得成功，中华民族才得解放！

（《向导》周报第23期，1923年5月2日；转引自《"二大"和"三大"——中国共产党第二、三次代表大会资料选编》，中国社会科学出版社1985年版，第366—372页）

吴佩孚与国民党

（1923年5月9日）

孙　铎

　　中国现在最有力的军人自然要算洛阳军阀了。洛阳军阀的力量并不是他的思想比别的军阀高明一点；吴佩孚说不上有什么自己的政治思想，对于中国国际的地位，和中国人民所以受苦的原因他更是不知道。但是无论那个留心国事的人都知道吴佩孚实际上能指挥北京政府，保曹威权的存在全靠吴佩孚的拥护。吴佩孚的力量到底在什么地方呢？怎样他能得有这样大的势力呢？他的强大而真正的权力就是他专注于一件事业的坚强意志力。他不是一个政客，亦不是一个政治家。他自然是亦没有什么主义的，然而他有他的方法去得到宰制中国的势力。他是一个狠〔很〕好的组织家，他知道组织的重要。因为他不是一个有近代思想的政治家，他没有想到政治的组织，和政党，他对于经济发展的计划，自然更是从来没有用过心。他的组织力完全专注在军事方面。他看见他的仇敌没有一点组织和训练，对于他实在是一个好的机会，于是他自己继续不断的用力训练成一个少而精的军队。他不叫他的兵士和军官到大城市里面去，怕他们做赌博和他种坏事，忘掉他们的责务。他把他的军队与普通的中国社会分隔。他在中国的中心找着一个合意的地方，在那里他可以照他的意思训练他的军队，他把军队带到一个容易掌管近代产业发达中心的地方，因此他的军队能得着经济的来源。在这个中心他能出产比中国别处更多的军事用品。他把农民和苦力招进营里去速成高级的专门兵士，他是一个狠[很]能吃苦做事的人，自己常常在兵士中检查，不许他的手下人放弃责务，败坏他的事业。他想教他的军队明白他们的责任。他极力发展他军队的勇武精神。他自编了战歌，教他的兵士在整队游行的时候高唱。他对于他的兵士演说他们必须报日本人侵掠[略]中国的仇。他用他全力造成强固而有训练和有组织的少数军队，这个就是吴佩孚的真正力量。他不愿意牺牲他最精的兵去打河南土匪。当土匪闹得不像样了，与他的名誉不好听了，他于是派别人的军队去打这些土匪，或者招抚这些土匪。当他要攻打各省使他们归顺他的时候，他只用那些傀儡去打，只帮助他们军火和金钱，或是叫北京政府赏赐一个不值钱的官职，他所保留他的模范第三师总是不动，他和不重要的仇敌开战，只利用别的武人的军队，留了他自己军队去打那北方和他有相等权力的武人——张作霖。他很明白奉张是和他有同等组织能力的，虽然奉张不能像他一样能完全注意于军事。

像吴佩孚的组织力对于造成一个有力的独立的中国是能极有用的。他能够！但是他不愿意。他将为中国国家和中国人民的大害。他只能做一个袁世凯第二，想做武力专制魔王，暂时依附于曹锟旗帜之下，其实他打着他自己的旗帜。因为两种原故，他对于中国和中国人民是一个祸害，第一他没有一点国民革命的思想，虽然他在他的军队中宣传反对日本的宰制中国。我们记得袁世凯亦曾仇视日本，而因为要借款于日本来维持他的权力，遂不惜卖国与日本。当吴佩孚的走狗杨森进攻四川时，对人民宣言他是为统一而战，是为实践华盛顿会议的列强的要求而战，华盛顿会议以吴佩孚为能实行他们要求的人，所以杨森就这样宣言说吴佩孚是代表华盛顿会议列强的；这个宣言完全表示吴佩孚是英美帝国主义的计划实现之人。因为吴佩孚不会加入中国革命的国民运动，他决计不能对于建设一个强大的独立的中国有所供[贡]献。一个不能脱离外国帝国主义势力的武力专政，只能使我们中国的情形比现在情形更坏。第二，吴佩孚是中国的一个大患，因为武力是他的"智能"的终始。他不能和人民有一种友善的关系。他除掉没收京汉路的进款和强迫他的属下督军供给他经济，没有别种方法得着金钱供给他的军事行动。他的金钱完全是用强迫人民的手段征收来的。他否认人民有集会结社权。当工人为增加自己地位而组织团体，吴佩孚极力去破坏这个新生的势力，这种势力对于中国的改造将有极大的供〔贡〕献。吴佩孚现在这些行为，已足证明他是一个比以前世界上一切的专制皇帝还专制的人物。京汉路惨杀的四十余工人，林祥谦的枭首示众，施洋同志的枪毙，都可以提醒中国人民要反对洛阳军阀的专制。因为吴佩孚有这样大的武力和组织力——他更是中国人民最危险的仇敌。因此中国真正的国民运动者，应该集中他们力量来打破这个想做中国专制皇帝的权力。他在今年二月七日犯了惨杀人民大罪之后，对于他无论用那种方法，在道德上都是允许的，我们应该无顾忌的用各种方法去掉他。

然而我们如果看轻我们这个仇敌的势力，那就蠢极了。我们倘若自己没有一种真正的势力，我们不能够完成我们打倒他的责务。他的势力之秘密就是他的组织力。我们首先要紧的责务就是成立一个全国国民革命份子之强有力的组织——一个真正强有力的群众党。我们现在首先的问题决不是如何建设一个政府，因为我们知道当我们还没有一个政党的时候，这完全是一种梦想。我们只用武力一种方法，我们决计不能打倒吴佩孚的武力专制。国民党的注意太完全放在军事上和放在政客议员秘密的计划上。我们固然不能完全放弃军事行动，但是我们如果没有一个好的强固的党，我们不能希望我们自己能有强固的武力。有了这个强固的党，我们就可以造成我们自己的真正武力——信奉主义的武力。并且有这个武力才可以制裁如陈炯明一类的军官卖党行为，而同时才可以减低我们仇敌的武力。

中国国民党要成功一个强大的党，势必要大大的注意于有力量的和有统系的宣传事业。非特要在国民党势力范围之下的各省，非特要在西南各省宣传，因为国民党是中国国民党而不是地方主义者。我们的思想一定要能使简单的兵士和海军水手明白。这样做去，我们的将来才有希望。这样做去，才能进到国民运动历史的一个新时期。

［《向导》周报第24期，1923年5月9日；转引自中国社会科学院近代史研究室编：《马林在中国的有关资料》（增订本），人民出版社1984年版，第158—161页］

第二次的世界战争

（1923年5月16日）

孙　铎

　　本星期香港英报纸载澳洲的舆论对于英政府在新加坡建筑一个新海军港之决定颇为满意。其目的在保护大英帝国在太平洋的利益。

　　我们须注意这个新闻，并须明白他的重要。我们大家以为上次世界大战应当是武力解决国际纠纷的末一次，但是我们大家都知道世界又将投入一个比前更利[厉]害的新战争。各帝国主义的国家为讨论和平曾开过许多次会议，曾组织过国际联盟，这个国际联盟照美国前任总统威尔逊的意想是要成为英美管理全世界的机关，但是后来变为英法帝国主义冲突的场合。王宠惠离广州赴海牙接任国际法院裁判职时，宣言这个机关是一个最好的世界和平之保障，这种话不过是王氏用作粉饰他出国的口实，其实他应该在中国帮助国民党造成一个强固独立的中国，这个国际法院和国际联盟一样没有什么价值。

　　华盛顿会议大家知道是为了太平洋沿岸各国的事情而开的。在这次会议上承认了大战舰的限制。但是自从那时起，所有承受华盛顿协约的各国都积极预备未来的战争。法国因为他飞机发达和注意于潜艇，使英国震恐。英国把这个作为惊人的和法国竞争之有力的宣传。所以在英国的上议院议决，审查"前次大战后十年之内不会再有大战"这个意见是否仍旧不错？美国大战以来成为一个纯粹的帝国主义国，有组织的宣传爱国主义，把海军集中于太平洋以保护他大战中所获得的经济地位。星加坡①设立海军港，日本一定知道侵犯日本的利益，是太平洋未来大祸的又一个警报。未来的大祸将如狂风暴雨而来。

胜利的各国资产阶级之冲突，就是在太平洋沿岸殖民地或半殖民地经济利益的冲突，尤其是他们在中国的冲突。在这战争之中，中国的地位将如何呢？是否我国人民消极的等他来，或者我们可以积极的干预。我们就是不能阻止这战争，亦至少不至如我们在凡尔赛和会受同样的鱼肉？似乎看起来，我们势将为列强的捕获物了，但这决不是我们所情愿的地位，如果我们明白我们的责任，把国内各种人民的势力联合起来，以抵御帝国主义的各国，我们一定能有我们自己的力量。我们要使我们能这样成功，我们须把我们的全力去发展国民党。国民党亦须抓住民众，成功一个民众党，站在指导民众地位，然后才能建设一个脱离列强羁绊之独立的中国政府。国民党又须使中国人民明白有和苏俄合作的必要，因为苏俄是始终为反对侵略的资本主义国之宰割世界而战的。

[《向导》周报第25期，1923年5月16日；转引自中国社会科学院近代史研究室编：《马林在中国的有关资料》（增订本），人民出版社1984年版，第162—163页]

———————————

① 即新加坡地区。

墓中人语

（1923年5月23日）

孙　铎

　　五月十四日是纪念第一次革命七十二烈士的日子，我到了黄花岗，在那里国民党造了一个纪念碑以表示他们感谢和尊敬这些烈士为人民牺牲的热情。我看见各学校的几千小学生，女学生，男学生，军队，各工团的工人，他们都来了。他们一直到山上，带着花，和着军乐。我四处找寻国民党的人。他们应当对群众演说，应该告诉群众这些学生和军官的战斗的历史，他们不能等待普遍的发动，他们愿以身作则，拿他们的生命换他们的壮烈。我四面找宣传员，他们应当对青年，工人和军人说明今日的情势，他们应该鼓励群众去继续反抗耻辱和剥削的大战争，激发在这战争中和七十二烈士的同一样的牺牲精神和勇敢。

　　我找遍群众兜着的圈子，找不着一个，没有一位国民党的代表利用这个机会给人民以政治教育。不错，我看见各团体散传单，我看见声讨吴佩孚惨杀京汉工人的书……但是除掉这个之外，政治教育和宣传完全没有。于是我离开了人群，我走到那样远还听见人声，但是不是我已经离开的人群的声音？起初不能听见说的什么，后来注意细细一听很清楚，听见那些坟墓中间的一个说话。

　　这就是他说的：

　　同胞们！你们知道不知道中国革命已经十二年了，还是一无所成。我们牺牲了一切去推倒满清。我们奋斗为争得自由的中国，独立的中国，强大的中国，和一个引用新生产方式为全体人民谋幸福的中国。我们为主义而奋斗，主义给了我们勇力，我们是先锋，我们死了是要我们的主义胜利，我们中国地区很大而中国的政治生命的组织很小，我们中国很弱而我们的仇敌很强，他们比满清强得多，危险得远。他们就是欧美列强，他们要求他们有统治世界掠夺世界的权，像他们在他们本国掠夺劳动阶级一样。这些帝国主义的列强毒害我们中国，他们阻止中国统一的进行，他们制造纷乱，他们雇用中国的军阀，革命的头几年袁世凯就是被他们雇用的。他们的权力实在可怕，他们带了巡洋舰炮船飞机，并且在我们中国组织义勇队，以保护他们在中国的统治。他们并且把他们的学校和资本主义的思想送到中国来，想把我们的智识阶级分裂，使他们变成美国式的钻钱眼者。满清从未有和他们这样强的，所以我国爱国的人们亦须用格外强大的力量：第一，不得不把中国一切革命家人物强固地组织在一个大政党之中；第二，中国明白人民痛苦的革命家必须把他们打倒。我们的大政党有宣传这种政治教育的责任，我们没有一个强固组织的真正革命团体决不能得着胜利，这个党有政治教育的大工作，不可失掉一个机会，必须在革命党中发展那些性质，使他们能勇敢和百折不回地奋斗，以达到胜利的目的。党一定要对革命的人们指出谁是我们的仇敌，打倒仇敌的方法是如何，谁是我们的朋友。我们不希望纪念日子来对我们表示敬意，如果我们不能看见奋斗的群众来集合在我们墓前宣誓他们将完成我们开始的工作，很清楚地表示他们的革命思想，把纪念弄成奋斗精神的新冲动的事情。

　　我默默地听着，我的血到面上来了。把纪念日做庆祝节还不是这个时候，胜利的日期还远。我们的已死先烈有要求我们在这纪念日纪念他们的义勇，只是要把他为了牺牲的主义去感动青年的心和激起劳动群众和兵士去继续他们以前的奋斗。

我离开了黄花岗，学生，工人，和军士，他们还是来着。我一面想，国民党如果要造成推翻宰制大中华之外力的力量，一定要重新改造。

几天之后，我在广州街上走过，看见各大街道上小学生，大学生，男的，女的，许许多多忙着募捐，以慰劳打走吴佩孚的走狗和反贼陈炯明之军士。他们很活动，他们极力去把孙中山的军队和城市的人民接近。他们停止了人力车和汽车募集捐款。这些青年学童做了很好的工作。他们觉着他们自己已经是为解放他们国家做事的人了。他们这样的活动使他们接近国民运动，几年后他们一定是国民党很好的预备员。这些广东的新青年学童，像前敌的国民党军队和京汉路罢工时所表示的壮烈的工人——都证明中国尽有力量发达一个大的国民运动，这个运动将造成一个新中国，就是为了这个十多年前中国这样多的最好份子把他们牺牲。

[《向导》周报第26期，1923年5月23日；转引自中国社会科学院近代史研究室编：《马林在中国的有关资料》（增订本），人民出版社1984年版，第166—168页]

临城案件与国民党

（1923年5月23日）

孙　铎

统治国对于殖民地的政策总是用分裂国民运动中的分子来破坏被压迫民族反抗的力量，例如在印度两派互相攻击已有多年。印度真正急进和革命分子已用全力反对外国的统治；他们认外国侵略者对于国民运动的让步，只是想把国民运动的一部分拉到统治的英政府方面去；温和派则相信这种让步可以证明英政府的诚心改革和教育印度人民的自治能力。许多印度的官僚，许多地主和资产阶级的份子是站在英政府一面而反对革命的国民运动的发展。

在中国亦有许多例可以证明，联合管理中国的外国帝国主义者，用外国教育来造成一班中国人相信列强愿意诚心帮助中国发展他的富源，建设近世的政府组织，使中国能强大独立，足以自保。大都市的中国商人和洋人有一种密切的关系，从这种关系所生的结果就是中国商人阶级看了洋人和列强的代表是维持中国法律秩序的要素。所以中国商会打电北京公使要求干涉临城案件，乃是天然的道理。中国商人这样态度自然是绝对错误，他们完全忘掉列强对于中国现状所应负的责任。他们把中国人个人受洋人虐待案件——如最近乐志华案——忘掉了，并且把中国民族全体的耻辱亦忘掉了。然而无论如何，中国商人所以做错误的缘故，及其授列强以推广侵掠

［略］中国的武器，都是容易解释的。

少数学生亦曾踏了同样错误的观念。这事实可以证明年轻的青年受了外国教育的影响。这些学生应当是站在为中国自决和独立奋斗的战线上面。他们应该研究帝国主义的性质和中国近几十年来的历史。他们应当明白临城土匪的方法和列强的方法所差别的不过是列强比土匪（更）损害些中国。他们应该知道请侵掠［略］的强盗国的代表来保护中国人民反对没有外交代表和新式军用品的土匪不过是中国人民自己的羞辱。

但是中国的国民党亦借临城案件而请求外国公使干预内政，实在是中国人民的羞耻。国民党之所以成立是因为反对外国侵略者的统治。因为这个缘故国民党集合了势力推翻满清。此后国民党就经验着，外国在中国的势力已很强，足以使袁世凯破坏辛亥革命的结果。这事可以证明中国那时已在列强势力宰制之下的程度。国民党如果不在人民中发展一种民族的精神，如果不鼓动中国人民起来反对列强在华势力之日长，实在没有存在之理由。说国民党会到北京公使团面前去请求他们"给中国人民以发展一个能得全国拥戴的政府之机会"，其令人难以相信；但是这事实居然发生了！因为临城案件，国民党总部乃发一个电报给奴隶中国之列强代表。这个给外国公使团的电报是用外交家的说话写出的，所以没有说实话。国民党必须反对北方军阀和其政府，这是很明白的。国民党所以要反对这些北方军阀，因为他们是中国的仇敌，他们阻止中国的发展，他们把中国变了列强的猎场，列强如果自己中间利益冲突，早就并吞了中国。国民党应当召集中国人民中一切知道所以反对北方军阀的罪恶之分子，国民党是这反对派的领袖。然而如果国民党采用错误的政策去召集外国侵掠［略］者来反对北京政府，那么，他如何能自称领袖呢？稍能明白政治的人都可以懂得国民党这样做法，犹如给一个执照给外国侵掠［略］者，甚至拿中国国民党的名义来统治中国。因为本报篇幅少不能登录该电报的全部。国民党对于中国人民没有做什么宣传，但是这个电报各报都登载了！所以只录其中紧要的几句："虽北京伪政府及其各省官吏应对现状负责，敝党代表国内自由主义及进步分子，敬对其人民受祸各国公使表示抱歉。同时国民党愿指出北京僭篡者之不为中国人民所承认，其存在只赖列强之承认而无他。是以列强于支持一不行使或不能行使政府职权之政府，已或于无形之中干预中国内政。"因为这个原因所以国民党要求列强撤销承认北京政府。国民党这样的见解，真是万难了。北京政府只是靠列强的承认这话谁能相信，没有一个政府能靠外面的承认而生存的。说列强代表"或于无形之中"干预中国事情，就可以表示民党不明白中国最大仇敌的真性质，或者因为他不肯说实话。如若是不肯说实话那就对列强太客气了一点。列强有组织的在把鸦片、基督教和战争贩到中国来造成现今中国所处的治安呢！

中国国民党须组织为打破列强统治中国的运动之前锋。然而这个电报竟要领导建设新中国的中国人民去跪在公使团的面前请求赐给中国人民以"发展一受全国拥戴的政府"的机会，这种举动无异就是反对国民运动的宣传。这种不好的宣传，不过使中国人民的民族精神，丧失于中国国民党之手！

［《向导》周报第28期，1923年5月23日；转引自中国社会科学院近代史研究室编：《马林在中国的有关资料》（增订本），人民出版社1984年版，第169—171页］

中国改造之外国援助

（1923年6月13日）

孙铎

在前期《临城案件与国民党》一篇论文中我曾说起：一切殖民地和半殖民地上做政治自决和独立运动的人们有两种趋向，绝对的互相冲突。革命分子主张用发展革命运动来实现他们民族的独立，革命运动的宣言能觉醒革命精神，能集合被压迫国家的民众与外国统治争斗。他们对民众解释外国帝国主义的真正性质，即使在外强被迫给重大让步的时候，他们看了只是外国统治的新形式，想暂时破裂革命运动的势力。反对方面则国民运动中的反革命分子倡议被压迫民族的自决只是与外国统治者合作的结果。他们只在过去的时期中是殖民地上的剥削者，现在他们明白他们必须帮助殖民地的人民培养他们国家自治所需要的质量。

人人都知道后一种的倾向在中国是很强烈的。革命的国民运动者疏忽民众中的宣传，不能见着集合群众的重要，只知注重于军事行动，而大半的外国留学生和与外国利益有密切关系的商会又常常请求外国帮助中国和中国人民的进步分子。中国评论三月号上载了主笔一篇，《中国与列强》的论文，其中有一句话说："中华民国的成功与失败大半在英国手里。所以最好我们应该得到英国的帮助和合作来开发中国的极大富源。我们希望伦敦广州的政治家能获得这个机会并且尽量利用这个机会。"这位主笔是赞成中山先生的人。他希望国民运动的领袖实行英国帮助中国改造。

广州日报的主笔亦是中山的拥护者，希望美国能帮助中国。至少他在他的报上登载了一篇美国人的文章，他想运动华盛顿承认孙中山为中国的法律上的和宪法上的总统来改善中国的状况。

受外国教育的智识阶级中这样缺乏明了帝国主义的真正性质，真是令人惊讶。然而他们对于资本主义和帝国主义的智识或者能说是缺乏，他们总不应不知道外国势力在中国发达的历史，并且在过去的时期中曾经常常说及外国资本主义在中国的帮助。这帮助的结果，每个中国人必已知道了。国民党的领袖须找得英国帮助中国改造的路途，这种提议怎么能有的？就是假设明天孙中山靠了外国的帮助得着机会作了民国的总统，岂可说中国已距离他的自决和独立近了一步了吗？决没有，只造成了使孙中山丧失他是一位忠实的革命党的名誉之机会。

新近颜惠庆与北京导报记者克拉克谈话中发表他对于发展中国的意见。他很是乐观，他对于列强有什么方法来帮助改造中国？这问题的回答如下："第一条原则就是：须让中国自己救济自己。第二条原则是：须不援助中国内争的任何方面。列强对于中国以往是忍耐了，让他们再忍耐一刻。"远东评论说颜惠庆是一个极有才的人，"中国人民渐渐多希望他出来领导创造一个真实的民治主义的和统一的中华民国，中华民国将是一个最强盛的国家"。然而我须说，对于一个说列强对于中国已经忍耐好久的先生，不能希望他做领袖有多大用处。要想列强情愿停止他们干预中国事务，要想他们能骤然完结帮助中国军阀中这个或那个的旧方法，这自然是一种乌托邦的思想。帝国主义的政策可以对中国用不同的方法来谋他们国内资产阶级的利益，但是政策虽不同，他们拿中国的利益满足他们自己资产阶级的利益则相同。例如日本要利用中国军阀中一个的援助的时候，美国亦采用同样方法阻止日本在中国势力的发展。

我们赞成颜惠庆的意见，说：中国的改造必须是中国人民自己努力的结果。但是同时我们应指明中国改造非特是要反对封建式的军阀，并且要反对外国的宰制中国。外国帝国主义在中国的势力已经是大极了。北京远东时报主笔所说的并不算过分，他说：如在中国的中心要开一枪没有不射着外国的利益的。当帝国主义列强或是互相竞争或是互相结合同是关系于中国的剥削。哪个能帮我们争得国家的独立？哪个强国有与我们同样的仇敌？革命运动须回答这两个问题。回答这些问题并不难。新俄罗斯自从一九一七年以来，一直和列强争斗，这些列强想象剥削中国一样剥削俄国的富源和俄国人民。劳农国的革命军能保卫他们的国家，维持他们的政治独立，造成现在俄国远胜于德国的地位。资本主义列强还没有停止他们攻击俄国由大革命造成的新秩序的战争。他们继续用经济的方法来强逼俄国回复到资本主义制度。目前我们又在一个英帝国主义恐吓开战和所谓民治主义的美国不肯与俄国生关系的时期中。全世界的帝国主义者联合着仇视俄国，这是很明白的。就是因为这个缘由新俄罗斯只应是征服民族的天然朋友而这些国的革命运动必须与劳农共和协同作战。中国革命的国民党应明白：虽然改造中国的大力量是他们自己的运动，而联合俄国亦是在大战争中得着胜利之所必需。

一年以前香港英国报纸登载了孙中山的中德俄同盟计划的秘密公文。在这个计划上，可以证明中国国民运动的领袖懂得有联合反对帝国主义列强的各种势力之必要。那些真想创造独立和强大的中国之各团体应把这种与俄国结合的思想极力宣传。

[《向导》周报第29期，1923年6月13日；转引自中国社会科学院近代史研究室编：《马林在中国的有关资料》（增订本），人民出版社1984年版，第172—175页]

羞见国民的中国国民党

（1923年6月13日）

春　木①

　　国民党应当是国民的党，是领导国民群众的政党；所以他的职务应是组织国民群众，在国民群众宣传，鼓起国民的精神。国民党和国民群众须有一种密切的关系；无论何时国民为自己的利益而奋斗，国民党应立刻就去帮助他们的奋斗，去指导他们走正当的道路。要在国民的心中有国民党是能代表他们，能代他们利益奋斗的观念。这样一个国民党方能算为一个真正的国民党，这种国民党准成功无疑的。土耳其的国民党就是一个最好的例。

　　中国国民党辛亥革命以来十二年的奋斗一无所成，因为他完全和国民断绝关系，而只知道和军人政客交际。无怪乎国民不愿认国民党为他们的党，实际上国民党没有做他对于国民应做的事情，没有和国民接近，没有尽一点鼓起国民精神的责任。我们不能说国民党的份子没有参加近年来的各种国民运动，并且的确国民党人在学生运动，工人运动中亦很尽了一份力量。但是个人的行动和党的行动是大有差别的。例如上海六月三日这次国民大会，有许多国民党的人物参加在内，但是国民党的面目没有拿出来。据说国民党有意在国民群众运动中不

————————

　　①　即张太雷。

把旗子树起来，因为恐怕国民党的旗子树起来了反把群众吓跑了。这种实在是一种错误的观念。因为日日和国民接触，使他们渐渐相熟，知道国民党是他们的党，是为他们奋斗的党，于是国民党才会得国民的拥护。如果大家不相接近，愈离愈远，那末国民党将变成无国民的政党。国民党的现状就快要到这个地位了，这是国民党里的稍明白的份子都能觉察到的。国民现在所以怕国民党的名字因为国民党一直所采的方法和一切混蛋的政团如安福系、交通系、直系、奉系等的无甚差别，固然在主义上面自然大有不同。如果国民党能把以前错误的政策改过来，注意于国民群众运动，注意于国民的宣传，国民非特如现时的怕惧国民党将欢迎之不暇。所以国民党不应当如旧礼教的女子怕抛头露面而不见国民群众，应在各种国民群众运动中高树国民党的旗子接近国民，指导国民，鼓起国民精神。这才是真正国民的党，这个国民党一定能如土耳其的国民党能达到同样的成功。

（《向导》周报第29期，1923年6月13日；转引自《"二大"和"三大"——中国共产党第二、三次代表大会资料选编》，中国社会科学出版社1985年版，第373—374页）

中国国民运动之过去及将来

（1923年7月1日）

孙　铎

  十二年之前中国革命推翻满清创立共和。少数同盟会员居然能把满清统治推倒，因当时中国社会的封建人物已和革命运动的领袖携手，而这班封建人物在南京和议之后实际上成为所谓中国"革命"的领袖。当袁世凯得到了政权的时候，实际上中国的状态不能有何改变，已是明明白白了，不过管理国政的权从封建的满清转移到封建的汉人而已。激进的智识阶级虽然代表中国资产阶级的意志推进了革命，然而没有一点实在的势力；革命亦实在没有什么重要变更。革命运动一直是一种秘密阴谋的运动。有革命思想的政治家从未做有力的宣传，宣传他们的主义，他们只是秘密组织军事来帮助革命，做这事他们得着海外华侨中资产阶级份子的金钱援助。

  经济上面这革命的结果是什么？农民状况没有激烈的变更，运输制度的进步反而停滞，在革命运动背后的中国富人没有集中他们的力量，来发展大规模的工业。只在近几年来受了大战的影响工业才有机会到中国来。资产阶级的华侨看得很明白，革命没有造成新的政治状况，使他们能在国内投资。他们从发财的地方回到中国，仍需到受外国管辖的地方——租界商港，设立银行，安置产业，来开发实业如纺织业等。

  政治上面说来，推倒满清，并未能造成一个强大的中国。袁世凯当权一日，他就可以用外国帝国主义者的帮助，来打破那破坏他的人。我们知道袁世凯虽然是封建中国的代表，但在中国资产阶级中很得到他们的信仰和敬重。因为袁世凯的专制在几年之中能打倒革命所造成的新机关，能平定各地叛乱，能剿灭土匪，使他们平安做商意。我们知道帮助袁世凯的中国的资产阶级完全不知道外国帝国主义在中国的势力已比在满清时代强大了多。辛亥没有能建设中华共和。革命甚至于没有影响到人民的大部分。中国辛亥革命真可和一九一八年德国革命比美。德国亦是革命后仍旧是以前的同一个阶级统治着。德国亦是革命不能造成一种新力量和外国帝国主义奋斗，大战之后外国帝国主义奴隶德国。俄国一九一七年的革命就和中国的革命相反！俄国革命把俄国造成一新俄罗斯，虽然因为内部的大改革受了许多苦，但是确已发展一种能力，足以抵抗列强的一切干涉。在中国革命运动中我们的确可以看见有少数领袖和他们的同志的热忱和牺牲，但是我们不能看见群众的革命热忱，及其创造的伟力。

在封建制度之下，中国的普通状况更比满清时代要坏。专制魔王袁世凯死之后国内战争没有一时停过。帝国主义者和国内军阀同谋合作制造土匪；土匪骚扰，甚至于抢掠外人，于是帝国主义又借此扩张其管理中国的势力；然而土匪的破坏始终害及军阀及列强的自身——却也很难说，这种列强奴隶中国人民日益厉害的状况之下，中国国民革命的精神就能增长。固然，我们有时也偶而看见国民爱国感情的爆发——例如凡尔赛和议时候，诱中国参战的协约国，一再欺骗中国，居然也引起了五四运动。然而这些爆发不能久持，甚至不能造成一个保护国家独立的团体。今年反对袁世凯时代的遗毒之日本二十一条的运动之中，就可以看出来并没有完全的国民爱国精神。中国加入欧战就是外国教育奴隶中国智识阶级的结果。外国势力宰制中国的一种最坏的形式，就是外国人在中国教育上的影响。当在欧战之中，英美为自己的目的要中国加入反对德国，于是一班受英国教育的中国学者变成了英美帝国主义者的走狗，错过中国能在自己解放上可有极大进步的机会。中国反和那班对于我国最危险的帝国主义者携手。在反对日本的运动中，我们又看见英美帝国主义的魂，例如上海的大示威运动要通电列强请主持"公道"反对日本。就在排日运动中，北京发见〔现〕精神上被外国教育所奴隶的教会学生反对中俄密切关系的要求，其实中俄密切关系，是抵御外国统治的唯一可能。

美帝国主义企图英美日法对于掠夺远东各国订立协约，中国反对美国这种企图的运动在那里？上海包探虐待乐志华，这是英美式的文化，对于这件事中国人民有什么举动？对于这件事，宁波同乡会曾很活动，但是这能不能算中国民族精神的暴发？中国报纸对于临城案件的态度是如何可怜？中国新闻记者竟屈膝于外国侵掠〔略〕者之前，其实外国侵掠〔略〕者比北方军阀（他们的机械）对于临城案还要多负点责——这种"舆论"对于中国是如何可耻呵？中国资产阶级的团体请求外国公使来解决中国问题，是不是我们的国耻？这是不是像引狼入羊群呢？上海的资产阶级开会请美国公使休门演说救济中国的方法，同时这位公使利用中国的"门户开放"以备美国军队的活动，试问中国资产阶级可怜不可怜？

中国的爱国精神的确是十分薄弱。我们还没有说到中国人民的真正群众，中国农民。我们只说了中国资产阶级，中国学生，中国政治家。如果中国人民群众没有受政治教育和政治宣传，中国民族决不能成一种势力。休门对上海商人说，商人应当做政治上活动。反对封建式的军阀的奋斗，中国资产阶级完全没有留意。资产阶级还完全是商业的和财政的资产阶级，只是近几年来才开始从事于实业。富翁式的中国资产阶级经济上思想上都和外国帝国主义结合。因为他们崇拜外国权力，他们牺牲他们的子弟，使他们完全受外国的影响，使他们做外国奴，外国帝国主义者决不要中国资产阶级有爱国的宣传。他们会说中国需要德谟克拉西，法律，秩序的统治。但是他们想管理中国愈久愈好。自然他们的统治决不能永久。然而阻止中国发达一种真正的民族精神可以成一种革命的力量，则有余。

国民运动和亚洲的觉悟

在反对满清的时期民族精神比现时要强。自然我们拿中国人民全体来看，并没有多大分别。但是我们只看智识阶级和资产阶级当然有分别。其理由据说是辛亥革命成功和满清推倒，老革命家的责任已完成，老革命家的勇气已消衰。还有理由是在辛亥革命后和军阀奋斗失掉许多好同志。老革命党常抱怨说今日的青年缺乏兴趣和活动。我们若把中国国民运动的现状来和别的殖民地或半殖民地比，确是退步。现时有四种最重要的势力能使亚洲从帝国主义统治之下解放出来。现代资本主义在近四十年来无论何处都显出帝国主义的面目来。欧美工业所积有的资本想在全世界找开拓的地方。开拓一定须有资本主义政府的政治统治的保障。帝国主义增加了资本主义的权力，但是亦增加了资本主义国相互间的冲突。因此有一九一四年的大爆发，世界的大部分都牵入战祸。大战的结果就是资本主义各国的大家疲乏和得胜各国中间的新冲突。大战成就了俄国的革命，促进了亚洲征服国的国民运动。对于"亚洲觉悟"的行程上最重要的四种势力就是：回教各国，印度和中国的国民运动，以及俄国革命。俄国劳农的勃兴，苏维埃共和的设立，对于亚洲有莫大的影响。劳农俄国存在一天，就做一天世界帝国主义的劲敌。俄国人民只是永久和全世界的资本主义侵掠〔略〕者奋斗才能保存俄国革命的结果。俄国人民用武力抵抗帝国主义者长期的干涉内政，用外交抵抗外国资本家想用和平方法来扑灭革命。苏俄成为被征服民族的天然同盟和反对同一仇敌之民族运动的天然帮助者。所以有远大眼光的被征服民族的革命家不惜艰难跋涉到世界革命中心的莫斯科去。看见革命如何使民众觉悟——这民众在俄皇时代和克伦斯基执政时代几成外国资本家的奴隶。他们看见了，狠〔很〕称美俄国，他们狠〔很〕受了此教训。对于新政府的性质亦了解了，红军的组织亦见着了，所以他们中最明了的就知道：要和苏俄携手，和俄国红党结密切的关系，这是巩固他们国内民族运动的唯一的道路。和苏联结合的实际上的利益可以在土耳其方面看出，土耳其的领袖红泰喇脱，乾玛尔基玛尔能起一种强有力的运动，可以废除塞佛尔条约和造成今日的新土耳其。土耳其的运动自然不是这个领袖所单独能成功的。土耳其重兴的真正力量还在农民的反抗，靠了农民反抗才能成立革命军队，而土耳其的新资产阶级亦能证明他们懂得领导这革命运动的必要。自从大战以来他们所成功的实在伟大。他们抵抗帝国主义者的本身亦抵抗英（帝）国主义的雇用者。当他们开始运动的时候他们站的地位很坏，君士坦丁的正式政府是在外强掌握之中。旧国教的代表反对激进派而和帝国主义者友善。新的革命军队，是在离首都很远而和苏俄边境接近的地方成立的。土耳其的新资产阶级自然畏惧日益增长的俄国势力，而想和法国帝国主义携手；其实法国只因为要英国赞助他对德国政策，因此对于土耳其表示善意，以相迫逼而已，革命运动的领袖们虽然经过资产阶级分子的阻挠，仍旧种种方面接受苏俄的援助。革命的农民所组成而有极强的爱国精神的新军队，因此才能从恩戈拉打胜仗打到斯莫乃，打到海峡，恢复土耳其在欧洲的地位。在洛桑第一次会议上俄国代表极力赞助土耳其的要求，英国代表柯逊说俄国代争土耳其的地位比土耳其自己还利［厉］害。如若我们拿战后土耳其的民族运动和我国比起来，真是要叫我羞死。中国的外交界往往自骄，以为中国有人做国际联盟的主席，还有人被选为国际法院的推事，但是试问对于中国的重兴，有何意义？回教各国的国民运动在近几年来有了极大的进步，印度的革命党势力亦是日长一日。中国国民运动的情形却实在可怜，因此我们不得不找他的原因所在。只有我们自己批评自己，我们才能希望一个激烈的政变。

国民运动和国民党

殖民地和半殖民地上的国民运动没有一个好组织的，强有力的国民党，算什么国民运动？当爱国精神表现的时候，当国民运动发达的时候，我们看不见辛亥革命的国民党。例如：民国八年学生大运动的时候国民党在什么地方，民国四年反对日本二十一条要求的运动中有没有国民党？很可以举许多例来指出国民党在学生会，商会，和别种团体对列强侮辱中国做示威运动时候，没有能在其中指导和促进。无怪乎五四运动的学生把国民党忘掉，去年北京双十节纪念在中央公园开会，学生工人到者数千人，连创造民国的国民党名字多没有提起。国民党所以不能得五四学生运动的领袖不是没有理由的。

老实说，国民党不能算一个政党。我曾经听见一位北方的著名军阀说：中国没有国民党，只有孙中山党。去年赶跑孙中山，现在做英国帝国主义和北方军阀的走狗陈炯明亦是同样意见。辛亥革命后成立了一个正式的党，但是这党工作的方法还是以前同盟会的办法。一起初就各地各种人民都加入这革命党，但是这不能说实际上已经造成了一个强大的政治组织。同盟会的方法就是捐了华侨的款用在军事活动上来推翻满清。说国民党一直是这样做法，并不算夸张。国民党确实有一个建设独立的民主国家的党纲，但是试问对于使人民相信党义，对于因有组织革命宣传去造成一种信奉主义的党员的强大势力，国民党做了什么功夫？

名符［副］其实的革命一定要革命党员有主义的信仰才能发生。百年前的法国革命和一九一七年的俄国革命都是这样。真正的革命的成功在先有充分的预备功夫做了把革命精神灌输与人民。国民党的方法一直是用军事行动占据一隅地方以与北方奋争，如此想保存辛亥革命的成功。因为华侨及国民党领袖都和广东有密切的关系所以广东常被他们占据活动的地方。

自从国民党被袁世凯打败之后，国民党在本国已存无几。多少辛亥革命后进党的党员都脱离了党，并且许多还帮助北方反动派。他们自然本来就不是革命党，虽然他们做了国民党党员。这次失败的教训不能改变国民党领袖对于党的责务之观念。至于这些领袖是诚实忠心而百折不挠的革命党乃是无疑的。第一次失败之后党规里采取了对于领袖个人的服从，于是与国民党发展而成一近世政治团体的可能，距离愈远了。革命党没有纪律因此不能存在，但是这纪律决不是秘密社会或宗教团体中的纪律。国民党在国外改组了，方法仍是照旧：就是先占据一隅地方，以这地方做和北方军阀奋斗的基础，胜利后于是设立政府，乃时再谈到改良和群众的政治教育，发展军事计划常常要用外交的活动和北方南方的领袖成有一种结合，因此不得不倚靠一班无聊的政客议员们。"如果我们没有政治自由和没有我们自己管辖的土地，我们如何能发展革命的宣传呢？"这种辨［辩］论常常听见，但是没有一点价值。俄国多数党在俄皇时代何尝有政治自由，他几时疏忽他的宣传工作的？他受了政府的种种虐待，在这种困难时代，他是否仍能组成一强有力的党以完成他的革命工作？因为要占据一隅地方不但把革命的宣传疏忽了，并且不得不用有损于革命党的各种方法。自从国民党回国常常享受外国租界的优待，受了优待自然就不得不付代价。代价就是不能表显国民革命党的真面目；他们势迫去和外国帝国主义者有各种的关系，因此国民党领袖难于宣传，无从发展。因为革命党现在没有自己的真正力量，军事力量完全依靠几个军人的拥护，这些军人比他们所攻击的仇敌不能更有革命性一点。在几多次绝望的军事行动中不知死掉多少好份子，这些人如果用在党的别种工作上面，对于革命事业一定能有更大的成就。有时国民党的领袖占据了一块地方，国民党的地位反比他时更坏。对于党反是一种损失。党里的有用份子都用在占据土地的行政上去了。例如建设杂志，是国民党的顶好宣传品，而因各地方行政的关系把一些编辑先生都叫去了，于是只好停版。国民党的本身亦变成地方性质，党的领袖不得不对于帝国主义者的关系特别小心，怕他们为难。为这目的所需要的财政常常用违背党义的方法去取得。在这种时候可以说是民党为地方势力牺牲了。说得去年年初预备北伐，陈炯明反对这种计画［划］，主张建设广东模范省。孙中山是全中国的革命党人，当然反对这种主张，不能放弃自己的主张而限于地方改良的工作。但是革命党的权力若只是依附于占据一隅地方，党的革命工作就难免为占据地方利益所牺牲。有许多实例，可以证明这话的不错。国民党在广东的经验使我们很容易找着这样例子。无［毋］庸多举，只举一例，当去年孙中山被陈炯明赶到上海，中山在那时中国政治地位上骤然重要起来，比在广东时增高了多。

因为国民党在回国改组之后，只是发展军事和外交活动，所以他不能领导国民运动。从没有开过大会来讨论组织，政治，政策等。在民党领袖的意见，中国革命是纯粹中国的事情，可以由中国人自己采用封建式的北方军阀的方法来解决的。当一方面外国帝国主义者的干预中国事情日甚一日，一方面俄国的大变化给亚洲殖民地半殖民地的国民运动以新希望，这个时期中，如何这种观念居然能支配民党，令人难解。能在中国人民中间发展一种革命的主义的结合比借暂时拥戴民党的军阀占据一隅要重得多。十二年来的经验应足以使党的组织法和策略有根本的改革。中国人民决不只是军人政客而已，这班军人政客今天可以买来拥戴民党领袖，但是明天若有利可图又会把你们卖掉。

国民党的将来

中国的真正革命者的首要职务，就是实现国民革命。世界大战已造成可以完成这职务的情形。广大中国的大仇敌就是外国帝国主义，现在这帝国主义已在衰败的时期中。革命的政党借全国反对帝国主义的宣传可以成一种绝大势力，这势力决不是封建式的军阀所能抵御。只有用这种宣传才能造成一种真正革命的军队，这种军队一定是远胜于北方军阀的雇佣军队。这种革命宣传同时能减低敌军力量，因为革命思想传到敌军中。我们只以为佣军和军官靠得住，是没有用的。党的职务是要于利用一切政治事情来做教育和宣传的材料。这种宣传尤其是在中国农民和新生的近代劳动阶级中要注意。应设分部支部布满全国，在不可公开的地方亦应秘密组织。地方分部和党的总部应有密切关系。我们应该照印度土耳其国民运动的榜样，应该学俄国革命的教训而在中俄人民中间发生一种强盛同情。苏俄的仇敌亦同是强盛自由的中国之仇敌。

我国的革命如若对于农民没有一点影响有何意义？大半农民的生活状况很坏；穷苦的农民势必当兵或进工厂，没有别种生活方法。我们要想法宣传引导农民来做国民运动，对于工人亦然。如果民党这样整顿，智识阶级中的对主义的热忱一定会重新发展，学生一定重新踊跃加入民党。革命党不能，而北京大学却能做革命思想的中心，这种事实实在不能令人满意。我们不能再对于一切国民活动和示威运动冷淡，终让别的团体去做，自己反不负责任。我们可以成功一个强大的国民党，他的本质就是领导国民运动，联合国内一切革命势力而在中国人民群众中发展一种强大的民族精神"亚洲觉悟"的进程，殖民地对于帝国主义的奋斗，没有那一种势力可以阻止的。俄国革命是给帝国主义者的第一次打击。亚洲各国受尽了外国统治的苦，现在将做攻击世界帝国主义的重要人物。他们民族的重兴，就是推倒帝国主义的军器。中国亦是他们中间的一个，于三万万印度和一万万回教国人民之上再加四万万中国人。有许多证据可以证明中国人民很有伟大的质分，是重兴中国的奋斗中所需要的。中国尽有为他们主义牺牲的人，我们想着第一次革命死的黄花岗七十二烈士，想着朱执信，想着京汉路工林祥谦争自由集会权的勇敢，我们决计不至失望。国民党如果采纳新式组织法和新工作方法一定能引导中国人民到真正的独立，到极大的将来，到新的生产制度，这种生产制度可以增加人民的财富并使人民全享受。

[《前锋》创刊号，1923年7月1日；转引自中国社会科学院近代史研究室编：《马林在中国的有关资料》（增订本），人民出版社1984年版，第192—202页]

中国农民问题

（1923年7月1日）

陈独秀

（一）

在经济落后的殖民地半殖民地，不但农民占全人口之大半数，其国民经济之真正基础，还是农业；在这些地方之各种革命都不可忽视了农民的力量。有些自耕农居多数而且是小农的殖民地半殖民地（如中国），农民所受地主的压迫，不像地主强大的国家（如旧俄罗斯，印度）或资本主义发达的国家（如欧美各国）那样利［厉］害，不容易发生社会革命的运动；然所受外货侵入生活困难及贪官劣绅军阀灾荒之痛苦，往往也能激起他们的群众运动；这种农民的大群众，在目前已是国民革命之一种伟大的潜势力，所以在中国目前需要的而且是可能的国民运动（即排斥外力打倒军阀官僚）中，不可漠视农民问题。

（二）

中国人口约六千余万户，而农民有四千万户以上，是农民占全人口百分之七十以上（俄国农民占全人口百分之八十，日本占百分之七十以上），即此人数上看起来，我们应感其重要。此农民大群众，其经济生活程度虽非相差甚远，而经济地位则有几多复杂之区别，兹将地主与农民略分为十等如左表：

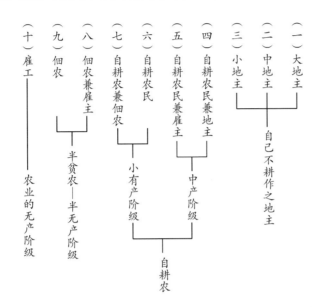

有地过万亩之大地主，在全中国每省不过十人左右，此等大地主少数是前清贵族，大多数是旧官僚或新军阀，他们对于佃农有很大的威权；股分公司居极少数，因为旧法耕地之利润远不及工商业，故城市的资本家多不肯投资经营农业。

有地过千亩之中等地主，全国至少在二三万以上，他们半居乡村，半居城市，有的是在城市兼营小工商业者，有的是官僚后裔之无职者，专恃收取地租维持生活。其居乡村者，或为绅董把持乡村之政权，或为高利营业盘剥贫农。

有地过百亩之小地主，其数至少十倍于中等地主，他们大多数居住乡村，其职业或在乡镇经营小商业，或在农村为绅董。

最大多数之农民，非自耕农即佃农，据民国七年农商部统计如左：

农户总数	四三，九三五，四七八·
自耕户数	二三，三八一，二〇〇·
佃农户数	一一，三〇七，四三二·
自耕兼佃	九，二四六，八四三·

依此统计，自耕农民之数多过佃农一倍，其中相差最甚者，为江苏，安徽，湖北，等省。江西，福建，浙江，等省，则相差极微。

自耕农民中有兼为地主者，是一家族人少而地多，除自耕外尚有余地租给别人耕种，一方面是自耕的农民，一方面又是收租的地主，此种农民为数不多。自耕农民中有兼为雇主者，是一家族自耕自地而劳动力不足，雇用别人帮忙，此种农民为数甚多。此二种农民，不独占有地土权，无向地主缴纳地租之义务，而且得用资本主义的方式，掠夺他人之剩余劳动，其生产物不仅供给一家生活及农作上的需要，并且，至少在丰年时可以获得盈余，变成初步积累的资本，是以此种农民应属之中产阶级。

纯粹自耕地之农民，为数亦不少，其所种之地则甚少。其自耕兼佃农，则因一家族人多而地少，除自地自耕外，又不得不向地主租地耕种，此种农民为数不多。此二种农民，虽非半益农，得全收其劳动所得之利益，而无掠夺他人劳动力之机会，虽丰年亦难有多量之盈余以为积累；只以完全占有地土〔土地〕所有权，生产工具及生产物所有权，应属之小有产阶级。

佃农兼雇主，是向地主，租地耕种而劳动力不足，雇用别人帮忙者；纯粹佃农，乃由一家族任工作不雇用他人者。此二种农民人数略相等，其中又分二等：（一）纯粹无地权者，地主随时可向佃农收回其租出之耕地，（二）半有地权者，佃农会出等于当时地价半值之金额向地主租得耕地，其后能以同等金额或较少之金额辗转租给别人耕种，原地主只能向现时耕地之佃农收取地租，除出资购回此半佃权外，不能自由收回耕地另给别人耕种。佃农们租地时，须向地主缴纳押租金（或名羁庄，退租时可以收回）每亩约一元左右；耕种时须自备生产工具（牛农具食粮等）；所得生产物须缴纳一部分与地主，缴纳之方法，或预约一定之额租（或名铁租），无论收成丰歉不得短少，或每年按收成丰歉临时议租；缴纳之数量，至少须在收获物三分之一以上。佃农住屋多随地租得，退租时须退还地主。地主对于佃农甚尊严，大地主尤甚，有"东佃如父子"之谚。此等农民既不能掠夺他人，又为地主所掠夺，不能全收劳其动所得之利益，丰年尚可勉强供给一字生活及农作上的需要，荒歉时则衣食且不足，又加以地主追缴租课，不胜其闲苦，因此每年秋收时，各地佃农罢租讼案往往占各种讼案平均百分之三十以上。但此种半益农，虽不占有地权或只占有半地权，然仍占有生产工具及收得并管理其劳动所得之一部分生产物，故应属之半无产阶级。

雇工是各种农民出一定工资雇用他们做工者，此种雇工分成人及童工两类，和长工及短工两种办法；长工以年计，每年工资由二十元至四十元不等，短工以下种或收获时短期间计算，工资略高；童工专事牧牛及零碎轻工作，每年工资不过数元；惟各种雇工的火［伙］食均由雇主供给，且间有供给衣服者，长工多给以住所，短工则不然。此种雇工，倘不失业，其生活费反较佃农稳固；惟其不但无地权，而且没有生产工具及收得并管理其劳动所得生产物之权，纯粹是被雇者，各种农民中，只有他们是无产阶级。

以上七种农民中，后三种（佃农兼雇主，佃农，雇工）都是无地的农民，在全国农民总数中约占百分之四十，人数当在九千万以上；因为自耕农民虽多过佃农一倍，而加上雇工，无地者人数从不能与有地者相等，当亦不至相差甚远。

各种农民所占地均甚少，此时不但无集中的倾向，而且有分小的倾向，据农商部之统计，农民耕地多寡别，民国六年七年比较如左表：

	民六	民七
十亩未满者	一七，八〇五，一二五·	一七，九一四，二三一·
十亩以上者	一三，二四八，四七四·	一一，三〇三，五七〇·
三十亩以上者	一〇，一二三，二一四·	六，七一二，三六六·
五十亩以上者	五，三四八，三一四·	四，一三七，一三六·
百亩以上者	二，八三五，四六四·	二，二七八，三五五·

（三）

中国农民之痛苦计如下诸端：

（一）一般农民之痛苦

a. 外货输入之结果，一般物价增高率远过于农产物价格增高率，因此自耕农民多卖却其耕地降为佃农，佃农则降为雇工，或改业往城市为苦力，沿海者则移住海外，多数则流为兵匪，此为中国目前兵祸匪祸之一大原因。

b. 政治不良之结果，军阀战争及水旱灾荒，也都是使农民困苦失业流为兵匪之一大原因。

合上列二个原因，农民失业者之日渐增多，可以农商部各项统计证明之：

1. 耕地减少亩数

民三	一，五七八，三四七，九二五·
民七	一，三一四，四七二，一九〇·

2. 被灾亩数

民三	六五三，四七五，四四五·
民七	六一，七一七，一一三·

以直隶山东江苏三省最甚。

3. 荒地增加亩数

民三	三五八，二三五，八六七·
民七	八四八，九三五，七四八·

4. 农户减少数

民三	五九，四〇二，三一五·
民七	四三，九三五，四七八·

其中增加最巨者，第一是黑龙江省，由民国三年一万六千六百余万亩，民国七年增至六万八千七百余万亩，多属私有地；第二是广西省，由民三四百余万亩，民七增至一千四百余万亩，多属私有地；第三是奉天省，由八百九十余万亩，增至一千七百余万亩，多属官有地；第四是湖北省，由四十八万余亩，增至三百八十余万亩，多属私有地；第五是山西省，由二百廿余万增至四百五十余万亩，多属私有地。

据此表，民国三年至民国七年，四年之间，全国农民减少了一千五百万户以上，其中失业之农民必有可惊之数！其中减少最巨者为湖南陕西二省，此为战乱之影响；其次则为浙江山西江苏等省，苏浙为都市工业发达之结果，独山西省工业既未发达，又无战乱灾荒之影响，农户何以减小，岂是模范省缘故？

c. 农民文化过低，又无组织之结果，地主绅董们，把持乡村政权，鱼肉贫农，两者时生冲突。

（二）自耕农之痛苦

官吏舞弊额外需索及预征钱粮使地税无形增加，荒欠［歉］时自耕农无力缴纳地税，极感痛苦，往往有聚众"抗粮""哄堂"之举，农民暴动几全属此数。

（三）佃农及雇工之痛苦

a. 兵匪扰乱及水旱灾荒使农民大为移动，所移住地外来农民之增加超过需要时，同业间发生竞争，遂使地主雇主们对于佃农雇工所要求之条件日益苛刻。

b. 因城市物价及生活费日益增高，地主们对于佃农之需索随之日益加紧。

c. 以上述种种压迫之结果，农民因衣食不足及农作上的需要，尤其是春夏间青黄不接时，不得不出于借贷，于是高利盘剥者或地主，乃乘机以百分之三十至百分之百的利息，吸取贫农之血汗，此项痛苦以无地之佃农为最普遍而且特甚。

（四）

欲解除此等痛苦，且引导其加入国民运动，应依各地情状采用下列方法：

（一）教育及宣传

教育以农暇时授以文字（应注意注音字母的传布）及世界大势。宣传以"排斥外力""打倒军阀""限田""限租""推倒贪官劣绅"口号（最好是携带影灯的巡回讲演）。

（二）组织及实际运动

组织有四种：

a. 农会　小农中国之农民，他们各阶级间无显明的分化，此时全乡村各种农民（自耕农，佃农，雇工）可就其共同利害之点，联合为一个组织。各地旧有农会虽有法律的地位，而组织之分子多非农民，今应鼓吹真正农民改造之，以反对横征暴敛之官吏，压迫佃农之大地主及鱼肉贫农包办选举之劣绅为对象；以"组织消费协社""组织农民借贷机关""组织谷价公议机关"等为实际运动。

b. 乡自治公所　此亦系旧有的地方政治组织，南方各省尤正在进行，在此组织中应以组织乡团抵御兵匪，改良水利，要求"县长民选"为主要运动。

c. 佃农协会　以向政府要求"限田"（限制私有地权在若干亩以内，即以此等大地主中地主等限外之地权分给耕种该地之佃农。）"限租"（每年应纳地主之租额，由各农村佃农协会按收成丰歉自定之。）为佃农特有之运动。

d. 雇农协会　以协议工资及介绍工作为主要任务。

（《前锋》创刊号，1923年7月1日；转引自《"二大"和"三大"——中国共产党第二、三次代表大会资料选编》，中国社会科学出版社1985年版，第386—393页）

北京政变与上海工会之主张

（1923年7月11日）

孙　铎

　　在临城劫案以后的一极危险时期，由一般直系腐败无能的官僚所造成的北京政变，充分暴露了中国国民运动之软弱和缺乏领袖国民运动之国民政党。就事实上说，国民党还没有向人民发过言，还没有为近的将来制定一革命纲领。当商人、学生、工人，一切人民团体讨论临城事件善后方法，国民党竟对公使团发表一种错误的通电（如本报前期所指出的），要求列强以不承认无望的自称的北京政府的方法，帮助中国人民，给中国人民自己创立新政府之机会。国民党是从来不向人民发言，怎样建立一个新政府的。全国各种阶级在此政变中需要政治领袖而他们空等一场。我们只是看见国民党参加在天津进行的阴谋，这种阴谋的结果不必胜于曹锟和他的部下在北京的（努力）。所以人民的团体，没有看见以国民党名义发表的主张，除了致公使团的那一个可怜的电报——他们提出的主张，容易走入错误的道路了。若是国民们每天看一看路透社的电报，他们也应知道英国帝国主义者，借口于中国最好的分子也希望武力干涉解决中国事情，来劝美日帝国主义赞成协定干涉的方法，那时他们也应知国民党致公使团的电报是如何危险了。

我们要说，应付政变的适宜方法，这次不是出于国民党而是出于上海的商会，"重病须以猛药医"，上海商会不仅攻击曹锟，而且攻击一般猪仔议员，为每日二十元出席费才制宪，象娼妓一样的卖给曹锟。上海商会主张国民会议的必要指出和国民会议如何组织。自然我们也知道商会是在美帝国主义影响之下动作，是与美国方面的劝告一致的。我们也知道商人不是纯粹的国民革命者，但是就他们的提议和行动看来，我们要认识他们在现在领袖着国民运动。他们作的正是国民党应该作的事，不应该以天津杭州间的秘密外交解决中国时局。

继上海商人之后，即有上海工会所发表的主张。各种要求都以本地工会的名义发表，这些工会除开海员工会外，大半是个空名。中国工人阶级是如中国资产阶级一样幼稚和不发达，中国过去的习惯在工人中盘踞甚深：他们的组织幼稚而且分散各处，他们的组织在去年几次大罢工之时遭逢狠 [很] 大的失败，所以真正工人们对此次政变没有他们自己的坚强的和清晰的主张是很明了的。特别在上海，工人的组织原来狠 [很] 可怜。虽然现在上海的工会或所谓工会比任何地方的政治主张——例如湖南湖北的工会比较的组织得坚固得多——表示得快些，然而上海工会的政治觉悟却毫不发达。登在报上的工人意志有四种表示，人人一见而知其觉悟，其对政局之了解，其实现剧烈变化之方法，都比上海商会落后。

干涉政治应该是中国工人阶级之任务。工人阶级应该是新中国之创造者，在此种工作中，他占极重要的地位。全国的各工会此时应努力迅速召集他们自己的劳动大会，将他们对此次政变的地位，明了规定。例如由海员、铁路、矿工三工会发起此会，这是再好不过的。他们由此可以阻止以工人阶级名义所发表之不但错误而且引导工会做致命的活动之主张。国民党致公使团的电报即有以下的恶果：上海工人自救会要求列强主张正义，十七工团要求公使团交付关盐余于广州政府。至少工会应当明了各国外交官是不会依他们的意思行的。

普通说来，上海工会的主张是可行的与不可行的提议之混合物。这些提议证明工会或者至少用工会名义发言的一般人物头脑未免昏乱。我们看上海各工团为此事召集会议，并且决定用湖北工联会、京汉总工会、湖南劳工会名义，我相信若真是这三个工会的工人群众发表意见，比这班假托他们名义所发表的主张一定高明得多。

九工团人民储金悬赏杀曹、吴、肖、冯（其实这名单还可以写长些）的办法，是秘密暗杀团的把戏而不是工会的主张。工人都是有常识的。他们或者以为将刽子手吴佩孚的首级高悬于竹杆之上，工人损失不了什么；但他们应该懂得杀这铁血魔王好复仇，是不能靠公开悬赏的方法来实现的。发表这样主张正是违反无产阶级利益的行动。而这一班靠暗杀军阀以推翻军阀的工会，同时卑词请求公使团的援助以反对北京政府，而不知这公使团正是他们通电中所称为要杀的北洋军阀之庇护人。

海员请孙黎合组新政府和侨沪广东工界要求孙中山恢复政府正位总统的主张，也解决不了这次时局危机。孙中山或为所谓的南方政府推出，或者与黎段浙卢协定之后产生的总统，其地位不见得比在吴佩孚庇护之下的黎元洪胜过多少。孙中山被国民会议选出才能称中国的真正总统。这个国民会议方能寻出方法打倒和人民作对的军阀。但是孙中山若为南方政府选出或与北方军阀妥协得来的总统，正如袁世凯以后的总统一样，不能代表人民。孙中山的党能领导创造新中国的运动，但他不能用与国民的政党不相容的方法。

这些工会的主张还有一点值得我们注意的，即是这九工团要劳动阶级管理政治和经济，这种主张也是要杀曹锟等和求援于公使团的九工团所提出，正因为这个原因所以这样无产阶级执政的提议，未免太滑稽了。表面看来，提出这要求的人是很革命和很激烈。但在事实上这是不可能的，所以等于一句废话。劳动阶级应起而主张国民会议，认定这是目前最革命的要求。在国民革命中工人阶级应帮助进步的资产阶级。在国民会议中工人阶级须提出自己的特别要求，正如资产阶级之提出他们的纲领一样。如此工人阶级才能影响国民运动，才是国民运动的推动者。在现在的中国经济状况中，而要求工人阶级之管理政治经济权，其结果只是工人阶级与国民革命运动隔离——而此运动又为中国最近的将来唯一可能之革命的政治活动。

上海工会之主张证明工人要参加解决目前的政治危局了。但那些主张更证明有立即召集全国劳动大会之必要。此大会要制定工人在政治运动中的纲领，这种政治运动是由直系军阀破产之结果正在酝酿中。

［《向导》周报第31、32合期，1923年7月11日；转引自中国社会科学院近代史研究室编：《马林在中国的有关资料》（增订本），人民出版社1984年版，第181—184页］

中国商工阶级应有之觉悟

（1923年7月15日）

李　达

一种政治组织是建设在一种适宜的经济组织上面的。这种经济组织若是变动了，那种政治组织也要随着变动。这是历史进化的公例，无论古今中外任何国家都没有一个例外。

中国是个农业国家，自周秦以至满清末季，可说是长期的纯粹的农业经济时代。和这长期的农业经济组织相适应的政治组织是封建的专制政治。两千多年之间，经济组织上没有发生重大的变化，所以政治组织上虽有转朝易代的波澜，而在实质上也没有发生重大的变化。

在农业经济时代，中国人民，在经济上自给自足，并不仰助于外国，也没有发生过什么利权外溢，经济恐慌的问题。自从中英鸦片战争以后，欧美日本资本主义的帝国主义侵入中国，中国固有的经济组织，于是开始发生变动。从此以后，机械制造的洋货，挟着帝国主义的势力，征服了中国全土，中国的农业经济，大受破坏了。

满清末年，中国有新智识的官绅和富商大贾都知道欧美各国的富强是由于机械工业的发达，于是也提倡采用欧美的新生产方法，实行殖产兴业，其实资本主义的经济组织，他是要按照自己的模型造成全世界的，中国当然也逃不出这个公例。

新工业的开始发达和手工业的日就零落，遂使中国进于产业革命时代。但是中国早已被帝国主义征服了；经济上政治上早已形成半殖民地的状态，中国的产业革命是不容易进行的，换句话说，中国这般有新智识的官绅和富商大贾所构成的商工阶级处于国际资本阶级的压迫之下，他们所锐意经营的新式工业是很难发达的。所以中国的新工业，在当时竟没有丝毫的进步。

经济组织既由农业而趋向于工业，同时政治组织，也不能不由封建政治而趋向于民主政治。所以数千年因袭而来的专制政治，不能继续下去了。因此民主革命党人便趁机起来代表商工阶级标榜民主主义，来推倒阻碍新工业发达的满清政府。可惜民主党派没有商工阶级的支持，势力过于薄弱，致使封建余孽连年倡乱，遂以酿成今日武人政治。民国成立以来，武人割据，鱼肉人民，战时抢掠劫夺来平时搜括剥削，弄得民不堪命，商工业之不能发展，本来是自然的现象。

其次，民国继承满清积弱之后，国际帝国主义在华之政治的经济的势力，更是有加无已。单就经济的方面而言，如外人操纵金融，垄断商业，协定关税制度，在华建设工厂之类，处处都获有优先权利，中国幼稚之工商业，岂能与之竞争？其必遭失败，又何待言。中国人如欲发展工商业，首先要排去外力，推倒军阀，这几乎是天经地义了。

最近以来，商工阶级的分子，已经觉悟到这方面来了。去年十二月上海总商会曾经发起一个以罢市要求废督裁兵理财的大会，虽然没有实现，但就其动机而言，他们已觉得军阀乱国之足以妨害工商业而要求秩序与和平了。前月北京政变发生，北洋军阀，倒行逆施，陷中国于黑暗时代，各政党各派别对于时局都没有牢不可破的主张，唯有上海总商会能够毅然决然正式反抗北洋军阀，主张召集全国国民大会解决国是，并组织民治委员作为解决国事的机关，这真是中国工商阶级破天荒的壮举，是他们痛感着民主革命的必要的一个表示，很值得我们特别注意的。

我们可以断言，推倒军阀政治完成民主政治以促工商业之发展，确是商工阶级唯一的重要使命。但是这个使命怎样完成，我以为商工阶级的分子应有下列的四个觉悟。

第一，应当与国民党联合。我们知道一七八九年的法兰西革命是新兴商工阶级因被封建阶级压住了不能自由发展的一个反动。历史教诉我们说民主革命是商工阶级做主动的。中国的现况正是这样，所以商工阶级分子应当加入国民党，支持民主的革命，因为国民党的确是一个民主的革命党。

第二，应当与工人携手。中国的工人阶级，方处于国际帝国主义和国内军阀政治的两重压迫之下，他们目前急切的要求还是民治政体所应当许可的集会结社等自由，他们现在所极力反对的是外力与军阀。商工阶级分子应除去上年攻击工人反对军阀吴佩孚的罢工举动的偏见，而和他们携手，因为他们在反对军阀这一点，是和商工阶级站在同一战线之上的。

第三，绝对不与任何军阀妥协。我们知道德意志和日本的军阀是最热心的为本国商工阶级谋利益的，所以这两国的商工阶级常和军阀狼狈相依。至于中国的军阀完全是土匪，他们只知掠夺和剥削，无论本国工商业等怎样摧残，他们是毫不觉得痛痒的。直系军阀是这样，奉系军阀皖系军阀都是一丘之貉〔貉〕，过去的教训已经使我们明白，这是丝毫不错的。军阀是豺虎，豺虎的外貌虽各不同，却是一样的食人兽。商工阶级若与任何军阀妥协，将来决没有好处。

第四，应当反抗外力。商工阶级只知反抗军阀，不知反抗外力，这是大错。举个简单的例来说，外人何以干涉中国关税自主权而建立协定关税制度呢？关税曾因担保关系而必加干涉，何以又干涉税率的改变，这岂不是很明显的要妨碍中国之工商业的发展吗？外人与华人在中国境内同经营一种工业，同建设一种工厂，而外人方面获利很多，这明明是因为外人在国内享有营业上种种优异条件的原故了。以资本雄厚而又享有营业上优异条件的外人而与资本薄弱且在营业上又处于低劣境地的华人竞争，孰胜孰败，不言可知。这样，就使华人能推倒军阀，完成民治，也决不能和国际资本阶级争胜负。再就政治方面言，外国政府勾结我国军阀，制造并延长内乱，以便行其宰割的阴谋，如往年日本之于段祺瑞，最近美国之于曹锟、吴佩孚，都是很显的实例。外力与军阀既然这样团结不解，反抗军阀而不反抗外力，实是大大的矛盾。商工阶级应当有反抗外力的觉悟，随时纠正国际共管监督财政等宣传作用。

这是商工阶级应有的觉悟。商工阶级必定要这样的从事民主革命，才有能推倒军阀，反抗外力，组成于自身利益的民治政府，才完成自己阶级的使命。

我不是专为商工阶级说法的，只因现在军阀的跋扈和外力的压迫，特草此文促起商工阶级的觉悟，来造成民主革命的联合战线，完成国民的工作。

（《新时代》第1卷第4号，1923年7月15日；转引自《"二大"和"三大"——中国共产党第二、三次代表大会资料选编》，中国社会科学出版社1985年版，第394—397页）

讨论中国社会革命及我们目前的任务

（1923年7月15日）

代英、存统

存统同志：

　　你作《本团的问题》，触动我许多要说的话。你说共产党主要的精神，是时刻发现自己的错误，大胆率直的承认，敏捷勇敢的更改，此数语我极赞同。我至今常疑吾党还有一些重大错误，我虽不因此而不与大家一同努力，（因我相信相当的牺牲己见，服从团体是必要的。）然而我眼见大家在此中虚耗无量精力，效果终属有限，终觉得可惜的事。或者我所见不免于谬误么？那便望你不客气的为我解释了。

　　（一）你说青年团要求工人入团，只要他有阶级觉悟，比经济上没有地位的学生好。学生与其他智识界人，除极少数永远保持革命精神者以外，其余确不可恃。工人如在产业进步的地方，或有一部分确能有阶级觉悟。故我以为你此种见地，应用于沪汉等处甚有价值。但若推之全国则殊未合。例如四川今日虽亦有工人，然求所谓"近代意义的无产阶级"，求所谓"产业劳动者"可谓少极少极。——我相信工人的阶级觉悟，不仅由于受压迫。不仅由于感压迫之痛苦。乃在由于其自觉有抵抗革命的力量。以国中如四川等地经济情形，不过在小生产时期，（即自流井工人数万，仍系分别服役于小工厂）工人分散而不易团结，不感共同的经济利害，自非异人必难有阶级觉悟，必彼仍充满了小资产阶级的心理无[与]感情。若以彼等为遂可恃，亦未必可信也。

（二）以中国经济之落后，工人之无团结，或团结而无力量，欲求社会革命之完成，不易言。吾人取加入民主主义联合战线政策殊有意义。但我视此举只认为我们借此改造民党，借此联合一般真诚热心于民主的人向恶势力奋斗，因以握取政权，为无产阶级专政树立确实根基如俄国前例。中国今日除孙中山及民党中少数坚贞君子以外，其余多系借名招摇，何曾真肯为民主主义作战？即如四川民党中且有派别，互相水火。所草省宪，全为御用性质，以视湘宪且有天渊之别。若此亦认为民主派，而加入之又不能设法改造，徒为彼等所笑而已。何益于主义之进行耶？

（三）我本上之所见，以参加民党须完全注意于为无产阶级势力树根基。然此非谓吾等今日能领率若干无产者军队，以助成民主革命。我相信此次民主革命仍必假军队与群众之力以成功，惟成功之后须力求能用近于苏维埃之选举法，而一方面又尽力求大生产化。如此然后无产者的势力有了确实坚固的基础。我说民主革命要假军队与群众之力，朋友不有笑我仍不出资产阶级思想范围的。然在无产者无力时，革命未有非由军队赞助，使群众勃发之感情得以增长而能成功者。法国我国俄国德国均可为证。俄国劳农会虽系革命时之产物，然决非全恃劳农会而成功革命。劳动组合分子的加多数倍，更系劳农政府成立以后的事。由此可知我们今在可能范围内助工人组织运动虽为必要，然若真以为非率领若干无产者军队不能革命，则未必然。

（四）我所谓为无产阶级势力植根基，即（一）为促进以产业组合为基本的选举，废止今日以区域人口财产资格为比例的选举制。与组合以公权且使有创议复决等权，则易使组合发达而加增其团结（无正式之产业组合，则一切无产者之自由而有力的组织，如各帮各行仍可代用，总比眼前政客议员好万倍）。（二）为由国家发达交通与各种大工业。国家握大工业之权，自能吸收小工业而完成共产用交通及其他如电化之类，则可联络各种独立事业，使成为互相倚赖。而同时使工人集中，且加增其经济地位上的重要。如此然后无产阶级团结有力，可以反抗一切反动势力。我们能向这一点做工比勉强在此经济落伍的社会中，搜找觉悟工人，经济而有力多了。

由上所说，我以为今日（一）在产业进步地方，促进工人觉悟自为重要，然尤要莫过于促成政治注意军人与群众的革命。（二）在产业不进步地方，搜找一二出类拔萃的革命青年学生与工人，并作普讯鼓吹，固有其价值，但更不可视自此以外，即无他事。（三）参加民党，总须能有力改进民党，真为民主势力作战。而且事成以后，必须确能改选举制，发达国营大生产事业。

以上所有意见，我平日不常对人S.Y.日浅的人谈，因亦不敢自以为是，常欲得以质之诸兄。对于中央命令，自应绝对服从，但我亦觉如前所举中央命令，恒有不顾全国经济状况大不相同的情形，于是每有要求是实际无法遵守的，结果大家置之不理，仍无可如何。此诚不成办法也。我亦知诸兄要说这是智识阶级无纪律习惯，然诸兄不知有时自己出令告嫌大意。任说一事，欲率士均能遵行，结果不遵则违令，遵则明知无益，且或事不可能也。兄此文中曾言马克思主义最重要是处处根据事实，不凭空想。今试思S.Y.内部命令屡不能十分生效，即有肇庆、佛山两处工人组织，然一则无形消灭，一则不甚生关系，于此可知已往之S.Y.运动方策，实有再加考虑之必要。兄以为此语为不然耶？

我认为：

（1）中央命令务须审虑各地经济状况，非必要且可能时，不宜说过于刚性的话——但令必能行。

（2）无论何处，除工人外，必须注重军队（与）群众。

（3）产业不发达地方，最要求能发达产业。不必把此等小生产制下的工人，（或农人）看得太重要，徒作劳而无功的事。

（4）须确立改良选举，发达产业的大方针，为参加民主革命的目标。

我相信我年来囿居偏僻，必有见错之处。请你不吝指正，我决不客

［意］气用事。即终久意见不同，我仍愿受中央督促，如今日以前。

代英　六月十五日

代英同志：

接读来信，狂喜者再。吾兄所见，大体我极赞同。兹就管见所及，也把他写些出来，以就正于吾兄及诸同志。

（一）从马克思主义的见地看来，工人与劳动者不同：工人指一切作工的人而说，并不一定包含榨取关系，凡手工业工人及机器工业工人等都算在内；而劳动者则不然，是指包含榨取关系与资本家（或阶级）对立的工人而说的。（广义的劳动者，有所谓工业劳动者和农业劳动者，筋力劳动者和脑力劳动者等区别，那是另一问题。）所谓"近代意义的无产阶级""近代劳动阶级"，都是指在近代资本主义的经济组织底下劳动的工钱劳动者而说的，手工业工人和自作农固然不能包括在内，即佃农（他同时是一个企业者，又多少有点生产工具）和中国的雇佣农民也不能算在内（此问题在无产阶级专政上非常重要）。有改造现存社会实现社会主义以完成历史的使命的力量的人，只是这近代意义的无产阶级，即近代劳动阶级，并非一般没有钱的人或一般所谓包括大多数小资产阶级的农民及手工业者的那种观念不清的劳动阶级（此种毛病，由于根本不明白阶级是什么东西。近来流行的什么"有枪阶级""无枪阶级""智识阶级"等名词，都由不明白"阶级"的意义而发生。我想有机会做一篇"阶级的分析"来讨论这个问题）。你所说"工人的阶级觉悟，不仅由于受压迫，不仅由于感压迫之痛苦，乃在由于其自觉有抵抗'革命'的力量"，我很以为然。而能自觉有"抵抗""革命"的力量的工人，却是近代意义的无产阶级，不是一般的工人。中国一般在小生产制底下的工人，确是"充满了小资产阶级的心理与感情"，与知识分子一样地不足靠，一样地不能做社会革命的中心。工人受苦痛是一件事，有否解放工人自己及全人类的能力又是一件事。压迫苦痛，固然可以促进工人的反抗心，或竟促他实行叛乱和暴动；然单靠这点是不中用的，非进一步有足以解放自己的新经济力握在自己手里不可。简单说，近代劳动阶级之所以能担当此历史的使命，一面固由于他们的受榨取受压迫所激成的反抗意志和革命精神，他面还是由于他们是新经济力的代表者，这新经济力已达到足以解放他们自己及全人类的程度。至于小资产阶级，在经济上是濒于灭亡的阶级，不要说不能做社会革命的主体，只要他不反对社会革命保守着中立就算好了。

（二）但是中国经济落后产业幼稚的国家，近代劳动阶级非常之少，既无实行社会主义的经济基础，也无很多足以实行社会主义的劳动阶级，所以在世界社会革命或日本社会革命未实现以前，单靠自己一国之力量，实无丝毫足以成就社会革命之可能。据我的观察，中国的社会革命，只有等世界社会革命发生乘机而起或与日本联合一同起事（如日美战争之机会），此外单从中国内部着想断走不通。我们目下最重要的工作，一是组织及训练产业劳动者做实行革命的基本，一是养成足以掌握政权运用政权能利用政权来发展产业制造无产阶级的人才。我以为我们中国能在现在主张社会主义的最大的根据和理由，就是资本主义及社会主义的国际性。假使资本主义和社会主义是锁国自立的东西，则我们这些信奉科学的社会主义的人，至少在五十年内不要梦想社会主义在中国实现。

（三）我们相信民主革命是资本阶级的革命，中国资本阶级尚未壮大，又受国际帝国主义的阻抑，所以民主革命很难成功。我们也相信民主革命是社会进化上必然经过（的）一个阶段（虽然时期长短我们不能断定），并且相信民主革命的进行及成功均于无产阶级有相当的利益，所以我们为顺应历史进化的法则和为达到自己的目的，均须与革命的民主派合作，但我们却很难相信在中国目下这种情形之下民主革命有成功之可能。我们大家都知道中国目下是受国际资本帝国主义和本国军阀的两重压迫的，而本国军阀又借国际帝国主义的扶植而存在，所以国际帝国主义是我们中国人民的最大的共同的敌人。无论实行社会革命也好，实行民主革命也好，而横在我们眼前的唯一的障碍物，都是国际资本帝国主义。所以我们中国目下最急迫的需求，就是全国一致不分阶级地举行反抗国际帝国主义的国民革命运动。此种国民革命运动，在破坏上有重大的意义和价值，然在建设上是无能为的。所谓民主革命，不过是一部分资产阶级在此种国民运动中的一种积极的建设的要求罢了。我们为促进民众的革命的热潮，为无产阶级的革命的发展，为推翻封建阶级的势力，为扫除帝国主义的侵略和压迫，均须赞助民主革命和促进国民革命。但我们同时须刻刻记牢自己的地位和使命，时时做社会革命的准备，养成自己革命的实力，使自己有利用别人别个阶级能力而毋为别人别个阶级所利用。

（四）无论何种革命，爆发必须借军队的力量，那是毫无疑义的。我们应该向军队中去宣传去活动，也是毫无疑义的。不过我以为在未入军队活动之先，必须其他各方面有充分的准备才可。否则军队运动成功也是无用。你说"民主革命要假军队与群众之力"，不但没有一点可笑，而是极应当的。

（五）你第（四）项所说的话，我以为是在无产阶级专政后才做得到。要在民主革命后（姑且假定能成功）实行以产业组合为基本的选举制和由国家来发达各种大工业，恐怕是一种不能实行的空想。民主政治建筑在资本制度上面，他的重要精神之一，是自由竞争。由于资产阶级的民主国家来发达大工业，是违背资本主义本来的原则，在事实上很难实现或竟绝对不能实现。只有政权归在无产阶级手里的时候，大工业才能由国家来发展。

（六）国民党究（竟）是一个什么东西，很难说明，我们加入国民党能否改造他，也是一个疑问。据我的意思，国民党如真要有点作为，真要实现民主主义，非把他的基础搁在新兴的资产阶级上面不可，有阶级作后援做基础，才配说是一个政党，至少也须把他的党纲搁在一个阶级的利害上面。不然，索兴［性］不把他当做一个政党，把他造成一个反对国际帝国主义及军阀的国民运动的中心组织，也是一种办法。不过不论他的内容如何，我们为无产阶级目前的利益，为反对帝国主义的宣传，都是可以进去活动的。至于能否改造民党，能改造到什么程度，那是要许多客观的条件来决定的。我们对他不必存过分的奢望，也不必有过分的失望。

以上所说，都是讨论中国社会革命及我们目前的任务的话，大体与你所说无甚差异，不过趁此机会略为露点我的意见罢了，异日有机会，我们可以当面畅快讨论一番。

你所说"中央命令务须审虑各地经济状况，非必要可能时，不宜说过于刚性的话——但令必能行"。我个人十分赞同你此层意见，我在上一期《先驱》上即已论及此问题。我们现在的中央，命令多无效力，各地方同志不懂纪律之重要，自然是一个原因，而实际有些地方不能普遍施行，也是一种原因。不过不能施行的地方，须把详细理由陈明中央才于纪律上说得过去。以后欲补救此弊，我主张中央命令分为两种：一种是训令，是必须绝对遵守的；一种是告令，各地方可以自由采取的。

我由你的信而发的话，暂止于此。有说错的处所或你有不同的意见，还望不吝赐教。

祝你健康！

存统

（《先驱》第23号，1923年7月15日；转引自《"二大"和"三大"——中国共产党第二、三次代表大会资料选编》，中国社会科学出版社1985年版，第398—405页）

旅法各团体敬告国人书

（1923年7月15日）

在冥顽的军阀政治下，延长生命的中国共和，经了这十二年来的政变，早已名存实亡，徒挂着一面欺人的招牌，在国际资本帝国主义统治下讨生活的中国独立，经过了列强几次的分赃会议和共同宰割，更早已资格丧失，而夷为他们的半殖民地了。到现在内乱日甚，外患乘之益亟，及至本月开始，乃更有所谓多数列强均已同意于在中国铁路上设置国际警察的事件，传于法报。我们旅法华人，听着这个消息，真是气愤填胸，痛恨不已！年来列强侵略中国的罪状，既已有加无止，而得寸进尺，更非种因于今日。我们试看巴黎和会因对远东问题的分赃不匀，美国竟负气不签和约，结果乃有华府会议，使中国代表为调解英、美、日、法的远东利益冲突，而自行承认"门户开放""利益均沾"诸原则，以遂英、美共同宰割中国的阴谋。现在的"铁路共管"也正是食华府会议之赐，为"门户开放""利益均沾"的进一步作法。我们果认清此国际情势、外交现象，我们便知现今毫不客气地侵略中国，压迫中国人民的，决不专限于某一国，或属某一民族，而乃是国际间的资本帝国主义的列强。

我们知道"铁路共管"的借口之资，是说中国的土匪猖獗，政府无能。然在事实上，土匪的来源，实由于变兵和游民之增多。军阀的互相争霸，虽足以直接造成变兵和游民，但间接的责任，却应落在勾结军阀榨压中国人民的国际资本帝国主义身上。操纵指使者一日不死心，中国军阀的祸乱，将永无已时。全中国人民，也将永沦为外国生产国家的消费者，至于穷困以死而后已！而且中国土匪马贼后边，又在在有外援的线索可寻，山东、东三省的日本人关系更是彰明较著，无可否认的了。土匪的成因，既是列强自造之，土匪的祸害，列强商旅自也不妨小试牺牲，于是乃得进一步作共同管理中国铁路的根据了，这正是日政府施用于尼港杀戮事件的故技。不过列强互相竞争，所造出的祸害，而以协同管理，收其实利，手段乃更加巧妙。至单就事变说，则匪劫旅客的事件，何国蔑有？乃列强犹于中国匪祸的发生，便故甚其辞，图谋共管，是其为借故而发，可想见也。

论到政府无能，则中国北京政府，处在东交民巷太上政府的指挥和列强所勾结的军阀卵翼之下，如何而容其振作有能？而且列强的大利，也正在政府无能。没有施、顾那样庸懦的代表，华府会议何致自上圈套！没有王、徐那样媚外的委员，山东问题又何致仅收回一个胶州空壳！没有那样贪鄙无能的北京总统、内阁国会，片马交涉、旅大、威海卫收回，又何致一声不响？是政府无能，本由列强直接或间接造成，然列强正好据此以作共管中国的口实了。这又是一个最巧妙而且是国际帝国主义压迫中国的必然的连环计啊！

我们既认清了列强的借口之资，是他们各自或共同造成，我们便当更进一步，说明列强共管中国铁路的用心。本来在中国，现时已成了列强半殖民地的中国，全国财政权，久已不存在中国政府之手，客卿总税务司的一诺一否，竟足以致中国政府的财政死命；关税、盐税已成了列强的共管制；邮务久聘了外人管理；航权、银行权多部分已非我属。在这样列强宰割的情势中，中国政府尚有一线的筹款生机，便是犹有半主权的全中国铁路。然而在列强政府看来，这正是中国自行振兴产业的一条最后命脉了，他们如何能放松得？当新银行团初成立时，列强便首以收回各国独占的铁路权利为急务，他们的着眼点早已为今日"铁路共管"下了伏兵，而我国人当日似犹在梦中未悟。使"铁路共管"果如列强之愿实现了，是不但全国的交通运输，将失其自主的自由，全国的财源也将因着交通机关的蔓延，依着国际共管的原则，而尽为外人攫去。国权既失，国防又破，民族独立之望都难，尚有何振兴国民产业的希冀可想！产业振兴无望，全国人民即将逐渐变为穷困的消费者，同时也更足使国际资本帝国主义，因此高超的共管而益发猖獗，益发延长其垂死的寿命，是中国人民不仅难免列强奴隶之辱，且更将为世界劳苦民众的罪人。

亲爱的国人啊！我们认清了这次外交事变的对象，明白了他的来源和将生的祸害，我们便当一致起来，誓死力争，推翻扰乱中国的国际资本帝国主义，打倒这妨害中国和平统一的万恶军阀！我们要知道，"铁路共管"决不是外交上一隅的事件，而是列强侵略中国的国际行动。国际的侵略行动，是要内以民族自决，外以团结起全世界被压迫阶级共同起来反抗的。因此我们乃主张要以国民的外交，来解决此当前事变，我们不当再希望什么北京政府来解决此事了。固然现时的北京总统，已跑了，内阁已解体了，国会已不成形了，但即使在现势下再有个北京政府成立，结果还不是依然为受某一派军阀指挥，听命于列强的无能政府么？以此种政府，我们托之以他所决不能办的抗拒列强、压服军阀事件，我们若非至愚，便是甘于自杀。我们果认清了在军阀卵翼下形成的任何政府，均不能为国人救此大难，则我们唯一的要求，更是推翻北京政府，合全国工、农、商、学各界自己起来组织国民政府，根据民族自决的原则，以拒绝列强的无理要求，反抗其侵略行动。

亲爱的国人啊！我们更不要相信以什么和平妥协的方法，便可达到救亡的目的。我们要知在列强共同宰割中国的情势中，军阀的反动政象之下，国民是难以与他们两立的。而且在军阀治下成立的北京政府，他们一方依着为列强所已承认的，所谓合法政府的根据，一方挟着专能摧残民意的武力后援，他们在政治权力上，是站着上风的，在媚外的功能上是著有成效，而成了他们惯性的。为要贯彻我们的主张，最后我们终要逼出一个国民革命行动来了。看啊！国民革命的热潮，在中国各地，至少在中国各大都市中，已涨得那般高了。我们现在立在这个国民团结大运动旗帜之下，凡是具有革命新思想而不甘为列强奴隶、军阀鹰犬的人，不论其属于何种派别，具有何种信仰，都应立即联合起来，统一此国民革命的前敌啊！起啊！我们要以罢工、罢税、罢市、罢教的方法来动摇北京政府，及其所倚赖的军阀的根本存在，要以各职业团体所建立的国民政府，来否认北京政府的任何行动，担当起国民外交的大任。压迫愈甚，反抗愈大。一旦国民革命的意识普遍了，一切暴动均将成为有系统，有计划，有组织，有训练而能经久的革命行动了。到那时国民革命的工作，终可完成，国民政府的设立，也自可由非常事变的进行中成就了民族独立的伟业。国人啊！不看辛亥年川路风渐所引起的武汉革命么？一隅的暴动，犹能做了全国革命的导火线，何况我们要合全国国民一致抗拒国际共管中国铁路的民族直接行动呢？国人啊！不看土耳其国民革命运动近年来所表现的功勋么？久困在列强宰割运命下的土耳其，已自振拔了，我们不当闻风兴起么？起！起！起！愿我国人，毋再自馁！

中国旅法各团体联合会印布

一九二三年七月十五日于巴黎

华法教育会　旅法华工会　《工人旬报》社　旅法华工组合书记部　《学生总会周刊》社　巴黎十五区电话厂勤工俭学生分会　《工余》杂志社　旅法勤工俭学生总会　《少年》杂志社　广东半官费生学生会　Barsuraube中国学生会　安徽学生会　北大同学会　旅法中国女勤工俭学生会　江西学生会　航空学会　湖南学生会　江苏学生会　四川勤工俭学生会　山西同学会　《先声》周报社　少年中国学会　里昂中法大学学生委员会　鲁贝勤工俭学生分会　鲁贝中华纺织学会

通信处　39, Rue de la pointe La Garene-Colobes（Seine）

France　华法教育会转

（《少年中国》第4卷第8期，1923年12月；转引自《"二大"和"三大"——中国共产党第二、三次代表大会资料选编》，中国社会科学出版社1985年版，第406—410页）

中国社会主义青年团对于时局的宣言

（1923年7月16日）

全国工人们、农人们、商人们、学生们以及一切被压迫的人们！

你们还记得吗？当去年北洋军阀曹锟、吴佩孚等在所谓"法统重光"名义之下利用一个傀儡的黎元洪来做他们的走狗，而全国人民正在融融望治的时候，我们不是就对全国人民号召道：

封建的军阀不铲除，废督裁兵是绝对不能实现的！

封建的军阀不铲除，民主政治是绝对没有希望的！

封建的军阀不铲除，人民是绝对不能安生乐业的！

这一年来所经过的种种事实，不都是证明我们这种观察是不错的吗？

最近，曹大军阀驱逐其傀儡黎元洪的把戏又出现了！全国人民都惊骇奔告，看做什么"逼宫大事"群起责骂曹锟，认他为民国叛徒；其实这不过是题中应有之义，许多同样罪恶中的一种罢了！

此次事变，表面原因虽是曹锟之竞争总统，而根本原因却在于北洋军阀之安然存在。黎元洪本是一个无耻傀儡，甘为北洋军阀的走狗而不惜，此次被逐，乃是自作之孽，没有丝毫值得我们人民对他表同情。直系军阀对他本是一时的利用，因为认他可为直系实行"武力统一"维持"北洋正统"的忠厚家奴，才于去年拥他上台以作暂时管家之用，现在直系主人曹锟既然要亲来当家做什么大总统，自然非向黎元洪下逐客令不可了！这是当然的现象，毫不足怪。洪宪之乱、复辟之乱、安福之祸、逐徐之变，都是与此同性质的变乱，都是军阀政治底下必然产生的结果。北洋军阀存在一天，此种变乱一定是层出不穷，继起无已，永远不会消灭！

我们要根本明白：封建的军阀永远是我们人民的敌人，封建的军阀存在一天，我们人民的幸福就要被蹂躏一天。曹锟、吴佩孚等固然是压迫人民自由、蹂躏人民幸福、枪杀人民生命、掠取人民财产的大盗巨贼；段祺瑞、张作霖辈也同样是压迫人民自由、蹂躏人民幸福、枪杀人民生命、掠取人民财产的大盗巨贼。曹锟、吴佩孚等所造的罪恶，所给与人民的苦痛固然是擢发难数，很多很多；而段祺瑞、张作霖过去所造的罪恶，所给与人民的苦痛也一样地数不胜数。现在曹锟、吴佩孚等得势，掌握北京政权，固然是压迫我们，是我们的仇敌（曹锟、吴佩孚等之惨杀京汉路工人，尤其是我们工人所一刻不能忘记的！）；将来段祺瑞、张作霖等得势，掌握北京政权也仍旧是压迫我们（过去的段、张所作的事实已经替我们证明了），仍旧是我们的仇敌。曹锟、吴佩孚等直系军阀，我们固然应该拼命地反对；段祺瑞、张作霖等皖奉军阀，我们不应该盲目地欢迎。我们要觉悟：能够解除我们自己的苦痛的只有我们人民自己！希望段祺瑞、张作霖等皖奉军阀打倒曹锟、吴佩孚等直皖［系］军阀来解除我们人民的苦痛，完全是一种梦想！

我们更要根本明白：中国历年的变乱，没有一次没有外国帝国主义者的势力，躲藏在各派军阀的背后发纵指示，以遂其各自经济上、政治上的目的。北洋军阀之所以能存在至今，完全由于国际帝国主义之利用扶植。国际帝国主义之所以扶植北洋军阀，完全是在于利用此黑暗的反动势力来压抑中国产业的发展，使中国能远为他们的公共殖民地，世界资本主义的续命汤。所以我们除了应该认识封建的军阀是我们人民的共同仇敌外，还应该认识这全中国人民最大的敌人——国际帝国主义。现在曹锟、吴佩孚等和段祺瑞、张作霖等利害的冲突，实际就是英美与日本利害的冲突。英美帝国主义是帮助曹锟、吴佩孚等直系军阀的，日本帝国主义是帮助段祺瑞、张作霖等皖奉军阀的。去年奉直战争之后，美国在北京的势力几取日本而代之，这是日本帝国主义者所最痛心不忘的。现在日本的运气又到了，援助段祺瑞、张作霖等军阀组织亲日政府机会又来了，第二次奉直战争（或皖奉与直系之战争）已迫在眉睫了。目下段祺瑞、张作霖等之所以未与曹锟、吴佩孚等开火，乃是因为日本与英美的后台准备都还没有完整，双方都不好冒昧从事，正在观望形势中。若一旦形势观望明白了，双方的战争就会立刻开始（若利于妥协时则妥协了事），孰胜孰败，都不是军阀本身所能决定，要由各帝国主义者帮助的力量来决定。所以各派军阀的胜败，实际就是各帝国主义者的胜败。而在这战争中作牺牲品的，却是我们无辜的人民和无辜的兵士，无论谁胜谁败，都是一样。所以我们应该明白知道，军阀固然是我们人民的敌人，国际帝国主义也是我们人民的敌人。我们不但要打倒本国的军阀，我们还须更进一步联合全世界无产阶级及被压迫民族协力打倒国际帝国主义！

全国工人们、农人们、商人们、学生们以及一切被压迫的人们！

事实早已告诉我们：国际帝国主义利用军阀来侵略中国，本国军阀勾结国际帝国主义来压迫人民，两者狼狈为奸，都是我们人民的共同仇敌，我们非一致奋起来打倒他不可！看呵！曹锟、吴佩孚惨杀京汉工人之血未干，日本帝国主义者又在长沙枪杀我们同胞了！军阀的祸闽、扰粤、乱川之战未停，奉直、皖直之政权争夺战又将起了！帝国主义者的贪欲不足，共管铁路、共管财政、共管中国的声浪又腾喧了！如此内忧外患相迫而来的时局，我们若还再不奋起图存，我们将永远做国际帝国主义和军阀的两重奴隶了！我们要根本觉悟：解放我们自己使自己脱除奴隶生活的只有我们自己，国际帝国主义和军阀都是我们的死对头，一个也不可依赖！什么主张由段、张、黎、唐、卢、岑等军阀官僚组织"中央行政委员会"，什么主张由割据督军组织"联省政府"。什么主张迎孙入京行使大总统职权，什么主张国会迁南制宪……都不是解决时局的办法，都不能解决这由国际帝国主义和军阀共同造成的纷乱局面！现在横在我们面前的唯一的切要的工作，就是我们应该一致团结起来，用革命的手段实行国民革命，来打倒国际帝国主义和本国军阀，此外一切废督、裁兵、制宪、理财、民主政治等等，都只有革命以后才能实现！

中国社会主义青年团根据以上的见地，所以对于中国共产党关于时局的主张，首先表示赞成，承认他的主张完全是于目下实际的需要的。中国共产党主张排除一切黑暗势力，由负有国民革命使命的国民党出来号召全国商会、工会、农会、学生会及其他职业团体，推举代表在适宜地点开一国民会议，由国民会议来解决时局；我们承认这是国民革命的途径上必须经过的第一步。我们知道若不由国民以自身起来担当解决这混乱时局的责任，这混乱时局是要永远混乱下去的！

因此，我们敬对全国人民高呼道：

打倒国际帝国主义！

打倒军阀！

全世界无产阶级和被压迫民族团结起来！

中国社会主义青年团中央执行委员会

（《先驱》第24号，1923年8月1日；转引自《"二大"和"三大"——中国共产党第二、三次代表大会资料选编》，中国社会科学出版社1985年版，第205—209页）

他们的道路与我们的道路

（1923年7月18日）

孙　铎

　　危险是在门前：英美帝国主义对华政策，已得着一种谅解了。自华盛顿会议以来，他们一日接近一日，在今年的美国独立纪念日，英国军舰才第一次向美国国旗行礼致敬，庆祝他们反抗母国的胜利。

　　他们是会走上一条道路的，虽然没有明言向哪一条道路。我们看，住在中国的英美侨民，对克门案时意见逐渐接近，这种接近，在临城案时已大成其功。他们中间现在只存着一点分别，美国人的态度，比英国人一向的态度更为进攻。过去的时候，美国人大吹特吹他们的善意和美国政府对于这个姊妹之邦的特别友谊。不懂得帝国主义的真性质的中国人居然相信了这些鬼话，竟变成了百分之五十的美国人。但是美国帝国主义的鬼脸现在已经揭穿了，看起来比英国帝国主义还要凶恶。试将英国字林西报和美国密勒评论报的论文比较一下，即可证此言非诬。密勒评论的总编辑鲍威尔为临城土匪所掳，六礼拜之内丧失灵魂。他坚强的主张干涉中国——自然说是"为中国人民的利益"。他强烈的宣传英美协同动作。字林西报，比鲍威尔聪明些而又不如鲍威尔之张脉奋兴，对于孙中山的论调又不相同。这个报纸从来没有如现在这样热心赞成国民党。

现在在中国的外人主张立时以武力干涉。辛博森只提议列强组织三人的高等委员会来华调查真相，归国时附以建议。但是外人都全体要派兵舰、军队、机关枪、飞机，占据全国要害，要将中国变成一纯粹的殖民地，这是毫无疑义的。

自然列强可以如此做……但他们愿做至如此极端与否，是不一定的。第一，他们中间不能达到一种一致的详细协定。虽然英美能在这一块地方消灭竞争与冲突，然而还有日本不能赞成。排斥日货运动，使日本在中国如英美一样的凶猛。日本政府自英日同盟取消以后，早已知道要改变外交政策，然而还没有找着新政策的纲领。但事实虽然如此，日本人也不会赞成武装干涉，因为其天然结果即是增加在中国的英美权力。

第二理由，英美不至走至如此极端，是欧洲的政局唤起英美严重注意。德国马克，以一百多万才换得一金磅，实际上一文不值了，法意和比利时的钱币也随着跌的非常之快，这是欧洲大陆的一大危机。法国必被迫而向德改变政策，国际借债给德国变成急不可缓之举，这是防止中欧革命唯一可能的暂时救济。所以欧洲的危机也要英美帝国主义者的全力对付，他们不能同时在远东担当一件极费力而冒险的事业，所以目前外人统治中国或者不至实现。

然而危险已在门前了！由一班人要得外人帮助重新建立的政府和总统，由这班人的媒介扩大外人管理和监督权的危险，已在门前。这种管理权是老早存在的，现在不过是性质不变分量增加。公使团已计算了七月间铁路上绑票的次数：中国一定要接收洋人训练路警的办法，外人管理中国财政一定要扩大范围。现在似乎英美都同意曹锟作总统，虽然现在北京无内阁，但顾维钧一班人是赞助曹锟的。虽然目前中国不至立时变为帝国主义的殖民地，而中国离殖民地的地位可谓更进一步了，因为在此次政变中中国国民运动是表示得如何微弱。

欧洲时局的危机，使列强不能照着他们居留民的要求处分中国；这是迅速发展国民革命运动之一大时机。若是我们不赶快努力做这运动，只顾博得帝国主义报纸的喝采，那么，这些机会没有利用着，外国帝国主义者的得意洋洋，真是"喜可知也"。

从前朝鲜也是独立国，朝鲜直至日本帝国主义者说他在朝鲜人民中负有使命，其独立始被破坏。日本人说"为朝鲜人民之利益起见"，文明的日本应送些军队到朝鲜去。于是剥削开始，抵抗打破，许多知识者为日本施以亡国的教育。不妥协的分子奔走国外，除了在上海建立政府，反对外力和继续斗争外，没有旁的法子。后来他们依着下列两种方法行事：依赖华盛顿与巴黎的外交（相信美国帝国主义可以拯救他们），和依赖在朝鲜边境的军事行动。朝鲜的大卫反抗日本的哥里阿（二人均见基督教圣经），可惜没有得着上天的帮助，所以这些军事行动都归失败。朝鲜革命分子忘记了朝鲜人民，他们以为革命即是军事行动。日本的统治者努力以教育使一部分朝鲜人民归化；日本的利益因剥削朝鲜而日益增长；但是侨居上海的朝鲜政府只以政府为儿戏，忽视朝鲜人民政治组织的发展，如组织革命的党在民众中不断的宣传与煽动等。因此朝鲜国民运动的成绩实在可怜。虽然朝鲜所受的压迫比印度所受的英人压迫更为严厉，而国民运动的成绩则不可同日而语。今年初，上海朝鲜的人民会议，即觉悟旧的方法不能引导成功。被压迫民族的运动必以相信人民有权力为基础。国民运动的领袖一定要到民间去，煽动民族的感情，建立人民之组织。国民运动领袖以政府为儿戏而没有坚强的有组织少数为中坚，没有一个好的政党为中坚，他的失败可以予［预］期。

中国的国民运动不比朝鲜运动的情状好，而其结果也将一样的坏。我们不相信打倒封建的军阀（他们为帝国主义者所援助，正如帝国主义之援助土耳其和印度的封建分子相同），须利用军阀的力量，并同时急迫的请求列强停止对中国内政"不自觉"的干涉。这是民国十二年来的经验，理该使我们有所觉悟了。我们更应该觉悟：地盘、名位、政府、非革命党的军队等，不能做革命的武器了。

"地盘即权力"。但若要保此地盘，先须供给那今日服从号令的军队和将官，便无余力用系统的方法教育在此地盘的人民。"地盘即权力"，则全副力量，都要集中来保守此地盘，一切宣传民众组织民众工作都不得不抛向九霄云外去了。

十二年之间，列强对于中国的操纵日甚一日，中国国民运动忽略了这个危险，他的威吓一年可怕一年。虽然过去时候有几次请求列强让中国自主，自己解决自己的事情，而列强并没有丝毫倾向放弃他们的侵略和干涉。我们不可再主张只先整理自己的家政，再反抗外人的侵略。在商人、知识阶级、农民、工人甚至在军队各阶级中，若是我们懂得我们的义务到民间去，煽动和组织民众，一个坚强的群众政党早就可以组织好了。

欧洲大战发生，给予中国从来没有的机会，因为没有普遍全国坚强的政党，所以不知利用这次机会以完成国民革命的事业。这次机会的失去，全由于我们未曾以适宜方法发展一个大的国民革命党。大战告终，欧洲仍继以不能解决的极大危机，所以东方被压迫的民族现在仍有机会，我们应该承认充分利用此千载一时之机为我们的义务。但若没有为反对帝国主义和军阀争斗的组织，这种机会仍然是不能利用的。我们现在要知道除了做部长、省长、大元帅的外交官以外，还有好些更好的工作要作呀！我们要作，而且这是我们的唯一任务。下种者出外下种，在人民中种下了解决中国情形的学问，种下仇恨外国压迫者与本国帮手的心理，种下反抗剥削与屈辱的自觉与自尊的心理。危险是真实、急迫而且可怕的在门前威胁；我们能号召浩大的革命以抵制这逼人的危险吗？但那是要我们脱离旧习惯、旧观念和变国民党为真正人民的党啊！

[《向导》周报第33期，1923年7月18日；转引自中国社会科学院近代史研究室编：《马林在中国的有关资料》（增订本），人民出版社1984年版，第187—191页]

中国共产党对于时局之主张

（1923年8月1日）

　　时局之危机，现在大家都觉悟了，大家都想起来挽救了，只可惜稍迟了一点！

　　时局之危机来源甚长，此次曹党驱逐黎元洪，不过是长久酝酿之危机中屡次发现之一个最近发现的结果。大家对于这一个最近的结果都大惊小怪起来，而对于酝酿此结果之根本原因却不甚措意，像这样头痛医头脚痛医脚的办法，如何能救危机四伏之中国！

　　中国号称民主国家已经十二年了，而与民主政治绝对不能相容的北洋军阀势力依然存在，是以有洪宪之变、复辟之变、安福之乱以及此次曹党之乱。这些连续不断的变乱，都是北洋军阀势力存在与列强势力相勾结之自然的结果。他们多存在一日，资本帝国主义的列强利用他们侵略中国的程度便增高一日，这就是中国危机四伏之根本原因。去年奉直战争之结果，我们知道一面是奉直势力的消长，一面也是日美在中国的势力消长。所以当时吾党对于时局主张，曾说过恢复国会，联省自治，黎元洪复位，吴佩孚得势，都不能解决时局；曾说过，只有以民主的联合战线，继续革命，打倒军阀及军阀背后的外国势力，才是救济中国的唯一道路。

　　即以此次曹党之乱而论，也非旦夕的骤变。去年奉军战败，美国在北京的势力，几乎取日本代之，那时曹党本欲拥曹代徐，其所以未即实行者只以曹党中分缓急两派（现在还是如此）：缓进的洛阳派吴佩孚主张暂时利用黎元洪为傀儡，直系取得实际的政权，一面以武力削平南方统一中国，一面以金钱包办宪法，然后利诱威迫国会议员拥戴他们的大帅做很体面的合法总统，所谓"武力统一北洋正统"，就是当时吴佩孚号召的政纲；急进的天津派曹锐、边守靖等，迫不及待，即欲拥曹登台；当时吴佩孚势盛，曹边等只得屈从了他的主张，可怜的黎元洪遂因此做了一年替直系军阀监印的傀儡总统。曹党阴谋酝酿至今，一方面因为削平南方为期愈远，制宪之说徒为黎元洪延长监印时期；一方面又得到美国及亲美派基督徒冯玉祥之助，遂不顾一切而悍然驱逐黎元洪。曹党所恃者，不但冯玉祥之兵力，尤其是以外交系顾维钧等为中间人获得美国之金力，欲以重金贿买国会议员及军队，攘窃政权。短视的国民，视黎曹争政为时局危机之焦点，其实问题不是如此简单，曹党敢于逐黎，因其背后有大力者（美国）之援助，所以逐黎不过是历来外力军阀勾结为患，造成中国危局之一个必然的结果，而非时局危机之因。北洋军阀旧势力统治中国，抑制民权，勾结列强，断送利权，此乃中国危机四伏之根本恶因，此恶因一日不除，其危机连续起伏之恶果将一日不止。

因为大家不甚措意时局危机之根本原因，所以此时各方面解决时局之舆论，仍不免趋向几个错误的观念：

（一）拥护黎元洪。黎元洪依附军阀窃取高位，在法律上本无根据，在政治上勾结军阀御用之国会与张内阁而为三角同盟，杀工人，伤学生，妄发命令造祸闽粤，以恋位故不惜逢恶长乱，其罪不在曹吴之下；此时政学会拥之抗曹，纯系利用时机，以报私怨而窃政权；其他直系政敌欲以猪黎为傀儡，拥之于奉或浙者，均应为国民所不齿。

（二）拥护段祺瑞。段派与直系素不两立，安福罪恶，世界所知，彼等亦欲利用国民恶曹心理，起而恢复其势力；张作霖、卢永祥之于段，亦犹吴佩孚、冯玉祥、齐燮元之于曹，将来即有变化，其结果亦不外北洋军阀直皖两派首领夺政之争，这两派首领背后都各有一派帝国主义的列强在那里做后台老板，无论谁胜，都非国家人民之福。此等反动的北洋军阀，无论何派利用时机，出而组织政府，窃取政权，曹与非曹均应为国民所否拒。

（三）国会南迁及制宪。贪横无耻的国会议员，久为曹锟所驯养，或云其中亦有贤良，何以始终同流合污无所表示？代表全国商人工人学生各团体，都已先后宣告否认此国会，不知其尚能代表何种民意？我们认定国会南迁及国会制宪之说，都是违反民意的主张；此种鲜廉寡耻违反民意的国会议员，无论其将来投靠何方，其所定宪法所选总统，国民都一概认为无效。

（四）团结西南联省自治。西南诸将之拥兵聚敛压抑民权，无异于北洋军阀。以此而谋联省自治，仍是联督自保之老文章；若云团结西南以抗北方，观往察来，只是地域上南北割据之争，绝无政治上封建民主之别。主张此说者，不是失意政客欲挟西南为奇货，以达其总裁头衔及分赃会议的欲望；便是贪鄙腐儒欲据此以为拥黎地步而已。

（五）借助列强。创造独立的国家，建设革命的政府，端赖吾民自力，真能艰苦奋斗而成，断不能效有些朝鲜民党，不自努力革命，而呼号于巴黎华盛顿会议，希望外国承认之助力，得以成功。勾结列强的军阀固为人民所痛恨，而痛恨军阀者亦往往有借助列强以制军阀的谬误观念，像这样懒惰取巧依赖外力的国民，不懂得军阀列强勾结的关系，如何能建设一个独立自主的国家！反之，我们是要求一个以国民自力，由革命而建设的政府，由任何外国帝国主义者所支配所援助的政府，国民都誓不承认。

同胞们！用以上五个方法中任何方法反对曹锟，都不是国民应取的正当态度；我们的主张是：由负有国民革命使命的国民党，出来号召全国的商会、工会、农会、学生会及其他职业团体，推举多数代表在适当地点，开一国民会议；若是国民党看不见国民的势力在此重大时机不能遂行他的历史工作，仍旧号召四个实力派的裁兵会议与和平统一，其结果只是军阀互战或产生各派军阀大结合的政局，如此我们主人翁的国民断不能更袖手旁观，例如上海总商会所发起的民治委员会即应起来肩此巨任，号召国民会议以图开展此救国救民的新局面。在北京之国会已成为封建军阀的傀儡，国民已否认其代表资格，只有国民会议才真能代表国民，才能够制定宪法，才能够建设新政府统一中国，也只有他能够否认各方面有假托民意组织政府统治中国之权。由此国民会议所产生之新政府，须以真正国民革命的势力，扫荡全国军阀及援助军阀的外国势力，然后才不愧为统一全国的人民政府，不是一个偏安一隅的政府，更不是一个各派军阀合作受列强势力所卵翼的政府。同胞们只有这一条路，是真能救济我们中国人逃出外力军阀二重压迫的道路。

　　　　打倒利用军阀侵略中国的列强！

　　　　打倒勾结列强压迫人民的军阀！

　　　　全中国国民革命者联合起来！

　　（《先驱》第24号，1923年8月1日；转引自《"二大"和"三大"——中国共产党第二、三次代表大会资料选编》，中国社会科学出版社1985年版，第200—204页）

国民革命与国民党

（1923年8—9月）

谭平山

第一章 概 论

今日中国之政局，险恶极矣。内而武人专政，盗贼横行，民不聊生，外而列强压迫，共管声浪，甚嚣尘上，处兹危难紧急之秋，一发千钧之际。国内稍有知识之士，备受连年之教训，亦知非澄清政治，不足以言外交也。于是日前专谈外交不管政治之空气，渐归沉寂矣。又知非采革命手段不足以澄清政治也。于是畴昔妥协改良之论调，亦将变更矣。国内革命之呼声，高唱入云。近日且由西南而东北，由少数而群众。革命空气，行将弥漫于神洲〔州〕大陆。凡属我中华民国之国民，当无不知非革命不足以图存矣。

然而革命者，非少数人之特别任务也。乃国民合谋所以图存之道也。革命者，非徒破坏之谓也，乃社会进化上所必经之途径也。由前之说，则国民革命尚焉。最近印度、土耳其之国民革命运动，深足法也。由后之说，则革命者，非可畏之事，乃可喜之事。美利坚之脱离英国而独立，法兰西之推翻封建而建设共和，皆是食革命之赐。

革命者，尤发乎其必然，非人力所能阻遏，而且愈阻遏而愈剧烈者也。美利坚之独立革命，殖民地脱离侵略国之革命也。法兰西之共和革命，推翻封建建立民主之革命也。二者皆世界革命史中最有名之革命也。然美利坚之革命，血战七载。法兰西之革命，延至百年。其牺牲之大，亘古所未有。人民所受之痛苦，至今思之，尚令人不寒而栗。夫兵凶器也。战危事也。好秩序而爱和平，亦人情之常也。人而至于不惜破坏秩序，舍弃和平，冒枪炮，犯锋镝，亲蹈危境，悍然就死者，其中必有驱之使不得不然者。曰孰能驱之？曰是环境驱之。

然则将谓革命之起，全由于环境而精神无与乎？曰非也。环境为主而精神为副也。环境在前而精神后起也。假英吉利不颁殖民地苛例，则美利坚十三州，至今日依然隶属于英，未可定也。又非路易王族之失政，则法兰西至今日或依然如英国实行君宪制度，亦未可知也。

精神之变迁，恒随环境而转移。革命之起，由于环境之压迫，社会不绝的进化，骤遇环境之压迫，斯困难生焉。人类为富于理性动物，处兹困难之中，必旦夕殚思，求所以解决之法。困难之程度愈高，斯解决之方法愈难，而改良妥协诸政策，皆不适于用，于是不得不采急激的革命手段矣。

革命手段，所以解决困难，同时亦所以满足需要者也。语云"惟天生民有欲"。人类欲望，社会进化之总枢轴也。人有欲望，故思活动。而社会种种事业，乃得赖以继续维持。若一旦活动轨上，突遭障碍，而且此等障碍，又非一手一足之劳所能转移，于是更不得不合群策群力以冲破此等障碍，俾得再循进化之轨道，以求满足其需要，而革命起矣。由是吾人更知革命目的，非徒破坏，还重建设，且建设未成，革命任务，仍未尽也。

革命之种类甚多，而并非只因同环境之所迫，盖人莫不爱和平，而异族之侵略，往往以最不人道之手段施之被征服之民族，此民族革命之所以起也。人莫不爱自由与平等，而暴君之专政，贵族之肆虐，压制平民，摧残民权，令人民痛苦呻吟于专制政体之下，而莫可告诉，此民主革命之所以起也。有生之伦，莫不思所以遂其生，衣食住三者，人类遂生之具也。然近日国际之战争，多变为经济之侵略。而统治阶级，又复横征暴敛，徒丰私殖，罔识民艰，加以自工业革命以后，贫富阶级，相隔愈远，失业众多，贫者遂生之具，悉被少数者攘夺以去，此经济革命之所以起也。此三种革命，非始发现于古代，实已滥觞于远古。不必单纯而分进，亦有时糅杂而爆发。故异族之侵略，政治之专制，经济之掠夺，斯三者人类社会进化之障碍。亦是人人所欲解决之困难。而古今来政治革命起因之三要件也。盖人类处此旧环境之下，精神肉体，同遭桎梏，除冥然罔觉，蠢若鹿豕者外，恒思所以推翻之，而另创造一新环境焉。故曰"环境驱之也"。

革命者，尤非盲目之冲动也。是有主义，有组织，有目的，有手段之一种意识的团体行动也。然关于主义方面，则更当有详细之讨论。吾在上节，既尝云革命者所以解决困难满足需要矣。然解决困难及满足需要，必有适当之方法，然后方能见诸实行。而主义者实解决困难满足需要之一种方法也。但同一困难，而解决方法，不能强人以尽同。于是在同一问题中，亦有众多主义发生焉。且任一主义，多少必挟带有主观性。此所以无论何人，必有所袒于自己平日所信仰之主义者也。但吾人须知主义者，非以主观的信仰为满足，实际以解决客观的事实为必要。吾虽不敏，愿假定下列六项原则，以衡古今来各派之主义。

（一）主义者，是适应于某时代之环境而发生，而非亘古不变。

（二）主义者，是根据于客观的事实而成立，故愈富于客观性者，愈近于真理。

（三）主义者，就是解决问题的方法，无问题，当无主义，无方法，是非主义。无问题而有主义，有主义而无方法，直是个人幻想。

（四）主义者，是建设于最大多类之最大幸福的基础之上，而非拥护少数或个人利益，以作特殊阶级所固有优越地位之保障。

（五）主义者，所以解决困难，尤所以解决现实的困难，若目前困难，尚悬诸将来以待决，则任何高妙主义，亦无裨于现世。

（六）主义者，所以满足需要，尤所以满足现实的需要，故虚构天国幻境以自娱，是等于画饼以充饥，究无补于目前之痛苦。此类主义，只可供茶前酒后谈话之资料，而非经世安邦之具。

古今来前贤先哲所提出之主义，诚不胜缕述矣。然或持之虽无故，而言之亦似有理者。吾因限于篇幅，且为知识所囿，未获一一加以批评。然兹编所论者，是中国之国民革命也。故当以中国目前之环境为研究对象，然则吾人当观察国内外目前之政治经济社会以及国际地位种种状况时，究以何种主义而可以解决现实之困难，满足吾人现实之需要乎。曰：吾敢郑重而告诸国人：惟我孙公三十余年来所提倡之三民主义，而为今日中国国民党所奉以实行革命者，庶几足以当之。但可惜三民主义，在今日尚未获普悉于群伦，至〔致〕使大多数同胞，仍仓皇踯躅于歧途之中。或徒羡欧美各国之强盛，而不自奋发，反思凭异族以图存；或尚迷信武力，致被军阀政客所玩弄，而甘作其鹰犬。此我党同志之在今日，对于三民主义之宣传与实行，所亟应积极以负责者也。

大三民主义者，民族主义也，民权主义也，民生主义也。吾上不云异族之侵略，政治之专制，经济之掠夺，为革命起因之三要件乎？而思排除异族之侵略，起而谋民族革命，以建设中华民族独立国家为务者，是民族主义之所主张也。痛恨政治之专制，起而谋民主革命，施行四种直接民权（选举权、复决权、创制权、罢官权），以实现真正民主政治者，是民权主义之所主张也。抵抗经济之侵略，起而对于资本土地二者，预防其将来集中于少数人之手，以应付今日世界最重要而最困难之问题，而防患于未然者，此民生主义之所主张也。是三民主义，对于革命起因之三要件，皆有相当之解决方法，故吾前所云三民主义，足以解决吾人现实之困难，满足吾人现实之需要者，并非牵强附会，亦非有所私于吾党者也。至三民主义，是明明三种主义也。在中国今日，何以必须此三种主义，一齐共倡于中国？而三民主义，又有何种事实，足以证明其能适用于今日之中国？关于此点，则建论颇长，当于下文国民革命与三民主义一章，再详论之。

国民革命，既抱有一定之主义，尤须是有严密之组织，坚持一定之主义，从事严密之组织，以实行革命者，即革命的政党是也。而周览全国公开党派中，类多以运用阴谋，攘夺权利，凭借武人，操纵政治，或倚借外力，巩固地盘，若此类者，何足以语乎政党？更何足以语乎革命的政党？

无怪乎我国国民，视政党为不祥之物，而以不谈政治为高也。此虽由于国民缺乏政治兴趣所致，然借党以营私者实不能辞其咎。惟我孙公在昔所领袖之革命同盟会，及今日之中国国民党，始而创造民国于先，继而拥护共和于后。三十余年来之奋斗牺牲，苦心孤诣，早已见信于中外，而得大多数国民的同情，谓为今日中国唯一之公开政党谁曰不宜？且中国国民党，非普通的政党也，是一种纯粹之革命党也。故按诸今日中国之情势，则中国国民党实负有国民革命之历史的使命者也。

国民革命，固是一种政治革命，但非单纯的政治革命，亦非一阶级的政治革命。是集中各阶级被压迫的人民而成联合战线；以打倒共同之敌人之一种复合的政治革命也。中国国民党，既负有国民革命之历史上的使命，则内部固应有严密之组织，对外尤应领袖全国各阶级被压迫的人民，以推翻封建式的武人政治，以实现真正的民主政治。同时亦应奋发图存，以抵抗列强之侵略，而定成中华民族之独立国家，此则凡属吾党同志，皆应旦夕淬厉，努力以进者也。

第二章　国民革命之意义

第一节　革命非仅政治根本上之变迁

革命二字，有单训为政治根本上之变迁者。范围固狭而涵义亦未尽表显也。盖仅以政治之变迁为革命，则政治以外，所谓"宗教革命""工业革命""科学革命"等，皆不得称为革命矣。本章所论国民革命之意义，虽属于政治革命之范围，然仅以政治根本上之变迁为革命，则由君主而民主，由专制而共和，固是政治根本上之变迁。然由民主而复为君主，由共和而复为专制，亦不得谓非政治根本上之变迁。若是，则欧洲神圣同盟之摧残各民主国家，恢复君主专制政体，我国之洪宪帝制，宣统复辟，皆得称为革命矣。若是，则奥大［地］利之梅特涅，以及我国之袁世凯、张勋，皆是不世之大革命家矣。不亦慎乎？

第二节　革命进化之义

余以为革命者，进化之义也。人类社会不断的进化，即革命现象，未尝一刻停止。惟急激之革命，往往趋于流血。所谓血腥的革命者，吾人始谓之革命耳。

试举法国革命以为例。法兰西之革命，拥护人权之革命也。当法国王政时代，贵族恣睢〔雎〕，僧侣横行，宜吏专擅，蹂躏人权之事，无所不用其极。致招群众之忿怨，遂共起而图谋革命。其中虽因国民性之浮动，缺乏组织能力，战争延至百年，损失至不可胜计。然法兰西革命之目的，在扫除封建之余习，打破门阀之积弊，坚持人权宣言，组织民主国家。故法兰西之革命，实由封建政治贵族政治进而为民主政治之枢纽，而非徒政治变迁已也。至美国之独立，亦非仅脱离母国之运动，实开殖民地对侵略国革命之先河也。他若科学革命，工业革命，虽不至演出流血惨剧，然皆含有进化之义，其性质更显而易见矣。

第三节　国民革命之意义

革命之种类甚多。大别论之，有所谓"宗教革命"焉，有所谓"科学革命"焉，有所谓"政治革命"焉，宗教革命，起因于各种族信仰之不同。然实与民族政治经济等有不可分离之关系。科学革命，起因于人类知识之进步。而非血腥革命，所谓"和平革命"者是也。皆非属于兹篇所应讨论之范围。兹篇所论述之国民革命，是属于政治革命。

民族革命及经济革命，均可以造成国民革命。但皆不能与当时之政治问题绝缘。盖民族革命之起因，实由于某民族之国家统治权不属于同种而被攘夺于异族，或名义上虽属于同种之人而实际上悉受异族所支配者。前者曰"属地"，或曰"殖民地"。后者曰"半独立国家"，或曰"半殖民地"。殖民地或半殖民地对于侵略国而加以剧烈的抵抗，以恢复其固有之统治权，使同一民族之人民组织在一个国家之下者，是之谓"民族革命"。即所谓"建设民族独立国家之革命运动"是也。故"民族革命"当然是"政治革命"。毫无疑义。至最近俄罗斯革命,世所称为"经济革命"者也。然俄罗斯革命第一步最重要之工作,就是无产阶级取得政权。故就其性质而论,可名之为"无产阶级的政治革命"。故无论其为民族革命,经济革命,皆挟带政治问题。且国民革命,不因其为民族革命,政治革命,或经济革命而所有异同。其理由当于下节接续论之。

第四节　国民革命之特性及对象

国民革命为殖民地或半殖民地革命之特性。此种革命乃基于一般国民受压迫困苦之要求,非单独一阶级受压迫困苦而革命。故此种革命运动恒为全国国民普遍之运动。其运动之对象有二:

一、国民革命,必由于全民族受异族之侵略,起而谋民族经济政治之独立。

二、国民革命,必由于全国人民受军阀政治之压迫,起而谋人民政治之自由。

第五节　国民革命之要件

国民革命之特性及对象,既如上述,然革命之事业,非可坐待而至者,亦非空谈可以成功者,惟恃国民之自觉与奋斗耳。方今我国共和缔造,尚未完成,革命工作,尚须努力。试问武人专政,何异于皇帝称孤?官僚把持,何异于贵族专擅?加以国基杌隉〔陧〕,盗贼横行,国际列强,借倡共管,辛苦创造之民国,仍日在风雨飘摇之中。而普通社会素无组织,人民又缺乏政治经验。瞻望前途,令人心痛。及今不图,后患何堪?幸而国民因连年备受军阀列强压迫之痛苦,稍知天下兴亡匹夫有责之义,故虽在困苦颠连之中,亦知提出政治主张,以与恶势力正式宣战。以推翻军阀,促成民治相号召。我国不亡,端赖此着。惟散军蜂起,各自为战,势涣力弱,无从歼敌。故近日国民运动,虽风起云涌,而贼国殃民之军阀政客,依然高枕无忧也。此所以知国民革命之必有其方术,而非随意哄动,所可聿观厥成者也。爰就鄙见所及,略定为下之四要件。不敢云除此之外，别无方术之可循。然果能四者具备，则国民革命之成功，不能谓其毫无把握矣。

（一）伟大的群众

国民革命之群众，完全被压迫之群众也。从何处获得如此武器，以与敌人周旋于疆场。故国民革命运动，万无专恃军事行动以成功的道理。其所恃以战胜共同之敌人者，赖有伟大之群众耳。群众之势力，当其平居无事，则潜伏而不表现。此时此际，似甚无足轻重者。若一旦感受强烈之刺激，则其力爆发而莫之能御。且能善导之，必能冲锋陷阵，不达目的而不止。虽临以强大之军队，思制止之而亦无济。且愈制止而愈猛进，甚至有用以制止群众之军队，亦常受群众之感化而加入运动，结成联合战线，以共同杀贼者。此种事实，在各国革命史中，殊非罕见者也。法国当一千七百八十九年，尼格尔之被罢斥也，一经喀密的保伦之演说，其时以倾覆王党来集者，几及十万人。遂围攻中世以来禁锢国事犯最有名之巴士底狱，释放被囚志士，尽杀狱吏，是为法国革命之开始。同年法王调兵入瓦塞里，胁迫国民会议。当时有年少女郎，乘机号召，不期而集者有妇女六七千人至十月十五日齐赴瓦塞里宫。妇女皆披发跣足，进击瓦宫，拥王族归巴黎。斯时驻瓦塞里之军队，无能为也。此可征革命时期中群众之势力矣。最近如俄罗斯之十月革命也，当其发难时，柯伦斯基政府，拥有五百余万训练之兵，足以扑灭布尔扎维克而有余。惟莫斯科之群众，已倾向于布尔扎维克，遂使政府之兵，一律与布尔扎维克联合，加入劳兵工会，推翻柯伦斯基政府，拥护苏维埃共和国。即如我国辛亥革命，论兵力何及亡清，而卒能推倒满清，建设中华民国者，因有伟大群众为之援助也。今日反革命派，动（辄）诋辛亥革命为侥倖成功。其实当时民族主义，浸入人心，排满空气，弥漫全国，群众之势力，已由潜伏而发现，使一般满奴未战而气先馁，即枭雄如袁世凯亦不能不附和共和。此所以能建立不世之勋也。故伟大之群众者，国民革命之重要条件也。

（二）共同的目标

伟大的群众者，国民革命之工具也。然必有共同的目标，乃能造成伟大的群众。如美国之独立革命，以脱离英国羁绊，建设美利坚合众国为共同目标。法国之大革命，以推翻王政，建设法兰西共和国为共同目标。我国之辛亥革命，以推翻满清，建设中华民国为共同目标。俄罗斯之十月革命，以推翻资本家政府，建设劳兵工农苏维埃共和国为共同目标。最近如印度、土耳其、埃及等之革命，皆以反抗异族侵凌，而以造成民族独立国家为共同目标者也。故皆能全国一致，敌人虽强，终被惩创。此诚足为今日国民革命之良好模范。

然则今日我国国民革命，究应以何者为共同目标乎？吾将以上节国民革命之对象：（一）民族受异族之侵略，起而谋民族经济政治之独立。（二）受军阀政治之压迫，起而谋人民政治之自由。二者为今日我国国民革命之共同目标也。盖辛亥革命，虽已推倒满清，而真正中华民族独立国家，果已成立乎？民主政治，果已实现乎？吾恐无人敢谓其已成立已实现也。此今日我国国民革命之共同目标，确在于此二者。

夫国内被压迫之各阶级人民，各因其本身利益而活动，其趋向及其进程，未必尽同。如工人与商人，佃民与佃主，资产阶级与无产阶级，平日各为其本阶级利害而奋斗，甚至于冲突，亦是常有。即国内之商人、工人、学生、农人，以至律师、医生、记者、教师、各种技术师等，其职业不同，环境不同，生活不同，因之在主观上，遂各异其志趣。然其客观上观察，无论任何阶级，操何职业，哪有不痛恨异族之侵略，军阀之压迫者乎？除少数之卖国奴，及丧心病狂者外，哪有不希望民族经济政治等之独立与自由者乎？故今日我国国民革命运动，所以有共同目标矣。如我国国民，能认定此共同目标，向敌人正式宣战，其成功可立而待也。

（三）统一的组织

既有共同目标矣，然使各自为战，则势涣力弱，亦无成功的希望。此统一的组织尚焉。国民革命既有共同之目标，当有共同之敌人。且此共同之敌人，其势方张，其力甚猛，其外援亦甚夥。举凡军事政治经济之大权，尽在敌人掌握中。彼辈挟万钧之力以临我，在战争上已独占优势。如国民无统一的组织，则人数虽多，直一盘散沙耳，何能歼灭此共同之敌人哉！试取我国辛亥革命及法国大革命两国革命期中军事行动以为例。法国当路易十六被诛也，欧洲各君主，兔死狐悲，誓不承认法兰西共和及国民会议上之主权。并结合第一次大同盟以抗之，联合之主力，为德意志奥大〔地〕利、普鲁士、英吉利、西班牙，及荷兰亦次第加入。意大利诸小国，虑为法所蚕食，亦赞同之。谋合攻法兰西，英军攻其西部沿岸地方，西班牙越比连尼斯山攻其南，意大利越阿拉魄司山攻其东南，德意志联邦沿莱因河攻其东北，欲一举扑灭法兰西共和政府。当此紧急之秋，法之筹划军备，一委之公安委员喀尔诺当训练之任，组织国民军。其征调之法，自十五以上，二十五以下者，悉服兵役，共集百二十万人，无论男女老幼，悉令出以救国。年在二十五岁以上之壮男，不隶军籍者，则使之锻冶兵器，整备军需。女子则使之制军衣旗帜及看护伤兵，儿童则使之制绵撤丝，老人无所事事，则使之鼓舞少年，壮其勇气。用是种种政策，军势大振，连胜皆捷，不一年而法国境内，已无敌人踪迹。其所以有此效果者，军事组织之统一也。

国民革命原不专恃兵力，然军事亦其一端。其他法国之国民统一的组织，最要者就是国民会议。最近之印度、土耳其两国革命期中所组织之国民会议，性质亦与法之国民会议相同。合全国国民之代表而组织之，为国家最高机关，亦为全国国民之统一的组织。至国民中所信仰之主义，亦未必尽同。然在国民革命期中，当互相携手，以扑灭共同之敌人。如法国当七月革命时代，播纳罗所组织之共和党，路易布郎等之社会党，同以推翻王政，确立共和政治而合作，以保持法国国民革命运动之统一，亦一好例也。

（四）领袖的政党

国民革命运动中，有伟大的群众，依共同的目标，以造成统一的组织矣。然不可无领袖的政党以指导之。盖无组织力之群众，其势力必不持久，即为法国、西印度、土耳其等之国民会议，有组织矣。然其组织，非如政党之有严密的组织也，且国民会议既是集合全国国民代表而组织，各代表虽抱共同目标而来，然各代表之中，党派不同，因之志趣未必相同，因之不能产生一贯的政策，故必赖有政党以为领袖而任指导之责，方不至失败于垂成也。且以上所云：（一）伟大群众；（二）共同目标；（三）统一组织，亦非自然可以发生者。其所以宣传与组织之者直是各政党党员奋斗之结果与成绩耳。在各国革命期中，如法兰西之及伦大党与山岳党，辛亥革命之革命同盟会，俄罗斯十月革命之多数党，土耳其之国民党，印度之甘地党，皆革命期中之领袖政党也。领袖政党，不独指导群众，而且常出生入死，不畏危险，为群众而牺牲，所以能获群众之同情及信仰，而为群众之领袖，同时亦为各政党之领袖也。夫前日之革命同盟会即今日之中国国民党，既创造民国于先，拥护共和于后，始终为群众而牺牲，早已为一般国民所同情。然今日我国受异族之侵略如故，受军阀之压迫如故，是国民革命之在今日，已成为普通人民的需要。我党同志，亟应振刷精神，无负历史上之使命，而保持领袖之资格也。

（中共广东省委党史资料征集委员会等编：《谭平山研究史料》，广东人民出版社1989年版，第34—46页）

自民治主义至社会主义（节录）

（1923年9月23日）

屈维它[1]

三

自民治主义至社会主义的革命策略应当如此的去实际应用。中国现时的状况究竟在社会进化史上占何等阶段，社会运动的趋势和民主革命的方向及两者之间的关系又怎样呢？

中国十二年前的爆〔暴〕乱，近因起于国内两种新兴阶级，争取统治者的地位：一、军阀阶级（财阀政客附），二、商业资产阶级。中国商人阶级不能如英法当年，由商业资本直进于工业资本以组织生产，为数不多，经济力为列强资本主义所掩——所以辛亥革命时他刚一抬起头，就受北洋军阀的当头棒击。治者阶级实际上已是军阀；然而军阀一则始终见此隐隐中的资产阶级力量，二则内部之间无力统一，三则现代中国处于文明的外国人监视之下，四则"官僚资本家式"的军师（政客）要有新的运用方法——所以必需国会，以便涂饰耳目巧于持纵。

---

① 即瞿秋白。

因而有此畸形的"民国"，其实还在封建宗法社会时代。

虽然，"中国经济生活的现状，却已经渐出于①商业资本的阶段（欧战的影响很大）。所以近年来最大的现象：海员罢工、铁路罢工、矿山罢工、纺纱业罢工以及其他，罢工工人已渐团结积极组织。亦自然趋于运用自力争取立法权政治权要求最普遍的代议制"。资产阶级更大有进展，起而要求裁兵理财制宪，试组织"民治委员会"。可见"中国……政治运动之中已有资产阶级民主主义与社会主义的劳动运动混流并进的现象——这是中国国际经济地位使然。中国工业发达的途径与欧美大异，政治运动也必不同（民主与社会两革命间的进程紧凑得多）。中国资产阶级要自力发展，非去军阀不可，非去帝国主义不可。然欲去此二者，则必须借重中国的劳动平民及世界的无产阶级——中国的资产阶级亦就非对社会主义让步不可"（参看瞿秋白之《现代中国的国会制与军阀》，《前锋》第一期）。

虽然，我们考察中国经济政治现状所能下的断语，仅仅是："中国已渐进于资本主义而需要民主主义的改革"。至于资本主义的程度，是否已经发达到成就社会革命的物质基础的阶段，那却还待考虑。并不因为中国革命运动或所谓新思想带着一些社会主义色彩，便足以证明现时所需要的革命是社会主义的。

中国实业虽受外国压迫，而五十年来确不能说没有进步。帝国主义当然要变中国成资本主义的而完全破灭中国原来的"半自然经济"。即使帝国主义能行妥协手段而缓和一部分大资产阶级的革命性和排外性，然而因此而实业又进一步。或者外资直接经营实业于中国境内，以至于和中国人合办，实际上夺去中国资产阶级的地位，然而实业因此亦有一更大的进步。在中国境内（在此一经济区域内）而有实业发展，则必要求更宽泛的市场，因此中国内地之资本主义化的速度愈增。外资愈侵入，中国资产阶级在此经济机体内愈膨胀愈深入——外国对于中国资产阶级缓和了这一部

---

① 原文如此，查引文原文没有"于"字。

分，又"培植"了那一部分，再缓和了那一部分，又激起了第三部分。帝国主义的经济上的让步是有限度的，若无限度他便不是帝国主义了。因此，中国资产阶级革命的需要，无论如何，确在一天紧迫一天。

譬如中国绸缎之输出，光绪二年（一八七六）为四百万余海关两，至民国九年（一九〇二）便已涨到二千八百万。中国矿产物之需要，在五十年前为二千五百余万两，至最近便已达二万二千八百万，差不多增加十倍。中国资本主义的发展是显而易见的。

然而这一发展前面有非常之巨大的障碍物。军阀制度沿袭皇帝对商人的政策而变本加厉：重征暴敛，"就地筹饷"。更加以争城夺地，内乱不息。不但如此，更有类似于英法当年的"贵族与市侩"之争："今之政客军人失势则办工厂，曰吾将以实业救国也，既办厂矣，朝开会暮投机，明日又为官，工厂遂为传舍"（杨铨五十年来中国之工业）——这确是扰乱市场的大害，然而也是不可免的经济斗争，不可免的军阀官僚之资产阶级化。中国的市侩又怎么办呢？他们但"愿吾国之工业家专心本业，尤愿吾国军政界之伟人，勤修己职，勿污工业界之干净土……振兴工业之道亦至简：（一）政府与工业当合作，凡妨碍工业之法令制度当皆革除；（二）工业组织当大，则资本与人才皆可经济，而得多所制造之益；（三）当多设制造机械之厂——机器为工业最要之资本，故孙中山有机器借款之议，然中国本有煤铁，与其仰人供给不如退而自造，仅购基本之机械，卸可源源供给各业之需要"。（同上）这是中国资产阶级的梦想。理财制宪裁兵及民治委员会的尝试又是个什么味儿？哼！美国公使休门尚且教训你们说商人当自组织政府。颠覆军阀的民治革命始终是不可免的。

复次，中国资产阶级的发展还有一种更大的障碍。我们看：（一）"一九一六年以后吾国之棉织业遂呈空前之活跃……至一九二一年底，全国共有纱锭［锭］三·二六六·六六六枚，计华商一百三十四枚，日商八十六万七千枚，英商二十五万九千枚，其余未开车者一百三十万枚……"（穆湘玥之中国《棉织业发达史》）外国人在中国棉织业中占二分之一的势力。（二）最近几年（一九一八）中国铁的产额约共三五五·〇〇〇吨；而日本之山东金岭镇铁矿，二十一条所要求的奉天海城等地铁矿，奉天庙儿沟中日"合办"的铁矿，总共的产额就是三三六·五六一吨，简直是全数——至于汉冶萍等的"官办""借款"式以及其他形式的铁矿，所产有限。（三）最近几年煤的产额约共二〇·〇〇〇·〇〇〇吨；而日本之奉天抚顺及山东淄川中英"合办"之开滦等煤矿，所产却有九·九一八·八大三吨——几乎占二分之一。中国自己还打算制造机器，岂不是笑话！中国的资产阶级对这有什么办法？他只知道"今者，关税已有修改之机会，各国对于中国通商之待遇亦将渐趋平等。此正吾人发展国外贸易之日，工业革新不容更缓，自动发展时期之后若继之以通国合作，吾知中国工业史上之黄金时代，不难立致也"。（杨铨）唉！临城案时留华美侨已经主张撤消［销］华会优待条件。临城案后铁路共管问题已经紧迫万分，等到"中国各要地都驻外兵"（美侨主张），等到"美国派委员会来替中国组织政府"整理财政（密勒评论），那时关税虽增加，于中国还有什么利益？那时难道还有中国？人家筷头子上落下来的骨头，不是好吃的，吃了就要套上嘴套系上链条的。独立、自由、平等，都要自己化气力去争。那颠覆帝国主义的民族革命，实实在在是必须的。

中国的现状约略如此。解决这中国问题的主张，最近几年随欧战而兴的"新文化运动"里约略可以分为三派：一、资产阶级的民族主义；二、小资产阶级的浪漫革命主义；三、无产阶级的社会主义（共产派）。

虽然主张的人亦许事过遗忘，而我们研究的是社会现象。不管个人。现时明明还是可以看见社会之中隐隐有此三种心理。

第一派的心理，可以看两年前张东荪、梁任公等人驳社会主义的论调——当时虽是东荪发难，而实是任公综合这派的见解（一九二一年梁任公《复东荪书论社会主义》）。他的意思：

　　一、中国目前最迫切之问题在如何能使多数人民得以变为劳动者……盖我虽将国内资产均之又均，若五雀六燕铢黍固失其平，而我社会向上之效终茫如捕风。……故吾以为在今日之中国而言社会主义运动，有一公例当严守焉，曰：在奖励生产的范围内为分配平均之运动。

二、欲行社会主义必须先以国内有许多现行之生产机关为前提。

三、中国生产事业若有一线之转机，则主其事者，什九仍属于将本求利者流，吾辈若祝祷彼辈之失败耶？则无异自咀〔诅〕咒本国之生产事业以助外国资本家张目。

四、惟当设法使彼辈（资本家）有深切著明之觉悟，知剩余利益断不容全部掠夺，掠夺太过必生反动，非彼辈之福。对于劳动者生计之培养，体力之爱惜，智识之给与，皆须十分注意。

五、所以第一灌输工人以相当之智识，第二助长其组织力。先向彼辈切身利害之事入手试办一两件（如疾病保险等），办有成效，彼辈自感觉相扶相助之有实益，感觉有团体的好处，则真正之工会，可以成立。

任公末后居然说："谋劳动团体之产生发育强立，以为对全世界资本阶级最后决胜之准备。"然而他主张对于资本家之"取偿较优亦可姑容"；他主张的社会政策，原是因为"生反动非彼辈（资本家）之福"；他主张不要太逼中国资本家"助外国资本家张目"。可见他完全站在资产阶级观点上来论社会主义。他的社会政策以至于工会运动无非是喂猪的食料，人要吃猪，当然愿意喂肥再吃。他的意思是说："我只要你们工人容许这'在奖励生产范围内'一条件。我们资本家当然来行些社会政策，使国内有生产事业，将来可以交给你们（？），现在且慢。至于要国家来办亦可以，只求你们不助外国资本家张目，暂时让我们多剥削些罢。"而他偏要"冀普天下同主义之人有以教之"——他实以分配平均为社会主义。不知道谁和他同主义！——他的平均分配及社会政策只可以算得"喂猪的社会主义"。梁任公以唤醒资产阶级觉悟自任，与我们劳动者或游民何与！无业的平民只知道自己组织起来，以革命的力量要求应得的权利。劳动没有生产机关，我们就要求他有，没收军阀来办工厂。无所谓奖励生产。我们穷无所之，奖励什么生产。关心奖励生产，自有人在，如梁任公——资产阶级的代表。劳动者和无产阶级只知道积极为群众的政治经济运动——既然要我们做工，当然你们便该给我们优越的劳动条件，优越了再优越一直到政权交给我们。什么叫妨害中国生产？要赚钱的资本家为什么不看见军阀和帝国主义妨害中国生产？我们只知道以革命的手段逼得资本家推覆军阀等等——劳动运动所取于资本家的，资本家当取偿于列强及军阀，不应当反来请我们姑容。我们无产者怎样有姑容你们大人的资格？罪过罪过了！

总之，中国的民主民族的革命运动（国民革命），万不是和平的"试办一二件"的方法所能了事。必须以革命的社会主义的见解及手段来行。中国资产阶级的觉悟亦要在这实际运动里才能发生。何况他非受无产阶级的促进，不能举步。中国军阀及列强存在一日，便一日不容你"试办"，资本主义都不能十分容你试办，何况社会主义。革命貌似破坏，而实是彻底廓清旧社会，开新社会建设之门。英、法资产阶级的革命如此，到一八四八年的德、奥、匈，一九〇五年的俄国革命亦是如此；革命之后即开一生产力发展之长时期。现代俄国的无产阶级革命更是如此。任公派的猥琐懦怯正足以证实中国资产阶级的无力。他的社会政策正是瞿秋白所谓对社会主义之让步——对无产阶级的让步，目的仅在于保证资本主义的安全发展。因为中国资产阶级之"社会的下意识"早已觉得：只有唐山矿工，太平洋中国海员，京汉路工，上海纺织工敢于直接行动，以及最近长沙之五六万劳动平民的国民外交委员会能外慑日本且内夺赵恒惕之胆——只有真正的劳动平民能行国民革命。

虽然，中国的国民革命，却并不因此而失其资产阶级的性质，这一层应当非常之注意的。

现在要说那第二派的心理了。第二派的解决法，大致说中国要社会主义：从完全否认政治运动起到相对非难民主运动止，其中阶段非常之多。然而最主要的就是：现在社会主义时髦，是"理论上之极致"，或者说，宗教式的信仰抽象而不着边际的"无产阶级"。假使真正无产阶级的政党从精密的社会科学来运用他的策略——竭力参加民主革命并组织一切劳动者及平民，他们就说"那就要这些人都变成社会主义者才行"，或者简直说"那么，这一党是失节了"。其他种种无政府派的论调，大致相仿佛。那前一种的代表便是《努力》（六十六期时）的高一涵，后一种的代表可以随手推举《今日》（二卷四号时）的初民（虽然今日之初民已非那一《今日》之初民了——他最近在《努力》六十六期已是另一主张。可是他个人不成问题。中国社会思想中现时确还存在这种心理）。这第二派的两种心理可以并合批评。如高一涵的意见是：国民运动是好的，可是必须是单纯的社会主义的国民运动。他说"要国民党自身完全变成社会主义的政党"。殊不知道，中国现时需要国民运动的真正国民党，正因为没有发生可以公开的社会党——并不是说对政府不能公开，而是说对平民群众，甚至于工人，也不能公开。

中国资本主义发展的程度还很浅，当然没有大生产中之纯粹无产阶级（参看《前锋》杂志第一期瞿秋白及我的文章）。俄国发生小小的一个社会主义团体——五六个人的劳动解放社（Grouppa Osvobojde'nya Trouda）——朴练汉诺夫（Plekhanoff）、乍苏黎池女士（Ve'ra Zasonlitch）等，时在十九世纪七十年代。那时俄国集中的工业资本已经有五万四千一百万卢布。他们那时的社会主义运动，尚且还只是民主运动，宣传学理和指导工会组织，绝不敢称政党。社会主义的政党，必定要能明显拿着主义的旗帜走入劳动群众，而不为群众所诧怪；必定要能对于日常政治生活次次提出社会主义的解决法，而不为群众所不了解。而那时俄国并不单因为政府压迫，而因为资本主义改组社会生活的火候还没到：虽有许多工人，而都是刚从农村来的，或尚未完全失私产，或方失私产而求恢复之心甚殷；他们不诧怪而能了解社会主义的运动之心理的物质基础还没有筑就——所以那时俄国社会运动发展之限度还只到民主主义之最左翼的地位（沃尔洛夫斯基 Orlovsky 之《俄国马克思主义史略》）。中国现时工业资本仅仅一〇八·九〇二·八一一元，（一九一八年）约比俄国当年少四万万元，仅有其五分之一。不但如此，俄国一八九七至一九〇五年间，资本主义发展已大进步——纯粹工人有二百余万，工业资本已达十八万万一千六百万卢布，社会民主党（共产党）已经成立而稳固，那时列宁尚且说："往各阶级间去……做总民主主义的革命运动。"中国现时真正的社会党（共产党）并非仅仅代表国内六十一万的工业无产阶级而存在的（这普通工人数是一九一五年的统计，现在至多不过一百二三十万）。假使仅仅有此，他早已不存在了。他的能存在，乃是因为中国无产阶级所处的时代是世界革命的时代，全世界无产阶级已经开始争取政权，他不得不赞助各殖民地的国民运动，尤其是辅翼其幼稚的无产阶级，以行世界的扑灭帝国主义的总斗争。中国幼稚的无产阶级，在世界的斗争范围之中，与国际无产阶级同具最终的共产主义目的，所不同的是斗争方法：先进国是无产阶级统一战线以至于劳工独裁制，中国是国民运动统一战线以至于革命独裁制，然后再进。中国一千万人的手工业劳动者四千二百万户的农民劳动者之中的一百二三十万无产阶级，在中国的斗争范围中，与普通所谓"平民"同有民主革命的需要，所不同的是目标：资产阶级是要法律上的平等，无产阶级是要事实上的平等——最彻底的民主主义——所以中国有无产阶级政党的存在。并非采取了白字［纸］黑纸［字］的理论，就算社会主义的政党。没有物质基础及实际运动是不能凭空造的。至于国民党尤其不能变成社会党——真社会党在中国尚且只能以世界共产党支部的资格勉力栽培无产阶级之组织及训练的根本，而同时在总的民主运动中勉力做主干。何况国民党历史上就是纯粹的民族主义的政党，那时的所谓民生民主主义都只是"富强"——资本主义发展——的手段，看孙文《建国方略》便可了然。他说民主共和是他教小孩子似的教中国国民的功课（第一册第六十页）——原来并非中国平民真要民权而他代表这种心理来抗争的，乃是因为要"富强"非共和不可。直到五四运动之后，国民党才渐渐接近民众，接近那真正要自由的学生会，真正要平等的海员工会等等。国民党到现今方才开始走上民主主义的路，渐渐想代表平民群众而抗争，行真革命。以前是浪漫的革命的政党，首领制个人主义的义侠策略——哥老同盟会的祖传，如此而已。现今国民党所以能有如此的大概的倾向，也只是因为社会中实际上有了学生、工人、商民等的运动——"社会的物质"已经稍有端倪。然而至今他的根本观念还是在政治清明国家富强而已。同时一方面，宣誓"维世界之和平"，这不是对帝国主义畏怯，便是对社会主义让步。可见仍不离一种"民族的资产阶级"的意识，他的国家社会主义的价值，不过如此。

既然这样，国民革命的真国民党是现时实际生活所需要的，却还不是社会主义。然在此总运动中，只有以世界无产阶级的观点为根据的政党，才能用社会主义的见解及运动方法来促进这一国民运动，或者简直改造国民党。同时这亦是中国无产阶级的最正确的策略。

于是可以说第三派了，就是无产阶级政党的策略：

中国客观的政治经济状况及其国际地位，实在要求资产阶级式的革命。同时此种绝对资产阶级性的所谓"民族民主革命"却非借重国际的及国内的无产阶级不可。独有无产阶级能为直接行动，能彻底革命，扫除中国资本主义的两大障碍。就是以劳工阶级的方法行国民革命。劳工阶级在国民革命的过程中因此日益取得重要的地位，以至于指导权。劳工阶级的最后目标在社会主义，那么，到国民革命的最高度，很可以与世界革命合流而直达社会主义。然而现时真正共产派的运动在中国亦不过是"耶各宾"——最彻底的最左的民主主义运动。大概而论，要劳工阶级真正彻底觉悟资产阶级假民主主义的不可信，决不是几本书可以办到，而必须实际普遍的政治经验——小孩子不烫手总是要弄火而且应当弄一弄火，至少也要远远的试一试火的热性——那时群众意识再能实实在在进而求无产阶级的独裁制。劳工群众应当参加国民革命，第一、就是要拿"耶各宾"的方法加速革命的过程；第二、就是实际上去感受感受资产阶级革命之不彻底（不完全反对列强及军阀到底）；第三、就是在这运动之中无产阶级能得必须的政治智识及经验，增高一般的程度。

所以参加并促进国民革命——是现在中国无产阶级的职任，在原则上、在实际应用上、在国内政治经济上——都是绝无疑义的。既然应当促进国民革命，便当有国民革命的中心——列宁说：

> 我们应当组织反对政府的一切势力成一全民的运动……这样去实行各方向的政治鼓动应当有一政党，能结合一切攻击政府的"军队"成一统一的集中的中心，以全体平民的名义去行；再则，实行那无产阶级之革命的训练工〔功〕夫，一方面严格的保存政治独立，并领导劳工阶级的经济斗争，别方面利用一切剥削者与受剥削者之自然冲突（剥削者本来日益替我们"拉拢"新的各种无产阶级分子）；凡是这些工作都要集中于不可分的统一行动。（《怎么办》）

——中国国民运动的主干，亦应当如此，并应当由此主干扩大国民运动的中心，那时势力才能凝聚。

然而要造成运动的中心，必定要用社会已经有的实力。我们理想一个乌托邦是幻想，理想一个"理想的国民党"亦是幻想。中国现存的国民党，因其宗法社会的出身，旧历史的关系，军事崇拜的习惯，中国旧式下等阶级的会党遗传等等，他所有不良的地方也是自然的现象。他当时亦确只能如此，而且正唯因为如此而能行一部分历史使命——与他同时的其余一切维新派，却因完全是上等社会式的，而绝无革命性。只有国民党能秉此革命性而适应进化。可见中国现有的革命材料旧的只有国民党，新的尚未集中。所以只能，并且十分应当适合现时社会的动象，就现有的材料努力改造——集中实际生活所涌出的一切新的革命派分子于此党。况且时过境迁，国民党以前的不纯分子，当然要在淘汰之列。不过应当就在集合新分子的过程中——因为我们"年纪也大了"，既要组织政党也可以不像以前那样"儿戏"了——什么罚咒、打手印等；我们现在必定要有明切的政治主张来号召，不纯分子的行动不能与之适合，就立刻请去。于是劳工派在国民运动之中的基础，亦就因此而凝聚起来。换句话说，便是根据于现时实际经济动象而改造国民党，使从模糊的革命主义进于真正的民主革命及民族革命主义。那时的国民党方才能做国民运动的中心。

如此的去造成国民运动的中心，正因为我们参与其事，我们阶级的政治独立性便亦建立，而得日趋巩固。在这运动的急速的过程里和社会经济的动象中，"阶级利益"必定渐渐突显。到那个时候，即使仅仅是国民党左翼的分子，亦就很可以勇往直前，走上他们所应当走的路。何况无产阶级呢！

中国独立的无产阶级政党如此的去参加民主主义的群众政治总运动，并劳工阶级的经济运动，绝不使政治经济相离，他那时必定能成群众的政党。那时简直实现对等的联合战线。可是这种群众党的基础，正要筑在国民运动中。于这一过程中，世界的社会革命同时必努力提携中国的国民运动；中国国民运动里的最大多数的社会力量因之可以急速的长成，而与世界社会革命结合。不论这中间要经多少波折，革命与反革命互相激荡，而结果那最终的胜利必定在世界及国内的无产阶级。

所以现时必定要：

> 努力扩大国民党的组织于全中国，使中国革命分子集中于国民党，以应目前中国国民革命之需要。同时我们特别的工作，须努力促成全国总工会之独立的组织，从事于经济的及政治的斗争。我们须努力引导劳动群众由日常生活的斗争到政治的斗争。目前政治的斗争，自然是国民运动——排除外力及军阀的运动。因此，在劳动群众中须有大规模的国民运动宣传，扩充国民革命的国民党。同时凡已了解国民革命之必要更进而有阶级觉悟的革命分子，当尽量加入我们自己的组织，并当于群众中普遍的宣传"国民运动里拥护劳动阶级利益的目的"。（陈独秀之《论国民运动及国民党》）

（《新青年》1923年第2期；转引自《"二大"和"三大"——中国共产党第二、三次代表大会资料选编》，中国社会科学出版社1985年版，第411—423页）

中国共产党存在的理由[①]

（1923年11月30日）

　　有人说，共产党是代表无产阶级利益的革命党，照中国的现状，是各阶级合作的国民革命时代，不是无产阶级的社会革命时代，中国共产党似乎无存在之必要。这种话在形式的逻辑上好像是合理的，但形式的逻辑每每遇着事实的逻辑便显出他的谬误。在事实的逻辑上，中国共产党所以存在的理由是：每个政党都是阶级的反映，中国的无产阶级无论如何幼稚，但无人能够否认他的存在，同时便不能够否认代表他的政党的存在，一切社会现象，都有物质的条件为之因果，决非可以人的理想使其自无而有，亦非可以人的理想使其自有而无。这是中国共产党所以存在的第一个理由。殖民地半殖民地的国民革命，尤其是国际殖民地的中国之国民革命，非与世界的被压迫民族、被压迫的阶级大革命相应合，非得世界的无产阶级之援助，是不容易成功的。这是中国共产党所以存在的第二个理由。

　　在国民革命运动期间，在无产阶级与各阶级合作期间，我们的同志必须充分了解，我们的组织所以存在的理由实是如此，也只是如此，然后才能站在革命史上适当的地位而前进，然后才免得离开实际的夸大与自贬。

　　（《中国共产党党报》第1号；转引自《"二大"和"三大"——中国共产党第二、三次代表大会资料选编》，中国社会科学出版社1985年版，第424—425页）

---

① 本文无作者署名。

中国国民革命与社会各阶级

（1923年12月1日）

陈独秀

（一）

人类经济政治大改造的革命有二种：一是宗法封建社会崩坏时，资产阶级的民主革命；一是资产阶级崩坏时，无产阶级的社会革命。此外又有一种特殊形式的革命，乃是殖民地或半殖民地的国民革命。国民革命含有对内的民主革命和对外的民族革命两个意义。

殖民地的经济权政治权都完全操在宗主国之手，全民族之各阶级都在宗主国压迫之下，全民族各阶级共同起来谋政治经济之独立，这是殖民地国民革命的特有性质。半殖民地的经济权大部分操诸外人之手，政治权形式上大部分尚操诸本国贵族军阀之手，全国资产阶级无产阶级都在外国帝国主义者及本国贵族军阀压迫之下，有产无产两阶级共同起来，对外谋经济的独立，对内谋政治的自由，这是半殖民地国民革命的特有性质。

殖民地革命的对象是宗主国，固然无所谓民主革命；即在半殖民地，一方面因为工商业受外力之阻碍不能充分发展，资产阶级不能成功一个独立的革命势力，一方面又因为贵族军阀受外力之卵翼而存在，所以也不能形成一个纯粹的资产阶级的民主革命。

国民革命的性质虽然是资产阶级的革命，他的胜利虽然是资产阶级的胜利，然而革命运动中的形式及要求却只是一个国民革命，这种特殊形式的革命，本是殖民地半殖民地的政治及经济状况所自然演成的。

无产阶级客观的力量是随着资产阶级之发达而发达的，殖民地半殖民地的资产阶级既然不能成功一个独立的革命势力，无产阶级便是不用说了。

（二）

半殖民地的中国自然也没有例外。领土广大交通不便经济组织还是地方的社会组织还是家庭的文字组织还是半象形的中国，连国民革命完全成功也不是一件容易的事，我们断然不可怀丝毫速成的妄想。中国国民革命运动，可以说自甲午战败起，过去历史已将近三十年，此三十年中，第一期是戊戌前后的变法自强运动，第二期是辛亥革命运动，第三期是"五四"以来学生及工人运动。这三期运动之成绩虽然都很微末，而加入运动的各阶级都以次扩大，这是不能否认的。第四期运动是什么，我们虽未能预断，而距运动成功的时期仍然甚长，及资产阶级渐渐明确的感觉国民运动的必要并显著的加入此种运动，这两件事是可以推知的。

（三）

经济落后文化幼稚的中国，各阶级还都紧紧的束缚在宗法社会的旧壳内，幼稚的资产阶级，至今没有有力的政党，便是他幼稚之征验，他还未脱离利用敌人（列强及军阀）势力发展他自己阶级势力的时期，所以他时常表现出来爱和平怕革命的心理，这也是他势力薄弱之自然结果；若依据他目前心理之表现，遂一口武断中国资产阶级永远是不革命的，那便未免短视了。

商业工业资产阶级而外，在殖民地半殖民地，每每还有一种官僚资产阶级。他的势力原来是依赖外国势力（卖国）及本国贵族军阀政府，利用国家机关（盗国）而存在而发展的，他不但是不革命的，而且是反革命的；他不但不是真正资产阶级，而且是真正资产阶级——工商阶级发展之障碍；中国的新旧交通系即属此类。直皖奉直两次战争，固然是军阀间的战争，而因此打倒了安福部及梁士诒内阁，却算是扫除中国资产阶级发展路程上的荆棘，所以那时扬子江下游新兴的工商业家对于吴佩孚颇表同情；有人说吴佩孚打倒梁内阁是军阀阶级的胜利资产阶级的失败，这完全是梦话。

工商业幼稚的资产阶级，他的懦弱心理，自然不容易赞成革命；但产业发展到一定程度，企业规模超越了地方的而渐成为全国的，同时又遭遇军阀扰乱之阻碍或外货外资之竞争，经济的要求自然会促起他有政治革命必要的觉悟。所以资产阶级究竟革命不革命，当视其经济的历史发展决定之，不当以其初步积累时懦弱心理决定其全阶级的终身运命。例如在欧战前，全印度除了小资产阶级的知识者外，找不出半点革命倾向，反之，与大英帝国妥协的空气却充满了全印度的资产阶级；然而欧战后印度的工业得了发展的机会，有了外货外资之竞争，印度的资产阶级便渐渐有了经济政治独立运动的觉悟。中国辛亥革命时，有几个资本家听了革命二字不伸舌摇头，有几个资产家不安心信任北洋派军阀统治中国；然而欧战以来，扬子江下游新兴的工商业家得了一点自由发财的机会，便马上改变从前小视自身的态度，不再说什么"在商言商不谈政治"了，好像乡下土财主，子弟得了几层功名，便胆大起来不怕官府了；同时因为他们的开始发展，便遇着军阀扰乱及关税厘金外货输入原料输出等妨碍他们的发财自由，他们更不老实起来，公然出来做修改税则废止厘金废督裁兵理财制宪等运动，更进而组织民治委员会，反对军阀为总统，否认代表军阀阶级的现国会，上海长沙之商联会更进而加入群众的国民示威运动，即此可以证明中国的资产阶级，已经由非政治的态度，发展到和平的政治运动态度，最近更是发展到革命的政治运动倾向了。

他们以前非政治的态度，现在半和平半革命的态度，将来更趋向革命的态度，都不是他们主观上的意识决定的，乃是他们客观上的经济条件决定的。社会上每个阶级都有他阶级的利己心，他阶级的力量长养到非革命不能除去他发展之障碍时，他必然出于革命，愿意革命不愿意，始终没有这回事。

有人反对上海的民治委员会，说是希图组织商人政府，又说这是发达资本主义有害于中国社会。唱这种高调的人，他不明白他素所崇拜的美国正是商人政府；他不明白商人政府虽非极则，比起军阀军政府是进化的；他不明白资本主义在欧美虽功过参半，而经济文化落后的国家，却不是受了资本主义发达的害，正是受了资本主义不发达的害；他一面唱鄙薄商人政府与资本主义的高调，却一面拥戴军阀，这种人全然不懂得人类社会历史的进化是怎么一回事。

在先进国纯粹的资产阶级的革命，虽以资产阶级为主力军，也不能不借助于他阶级的力量以仆当时的暴君及贵族，所以当时革命的口号往往冒称全民利益，不便公然宣告为他们阶级的利益而革命。至于殖民地半殖民地力量幼稚的资产阶级，阶级的分化本尚未鲜明，阶级的冲突亦尚未剧烈，各阶级的势力也都尚未强大，所以殖民地半殖民地的资产阶级更不能单独革命，他到了真要革命的时候，必然极力拉拢别的阶级，出来号召国民革命，以求达到他自身发展之目的。

殖民地半殖民地的各社会阶级固然一体幼稚，然而资产阶级的力量究竟比农民集中，比工人雄厚，因此国民运动若轻视了资产阶级，是一个很大的错误观念。

（四）

殖民地半殖民地一部分向上发展的大资产阶级固然可以趋向革命，而一部分向下崩坏的小资产阶级（手工工业家及小商人）亦可以趋向革命。小资产阶级固不及大资产阶级势力集中，然其企业因竞争而崩坏，生活不安，也足造成其浪漫的革命心理。

小资产阶级的知识阶级，他本没有经济的基础，其实不能构成一个独立的阶级，因此他对于任何阶级的政治观念，都动摇不坚固，在任何阶级的革命运动中，他都做过不少革命的功劳，也做过不少反革命的罪恶。

小资产阶级的中国，知识阶级特别发达，所谓居四民（士农工商）之首的士，有特殊的历史地位，他介在贵族与平民（农工商）间，恒依附贵族而操纵政权，所以有布衣卿相之说，其仕宦久而门阀高者，自身且成为贵族。他们在历史上操纵政权尤其自垄断教权的优越地位，比欧洲中世僧侣阶级有过之无不及。即以近事而论，在坏的方面：议员政客们都属士的阶级，没有强大的资产阶级来吸收他们，只得依附军阀作恶；在好的方面：戊戌前后的变法自强运动，辛亥革命运动，"五四"以来国民运动，几乎都是士的阶级独占之舞台。因西方文化输入之故，旧的士的阶级固然日渐退溃，而新的士的阶级却已代之而兴；现在及将来的国民运动，商人工人农民固然渐变为革命之主要的动力，而知识阶级（即士的阶级）中之革命分子，在各阶级间连锁的作用，仍然有不可轻视的地位；而且在无产阶级实行革命和他们阶级的利益当真冲突以前，他们是羞于放弃革命态度的。最近全国学生大会，不但议决了许多国民革命的议案，并且议决了几件为工人阶级利益奋斗的议案，这便是个明显的例证。正因为知识阶级没有持〔特〕殊的经济基础，遂没有坚固不摇的阶级性，所以他主观上浪漫的革命思想，往往一时有超越阶级的幻象，这正是知识阶级和纯粹资产阶级所不同的地方，也就是知识阶级有时比资产阶级易于倾向革命的缘故。就是一班非革命的分子，他们提出所谓"不合作""农村立国""东方文化""新村""无政府""基督教救国""教育救国"等回避革命的口号，固然是小资产阶级欲在自己脑中改造社会的幻想，然而他们对于现社会之不安不满足，也可以说是间接促成革命的一种动力。

（五）

农民占中国全人口之大多数，自然是国民革命之伟大的势力，中国之国民革命若不得农民之加入，终不能成功一个大的民众革命。但是农民居处散漫势力不易集中，文化低生活欲望简单易于趋向保守，中国土地广大易于迁徙被难苟安，这三种环境是造成农民难以加入革命运动的原因。然而外货侵入破坏农业经济日益一日，兵匪扰乱，天灾流行，官绅鱼肉，这四种环境却有驱农民加入革命之可能。历年以来，各处农民小规模的抗税罢租运动是很普遍的，若一旦有了组织，便无人敢说连国民革命他们也一定不能加入。

有人见农民之疾苦而人数又如此众多，未曾看清这只是国民革命的一大动力，以为马上便可在农民间做共产的社会革命运动，这种观察实在未免太粗忽了。共产的社会革命固然要得着农民的同情与协助，然必须有强大的无产阶级为主力军，才能够实现此种革命的争斗并拥护此种革命的势力建设此种革命的事业，因为只有强大的无产阶级，才有大规模的共同生产共同生活之需要与可能，独立生产之手工业者及农民都不需此。尤其是农民私有观念极其坚固，在中国，约占农民半数之自耕农，都是中小资产阶级，不用说共产的社会革命是和他们的利益根本冲突，即无地之佃农，也只是半无产阶级，他们反对地主，不能超过转移地主之私有权为他们自己的私有权的心理以上；雇工虽属无产阶级，然人数少而不集中；所以中国农民运动，必须国民革命完全成功，然后国内产业勃兴，然后普遍的农业资本化，然后农业的无产阶级发达集中起来，然后农村间才有真的共产的社会革命之需要与可能。使目前即作此决不能实现的幻想，则所号召者不适于多数农民之实际的要求，便无法使农民群众加入实际的运动，便使目前所急需的国民革命受最大的损失。

（六）

在普通形势之下，国民革命的胜利，自然是资产阶级的胜利，工人阶级和学生农民不同，有他自己阶级的特殊利害，所以工人阶级在国民革命运动中取何态度，乃是一个极重大而复杂的问题。

　　工人是社会上有力的阶级，在物资上他的力量自然远不及资产阶级雄厚，而在心理上因为实际生活之压迫，往往易于促进他的决战态度，即在纯粹资产阶级的民主革命中，工人阶级一旦感觉得这种革命于自身亦有利益时，往往成为急进的先锋，况在国民革命，工人阶级更是重要的分子了。

　　但同时我们要知道：工人阶级在国民革命中固然是重要分子，然亦只是重要分子而不是独立的革命势力。概括说起来，是因为殖民地半殖民地产业还未发达，连资产阶级都很幼稚，工人阶级在客观上更是幼稚了。详细说起来，产业幼稚的中国，工人阶级不但在数量上是很幼稚，而且在质量上也很幼稚；此时中国工人阶级的理想，略分三类：第一，大多数还沉睡在宗法社会里，家族、亲属、地方观念还非常之重，这是因为不但多数手工业工人仍然在独立生产者的环境，有许多目前虽是近代产业工人，而他过去未来的生活，并未能与独立生产者（小手艺、小商人、小农等）的环境绝缘，不感政治的需要，并不脱神权、帝王之迷信，产业之发达又多未成全国化，所以工人阶级的运动，犹多是支节零碎的地方的经济运动而非国家的政治运动，工人阶级的理想，犹是宗法社会的而非国家的，这也是当然的现象。第二，只少数有了国家的觉悟，有了政治的要求，这种觉悟，这种要求，只在最进步的海员及铁路工人罢工中才表现出来，其余多数罢工都不出日常生活的经济争斗。第三，真有阶级觉悟并且感觉着有组织自己阶级政党的工人，更是少数中的极少数；这极少数纯粹无产阶级分子，固然是将来无产阶级革命的唯一种子，即在各阶级合作的国民革命运动中，也是最勇敢的先锋队，这是拿今年京汉铁路罢工事件可以证明的。这极少数最有觉悟的工人，在质量上虽然很好，在数量上实在太少，其余的工人更是质量上数量上都还幼稚，所以不能成功一个独立的革命势力。

　　因此，我们可以知道：中国最大多数的工人，还没有自己阶级的政治争斗之需要与可能，而且连一般的政治争斗之需要甚至于连自己阶级的经济争斗之需要都不曾感觉的工人（如手工业工人），也并不是少数。我们还应该知道：在产业不发达的中国，工人自己阶级的单纯经济争斗，没有重大的意义；因为大部分产业管理权，不再外人手里便在军阀政府手里，工人经济争斗之对象，不是帝国主义的外国便是军阀，所以经济争斗稍稍剧烈一点，便是一个政治争斗。我们更应该知道：这种殖民地半殖民地的政治争斗，只是一般的政治争斗，即全国各阶级共同要求政治上自由的争斗，不是工人们自己阶级的政治争斗；因为掌握政权者直接的是军阀，间接的是帝国主义的外国，不是本国的资产阶级。所以中国的工人阶级，在目前环境的需要上，在目前自身力量的可能上，都必须参加各阶级合作的国民革命。殖民地半殖民地国民革命的意义，就是对外要求民族之经济的政治的独立，对内要求一般国民在政治上的自由。这种一般国民之政治自由，如集会结社罢工等自由，正是中国工人阶级目前至急的需要。

工人阶级若参加国民革命运动，其结果是：（一）工人阶级在此革命成功时失去了地位；（二）工人阶级在此革命的争斗过程中，失去了自己阶级战斗力发展的机会；（三）不参加实际的行动，无论工人阶级有任何急进的主张，都不过是一个主张，实际还是站着一步不动；（四）自己阶级的政治争斗目前既不可能，又不参加联合战线，结果必是脱离了政治争斗的战线，躲到经济争斗的空招牌底下去睡觉。这种脱离政治的经济争斗，必然是支节零碎的，地方的，改良的，使工人阶级的萎靡下去的；而不是根本的，统一的，革命的，使工人阶级强壮起来的。

或者有人以为工人阶级加入国民革命的联合战线，便易于发生紊乱阶级和改良妥协的倾向，是一种危险的政策。其实这个想头未免有些幼稚懦弱了。工人阶级的阶级觉悟是随着产业发达阶级分化而发生而强烈起来的，不是人力的提倡可以发生，也不是人力的否认可以紊乱可以消灭的。工人阶级的战斗力，只有开门出去参加复杂的争斗可以养成，决不是关起门来取寡妇处女式的防闲政策便可以免得危险。工人阶级只要有了独立的组织以上，只要知道一时期政治争斗的动作联合和经济争斗的主义妥协不同，勇敢的参加国民革命这种复杂的争斗，于工人阶级只有利益而决无危险。反之，关起门来不参加目前所需要而且可能的政治争斗之联合战线，到有上文所说的危险呵！

（七）

中国社会各阶级都处在国际资本帝国主义及本国军阀两层严酷的压迫之下，而各阶级合作的国民革命，是目前的需要而且可能。

败坏困苦的中国，须有各阶级群起合作的大革命，才能够依群众的革命热忱和创造能力，涌现出一个独立的统一的新国家。这个新国家只有在全国大群众革命的狂热中，全国的制度文物思想习惯都受了革命的洗礼，才能够实现，决不是单靠军事行动可以侥幸得来的，更不是个人的暗杀可以成功的。暗杀只是封建时代义烈的行为，其结果不过报仇泄愤，决不能依此方法可以推倒统治阶级。单靠军事行动取得政权，这是墨西哥式葡萄牙式的军事投机，决不是法兰西式俄罗斯式的革命事业。

产业幼稚交通不便的中国，尚未完全达到以整理国家为一个经济单位的程度，地方的民众对于地方政府的革命，也是我们应该赞成；因为这种地方的革命行动丰富起来，也自然要汇合成功一个全国的国民革命运动。但是非革命的省宪运动，简直是见鬼；因为没有革命的大群众所拥护之宪法，无论是国家的或是地方的，都等于废纸。

同时，我们也须明白产业幼稚文化落后的中国，目前也只有这阶级群起的国民革命是可能的。若是贪图超越可能的空想，实际上不能使革命的行动丰富起来，以应目前的需要，不但在本国的革命事业上是怠工，而且阻碍了世界革命之机运。殖民地半殖民地之国民革命，形式上虽是一国的革命，事实上是世界的革命之一部分，而且是重大的一部分。因为压制世界全人类的国际资本帝国主义，乃建设在剥削本国工人阶级及掠夺殖民地半殖民地的弱小民族上面，制［致］他们死命的，也正是他们本国工人阶级的社会革命和殖民地半殖民地的国民革命。而在殖民地半殖民地的经济状况，又只是国民革命是可能的，所以殖民地半殖民地的社会党人，万不可轻视了国民革命的重大意义！

国民革命成功后，在普通形势之下，自然是资产阶级握得政权；但彼时若有特殊的环境，也许有新的变化，工人阶级在彼时能获得若干政权，乃视工人阶级在革命中的努力至何程度及世界的形势而决定。一九一七年俄罗斯的革命就是一个好例。俄罗斯各阶级各党派的联合革命，本以推倒皇室为共同目标，只以工人阶级在一九〇五年之革命及一九一七年二月革命中特殊努力，又以当时资本主义的列强因大战而濒于破产，自救不遑，十月革命遂至发生新的政治组织。但是这种未来的机会我们没有预计的可能，也并没有预计的必要，现在只有一心不乱的干国民革命。

陷于半殖民地而且濒于完全殖民地之悲运的中国人，不首先解除列强及军阀之重重奴辱，别的话都无从说起！

（《前锋》第2期，1923年12月1日；转引自《"二大"和"三大"——中国共产党第二、三次代表大会资料选编》，中国社会科学出版社1985年版，第426—437页）

一年来之广东

（1923年12月1日）

奇　峰

第一章　政治

广东一年来的政治状况可分作三个阶段：一是去年六月政变前的纷乱时期；二是政变后陈炯明执政时期，三是国民党回粤后的时期，分述之于次：

第一时期

（甲）陈炯明叛变之原因

国民党对于民主革命，诚然做了好些功夫；但是因为内部的纠纷致生出种种障碍而不能有多大的成就。内部的纠纷当然是因为党的组织不好，纪律不明的缘故；党的组织不好，纪律不严，所以党员只有个人的行动，没有团体的行动，只顾私人的利益，不顾所持的主义，陈炯明之叛变，根本原因，就在于此。

二次革命陈炯明与胡汉民生了好些意见；陈炯明刚愎成性，自视甚高，因与胡汉民不合，于是以地方主义与感情联络惠州及其他接近党员，冀成一派势力，拥护自己，脱离党的范围（表面上陈氏确是个党人）。当然呵！他——陈炯明——只知个人行动，所以不受党的政策支配，只顾私人利益，所以只知霸占地盘。粤军回粤之后，公然自己提倡联省，而且可以私与曹吴往来；因为只知霸占广东维持私人利益，不愿继续革命，所以反对北伐，反对选举总统组织革命政府。

然而，他方面却又不然。中山的总统已选出来了，北伐也已实行了，陈氏处此安得不愈生反动？所以这个时候表面虽没决裂，而将分裂的事实已明白了。许汝为因为没有处置得当，当然愤恨，而孙氏左右因恨陈而过事挑拨亦自不免，所以中山也忍不过去。改道北伐回师肇庆，陈氏免职令下，陈氏以主力军仍在桂省，只得暂回惠州，而最后之决裂已迫眉睫了。

（乙）政变内幕——陈炯明退处百花洲

当改道北伐之前，中山方面因联奉张，曾派伍朝枢往东三省与奉张作一度之磋商，以不受党的支配，不服从党魁之陈炯明表面上虽赞成，实际上恐孙奉合作如果实现，于他所主张之联省——割据，当然与以莫大之打击，故陈氏方面马育航借调查经济状况为名往沪，随后洪兆麟又声言辞善后处等职离粤往上海，未几陈觉民又声言挽留洪氏去粤。洪氏赴沪，外人以为真是因愤恨而辞职，而不知其别有作用，后来洪氏回粤不数日，陈炯明即行叛变，而且洪氏为首先发难围攻公府最力的人，于此可见洪氏实为内幕中的重要人物。马洪陈三人在沪确曾与联省接洽多次，而与吴佩孚代表亦有接洽。

粤军将领当时有所谓莲社之组织，这个组织确为政变内幕中最令人注意之点。邓铿因为没有加入的缘故，而且当时的北伐军已经出发，邓为赞成北伐之人，且将所部第一师开赴桂林，所以陈派人物恨之最深。当伍朝枢由奉返粤，邓铿赴港迎接，回来即遭暗杀。这一幕戏影响粤省政局的变动，诚非小事。

北伐改道，陈炯明退处百花洲，外面好像是很消极，其实金章等日夕谋所以占领广州的计划，不过主力军未能迅速调回，所以对于中山之一再劝驾主理陆军部务，也只得勉强应允遥摄，到了叶举班师回粤分驻市区要地，陈氏视时机已到，经叶举几经往返白云山百花洲之间计划定了，于是终日索饷捣乱，迨洪氏由沪返粤，而变难遂作。

（丙）中山出走

六月十六日变起，中山即赴楚豫舰，召集各舰长会议，商量对待陈军的计划，决以海军炮击陈军。中山一面炮击陈军，一面电召北伐军回粤攻陈，陈氏方面又复使吴礼和运动各舰，和粤军一致行动，请孙下野。汤廷光魏邦平等先后向中山方面提议调和，均为所拒。最后汤廷光等复发起召集海珠会议，调和孙陈，没得结果。后来海军陆战队孙祥夫变乱，和粤军一致，海琛，海圻，肇和三大舰忽离黄埔，中山也率永翔等驶往新□村以外，最终又因为北伐军失利，终至离粤。

变起数日，钟声的省议会，亦通电请孙下野，市民对于中山之开炮也颇不满意；伍廷芳省长病殁，善堂商界会请魏邦平继任，陈氏表面虽然同意，也曾极力敦请，其他为自己权利而打仗拥护陈氏的部下那能允准，魏氏怎敢上台，所以省长遂成问题了。

第二时期

（甲）省长问题

自从北伐军回粤之举完全失败，孙中山出走上海之后，陈炯明不久便回省城，复任粤军总司令，重握粤东政柄。但是为着他自己是要拿"联省自治""军民分治"的假招牌，表面不好再行兼任民政，于是省长一席，便要发生问题了。

当时叶举洪兆麟金章之徒，都想夺过省长这一把交椅来，因为叶举是一个"促孙下野"的指挥，洪兆麟是一个"围攻总统"的先锋，金章也是一个"主持帷握〔幄〕"的谋士，三家争个不了，陈炯明为着这样的缘故也只得一律不要，将这省长一席，另行送给别位担当。

在这样叶洪金三人争做省长的情形底下，兼之当时还有一件事情，是迫着陈炯明找取一个富有的商人来干省长这一席的，就是借款的问题。因为当时军政各费，丝毫无着，大有不可终日之势，于是想着一位富有的港商，历充香港汇丰银行买办的陈席儒来，强迫省议会通过，于是省长问题，算是解决了。既得借来做"民治"的假面具，又得进行向英国帝国主义国家借款的引线，又得以解决叶洪金三人争做省长的纠纷，真算是一举而三得呢！陈氏还派遣海丰嫡系陈觉民做政务厅长，监督陈席儒的行动，军民虽然分职，仍只是陈炯明一手包办罢了！陈氏对于省长问题，也是煞费苦心呵！

省长虽然解决，然而叶洪金三人，便大大的不满意起来，叶举称病回惠州去，洪兆麟率部离省，回驻汕头，金章虽然被委市政厅长，也有负气一切不干的声调，然而陈氏为着"借款问题"不得不假手陈席儒之故，对于那些不满意的三位功臣，只得四面说明，求其谅解苦衷罢了。

（乙）借款问题

陈炯明威迫利诱省议会通过陈席儒做省长的用意，其最重要的原因，是为着借款的问题。当时财政的情形，非常紊乱；省立银行纸币，低跌到四五成；各处征收机关，都被有功将领占据去了；兼之各县遭遇战事而后，即有些微收入，也没有解交来省；省库已是一钱不名了。所以这位汇丰银行买办陈席儒就职而后，马上便奉着陈炯明的使命，着手借款的进行。市政借款，货币借款，路政借款，各都二百万磅，都秘密的向联华公司订起约来了。借款的内容，据说是周息七厘半，八五折交，订期十年清还，假顿整市政，路政，清理纸币，和整顿造币厂为名，把全省路矿等权利抵押尽了。当时工学各界，都群起反对，但是陈炯明为着自己地位的稳固起见，便冒着这个丧失国权的罪名干去。

在这个借款进行，没有多久的时候，许崇智黄大伟李福林辈在闽非常活动，同时张开儒杨希闵朱培德辈在桂也是有了发展的事实，生怕东西夹击，没钱应付，所以催取联华公司借款越是急迫，然而联华公司总理要回英国拿款来，一时不能应交。后来过期了，这个借款没有希望了。其延交的原因，虽然反对借款的声浪，愈唱愈高，然而最大的原因，仍然是为着闽许桂张东西夹击的声浪，传得十分利〔厉〕害了，英国帝国主义者那里肯借给巨款那便要塌台的军阀呢！所以这项借款，便立刻停顿起来。

借款不成，陈氏已是中了致命伤，迫得责令财政厅长钟秀南四面罗掘，变卖公产，投变从前没收民间物件，无所不至。还有一件妙想天开的筹款方法，就是于去年十二月间向德国商人购取枪械五千枝［支］，卖给民间，每枝约赚三十元之谱。其余商会借款，盐商填款，都百余万。到联军差不多到粤的时候，还要进行省市月租捐，这是陈氏回粤的财政的概略。

（丙）劳工局问题

陈席儒就职而后，不久便委金章做市政厅长，一时组织劳工局的风说，声振一时。然而因此又发生争执了。在陈觉民方面，想在省署直辖之下；但是金章方面，又想将这个劳工局附设在市厅之内；大家都想争取一些保育劳工的美名。这是省署和市厅权限上的争执。局长问题，也同时发生争执。黄毅荐陈达材担任，已有成议了，然而宴请工界代表之际，工界都表示不满，于是便自己来干。但是黄与金章素不和睦，而该局在金章方面，又不肯放归省署，黄毅欲干不得，一时又有委任黄焕庭的消息，但是不久战务逼近了，劳工局便也不成问题了。

（丁）对北问题

陈炯明为着种种原因，是早要和孙中山决裂的。在初时回粤没有多久的时候，马育航借着经济调查局长的名义以调查经济局的组织到上海一遍，已经有人传说他是有别种的作用了。在洪兆麟为着和邓铿闹出意见，跑去了上海，当时陈炯明表面上说是派陈觉民去挽留洪兆麟，实际上已要和吴佩孚的来使和齐燮元秘密接洽，已经有了离孙降北的决议了。后来在孙中山改道北伐。陈炯明退走惠州之际，一时也有吴佩孚使者秘密到惠的消息。叶举回粤许久，未有发难，及至六月初旬洪兆麟回汕，电报叶举来省日期的时候，粤军已有了一种"促孙下野"的决心了。果然洪氏一到省城，遂有六月十六日之变。这样看来，洪氏和陈觉民的到沪，共同向吴佩孚来使和苏齐接洽，这件事实，已经可以证明的了。至于叶举德国所发"促孙下野"的通电里说"国会恢复，总统复位，护法告终"，这些都是秉承吴佩孚使命所要说的话。

政变之后，马育航到宁，到洛，到保，到京……种种接洽，不消说的是要对北服从了。但是陈氏又要顾一顾自己的面子，于是大唱其联省自治的腔调，和唐继尧赵恒惕作桴鼓之应，派陈觉民跑到上海，提议组织上海会议，以与唐继尧的联省会议，卢永祥的南北会议相对峙。一面派陈达材往京和大唱联治论的胡适之接洽，想取得政论家的垂青，要□胡适之来粤讲演，好提高自己的声价，一面占据梧州重镇，极力联络林虎刘镇寰蒋光亮——黄强同学当时两人极相拉拢——等，并派使接洽滇唐湘赵，好增进自己对北的地位。当时陈炯明舞着这个好看的花刀，好不热闹！然而舞未完场，讨贼之旗已经高举了。

第三时期

（甲）联军入粤与政学系

孙中山寄居沪上，一方面是虚与各派周旋，提倡和平统一与裁兵，一方面又急谋广东。因为想提取关余的关系，与政学系首领岑春煊有所接洽。以没有武力，失了地盘的政学系，当然是想设法活动，所以要求以沈鸿英军队加入讨陈。当时适值广东借债不成，纸币没法维持，军费全没着落；北伐许军也已平了福建，休息了几月，于是一面运动陈氏部队内应，一面联络滇军沈军及刘震寰的桂军东下，其东路则令许李各军返粤。

联军入粤，陈氏远避，久没问世的魏邦平也乘时活动。魏氏久在军籍，颇有一些资望，粤军第三师又是他的旧部，所以原有粤军及讨贼各军（滇桂军不在此限）即举之为讨贼联军总司令，孙中山亦即加委责以维持治安之任。同时委任胡汉民为省长。

魏氏是个地方主义观念很深的人，当时适直滇沈两军到处缴械，魏氏对之当然不很满意；而滇沈两军以魏氏居然做起总司令，想来统辖自己，自然也不甘心；况且沈鸿英之入粤，完全是抱报复陈炯明的私仇和侵略的宗旨，对于能够统率粤省军队之魏邦平当然欲急除之，所以发起江防会议，拘禁魏氏，解散第三师军队。

江防会议后，胡汉民与其他国民党相继离粤，将起程回粤之孙中山亦即中止南下。其政学系则更肆活动，是时北京民党与政学系议员仍然主张孙岑携手。

（乙）胡展堂之下台与财团执政

江防会议后，滇军总司令杨希闵仍然再宣言服从孙中山，并力促返粤持。沈鸿英虽然与洛吴时通声息，表面对于中山亦没有不服从的表示，因此，中山也毅然回粤，组织帅府行使职权，并即令各军移防。

然而，胡汉民邹鲁等因江防会议离粤后，复以中山被财团——杨西严伍学晃孙科等——包围，皆不愿回粤。中山以胡氏长粤难得各方同情，而又值财政困难，军饷没着的时候，财团方面又自谓能筹款若千百万，遂即委徐绍桢为省长，杨西严为财政厅长，伍学晃为盐运使。

政变后收税机关多为各军霸占，而赌饷又为各军征收，财政不能统一，加以完全没有政治经验的财团执政，当然是更没方法整理。所以执政数月，不但成绩全无，且因拍卖公产，圈入各校校地（农专甲工等），惹起人民的反对；而其他公产又是以廉价自卖自买，中山以试验（试验财团有无能力筹款）无效，又决大加更换。

（丙）元老派执政

中山决计撤换财团，以徐绍桢调任元帅府内部，杨西严为次长，伍学晃为建设部次长。其省长一席即以元老派之廖仲恺氏继任，同时邹鲁由沪返港，又以任财厅，以邓泽如调任盐运使。

廖仲恺继任省长，滇军方面本不十分满意，但是滇军历次宣言不干国政，且廖曾亲与杨希闵接洽，所以也没表示反对。

（丁）交通系之活动

交通系以旧恋失势，不得不转而趋奉奉张，因奉张之关系，复欲来粤有所活动。因为梁士诒父亲祝寿，该系人物得有机会和国民党人往来，但是中山对于梁士诒之通缉令尚未取销［消］，又不敢冒然来粤。果然，虽是破产的财神，而威风尚在，梁士诒的通缉令居然取销［消］了，叶恭绰的财政部长（大元帅府的）兼广东财政厅长任命居然发表了。虽然财厅长已经辞去，改委邹鲁，而财政部长则就了职。财政部长虽无甚实权，而该系不但须借此恢复其政治的地位，且隐［用］以扩张其向来在粤的潜势力。

第二章 经 济

收入支出						
项别	盐税	田赋	特别税捐	教育费	行政费	军费
国家经济状况 往常状况	近年来每年收入数目由七百万增至千二百万	十一年度岁收数目是三七九二四五四元	如印花税与烟酒税及花捐等等平常为一笔颇大的收入	十年是一七一六九四元 十一年是二二四二九九元	十一年是九四四三〇四元	二五、八一九三〇六元
目下状况	现在几个月来每月不过收得数万圆	这几月收不到十分之二三	现在八九是给军界人占据收去了	此数月省立各校经费未有着落市立亦欠薪了	各机关大抵都实行减政的	各种军队各据征收机关或开烟赌乱收乱支没有究诘
说明	因为盐船多被沿途军队截留苟索多不敢到省或是税饷被军队截收运使仍无收入	为的各属县或为敌军占据或是自己军队坐收去用有的为道路梗阻不能解税出来	查厘金正杂税捐收入常额为一四八一五六四八元 沙田捐常年收入七百余万元	是因军需们日在财厅财局里坐索括净去了		

钞票状况					
种类	省立银行纸币	中国银行纸币	丝业	其他农产品和手工事业	生活物品价格
去年兑换	去年政变前常能保持九成以上政变后便跌到七成至四成	去年一向是值原价一二成			

（续表）

钞票状况				
种类	省立银行纸币	中国银行纸币	丝业	其他农产品和手工事业	生活物品价格
目下兑换	每圆只值几个大钱不能通行市面	现下似略有起色有时可兑得三成			
附说	据市面生意家说新政府上月若不出明令拒用纸币完税等只要糊涂任他起落尚不至此	因为大家都说中国银行各省都还存在省立银行既倒了便希望到他有日子恢复	广州佛山以及各内地织造工业，近来因渡船不通，大多数停顿垂闭。惟丝业这半年来却很好，一因蚕丝收获特丰，二因外国出到高价收买，三因运输这项丝的船是外国人特雇的，扯着外旗出进，各江不怕兵匪截劫。	谷米杂粮瓜菜收成倒不坏，只是四处乡渡都一律断绝交通，卖者买者同受经济亏损。各种手工业亦为销路梗阻，缩少造作，失业的人很多。	（1）房租　从去年第二期马路筑好时起，租价陡然大增，比前要加多一倍半，现在还是有加无已。（2）米菜柴　米比较去年贵不了几多，但菜蔬肉类油类就贵了一倍多。柴价昂起得更凶，每元仅得三十斤上下。土布倒没有什么起价。

第三章　劳动运动

　　广东劳动界大部分还是手工工业；手工业工人有两个弱点：（一）恃政治势力以支持，（二）同时又厌恶政治。一年来广东劳动运动状况，可以照此两原则解释明白。

　　广东劳动运动可以分为两个时期：（一）陈炯明执政时期，（二）国民党执政时期。这两个时期政治状况不同，劳动运动亦因之不同。去年六月以前，即陈炯明执政以前，广东的劳动运动，以工会之众多，罢工之频数，可算是"起"的时期。溯其所以起之原因，就在政治上对付劳动政策之变更，即政府对于劳工有一种帮忙的态度。政治方面因为政府的同情，经济方面因为生活费用的增加，广东的劳动运动潮就"起"来了。

去年六月以前，劳动运动因为派别的分歧，形成不能统一，故有机器工人维持会派，有广东总工会派，有互助社派，有工人合助社派，有无政府主义派。

去年六月以前，劳动运动虽属手工业的劳动运动，但亦有一个进步，即（一）工人脱离行会独立及（二）各同业之"党"联合两点；即工人与工人相争变而为工人与东家相争。此种趋势若有一个统一的机关指导，广东手工业工人的势力亦甚强大。无如当时派别分歧，遂令工人势力薄弱，工人阶级因指导机关的分立，形成阶级的破裂，自有劳动运动至今日，工人团体尚有许多同业而不同团体者，尚有许多有关系而不联合者。

去年六月以后，广东工界有一种统一的趋势；其故在于指导机关的减少，即互助社因国民党关系而致消灭，工人合助社亦消灭，广东总工会改组为工会联合会，无政府主义者虽不联合，但亦不反对联合，机器工人维持派亦加入统一运动，即互助社所属工会，亦有加入统一运动的倾向。可惜此时期未届成熟，而政局又变动，工会中国民党派复得机会活动，旧广东总工会之国民党份子及互助社份子，皆不肯加入统一运动，复张旗鼓。手工业工人每不能独立对付东家，必恃政治势力以支持，而国民党份子每易得助于政治势力，故各工会向属于互助社者复不欲加入统一运动。工会联合会为完成统一运动起见，常欲与互助社相携，而无政府主义派因其恶互助社遂亦向统一计划攻击。机器工人维持会方面，因政局变动其中活动份子亦大有变动，实际上仍恢复其独立态度。在此两时期中，有两点可以看出：即（一）工会人数多的呈独立的态度，（二）工会人数少的其加入统一运动纯粹借以支持其地位。

新工业之工会固呈独立态度，即人数众多之手工业工会亦呈独立之态度，无政府主义派之工会，多属人数众多之手工业工会，故亦呈独立态度。

广东工会多数为手工业之工会，其经济斗争最烈之时期虽过，但仍不脱经济斗争。两三年来加工减时之运动已形普遍，故各种经济性质之工潮自去年六月至今不过数次：即土布工潮，钟表工潮，药业工潮，香山辗谷工潮，纸业工潮，佛山米菜工潮，制饼工潮，陈村竹器工潮，广宁纸业工潮，数种。各种工潮的结果，除土布药业外，皆无胜利。因其势力弱小，往往恃政治势力以支持，而政府对付劳工政策，自去年六月变更后，遂使各种手工业工潮纠纷数月，卒无结果。

手工业工人不注意政治运动，但去年劳工政治运动亦有数种：（一）劳工立法运动，（二）反对劳工局运动，（三）反对借款运动，（四）参加民权运动。此种运动都不十分普遍。

广东劳工运动潮之入于"落"的时期，固因其经济斗争已达普遍，亦因内部组织之不完善。其不完善者多半因经济状况关系。广东工业尚在手工业时代，工会之单位不能筑于工厂上面，只可筑于工作店上面。工作店组织势力甚弱，行会之历史尚未过去，工作店之单位组织比较困难，故工会无单位做其基础，遂形散漫。

第四章　农民状况

广东农民可因地势关系而分为三种：一是近山的农民；一是近水的农民；一是傍海的农民。傍海的农民多兼业渔；近水的农民多是耕田；近山的农民多是种山。种山的工作为种杉，种茶，种竹，种麦，种烟叶，种果，种蔗等等。耕田的工作为种禾，种桑，种菜兰等等。

种禾为耕田的农民大部份的工作。每年两造或三造。头造则二月播种，三月插秧，六月割禾；二造则六七月播种，一月后插秧，十月十一月割禾。大约头等田每亩获谷三担五，二等田平均每亩获谷二担四，三等田约一担七。租价以谷米抵交者亦有，以现银缴交者亦有。所耕的田，多数是租的，自耕的极少。地主以乡村家族祠堂为最大。家族祠堂田亩的管理权都是落在少数有产阶级的乡绅手上。彼等田地租出时期又短，租价又高。大约每亩自四元至十元不等。佃户遇着个人的地主感情尚好，若遇着祠堂的地主，则所受权威甚重，直接乡绅，压迫甚惨。

西江流域，如香山顺德南海番禺及东江流域之东莞新会等处，均有沙田，沙田约占田亩全数十分之三。沙田之地权多属于大地主。沙田区分由十数亩至千亩不等，每年或每若干年即批交大佃户承耕，故佃户亦须备足资本，多至数万元方能开耕，复由佃户雇请农工作工。沙田均便于水利，耕田不如山田坑田之苦，在平时只雇请少数农工看管，在下秧及割禾时候然后多农工作工，大约沙田原始皆属占有，故现今田权尚多在某乡某族之手，为佃户则近似佃豪，每县不过数人操纵，故佃户常得利润甚厚，佃户常有数十万之贮蓄者，而业户只享有地租而已。总之此种沙田均属大农制度，故农工生活甚苦。沙田由政府特设护沙局保护，每年每亩抽捐一圆二毛，业户与佃户各出一半，有时土匪亦须如数孝敬。另由政府设沙捐局，每年每亩抽银六毛。

种桑又为耕田的农民重要的工作，每年由六造至八造。养蚕者与种桑者多分开工作，养蚕者因无暇种桑，多仰给于市；种桑者多因此而作投机事业，有时最贵者每担卖至十八元至二十元，有时价跌至三四元一担。养蚕者自己不能种桑，故每受影响。养蚕者能获利与否，全靠桑之生长如何，若遇天旱桑难生长，则桑价常有起至上述之程度者。种桑者多是向地主批地耕种，多随时雇请农工，如采桑耘草时，皆雇佣〔用〕散工。此种散工多半为落伍之自作农。养蚕者一方受桑价之影响，一方又受缫丝厂主之牵制，故其生活亦甚困苦，至茧之贩卖更受茧市东之抽扣。最大茧市市场，一日营业额在十万元之多。种桑之地，每逢年终皆改种菜亖菜干，亦为农民年终贩卖一大宗。

种草在广东北江一带为一种重要工作，广东每年草席之出口，价值二百多万元，可知种草工作之重要。种草工作多在冬季十一月栽种，次年一月尾树草，七八月收割，八月后为卖草时期；但贩卖既非联合一致，故多受收买者起落货价之影响。

种葵又为近水农民重要之工作，普通每家占耕田三四亩，最多者十余亩。种葵工作全年无歇，上半年收割嫩葵，下半年收割老葵，种葵之地多近水，至于贩卖皆在市场，自由贩卖，并无组合。

种果亦为近水农民重要工作之一，种果农民多数属于中农，名为围主，资本在三四千元以上，全年雇佣农工耕作，农工每月工资由五六元至十二三元，但膳费皆由围主供给。

以上为耕田工作。至于种山工作亦有数种：北江方面种竹为重要工作，种竹农民，多闲暇时间，且多为山主，其工作为耘草捉虫等类。此种农民多兼作各种手工工艺，以救济生活，其工业多为竹器等类，种竹地方小地主居多，中地主绝少。

东江方面种山者多从事种蔗，种蔗亦与种竹同，多由山主自行经营。

至北江方面如花县等处，种蔗多为大农，资本在一万元至数万元以上，一切工作多雇用农工为之，种蔗之农多兼作榨糖，皆在九十月开始。

花县等处种花生之工作，规模亦甚大，且多为大农制度，资本亦在数万元以上，每一寮（即所谓围）地面积在数十项（十亩为一项）以上。农工则分长工与散工两种，长工工资每月不过四五元，膳费由寮主供给（寮主即大农也），种花生之寮主多兼作榨油。散工生活至为惨苦，彼等除花生结肉时得到工作外，皆闲时自行租地种植，如种芋种菜等类，以为救济，至择花生工作只在八九月时候。

东江近山农民除种禾之外，多种麦种豆种柿种蔗等，彼等多属于自作农，各有一小部份田地，一方面又租地而耕，至年终无事时，又多作取松脂工作，向山主租出地一段，刷取松树身的脂来贩卖。此种出产亦甚大宗，但各种出产皆非组合一致贩卖，故受投机者之操纵亦甚惨。

洪屋涡为东莞县最大农村，其状况亦可代表一部份情形：

（一）农民经营地面积

（甲）大农：（子）最大二百亩（只有一家）

（丑）最小一百五十亩至一百亩（有八家）

（乙）中农：（子）最大百亩至五十亩（有十七家）

（丑）最小五十亩至三十亩（有五十家）

（丙）小农：（子）最大三十亩至十亩（有七十家）

（丑）最小十亩（有六十家）

（附记）丙条丑项农民每年与人雇工有八个月自作工二月休息二月

（二）农民消费量大小（以一年计）

（甲）家内消费

	大农	中农	小农
（子）饮食费	五百元	二百五十元	一百二十元
（丑）被服费	七十元	三十元	十元
（寅）家具费	四十元	二十元	六元
（卯）居住费	三十元	十五元	八元
（辰）薪干费	四十元	二十元	十元
（巳）茶酒费	三十元	十五元	五元
特别费（午）嫁/娶/丧事费	二百五十元/六百元/一百五十元	一百五十元/三百元/一百元	五十元/一百五十元/二十五元
（未）总计	七千一百元	三千五百元	一千五百九〇元
特别费	一千元	五百五十元	二百二十五元

（乙）经营上消费

（子）原料费（水田十五元围田五元）

（丑）雇工费（水田三元围田五元五毫）

（寅）用具费（约计每亩一毫）

（卯）租费（水田每亩八元围田十五元）

（辰）每亩禾票十五毛掌禾谷六毛

（巳）征收谷佣四毛

（三）农民收入量大小（水田每亩出谷五石围田八石）

（甲）大农三千八百元至一千八百元

（乙）中农一千五百元至七百元

（丙）小农四百五十元至一百四十元

（四）农民组织力程度

（甲）并无娱乐团体

（乙）只有属经济性质的团体

　　　　（子）团体人数最大者由三十人至五十人

　　　　（丑）最小者由二十余人至十余人

　　　　（寅）其性质有属于婚娶者有属于人寿者

（五）农民智识程度

（甲）平均受教育约二年

（乙）对于时局注意者约占百分之二

（六）租价（每亩计）

（甲）最高围田十五元至十二元

（乙）最低水田十元至八元

（七）物价

（甲）谷每石去年价三元今年价三元九角

（乙）必需品今年去年约加二五

全省农民有组织者惟惠属各县，由海丰发起，惠属各县加入农会者有一万多户，现在有扩充为广东全省农会的计画［划］，其章程如左。

纲　领

一谋农民生活之改造

二谋农业之发展

三谋农村之自治

四谋农民教育之普及

第一章　会名

　　第一条　本会定名为广东农会

第二章　会址

　　第二条　本会会址暂设海丰县

第三章　会员

　　第三条　本会无男女姓氏之界别凡属本省农民赞成本会纲领无违
　　　　　　犯左列各项者均得随时加入为会员

　　　　　　一未满十五岁者

　　　　　　二不正当行为者

　　　　　　三有资产者

第四章　组织

　　第四条　本会由广东农民组织之

　　第五条　各乡会员十户以上五十户以下须选出委员一人但每乡选
　　　　　　出委员至多不得超过五人

　　第六条　区委员大会选出区执行委员会任期一年【任期内因特别
　　　　　　事故缺职时得由上级委员会派委之】

　　第七条　县委员大会选出县执行委员会任期一年【任期内因特别事
　　　　　　故缺职时得由上级委员会派委之】

　　第八条　省委员大会选出中央执行委员会任期一年

　　第九条　中央执行委员会由全省委员大会选出十二人组织之并选出
　　　　　　候补委员五人

　　第十条　中央执行委员会互选会长一人总理会务

　　第十一条　中央执行委员会委员得分任左列各部

　　　　　　　　一文牍部

　　　　　　　　二会计部

　　　　　　　　三交际部

　　　　　　　　四教育部

　　　　　　　　五宣传部

六农业部

七卫生部

八调查部

九庶务部

十仲裁部

第十二条　县及区执行委员会之组织按照中央执行委员会之原则组织之但须经中央执行委员会之认可

第十三条　大会或中央执行委员会议决之各种议案县区各分会须依案办理

第五章　纪律

第十四条　全省委员大会为本会最高机关

第十五条　在全省委员大会期间中央执行委员会为最高机关

第十六条　大会或执行委员会之决议须得该大会或执行委员会多数公意之通过少数须服从之

第十七条　下级委员会须服从上级委员会否则上级委员会得取销［消］或改组之

第十八条　对于各下级执行委员会决议有抗议时有五分之一赞成者得提出上级委员会判决之但在抗议期间仍须服从各该下级委员会之决议

第十九条　对于中央执行委员会决议有抗议时得提出全省委员大会判决之但在抗议期间仍须服从中央执行委员会之决议

第二十条　会员违背纲领章程或决议案时得由该区委员会报告上级委员会开除之

第二十一条　会员无故连续三次不到会者或不纳会费而无通告者得由该区执行委员会直接开除之

第六章　会议

第二十二条　各区分会每年须开委员大会一次

第二十三条　各县分会每年须开委员大会一次

第二十四条　全省每年须开委员大会一次

第二十五条　中央执行委员会认为必要时得召集全省临时会议有
　　　　　　过半数县分会之请求中央执行委员会必须召集全省
　　　　　　临时会议

第二十六条　县分会及区分会临时会议亦得照全省临时会议之办
　　　　　　法召集之

第七章　会务

第二十七条　本会应行会务分左列各项

一防止田主升吊以免农民生活不安及对于耕地不加
　工作肥料致生产日下

二遇岁歉或生活程度过高时本会应体察情形向田主
　请减租额

三会员如有发生争执事件得由本会极力和解以免
　讼累

四禁止会员吸食鸦片赌博等事

五办理各乡农民学校半夜学校阅书报社演说团及其
　他关于教育等事

六办理农桑垦荒造林改良肥料种子耕法农具及其他
　关于农业事项

七办理疏浚河流湖塘修筑坡圳及其他关于水利事项

八办理农民医院育婴养老及其他扶助事项

九调查农村户口耕地收获及其他农村状况

十办理农业银行消费组合及其他关于经济事项

十一饲养耕牛以供会员无力养牛耕作者之借用

十二办理农团以防盗贼劫掠及保护农产品

第八章　经费

第二十八条　本会经费分左列各项

> 一由各县分会会员每年会费提入三分之一充作经
> 常费
> 二由会员临时认定乐捐充作临时费
> 三由本会向各界劝捐充作办理公益费

第九章　机关报

第二十九条　本会由中央执行委员会办一机关报各会员有担认购
阅及销售之义务

第十章　附则

第三十条　本章程得由全省委员大会过半数之议决修改之

第三十一条　本章程由本会第一次全省大会议决自中央执行委员会
公布日起发生效力从前各处农会章程一律取销［消］

第三十二条　本会对于各处工会学生会及其他无产阶级团体均与
之联络

第三十三条　本会得聘专门学家暨有识之士热心帮助农民者为顾
问及时常开会时得请其演说

第五章　青年运动

　　青年运动，在广州方面，近年来势已傍［旁］落，且暂趋沉寂一途。
但为外力所动荡，而时起时伏的运动，亦不能以局部的闭塞，而完全归于
沉默也。兹就一年中之广州青年运动，略述如左：

（一）民权运动中之青年运动

　　民权运动，崛起于北京，响应于各省，粤省交通便利，自然得风气之
先；此时广州中上各校之学生，如农专甲工公法高师等校，与未改组以前
之广东总工会所属一部分工人，联合发起广东民权运动大同盟，接受北京
民权运动大同盟之纲领而组织之；影响所及，亦会激起单独的青年猛烈运
动——反对陈炯明借债。

（二）反对借债中之青年运动

民权运动大同盟，曾因陈炯明割据广东，秘密向英国借债，提出反对，除发表宣言外，在第一公园召集国民会议；讵（料）未届开会期，为陈军阀所开，即封锁公园门，四布警察梭［逻］巡；在此临时戒严中，屹立公园门演说，直斥借债之非，无稍畏避者，多为青年学生，与青年工人。及后闹出破门之举——终未得破，大队宪兵与武装警察，如临大敌，围绕公园门群众，监视甚严，虽有少数人回避，而青年学生与工人，仍屹立不动，演说如故；常此之时，青年运动，颇有生气。卒以人数太少，能力薄弱，草草开会，议决数案而散。然卒惹起陈炯明之注意，大肆搜查，并有捉人拘禁之说。反对借债之气焰，经此一大打击，虽变公开而为秘密的行动，专在各工会及学校运动。当时广州中上各校，组织一"学生拒债救亡团"为独立的青年运动，颇足以引起中外人士之注意。广州的麻木社会，亦受此影响，有激动之势。学生拒债救亡团成立未几，遂亦为官力所压，经各校职教员之威迫而散，然陈炯明之割据局势崩坏，青年拒债运动，亦与有力焉。民权同盟反对借债，是以打倒军阀，打倒帝国主义为口号。学生拒债，则在于爱国主义的涵义中。当时学生中，以美国教会所办之岭南大学学生，颇为出力，为学生拒债救亡团之牵线人，其所以为此；据调查所得，鼓动岭南学生做拒债运动者，全由一美国某教授，在内幕指挥，也有人说岭南学生拒债，为英美两帝国资本主义者打烂醋瓶之表现。是则学生拒债，有两个意义：一则出于爱国主义的冲动；一则为帝国主义利益冲突使然；遂成为学生拒债教会与非教会之联合战线。

（三）五九废约运动中之青年运动

取消廿一条件，收回旅大问题发生，京沪人士，唱之甚高。粤省则甲工学生发起，联络各校，组织"学生五九废约运动大会"，加入者有念余校，以甲工农专铁专为中坚，美教会学校岭南亦有加入。本来反抗外国的帝国主义运动；教会学校，绝少过问，此次岭南完全是领着美帝国主义与日本帝国主义互争利益的使命而来。"五九废约运动大会"学生方面，一时甚为活动，除甲工农专铁专，带有多少反抗帝国主义的行动外；其余各校学生，多为爱国主义的冲动。在五月九日以前，该废约运动会，曾向外发表力争宣言，对内发表几万张传单。五月七日举行大巡行，约有三十余校，人数达五千人以上。但是虽请各工会加入巡行，但实际上，则拒工人于千里之外；如巡行时不编工人位置，不准工人先行，且有工人勿混乱学生运动之声言，此种"不入民间"的青年学生运动，实际上受不到什么益处，故转瞬即了无声气。

（四）五一运动中之青年运动

劳工运动，在青年学生方面言之，可谓之"隔岸观火"，毫无生气。五月一日劳工大巡行，学生加入者，只甲工宣讲所两校。在两校中，甲工学校，素来颇与工人表同情，可谓有意义的加入。宣讲所，是教徒黄霖生——该所长——所指使，是教会派入寇劳工之行动，故当时为各工人所不满意；因广州劳工界早有拒绝教会入寇劳工之宣言。其余各校学生，则绝少注意，可谓劳工运动中无青年学生；亦可谓青年学生不要劳工运动也。但潮州方面，"五一运动"，学生多数加入，且有学生要与劳工携手之宣言书发表，尤为此胜于彼。

（五）青年运动之学生联合会

北京教潮发生，全国学生联合会总会乘时复活，广州方面，由甲工公法两校联名发起，召集中上各校，经几度会议，始组织"广州学生联合会"，于六月二日方告成立。中间公法学生，因内部为争校长风潮所牵制，中途退出。广州学生联合会已经成立，今后进行如何，虽不敢武断，但观其所定目标——谋改良学生生活为宗旨，与始终取不谈政治的态度，可见该会仍在社会之外立足，亦可预料其必无好结果也。况该会中之甲工农专铁专一中等校实际做事的分子得不到权力——一因其活动能力不够，一因宗法学校的势力未打破，全权旁落在高师不做事的领袖派与教会派的岭南手上，亦无整顿之希望。

（六）广州青年之派别及趋向

广州青年学生运动，显著而易见者，分为两大派：一是教会派，一是非教会派。教会派以英美帝国主义者教会所办学校属之，岭南，培英，培正等校为其中坚分子；此派学生运动，全为游艺及布教性质，政治及外交运动，绝对不能参与，有之；则为帝国主义互争利益的机械运动，而对于学校革新运动，则绝对不可能。此派学生运动，不特丧失革命性，且有时演出反动之举。广州每次学生运动，略带有多少政治气味，教会派必从中破坏之。广州学生会，不能成强固的团体，都是教会派为之梗。

非教会派，以省立各校属之。此派又可分之为数小派：（一）社会主义派，（二）民主派，（三）陈炯明的惠州主义派，（四）领袖派，（五）中立派。此五派省立各校皆有，归纳之，亦可分为进化与退化两部份。社会主义派与民主派合作，有蒸蒸向上之势，进化部份当然属之，此派虽少数，但能活动颇有势力。陈炯明的惠州主义派，为极端反动者，为农专之惠州学生，假冒无政府招牌，散发传单，诋毁社会主义派；公法甲工女师之惠州学生，反对学生为人民慰劳会募捐；高师知用社之接近惠州派者，在文学上，直指中山为军阀；此为退化部份之尤者。领袖派，专为出风头，希求个人欲望，包办学生运动，而又不干事，且标榜"不谈政治，只管外交"。此派为小资产阶级惰性向下使然，随处暴露妥协的态度，以高师现在做学生运动之一小部份学生为最著，此辈亦趋于退化之一途。中立派，完全不理事，麻木不仁，在进化程途中，不但退化，且必归于天然淘汰，此派各校实占多数。

（《前锋》第2期，1923年12月1日）

论工人运动

（1923年12月15日）

中　夏

　　工人的群众不论在民主革命或社会革命中都占在主力的地位，有法兰西俄罗斯两大革命可以证明，我们应毫无疑义了。中国工人的群众有革命的趋向与可能，而且是革命军中最勇敢的先锋队，有香港海员和京汉路工两大罢工可以证明，我们亦应毫无疑义了。所以我们不欲革命则已，要革命非特别重视工人运动不可。

　　我是曾经做过工人运动的人，据经验告诉我，使我深深地相信中国欲图革命之成功，在目前应联合各阶级一致的起来作国民革命，然最重要的主力军，不论现在或将来，总当推工人的群众居首位。因为工人实际生活之压迫，比任何阶级所受的要惨酷，要深刻；故工人决战的毫不逡巡踌躇的态度，亦比任何群众所做的要勇敢，要坚决些。

　　目前中国因为产业还未发达，新式工业下的工人可统计的只不过六十三万余名，连不可统计的，充其量亦不过一百万名。在数量上看，实在是四万万全人口中的少数了；但是我们应该知道工人数量虽少，工人在社会上所占的地位，实在比任何群众尤为重要。比方海员一罢工，可以使国内外的交通断绝；铁路一罢工，可以使南北的交通断绝；汉冶萍一罢工，可以使国内和日本多数大工厂停业；开滦一罢工，可以使铁路轮船及用户的煤炭蹶竭，洋船都要鳞次栉比的停在秦皇岛，开不出渤海口去；码头工人一罢工，可以使洋货不能登岸；市政工人一罢工，可以使全埠扰乱。这是何等伟大的势力呵！所以我们不能因其数量少而轻视之。况且中国资产阶级虽无力发展实业，外国的资产阶级终会挟其金钱武力来作越俎代庖的事，新式工业下的工人只有日益增多，终归有长成壮大之一日呢。故我们这些真诚做实际活动的革命青年，除做别种群众运动外，尤应特别注重工人运动才是呵。

中国的工人运动，原是最近三年的事，可是在这三年之中，工人却做出不少惊天动地的光荣事业来。如罢工，从香港海员罢工起，到京汉路工罢工止，其间差不多没有那一处那一略那一矿那一厂不罢工，固然罢工之中不少失败，然而胜利的总占多数。如组织，除各业小规模的"工会""工人俱乐部"而外，关于总联合的大组织，海员有"中华海员联合总会"；铁路京汉、津浦、京奉、京绥、粤汉、正太、陇海都有总工会，而且共同企图"全国铁路总工会"之成立，组织了一个筹备委员会。汉冶萍三处联合组织了"汉冶萍总工会"；湖南、湖北、广东都有"全省工团联合会"。固然组织有些不免幼稚或涣散，然而在中国民族向来缺乏组织性的当中，总算比任何群众团结得结实而热烈，总算是矮子当中的长子。这是何等不可轻侮而可宝贵的革命势力呵！

不幸京汉路失败以后，许多社会运动家不免动摇减少了他们向来重视工人运动的观念与热心，这未免太没有信心与毅力了。总而言之，不论革命的政策为了应付时局的必要而要如何变更，然而工人运动却是任何革命方式之下，应该特别重视而不可变更的。不然，如此革命的基本势力犹不注全力使之更强固，更发展，而漫然高唱什么样式的革命，终归是建屋于沙土之上，恐怕墙壁未立，屋瓦未覆，已是歪至斜斜的坍塌了。

固然工人运动为了当前的政治状况，有时进攻，有时保守：如从香港海员罢工到京汉罢工止，是进攻时期。从京汉罢工失败以后，是保守时期。但是保守是固守阵垒，仍不忘厉兵秣马，静以待时。若阵垒也不固守了，厉兵秣马的工作也抛却了，像这样，不是保守，乃是消灭。我所敬佩负中国革命唯一的使命的社会运动家呵！望你们仍鼓励向来重视工人运动的精神与热心，持续的努力呵！如此基础已立，功亏一篑的工人运动，你们因稍稍受了一点波折，便认为此路不通，要另辟他道，我恐怕你们再革命一万年，也不能成功呢。

我可敬畏的青年呵！中国革命的重担，只有由我们一肩挑着。我们固应分队到各种群众中去，特别是工人的群众我们不可轻忽了呵！

（《中国青年》第9期，1923年12月15日；转引自《"二大"和"三大"——中国共产党第二、三次代表大会资料选编》，中国社会科学出版社1985年版，第438—440页）

论农民运动

（1923年12月29日）

中　夏

　　我认定革命主力的三个群众，是工人，农民，和兵士，我已把工人运动说过了，现在说农民运动。

　　中国的经济基础，大家都知道差不多完全是农业，那么，中国农民应该至少要占全国人三分之二，不须统计，我们可毫不犹豫的断定了。这样一个占全人口绝对大多数的农业群众，在革命运动中不是一个不可轻侮的伟大势力吗？是我们青年革命家所可忽视的吗？

　　固然农民的思想保守，不如工人之激进，农民的住处散漫，不如工人之集中，在理论上讲，农民革命似乎希望很少；但是我们如从实际上看，中国农民在这样军阀征徭，外资榨取，兵匪扰乱，天灾流行，痞绅鱼肉种种恶劣环境的当中，生活的困苦，家庭的流离，何时何地不是逼迫他们去上革命的道路。所以我们敢于断定中国农民有革命的可能。

　　俄国的革命，列宁等得农民的帮助不小；土耳其的革命，基玛尔等得农民的帮助不小。这些为我们眼面前的事实，都可以证明我们的相信和断定没有丝毫的错误。

　　就是中国向来带兵的，都愿意招募乡间的农民为兵。他们以为只有农民的心地纯洁，性质诚挚，耐劳不偷懒，勇敢不怕死，比口岸上的无业流氓，靠得住得多。曾国藩从练乡团到平洪杨止，和他同辈幕僚说起，必殷殷以募农为兵可靠为嘱。现在高明一点的军阀，如冯玉祥等，亦颇知此义，极其重视这一点。他们这利用农民为他们挣扎高官厚禄的工具，固然是惨无人道，违背公理，但是农民潜藏革命性和有种种特长，已是给他们证明无余了。我们为什么让农民给军阀召〔招〕募去当炮灰？为什么不唤醒农民为国民自身利益的革命而奋斗？即此一端，可证我们要做农民运动是刻不容缓的事了。

况且中国农民年来因为上文所述的种种环境的逼迫，发生了不少的抗税、罢租的运动。如前年浙江萧山的农民，去年江西萍乡的农民，和最近江西马家村的农民，青岛盐田的农民，广东海丰的农民，湖南衡山的农民，都曾"揭竿而起，挺身而斗，痛快淋漓的把他们潜在的革命性倾泄〔泻〕出来"。他们不仅是敢于反抗，并且进一步而有农会的成立，把散漫的群众都集中在一个组织与指挥之下。这样的知〔智〕能与勇气，恐怕进步的工人也不能"专美"罢。这些事实，都是在全国报纸上记载得明明白白；当然不是可以捏造得出来的。

由此可证明中国农民已到了要革命醒觉时期了，如果青年们像俄国"沙"时代的知识阶级一样，高呼"到民间去"，为之教育，为之组织，恐怕将来农民运动，比现在完全由农民自动的奋斗，还要来得"有声有色"些罢。

有人说，"中国农民不能和俄国农民相提并论，因为俄国有大地主，实行农奴制度，后来政府虽下令把农民解放了，实际上不过由大地主的锁链中，改套在政府的锁链里，仍然是得不到面包；所以'彼得格勒'大罢工，农民便全国风动附和着，烧杀地主，捣乱官廨，无处不骚乱暴动了。若中国则不然，想要农民和俄国农民一样的愤激和奋斗，是不可能的，所以希望农民能革命是很难的"。是的，此话不差，但是我们要问为什么土耳其亦无农奴制度，却全国都跟着国民党首领"基玛尔"起来革命，把希腊军队驱渡"君士但丁"海峡，把英法势力排出本国领土以外，把土耳其恢复成整个儿民族独立的国家？所以农民运动对于革命的结果，其方式虽各国有不同，然而农民群众其有裨于革命事业之成功则一。况乎中国虽无农奴制度，然而农民所受经济上政治上的痛苦，即如上文所述的五端，已经够受了，并不比俄土农民所受苦痛的分量还轻呢。

我可敬畏的青年呵："到民间去"是我们唯一的使命呵：至于中国农民状况及我们运动应取的方针，我下次再和诸君一谈罢。

（《中国青年》第11期，1923年12月29日；转引自《"二大"和"三大"——中国共产党第二、三次代表大会资料选编》，中国社会科学出版社1985年版，第441—443页）

中国革命史之第二篇

（1924年1月）

瞿秋白

中国自有思想革命以来，已经有不少主义：有无政府主义，基尔特主义等等。这许多主义所以发生的原因，都是对于旧社会不满意，想另外找出一个理想的社会来补救的。但这些主义都是从外国裨贩而来，是理想的和抽象的。究竟在中国能够发生什么影响和关系，尚是一个问题。

新思想所以在最近发生原故，并不是五六年前的人如此呆笨，五六年后忽然聪明起来，这完全是由于中国经济变动，由此意志而变动，便有所谓新主义输入。至于三民主义的发生，是完全由于中国现实经济状况而起的，是中国已需要此种主义完全与外来的乌托邦说不同。三民主义与基尔特主义等的分别，因为一个是中国经济情形本身有此种要求而发生，一个是空想的和理论的。三民主义本是一个极简单而毫不费解的主义，因为有外国的压迫和欺凌，故首先有民族主义。试看中国所有商埠，一切都在外人的掌握，许多政治上的大权，都操自外人，所有铁路矿山完全为外人经营，关税盐税都由外人监督。在如此情形之下，我们即使有心和帝国主义者讲交情，试问有何方法？所以提倡民族主义是一个很简单的意思，并不用何种高深理想。

因外人的侵略而发生种种影响，中国的旧经济与外国的资本主义相接触，使中国的农业手工业不得不起变化，汉阳铁厂和各处工厂随之而起，引起政治上极大的变动，满清政府不能不放弃政权。因为经济上已有变动，遂发生新的生产关系，同时国内外亦发生新的经济力量；如华侨，商会，新军，如游民，会匪，都是新旧经济力量交替消长之间所生出来的新现象；他们有意的或无意的，革命的或改良的，自然而然要反抗满清政府。这种平民反抗专制政府，可说是民权主义发生的原因。

这两主义是很明白的，无论何人对于反对外国反对满清专制，是没有不赞成的。但是运动中间，有军阀官僚的分子，利用人民的心理，来制造自己的地位。平民的意思决不是推倒满清之后便欢迎一般军阀官僚若袁世凯等，他们所要求的是一切事业的发达，生活的安定，及自己权利的保障。因外国之经济压迫，军阀之政治扰乱，无从保障平民的生活，当然要发生民生主义的要求。所以在如此情形之下，发生三民主义，并不是一桩奇怪的事，是很平常的。但是三民主义的意义在十年前却非常之幼稚，这是因为社会里的革命力还没有十分养成；当时的三民主义，仅仅隐约的代表一般平民的政治要求及经济要求；三民主义之明晰的程度当随此革命实力的增长而日益深入。——却并不在学说的精湛不精湛。

现在已是民国十三年，在过去十三年之中，因为一天一天的经验，三民主义渐渐明了了。在辛亥时候，所谓三民主义只是民族主义，而且所谓民族主义，只知排满，不知排及外国人，其余民生民权更不用说了。辛亥革命排满主义虽说是达到，然压迫中国的外国人仍在，三民主义可说始终不曾达到。中国平民必须经过这十三年斗争的苦经验，才能明白三民主义之间的关系。民族主义的意义很简单，是使中国成为独立的，不受外国压迫的。话虽然易说，但事实上却不容易，民生民权不达到，则民族主义亦不能达到。因为假使中国人民没有得到政权，则政权必落在军阀手里，他们必然勾结列强以压人民。故民权主义不到，民族主义亦不能达到。再则即使所谓人民能得到政权，但是实际上并不是全体人民——政权落在少数资本家手中，试问资本家能代表人民不能，他们有资本有公司与外人贸易，止［只］求其个人有利益，更何惜牺牲多数人幸福，而另觅出卖中国。资本家利用金钱及一切手段，甚至于学术机关，以争取政权，自私自利剥削平民，此等政府如何能代表中国民族？所以民生主义不达到，民族主义断乎不能达到的。

如此说来，三民主义是整个的，是浑然一体的，是不能分开的，必完全达到三民主义，然后可以说革命成功。在三民主义未达到以前只有革命。所以三民主义的定义是很简单的，并不是个乌托邦新社会，是由中国现实的政治经济要求，才产生这三个革命原则：

民族主义——中国民族的解放独立，世界各民族的平等；

民权主义——中国平民群众的政权，使政府真能代表全民族；

民生主义——中国最大多数民众（工人农民）的生活之保障，使有真正参政之可能，使得到从事于征取经济权之一切必要条件。

既然不是一种空想的社会，而是现实的革命原则，就不能当他是一种固定的制度，却要人去实行。这种革命原则，我们可以当他是平民意志的结晶，是平民反对军阀，反对帝国主义，农民工人反对资本家的意志之表示。

既然如此，三民主义是国民革命的一种口号，是从事革命的目标，是平民组织团结力量以达到革命的旗帜。研究三民主义，并不是合理不合理，与理想高明不高明的问题。三民主义达到不达到，完全看我们平民力量与军阀势力之消长如何，平民力量大一份，三民主义也达到一份；反转过来说，军阀势力大一份，三民主义亦少得一份，我们在今日只有努力革命，至于何日可以完全达到，我们暂时可以不必问。更不必说最理想的社会。——反正在中国的现状，总不是什么理想社会；第一步必须先打破现状，而三民主义便是最切近于这现实需要的。三民主义的实现，完全靠我们革命的力量，向反革命派进攻。国民党所提出的三民主义是代表全中国平民的利益的，所以能组织平民，集中革命势力，和反革命势力作战，这是国民党应有的责任，也是平民应有的责任。

革命的力量何在？在于组织。一吨铁若没有造成什么机械是丝毫没有力量的；若变成一部机器——就是融化锻炼之后，使一部分变成镙钉，一部分变成齿轮，装置起来，——虽然仍旧是一吨铁，然而他的力量，却很大的了。农人、工人联合起来才有力量，若不组织起来，则仍然一盘散沙，没有丝毫实力。革命的精神，革命的情绪，革命的意志，在平民之间是现成的；必须组织他，集中他，他才能变成一种势力。这种组织的工作，是国民党的责任。青年及工人、农民没有加入国民党的，也应加入，以从事于反抗军阀列强的行动，这是平民的责任。平民应当以国民党为工具，达到自己的目的，以国民党为先锋，领导自己的斗争；加入国民党是我们自己组织起来，并不是国民党利用我们。平民何必要组织？因为平民的仇敌，组织得厉害，帝国主义，用赔款买去许多留学生，收买中国教育；军阀养一班政客策士压制我们，试看他们的组织何等精密！他们决不单靠兵力扰乱或侵略；财政上，外交上，交通上，教育上处处都是他们的剥削手段，仇敌已然有如许大的力量，我们平民力量是有限的。他们有枪炮有军队有警察可以指挥，最后一着便是武力解决。我们如果不将国民党办好，使成为一有力量的团体，去和列强军阀对抗，三民主义是永远不能达到的。

我们知道以前已有许多运动，如辛亥革命，五四运动，京汉铁路工人罢工运动，安徽学生运动等，这些运动都是自然发生的，散漫的，偏于一方面的，偏于局部的，各归各不相联结的——可以说是无意之中自然而起的国民革命运动。如今我们各方面渐渐集中，——革命势力的数量日增，质量也就渐变，——我们便有意的来指导组织并促进国民革命运动了。有意的与无意的运动，有很重要的异点。以前的运动是各自运动，是本能的运动，而且是无意的运动：——心上明明要反对帝制却说是光复，明明需要的是发展资本主义，却说是提倡国货以抵制日货，明明应当反对帝国主义，却想这些帝国主义国家对中国主持人道正义。现在呢？认真组织起来，做全国大规模的各方面，各部分互相关联的有意识的斗争。于是中国革命史的第二篇开始了。

中国国民党第一次大会便是这第二篇的第一页，因为他表示很明显的革命原则，及决心改组的意志；这就是开始集中中国革命势力，以从事于有意识的彻底的斗争。大会有这样的责任，可从大会宣言中看出来。大会宣言是以前所没有的；三民主义因此得有良好的界说，是数十万国民党员共同意志的第一次表现。无论何人皆由此同一目的做去，违反宣言的，便不是国民党员。其次宣言里有一般平民的政治经济要求，——国民党对现在政治的政纲，从前民党只注意军事，而不注重其他，现在则全中国的国民党员，都有一致对于政治经济的要求，用此去运动宣传平民群众，使国民党成为国民革命的有力的中心。再其次宣言里明白说出国民党力量在于农民工人身上。以前国民党的力量，不过少数人的奋斗，其余都不管；以前以为可用兵力征服民敌之后，再来按步〔部〕就班的照着书上写好的计划办理，现在却已经知道三民主义是平民自己的要求，当将平民实力组织运用，使在斗争的过程里，炼出实行主义的力量来；而革命军呢？仅仅是平民力量中之一种特殊形式而已。

（《民国日报》特刊，1924年1月；转引自《"二大"和"三大"——中国共产党第二、三次代表大会资料选编》，中国社会科学出版社1985年版，第444—449页）

一九二四年的世界形势与中国

（1924年2月1日）

仁　静

　　在一九二四年的今日，世界上有二件大事值得我们的注意。第一是德国之革命运动，第二是英国劳动党组织内阁。这二件事的影响，不仅限于德国、英国，或者欧洲，他们的影响将波及于世界，而且特别远东的政局随之将起极大的变化。

　　中国最近十余年来的政治是受帝国主义的支配，是受东京伦敦和纽约的银行家和工业资本家的操纵，中国的军阀不过是他们的最好的奴仆。若是过去十余年的情形如此，则近来因为帝国主义的势力增张，和军阀日渐倚赖前者以生存，中国政治更是一大部分受国际政治的决定，中国的军阀只有在一小部分内变动他的政策自由。帝国主义者没有剩余的资本，中国的政府即借不到重利盘剥的外债，帝国主义的战争工业不发达，中国的军阀即得不着明给或偷运的军火。没有军火和外债，中国的战争即不易发端和继续，军阀的政治即不至如今日一般的凶恶和好乱。进一层说，帝国主义者没有剩余的资本，投资在中国的铁路、矿山和市场，他们也不至热烈的拥护军阀的腐败的政治与中国的人民为仇，他们也不至企图铁路和财政的共管，增加助华的舰队，和在中国的内地用外资开发实业。中国的人民单单推倒无靠山的军阀，也比较容易得多了。帝国主义利用军阀政治以扩大其经济势力，在此经济势力未成熟以前，他们死心踏地的拥护军阀，摧残平民，直至帝国主义在中国生长得羽毛丰满，可以握政治权力了，他们有鉴于军阀政治有碍于他们的实业发达（即封建政治障碍生产力之发展），即直接取军阀的势力而代之。所以帝国主义或是赞助军阀，以军阀为工具间接压迫人民，或以外力直接统治中国（今日之租界即其部分之表现），他是永远不会帮助中国平民，或者对平民之革命守中立的，能帮助中国国民革命或者对之守中立的，只有与我们陷于同样命运的在帝国主义铁蹄压迫之下的无产阶级。由此帝国主义势力之盛衰隆替及其相互间之纵横离合，我们应当当他如中国军阀间的势力盛衰隆替纵横离合一样的加以注意和研究。我们要看英法分裂如中国的直奉分裂一般亲切和重要，敌人的势力的分散，正是我们的革命伸张的好时机，此种英法在欧洲的分裂，其影响可及于亚洲。而且我们不是空想主义者，想靠一拳一足打平世界，恢复我们的自由河山，挣脱我们的浑身锁链。我们的革命运动的进展是在我们能用思考力，考查客观的环境能容许我们如何努力。我们只当致力于可能实现的，不是致力我们所一想〔厢〕情愿的。所以就过去世界形势的研究，推测我们中国在近时将来的革命运动，应如何去做，这还是革命方略中所必需要的。

就世界的形势看来，一九二四年是世界革命运动最有希望之一年，也就是说中国国民革命运动之发展最有希望。在我执笔作文之时，德国的革命运动一时是归于沉寂了，英国劳动党正受命组阁。到底德国革命之能成功否？英国劳动党执政后之政策如何？我们在远东的被压迫阶级当充分注意其在远东的含义。

让我先叙述德国革命和英国工党组阁在欧洲政治的意义。德国的革命运动以在去年鲁尔消极抵抗停止之前后为最激烈。八月十二日柏林总罢工，参加者六十万人，驱逐了古诺内阁下台，自此以后，各处的罢工、暴动，工人与政府军、国民党（即法西斯蒂）、分立派、帝制派之冲突日不绝书（此等冲突以十月二十二日至二十六日汉堡一役为最猛勇，工人武装连夺全城之十三警署，与警察、国防军、水兵鏖战至三日之久，始被击退，是役以三百工人敌国防军八千之众，深沟高垒，战至二日始败，可谓虽败犹荣，如此亦可见德国革命潮流渐趋沸腾），萨克逊尼与图林格二州且组织工人政府。德国的工人由八月坚持至十一月，不断的与恶势力流血奋斗，渐不信任反革命的社会民主党，而逐渐加入共产党，共产党在群众中的势力亦与社会民主党的失势成反比例而增加。德国现有二千城市以上的工人组织工厂委员会（即雏形之苏维埃，后者是联合各工厂的代表在一起而组织的会议）完全受共产党的指挥，共产党的党员加增到四十万人，破产的中产阶级亦加入其中。反之社会民主党的党员由一百八十万人降到七十万人。改良派的工会亦渐失去在群众间的势力，群众近归向到工厂委员会中去了。这是德国革命运动的形势。

德国革命在十一月底算是为反动势力所扑灭、摧残和征服了。法西斯党逐日得势，迫令政府解散共产党，下紧急戒严令，处工人以大辟严刑，令国会无期休会，最后不惜亲自登台压迫劳动运动（马克斯内阁阁员罗致右翼政党，即法西斯蒂，人数较多），德国的政局今日是无形的法西斯蒂专政了。然则在此一年内德国的法西斯蒂能否维持政权，德国的革命能否爆发，德国的革命运动的成功是世界革命运动的总关键，我们不能不下一番的考查以定我们的活动趋向。

德国的经济在今日是衰败达于极点，二千万工人中失业的占三百万人，作半工的亦有数百万。就德国的财政而言则预算中的收入不敷支出的百分之一，工人的工资每月只有十元或八元，比中国工人所得的工钱还不如，现在的工作时间且废除八小时制，以十小时制代替。输出逐渐减少输入逐日增加，去年七月的输出与输入为一与四之比。煤铁生产为本国工业界的命脉所系，谓交换粮食之重要出产，现亦仰赖国外的供给。鲁尔莱因等区域也要断送给国外的敌人。法西斯主义在如此场合之下执政，他能增进本国的生产么？他能解决本国人口的粮食问题么？他能夺回法国侵占的地盘么？这是经稍一研究即可断定此等问题的解决出乎法西斯主义能力之外的。德国要增进本国的生产，要养活本国六千万的人民，他要加倍生产，比今日的出口货物要多五倍。但是中欧各国的生产已为法国侵占鲁尔的行动破坏完了，是销纳不了德国的商品，西方英法各国都采用保护税则，德国的生产品也流不进去。俄国是最容易消纳德国的商品的，但是俄国必暂时忍痛，抵制法西斯蒂，不与德国经济合作以加速德国的革命。德国本国的市场因为工人工资减少亦必无力购买本国出产品。所以德国在法西斯治下，经济状况只有降落而无恢复之可能。只有工资跌落、工时增加（由八小时至十小时）、失业众多、粮食缺乏，鲁尔莱因送给法国，还要同从前一样的向法国缴付赔款和木煤。德国无产阶级在如此赤裸裸的武力统治之下（法西斯主义是靠烧杀工人得势的），生活日增痛苦，其结果必是以革命为最后之一武器，以进图他们最后的解放。今日赔偿会议虽说审查德国付债能力，然而法国坚持鲁尔的霸占丝毫不肯放松，而鲁尔如在法国掌心，德国直是赔不出一文钱，所以法国与英国或为鲁尔问题而战争，或在赔偿会议无结果的延宕下去，静候德国革命利用各帝国主义间的裂罅以发展。至于德国的内部，则法西斯内部有大日耳曼的法西斯主义，有分离派的法西斯主义，有大工业家一派愿与法国妥协的，又有大地主一派是法国不愿磋商的，又有小中产阶级，又有爱国的志士，法西斯登台之后，不但不能解决德国的问题，反使各派冲突日增剧烈。中产阶级因他不能增进他们的生活，也将对他失望而趋附属于共产党。所以本年就内外形势看来，德国革命算是最有希望的。

再就英国此次之政变而言，保守党执政一年，百无成绩，失业问题不惟未见解决，反日有增加。对法国占领鲁尔，不及时抗议，致德国的大好商场为人破坏，任法国独霸欧洲。去年又有筑新加坡军港，制造飞机，加增平民负担的黩武计划；和采取保护税则，加增粮食及原料物价的野心。保守党一年的执政，大失民众的同情，反欲乘迅雷不及掩耳之势，突然解散国会锄去异己，垄断政权。那知事不凑巧，工党在此时机颇能相机应付。选举结果，大半议席为工党夺去，以致今日英国劳动党受英皇之命而组阁。英国工党素来是迎合小资产阶级意思的政党，他此次登台尤得工业资本家自由党的赞助，所以我们对他不应存过分的希望，但是他在英国政治舞台上，除了使英国的劳动阶级革命化以外（列宁在数年前即预言英国的社会革命如要成功，必先要劳动党组阁），他的外交政策是比保守党时代也不同的。

英国的外交政策首先要变更态度的，是对于赔偿问题和承认苏俄。赔偿问题在鲍尔温时代完全采消极的旁观政策，对于法国蛮横的破坏英国商品的最大顾主的经济不做一声。法国在鲁尔完全胜利了，英国失业问题愈趋严重了，保守党也束手无策了，最后才想出牛头不对马嘴的方法，作出文不对题的文章，要采取保护税则，加增平民生活负担，以救失业的危机。甚至为此以诉诸大选举。此种行动适足证明保守党政治之末路途穷与破产。

工党执政的对外政策之一是对中欧的态度强硬，不能任法国分裂德国，占据鲁尔，虽诉之战争亦所不惜。对于德国的革命运动或不至取干涉态度，因为干涉德国革命是徒然便宜法国及其与党捷克斯拉夫与波兰的侵略及分裂德国的野心。他对于德国革命必多少守中立以挫法国，倘使中欧不遭英国的干涉，或者英国撤退驻莱因河的军队以示不与法合作，则德国革命的顺利进行，可以期望其成功了。

工党的承认苏俄，一方面是开苏俄从外国借款买机器买车头以发展实业交通的方便之门，一方又救济了英国失业问题的危机。保守党因苏俄不还旧债，银行大吃其亏，愤而不肯承认苏俄。但是劳动党执政即会一反所为，牺牲银行资本，以迁就工业资本了。上党对内的政策是没有什么变更的，他仍不能解决劳动者的痛苦。最近当工党执政之时而有铁路大罢工，即是明证他在选举竞争所用为口号的资本税和交通工具国权等口号不过是欺骗民众的高调，自然在取得自由党帮助时交换掉了。不然，英国统治几百年，属地偏全球的聪明的资产阶级会让劳工专政不流血的不牺牲的在英国实现么？

本年的国际形势，除英德二国之政治足以影响远东时局外，还有日美二国在远东亦是有力的直接创造政治的原素。美国这二年来完全持闭关自守政策，对欧事既不过问，对远东亦只空有计划。但是最近则不然，除了他对克门案、临城案攻击中国军阀政府最力外，他又是力主增加长江联合舰队帮助曹锟政府的。最近他对广州关余案之坚持，对特赦张敬尧之抗议，更证明他一变从前的"友好"态度而坚决的干涉中国政治。但是还有一件事证明美国之积极侵略，为中国国民所未注意到的，这件事是美日之争无线电台交涉。

美日争执在中国建无线电台的专利权，以去年的十月至十二月为最激烈，自从十月底北京政府批准美国一九二一年（民国十年）一月十八日的中美无线电合同以来。日本即提出抗议，根据一九一八年二月二十一日与海军部订的无线电的合同反对，谓美国之合同为违约。此种交涉经北京政府几次在其间"斡旋""调解"，求免伤二国的和气，然而卒无效果。外交部会拟有中美日合办，国际共管（除中美日外英法丹麦亦参加），收回日本已办之无线电台等办法，结果不是日本反对，便是美国反对。日本的意向是或者国际共管，共同开发经营，日本不致受美国的排挤。若此层办不到，则借口于旧合同，排斥美国的竞争。美国则宁愿独力经营，因经济雄厚，自然压倒日本，所以无情的反对日本专利及联合各国与美国竞争。日本的无线电计划尚只限于北京一电台享有与欧美日本通电的权利，但是美国的无线电计划，则在上海"以最充分之电力筑成总台，将来台成，太平洋东西二岸五万余里，可以顺便通电以达于欧美诸国，且可与夏威夷旧金山各处直接通电。并在北京广东哈尔滨等埠建筑五分台与上海总台通，庶各省均可与各国互通消息，预定如即日着手兴工，则民国十三年底可以建筑完竣"。由以上的日美计划比较观察，美国的比日本的计划惊人而且利害得多了。日本的无线电台只许建设一个，而美国则有五个以上，日本的电台只限于"直接与欧美日本通报"，"其余中国内地商报一律拒绝"。但是美国的电台"除上海外……须设分台于北京哈尔滨汉口广州以资互相传递电信"。由日本建设无线电台，我们受损失的只是国外电讯，而由美国电台在十三年底完成，"必与现政府电政上以重大之打击，实无异在我国对内对外电讯交通上，另立完全归美人操纵之敌体电报机关，故此问题对我国之主权完全上有莫大危险，至其为一种经济上自杀之企业更不消说"。我们试想，无线电台之效用，在平时为便利商业的发展，在战时为供军事消息的传递，我们再想日美此时的侵略无线电台，是在极力经营下次太平洋战争的形势，则此次无线电台我们当如何坚拒二国的侵略，特别拒绝美国呢？但是中国的报纸和政府除了主张合办和共管以外，简直没有别的意见。在中国的官僚和一般新闻记者眼中，单独侵略是侵略，有损主权是我们要防止反对，若是协同侵略，那并不是侵略，我们即应当欢迎了。

美国在近日以争无电台为最猛烈。至于日本呢？他是受地震大灾损失的国家，在地震以后反动的贵族政治，不惟不因此非常事变而稍敛其锋，俾日本的民治前途稍露曙光，但他们却大残杀社会党和朝鲜人和延宕普通选举实行，此种反动政治之进展直至清浦子爵纯粹贵族内阁之得势而登峰造极。日本今日的政治也是在扰攘的时期，国内各阶级间的斗争也正在酝酿，观于今日国会无情反对清浦内阁和清浦之欲解散国会，即可知日本政潮之澎涨了。

日本自地震后，国富大受损失，海军已降至三等国地位，他对中国与俄国的政策自然以尾随英美不敢开罪为得策。所以他的外交政策将减少其独立性，最多亦不过利用英美间的分歧以自存。

以上是英美日及德国的情形，今试推测此种情形在远东政治上所要发生的影响。德国革命的成功要使西方帝国主义一时手慌脚乱，准备武力干涉，那时中国的民众，既无日日增加的高压自然应当崛起，向外国帝国主义算账兼示威，赢得列强的种种让步。此种示威兼使列强不敢放心干涉德国。德国革命之成功又可使俄国经济重造，得多量之机器供给而易于成功，将来德俄合力援助中国而缔结中德俄同盟以反抗帝国主义，一方俄德将本国的市场对于西方帝国主义实行封锁，促成西方之社会革命，则内应外合，东西夹攻，帝国主义的伟大建筑不久即如摧枯拉朽的倒塌。况且俄国革命既与世界被压迫阶级以兴奋鼓舞，则德国革命之继起更可感化刺激全世界的被压迫者使之赤化和崛起，更使世界革命早日成熟。

英国的工党组阁后，在远东的政策，必然的要缓和得多。至少铁路共管，专为保障银行家的荷包尊严，引起中国人抵制英货，牺牲其在华商业的发达，这种勾当，英国工党政府必不至愚蠢的坚恃［持］，必会放弃以收买华人的好感的。英国的工党政府可说是代表的商业帝国主义，他没有银行资本那样横暴，志在灭人家国。他的得势可使中国免除共管的危险，而又减少帝国主义对国民革命的直接压迫。他的对日美政策必是很骑墙而且调和的。他既不如昔日华盛顿会议时之英美联合排斥日本，助美国张目，也不至恢复英日同盟，摧残中国。工党政府登台之始，即提议撤废新加坡筑港，他在远东的外交政策于此可见。所以英国的工党政府成立，我们当视为发展我们国民革命运动的时机。

美国年来在经济上闭关自守，虽然他理想总以远东为其侵略目标，但他却没有什么实际的行动。新银行团除了发几篇宣言外，实际上没有借过一文钱。美国的资本家也没有很大的投资在远东的兴趣。虽然他赞助曹锟政府，虽然他要囊括中国的无线电台，虽然在中国的美国机关报天天鼓吹炮舰政策、武力干涉和投资远东等论调，但因为他本国的有势力的资本家尚未充分分解远东的意义，所以至今还未向中国大借款和竞争让与权（反而英国的荷兰比公司在劳动党执政之前一月十二日订了烟潍、沧石、津赤三铁路了）。所以中国在此时打倒曹锟的政府正是天然的时机，否则，使曹锟的政府将来效段祺瑞之参战借款故事大借美款，则中国的内乱又会延长一时期，中国的军阀与外人勾结共管中国的统治也会根深蒂固了。

其次能影响于远东政治的莫过于日本的内政了。日本的政潮此时正在酝酿和发端各阶级间的互争势力，其结果固不可知，然而其暂时不能分心于对华，则无可疑。中国的国民革命乘其隙而发展，不惟能解放中国抑且能与其进步分子（如革新俱乐部）联合，共防日本的反动政治。日本或随英美侵掠［略］中国，或于中俄结合共御英美，一方持他本国的政治变迁进步分子的得势，一方也要中国国民革命的潮流强固，从外方逼着贵族军阀的政治解体。所以中国对于日本的抵制时期，尚未过去，等到他的军阀政治瓦解，我们才有真正中日亲善之可言。我们今年犹须注意的是日本加倍侵略满蒙，以偿其地震时的损失。观于本年一月间报纸宣传的日本大连商业议决定的满蒙侵略计划，囊括满洲的铁路、金融、原料、工厂、矿山等富源而通盘计划。日本关东所特设之满蒙经济调查会一月十二日开会所成之议决案，亦视满蒙如本国的领土，此种勃勃的野心，我们不可不以革命手段防止他。

苏俄今年的政治由远东的政治上看，亦有很大的关系。今日苏俄政治地位，比以前任何时为稳固。英国意国的承认苏俄即在目前，而法国与小协约国深恐英意作了上风，争先恐后的亦欲承认苏俄，美国近亦有承认苏俄的运动。此种承认的意义，一方是说借款给俄国助其经济改造，一方是武力干涉时代业已过去，使苏俄无西顾之忧，除了帮助德国的革命以外，他的最大的工作，便是帮助东方的中国的国民革命了。

从以上的国际形劳〔势〕的分析，列强或改变对远东的政策（英国），或有内忧（日本）或因自足（美国）无暇向外发展，德国的革命运动，苏俄的政治地位，又可直接间接援助中国国民的解放，中国的国民运动在本年就外力压迫一方面而言，是最有希望的。但是中国的国内政治呢？

中国的国民心理在去年外交多事之时，已起一根本的大变化。在去年以前，国际帝国主义之为祸中国，只有很少数人才认识，许多大学教授尚认美国侵略中国是海外奇谈，普通都承认日本是中国的仇敌，美国是中国的友邦。但是去年由爱国志士的宣传和外力的猛烈压迫，此种主观的成见已扫除渐尽。各地由学生办的宣传反对国际帝国主义的报章杂志，几乎同前几年提倡新文化和白话文一般的盛行和时髦。这是国民主观上的成见之消灭，以后更易容受革命的宣传。

就今日的政治言，直系今日统治北方及长江流域固然声势浩大不易推翻。但此亦由于反直系的步调不一，怯于行动所致。直系此时尚未借得外债，美国尚未给以强有力的帮助，此时反直，正是一良好时机；不然，美国势力逐渐在北方增高，以后只有直系征服和统一反直系的余地，曹锟的贿选总统的运命将延长而确定。广州最近的建国政府的设置倘如他能联合反直各方一致向直系进攻，以避免由美国统治中国的厄运，在这一点革命的意义上，我们是赞成的。

国民党最近之改组和广州之收回粤海关运动，亦为国民革命前途之曙光。素以海外为根基的国民党现在觉悟纯粹武力之无用，准备用主义征服全国人民，向内地宣传组织，为全国的农工平民奋斗，以吸收平民加入国民党，从事推倒军阀和列强的奋斗。将来国民党在各省成立支部，集合人民的力量反对军阀，最近更在各地人民中间做反直系运动，则虽然今日仍不免联合军阀之力以倒直系，而他日直系既倒，中国人民的实力，由实行战斗亦同时增厚，将来国民党的得劳，利用军阀而不为军阀利用，实现人民的政府而推倒军阀的征服，是可以希望的。

粤海关问题至今还没有得着解决，但我们由此次反抗帝国主义的行动得着两个教训：第一，我们与外国帝国主义的斗争，为得着人民的援助，争点不可不扩大，战线不怕延长，口号不可不接近人民的利益，得着人民的深厚同情。例如粤海关问题若限于收回关余，则同情的只有广东一省，若收回海关主权，则在全国各地的工商阶级受外国商品压迫竞争和排挤的，都会起而响应、援助、协力争回海关主权。革命党政府反抗外力，号召人民抵制外侮，是没有损失的，而且革命党政府的唯一任务是利用其政府地位和权力，唤醒、集合人民的实力，帮助他们作反抗外力的奋斗（例如前年广州政府之援助海员罢工），但同时人民亦知拥护革命的政府（例如香港海员致书美国领事威吓罢工）了。第二，列强反对粤政府收回关余之理由之一便是怕各省继起效尤，同样截留关盐余。其实列强与公使团所深惧的，正是我们所深喜的。反直系的军阀因截留关盐余或收回海关主权，而与外人冲突，我们正应赞助军阀排斥外人。在军阀手的权利我们还可希望夺回，但是凡在外人掌握之下的权利我们要收回就更难了。

中国一九二四年的政治将如何，现在没有人敢预言，但我们就现在时势以观察将来，可断言国际的时局与中国的政治均有利于我们的国民解放。到底中国国民能利用此等形势否？那就要看国民的努力了。

（《前锋》第3期，1924年2月1日）

评国民党政纲

（1924年2月16日）

但　一^①

　　一件最值得我们注意的事，是此次全国国民党代表大会发表了他们的政纲。其中包括对外政策七条，对内政策十六条，他们认这为"目前救济中国之第一步方法"。

　　中国的青年，因为本来不知政党的重要，又加以受了一般反动的旧思想所鼓惑，一听见党的名字便害怕。他们不肯协助人，因为他们是不愿受人利用的。他们不肯赞成任何积极的主张，因为他们是不愿沾染色彩的。他们只知嬉笑怒骂，只知零碎敷衍的做一点他们所认为好的事情。他们宁可听中国人是这样的一盘散沙，宁可听中国人是这样的永远软服于军阀与外人势力之下，他们不愿团结在一个有正确明了主张的政党之下。所以这一次国民党改组，必定仍是有许多人不肯理会他。

　　自然国民党亦是有应得之咎的。第一，国民党以前不甚注意对民众解释他的主张。第二，国民党虽曾有三民主义五权宪法的党纲，然对于时局不曾发表过他们最切近而具体的要求。第三，国民党以前组织与纪律颇多缺点，所以因为党员每有逾越常轨的行事，致令人疑惑他们所有党纲只是空谈。

————————

　　① 恽代英的笔名。

　　然而可以注意的，这些错误国民党都已经自己承认。在这一次广州举行的大会中，已将组织大加改良，而且极力整顿纪律，他们所发表的政纲有不少可以供我们研究之处。

　　为篇幅所限制，我只能于介绍他们的党纲以后，略附我个人的意见，以引起大家讨论。以下列举他们的对外政策原文：

　　（一）一切不平等条约，如外人租借地、领事裁判权、外人管理关税权，以及外人在中国境内行使一切政治的权力侵害中国主权者，皆当取消，重订双方平等、互尊主权之条约。

　　（二）凡自愿放弃一切特权之国家，及愿废止破坏中国主权之条约者，中国皆将认为最惠国。

　　（三）中国与列强所订其他条约有损中国之利益者，亦须重新审定，务以不害双方主权为原则。

　　（四）中国所借外债，当在使中国政治上、实业上不受损失之范围内，保证并偿还之。

　　（五）庚子赔款，当完全划作教育经费。

　　（六）中国境内不负责任之政府，如贿选、僭窃之北京政府，其所借外债，非以增进人民之幸福，乃为维持军阀之地位，俾得行使贿买、侵吞、盗用；此等债款，中国人民不负偿还之责任。

　　（七）召集各省职业团体（银行界、商会等）、社会团体（教育机关等），组织会议，筹备偿还外债之方法，以求脱离因困顿于债务而陷于国际的半殖民地之地位。

　　以上七条，前三条是关于修正条约的事，后四条是关于清偿外债的事。中国自鸦片战争以后，屡遭挫辱，满清政府愚弱不知外交，至使列强得乘以劫制中国，订定许多不利的条约，以束缚中国的发展。如租借既成为变形的割让，复因外人享有领事裁判权，不受中国法庭判决，致使坐视外人私运军火，助长匪乱，无法加以遏制；海关税则，复须受外人协定的约束，不能视自国的利益以为变改；而海关主权亦旁落于客卿之手，税款的拨付，全成了客卿独揽的大权。以上各种条约及其他有损我国利益的条约，我们必须根本反对，否认其有效力。中国人忍受此等条约，为日已久，国民党此次竟能毅然以废止修正为己任，不能不说是可以敬服的事。

外债数目，现约共十八万万元。其中除交通部欠电政、路政外债五万万余元，因军阀截款及办事人私肥，至于无法清偿以外，财政部所借款，由甲午赔款所起的俄法、英德、英德续借款及庚子赔款，除历年摊还不计外，合共尚将欠九万万元。庚子赔款最为非法的勒索，有人心的外国人，久倡归还之议，国民党不认有支付此款于外国的义务，实为合当。我们所负外债为数既已甚巨，非法政府的借款，当然应与否认，以减轻国民的负担。

我对于庚子赔款完全划作教育经费，还未敢表同情。这种办法，自然是教育界所希望能实现的。但是我们中国今天与其说"教"重要，不如说"富"更重要。我以为划出庚子赔款作修路浚河之资，受益的人必然比办教育还多十倍。我亦赞成我们应当注意一般农人、工人的公民教育，但我以为若只是花费巨款去办些粉饰太平的学校，还至少不是中国今天必要的事。

对于召集各种团体会议以偿还外债，我略有一点怀疑。中国在政治革新以后，第一件事必须多有资金，兴办实业；所以在那时或许尚须以不丧失主权的条件，借外国资本。即令不借外国资本，我们亦必不能让自国资本因偿债之故，反转流出国外。所以我以为召集会议偿还外债，未必是一件合当的事。我想，或者革命过后，暂时须将外债本利延期交纳；否亦必须减轻利息，延缓还本。我以为第四条规定偿还外债，总要中国政治上、实业上不受损失这种预定的范围，十分妥当。

我以上所说的，只是将我个人所赞成或怀疑的叙明。我很望所赞成的地方，将成为一般青年所信仰拥护，所怀疑的地方，国民党或可以有相当的解释，否则将来有更完善的修改。我相信国民党只要能常抱着这种切实、这种向上的热诚做上去，只要他们三十万党员都能这样做上去，他们必然还要进步，以至于完全能担负中国改造的责任。

请大家注意，下列是国民党最近发表政纲中之十六条对内政策，我们试研究他的主张是否值得尊重。

他的原文是：

（一）关于中央及地方之权限，采均权主义。凡事务有全国一致之性质者，划归中央；有因地制宜之性质者，划归地方。不偏于中央集权制或地方分权制。

（二）各省人民得自定宪法，自举省长；但省宪不得与国宪相抵触。省长一方面为本省自治之监督；一方面受中央指挥，以处理国家行政事务。

（三）确定县为自治单位。自治之县，其人民有直接选举及罢免官吏之权，有直接创制及复决法律之权。

土地之税收，地价之增益，公地之生产，山林川泽之息，矿产水力之利，皆为地方政府之所有，用以经营地方人民之事业，及应育幼、养老、济贫、救灾、卫生等各种公共之需要。各县之天然富源及大规模之工商事业，本县资力不能发展兴办者，国家当加以协助。其所获纯利，国家与地方均之。

各县对于国家之负担，当以县岁入百分之几，为国家之收入。其限度不得少于百分之十，不得超过于百分之五十。

（四）实行普通选举制，废除以资产为目标之阶级选举。

（五）厘订各种考试制度，以救选举制度之穷。

（六）确定人民有集会、结社、言论、出版、居住、信仰之完全自由权。

（七）将现时募兵制度，渐改为征兵制度；同时注意改善下级军官及兵士之经济状况，并增进其法律地位；施行军队中之农业教育，及职业教育；严定军官之资格，改革任免军官之方法。

（八）政府当设法安置土匪游民，使为社会有益之工作。而其所以达此目的之一法，计可以租界交还中国国民后所得之收入，充此用途。此之所谓租界，乃指设有领事裁判之特别地区，发生"国中有国"之特别现象者而言。此种"国中有国"之现象，当在清除之列。至关于外人在租界内住居及营业者，其权利当由国民政府按照中国与外国特行缔结之条约规定之。①

（九）严定田赋地税之法定额，禁止一切额外征收，如厘金等类，当一切废绝之。

（十）清查户口，整理耕地，调正粮食之产销，以谋民食之均足。

（十一）改良农村组织，增进农人生活。

（十二）制定劳工法，改良劳动者之生活状况，保障劳工团体，并扶助其发展。

（十三）于法律上、经济上、教育上、社会上确认男女平等之原则，助进女权之发展。

（十四）励［厉］行教育普及，以全力发展儿童本位之教育；整理学制系统，增高教育经费，并保障其独立。

（十五）由国家规定土地法、土地使用法、土地征收法，及地价税法。私人所有土地，由地主估价呈报政府，国家就价征税，并于必要时得依报价收买之。

（十六）企业之有独占性质者，及为私人之力所不能办者，如铁道、航路等，当由国家经营管理之。

以上十六条，很能使人知道国民党预定施政方针。就国民党向来的党纲看，在中国总算是最能有进一步之主张的。可惜以前党员不注意党纲，遂使主张与行动生不起关系来。我相信国民党果能从此以后，仔细研究这

---

① 此条后来删除。

些政纲，而且在可能时极力求其实现，那便纵有不十分切合实际地方，自会逐渐修改更进于圆满。要救中国，总不是像这样安于无目的的盲动，所能行得的啊！这一次国民党的改组，令我们十分兴奋；我们只希望国民党真能完成为一个有主义、有办法的政党，中国正需要这样一个政党呢！

前三条订明了国家地方间权力的分配，最可注意的是确定县为自治单位，从下层做起的精神。县的自治，要办到官吏由人民选举，亦由人民罢免，人民对议员所议不妥的案件可以复决，对议员所不肯提出的议案可以自己提出议决（创制）。因为只有这样，人民才有真正的政治权力。第三条规定了地方各种收入，除地税公产原为公家收入外，又加入地价增高后的收入，山林、川泽、矿产、水利的收入，以及国家协助兴办的大实业一半的收入，均为地方所有。此等收入，除至多以一半为国税外，余均为地方自治的经费。这样自然教养，以及后列为农民、工人、军官、兵士、土匪、游民的利益所兴办的事业，均可以易于着手。

从第一、二条看，可知国民党并非主张中央集权，一般人因为他们反对割据式的联省自治而起的这种误会，实属毫无根据。我以为事务关系有只限于一地方的，应归地方办理；关系各地方或全国的，自应由各地方联合或国家处理之。这样以解释中央及地方权力的分配，或更明确些。

第四、五条主张普通选举，可以除去现今只有有钱的人才可被选为议员的毛病；但以考试制度救选举制度之穷，亦须防只有智识阶级的人才可被选为议员的毛病。我亦信考试制度有些好处，只是必须认定不是做文章考高等文官那样的考法；因为那将只有大学或中学生才有资格去与考，那岂非剥夺了无力求学者的应得权利了么？自然将来大学中学的教育，要成为人人可以自由学习的，然最近十余年，怕总没有这种希望罢！我以为议员最要是能代表选举人的利益。将来的选举，不应以地方人口的比例为主，应以职业的类别为主。所以议员只要他有起码的公民知识与知道注意他本职业的利益，便可以被选举。这种起码的公民知识，国家应赶急宣传教化，若用考试只能试验这种起码的公民知识。

第六条规定人民的自由权，要与他们的宣言第二段解释民权主义时所说的话参看。他们在那里曾说："国民党之民权主义，与所谓'天赋人权'者殊科，而唯求所以适合于现今中国革命之需要。盖民国之民权，唯民国之国民乃能享之，必不轻授此权于反对民国之人，使得借以破坏民国。详言之，则凡真正反对帝国主义之个人及团体，均得享有一切自由及权利。而凡卖国罔民，以效忠于帝国主义及军阀者，无论其为团体或个人，皆不得享有此等自由及权利。"革命的党对于反革命的人，有时须杀戮拘禁，若因贪图尊重民权的虚誉，使反革命的人得以自由活动，实为最笨的事。我很赞成国民党这种显明态度。

募兵改为征兵，使人民服兵役，以自卫其利益亦同时保卫国家，这是消灭游民为兵，致无法禁遏其受人利用的最好方法。收回租界以使游民土匪均有生计，自然还不能够用，不过租界之在中国，不但为一种耻辱，而且私运鸦片与军火，无法加以取缔，自然是应当毅然取消才是。

国民党此次政纲，注意改善下级军官及兵士的生活、教育与法律地位；注意安置土匪游民的工作；注意人民租税负担的减轻；注意民食的均足；注意工人、农人的生活及法律地位，而且保障他们的团体；注意妇女、青年的利益；这都见国民党已经自任代表国内一切比较被剥夺的民众，真无愧为国民革命的领袖了。下级军官与兵士对于革命的关系，本期增昌君另有文论及。农工与革命的关系，前中夏君亦屡论之。土匪游民，在一般人多认为是没有生活权利的人，他们以为土匪游民都是因为好吃懒做所造成的。然而他们既不知人民生计一天天窘困，甚至于找不着生计，自易流为土匪游民。流为土匪游民之后，学成懒怠习惯，然而即令要回头，亦仍是找不着安定生计，他自然只有安于做土匪游民了。现在生活渐渐不敷的家庭，知道多少？现在闲空着谋了半年一年的事而不曾谋到手的，知道多少？中国若永远听外国资本主义这样剥削中国，外债越深，则人民负担越重；洋货越输入得多，本国农工生计被夺的越众；将来还计算不清有多少土匪游民！读者不要诧异国民党为什么这样重视土匪游民，中国若再不转机，读者还不知有几多是候补的土匪游民呢！

现在提倡妇女、青年利益的文章不少，自然是一件好现象。但可惜以前提倡的人，多只系无力量的个人或团体，他们不知道借重政治的力量；而一般政党，又熟视无睹，任其自生自灭的变化进行。所以这些妇女或青年的利益，终只是纸上的空谈。一切应得的权利，在妇女终不能不为生活而屈服，在青年终不能不为学绩而忍让。他们实际很少几个人能脱出于奴隶的生活，但他们仍是很时髦的在那里做那些空洞无物的自由解放的文章。我愿真有血性的妇女或青年，要认定非政治改革终无所谓自由解放，要认定非大家加入革命的党，以分途协力的促进政治改革终无所谓自由解放。所以我愿他们注意国民党的政纲，亦愿国民党要切实的代表他们的利益，庶以后妇女或青年的自由解放，再不只是那些杂志报张〔章〕上"以充篇幅"的淡而无味的一些废话。

第十五条是国民党素所提倡的"平均地权"。这种办法，是要使地主报地价于政府，报价太高，则征税重；报价太低，则政府可以廉价收买他。中国的租税，零碎而多由消费的人民担负；例如厘金、盐税，贫民担负与富人一样多，自然很不利于贫民。国民党此次政纲，特别注意田赋地税，而主张废除杂税，这可以减轻贫民负担不少，即可以减低生活费用不少。在这民不聊生之时，实为救济的要政。同时国民党主张特别注意田赋、地皮捐、房捐等，使靠谷租或房租富户，多担任租税以供国用，而减少他们不劳而获的收入，这是最合当的事情。不过我以为还要加入两层：（一）所得税、财产税都应注重，以免那些靠放账、买股票的人没有租税的担负；自然遗产税更宜重征，遗产的无益而不合理，只读马援"贤而多财，则损其志，愚而多财，则益其过"四语，便可以知道了。（二）征收这些税，均宜用累进率，即是越富的人，纳税的比例越要多些；因为富人便多出几倍的税，并不为难。穷人若要出一样比例的税，如都出十之一的税，为难的就只有穷人了。

国民党要逐渐收买国中大土地，并不许私人经营独占性质的企业（即有专卖垄断性质的），这是国民党国家社会主义的思想。国家最要是使土地、工厂成为公有，则可以希望办到凡人都有工做，凡做工的人都有相当的生活。若这些事归私人所有，私人只顾自己谋利，则减工资、减工人，及其他一切刻薄掠夺的事，终无法防止，亦便终无以永绝土匪游民的发生。为一劳永逸计，国民党对于大企业，断然应取国营的方针。至土地国有，亦未必定须用收买的法子。

以上所说，是因我对于国民党的希望颇大，所以于诠释之余，亦愿更就所见，补加几层意见。我愿向来只知做抽象的研究功夫的人，亦大家亦就国民党的政纲讨论一下，或者亦可以大家督促国民党更进步、更完善些。

敬祝改组后的国民党，用你们勇猛实践的精神，使你们的政纲更值得大家注意。

（《中国青年》第18、19合期，1924年2月16日；转引自《"二大"和"三大"——中国共产党第二、三次代表大会资料选编》，中国社会科学出版社1985年版，第450—459页）

国民党底分析

（1924年12月27日）

陈潭秋

一　国民党底前身

国民党成立于一九一二年八月，其组成分子为统一共和党、国民共进会、共和实进会、国民公党及同盟会；同盟会实为国民党底骨干。

同盟会成立于一九〇五年（东京），其组成分子为兴中会、华兴会及光复会。此三会各有其特点，而其合并为同盟会，则又因其有一共同之目标。试略述之：（1）兴中会为孙中山等所组织。孙为广东人，最先感受列强之侵略，同时感觉满清政府之不振，遂有排满思想，此即孙氏倡民族主义之动机。广州与欧西通商最早，广州商民及南洋华侨，渐形成商业的资产阶级，而有取得政权的要求，是为孙氏倡民权主义之动力。孙氏自身遍游欧西各国，为社会主义思潮所鼓荡，是为孙氏倡民生主义之发端。孙氏三民主义在兴中会已植其基。（2）华兴会为黄兴、宋教仁等所组织。黄、宋系湘人，湘省在洪杨变乱中为南北冲要地，屡经战乱；反清保清的观念，在湘省人民均有较深刻的印象。黄、宋排满的思想，即是沿袭反清的印象而发生的。清末失政，国困民穷，易使人发生刷新政治的思想，所以华兴会之成立，亦含有政治改革的元素。他们个人地位之降落，非革命不足振拔，亦引起他们的革命思想。（3）光复会为章太炎、徐锡麟等所组织。章等专攻汉学，承继明末遗老之光复思想，而有光复会之组织。所以这纯粹是复仇——反清复明——思想之组合体。

三个团体各有特点，而"排满"为其共同之目标，故三会有联合之可能。"排满"是当时清政府所不容的，三派分子皆因受压迫而东渡，而同盟会之组织遂以产生。而三民主义，亦正式定为同盟会之纲领。

自辛亥革命后，孙中山知革命工作还未完成。然华兴、光复两派以为目的已达，可以终止革命工作，遂与北洋派妥协，而谋夺取一部分政权，将同盟会改为公开的政党组织。未几与统一共和党等四团体合并而成国民党。

二 国民党改组以前的经过
（自一九一二至一九二四）

国民党成立后，一般非革命分子想借议会政策掌握政权，故在一九一三年国民党在议会中占绝对多数，因是引起袁世凯之忌妒，遂联合统一、民主、共和三党而成立进步党，与之对抗，并极力破坏国民党，使之内部分裂（如刘揆一之叛党）。国民党受种种压迫摧残，各省民党督军均被裁撤，同时宋案发生，遂有癸丑湖口之役——二次革命。彼时孙中山号召党徒，组织中华革命党；黄兴仍持妥协态度，主张静候时机。黄兴死后，黄之部下多依附于岑春煊而成为政学系。中华革命党因政策错误，以十余年之努力未得若何效果。欧战后，国内劳动运动蜂起，孙中山感受革命新势力的影响，遂有改组之动机，他们于一九二三年发表宣言和党纲，至一九二四年一月始召集第一次全国代表大会，实行改组。

三 国民党历年来之教训

国民党最初取用议会政策，滥收党员，竞争选举，而于党底根本问题——组织和训练——毫未加以注意。故在议会中虽能占得绝对多数，而一经压迫，全国解体。这是第一次的错误。

国民党鉴于议会政策之失败，遂改用军事行动，想借武力打倒敌人。国民党本身并无可靠军队，故其军事行动，不过是收买退伍军人，勾结各地土匪，以图暴动，争夺地盘；对于党的主要工作——组织和宣传——仍未尽丝毫力量，党底内部完全是一盘散沙；而其所标举的三民主义，不但民众毫不了解，即党员自身亦多不明其真谛。当国民党努力军事行动的时候，其饷械之供给与各方之勾结，均以陈其美一人为主干。迨陈氏被刺，国民党之军事行动自不能不因此失其活动。这是第二次的错误。

军事行动这条路走不通，于是改换途径，联美联日，想借帝国主义者帮助，以歼灭敌人。帝国主义者是决不愿中国资产阶级兴起的，当然不得给以援助，所以国民党联外的政策，又归失败。这是第三次的错误。

国民党至此时，仍未知从党底基础上用功夫，汲汲于想夺取政权，于是又走上了第四条错路——与军阀妥协，利用甲派军阀以倒乙派军阀。此时党内握有兵柄的党员，也多是与军阀的行径一样，致中国的政局，终只能成为军阀嬗递的局面，这是第四次的错误。

四　国民党政组和党内现在的派别

国民党自全国代表大会改组，将三民主义加以切实的解释，重定了党底意义。自改组以后，全国各地党部均注重民众的宣传和组织，党底内部亦较前紧密得多，民众对于党也渐渐能了解和同情。这可以说是国民党有了新生命了。但因党员底阶级性不同，党内形成左、中、右三派。

国民党本是各阶级联合组织的政党。因各阶级底经济背景不同，故其阶级性也必然不同，所以党内分出派别，是必然的现象。这并不是各阶级主观上故意分出来的。现在根据各阶级底经济背景，确定其阶级性，更依其阶级性分析其派别：

（1）左派——代表工人、手工业者、农民、小商人。他们是被剥削的阶级，其经济地位是最低级的，其阶级最富于革命性。这一派党员，大半是改组后加入的，完全接收党底宣言和政纲，竭力做党底切实工作，反对军事行动①，反对帝国主义及一切军阀，主张用民众的力量以实现国民革命，不与任何反动势力妥协。

（2）中派——代表知识阶级、工商业家和一部分小资产阶级。其经济地位（是）不固定的，其阶级性因之也是动摇的，所以最富于妥协性。这一派多系旧党员，多系旧党员中所谓元老派（大半是知识阶级），人数较右派少。他们也能看清革命的正当途径，他们也觉察了以前的错误，但终因其无固定的阶级性，又因实力太差，所以不得不屈服于右派包围之下，时与反动势力妥协。

（3）右派——代表与帝国主义有关系之大商人（如华侨等）、地主、军人、政客及洋行买办等。其经济地位虽不免有时被剥削，但同时他们是居于剥削者的地位，其阶级最富于反革命性。这一派党员，多系旧党员中所谓太子派。他们大半直接或间接依附于帝国主义及封建的军阀以图存。他们忘不了军事行动，利用军阀以打倒军阀，与帝国主义者妥协等传统的政策，他们时常利用恶势力，故做出反革命的行动来。

（《中国青年》第59期，1924年12月27日；转引自《"二大"和"三大"——中国共产党第二、三次代表大会资料选编》，中国社会科学出版社1985年版，第460—464页）

---

① 指反对军事冒险、依靠军阀武力、个人恐怖手段等行动。

第五部分

其他史料

倪忧天致谢持函

（1923年10月8日）

慧〔惠〕僧先生：

　　兹奉上愿书三纸，祈检收为荷。徐梅坤君前在敝局工作，今已在沪矣。彼对于本党主义极表同情，人亦非常诚恳，故特绍介耳。

　　即颂

秋祺！

忧天上

十月八号

（中国国民党文化传播委员会党史馆藏档，环龙路03908）

陈独秀致彭素民函

（1923年7月19日）

迳启者：

　　本会为宣传起见，时有印刷品分送，及与各方通讯之必要，应请贵部将国内外本党各支部通讯处及部长姓名开列到会，俾使通讯，至纫公谊。

　　此致

素民先生

陈独秀

中华民国十二年七月十九日

（中国国民党文化传播委员会党史馆藏档，环龙路12112）

杨匏安档案资料一辑

杨匏安致中央执行委员会函

（1924年2月19日）

敬启者：

匏安现因转任组织部秘书，对于广州市第十区秘书一职，自不能兼顾。特函请将广州市第十区秘书职务辞去。谨上中央执行委员会。

广州市第十区秘书杨匏安

二月十九日

（中国国民党文化传播委员会党史馆藏档，汉2526.1）

中央秘书处致杨匏安函稿

（1924年2月20日）

迳复者：

现接执事函开：现任组织部秘书，对于广州市第十区秘书一职，碍难兼顾，函请辞去等语。所请辞去十区秘书，自应照准，候行该区开会另选接替。除分函外，相应函复查照。此覆杨匏安同志。

中央执行委员会

彭素民

谭平山

（中国国民党文化传播委员会党史馆藏档，汉2526.2）

中央秘书处致广州市第十区党部函稿

（1924年2月20日）

迳启者：

现接贵区秘书杨匏安函称：因任本委员会组织部秘书职务，函请辞去十区党部秘书等由，经已核准在案。除分函外，相应函请查照，酌定时期，从速召集该区所属党员，另行选举具报，以重党务为要。此致广州市第十区党部诸同志。

中央执行委员会

谭平山

彭素民

（中国国民党文化传播委员会党史馆藏档，汉2526.3）

杨匏安致中央执行委员会函

（1924年2月28日）

敬启者：

匏安前任第十区秘书时，曾领到第三十八号长期听讲证一枚。现□退职，谨遵照用券规则第三条，将该听讲证缴销。至于第十区秘书既改选卓永福充任，请另行发给一听讲证，以备听讲时使用。谨上中央执行委员会。

组织部秘书杨匏安
附缴第三十八号长期听讲证一枚

（中国国民党文化传播委员会党史馆藏档，汉2526.4）

谭平山致汪精卫、廖仲恺函

（1924年11月2日）

精卫、仲恺先生大鉴：

敬启者：平山因事离粤，请假两月，谨辞去常务委员。至组织部长一职，请本部秘书杨匏安同志暂行代理，以免停顿。所有各种缘由，除肃函恳请总理俯赐核准外，相应函请，提出委员会批准。不胜切祷。专此。并祝努力！

谭平山谨启
十一月二日

（中国国民党文化传播委员会党史馆藏档，汉2029.1）

中央秘书处致杨匏安函稿

（1924年11月13日）

迳启者：

　　案准谭委员平山函称：现因事离粤，所有组织部长一职，请本部秘书杨匏安同（志）暂行代理，以免停顿等由一案。当经提交本会第五十八次会议决议照准等由，（除）函复谭委员外，相应录案函请查照办理。此致杨匏安同志。

中央执行委员会

廖仲恺

邹鲁

（中国国民党文化传播委员会党史馆藏档，汉2029.2）

中央秘书处致谭平山函稿

（1924年11月13日）

迳复者：

　　案准执事函称：现因事离粤，谨辞去常务委员职务，至组织部长一职，请杨秘书匏安代理等由一案，当即提出本会第五十八次会议决议照准等由。除函请杨匏安同志代理部长职务外，相应函复查照为盼。此复谭平山同志。

中央执行委员会

廖仲恺

邹鲁

（中国国民党文化传播委员会党史馆藏档，汉2034）

中央执行委员会致香港筹备委员会函

（1925年2月6日）

迳启者：

　　案查香港党务前经本会第四十一次会议决议，函派凌公爱同志等十九人为筹备委员会筹备员在案。惟筹备以来，对于发展党务，无甚起色，兹特派本会组织部代理部长杨匏安同志前赴贵会协商一切，以促进行，希妥为接洽，至纫公谊。此致香港筹备委员会。

中央执行委员会

廖仲恺

（常务委员因公离会仅得一员签名合并声明）

（中国国民党文化传播委员会党史馆藏档，汉4032）

中央执行委员会致澳门支部筹备员函

（1925年4月23日）

迳启者：

　　兹特派本会组织部杨秘书匏安同志于本日前赴澳门，指导组织澳门支部党务事宜。特此函达，即希查照，妥与接洽协商办理为荷。此致澳门支部筹备员各同志。

中央执行委员会

廖仲恺

（常务委员因公离会仅得一员签名合并声明）

（中国国民党文化传播委员会党史馆藏档，汉4419）

朱晋经等致中央执行委员会函

（1925年9月21日）

中央执行委员会钧鉴：

本党自廖公逝世，农工两部乏人主持，关于主管农工事宜，似未便长此虚悬。况现值省港罢工及农民奋斗时期，仰赖提挈农工达到革命目的者，事体颇大，是则遴选继任，自不能稍为之延缓。惟继任人才，关系綦重，尤当加意甄择，俾孚重望。敝部对于此事，以为关系吾党此后进行农工计划至为重要，正筹思间，忽闻林委员子超被任工人部长，深庆工友提携得人，不胜欣慰，方谓拭目观展新猷，为我工友谋利益，继复闻林委员奉派北上，对于部务似难停顿，则于林委员北上期内，亟须派人代理，而所派人员尤应严格选任，以期毋负众望。再四思维，用特联合提议钧会，公推组织部秘书杨君匏安代理工人部长。杨君在组织部日久，襄理之功甚多，且此次因罢工奋斗而至受帝国主义者拘监狱中，其热心维持罢工事务，于此自可想见。出狱后继续奋斗，宣传尤力，若以之代理工人部长，则工人前途实利赖焉。如何之处，敬候钧裁。中国国民党第五区十二区分部常务委员朱晋经、七十六区分部常务委员胡验维、七十七区分部常务委员徐建、七十八区分部常务委员胡威临暨全体党同叩。巧。印。

（中国国民党文化传播委员会党史馆藏档，汉2495.1）

中央执行委员会常务委员会致杨匏安函

（1926年2月3日）

迳启者：

兹准组织部部长谭平山函开：请委派杨匏安同志为秘书，杨章甫同志为指导员，骆用弧、廖划平、谭植棠、容剑鸣、杨士曼同志为干事，莫实文、董海平、黄衍陶同志为助理等因，已经本会二月一日会议照准。除分别函知外，□□函达台端，希即日到部办公为荷。此致○○同志。

中央执行委员会常务委员会

林祖涵

谭平山

（中国国民党文化传播委员会党史馆藏档，汉2080）

中央执行委员会常务委员会致中央组织部函

（1926年）

迳复者：

查本会第四十五次会议，贵部提出请即日派员筹备中央特别区党部案，当经决议，由常务委员推一人，组织委员会推一人，宣传委员会推一人，组织部派二人，共五人筹备员。常务委员即席推定杨匏安同志担任，相应录案函达查照，并希将其他各筹备员通知为荷。此致中央组织部。

中央执行委员会常务委员会

（中国国民党文化传播委员会党史馆藏档，汉0107.2）

谭平山呈中央常务委员会函

（1927年5月26日）

谨启者：

平山奉命赴湘工作，所任常务委员会秘书职务，拟请杨匏安同志暂行代理，恳请核准。此呈中央常务委员会钧鉴。

谭平山谨启

五月廿六日

（中国国民党文化传播委员会党史馆藏档，汉2370）

中央执行委员会致杨匏安函

（1927年5月30日）

迳启者：

本会第二届常务委员会第十三次扩大会议，谭平山同志函称奉命赴湘，常务委员会秘书一职请以杨匏安同志暂代案，当经决议照准。相应录案函达查照。此致杨匏安同志。

中国国民党中央执行委员会

（中国国民党文化传播委员会党史馆藏档，汉2370）

《香港华字日报》谭平山、杨匏安等报道一则

传闻异词之鲍罗廷返俄说（专访）

此次国民党代表大会，完全由苏俄代表鲍罗廷一手经营，故选举结果，虽右派占多数，但常务委员九人中，如陈公博谭平山杨匏安林祖涵甘乃光则皆为左派分子，且秘书处由甘乃光林祖涵谭平山三人组织，此后国民党势力，仍然归左派掌握，鲍罗廷以手续既备，惟关于此后援助粤政府问题，亟须亲回苏俄，与本国政府面商，方能周密，拟日间启程北上，顺道进谒冯玉祥，以觇国民军态度，准期三月内回粤，惟省中尚极力否认，大约非成行之后，不欲宣示其真相也。

（《香港华字日报》1926年2月3日第3版"粤闻"）

第六部分

附 录

斯内夫利特和初期的中国共产党[①]

道夫·宾（Dov Bing）

在中国现代史上，中国共产党初创的几年，是长期以来最弄不清楚的一个时期。二十年代初，共产党和国民党之间，以及中国和苏联之间为什么和怎样实现联盟的，还有许多迷惑不解的问题。

最近四年，我研究了中国共产党的成立和它的初期，同时也注意了印尼共产党的前身印尼社会民主联盟（Indische Sociaal Democratische Vereniging，简称ISDV）的创立及其初期。由于这种联系，我曾对叙述共产党员加入民族主义群众运动并试图从内部掌握它的这种战略的起源，特别感兴趣[②]。

在共产国际于一九二〇年七月讨论与资产阶级民主派的民族主义合作问题的前四年，印尼社会民主联盟已经实行和荷属东印度群岛的一个松懈的群众组织——伊斯兰教联盟

---

① 这篇文章是根据我（道夫·宾）于1970年5月在美国几个大学里所作的特约演讲和为第二十二届中国问题研究国际会议（斯德哥尔摩）以及第二十八届东方学者会议（堪培拉）所准备的论文写成的。

② 见道夫·宾：《中国的革命：斯内夫利特战略》，奥克兰大学，1968年，第247页。香港中文大学历史系要把该书译成中文并出版，译文的第一部分将于1971年9月在《思潮》上刊出，并在其后的三期或四期上连续刊载。

（Sjarikat Islam，简称SI）①合作。不仅印尼社会民主联盟的成员可以不放弃盟员的身份加入伊斯兰教联盟，伊斯兰教联盟的成员也可以保留他们的身份进入印尼社会民主联盟②。印尼社会民主联盟以惊人的速度渗进伊斯兰教联盟委员会的最里层③。在东印度群岛，斯内夫利特（马林）是这个战略的创始人，一九二〇年七月在莫斯科和彼得格勒④召开的共产国际第二次代表大会上，是他维护和促进了这同一个渗透战略，并在后来介绍到了中国。我把它称作"斯内夫利特战略"是源于其创始者。认识到这个战略的起源及其被共产国际所采纳和后来在中国的实行，那么中国共产党初期的历史就容易理解了。在所有这三个阶段中，荷兰革命的马克思主义者斯内夫利特，起了重要作用。

　　只是在最近才认识到斯内夫利特在决定中国革命的未来方向方面曾

---

　　①　1911年印度尼西亚的中小商业资产阶级在梭罗成立"伊斯兰商业联合会"，提出维护民族权利和伊斯兰教居民利益的口号，1912年改名"伊斯兰教联盟"。不久，发展成为具有广泛社会基础的政治团体，其成员多为小商人和小资产阶级出身的知识分子，还有工人和农民。列宁把这种"土著的民族主义联盟"的建立和发展，当作当时印尼民族民主运动不可遏止地增长的标志（参阅列宁：《亚洲的觉醒》）。——译者

　　②　斯内夫利特和韦斯特维德：《允许欧洲人作为伊斯兰教联盟成员》，《自由世界》（三宝垄），1916年11月10日。帕萨斯（Max Perthus）编：《为了自由和社会主义》（鹿特丹，1953年），第52页。这本书只印了几本，除了一系列回忆斯内夫利特和他的朋友们（德占荷兰非法的"马克思列宁—卢森堡阵线"的成员）的文章外，书中包含四份对中国革命很有价值的文件。《与斯内夫利特谈话记录》（阿姆斯特丹），1935年8月19日，《中国季刊》，第45期，第102—109页。

　　③　布伦柏格：（J. Th. Petrus Blumberger）：《民族主义运动在荷属东印度》（哈勒姆，1931年），第65、76页。

　　④　斯兰教联盟和印尼共产党给斯内夫利特的授权证明，1921年9月5日，载于《为了自由和社会主义》，第60页。这个原始文件是打印在衬衣上的，便于斯内夫利特隐藏。当文件发出时，斯内夫利特早已在上海。所以，应该指出，他代表上述的党时并没有正式的委任。这个文件的译文及关于共产国际第二次代表大会的详细分析，见道夫·宾：《中国的革命：斯内夫利特战略》，第22—44、160—161页。

起过重大的作用①。而事实上对于他在苏俄和中国的活动则还没有人原原本本地描述出来。斯内夫利特用过很多化名所带来的混乱，使探索他的踪迹增加困难。他曾化名：马林（Maring）、马丁（Marting）、马灵（Marling）、马伦（Mareng）、马林（Ma-lin）、斯列夫利特（Slevelet）、孙铎（Suntó）、倪恭卿（Gni Kong-Ching）、西蒙博士（Dr. Simon）、菲力浦先生（Mr. Philip）、布罗维尔（Brouwer）、安得烈森（Andresen）、乐文松（Joh Van Son）等。他在去东印地之前，曾在荷兰积极从事工会运动。一九一四年五月，他着手建立印尼社会民主联盟②。一九一八年十二月五日，荷属东印度当局下令驱逐斯内夫利特③。他在共产国际的短暂经历，开始于一九二〇年七月。那时，他作为印尼社会民主联盟和伊斯兰教联盟代表出席莫斯科和彼得格勒召开的共产国际第二次代表大会④，从一个不知名的荷属东印度的马克思主义者一跃而成为共产国际执行委员会委员和民族和殖民地问题委员会的秘书。在那里，斯内夫利特第一次遇见了列宁⑤。

如我们所见到的，在中国一九二一至一九二三年期间，斯内夫利特

---

① 施拉姆（S.R. Schram）：《毛泽东》（哈蒙兹出版社，企鹅丛书，1966年）。陈公博：《中国的共产主义运动》，韦慕庭（C.M. Wilbur）编并附导言（纽约，哥伦比亚大学出版，1966年）。施拉姆教授和韦慕庭教授的工作初次启发我对中国历史进行大胆探索。我感谢他们两位在我准备此项研究的过程中给我的鼓励和提供的意见。

② 布伦柏格：《共产主义运动在荷属东印度》，第二次修订版（哈勒姆，1935年），第2页。《为了自由和社会主义》，第51页。

③ 斯内夫利特：《我的被逐，反对在新政策下第一次政治驱逐的不成功的答辩》，私人发行（三宝垄）。《为了自由和社会主义》，第59页。

④ 马林：《荷属东印度，给共产国际委员会的报告，社会情况和革命运动的发展》，《给共产国际第二次代表大会的报告》（汉堡，1921年），第391—410页。见道夫·宾：《中国的革命：斯内夫利特战略》，171—193页，有这个报告的译文。又见《与斯内夫利特谈话记录》，《中国季刊》，第45期；《共产国际第二次代表大会：1920年7月19日在彼得格勒、7月23日—8月7日在莫斯科，会议记录》（汉堡，1921年），第661页。

⑤ 格拉夫狄克（K. Graftdijk）：《斯内夫利特丰富的红色的一生》，《自由人民》（阿姆斯特丹），第6706期（1967年4月8日）。

正式发起创建了中国共产党，建立了中国劳动组合书记部，几乎一手促成了著名的、招致争议的国共联合。他不仅说服了共产国际领导采取他的方针，也说服了孙中山国民党、年轻的中国共产党以及苏俄外交人民委员会。

中国共产党的正式成立

在我看来，颇有意味的是列宁统一战线策略的实质，在一九一六年印尼社会民主联盟和伊斯兰教联盟合作的事例中有所反映。列宁最后派斯内夫利特到中国去，是他熟悉、接受和赞同"斯内夫利特战略"的另一个事实上的证明。据说列宁的推荐书上说，斯内夫利特作为共产国际代表去中国，他的任务是查明是否需要在那里建立共产国际的办事机构[1]。同时，责成他与中国、日本、朝鲜、东印度、印度支那和菲律宾建立联系，并报告它们的社会政治情况[2]。虽然在一九二〇年八月就委派了，但他一直到一九二一年四月才去中国[3]。一九二一年六月三日，斯内夫利特到达上海，并立即开始忙于共产国际的事务[4]。要做的第一件事是要派中国共产党的代表出席共产国际第三次代表大会。他派遣年轻的张太雷和杨和德（音）去

---

[1]　《为了自由和社会主义》，第60页。

[2]　《马林同志给执行委员会的报告》。这是斯内夫利特第一次去中国后递交给共产国际执委会的报告，原稿注明1922年7月11日，莫斯科。13个印张，德文，里面有他直到1922年5月在中国活动的完整、详细的说明，并有他给共产国际执委会所作的关于中国问题的介绍。在我即将出版的关于中国共产党的建立及其最初年代一书中，将有原稿的英译文。这个报告还包含有朝鲜、日本和印尼共产党的许多有价值的情报。当他1922年5—6月在荷兰时，他将报告的副本以普通邮件寄往莫斯科共产国际执委会。由于荷兰中央情报所的工作效能，这个文件现存放在荷兰司法部档案处，可供利用。

[3]　同上，第1页。

[4]　上海法租界工部局致荷兰驻上海总领事信，第124号，1921年6月17日。G类156，总号2349（所有G类材料统属荷兰外交部的文件）。斯内夫利特乘意大利船阿奎拉号到达上海，住南京路东方饭店，化名安得烈森。

莫斯科①。斯内夫利特同北京的俄国代表以及共产国际伊尔库茨克局建立了联系。他从他们那里得知建立共产党的实际组织工作还没有完成②。在上海，他必须从头开始③。

很多历史学者认为斯内夫利特并没有参加一九二一年召开的中国共产党第一次代表大会。但有重要的证据说明他不仅是参加了，而且确实着手帮助了中国共产党的正式成立。这时，他第一次到北京与李大钊和张国焘晤谈了几次，他向他们建议应该召开一次全国代表大会建立中国共产党。北京的党员都同意这个建议④。在这同时，赤色职工国际代表佛莱姆堡（Fremberg）到达，共产国际伊尔库茨克局的代表尼可尔斯基（Nikolsky）也从莫斯科来到⑤。斯内夫利特、尼可尔斯基和张国焘一起到上海与李汉俊商谈。上海支部的所有成员都热烈赞成斯内夫利特的计划。陈独秀当时在广东，也通知他要召开这次代表大会。

斯内夫利特在中国共产党第一次全国代表大会上起了核心作用。虽然大会的宣言一直没有发表，但是已经知道斯内夫利特向代表们作了讲演，论述关于组织机构问题，无疑地他曾向代表谈到过他的战略⑥。然而在这个时期，建议中国共产党和国民党合作是不适当的。当年轻的中国共产党人从正统的马克思主义传统出发，企图采取反对国民党的政策时，斯内夫利

① 张国焘：《我的回忆》，《明报月刊》（香港），第1卷，第6期（1966年），第63页。舒米亚茨基：《中国共青团和中国共产党：纪念中国共青团和中国共产党的组织者之一张太雷同志》，《革命的东方》，1928年第4—5期，第216页。

② 《与斯内夫利特谈话记录》，《中国季刊》，第45期。

③ 同上。

④ 栖梧老人：《中国共产党成立前后的见闻》，《新观察》（北京），1957年7月1日。"栖梧老人"是包惠僧的笔名，他是中国共产党创建人之一。

⑤ 《马林同志给执委会的报告》，第1页。

⑥ 《陈公博、周佛海回忆录合编》（香港，1967年），第142页。陈公博：《寒风集》（地方行政社，1944年），第1卷，第206—207页。陈潭秋：《中共第一次代表大会的回忆》，《共产国际》，第7卷，第4—5期（莫斯科，1936年），第83—88页。

特劝他们不要采取这样的决定①，以便为将来的国共联合留下后路②。他在劝说新成立的中国共产党加入共产国际这件事上，取得了更大的成功③。我们后来看到，这个决定对中国人民来说产生了深远的后果，因为它不仅使中国共产党加入了国际共产主义运动的行列，而且给克里姆林宫提供了进入中国的一条新的途径。

　　一九二一年七月，中国共产党第一次全国代表大会召开后，斯内夫利特留在上海。一九二一年八月在他的指导下，成立了中国劳动组合书记部④。这个书记部负责领导了二十年代中国许多重要的工人斗争。

斯内夫利特与孙中山的第一次会见

　　一九二一年十二月，斯内夫利特动身去桂林总部访问孙中山，张太雷任翻译。在他们谈话的过程中，斯内夫利特得出一个结论，虽然孙中山的原则是依据传统的中国哲学⑤，但是中国国民党有明显的社会主义倾向。孙

---

　　①　《陈公博、周佛海回忆录合编》，第142页。

　　②　我认为是由于马林的坚持，第一次代表大会的文件没有发表。《陈公博、周佛海回忆录合编》，第19、142页。陈公博：《中国的共产主义运动》，第82页。

　　③　《马林同志给执委会的报告》，第3页。陈公博：《中国的共产主义运动》，第102—105页。舒米亚茨基：《中国共青团和中国共产党，纪念中国共青团和中国共产党的组织者之一张太雷同志》，《革命的东方》，第4—5期（1928年），第218—222页。

　　④　栖梧老人：《中国共产党成立前后的见闻》，《新观察》，1957年7月1日。《马林同志给执委会的报告》，第3页。张国焘：《我的回忆》，《明报月刊》，第1卷，第6期，第69页。根据荷兰外交部档案文件，斯内夫利特于1921年7月14日离开南京路东方饭店，住进麦根路三十二号公寓。9月底，他到赛德路（Wayside Road）俄国人里亚赞诺夫家里居住。在这个地方一直住到1921年12月10日。

　　⑤　斯内夫利特：《我与孙中山交往的某些个人回忆》，《阶级斗争》（阿姆斯特丹），第3期（1926年3月）。斯内夫利特：《我对孙中山的印象》，《劳动》（阿姆斯特丹），1925年3月28日，第2页。《革命文献》，第2卷（台北，1954年），第518—519页。蒋介石：《整理文化遗产与改进民族习性》，《中国一周》（台北），第112期，1952年6月16日。

中山对苏俄的新经济政策特别感兴趣。当他听说苏俄所采取的政策与他的民生主义原则相符合时，他感高兴①。斯内夫利特在孙中山的总部住了一个多星期，他们的会谈是有历史意义的。斯内夫利特使孙中山确信俄国共产党人的实践事实上与国民党的工业化纲领是相类似的②。孙中山对斯内夫利特的建议普遍感兴趣，孙告诉他在反对北洋军阀吴佩孚的战役结束后，中苏联盟可以建立；目前，可以建立非正式的联系③。孙还宣布他愿意派一个最能干的人作为使者去莫斯科④。斯内夫利特所提出的其他建议，如改组国民党、建立军官学校，在以后几年依次实现。

与孙中山会见后，斯内夫利特去广东，在那里，海员罢工给他留下了很深的印象⑤，使他对孙中山的社会主义估计更高了⑥。在广州，他有机会遇见了陈炯明⑦。虽然斯内夫利特知道吴佩孚的力量要比陈炯明更强

---

① 蒋介石：《苏俄在中国》（伦敦，1957年），第17页。斯内夫利特：《我对孙中山的印象》，《劳动》，1925年3月28日，第2页。斯内夫利特：《我与孙中山交往的某些个人回忆》，《阶级斗争》，1926年3月。

② 《与斯内夫利特谈话记录》，《中国季刊》，第45期。斯内夫利特：《我与孙中山交往的某些个人回忆》，《阶级斗争》，1926年3月。《马林同志给执委会的报告》，第10页。《革命文献》，第2卷，第518—520页。

③ 见上述引文。

④ 《马林同志给执委会的报告》，第10页。

⑤ 马林：《远东通信》，1922年3月19日，《论坛报》（阿姆斯特丹），1922年5月6日，第1页。斯内夫利特：《一个流浪者的信》，第6页，《自由世界》，第12期（1922年5月10日），第1—2页。注明日期：1922年4月，上海。

⑥ 马林：《中国南方的革命运动》，《共产国际》（莫斯科），第22期（1922年），第5803—5816页。参见道夫·宾：《中国的革命：斯内夫利特战略》，第214—229页，有这篇文章的译文。

⑦ 斯内夫利特：《中国军官和中国革命：陈炯明和蒋介石》，《阶级斗争》，1927年。

大，但是他也知道吴并不懂得多少政治①。在另一方面，陈炯明很不满意国民党。他认为在中国实现统一是不可能的。陈的观念是把民族主义运动限制在广东，一种中国斯大林式的在一省发展民族主义的观念。为了完成这个任务，他考虑建立一个新的社会主义政党。陈炯明热诚希望与苏联达成某些协议，请斯内夫利特派俄国军事顾问来改组军队，也建议派代表去莫斯科，并说在广州可以设立共产国际局②。当时，斯内夫利特认为孙中山和陈炯明之间在广东省的薄弱的友谊提供了组织群众的仅有的合适的机会③。

中国共产党第一次杭州中央全会

斯内夫利特在去中国南方之后，又上北京与苏联公使派克斯商谈④。他提交了两份关于中国问题的初步报告，请派克斯转给莫斯科。第一份文件是向共产国际执委会介绍中国共产党和国民党。第二份文件是给苏俄外交事务人民委员会的。斯内夫利特向外交事务人民委员会的主要建议是委派一位苏俄使者到中国南方来。如我们所看到的，这些建议后来均被俄国人采纳实行了：一九二三年一月二十六日发表了著名的"孙越宣言"，同年九月派鲍罗廷为苏俄政府驻广州的常设代表⑤。

――――――――

① 斯内夫利特是否访问过吴佩孚，值得怀疑。在他自己的文章中没有这方面的证明。这里关于吴佩孚的说法是根据汪精卫：《汪精卫先生的文集》（上海），第3卷，第132—133页。

② 《马林同志给执委会的报告》，第10—11页。《与斯内夫利特谈话记录》，《中国季刊》，第45期。

③ 马林：《远东通讯》，1922年3月19日，《论坛报》，1922年5月8日，第1页。《马林同志给执委会的报告》，第8—12页。

④ 根据荷兰外交部档案文件，斯内夫利特于1922年2月3日离开广州去北京。他途经汕头、上海，大约于1922年3月7日到达上海，在上海待了将近两星期，3月19日动身，4天后到达北京。他住在六国饭店，3月29日又离开北京去上海。

⑤ 《马林同志给执委会的报告》，第12页。

一九二二年三月二十九日，斯内夫利特离开北京到上海。他立即安排了一系列与中国共产党和国民党领导人员的会议。他与国民党中央委员会谈话的结果是国民党允许中国共产党人在国民党内进行共产主义的宣传①。和共产党人谈话的结果是决定在杭州西湖召开第一次杭州中央全会，这次会议迄今尚未报道过。参加这次会议的主要有陈独秀、李大钊、张国焘、瞿秋白、毛泽东和斯内夫利特②。在这次会议上，这个荷兰人竭力主张采取"斯内夫利特战略"。他建议中国共产党人"放弃排斥国民党的立场并在该党内部开展政治活动……"③斯内夫利特认为国民党的松懈组织形式，使它很容易提倡群众运动的思想。这种合作的方式是直接从他在爪哇的成功经验中取得的。中国人开始并不赞同这种思想，经过若干犹豫后，终于接受了斯内夫利特的建议④。

中共中央立即着手实行这些新的政策，决定召开第二次全国代表大会讨论党的政治前景，还决定召开全国第一次工人代表大会和全国第一次社

---

① 《马林同志给执委会的报告》，第12页。

② 《马林同志给执委会的报告》，第12页。关于谁出席了这次会议，参阅《与斯内夫利特谈话记录》，《中国季刊》，第45期，第104页。这上面仅仅提到"还有一个非常能干的湖南学生，他的名字我不记得了"。当时，在党内只可能有这样两个湖南学生，蔡和森和毛泽东。蔡和森于1922年6月才从法国回来，所以这里指的出席者肯定是毛泽东。达林：《伟大的转折点，1922年的孙中山》，载于齐赫文斯基主编《孙中山诞生一百周年纪念1866—1966，论文、回忆录和资料集》（莫斯科，1966年），第255页。达林：《在中国革命的行列里》（莫斯科，1926年）。见《旅行观察报告》，《5月1日在广州与孙中山的会见》。达林：《孙中山逝世一周年纪念》，《消息报》，1926年，第59期。张国焘：《我的回忆》，《明报月刊》，第1卷，第8期，第76—84页。

③ 《马林同志给执委会的报告》，第12页。

④ 同上，《与斯内夫利特谈话记录》，《中国季刊》，第45期。决定采用"斯内夫利特战略"，曾成为中国共产党和国民党早期历史上最有争论的问题之一。第一次中央全会以前从未公布过。围绕着第二次中央全会，这件事颇为复杂，且常常是矛盾的。1923年2月召开的第三次中央全会，也没有公布过，在这篇关于中国共产党的成立及其最初年代的短文中，我不准备涉及这些争端，但将在其他文章中谈到。

会主义青年团代表大会①。这时，斯内夫利特结束了他第一次出使中国的使命，决定回莫斯科向共产国际执委会和莫斯科领导报告工作。一九二二年四月二十三日他离开上海②。

一九二二年七月斯内夫利特给
共产国际执委会的报告

斯内夫利特经过新加坡、马赛、阿姆斯特丹、柏林和雷维尔，在七月的第二个星期到达莫斯科③。一九二二年七月十七日他向共产国际执行委员会提出一份关于中国情况的很长很详细的报告，其中说分立的社会阶级现在在中国尚不存在，所以这样的阶级不能认为具有什么政治意义。斯内夫利特指出，现在是外国列强控制着中国政治。由于华北华中一带为军阀所统治，只有孙中山国民党所控制的南方可以开展共产主义运动。民族革命运动和年轻的中国工人运动建立了良好的关系。斯内夫利特认为，国民党就是《民族和殖民地问题提纲》中讲到的那种"民族革命运动"的力量，指出这点以后，他进一步向共产国际领导提出自己的非正统战略的理论基础。他直率地声称国民党不是一个资产阶级政党，而是"多阶级的联盟"（bloc of various classes）。国民党的阶级组成，包括以下几种成分：

---

① 当斯内夫利特还在上海时，上述决议就实行了。张国焘：《我的回忆》，《明报月刊》，第1卷，第8期，第75—76页。

② 斯内夫利特于1922年3月29日离开北京，假定他用了四天时间回到上海，到达上海的时间是1922年4月2日。那么，第一次杭州全会的时间应该在1922年4月2日到23日之间。"总领事"致"荷属印地总督阁下"的信，1922年4月27日于上海，G/37，总号921。

③ 斯内夫利特给斯内夫利特–布罗维尔夫人（教师，特拉维尔多里，三宝垄，爪哇）的信，1922年9月2日于赤塔，F6,4523,698号（荷兰殖民事务部档案）。《来自国际：7月17日共产国际执行委员会会议》，《国际新闻通讯》，第145期（柏林，1922年7月25日），第929、930页。报告中所提到的"GenosseM."，经鉴定即"马林同志"，也即斯内夫利特。

1. 知识分子领导成员，大多数都参加了辛亥革命；
2. 华侨资产阶级分子；
3. 南方军队中的士兵；
4. 工人①。

这个对马克思主义的惊人解说并没有使共产国际领导人感到为难。相反，他们把斯内夫利特的非正统的理论变为某种更正统的语言，把国民党分为知识分子、自由民主资产阶级、小资产阶级和工人②。这样，斯内夫利特的"多阶级的联盟"的说法为共产国际领导成员封为正统，没有一点阻力就完全抛弃了马克思关于党是代表单个的、不可分割的阶级利益的组织的概念。进一步分析这个惊人的新理论，可以看到，其中不包括农民和国内资产阶级，可是这并非疏忽。就资产阶级而论，斯内夫利特对国内资产阶级和华侨资产阶级是加以区别的，前者，"他们的企业是与外国资本家合办的，因此，自然接受外国的影响"③。他指出，华侨则情况不同："他们在经济危机中曾有机会积聚了大量资本，他们愿意支持中国南方的激进的知识分子。"斯内夫利特认为就是这些人曾经支援了国民党的财政④。他强调，这些"大资本家"不积极参加党的生活，在他们中间也不发展任何政治活动⑤。因此，华侨资本家是国民革命中的匿名的参加者，而国内资产

① 《马林同志给执委会的报告》，第8—10页。

② 卡拉-穆尔扎和米夫：《共产国际在民族殖民地革命中（例如在中国）的战略和策略》（莫斯科，1934年），第112页。

③ 马林：《中国南方的革命运动》，《共产国际》（莫斯科），第22期，第5803—5816页。参见道夫·宾：《中国的革命：斯内夫利特战略》，第214—229页，有这篇文章的译文。

④ 《来自国际：7月17日共产国际执行委员会会议》，《国际新闻通讯》，第145期（柏林，1922年7月25日），第929页。

⑤ 《马林同志给执委会的报告》，第9页。马林：《中国南方的革命运动》，《共产国际》，第22期，第5803—5816页。见道夫·宾：《中国的革命：斯内夫利特战略》，第217—219页。

阶级则应和"外国资本家"放在同一范畴之内。

斯内夫利特并没有真正忽略农民问题。他曾经承认农民是中国的"真正的人口"①。他们被摈弃于他的"多阶级的联盟"之外，其原因就是因为农民不是国民党的支持者。这并不是说他们反对孙中山的党，只是对其"完全漠不关心"。斯内夫利特指出，这种漠不关心是他们的"特殊地位"决定的②。因为农民问题的重要性，是中国革命的一个根本问题，在这里需要较详细地引用他的话：

中国人口中广大的群众是农民，他们虽然贫穷，但差不多都有少量土地。在内地，同外界资本主义世界的任何联系几乎是不存在的。像过去俄国和现在东印度农民中所发生的阶级斗争，在中国农民中也是不存在的。也没有听说过像东印度和朝鲜农民必须交付的那种高额租税。所以，农民群众对革命完全漠不关心，并且至今尚未表现出政治上的重要性。他们无可奈何地在各式各样的军阀混战中受煎熬。这些战争是年轻的中华民国日常生活的一部分。③

这些话之所以令人特别感兴趣，是因为它们出自一位有影响的共产国际代表对中国农民问题的第一次专门的论述。斯内夫利特曾经认识到中国的亿万农民在决定中国革命的进程中，将具有极大的重要性。但是，在现阶段，即使这个足智多谋的荷兰人也未能为他们提出一个土地纲领。虽然农民群众已经不能忽视地隐约出现在中国的地平线上，但是马克思和列宁所说的"革命先锋"仍然指的是城市无产阶级。一年之内，形势发生了对农民有利的变化，斯内夫利特指令中国共产党把农民问题作为政策的

①　《来自国际：7月17日共产国际执行委员会会议》，《国际新闻通讯》，第145期（柏林，1922年7月25日），第929、930页。

②　《来自国际：7月17日共产国际执行委员会会议》，《国际新闻通讯》，第145期（柏林，1922年7月25日），第929、930页。

③　《马林同志给执委会的报告》，第3页。

中心。

斯内夫利特在进行了一番"阶级分析"之后，就谈论到年轻的中国共产党。整个问题谈得非常直率，他的原话值得引用：

> ……由于对情况缺乏了解，我们的同志还没有与工人群众取得紧密的联系。他们作为一个学派存在，认为避开那些被认为是非法的政治问题是正确的。中国的年轻人，尤其是学生，对社会主义思想特别敏感，但也没有进一步把马克思主义的研究和实际的社会主义工作联系起来。[1]

这是共产国际代表一通相当严峻的判词。

斯内夫利特在尖锐地批评了年轻的中国共产党之后，感到有足够的自信使问题转到更实际的方面来。这时，他向共产国际执委会汇报一九二二年四月召开的中国共产党第一次杭州全会：

> 我曾建议我们的同志必须放弃他们对国民党的排斥态度，应该在国民党内开展政治活动，通过这一切，会获得通向南方工人和士兵的更方便的门径。党则不必放弃它的独立性，相反，同志们要统一他们在国民党内所采取的策略。[2]

斯内夫利特特别强调中国共产党的独立性。他认为国共合作不会混淆阶级组织和限制党的独立政策。中国共产党党员必须以个人身份加入国民党，并利用它的松懈组织形式从里面去控制它[3]。

斯内夫利特并不隐瞒中国共产党人曾反对他的战略的事实。他承认：

---

[1] 《来自国际：7月17日共产国际执行委员会会议》，《国际新闻通讯》，第145期（柏林，1922年7月25日），第930页。

[2] 《马林同志给执委会的报告》，第12页。

[3] 《与斯内夫利特谈话记录》，《中国季刊》，第45期。

"我们的同志不赞成这个思想"①。但是，他对他的政策的正确性如此自信，以致他认为没有必要去解释为什么中国共产党人反对他的建议。后者早已受到过他的尖锐批评，在这种场合，他只是说，如果他们不加入国民党就没有什么前途②。斯内夫利特的态度是不妥协的：执行它或者放弃它，或者你承认我的战略，或者中国共产主义运动将注定要失败。这种看法可能是太夸张了，但确实起了作用。他使共产国际执行委员会同意了他关于中国情况的观点。这样，在他们举行协商会议的第二天，即一九二二年七月十八日，共产国际执委会正式决定在中国实行斯内夫利特推荐的意见。中国共产党人接到通知要把总部移到广州，他们的全部工作要在与斯内夫利特紧密联系下进行③。斯内夫利特有理由感到满意：他的推荐得到了同意，并获得了新的赴华使命的全权委托。

　　这不是一份谦和的报告，试着提出一些通常是不太明确的建议，供共产国际领导考虑。在整个文件中看不到一点把握不定的迹象。斯内夫利特的任命毕竟只是作为一个观察者。共产国际的领导想了解在远东开展运动的机会。他们唯一的明确指示是必须去调查是否有必要和可能在远东建立一个共产国际局。但是，现在任命的是一个具有政治家鉴别力的革命者。他知道，在莫斯科没有人对中国的情况有所了解；因而他要大胆地、富于想象力地行动起来。斯内夫利特不仅对中国革命的未来方针提出了一整套建议，而且，事实上，在莫斯科的领导正式同意之前就开始实行了这些建议。在这之前，苏联外交事务人民委员会、共产国际伊尔库茨克局和远东

　　①　《马林同志给执委会的报告》，第12页。
　　②　《马林同志给执委会的报告》，第12页。
　　③　《来自国际：七月十七日共产国际执行委员会会议》，《国际新闻通讯》，第145期（柏林，1922年7月25日），第930页。"决定给中国和日本的共产党发一封信，马林同志被委托起草这些信件，"1922年7月18日共产国际命令中国共产党，"根据共产国际主席团7月18日决定，中共中央委员会在接到这通知后，必须立即把地址转移到广州，所有的工作都必须在与菲力浦同志密切联系下进行"。菲力浦同志是斯内夫利特在共产国际的许多化名之一。原始文件打印在斯内夫利特的衬衣上，以便于隐藏。《为了自由和社会主义》，第60页。

共和国政府的指挥错误的官员曾宣传要和北洋军阀吴佩孚建立联盟①。斯内夫利特的报告彻底改变了对吴佩孚的政策。

中国共产党第二次杭州中央全会

在中国，中共中央委员会忙于执行斯内夫利特的建议。一九二二年四月第一次杭州全会后，中央委员会在一九二二年六月十五日通过了"中国共产党对于时局的第一次主张"。②中国共产党人虽然仍在批评孙中山的党，现在却号召和国民党采取联合行动。他们还采纳了斯内夫利特的反军阀的政策③。一个月以后，中国共产党第二次代表大会通过了"中国共产党对于时局的第一次主张"，并决定把这个文件递交孙中山和国民党其他领导人，表示共产党人愿意与国民党联合的愿望④。

一九二二年八月初，斯内夫利特又回到中国。这时他的战略已经为共产国际领导正式同意。由于一九二二年四月第一次杭州全会上中国共产党人曾

---

① 《与斯内夫利特谈话记录》，《中国季刊》，第45期。道夫·宾：《中国的革命：斯内夫利特战略》，第13章，第125—147页。

② 《中国共产党对于时局的主张》，1922年6月15日。

③ 《中国共产党对于时局的主张》，1922年6月15日。

④ 张国焘：《我的回忆》，《明报月刊》，第1卷，第8期，第72—83页。陈独秀：《告全党同志书》（1929年12月10日，上海），第2页。陈公博：《共产主义运动在中国》，第89页。张认为这第一次宣言主要根据他曾去出席的1922年1月在莫斯科和彼得格勒召开的远东第一次劳动者代表大会的精神。陈公博和陈独秀同意张的意见。这次会议无疑是在一定程度上影响了中国共产党人，但应指出第一次杭州中央全会对那次宣言起了更大的决定作用。陈独秀和张国焘在谈到这件事时都没有提到第一次杭州中央全会。张甚至还指出："在我从上海回来之前两星期，马林回莫斯科……在他离开上海前，并没有向陈独秀建议加入国民党。"张提到他从莫斯科回来是在1922年3月。这说明第一次中央全会召开时，张在上海。斯内夫利特离开上海的时间是1923年4月23日，而不是张所说的在2—3月间。此外，斯内夫利特的《马林同志给执委会的报告》是一个正式文件，是第一次杭州中央全会仅仅3个月之后写成的。而陈独秀和张国焘的说法是分别在7年和44年之后写的。

经不愿意接受他的非正统的建议，他现在急于要使那些坚持己见的中国共产党领导人遵从他的意见。为了达到这个主要目的，一九二二年八月十七日，他召集了中国共产党中央委员会第二次杭州会议①。除了斯内夫利特外，还有陈独秀、李大钊、蔡和森、张国焘、高君宇和张太雷出席了这次会议②。经过两天的讨论，中国共产党人终于接受了斯内夫利特的建议③。

斯内夫利特与孙中山的第二次会见和孙越宣言

斯内夫利特和孙中山的第二次会见是在一九二二年八月二十五日，在上海法租界④。虽然孙中山为陈炯明的叛变感到沮丧，但在接见斯内夫利特时他仍象往常一样愉快。孙中山告诉斯内夫利特，他现在感到与苏俄建立一个紧密的联系是绝对必要的⑤。在他们的谈话中，斯内夫利特劝孙中山不

---

① 1922年7月24日由拉狄克独立签署任斯内夫利特为国际新闻通讯远东记者的委任书。《争取自由和社会主义》，第60页。上海俄罗斯通讯社波多尔斯基于1922年8月19日致爪哇斯内夫利特夫人的信，G/299，2249号。《中国年鉴》，1924年，第858页，《北华捷报》，1922年8月19日。张国焘：《我的回忆》，《明报月刊》，第1卷，第8期，第84页。马林和越飞离开莫斯科的时间大约在1922年7月24日，到达赤塔大约在8月4日，5天后应在哈尔滨，他们到达北京的时间是1922年8月12日，越飞留北京，马林继续前往上海，据以上分析，我认为张国焘说第二次杭州中央全会召开于1922年8月8日的意见是错误的。

② 陈独秀：《告全党同志书》，第2页。张国焘：《我的回忆》，《明报月刊》，第1卷，第8期，第84页。

③ 《与斯内夫利特谈话记录》，《中国季刊》，第45期。《马林回忆：陈独秀，中国革命失败的原因》，《新路》（阿姆斯特丹，1930）。这文章包括陈独秀的《告全党同志书》的荷兰译文和马林的评论。张国焘：《我的回忆》，《明报月刊》，第1卷，第8期，第83—89页。

④ 斯内夫利特：《我与孙中山交往的某些回忆》，《阶级斗争》，1926年3月。《与斯内夫利特谈话记录》，《中国季刊》，第45期。斯内夫利特：《我对孙中山的印象》，《劳动》，1925年3月28日，第2页。胡华：《中国新民主主义革命史》（广州，1951），第62页。《国父年谱初稿》，第2卷（台北，1958年），第557—558页。

⑤ 斯内夫利特：《我与孙中山交往的某些回忆》，《阶级斗争》，1926年3月。

要单纯用军事行动去收复广州，而要以上海为基地开展一个群众性的宣传运动①。斯内夫利特告诉孙中山关于他去莫斯科的情况，并告诉他共产国际领导人已经通知中国共产党人参加国民党②。会见后不久，第一批中国共产党员就参加了国民党。双重身份的先例已经建立。同时，孙中山也接受了斯内夫利特关于改组国民党的意见③。

斯内夫利特第二次来华，是同时受命于共产国际和苏俄外交事务人民委员会。在和共产国际领导人拉狄克谈话时，他想到他应与苏联有名的外交人员越飞一起来华④。后者对斯内夫利特的思想很兴趣，也赞成与孙中山

---

① 斯内夫利特：《中国军官和中国革命：陈炯明和蒋介石》，《阶级斗争》，1927年，第143页；《与斯内夫利特谈话记录》，《中国季刊》，第45期。

② 《总理全书》，第10卷，第二部分（台北，1953年），第924—925页。《弹劾共产党两大要案》（南京，1927年），参见第5页上孙中山于1923年12月写的旁注。孙中山：《孙中山先生书札墨迹》，第3页，1922年11月21日给蒋介石的信。

③ 《革命文献》，第8卷，第1039—1043页。许多历史学者认为孙中山是我称之为"斯内夫利特战略"的创始人。这种说法的资料来源是陈独秀的《告全党同志书》（1929年12月10日）。根据陈的说法，共青团国际代表达林曾在1922年7月某个时候向孙中山建议两党联盟问题，孙拒绝了他的建议，并告诉达林如果共产党员服从国民党和在国民党外不另组党的情况下，他才允许他们加入国民党。在七月份有这次会见是不可能的，因为当时孙中山正被监禁在一艘炮舰上。我找到了一份材料，是达林自己写的。达林报告他第一次与孙中山会见是在1922年4月29日，最后一次是6月12或14日。在这里我不准备详细论述这些很有趣的说话，我愿意提到孙中山在那时请求苏联帮助建立一个新铁路网，还应补充说明，达林指出，他认为中国共产党开展群众运动的唯一可能是加入国民党。他并没有提到向孙中山建议两党联盟问题。最后，可以断定，斯内夫利特与孙中山第一次会见、他在上海与国民党中央委员会的谈话以及第一次杭州全会，都是在达林到中国之前进行的。达林来中国是作为共青团国际的代表，与张太雷和瞿秋白一起组织1922年5月的社会主义青年团第一次全国代表大会。由于这些理由，我不同意一般认为孙中山是我称之为"斯内夫利特战略"的创始人。达林：《伟大的转折点，1922年的孙中山》，《孙中山诞生一百周年纪念1866—1966，论文、回忆录和资料集》（莫斯科，1966年），第255—285页。达林：《在中国革命的行列里》（莫斯科，1926年）。达林：《孙中山逝世一周年纪念》，《消息报》，1926年，第59期。马林：《马林同志给执委会的报告》，第12页。

④ 《与斯内夫利特谈话记录》，《中国季刊》，第45期。

国民党建立友好关系①。越飞，是当时仍有势力的托洛茨基的亲密朋友，对孙中山在中东铁路问题上的观点特别感兴趣②。正当苏联同北京的中国政府进行正式谈判的时候，正当全世界各国政府和报纸都把注意力集中于在北京出面的越飞身上的时候，更重要的、但是完全秘密的谈判正在苏俄外交事务人民委员会和孙中山之间在上海进行。斯内夫利特坚持不懈地来回奔波于上海和北京之间③。经过五个月的秘密商谈，他在苏俄和国民党之间成功地达成了一项协议。于是越飞决定去上海缔结这个协议。这样，一九二三年一月二十六日，著名的苏联外交人员和中国革命之父签订了他们的历史性协定。一年之内，为履行这个协定，顾问、武器和钱都来了。苏联的注意明显地转移到孙中山国民党的方面。俄国和中国的革命党人开始了新的行程。它的后果，全世界都将感觉到。

斯内夫利特第二次和第三次去莫斯科

一九二二至一九二三年之间的冬天，斯内夫利特又一次回莫斯科向共产国际领导报告他已胜利完成使命，并和莫斯科领导讨论中东铁路问题④。

---

① 《与斯内夫利特谈话记录》，《中国季刊》，第45期。斯内夫利特：《越飞颂辞》，《劳动》（阿姆斯特丹），1927年11月26日，第1页。

② 斯内夫利特：《中东铁路问题上的中苏冲突》，《新路》，1929年，第234页。

③ 张国焘：《我的回忆》，《明报月刊》，第1卷，第8期，第88页。张指出：马林是一个重要的中间人。他不仅促使中国共产党加入国民党，也是孙中山和越飞之间的中间人。孙中山和越飞的会见是由马林促成的。

④ 斯内夫利特：《中东铁路的难题》，《先驱》（阿姆斯特丹），第13期，第1页，1929年7月20日。斯内夫利特：《中东铁路问题上的中苏冲突》，《新路》，1929年，第234页。《为了自由和社会主义》，第61页。虽然斯内夫利特与苏联领导的谈话没有记录可供参考，但他确实曾与托洛茨基、斯大林、布哈林等人讨论过中东铁路问题。斯内夫利特决定在莫斯科讨论这个问题，是经过与越飞商议的。关于铁路所有权问题，据说斯内夫利特不同意斯大林的观点，斯内夫利特认为应该交给中国，而斯大林坚持苏应保持它在那儿的利益。

一九二三年一月十日，斯内夫利特向共产国际执行委员会作了报告①。共产国际领导命令中国共产党人留在国民党内，还同意了斯内夫利特的反对军阀的政策。现在，共产国际认为国民党是中国仅有的重要的国民革命团体，并指示中国共产党人去说服国民党同苏俄联合②。一九二三年一月十二日，共产国际执行委员会任命斯内夫利特为驻海参崴的远东局的第三号人物作为对他的奖励。最后，表示希望"斯内夫利特战略"现在应该为中国共产党全国代表大会所同意③。

斯内夫利特回北京后，立即采取行动来彻底地解决在执行他的战略上尚存在的问题。为此，他首先在苏联大使馆召开了中国共产党北京支部的会议，在长达两小时的激烈演说中，他要求尚持异议的人遵从他的意见④。就在这时，发生了"二七"事件。一九二三年二月七日，京汉铁路工人大罢工被吴佩孚的军队血腥镇压。这次镇压的行动使苏俄外交人民委员会和共产国际的某些人感到很难堪，因为他们曾在不同程度上一直支持吴佩孚直系军阀集团，也曾鼓励中国共产党北京支部与这个"自由民主主义者"

---

① 斯内夫利特被委任为驻海参崴共产国际远东局第三号人物。这个文件用德文写成，由共产国际执委会书记柯拉洛夫签署，第282号，1923年1月12日于莫斯科。这个文件引自1923年1月10日召开的共产国际主席团会议议定书。斯内夫利特和维经斯基都被要求参加中国共产党下一次会议。这个文件的译文，见道夫·宾：《中国的革命，斯内夫利特战略》，第212页。也可参考《为了自由和社会主义》，第60页。

② 卡拉-穆尔扎和米夫：《共产国际在民族殖民地革命中（例如在中国）的战略和策略》，第112页。

③ 道夫·宾：《中国的革命，斯内夫利特战略》，第212页。也可参考《为了自由和社会主义》，第60页。

④ 栖梧老人：《回忆李大钊同志》，《中国工人》（北京），1957年5月12日，第22—23页。包惠僧认为共产国际代表是鲍罗廷，其实应该是马林，因为鲍罗廷是1923年9月才到中国的。斯内夫利特：《一个中国例子》（1923年2月7日），《劳动》，1925年2月7日。

保持来往①。斯内夫利特曾一再警告要反对北洋军阀集团，强调中国共产党应该把力量集中在南方②。由于实际上他们并没有听他的劝告，斯内夫利特生气了，他挖苦说他们的"自由民主主义者"军阀毫不迟疑地把使用枪炮作为教育中国工人的最好方法③。他指定轻信的张国焘到莫斯科去报告这次可怕的大屠杀，意在进一步给共产国际领导以难堪④。然后他建议中国共产党人应把中央委员会地址移到上海，转入地下⑤。二月底，中共中央委员会成员到上海，这时决定要在西湖召开第三次杭州中央全会⑥。虽然关于这次会议的议程知道得不多，但是显然讨论了共产国际一九二三年一月十日的

---

① 马林：《中国工人运动历史上的一次血腥事件》，《共产国际》，第26—27期（1923年），第7455—7466页。编者注明他们不同意斯内夫利特对中国形势的估计。邓中夏：《中国职工运动简史》（北京，1949年），第25—27页。栖梧老人：《二七罢工回忆》，《新观察》（北京），1957年2月1日，第36页；1957年2月16日，第37页；1957年3月，第37页。

② 马林：《中国南方的革命运动》，《共产国际》，第22期（1922年），第5803—5816页。《中国和日本的形势》，《国际新闻通讯》，1922年8月28日，第542页。《马林同志给执委会的报告》，第10—12页。

③ 马林：《中国工人运动历史上的一次血腥事件》，《共产国际》，第26—27期（1923年），第7462页。斯内夫利特：《一个中国例子》（1923年2月7日），《劳动》，1925年2月7日。斯内夫利特：《中东铁路的难题》，《先驱》，1929年7月20日，第1页。斯内夫利特：《危急中的罗易和陈独秀》，《劳动》，1931年10月17日，第3页。斯内夫利特从莫斯科回来，在沈阳曾与张作霖会谈，主要议程是中东铁路问题。他大约1923年2月2日回到北京。

④ 张国焘：《我的回忆》，《明报月刊》，第1卷，第9期，第90页。在莫斯科，张向萨法洛夫、维经斯基和罗索夫斯基报告，维经斯基是共产国际伊尔库茨克局的一个成员，他们曾继续支持远东共和国对吴佩孚将军的选择。

⑤ 张国焘：《我的回忆》，《明报月刊》，第1卷，第9期，第90页。《与斯内夫利特谈话记录》，《中国季刊》，第45期。斯内夫利特谈到"二七"大屠杀后，北京发出了对马林和陈独秀的通缉令。

⑥ 米夫：《中国共产党英勇奋斗的十五年》（莫斯科，1936年），第25页。请看他对第三次代表大会的评论。张国焘：《我的回忆》，《明报月刊》，第1卷，第9期，第90页。

指令。第三次全会后不久，斯内夫利特又回到莫斯科向共产国际领导报告工作。这时，共产国际执委会成立一个布哈林领导的专门委员会，请斯内夫利特把他关于中国形势的意见提交会议讨论。在斯内夫利特报告的基础上，共产国际领导向即将召开的中国共产党第三次全国代表大会发出了有名的一九二三年五月十三点指示①。斯内夫利特口袋里带着这份文件离开莫斯科，再一次，也是最后一次来到中国。

共产国际的这份指令特别重要，因为它第一次充分阐述了农民在中国革命中的作用。指令鲜明地主张，"农民问题"是中国共产党全部政策的中心问题，读了它，人们就会相信贫农是革命的先锋。无疑的，认识到农民的重要性是马克思主义在中国发展的一个里程碑。当然，这并不意味着共产国际执行委员会决定把中国农民作为革命的领导阶级；相反，共产国际执委会特别强调革命的领导权必须掌握在无产阶级手中。这个文件草拟了一个土地纲领，除此之外，其重要性还在于它又一次强调了"斯内夫利特战略"。最后，共产国际指示中国共产党要求召开一次国民党的代表大会，主要的议题是讨论开展广泛的民族民主运动的问题②。

---

① 卡拉–穆尔扎和米夫：《共产国际在民族殖民地革命中（例如在中国）的战略和策略》，第114—116页。张国焘：《我的回忆》，《明报月刊》，第1卷，第9期，第92页。

② 卡拉–穆尔扎和米夫：《共产国际在民族殖民地革命中（例如在中国）的战略和策略》，第114—116项。斯恰普：《一生为革命的亨克·斯内夫利特》，《自由人民》，1970年4月18日。虽然斯内夫利特在1922年7月的第一次报告中曾就农民问题的几个方面进行过讨论，但共产国际根据他的报告于1923年1月所作的指示并没有提到这个问题。由于"二七"事件，斯内夫利特看到了中国农民的日益增长的重要性；另一方面，1923年斯内夫利特曾访问过毛泽东并与他通信，所以年青的毛泽东很可能起了部分作用。

斯内夫利特最后一次来华：中国共产党
第三次代表大会和国民党第一次全国代表大会

斯内夫利特回到上海时，孙中山已经完成了国民党基层组织的改组。在上海停留一个短时间后，斯内夫利特到达广州，在那里又一次遇见了孙中山。在与越飞通信的基础上，他每周与孙中山会见三至四次。他们谈话的中心是与苏联的新的联盟和国民党的改组。可能是在这几次会见时同意了召开国民党第一次全国代表大会①。这些谈话的最直接结果之一是派蒋介石去莫斯科考察苏联情况并就俄国援助问题进行谈判②。孙中山指示蒋与斯内夫利特商讨安排他的旅行。一九二三年八月五日，蒋介石在上海见到斯内夫利特，后者劝蒋介石带着张太雷、沈同一和王登云一起去③。看来这个代表团是按"斯内夫利特战略"式样建立起来的一个范例，因为张太雷和沈同一都是中国共产党党员。

那时，将近有一年时间，斯内夫利特从事国民党的改组工作④。他说，在这项工作中，孙中山、胡汉民、廖仲恺和蒋介石都曾热诚地支持他⑤。一九二四年一月，在国民党第一次全国代表大会上，孙中山的与苏俄建立联盟和允许共产党人加入国民党的政策获得了正式承认，这是斯内夫利特来华的使命已经胜利完成的证明。

---

① 《斯内夫利特谈话记录》，《中国季刊》，第45期。斯内夫利特：《我与孙山交往的某些回忆》，《阶级斗争》，1926年3月。斯内夫利特：《我对孙中山的印象》，《劳动》，1925年3月28日，第2页。在1926年的文章中，斯内夫利特说国民党第一次全国代表大会在1924年1月召开之前很长一段时间就已计划要召开了。

② 毛思诚编：《民国十五以前之蒋介石先生》，第6卷（二）（上海，1936年），第201页。蒋介石：《苏俄在中国》（伦敦，1957年），第18—19页。

③ 毛思诚编：《民国十五以前之蒋介石先生》，第6卷（二）（上海，1936年），第201页。蒋介石：《苏俄在中国》（伦敦，1957年），第18—19页。

④ 陈独秀：《告全党同志书》，第4页。

⑤ 斯内夫利特：《我与孙中山交往的某些回忆》，《阶级斗争》，1926年3月。斯内夫利特：《我对孙中山的印象》，《劳动》，1925年3月28日，第2页。

六月，中国共产党第三次全国代表大会在广州召开①。依照斯内夫利特的愿望，中国共产党宣称国民党是国民革命的中心和领导力量。中共谴责了北方军阀，并说明中国共产党的最重要的工作是领导工人和农民②。斯内夫利特批评了孙中山早先多次专门依赖军事行动的错误。按照斯内夫利特的意见，国民党应该以更大的注意力去开展人民群众中的政治宣传③。送交国民党的第三次全国代表大会的宣言正是包含了这些说法④。第三次代表大会参加者之一张国焘回忆说，斯内夫利特是所有共产党人都应加入国民党这项政策的主要推动者。张确信，虽然宣言是陈独秀起草的，但事实上表达了已为共产国际所同意的斯内夫利特的思想⑤。

中国共产党人加入了国民党，但是没有放弃他们共产党人的身份。他

① 张国焘：《我的回忆》，《明报月刊》，第1卷，第9期，第92页。张证实第三次全国代表大会是斯内夫利特发起召开的。

② 《中国共产党第三次全国代表大会宣言》，《向导》周报，第30期（1923年6月20日），第228页。张国焘：《我的回忆》，《明报月刊》，第1卷，第10期，第73—79页。我对于张认为马林觉得农民是不重要的这种主张，采取强烈保留态度。张说在整个第三次代表大会中马林没有提到过他们，我有足够的理由认为张是错误的，这种说法与1923年5月共产国际所发的十三点指示完全矛盾的，而那是根据马林的介绍作出的，实情就存在于这些似乎矛盾的意见之中。如果斯内夫利特确实在会上没有强调农民问题，那也并不意味着他不把这个问题放在重要地位，可能斯内夫利特自己没有讨论农民问题，但曾经委托了别的同志。按照张的意见，在代表大会上发言讨论农民问题的代表是毛泽东。实际上，张所讲的毛泽东关于农民问题的处理与1923年5月13点指示中关于此问题提出的要点非常相似。这就更增加了前面意见的可靠性，即毛泽东对于斯内夫利特于1923年5月给共产国际执委会的报告中所系统叙述的土地纲领是有一部分影响的。

③ 《马林回忆：陈独秀，中国革命失败的原因》，《新路》，第82页。斯内夫利特：《中国军官和中国革命：陈炯明和蒋介石》，《阶级斗争》，1927年，第143页。

④ 《中国共产党第三次全国代表大会宣言》，《向导》周报，第30期（1923年6月20日），第228页。

⑤ 张国焘与韦慕庭教授于1954年在香港的一次谈话中曾谈到这点。见《关于共产主义、民族主义和苏联顾问在中国的文件，1918—1927》，韦慕庭和郝莲英编并写有导言（纽约，1956年），第87页。

们保留了他们严密的集中制的组织系统。他们很快就进入了国民党中央委员会的中心。由此，我们可以看到，在使共产国际领导、国民党、中国共产党和苏联外交人民委员会相信他的政策的正确性之后，"斯内夫利特战略"曾经被它的创始人在将近三年的时间内在中国应用。根据这些成就，再看毛泽东关于斯内夫利特的评论，说他是一个精力旺盛和富于说服力的人，就容易理解了[①]。总之，斯内夫利特对中国现代史上这项最重要的决策之一，全盘参与了制定和推行。

［《中国季刊》第48期，1971年；转引自中国社会科学院近代史研究室编：《马林在中国的有关资料》（增订本），人民出版社1984年版，第32—58页］

---

① 埃德加·斯诺：《西行漫记》（纽约，1944年），第154—156页。

对《是否有一个斯内夫利特战略？》一文的答复

道夫·宾

　　蒙捷沃夫（Muntjewerf）夫人对我的论文《斯内夫利特和初期的中国共产党》（《中国季刊》第四十八期）的评论，使我感到惊奇。她工作的学院将某些文件对我严格保密，而她反而指责我不曾重视这些文件的内容，真是莫名其妙[①]。然而，下面我要说明在她的评论中所提及的这些文件恰恰只能加强我的"斯内夫利特战略"的论点。在作这些说明时，我不准备计较蒙捷沃夫夫人论文中个人攻击的言词[②]，只是建议那些想对我的工作寻求一个比较公正评价的人，可参阅台湾政治大学郑学稼教授的一篇评论：《马林在中国的活动——道夫·宾关于中国共产党中央委员会第一次杭州会议的评论》（发表于

　　①　《是否有一个斯内夫利特战略？》一文，发表于《中国季刊》，第53期（1973年1—3月），第159—168页。蒙捷沃夫夫人应当知道阿姆斯特丹的社会科学国际关系学院多次拒绝我要接触他们的《斯内夫利特档案》的要求。在我的请求中，我表示同意接受学院所给予的各种限制。幸运的是，所有有关斯内夫利特出使中国的主要文件在《斯内夫利特档案》之外都可以找到。蒙捷沃夫夫人应该指出这一点才是正确的。

　　②　例如，蒙捷沃夫夫人把我引用的原始资料开列了一个简单的目录，这是很使人误解的。斯内夫利特在中国问题上写过60多篇文章，而她却认为"在这个特定时期中只有很少几篇"，这是毫无根据的。她也没有提到我使用了荷兰外交部、前荷兰殖民地部和荷兰司法部的斯内夫利特档案。

《问题与研究》一九七二年十一月）^①。

蒙捷沃夫夫人的评论中提出了四个主要论点：

一、她认为斯内夫利特作为共产国际代表到中国去活动的第一年没起什么影响作用，她甚至提出斯内夫利特并没有出席中国共产党的第一次全国代表大会^②。

二、她认为一九二二年四月第一次杭州会议并没有举行^③。值得注意的是，她的这个论点是得到郑学稼教授上述论文的支持的。

三、她坚持认为不能肯定斯内夫利特一九二二年七月十一日给共产国际执行委员会的报告是否被这个委员会讨论过，因此得出结论："认为这个报告有重要影响同样是有争议的"^④。

四、最后，她认为斯内夫利特在一九二三年春天决没有第三次赴莫斯科，并说事实上他和共产国际给中国共产党第三次全国代表大会的著名的一九二三年五月指示无关^⑤。

我确信我能逐点地证实我早些时候的判断。很清楚，蒙捷沃夫夫人在她的分析中没有重视中文资料。中国的传记文献确应谨慎地批判地应用，但在核对其他文件时，它可以提供大量有用的和可靠的资料。此外，很清楚，蒙捷沃夫夫人也没有重视俄文的原始资料。在她的评论中说"我们没有接触到"莫斯科的共产国际档案，这是不十分正确的。这些档案在一九六七年向一些苏联汉学家开放，而且一九六九年在莫斯科还出版了他

---

① 《问题与研究》（台北，1972年11月号），第48—55页。他评论这个题目的中文原文发表在同年5月的《问题与研究》上。郑教授写道："……我对道夫·宾在研究中国共产党历史方面作出的重要贡献表示极大的敬意。"

② 蒙捷沃夫夫人文章，《中国季刊》，第53期，第163—164页。

③ 蒙捷沃夫夫人文章，《中国季刊》，第53期，第161—163页。

④ 蒙捷沃夫夫人文章，《中国季刊》，第53期，第160页。

⑤ 蒙捷沃夫夫人文章，《中国季刊》，第53期，第165—167页。

们的研究成果①，这些成果是有关这一时期的五篇引人入胜的专题研究报告，并进一步证实了我的研究的主要论点。

斯内夫利特和中共第一次全国代表大会

为了证明我在阐明一九二二年七月十一日斯内夫利特给共产国际执委会报告中的"粗糙手法"，蒙捷沃夫夫人引用了斯内夫利特关于第一次全国代表大会的记述："一九二一年七月，各地小组的代表在上海举行会议，决定成立中国共产党，并加入共产国际，尽管它仍然作为一个宣传团体会更好一些。党必须非法地工作……"按照蒙捷沃夫夫人的意思，这既不说明斯内夫利特参加了党的成立大会，也不说明他曾劝说中国共产党参加共产国际。此外，蒙捷沃夫夫人提到我引用的原始材料时说："在这我不想讨论这些回忆录的可靠性，我只想记载斯内夫利特关于中共第一次代表大会给共产国际执委会的报告。"②真是很难接受的一种傲慢态度。在一九二一年七月参加第一次全国代表大会的十五名代表中，有十个人用这种或那种形式记述了这些事件。董必武（现在仍然是中华人民共和国的代理主席）和毛主席都提到斯内夫利特参加了第一次全国代表大会③。一个自称"栖梧老人"的作者，在一九五七年写了一篇更为详细和有趣的文章，此人实即包惠僧。在这篇文章中他叙述了新内夫利特在这次大会上所起的核心作用，原文是这样的：

---

① 《共产国际与东方，在民族解放运动中为列宁的战略与策略而斗争》（莫斯科，1959年），V. I. Glunin，A. J. Kartinova，M. A. Cheshkov，A.B. Reznikov和M.A. Persitz供稿。

② 《中国季刊》，第53期，第163页。

③ 埃德加·斯诺：《西行漫记》（纽约，1944年），第154—158页。沈德纯和田海燕的《董必武访问记》，《人民日报》，1961年6月30日（北京）；同文载在《中国青年》，1961年，第13—14期，第10—12页。尼姆·韦尔斯的董必武访问记，《红尘》（斯坦福大学出版，1952年），第39—40页。

一九二一年六月，第三国际派马林（斯内夫利特，化名马林）来中国。与他同来的还有赤色职工国际代表尼可尔斯基。他们先到北京同李大钊、张国焘等会谈了几次，马林建议召集一个全国性的建党会议，北京方面的同志同意这个建议。李大钊同志因为工作关系，不能离开北京，即由张国焘同马林、尼可尔斯基一路到上海与李汉俊等会商。上海方面的同志也同意召开这样的会议。①

包惠僧还叙述了斯内夫利特在一九二一年的更进一步的活动的某些细节。他提到在斯内夫利特的指导下，建立了中国劳动组合书记部。周佛海、陈公博和张国焘也都认为马林参加了中国共产党的第一次全国代表大会。然而，他对马林所起的作用有不同的看法。周佛海和陈公博两人认为第一次代表大会的主席张国焘在很大程度上是依赖马林的意见的②。在张国焘的叙述中可以看到，事实上马林和陈独秀的合作也是很密切的：

陈独秀和马林从此经常见面，毫无隔阂地商讨各项问题。中共中央计划也按时送交马林一份。马林似从未提出过异议。关于政策方面，陈独秀先生也经常将马林的意见向中央会议报告。他们并且具体规定了接受共产国际补助经费的办法；此后中共接受共产国际的经济支持成了经常性质了。③

① 栖梧老人：《中国共产党成立前后的见闻》，《新观察》，1957年7月1日。互相参照了栖梧老人于1957年写的四篇文章和一本书的内容，表明作者"栖梧老人"无疑就是包惠僧，"一大"时武汉的第三个代表。包惠僧早期脱党，但1949年后仍在中华人民共和国。威斯康辛大学的周策纵教授也证实了这一点。看来我们没有什么理由不接受包惠僧对这次大会的记述。更为详细的分析可参看我在第二十四届中国问题研究国际会议上的论文：《一个荷兰革命家在中国——斯内夫利特和中国共产党第一次全国代表大会》，荷兰莱登大学，中国问题研究学会，1972年9月3—9日。
② 《陈公博、周佛海回忆录合编》，第19、142页。《陈公博》（1944年），第206—207页。周佛海提到斯内夫利特批驳了不与南方政府合作的决议。
③ 张国焘：《我的回忆》，《明报月刊》，第1卷，第6期，第73页。

还有一个问题需要进一步讨论的是中国共产党在第一次全国代表大会期间是否参加共产国际的问题。除了在《一九二一年中国共产党的第一个纲领》①中已有的证明外，现在还有另一种记述也表明了中国共产党确曾决定正式加入共产国际。苏联汉学家格鲁宁根据对共产国际档案的研究写道："大会决定给伊尔库茨克打一电报，报告大会的工作。"②在确定了共产国际执委会派到中国的特别代表斯内夫利特发起和出席了中国共产党第一次全国代表大会并在会上起了重要作用之后，我们说，就是他劝说年轻的中国共产党于一九二一年七月正式加入共产国际，是合乎逻辑的③。

中共中央委员会第一次杭州会议

蒙捷沃夫夫人在她的评论中认为第一次杭州会议并没有举行。我的论述是根据一九三五年伊罗生教授的斯内夫利特访问记和斯内夫利特一九二二年七月十一日给共产国际执委会的报告。斯内夫利特很明确地叙述了一九二二年初举行的杭州会议。他告诉伊罗生说：

> 我回到上海，发现在我离开以后的三个多月中，共产党人已经和上海工厂的工人建立了更为广泛的联系。一九二二年初，我们安排在杭州西湖召开一次会议。主要参加者有陈独秀、李大钊、张国焘，我记得还有瞿秋白，另外还有一个很能干的湖南学生，他的名字我想不

---

① 陈公博：《中国的共产主义运动》，第102—105页。

② V.I.格鲁宁：《共产国际和中国共产主义运动》，第246页。另一些关于伊尔库茨克远东局中国支部的有意思的记述可在舒米亚茨基的《中国共青团和中国共产党：纪念中国共青团和中国共产党的组织者之一张太雷同志》一书中看到，见《革命的东方》（莫斯科，1928年），第4—5期，第216页。

③ 共产国际的另一代表尼可尔斯基在中共第一次全国代表大会的代表中没有造成很深的印象。只有包惠僧记得他在会上谈了工会国际的工作。看来，不像是他或是其他没有经验的中国代表提出正式加入共产国际的创议。尼可尔斯基的行动很像是斯内夫利特的助手。

起来了。①

蒙捷沃夫夫人不考虑这段叙述，理由是："斯内夫利特不知什么原因严重地搞乱了有关事件的年代顺序。"②遗憾的是，事情并那样简单。

我认为斯内夫利特于一九二二年七月十一日给共产国际执委会的报告使他的一九三五年的叙述具有更大的分量。在这个报告中他写道：

> 我在和共产党组织的领导人以及国民党中央委员会的成员进行了几次会谈之后，于四月二十四日离开上海。我曾向我们的同志建议放弃他们对于国民党的排斥态度，到国民党中去进行政治活动，通过这一切会获得通向南方工人和士兵的更方便的门径，党则不需放弃独立。与此相反，同志们必须统一他们在国民党中所采取的策略。国民党的领导人告诉我，他们允许在其党内进行共产主义宣传。但我们的同志反对这种意见。③

当一九三五年斯内夫利特向伊罗生叙述这一事件时，他把一九二二年和共产党领导人的"几次讨论"称作"一次杭州西湖会议"。包惠僧坚持认为斯内夫利特第一次到中国时就提出了国共合作。他写道：

> 马林建议我们党应与孙中山先生领导的国民党建立联合战线。在陈独秀的同意之下，马林就于一九二一年十月同张太雷到广州，和孙中山商谈国共两党建立联合战线的问题去了。④

---

① 伊罗生：《与斯内夫利特谈话记录》（阿姆斯特丹，1935年8月19日），刊登于《中国季刊》，第45期，第104页。在这一文件的其他段落中提到斯内夫利特的日期并非仅是口误。

② 蒙捷沃夫夫人文章，《中国季刊》，第53期，第161页。

③ 马林：《马林同志给执委会的报告》（莫斯科，1922年7月11日），第12页。

④ 栖梧老人：《中国共产党成立前后的见闻》，《新观察》，1957年7月1日。

最后的确证来自中共总书记本人。陈独秀在一九二二年四月六日写信给维经斯基说，斯内夫利特向共产党和共青团提出联合国民党的建议。在同一信中，陈独秀还指出联合国民党问题已经在广州、上海、北京、长沙和武汉的区委会上讨论过①。这封信最终表明斯内夫利特最早提出国共联合的讨论不是像过去设想的在一九二二年八月，而是在三、四月间。这意味着这个建议是斯内夫利特自己首创的，在那个阶段，它还没有得到共产国际的批准。这也表明，早在一九二二年七月中共第二次代表大会召开之前，斯内夫利特战略已经在中共中央委员会中讨论过，甚至在各地区委中也讨论过②。

斯内夫利特于一九二二年七月十一日给共产国际执委会的报告

蒙捷沃夫夫人在对一些有关文件作了很草率分析的基础上，认为斯内夫利特于一九二二年七月十一日给共产国际执委会的报告是否为这个委员会讨论过不得而知，并且补充说这个报告"只是对了解当时斯内夫利特的观点有意义"，由此得出结论说："这表明，认为这个报告有重要影响也是有争议的。"③

在这个问题上，斯内夫利特对伊罗生的叙述的确存在混乱。然而，幸运的是还有许多文件是更加肯定的。首先，这里有斯内夫利特本人在

---

① V.I.格鲁宁：《共产国际和中国共产主义运动》，《共产国际与东方》，第252页。

② 斯内夫利特和中央委员会之间会议的名称并不是主要的，我们只需知道这次会议不是在1922年夏季而是在春季举行的。事实上，"杭州会议"的名称是不适当的，虽然它已被普遍的接受为是八月会议的名称。斯内夫利特在1935年称它是"杭州西湖会议"，在1922年称它是"几次讨论"。陈独秀在1922年4月6日的信中并没有明确提及杭州，他在1929年12月10日的信中只提到"西湖会议"。《问题与研究》上不久要刊登一篇有关杭州会议的文章。

③ 蒙捷沃夫夫人文章，《中国季刊》，第53期，第160—161页。

一九二二年九月二日给他的妻子的信，其中提到他给共产国际执委会的报告："我很幸运在我抵达后不到一周，执委会就开会了。我向会议作了报告。这次会议后一天，主席团开会并对有关我的事做出决定……"①信中提及之事在一份共产国际正式报导中得到证明，该报导发表在《国际新闻通讯》一九二二年七月二十五日上。它提到一九二二年七月十七日在共产国际的会议上，斯内夫利特作了个有关中国的报告：

> 马林同志作了一个关于中国的报告（他在那里待了一年半，是最近才回来的），通过透彻的研究，他对这个大国的复杂的政治和经济状况有了一个很深入的了解……②

虽然这个有关斯内夫利特给共产国际执委会作报告的叙述很简略（三五〇个字），而且很明显是说给公众听的，但显然这个叙述是基于他的《马林同志给执委会的报告》，这个报告是特别为这个重要场合写的，而且是在那次会议召开前六天才完成的。最后确证他参加了这次委员会的是共产国际档案中最近开放的一份重要文件：一九二二年八月《给共产国际驻中国特派代表的指示》，文件中写道：

> 一、根据马林的报告，代表的所有活动必须以共产国际第二次代表大会关于殖民地问题决议为基础。
> 二、共产国际执委会认为国民党是一个革命的政党，这个政党坚持辛亥革命的使命，并渴望建立一个独立的中华民国。
> 三、共产党人为完成他们的任务，必须在国民党内部和在工会中组成从属于他们自己的团体。在这些团体之外，建议成立一个宣传机

---

① 斯内夫利特给爪哇、三宝垅、斯内夫利特夫人的信（1922年9月2日于中国），荷兰殖民地部档案。

② 《来自国际：7月17日共产国际执委会会议》，《国际新闻通讯》，第145期（柏林，1922年7月25日），第929—930页。

构，宣传与外国帝国主义作斗争、创建民族独立的中华民国以及组织反对中外剥削者的阶级斗争的主张。

　　四、这一机构的建立要尽可能地得到国民党的同意，当然，它应保持完全的独立性。由于国民党在南方政府中负实际责任，它暂时需要避免与帝国主义国家发生冲突。[①]

这个文件消除了对斯内夫利特给共产国际执委会报告产生了很大影响的任何怀疑。当然，说是斯内夫利特亲自起草这些指示也不是不可能的，因为在关于七月十七日共产国际执委会的报导中这样写着："会议决定给中国和日本的共产党发一封信。马林同志被委托起草这些信件。"[②]除了《给共产国际驻中国特派代表的指示》之外，共产国际远东局还给了斯内夫利特另一个文件，其中这样写道：

　　据共产国际主席团七月十八日决定，中共中央委员会在接到通知后，必须立即把地址迁到广州，所有的工作都必须在和菲力浦同志（斯内夫利特）紧密联系下进行。

共产国际远东局　维经斯基
一九二二年七月莫斯科[③]

菲力浦同志是斯内夫利特在共产国际的许多化名之一。最后，我要引用张国焘关于这件事的一段简单论述："后来，我从维经斯基等人的口中，知道马林回莫斯科后提出了我们参加国民党的建议，并为共产国际所

---

　　① 《共产国际与远东》，第252、303页。

　　② 《来自国际：7月17日共产国际执委会会议》，《国际新闻通讯》，第145期，第930页。

　　③ 《为了自由和社会主义》（鹿特丹，斯内夫利特纪念委员会，1953年私人印刷），第60页。

接纳。"①

一九二三年春斯内夫利特第三次赴莫斯科

我的关于斯内夫利特第三次赴莫斯科的记述，正如我指出的是根据张国焘的回忆②，我并认为斯内夫利特回到莫斯科是在一九二三年春天的某个时候③。因此，蒙捷沃夫夫人认为斯内夫利特自一九二三年五月七日到六月五日是在广东的意见并不是很有用的。在荷兰外交部档案中有证据说明直到一九二三年三月二十九日斯内夫利特是在上海④。因此，问题是从三月二十九日到五月七日之间他在那里。据张国焘说：

> 一九二三年五月间，马林从莫斯科返回上海。他携有共产国际给中共中央的一个特别训令。根据这训令，他要求中共立即扩大与国民党的合作；并提议从速在广州召开第三次全国代表大会。中共中央接纳了他的要求，立即筹备大会的举行。⑤

张国焘说他本人那时是在北京。当他返回上海时，斯内夫利特已赴广州。张国焘在六月初到广东，据他回忆：

> 我到达后首先在马林的住宅里看到了共产国际那个著名的训令，

---

① 张国焘：《我的回忆》，《明报月刊》，第1卷，第8期，第86页。

② 见我的论文：《斯内夫利特和初期的中国共产党》，《中国季刊》，第48期（1971年10—12月），第694页，注86。

③ 见我的论文：《斯内夫利特和初期的中国共产党》，《中国季刊》，第48期（1971年10—12月），第694页，注86。

④ 荷兰外交部档案：北京报告，46/23，No.97/2343，项目，H.斯内夫利特。从兰肯普在1923年5月9日自鹿特丹写给斯内夫利特夫人的信中，可以看到斯内夫利特在1923年3月29日从上海给一位荷兰同志写了一封信。

⑤ 张国焘：《我的回忆》，《明报月刊》，第1卷，第9期，第92页。

它已由瞿秋白译成中文……马林即向我说明，他到达莫斯科后，共产国际曾组织一个由布哈林任主席的委员会，讨论中国问题。这个重要文件就是这委员会根据他的报告草定的。[1]

只要尚未确定斯内夫利特自三月二十九日到五月七日之间究竟在那里，那么就一定不能忽视张国焘对斯内夫利特第三次赴莫斯科的叙述。

很清楚，这个五月指示只是共产国际一九二二年七月和一九二三年一月决议的重申。而这两个决议都是以一九二年七月十一日斯内夫利特给共产国际执委会的报告为基础的。在这两个较早的指示中唯一没有涉及的问题是农民的作用问题，在这方面张国焘对毛泽东参加第三次全国代表大会的观察，是非常有意思的：

> 他（毛泽东）向大会指出，湖南工人数量很少，国民党员和共产党员更少，可是满山遍野都是农民，因而他得出结论，任何革命，农民问题都是最重要的。他还证以中国历代的造反和革命，每次都是以农民暴动为主力。中国国民党在广东有基础，无非是有些农民组成的军队，如果中共也注意农民运动，把农民发动就来，也不难形成象广东这类的局面。这种看法，是毛泽东这个农家子对于中共极大的贡献。[2]

当然，这样的观察特别有意义，因为毛泽东在这次大会上的讲话是在中共正式会议上第一次最充分地阐明中国农民问题和它在中国革命中的作用。它也表明毛泽东早在一九二三年已经充分注意到了农民问题。这

---

① 张国焘：《我的回忆》，《明报月刊》，第1卷，第9期，第92页。

② 张国焘：《我的回忆》，《明报月刊》，第1卷，第10期，第78页。这一报告为斯内夫利特本人所间接证实，斯内夫利特提到毛泽东在第三次代表大会中，把他不认为只有工人群众组织就行了的意思表达得很清楚。见斯内夫利特给共产国际的信（1923年6月20日于广州），《共产国际与东方》，第303页。

就提出了一个引人注目的有重大意义的问题：毛泽东只是拥护共产国际一九二三年五月的著名的十三点指示，还是他本人对这个文件中土地问题的制定有些关系？[①]假如毛泽东只是拥护共产国际的指示，那么也很清楚地影响了他后来著作中关于这个问题所持的观点[②]。遗憾的是，对这个问题，不象对蒙捷沃夫夫人在她的评论中所提出的许多问题那样，没有明确回答。

[《中国季刊》第54期，1973年；转引自中国社会科学院近代史研究室编：《马林在中国的有关资料》（增订本），人民出版社1984年版，第59—71页］

---

① 共产国际几乎只依靠斯内夫利特制定它的中国政策。除了农民问题，五月指示仅是斯内夫利特1922年7月建议的重申。当然可能是二七惨案的震动，促使斯内夫利特或共产国际制定了农民政策。然而，从斯内夫利特的文章或可得到的第三次代表大会文件中，都没有看到必须这样做的迹象。张国焘的关于"二七"罢工失败给共产国际的个人报告，几乎没有引起共产国际领导的注意。基于这些，我认为毛泽东可能在制定土地纲领中起了某种作用。

② 斯内夫利特和毛泽东在1923年看来颇为接近。1923年夏，毛泽东和斯内夫利特进行了交谈，他在第三次代表大会上拥护斯内夫利特的建议，因而这个湖南青年被选为中央委员会委员。斯内夫利特的另一追随者瞿秋白也被选为中央委员。瞿秋白是斯内夫利特两个助手中的一个，他和张太雷一起，被完全说服去执行斯内夫利特的建议。必须注意，张国焘在二次大会上曾当选为中央委员，这次却被随意地排出了中央委员会，可见当时斯内夫利特影响之一斑。张国焘在"三大"时曾反对斯内夫利特关于国共合作的主张。蒙捷沃夫夫人说我"完全没有引用文件或文献来证明这一点"是不正确的。事实上我的注解也是间接地依据蒙捷沃夫夫人引用的同一文件，即斯内夫利特档案中的《与毛泽东同志的一次谈话》。在《自由人民》的一篇访问记中，雷索夫先生（蒙捷沃夫夫人的一位同事，他能接触有关问题的文件）谈到斯内夫利特和毛泽东在1923的会面。请见斯恰普：《一切为革命的亨克·斯内夫利特》，《自由人民》，1970年4月18日，雷索夫访问记。

对《有关斯内夫利特战略的中文资料》一文的答复

道夫·宾

译者按：有一位詹先生（Adrian Chan）对道夫·宾的文章《斯内夫利特和初期的中国共产党》提出了几点意见，《中国季刊》第五十六期（一九七二年十一至十二月）七四九页刊登了他的评论：《有关斯内夫利特战略的中文资料》，并发表了道夫·宾的答复。詹先生的意见摘要如下：

一、道夫·宾认为一九二二年四月召开过"第一次杭州会议"。我同意蒙捷沃夫夫人认为并没有这样一次会议的意见，但理由不同。道夫·宾坚持认为有这样一次会的根据是马林与伊罗生在一九三五年的谈话。但显然这次谈话是一次不准确的叙述。例如，马林告诉伊罗生说，第一次杭州会议的参加者中有瞿秋白。但是瞿秋白当时还在莫斯科郊区一所疗养院中休养。一九二三年一月前，他没有回过中国。瞿秋白的活动日程可以很容易地从《瞿秋白文集》和北京《晨报》中查到。

二、道夫·宾认为是马林"说服了"中国共产党人同国民党联合。从张国焘的回忆录看，陈独秀反对加入国民党的主要原因是孙中山规定的一些手续：打手模和宣誓服从孙中山。事实上，陈独秀在一九二〇年十二月（这时他已经是一个共产党人）担任了陈炯明广东政府教育委员会委员长的职务。这就说明他已经具有"从内部"从事革命活动的信念。

在《主义与努力》一文中，陈独秀告诉读者社会改造犹如行船，需要方向和努力，旧的社会制度不可能立即消灭，社会制度的改变只能慢慢地逐步地完成。在《民主党与共产党》一文中，陈独秀说："在封建主义未倒的国度里，就是现在我们（共产党人——詹注）也不绝对地反对它（民主共和——詹注）。"显然，在陈的心目中有许多"从内部进行革命"的思想，不需要靠马林来劝说。所以在"二大"召开之前，当孙中山和陈炯明即将发生冲突时，陈独秀说在军事上中国共产党应站在陈炯明一边，但思想上应与孙中山在一起。（见陈公博：《我与共产党》，香港，一九七一年，第三十八页。）

三、道夫·宾认为是马林创建了劳动组合书记部，其根据是一九五七年栖梧老人的回忆。这个说明尚未为当代中国共产党资料所证实。当时，上海支部发行的《共产党》第六期（一九二一年八月七日）上刊登了劳动组合书记部的宣言和书记部创办《劳动周刊》第四期出版广告。那么，劳动组合书记部的成立和《劳动周刊》的创刊应该在四个星期之前，即大约在一九二一年六月九日—十六日。而根据道夫·宾提供的材料，马林六月三日才到上海。尽管马林可能是个快手，我们也不能同意道夫·宾的意见。

下面是道夫·宾的答复。

我钦佩詹先生企图对一个他自己显然尚未深入钻研的问题发表评论的勇气。我不介意他的言过其实的责难，只回答他的似乎是真诚的批评。

中国共产党中央委员会第一次杭州会议

詹先生认为第一次杭州会议并无其事，并指出我"是从一九三五年斯内夫利特就这个问题对伊罗生的谈话推断出有一个第一次杭州会议的"。这种说法是不正确的，并且使我怀疑詹先生究竟是否看了我在这个问题上的论述。请参考我早些时候给蒙捷沃夫夫人的回答中第三四八、三四九和三五〇页上相当详细的分析①。在那里他会看到他忽略了我的论证中的很大一部分。

斯内夫利特和中共中央委员会在一九二二年春举行会议的证据首先来自两份同时期的原始资料。第一个文件是斯内夫利特本人在一九二二年七月十一日给共产国际执委会的报告②。这个文件确切地证实了斯内夫利特在一九二二年四月二十三日离开中国到苏联之前曾极力主张采用他的战略③。在该文件中斯内夫利特还清楚地说明了中国共产党党员反对他的主张。另一个文件是当时党的总书记陈独秀于一九二二年四月六日给维经斯基的一封信（最近苏联汉学家格鲁宁引用了这份材料），这封信证实了斯内夫利特的论述④。陈独秀在信中说，他们"无条件地反对"斯内夫利特提出的中国共产党和中国共青团应当联合国民党的建议，陈独秀写道："事实上，联合国民党毫无可能。"⑤这两份同时期的文件给斯内夫利特一九三五年的论述和包惠僧一九五七年的回忆录增加了分量⑥。恐怕詹先生在这个问题上的批评是不恰当的。

中国共产党中央委员会和斯内夫利特在春天举行的会议是重要的，其理由有三：首先，它确定了联合国民党这个问题，还在斯内夫利特一九二二年七月在莫斯科向共产国际提出此事之前即已和中共中央委员会

---

① 道夫·宾对《是否有一个斯内夫利特战略？》一文的答复，《中国季刊》，第54期（1973年），第348—350页。

② 《马林同志给执委会的报告》。

③ 见道夫·宾：《斯内夫利特和初期的中国共产党》，注43，《中国季刊》，第48期（1971年），第685页。

④ 格鲁宁：《共产国际和中国共产主义运动》，《共产国际与东方——在民族解放运动中为列宁的战略和策略斗争》（莫斯科，1969年），第256页。

⑤ 格鲁宁：《共产国际和中国共产主义运动》，《共产国际与东方——在民族解放运动中为列宁的战略和策略斗争》（莫斯科，1969年），第256页。

⑥ 伊罗生：《与斯内夫利特谈话记录》（阿姆斯特丹，1935年8月19日），《中国季刊》，第45期（1971年）。栖梧老人：《中国共产党成立前后的见闻》，《新观察》，1957年7月1日。

正式讨论过了。其次，它说明这个"春天的建议"是斯内夫利特个人的首创。最后，应注意到要用完全不同的见解去解释一九二二年七月召开的中国共产党第二次全国代表大会，因为显然中共中央委员会和斯内夫利特春天举行的会议对那次大会的讨论有影响。

瞿秋白的一次未报导过的回国使命

詹先生认为斯内夫利特在一九三五年关于与中共中央委员会所举行的春天会议的说明"显然是一次不准确的叙述"，为了使这个论点成立，他坚持说斯内夫利特叙述的参加者之一——瞿秋白"当时还在莫斯科郊区一所疗养院中休养……"我同意他说的瞿秋白的活动日程可以很容易地从《瞿秋白文集》和北京《晨报》的记载中查对清楚。遗憾的是，詹先生似乎并没有这样做，假如他查对了瞿秋白的《赤都心史》，他就能注意到在该文的最后标明的日期是一九二二年三月二十日[①]。在《瞿秋白文集》中没有材料说明他从一九二二年三月二十日到一九二二年十一月—十二月（这时，他在共产国际第四次代表大会担任中国代表团翻译）间的活动。一九二二年二月七日瞿秋白旧病复发进了一个莫斯科的疗养院[②]。就在那时他编辑了《饿乡纪程》和《赤都心史》。第一册是一九二〇年十一月到一九二一年十月间在哈尔滨和莫斯科写给北京《晨报》的报告文集；第二册包括一九二一年二月到一九二二年三月的文章。

然而，瞿秋白很可能在一九二二年三月二十日之后很快地离开了疗养

---

① 　《瞿秋白文集》（北京，人民文学出版社，1953年），第1卷，第194—195页。

② 　《瞿秋白文集》（北京，人民文学出版社，1953年），第1卷，第161—181页。也可见郑学稼教授：《关于马林在中国的活动——道夫·宾对中共中央第一次杭州会议的评论》，《问题与研究》（台北，1972年11月），第51页。郑教授也认为1922年4月时瞿秋白不在中国。

院，与达林一起到了中国。达林于一九二二年四月二十七日到达广东①。他提到这次从莫斯科到中国的旅程用了将近两周的时间。斯内夫利特在一九二二年七月十一日给共产国际的报告中间接地证实了达林的叙述：

> 一位俄国同志，共青团国际的代表抵达上海，他和我们的张太雷同志一起为五月在广州召开的全国青年代表大会作准备。②

在中国，达林和孙中山多次交谈。他对这些讨论作了详细笔记，并在一九二三年返回莫斯科时把它们写了出来。他写道：

> 在广州，当我们讨论时，有两位卓越的共产党员（张太雷和瞿秋白）也参加了。孙中山讲英文，张太雷也懂英文。瞿秋白能讲一口好俄语，每当我的英语不能充分表达清楚时，他就来帮助我。③

只要还没有相反的证明，我看没有理由否认达林在这件事上的叙述。

陈独秀和国共合作

詹先生说我坚持认为斯内夫利特说服了中国共产党联合国民党，这种说法是正确的。在我的《斯内夫利特和初期的中国共产党》一文中，我甚至比这更进一步，证实了在二十年代初斯内夫利特对中国共产党、共产国际、国民党和苏联人民委员会的政策都有影响。

二十年代初期的国共合作采取了一种很特殊的形式。中国共产党没有

---

① 达林：《伟大的转折点，1922年的孙中山》，《纪念孙中山诞生一百周年1866—1966，论文、回忆录和资料集》（莫斯科，1966年），第255—256页。

② 《马林同志给执委会的报告》，第12页。

③ 达林：《伟大的转折点，1922年的孙中山》，《纪念孙中山诞生一百周年1866—1966，论文、回忆录和资料集》（莫斯科，1966年），第255—256页。

和国民党形成一个正规的联盟（"从外部"），而是由共产党员个人在不放弃党籍的情况下成为国民党员（"从内部"）。他们以严格集中的机构保持他们自己的组织。这个政策是基于列宁的民族和殖民地问题的理论，但它更是特别反映了一九一六年在荷属东印度群岛印尼社会民主联盟和伊斯兰教同盟合作的先例。正是在东印度群岛实行这个战略的创始人斯内夫利特（即马林）于一九二〇年七月在莫斯科和彼得格勒召开的共产国际第二次大会上维护和宣传了这同一个战略，并终于把它介绍到了中国。

詹先生认为在列宁的有关殖民地革命的教导传到中国之前，在斯内夫利特于一九二一年六月抵达上海之前，陈独秀事实上已经创始了这样一个战略的意见，纯属荒谬。那时，所有党员都要自谋生计，陈独秀也不例外。共产国际通过维经斯基给某些党的工作者以经济援助，但他返回苏联时，这个来源就没有了。陈独秀担任陈炯明将军的教育委员会委员长，也应当从这个角度来看。中国共产党从共产国际得到定期的财政援助只是在斯内夫利特到达以后才开始的。一九二一年八月，陈独秀辞去他在广州的职务，到上海担任党的专职总书记职务。共产国际的卢布使这成为可能。

陈独秀相当突然地信仰马列主义是众所周知的。一九一九年四月他还坚信共产主义不会传到中国：

> 这种希奇古怪的外国事，比共和民权更加悖谬，自古以来不曾有过，一定传不到我们中国来。①

---

① 陈独秀：《随感录》，1919年4月6日，《独秀文存》（上海，亚东图书馆，1923年），第2卷，第22页。译者按：为便读者全面理解陈独秀这段文字的涵义，将全文转录如下："欧洲各国社会主义的学说，已经大大的流行了。俄德和匈牙利，并且成了共产党的世界。这种风气，恐怕马上就来到东方。日本人害怕得很，因此想用普遍选举、优待劳工、补助农民、尊重女权等等方法，来消弭社会不平之气。但是这种希奇古怪的外国事，比共和民权更加悖谬，自古以来不曾有过，一定传不到我们中国来。即便来了，就可以用'纲常名教'四个字，轻轻将他挡住。日本人胆儿太小，我们中国人不怕！不怕！（只眼）"《随感录·纲常名教》，《每周评论》第16期，1919年4月6日。

不到一年之后陈独秀开始动摇[1]，而在一九二〇年夏天和维经斯基作了几次讨论之后，他把他的一部分朋友组织成为中国共产党。一九二〇年八月二十二日中国共产党奠基于上海[2]。紧跟着党成立后所发表的陈独秀的著作中，令人感兴趣的是他关于民主和民主革命阶段的观点，但很难说明有詹先生要我们相信的"在他的心目中有许多从内部进行革命的思想"。一九二〇年十月陈独秀写道：

> 由封建而共和，由共和而社会主义，这是社会进化一定的轨道，中国难以独异的……我以为即在最近的将来，不但封建主义要让共和，就是共和也要让社会主义。[3]

我同意詹先生说的在封建主义没有被完全摧毁的地方，陈独秀不反对民主主义，他认为民主主义是进到社会主义的一个必要的过渡：

> 俄罗斯共和推倒了封建半年便被社会主义代替了，封建和社会主义之间不必经过长久的岁月，这是一个很明显的例子。[4]

陈独秀对于列宁的殖民地革命理论以及列宁的更加严谨的民族和殖民地问题提纲的最初了解，都来自斯内夫利特。陈独秀对斯内夫利持建议的反应和一九二一年七月中国共产党第一次全国代表大会的代表们的反应是很相似的。当然，当斯内夫利特一九二二年三、四月间向中共中央委员会正式建议中国共产党应联合国民党时，陈独秀向维经斯基呼吁，使他明白

---

[1] 陈独秀：《随感录》，1919年4月6日，《独秀文存》（上海，亚东图书馆，1923年），第2卷，第22页。

[2] 《关于共青团国际执委会书记处的工作》，《国际青年通讯》，1921年11月30日，第39期，第4—5页。

[3] 陈独秀：《国庆纪念的价值》，《独秀文存》，第1卷，第559页。

[4] 陈独秀：《国庆纪念的价值》，《独秀文存》，第1卷，第561页。

他（陈）是"无条件地反对这个"建议的，并且补充说国民党和共产党追求完全不同的目的，有着不同的革命基础。陈独秀的观点被中共党内大多数党员所接受。正像他给维经斯基信中所写：

> 联合国民党的问题已在广州、上海、北京、长沙和武汉的会议上讨论过，无论在那里它都遭到断然反对。事实上，加入国民党万不可能。①

一九二二年六月三十日，陈独秀再次向维经斯基呼吁。他再次指出他无条件地反对和国民党联合，虽然这一次他表示有"一线希望"，即孙中山的门徒会"最终站到我们一边"②。陈独秀在一九二九年被开除出党后写的《告全党同志书》也表达了和他早些时候一致的观点：

> （马林）力言国民党不是一个资产阶级的党，而是各阶级联合的党，无产阶级应该加入去改进这一党以推动革命。当时中共中央五个委员，李大钊、张国焘、蔡和森、高君宇及我，都一致反对此提议，其主要理由是，党内联合乃混合了阶级组织和牵制了我们的独立政策。最后，国际代表提出中国党是否服从国际决议为言，于是中共中央为尊重国际纪律遂不得不接受国际提议，承认加入国民党。从此，国际代表及中共代表进行国民党改组差不多有一年……③

显然，陈独秀反对斯内夫利特政策的主要原因是思想上的而不是如詹

---

① 陈独秀给维经斯基的信（1922年4月6日），见《共产国际与东方》，第252页。
② 陈独秀给维经斯基的信（1922年6月30日），出处同上。
③ 陈独秀：《告全党同志书》，1929年12月10日，第2—3页。

先生要使我们相信的是手续上的①。

孙中山和陈炯明

詹先生过于简单的论述是没有什么价值的。韦慕庭教授在他的杰作《中国共产主义运动论文集》中已经说明了一些围绕孙中山和陈炯明关系的争论是复杂的，而且一些可用的证据又往往互相矛盾②。陈公博在整个事件中的作用尤其是如此。因此，引用陈公博的回忆时应该谨慎。陈公博说他自己是孙中山的坚定的支持者，他不熟悉陈炯明将军，从未被他雇佣过也没为他工作过，另外两个中共的创始人陈潭秋和张国焘的说法则与此相反③。

因为韦慕庭教授对这些问题已作了专门研究，我们再搞这些问题是没有意义的。然而引用韦慕庭教授关于陈公博和将军的关系的评论可能是有帮助的：

如果说陈公博支持这位将军，或说《群报》……支持这位将军，是没有什么奇怪的。但是在这个显然促使陈公博脱离中国共产党的问

---

① 詹先生参考张国焘回忆录说明他的见解："陈独秀反对加入国民党主要是由于孙中山坚持的那些手续上的要求。"事实上，有关这个问题的段落是这样的："陈独秀先生也反对马林的主张，而且发言甚多。他强调国民党主要是一个资产阶政党，不能因为国民党内包容了一些非资产阶级的分子，便否认它的资产阶级的基本性质。……但他声言，如果这是共产国际不可改变的决定，我们应当服从，至多只能重述我们不赞同的意见。……陈先生还提出只能有条件的服从，他着重指出只有孙先生取消打手模及宣誓服从他等原有入党办法，并根据民主主义原则改组国民党，中共党员才能加入进去，否则即使是共产国际的命令也要反对。"（张国焘：《中国共产党的兴起1921—1927》，第1卷，第250—251页）詹先生引用这段来证明他的看法是很奇怪的，事实上它恰恰证明了相反的方面。

② 陈公博：《中国的共产主义运动》，韦慕庭编并写了导言。

③ 陈公博：《中国的共产主义运动》，第9—12页。

题上，有限的证据是完全矛盾的。①

事实上我已找到一些新的材料，我相信它能在这些问题上阐明新的见解。首先，有另一个中共创建人的一份叙述。周佛海提到马林、谭平山和陈公博在一九二二年初去见陈炯明将军而且讨论了反对孙中山的内容。周佛海写道："这是一件局外人所不知道的事。"②斯内夫利特证实了有这样一次会面但对讨论的内容则有不同的说法：

  只有陈炯明——我也和他长谈过三次——一点也不希望实行党的独裁。他同样自称是社会主义者，当他过去在福建省作为革命军队的将领时曾经完全站在俄国革命方面。但俄国革命本身的发展却使他渐渐向右转。他为这样的立场辩解说：在有三千万居民的广东建立国家资本主义是可能的，能够排除私人资本主义。并且，在政治上，一个有相当广泛的地方自治权的民主政府能够建立起来。他认为，中央集权对全国来说是不可能的。而且，国民党的党纲并不完善，他看出有建设一个新的社会主义党的需要。就像支持罢工工人一样，他出资帮助一家日报，这家报纸的编辑是共产党员。他要求派一个代表到苏俄去，并宣称并不反对在广州设立共产国际的办事处。他希望在苏联军事顾问的帮助下改组军队。虽然这几次谈话中他对孙中山的态度十分消极，但当时还不能预见公开破裂即将发生。破裂爆发于他的副官被暗杀和免去他广东省长的职务之后。他和他的部队撤到内地，等着看返回广州的孙中山采取什么行动。然后，他转而反对孙中山，结果，把孙中山赶出省外，解散了南方政府。接着，陈炯明宣布同意吴佩孚的改组计划。我和陈炯明相处时，他已经知道孙中山正在进行与满洲军阀张作霖缔结军事同盟之事。孙中山则为这种策略辩解说，只有用

---

① 陈公博：《中国的共产主义运动》，第9—12页。
② 《陈公博、周佛海回忆录合编》，第138页。

这种办法才能打败吴佩孚。①

当时陈公博同意和斯内夫利特在广州一家饭馆中会面②。虽然没有明确的证据，但很像是陈公博把斯内夫利特介绍给陈炯明将军的。斯内夫利特和陈炯明的这次会面是在一九二二年一月到二月之间③。至于中共广东区委的活动，在斯内夫利特一九二二年七月十一日给共产国际执委会的报告中有这样一段：

> 这个组织④和一个青年团体于今年一月十五日联合举行示威以纪念罗沙·卢森堡和卡尔·李卜克内希，有两千工人参加。但是，很奇怪，共产主义小组对这次宣传活动却置身事外。⑤

陈公博是广东区委的一个领导成员，他要为这个"奇怪"的行为分担一定的责任。这里还有另一些有关这个问题的有意思的俄文资料。共青团国际代表达林参加了一九二二年五月的第一次全国劳动代表大会，他说在这次大会上陈公博带领一群人反对孙中山⑥。据我看，周佛海、斯内夫利特和达林的说明使韦慕庭教授引用的陈潭秋和张国焘的叙述增加了分量。换句话说，陈公博拥护的是陈炯明将军而不是如他自己所说是孙中山。陈独秀没有参加一、二月间和陈炯明的会晤因为他当时在上海。

这并不意味着陈独秀和陈炯明之间没有会晤过。可能有过会见，但是大约在三个月之后。陈炯明将军一九二二年四月二十日从广州撤回他的

---

① 《马林同志给执委会的报告》，第10页。

② 陈公博：《中国的共产主义运动》，第9页。

③ 《马林同志给执委会的报告》，第10页。

④ 这个组织指由一位美国回来的同志领导的一个工人互助社。见该文有关段落。——译者

⑤ 《马林同志给执委会的报告》，第10页。

⑥ 《共产国际与东方》，第266页。

基地——惠州。据陈公博说，陈独秀和陈炯明就是在那时见面的。张国焘证实在社会主义青年团第一次全国代表大会结束之后是有过这样的会晤，时间是在一九二二年五月的第一个星期。陈公博关于那时陈独秀曾告诉他"在军事上中国共产党应站在陈炯明一边，但在思想上应与孙中山站在一起"的说法，不能像詹先生那样从表面涵义上去理解，尤其因为他是断章取义地引用了这段话。事实上，陈公博不知道陈独秀是否仅仅是考验他。况且，他断言说他本人坚决主张他们应无条件地拥护孙中山——一个真正的爱国主义人物。陈独秀回答说他们要等着瞧[1]。

其次，张国焘对陈独秀和陈炯明的会晤有不同的说法：

> 他（陈独秀）在青年团大会结束后，曾应陈炯明之邀，偕同陈公博等前往惠州与之晤谈。陈先生此举的用意似乎是企图从旁劝说孙陈之间避免火并。但这种活动为时已晚了，他觉得事不可为，很快的率同其他青年团的代表返回上海。[2]

张国焘指出他阅读过陈公博的记述，并称之为"含糊其词"。最后，还有陈独秀本人在一九二二年四月六日和六月三十日给维经斯基的两封信。这两个文件都清楚地表明陈独秀在思想体系上反对孙中山，因此和陈公博在这一点上的叙述是矛盾的。况且陈公博断言说他完全拥护孙中山是不能被证实的，因为正如我已说明的那样，他拥护陈炯明而反对孙中山。

劳动组合书记部

詹先生指出我是根据栖梧老人的回忆认为劳动组合书记部是一九二一年八月在斯内夫利特的指导下建立的。这又是不正确的。在我的《斯内夫

---

① 陈公博：《中国的共产主义运动》，第10页。
② 张国焘：《中国共产党的兴起1921—1927》，第211页。

利特和初期的中国共产党》一文的注中，我列举了证明这个主张的另两个材料①。让我们首先来谈这个栖梧老人。一九五七年他写了四篇文章和一本书，从互相参照这些材料的内容来看，作者无疑就是包惠僧。周策纵教授和W.郭两人都证明了这一点。包惠僧是这样写的：

> 宣传方面，首先恢复《共产党月刊》；组织方面，除了计划发展党的组织以外，并把劳动运动和计划提到了首要地位，在马林的指导之下，于八月间成立中国劳动组合书记部，吸收了一些新的同志在劳动组合书记部工作，设工作部于北成都路底苏州河畔一个里弄内（好像是光明里），发行《劳动周刊》，主编的人是张特立、包晦生等，发行人鲍一德。②

张国焘证实了包惠僧的叙述：

> 我们（张国焘和马林）谈到新中央将如何根据大会决议展开工作时，马林提出那个已经决定了要组织起来的工人运动的中央机构，应该用甚么名称。③

斯内夫利特本人在这个问题上也作了一些有关的说明：

> 一九二一年七月各地小组的代表在上海举行会议，决定成立中国共产党，并加入共产国际。……出版了《共产党月刊》并在上海、广东和北京等中心地区开始了有计划的宣传工作。此外，在赤色职工国际代表的协助下，上海和北京还出版了周报……在上海建立了劳动组

---

① 《中国季刊》，第48期，第681页。

② 栖梧老人：《中国共产党成立前后的见闻》，《新观察》，1957年7月1日。

③ 陈公博：《中国的共产主义运动》，第154页。

合书记部，它出版新的周刊……周刊在上海和北京定期出版，《共产党月刊》也是如此，它主要刊登译文。①

　　成立劳动组合书记部的确切日期很难确定。包惠僧说是八月，而张国焘说："一九二一年九月初，劳动组合书记部的工作计划决定之后，它的机构也正式建立起来了。我被推为上海总部主任，李启汉任秘书……"②然而张国焘指出劳动组合书记部的实际工作在书记部正式成立之前就已经开始了。因此有可能《劳动周刊》在劳动组合书记部成立之前就出版了。斯内夫利特指出《劳动周刊》和《工人周刊》都是在赤色职工国际代表佛莱姆堡的帮助下出版的。《劳动周刊》在上海出版，《工人周刊》在北京出版。后者是一九二一年五月底出刊，据我所知，《劳动周刊》是一九二一年八月二十日创刊的。第十八期的日期是一九二一年十二月十七日。

　　劳动组合书记部的宣言在《共产党》第六期上刊登，并不说明劳动组合书记部是在这一期发刊时正式成立。顺便提一句，这一期的出刊日期是一九二一年七月七日。共产党的各种刊物所提供的材料看来是如此矛盾，因此，目前，我们还是要依靠包惠僧和张国焘的回忆。

　　［《中国季刊》第56期，1973年；转引自中国社会科学院近代史研究室编：《马林在中国的有关资料》（增订本），人民出版社1984年版，第72—86页］

---

　　①　道夫·宾：《远东共产国际局的建立》，《问题与研究》，第8卷：7（1972年），第61—63页。此文包括《马林同志给执委会的报告》译文的第一部分。
　　②　张国焘：《中国共产党的兴起1921—1927》，第169—170页。

关于"中共三大"会址的调查报告

（1972年12月28日）

广州市纪念馆博物馆革命委员会

一、调查的经过

"文化大革命"前，原广东革命历史博物馆曾函请原出席"中共三大"的代表徐梅坤（现名徐行之，国务院参事室参事）提供了"中共三大"会址在东山恤孤院路的线索。"文化大革命"期间，广州的一些群众组织，曾进行了调查"中共三大"会址工作。

一九七一年七月，我馆提出了《关于复原"中共三大"旧址的请示报告》，同年十月，广州市革命委员会批示，同意进行调查。遵照指示组织了"中共三大"会址调查小组，调查工作分四个阶段进行。

第一阶段，整理了"文化大革命"期间群众组织调查的"中共三大"会址材料。

第二阶段，访问早年在广州参加革命的老人和东山区的老居民。其中访问了一九二三年前后参加革命的十五位老人。并召开两次座谈会，证实了"中共三大"是在东山召开的。在东山区东湖街革委会协助下，深入发动群众，访问了老居民十九人，并召开了七次居民座谈会，初步摸查了当年恤孤院路的环境及一九二三年六月前建成的房屋。

第三阶段，访问原出席"中共三大"的代表徐梅坤及罗章龙（罗章龙现名罗仲言，在武汉财经学校）。徐及罗都简略地谈了当年会址的环境和房屋的特征，并一致认为"中共三大"会址距离出席"中共三大"的国际代表马林的住处不远，但没有确定会址位置。徐梅坤还要求到当年开会的地方察看才能确定会址的位置。

根据徐梅坤和有关人员提供的当年会址是两层砖木楼的普通民房的特征，并参考居民提供的当年恤孤院路各幢两层砖木结构房屋的情况，把调查"中共三大"会址的范围缩小到当年的恤孤院前街第17、18、19、42、51、52、74、76、78、80号等十幢房子，并以第74—80号（即现东山区人民法院的位置）为调查重点。

第四阶段，邀请徐梅坤来穗确定"中共三大"会址位置，制定"中共三大"会址的复原方案。为了确定"中共三大"会址，经广州市革委会政工组、广东省革委会政工组同意，并经国务院办公厅批准请徐梅坤来穗。今年十月十二日，徐梅坤到穗后，曾到东山恤孤院路察看，同居民开座谈会，经过十天工作，徐梅坤确定会址在恤孤院路3号的地方，因原屋不存在，徐详细回忆了该房屋的特征。经调查证实，该地当年确有一幢与徐梅坤回忆的情况基本相同的房屋，当年门牌是恤孤院后街31号。至此，初步确定会址位置。

在调查过程中，我馆曾请中共广东省委报告中共中央办公厅，请批准前往中央档案馆查阅、复制有关"中共三大"的文件。经批准，于今年七月前往中央档案馆，复制了"中共三大"的文件十二份六十四页，为研究"中共三大"的历史提供了重要依据。

现已根据调查的结果，制造了"中共三大"会址及其环境模型，整理了"中共三大"会址调查报告，制定会址的复原方案，会址的调查工作基本完成。

二、调查的结果

（一）确定"中共三大"会址的位置
在现东山恤孤院路3号（原为恤孤院后街31号）

1．主要依据

（1）徐梅坤的意见

会址是在恤孤院路的西侧，坐西向东，门临路旁，在空旷地上独立一幢的，左右没有屋舍毗邻，位置是在现恤孤院路3号。

会址北面是逵园（现恤孤院路9号），在"中共三大"会议期间，见到一些青年学生、外国人出入逵园；会址南面是春园（现新河浦街22—28号），毛主席出席"中共三大"期间，曾住在春园的第二幢或第三幢（现新河浦街24或26号），国际代表马林和"中共三大"的代表张太雷、谭平山、瞿秋白亦住在春园。春园是一式多幢并列的楼房，四周有围墙，围墙的门是用铁栏焊做的，门前向着一片水；会址西面是瓦砾堆和荒草地，屋后不远处是有一个水塘；会址东面是简园（现恤孤院路24号）。简园有围墙。门口向南开，门是铁条做的，圆拱上镶嵌一块刻着"简园"二字的石头，站在"三大"会址门口就能看见"简园"两字。"中共三大"会议期间，毛主席常到简园找谭延闿商谈统一战线问题。简园南面有水塘、塘边有水厕，烂木板造的。只遮半截身。无上盖。

（2）罗章龙的回忆

一九七二年三月，罗章龙回忆"中共三大"会议期间，曾住过"中共广东区委"，在该处往东南面走约五六里地到会址，会址所在地是一条不大宽的马路，会址距国际代表马林的住房（按：指春园）不远。"中共三大"选出的中央委员毛主席、蔡和森同志及陈独秀等人曾在国际代表住的地方开了中央委员会。

2．旁证材料

（1）杨章甫（据说是"中共三大"列席代表，大革命时期是中共粤汉铁路特别支部的负责人，大革命失败后逃到香港，现在香港）的意见。

杨章甫于一九六七年从香港写信给他的朋友梁复燃，谈及"中共三大"问题："六月初，马林到粤，中共中央人员也陆续下来，当时全国地方不受反革命军阀干涉之处只有这里，所是［以］第三次大会在广州东山租赁一幢房子，临时办事人员和部分代表都住在这（里），开会时也就以此为会场"。

（2）梁复燃（曾于一九二一年入党，负责广州、佛山、南海、中山等地搞工运、农运，一九二七年脱党，一九五九年回广州在省文史馆当研究员，现在家养病）的意见

梁复燃于一九七二年五月六日回忆："中共三大"在东山召开，"中共三大"会议召开前约一星期左右，在"宣传员养成所"召开"中共三大"预备会议，广东参加开会的约三、四十人，外省参加的约九、十人，广东选出的代表有谭平山、杨章甫、阮啸仙、刘尔崧、谭植棠、冯菊坡。

（3）陈式熹（曾于一九二三年入党，搞工运、农运，一九二七年脱党，现退休在家）的意见

陈式熹于一九七二年一月十七日回忆："中共三大"在广州东山春园附近的一条街召开的。同年四月二十八日回忆：在一九二三年，春园亦是党的活动地点，由于东山较静，华侨较多，不怎样引人注目，党的领导人多在这里办公。

（4）老居民回忆当年恤孤院路的环境

吴玉琼（一九二三年在余园当妹仔，现是家庭妇女）于一九七二年十一月二十二日回忆：简园围墙向南开了一个门，门上有一圆拱，圆拱上镶嵌一块刻着"简园"二字的石头。

黎福俊（华眷，在广东省体育学院教书，已退休）于一九七二年三月八日回忆：当年春园周围（新河浦）都没有什么屋，只有美华书局。一九二三年苏联顾问嘉伦和鲍罗庭曾在我家（左起春园第三幢，现新河浦26号）三楼居住，屋前面有条小河，河边有个茨菇塘，塘上有厕所。

梅双凤（华侨，黎福俊母亲）于一九七二年十一月二十一日回忆：现

新河浦街22—28号四幢房子，以前称为春园。春园有围墙，围墙的门是两扇铁门，两个或三个门记不清了，门上有"春园"两字作标记，围墙内在22号的房屋前有一个水井。

李虾（当年是逵园清洁工人，现家庭妇女）于一九七二年十一月二十二日回忆：逵园至现在基本没有变动，只是上盖由金字形屋顶改为现状。原来的围墙比现在的围墙稍大些，现在逵园东门的两棵棕榈树原在围墙内，这幢房子的楼下住外国人，楼上是住中国人（业主），他带孩子从外国回来读中文。

（5）测量图的记载

根据一九二三年八月十九日陈定中测量的《四区二分署恤孤院后街图》的记载，逵园（当年门牌是32号之2）的正南面，有一幢门牌为31号的房子，距逵园仅17.6英尺，31号的东南面是简园（现实测简园门口至31号门口为50公尺）。31号是坐西向东，门临恤孤院后街，在空旷地上独立一幢的。又据一九二六年开始测量、一九三三年出版的《广州经界图》记载，31号已改为90号，并在南侧增建两幢房子，该图还详细记载原31号与春园、简园、逵园这三幢房子的距离和方位。这两份图纸证实了徐梅坤和老居民关于恤孤院后街31号及其环境的回忆情况，是基本准确的。

（二）会址是一幢两间两层砖木结构的普通民房

1. 主要依据

（1）徐梅坤的意见

会址是一幢两间两层砖木结构的房屋，高约六公尺多，室内长度约等于五张半双人坐的条凳。房屋的平面是近于方形的，屋顶的侧面近似"人"字形。

房屋正面有走廊，廊不很宽，廊边有用砖砌成平直通花的围栏，栏面铺上小阶砖。正面楼下有两个门口，安装单扇门，每个门的外侧均有一个窗；楼上有较小的门，可通走廊，门旁也有窗。北面墙，楼上有两个窗，比正门的窗略小，楼下有横门。南面墙，楼上也有两个窗，与北面的窗相互对称。房屋的背面（西面）没有门窗。整幢房子的门和窗都是木造的，没有镶嵌玻璃。

屋内有一堵间墙把房屋分成南、北两间，北间稍大，南间稍小。楼上间墙只有半截，上有金字架；承顶横梁和桁桷。南、北两间的通路（包括楼上楼下），只有门框，没有门扇。房屋的内墙是灰白色的。上二楼的木楼梯位置在北面地下，贴着中间的间墙，由屋后伸向前，所以入门能见梯底，楼梯有简单的扶手和回栏。

会议室，设在南面地下，中间放有一张红色（已退色）的长餐台，台的两边各放一列长条凳，前方两端是小方凳。壁上没有挂马克思、恩格斯像和党旗。

饭厅，设在北面地下，地下梯口对着的墙角有炉灶，灶北面的屋角放着大水缸。楼梯底有个小木架，上放茶缸，缸面一半有木盖，一半没有盖，盖上放六、七只茶杯，茶缸旁有一张小桌子。靠北面墙放着两张长凳架两三块木板造成的长台，作堆放蔬菜、饭箩和厨具等物之用，靠东门的地方有三张饭桌，摆成品字形，住在会址内的代表在此处吃饭。

宿舍，设在楼上南、北两间。北边一间前半部住代表二、三人，后半部堆放杂物。南边一间住代表五、六人，代表睡的床是两张条凳支架两块床板，挂黄麻布蚊帐。开会的房屋是临时租来的。没有电灯。

（2）罗章龙的回忆

会址是一座不高的普通二层楼房，房子里不很宽，三十几人可以在那里开会、吃饭、睡觉，开会是在楼上开的。

2. 旁证材料

（1）邓锦波（当年是工人，现退休在家）于一九七二年月十五日和十六日的回忆：逵园正对面是一间坐西向东二层砖木结构的楼房，坐落在恤孤院旁，北面是逵园，南面是春园，门口朝简园这边开，能看见简园的门口，屋顶是瓦盖的。地面铺阶砖，楼下没有窗。楼梯扶手和栏杆是木的。这间屋后有个洼地。现在粤剧院（当年的简园）山河大街附近也有一个水塘，塘上亦建有厕所，厕所是半堵墙，用烂木板搭成，只遮挡半截身，无上盖。

（2）邓继（当年是工人，现小资本家）于一九七二年十一月四日写的信和绘制的房屋示意图，认为逵园正南面的房子是两层杉木楼，外墙扫白灰水，中间有间墙，房子分为南、北两间。

（3）李虾（当年是逵园清洁工人，现是家庭妇女）于一九七二年十月十七日回忆：我一九二三年在逵园做工之时，就看见对面有一间坐西向东的两层砖木结构的小楼房，金字架屋顶，屋檐是突出来的，屋四周是红砖墙，正门口紧靠马路，有一小骑楼，骑楼有一扇小木门，屋二楼侧旁（南、北）两边有两个窗，窗框是猪肝色的，白色的玻璃，楼下侧旁（南、北）两边没有窗和门，屋背是草地和烂瓦渣堆。

（4）卢玉环（华侨，现家庭妇女）于一九七二年十月十三日回忆：余园（余园在逵园的西侧，当年为恤孤院后街30号）对面有一间向东的四方形的两层砖木结构的小楼房，它正面有一个红色的两扇门，屋背没有窗和门，楼下没有窗。

从上述的材料分析，"中共三大"会址位置在现东山恤孤院路3号（原为恤孤院后街31号）。会址是一幢两间两层砖木结构的普通民房，这两个问题是可以确定的。"中共三大"会议期间的室内布置，根据徐梅坤的介绍亦基本清楚。

（广州市纪念馆博物馆革命委员会：《关于"中共三大"会址的调查报告》，1972年12月28日）

中共三大旧址考古勘查与复原研究

（2008年）

朱海仁、邝桂荣、胡晓宇（广州市文物考古研究所）

1923年6月，中国共产党第三次全国代表大会在广州召开，确定了国共合作的革命统一战线政策，在历史上具有重要意义。中共三大会议是在广州东山临时租用民居召开，包括春园和附近另一座民居。新河浦路的春园是会议期间共产国际代表马林和毛泽东、张太雷、谭平山、瞿秋白等部分中共三大代表的住处，中共三大中央委员会也在春园召开。春园是有特色的民国时期民居建筑，至今保存完整，已于1993年8月公布为广州市文物保护单位。

当年同时租用附近一座民居作为中共三大会议的会场和部分代表的住处，即目前所说的中共三大会址或中共三大旧址。抗日战争初期，广州沦陷前，日军飞机轰炸广州，曾作为中共三大会场的这座民居被毁。由于历史档案的缺乏和城市环境的变迁，中共三大会址的具体地点到20世纪50年代已经不明确。

20世纪60年代，广东革命历史博物馆向中共三大代表徐梅坤了解到会址在东山恤孤院路的线索。20世纪70年代，广州市进行了对中共三大会址的专门调查，并编写了材料翔实的调查报告，包括文字记录、照片、相关图纸等。调查报告依据徐梅坤等同志的回忆，结合实地调查与有关地形测绘图的对比，确定会址的位置在原东山恤孤院后街31号，现为恤孤院路3号。原建筑是一幢砖木结构的两层楼房，大约在1938年被日军飞机炸毁。会址现存低矮的建筑是20世纪50年代后兴建，20世纪70年代曾作为预制件工棚。1979年，中共第三次全国代表大会会址被公布为广东省文物保护单位。

2006年1月，为配合中共三大旧址的保护工程，对原调查确定的中共三大会址区域20世纪50年代后兴建的低矮建筑进行拆迁。

2006年1月10日开始，由广州市文物考古研究所对该区域进行考古勘查。考古勘查的目的是在20世纪70年代调查确定的中共三大会址区域寻找旧址，以验证原调查结论并确定中共三大旧址的准确位置与保存现状，为中共三大旧址的保护工程建立科学基础。

一、考古勘查经过

2006年1月10日，广州市文物考古研究所开始对中共三大会址区域进行发掘。在发掘之前，考古人员对20世纪70年代的调查资料进行了深入研究，确定报告中收集的1926年至1933年期间测绘的《广州市经界图》（局部）是寻找中共三大旧址原建筑基址的重要依据。考古发掘可分为三个阶段。

第一阶段：1月10日至19日，全面揭露旧址建筑四面墙基础。首先对现代铺地砖面与混凝土地面进行清除，并在清除工作中密切寻找旧址线索。1月13日下午，在现代建筑柱础坑底部发现局部墙基础，结合《广州市经界图》等资料分析确认为旧址建筑南墙基础。由于发掘时间紧迫，采用首先揭露墙基础的办法，至1月19日全面揭露四面墙基础，并根据北墙外侧残存红阶砖地面的现象推定其外侧有围墙。

第二阶段：1月20日至1月29日，对旧址内部进行清理。旧址北半部保存的垫沙层较高，局部保存有红阶砖地面、地下排水沟、方形混凝土柱础等。旧址西南角保存有麻石板地面及与之相连的地漏和排水沟等。旧址中部被现代简易防空洞打破。旧址东南部是破坏坑，坑底局部发现焚烧迹象，有炭灰和碎砖等，上部回填瓦砾。

第三阶段：2月5日至2月12日，开挖北侧道路，确定旧址的侧院与围墙基础。围墙的位置走向与《广州市经界图》基本吻合。

二、地层堆积

中共三大旧址的主体建筑基址上部主要是回填的瓦砾堆积和20世纪50年代以来形成的现代建筑基址堆积，北边的侧院上部主要是回填土堆积和现代人行道与混凝土道路堆积。现以旧址中部南北向剖面图为例说明地层堆积情况如下（图一）。

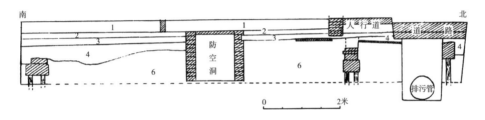

图一　中共三大旧址中部南北向剖面图

第1层：现代瓷砖地面建筑基址，包括以瓷砖铺成的地面、混凝土地面、混凝土垫层、垫土层，厚0.25—0.3米。基址北侧紧贴人行道有红砖砌筑的双隔墙基础，内部有红砖砌筑的单隔隔墙基础和钢筋混凝土柱础。该建筑基址约始建于20世纪80年代，并经改建延续使用至今，局部发现有早晚两层铺地砖地面。

第2层：现代混凝土砖地面建筑基址，包括以混凝土砖铺成的地面、垫沙层和垫土层，厚0.10—0.15米。基址内部发现有红砖砌筑的隔墙基础、排水沟等遗迹，中部地面下有防空洞设施。该建筑基址约始建于20世纪50年代，并经改建使用至20世纪80年代。

第1、2层建筑基址北侧是现代人行道和混凝土道路。人行道包括瓷砖铺成的路面、混凝土垫层和垫土层，混凝土垫层厚约0.15米、垫土层厚约

0.25米。混凝土道路发现有上下两层路面，上层厚约0.25米、下层厚约0.15米。在下层路面下发现有东西向的沟槽，宽1.1米、深1.5米，底部埋有直径约0.6米的混凝土排污管。

第3层：灰黑沙土，厚0.1—0.3米。含炭灰，经平整，结构致密，属人为铺垫层。东南部有方形石灰池。该层堆积形成时期约为20世纪50年代。

第4层：红褐沙土，深0.85—1.10米、厚0.10—0.65米。含大量瓦砾，局部含较多细石子。出土端砚、少量锈铁片、花瓶碎片等。表面经平整，底起伏不平。应是三大会址被炸毁后回填形成的堆积。

第5层：灰烬层，仅西南角有局部残留，包含经焚烧的瓦砾、灰烬，应是会址被炸时形成的堆积。出土有铁门轴、铁合页、白瓷灯砣、电灯的塑料开关等遗物。

第6层：中共三大旧址建筑基址，包括建筑的墙基础、柱础、局部红阶砖地面、局部石板地面、地下排水沟和地面以下的铺垫黄沙层。深1.7—1.85米、厚0.55—1米。该层堆积仅作局部解剖。

第6层以下见灰黑土，包含较多瓦片，应属三大会址建筑形成之前的原地表。由于原地保留三大旧址，下部堆积仅作局部解剖了解。

三、旧址建筑平面

考古揭露的旧址位于现恤孤院路西侧、瓦窑旧前街南侧，北面正对逵园（图二）。旧址建筑平面包括主体建筑基址与北边围墙内的侧院，总面积约125平方米，其中主体建筑基址约105平方米，侧院约20平方米（图三）。

（一）主体建筑基址

平面略呈长方形，南北面阔约8.6米、东西进深约11米；其中北墙呈曲尺形，西北角凸出区域东西3.2米、南北2.4米。

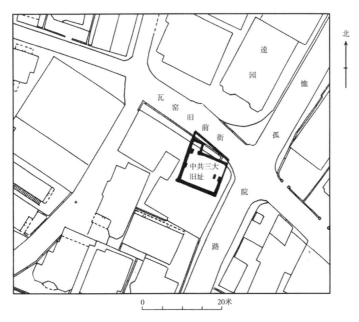

图二　中共三大旧址位置示意图

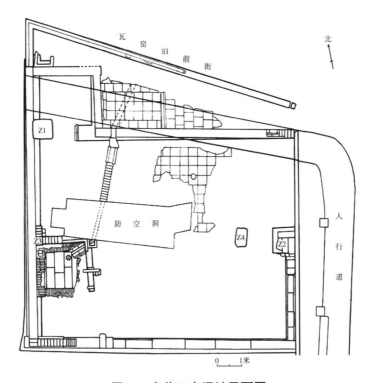

图三　中共三大旧址平面图

建筑基址原地面以下填有厚达1米的细沙层。建筑基础构筑形式是先打木桩后浇混凝土地梁，仅东墙北段未见基础。木桩直径12—14厘米，中心间距0.6—0.7米，呈两排交错分布。地梁宽0.45—0.6米、厚0.25—0.3米，用混凝土和碎石混合，夹板浇筑。地梁底部距现地面深约1.3米。

南墙、西墙、东墙南段均在地梁上先用石板或石条铺成墙脚，上面再砌青砖墙脚。西墙多用较规整的麻石板，南墙用麻石板夹杂短石条，东墙多用短红砂岩石条。北墙仅东北角在地梁上铺石条，其余部位均直接在地梁上砌青砖墙脚。主体建筑为双隅砖墙，厚0.24米。残留砖墙脚绝大多数为青砖，间有少量红砖。建筑基址东墙外侧紧临早期马路，路面铺沥青。

在主体建筑基址内发现有四个略近方形的混凝土柱础，其中两个位于东墙一端，对应的西墙一端附有砖砌柱础，三个柱础基本位于基址的南北分中线上。另外两个位于北墙西端凸出区域的南侧。这些柱础上原来应该砌有砖柱，与建筑内部间隔有直接关系。

建筑基址北墙内侧局部残存红阶砖地面，距现地面深约0.65米。红阶砖边长35厘米、厚4厘米。基址北半部基本保存原垫沙层，发现有原地面下的排水沟通向侧院。排水沟底铺红阶砖，青砖砌壁，并平铺青砖作上盖。

基址西南角残留麻石板地面，周围铺青砖，北侧与东侧保存有单隅青砖墙基础。该区域略呈方形，边长约2.3米。中间的麻石板地面南北长1.4米、东西宽1.1米，用6块麻石分三列南北向平铺。其中东北角的一块麻石凿出圆形地漏，与地下排水沟相连。其西侧紧贴西墙，墙外自来水管通到此处有转接口。

建筑基址东北角与东南大片区域是破坏坑，局部发现经焚烧的迹象，坑底发现有经火烧的铁片、铁门轴、铁合页、电灯开关、白瓷灯砣、碎砖、炭灰等。

（二）侧院

北墙外侧有斜直围墙，范围是西北角外延约1.9米、东北角外延约1米，连成斜线，形成不规则的侧院。围墙基础较浅，距现马路面深0.6米。围墙的构筑形式也是先打木柱后浇混凝土地梁，在地梁上砌单隔砖墙，墙内外抹白灰。保存有围墙地梁和最底下的一层墙砖，围墙地梁宽0.25米、厚0.4米。木柱单排，中心间距约1.5米，上端已腐朽。

侧院局部残存红阶砖地面和单隔墙基础，地面以下也填有厚达1米的细沙层。靠围墙边的地面被后来的市政排污管道沟破坏。西北角原有砖砌的水池及部分墙基均被管道沟破坏。在距西端约4.2米的围墙内侧有一块平铺的红砖，可能与围墙横门的设置有关。

四、相关遗物

中共三大旧址考古发掘出土遗物较少，与旧址具有较密切关系的遗物主要出于第4、5层。第4层的瓦砾堆积中发现有彩瓷花瓶碎片、铁片、端砚等遗物。第5层的焚烧堆积中发现有铁门臼、铁合页、铁片、电灯塑料开关、白瓷灯砣等遗物。

白瓷灯砣1件。椭圆形，内空，上平下尖。中部有一周凸棱，一侧有半环形横耳，平的一端有圆形小孔。腹径8.2厘米、高10.4厘米。（图四，1）

端砚1件。略呈椭圆形，形小体薄。长9厘米、宽6.5厘米、厚1厘米。（图四，2）

塑料开关1件。黑色，圆形，属拉绳式电灯开关。直径5.5厘米、高3厘米。（图四，4）

铁门臼1件。六棱柱形，中有圆形凹槽。外径8厘米、槽径4厘米、高4.5厘米。（图四，3）

铁合页3件。规格不一。分别为残长10.8厘米、宽7厘米、厚0.2厘米，长8厘米、宽6厘米、厚0.2厘米，长7.7厘米、宽4.9厘米、厚约0.2厘米。（图四，5）

铁片数量较多，大小不一。厚度0.1—0.3厘米。表面多有烧融、锈蚀现象。

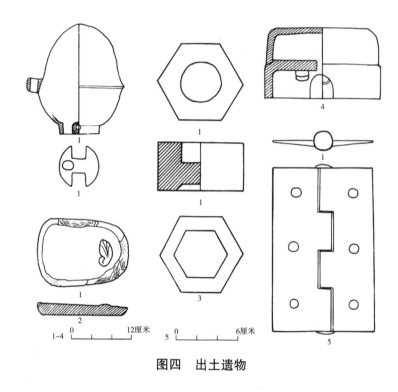

图四 出土遗物

1. 白瓷灯砣　2. 端砚　3. 铁门臼　4. 塑料开关　5. 铁合页

五、复原研究

　　结合考古发现与20世纪70年代的调查报告，可以确认考古勘查揭露的建筑基址是中共三大旧址。建筑基址的位置、平面布局与中共三大代表徐梅坤同志的回忆基本吻合，与1926年至1933年测绘的《广州市经界图》符合。考古勘查验证20世纪70年代调查确定的中共三大会址位置与原建筑布局基本准确。现就复原的有关问题分析如下。

（一）关于中共三大会址的位置

　　20世纪70年代调查确定中共三大会址位置的主要依据是中共三大代表徐梅坤同志的回忆与实地调查。徐梅坤同志回忆会址位于广州市恤孤院路西侧，坐西向东，门临马路；并回忆会址北面是逵园，东边可见简园，南边离春园不远。逵园、简园、春园都还存在，为确定会址提供了较准确的相对位置。20世纪70年代专门邀请徐梅坤同志到广州进行实地调查确认，认为现恤孤院路3号是中共三大会址。

20世纪70年代的调查同时收集了有关地形图以确定民国时期现恤孤院路3号位置的建筑分布情况。根据1923年测绘的《四区二分署恤孤院后街图》，逵园南侧现恤孤院路3号的位置有建筑，编号是恤孤院后街31号，应是中共三大会址原建筑所在地。（图五）

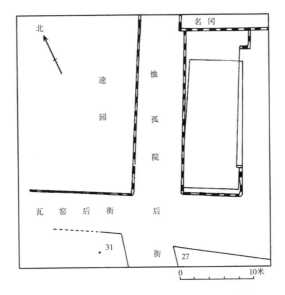

图五　四区二分署恤孤院后街图（局部）

根据1926年至1933年间测绘的《广州市经界图》，逵园南侧现恤孤院路3号的位置有一座建筑，编号是恤孤院街90号，图中明确测绘了该建筑的外围平面形状。（图六）《四区二分署恤孤院后街图》恤孤院后街31号建筑绘有建筑的北边线、东边线，其位置走向与《广州市经界图》恤孤院街90号建筑的相应边线吻合。20世纪70年代的调查还收集了该建筑当年的建筑工人及附近老居民的回忆，均确认该位置原有一间坐西向东的两层砖木结构楼房。

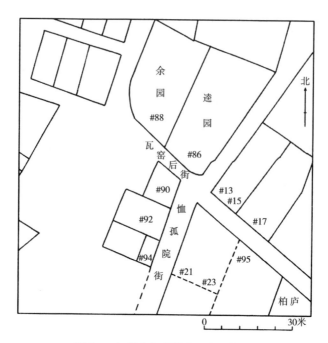

图六　广州市经界图图（局部）

此次考古勘查发现的建筑基址位置、平面形状及大小均与《广州市经界图》基本符合。建筑基址所用建筑材料符合民国时期的特征。考古勘查确认该位置不存在更早的建筑基址，也不存在更晚的民国建筑基址。由此可以确认该建筑基址是《广州市经界图》中测绘的恤孤院街90号建筑，也就是《四区二分署恤孤院后街图》中恤孤院后街31号建筑，结合徐梅坤同志及老工人的回忆，可以确定该建筑基址就是中共三大旧址。

（二）关于中共三大旧址的建筑形式与布局

1. 总体建筑形式

20世纪70年代，中共三大代表徐梅坤、罗章龙等同志，老工人邓锦波、邓计及附近老居民李虾、卢玉环等同志均一致认为该建筑是一座坐西向东的两层砖木结构楼房。其中老工人邓计根据回忆绘制了建筑的平面图与立面图（图七，1—3）。考古揭露的建筑基址的位置、面积与基础结构形式，符合上述回忆的建筑形式。

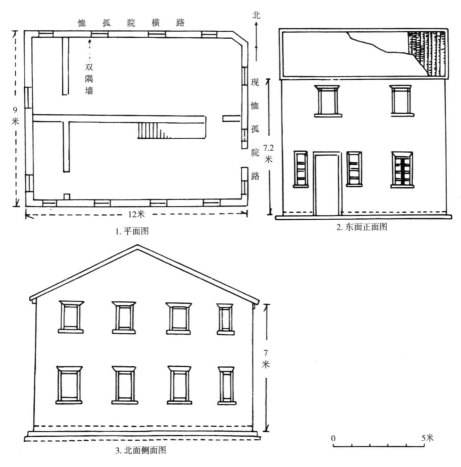

图七　邓计绘制的平面与立面图

2. 建筑平面与面积

　　老工人邓计根据回忆绘制的是东西12米、南北9米的长方形，考古揭露的基址主体（不包括西北角凸出部分）是东西11米、南北8.6米，作为时隔50年的回忆已是相当准确。关于考古揭露的建筑基址西北角有曲尺形凸出区域、北边有侧院与围墙等情况则是20世纪70年代所有调查对象都没有明确提到，但考古工作确定这些均是该建筑的组成部分，是与建筑主体一次性兴建。并且考古勘查确定的建筑平面与1926年至1933年间测绘的《广州市经界图》相符，建筑的东墙与北边围墙的位置走向与1923年测绘的《四区分署恤孤院后街图》也相符，由此可以推断考古勘查确定的建筑平面是中共三大旧址的准确平面。

3．地面与墙体

代表徐梅坤同志回忆，内墙上下都是灰白色，显得很脏很旧。老工人邓锦波回忆，外墙涂一层黄色灰水，一楼地面铺红阶砖。老工人邓计回忆，房屋用旧砖建成，外墙扫白灰水。老居民卢玉环回忆，外墙是黄色。老居民李虾回忆，屋四周是红砖墙。考古勘查确定建筑基址保存的砖墙底部主要是用规格不一的青砖砌筑，杂有少量不同规格的红砖。主体建筑外墙是双隅砖墙，围墙与残留的内部间隔墙是单隅砖墙。围墙与主体建筑外墙内外局部残留有一层灰黄色白灰，推测原墙体内外均抹灰黄色灰层。考古勘查在北墙内外两侧发现残存的红阶砖地面，基本可以确定原建筑地面，包括北边侧院地面，均铺红阶砖。

4．楼房高度与房顶结构

考古揭露的只是建筑基础部分，关于楼房高度与房顶结构主要参照70年代的调查。代表徐梅坤同志回忆楼房高约6米，楼顶有金字架承顶横梁和桁桷，屋顶的侧面近似人字形，上盖辘筒瓦。老工人邓计绘制的楼房东面正面图与北面侧面图均显示屋顶是人字形瓦顶，并标明东檐7.2米、西檐高7米。

5．楼房正面有无骑楼的问题

徐梅坤同志回忆，正面屋檐没有栏杆，伸前平遮楼上的走廊，廊边有砖砌平直通窗组成的通透围栏，栏面铺阶砖，屋内南边一间有门可出走廊，装单扇门。地下门前有走廊，左右两边被屋墙伸前所截断，不能通外。老居民李虾（1923年在逵园做清洁工）回忆正面有一小骑楼，骑楼有一扇小木门。老工人邓计绘制的图中则没有骑楼。根据考古揭露的建筑基址推测该建筑分南北两间，一楼南间东面临马路无骑楼，北间则应该有骑楼。推测理由是建筑基址东墙南半部有承重的基础地梁，北半部无地梁；地梁北端有两个混凝土柱础基本位于建筑的南北分中线上，由柱础与北墙形成的东西约2米、南北约3.8米的区域保留的垫沙层明显低于建筑内的地面。初步推测该区域原有骑楼，结构形式可参照徐梅坤的回忆，即北边一间的一楼和二楼均有走廊，二楼走廊上盖是平顶，二楼廊边有砖砌通透围栏，屋内南边一间有门可出走廊。至于二楼南间有无走廊则不确定，因为相关回忆只提及南间有门可出走廊，没有明确二楼南间有无走廊；从建筑基础结构分析也只能推断南间一楼无走廊，但不能确定南间二楼有无走廊。关于这个问题有两种可能：一种可能是二楼走廊连通，即南北两间的二楼都有走廊，南间有门出走廊，门向东，应位于南间东面靠间墙的位置；另一种可能是二楼南间无走廊，南间出走廊的门向北，位于间墙东端两柱之间。

6. 建筑内部布局

代表徐梅坤同志回忆：（1）屋内有间墙分南北两间，楼上间墙只有半截，上有金字架承顶。（2）关于门的设置：一楼南北两间有两个门靠近间墙左右两边，都是单扇门；南边的门向南开，北边的门向北开；楼下有横门，位于中间靠后的位置，送柴火、倒垃圾是从横门进出；二楼屋内南边一间有门可出走廊；楼上楼下的间墙都有一个通门，只有门框，没有门扇，是南北两间的通路；楼上的通门靠近楼上的楼梯口，楼下的通门距离南北两间的入门刚好是一个单门扇的位置。（3）关于窗的设置：一楼南北两间（东面）中部各有一个窗口向街；北墙楼上楼下均有两个窗；南墙楼上也有两个窗。门窗都是木板造，浅褐色，记得没有玻璃窗户。后墙（西墙）没有门窗。（4）关于上二楼的木楼梯：位于北间靠间墙的位置，由屋后伸向前，入门能见楼梯底；梯宽为上下能对走一人；梯边有扶手，梯口有栏杆，只用一横木作拦、一竖木作柱，均为黄白色。

根据老工人邓计绘制的建筑平面图：（1）房屋中间有隔墙分为南北两间，每间的后部（西端）还有隔墙。（2）南间东面中部设门，隔墙均有通门。（3）正面（东面）南间一楼门两侧各有一个目字形小窗，南北两间二楼中部与一楼北间中部各有一个大窗；南北两面墙楼上楼下均有四个窗，其中靠西端的一个是目字形小窗；后墙（西墙）上南北两间各有一个窗。（4）上二楼的木楼梯位于南间靠间墙的位置。

老工人邓锦波回忆：楼上楼下没有间墙；正门朝简园这边（即朝东）；楼下没有窗，楼上两旁有窗，屋背没有门窗，窗可能装白冰雪玻璃；上二楼的木楼梯在离门口不远贴墙处（靠逵园这边），由前面上；楼梯有木扶手，梯口有木栏杆。

老居民李虾回忆：（东面）正门口紧靠马路；靠逵园这边有一小侧门；侧旁南北两边二楼有两个窗，窗框是猪肝色，白色的玻璃；一楼没有门窗；屋后没有门窗；没见有烟囱，可能有"日"字窗通烟。

老居民卢玉环回忆：是四方形的两层砖木结构小楼房，外墙是黄色；正面向东，中间有一个红色的两扇门，侧边无门；屋无走廊和骑楼，屋背无门窗；楼下没有窗，二楼前面和两侧都有绿色的玻璃窗。

结合考古揭露的建筑基址，对建筑的内部布局分析如下：

（1）关于内部分中的间墙。屋内应有间墙分为南北两间。间墙的位置基本居中，即考古发现的中部三个柱础连成的直线上。

（2）关于门的设置。正面入口应位于北间骑楼下靠南的位置；南间东面是否有入口较难确定，因为南间东墙基础紧靠马路，如果有入口，应设在侧面正对走廊的位置较合理，即东面的两个柱础之间。北墙及围墙应设有横门；北墙横门位置在中间靠后，可能正是地面下排水沟通过北墙的位置，距西墙约3米；围墙横门的位置大致与北墙横门相对，即考古发现围墙脚有一块红砖的位置。楼上楼下的中部间隔墙上应有通门，具体位置应靠东面，以徐梅坤、邓计同志的回忆较可信。二楼南间有门通走廊较为合理，即徐梅坤同志的回忆。

（3）关于窗的设置。南北两间东面墙楼上楼下的中部各设一个大窗较合理，即徐梅坤同志的回忆较可信。考古确定南北两面墙基础的东西直线长度是11米，其中北墙呈曲尺形，西端凸出部分东西长3.2米、东端走廊东西宽2.3米的墙体应不适合开窗，则剩下可用于开窗和设一楼横门的北墙东段直线部分仅长约5.5米，结合20世纪70年代调查对象的回忆，推测北墙东段开大窗两个，西段凸出部分开大窗或目字形小窗一个（小窗的可能性较大），对应的南墙上也开同样的三个窗，楼上楼下的窗应是相互对应。二楼南北侧墙开两个大窗与徐梅坤同志及老居民李虾的回忆相符；如果按照老工人邓计的回忆在北墙东段开三个大窗则显得太密，有不合理之嫌。

20世纪70年代调查对象多数回忆屋后（西侧）是瓦砾堆和荒草地并且后墙（西墙）没有门窗，这是较为合理。

（4）关于木楼梯的位置。结合北墙楼上楼下均设窗和建筑主入口可能设在北间东面偏南位置的推断，上二楼的木楼梯位于北间靠间墙的位置并由屋后往前上较为合理，即徐梅坤同志的回忆较可信。

7．中共三大会议时建筑内部的布局设置

这方面的情况主要是参考20世纪70年代原中共三大代表徐梅坤同志的回忆，他回忆一楼南间是会议室，北间是厨房与饭厅；二楼两间是代表宿舍。三大会议是由当时广东的谭平山、阮啸仙、刘尔崧、罗绮园等人筹备，会址是临时租用，所用床铺桌子等都是借来的会议室长度约相当于五张半双人坐的长条凳，直摆一张褪色似带红的西餐式长餐台，两边各摆一列四张双人坐的长条凳，前后两端是小方凳；共产国际代表马林坐前端的小方凳，旁有张太雷作翻译；陈独秀坐后端的小方凳，旁有李大钊；徐梅坤本人与毛主席同坐北边的一张条凳。

厨房位于北间一楼后部，楼梯口的墙角有临时造的炉灶；对边后墙的屋角放着大水缸，缸面一半有木盖，上面放六七只搪瓷或陶瓷的茶杯；近北墙处放着两张长凳架着两三块木板形成的长台作堆放蔬菜、饭箩和厨具等物之用。

饭厅位于北间一楼前部，有三张小方桌摆成品字形，各有一定距离。住春园的代表是回春园吃饭，住会址的代表与其他代表在此吃饭。

二楼北间住二三人，屋后一边堆放杂物；南间住五六人；床是用两张条凳架两块床板，上挂黄麻布蚊帐；床位横排、直摆、斜摆的都有，靠间墙一边较多。

徐梅坤同志对会议时屋内布局设置的上述回忆与考古揭露的建筑基址平面没有直接矛盾。结合考古揭露的建筑基址平面，推测西北角凸出区域是厨房。徐梅坤同志同忆的炉灶位置可能是在凸出区域的西南角，大水缸可能是在凸出区域的西北角。回忆中提及北间二楼一边堆放杂物，结合基

础构筑形式，推测西北角凸出区域可能是平顶二层结构，并与南边连通，北墙设窗。

8．关于电灯、自来水、洗澡间的问题

徐梅坤同志回忆会址没有电灯、自来水、厨房、洗澡间，但结合他的具体回忆北间后部还是有厨房功能的区域。老工人邓锦波回忆北间分两个房，后间是厨房；屋内没有电灯和自来水。老工人邓计回忆绘制的平面图则在南北两间的后部距西墙约2米的位置都有南北向隔墙与通门形成小隔间。

根据考古发现的情况，回忆中北间后部的厨房应在西北角凸出的区域。考古发现南间后部铺麻石板的区域北边与东边均发现墙基，上砌单隔青砖墙，应是形成一个小隔间。其中东墙基距西墙约2.3米，并在南端的焚烧灰烬中发现铁门轴与门窗的铁合页，原位置可能有小木门，这与老工人邓计绘制的南间后部隔墙相符。同时结合徐梅坤同志回忆会议室内长度约相当于五张半双人条凳，按普通双人条凳长4尺估算，则会议室长度约7.3米。考古确定南间总长11米，扣除东西墙体后的室内长度约10.5米，如果再扣除后部2.3米的小隔间，则作三大会议室的部分长约8.2米，与徐梅坤同志的回忆较接近。结合考古发现与有关回忆及推算，推测南间后部的隔间在房子兴建时及三大会议时均已存在。

南间后部的隔间对着的南墙上有目字形小窗较合理，结合考古发现的门构件位置与老工人邓计的回忆图，隔间与会议室的通门应在南北隔墙的南端。根据房屋住宅功能布局推测作会议室的部分原应是卧室，小隔间的功能应是放马桶的厕所或兼洗澡间。考古发现西墙外侧有自来水管正好通到此处有转接口，表明该建筑在1938年左右被毁时是有自来水，小隔间已兼有洗澡间的功能。但结合麻石板区域的铺砖情况和相连的地下排水沟打破北墙基的情况，推测作为洗澡间功能的麻石板地面与地下排水沟是在有自来水后一起增加的设施。

考古工作还在南间西南角的灰烬中发现有电灯的塑料开关和用于控制电灯升降的白瓷灯砣，表明该建筑在被炸毁时是已经有电灯。如果徐梅坤

同志与老工人邓锦波的回忆属实，则自来水、电灯与洗澡间均是在1923年6月的中共三大会议以后和1938年房屋被炸毁之前增加的设施。

（三）复原图说明

在考古勘查和复原研究的基础上，初步绘制了中共三大旧址复原图，包括平面、立面与内部布局的复原图和复原透视图（图八、图九）。现就复原图说明如下：

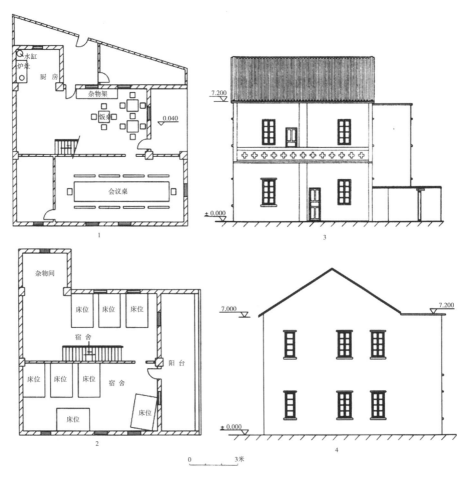

图八　中共三大旧址复原图

1. 首层平面图　2. 二层平面图　3. 正立面图　4. 南立面图

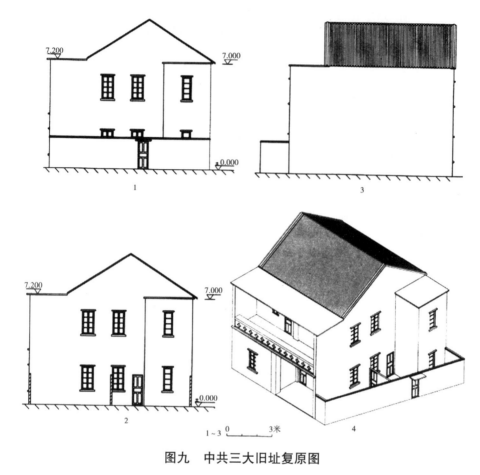

图九　中共三大旧址复原图

1. 北立面图　2. 主体建筑北立面图　3. 背立面图　4. 中共三大旧址复原透视图

1. 平面形状与数据以考古实测图为依据。

2. 在对附近类似建筑进行调查后，建筑高度采用老工人邓计回忆的数据，即前檐高7.2米、后檐高7米、层高3.6米。结合调查情况设定金字架屋顶高9.900—9.918米、围墙高2.1米。

3. 经研究认为可能属于后期增设的与自来水相关的设施不在平面复原图中出现，包括南间后部麻石地板的洗澡间和侧院西北角的水池。

4. 建筑形式与布局以复原研究结果为依据，对个别有多种可能性的则选择较合理的方案进行复原。如一楼南间东面采用无入口的方案，二楼走廊采用南北连通的方案。

5. 外观色彩复原效果设想：屋顶用瓦为普通的灰红色板瓦与小筒瓦；外墙应呈灰黄色，是在抹白灰层的基础上扫一层灰黄水；木门与窗框为猪肝红颜色，窗安装白玻璃；正立面二楼走廊用红砖砌造简易的通透围栏，栏面平铺红阶砖。

综上所述，中共三大旧址的考古勘查验证了70年代关于会址位置的调查结论基本准确。通过考古勘查确定了旧址的准确位置与保存现状。结合70年代有关同志的回忆与考古勘查结果，可以基本确定旧址原建筑的具体建筑形式与建筑内部布局，为中共三大旧址复原或制作复原模型奠定了科学基础。此次考古勘查对中共三大旧址保护工程具有重要意义。

附记：中共三大旧址考古发掘领队为冯永驱，具体负责人为朱海仁、邝桂荣。本文建筑复原图由胡晓宇绘制，其他图纸由邝桂荣绘制。考古工作得到中共广州市委员会、广州市文化局的关注与支持，得到越秀区建设局、越秀区东湖街办事处等有关部门的协助，并得到广州市文物、考古、建筑方面有关专家的指导，在此一并致谢。

（广州市文物考古研究所：《中共三大旧址考古勘查与复原研究》，广州市文物考古研究所、广东省文物考古研究所、深圳市文物考古鉴定所编《华南考古2》，文物出版社2008年版，第383—398页）

后　记

　　本书由中共三大会址纪念馆、中共三大研究中心联合中山大学历史学系搜集整理编纂而成。团队成员包括中山大学历史学系赵立彬教授，柯伟明教授，安东强教授，谷小水副教授，李欣荣副教授，张文苑馆员；中山大学马克思主义学院姜帆副教授；华南师范大学马克思主义学院沈志刚讲师；中共三大会址纪念馆馆长朱海仁研究馆员，原副馆长黎淑莹研究馆员，研究部主任吴敏娜研究馆员、方耀武助理馆员，陈列部李超馆员等。

　　本书初步成稿后，专门组织专家召开会议，征求吸收专业意见后方定稿付印。中共广东省委党史研究室原主任、省委党校原副校长曾庆榴教授，广东社会科学院历史研究所原副所长黄振位研究员，暨南大学历史学系原系主任张晓辉教授，中共广州市委党史文献研究室周艳红处长，中山大学马克思主义学院胡雪莲教授等专家给予了热情的帮助和指导，中共广州市委党史文献研究室对本书进行了审读和指导，广州市文化广电旅游局提供了大力支持，在此一并表示衷心的感谢。

　　本书在编辑过程中，参考了已有的中国社会科学院现代史研究室编《"二大"和"三大"——中国共产党第二、三次代表大会资料选编》（中国社会科学出版社1985年版），广东革命历史博物馆编《中共"三大"资料》（广东人民出版社1985年版），李忠杰、段东升主编《中国共产党第三次全国代表大会档案文献选编》（中共党史出版社2014年版）等资料，以及其他相关档案汇编、文件汇编、人物文集等，谨向所有参考文献的编者表示衷心的感谢。所有转录文献，均在篇末注明出处。

　　囿于水平及资料所限，书中难免还有不够准确或疏漏之处，热忱恳请广大读者给予批评指正。

《中共三大历史文献资料汇编》编委会

2023年2月

中共三大历史文献资料汇编

（上册）

中共三大会址纪念馆　中共三大研究中心　中山大学历史学系　编

SPM
南方传媒　广东人民出版社
·广州·

图书在版编目（CIP）数据

中共三大历史文献资料汇编 / 中共三大会址纪念馆，中共三大研究中心，中山大学历史学系编. —广州：广东人民出版社，2023.4（2024.1重印）

ISBN 978-7-218-16514-1

Ⅰ.①中… Ⅱ.①中… ②中… ③中… Ⅲ.①中共三大（1923）—会议文献—汇编 Ⅳ.①D220

中国国家版本馆CIP数据核字（2023）第064254号

ZHONGGONG SANDA LISHI WENXIAN ZILIAO HUIBIAN

中 共 三 大 历 史 文 献 资 料 汇 编

中共三大会址纪念馆
中共三大研究中心 编
中山大学历史学系

版权所有　翻印必究

出 版 人：肖风华

责任编辑：林斯澄　古海阳
特约编辑：王　鹏
封面设计：奔流文化
责任技编：吴彦斌　周星奎

出版发行：广东人民出版社
地　　址：广州市越秀区大沙头四马路10号（邮政编码：510199）
电　　话：（020）85716809（总编室）
传　　真：（020）83289585
网　　址：http://www.gdpph.com
印　　刷：广州市豪威彩色印务有限公司
开　　本：787毫米×1092毫米　1/16
印　　张：61.25　字　　数：878千
版　　次：2023年4月第1版
印　　次：2024年1月第2次印刷
定　　价：320.00元（上下册）

《中共三大历史文献资料汇编》
编委会

主　　编：朱海仁　赵立彬

副 主 编：黎淑莹　柯伟明　安东强　吴敏娜

编　　辑：（按姓氏笔画排序）

方耀武　李　超　李欣荣　谷小水　沈志刚

张文苑　姜　帆

特邀专家：曾庆榴　黄振位　张晓辉　周艳红　胡雪莲

出 版 说 明

　　1923年6月12日至20日，中国共产党第三次全国代表大会（简称"中共三大"）在广州召开。大会接受了共产国际关于全体共产党党员以个人身份加入国民党的决定，确定了与国民党进行合作的统一战线方针，是党的历史上一次具有重大历史意义的大会。为推进和深化中共三大历史研究，中共三大会址纪念馆、中共三大研究中心联合中山大学历史学系整理编辑了《中共三大历史文献资料汇编》。

　　《汇编》在以往几部文献专辑的基础上，着重追踪新近研究成果，扩大了资料的搜集范围。主要新增的内容有：一是与中共三大在广州召开直接相关的共产国际方面的资料，如共产国际代表对广州政局的汇报、关于国共合作的争论以及与中共中央迁粤有关的材料；二是中共三大前后的有关政策和理论、各种回忆资料中有关中共三大的评述，以及与中共三大召开直接相关的周边史料；三是中国国民党文化传播委员会党史馆馆藏档案等未刊史料，其中与中共三大相关的重要人物信息，以前学术界较少利用；四是关于中共三大会址调查和考古勘查等专业报告，其对于文献材料具有重要的印证作用。

　　全部资料按时间和类型进行整理，分为六部分：

　　第一部分：大会之前。主要收录了中共三大召开之前共产国际和中共的各种报告、文件、函电、指示，以及对中共三大召开具有重大意义的重要历史进程的资料。

　　第二部分：三大文件及工作。主要收录了中共三大的各种正式报告、决议，以及中共三大召开后至当年11月中共第三届第一次中央执行委员会会议期间中共及共产国际的重要文件。

第三部分：论述与回忆。主要收录了1927年至1931年间中共对于中共三大前后历史的相关论述，以及后来各个时期相关人士的回忆。

第四部分：理论与评论。主要收录了中共三大前后中共对于国民党、国民革命的相关理论与政策的阐述。

第五部分：其他史料。主要收录了新发掘的体现中共三大相关人物信息的中国国民党文化传播委员会党史馆馆藏档案史料和报刊史料，这些材料不便插入上述各部分，遂独立成第五部分。

第六部分：附录。主要收录了一组学术讨论文章和关于中共三大会址考证、调查和考古勘查报告。报告对于确定旧址原建筑的具体形式与内部布局，复原中共三大会址或制作模型具有重大意义，也有助于佐证相关文献记载。

资料初稿编订后，特组织专家评审、邀请中共广州市委党史文献研究室审读和提供意见，并根据这些意见再行修订，严格核对原文，进一步完善篇目，以期全面和整体地提供一部专题研究中共三大历史的基础史料汇编。对于以前各种汇编中已经收录的文献，我们保留了原编者的大部分注释，也对必要之处加以修订或新增注释，在本汇编中，先前编者与本书编者增补的文字用小括号括注，先前编者与本书编者对文字的修订则用方括号括注，以求方便读者全面、深入地了解中共三大的历史。我们希望本书的出版有助于推动中共三大的学术研究，满足新时期新形势下党史学习研究和挖掘红色文化资源、开展红色文化宣传的需求。

《中共三大历史文献资料汇编》编委会

2023年2月

目 录
contents

上 册

■ 第一部分　大会之前

002　第三国际与远东民族问题

　　（1922年1月26日）

013　利金就在华工作情况给共产国际执委会远东部的报告（节录）

　　（1922年5月20日）

027　中国共产党对于时局的主张（节录）

　　（1922年6月15日）

031　党的"二大"关于"民主的联合战线"的议决案

　　（1922年7月）

034　中国共产党加入第三国际决议案

　　（1922年7月）

039　向共产国际执行委员会的报告（节录）

　　（1922年7月11日）

050　共产国际给中国共产党中央委员会的命令

　　（1922年7月18日）

051　共产国际执行委员会给其派驻中国南方代表的指令

　　（1922年8月）

053　中国社会主义青年团中央执行委员会通告第二十二号

　　　（1922年9月26日）

054　民权运动大同盟宣言

　　　（1922年10月15日）

058　关于中国形势的报告

　　　——在共产国际第四次代表大会上的发言

　　　（1922年11月23日）

062　卡尔·拉狄克在共产国际第四次代表大会上的发言（节录）

　　　（1922年11月）

065　少年共产国际第三次大会东方运动决议案（节录）

　　　（1922年12月）

068　关于我们在殖民地和半殖民地尤其是在中国的工作问题

　　　——越飞和斯内夫利特的提纲

　　　（不晚于1922年12月）

071　共产国际第四次代表大会决议《中国共产党的任务》

　　　（不晚于1922年12月5日）

074　共产国际执委会主席团会议速记记录（节录）

　　　（1922年12月29日）

079　访问中国南方的革命家

　　　——个人印象点滴

　　　（1922年9月7日）

082　中国南方的革命民族主义运动

　　　（1922年）

090　斯内夫利特与陈独秀为孙中山拟定的中国国民党改组计划草案

　　　二件

　　　（1923年1月1日）

096　共产国际执委会会议速记记录（节录）

　　　（1923年1月6日）

101　共产国际执行委员会主席团关于建立共产国际东方部符拉迪沃
　　　斯托克局的决定
　　　（不晚于1923年1月10日）

103　共产国际执行委员会主席团任命参加中国共产党代表大会的代表
　　　（1923年1月10日）

104　共产国际执行委员会关于中国共产党与国民党的关系问题的
　　　决议
　　　（1923年1月12日）

106　越飞对同孙逸仙合作的前景和可能产生的后果的看法
　　　（1923年1月26日）

110　孙文越飞联合宣言
　　　（1923年1月26日）

112　中国共产党对于目前实际问题之计划
　　　（1923年1月）

118　马林致加拉罕的信
　　　（1923年2月3日）

120　中国劳动组合书记部为"二七"惨案告全国工人书
　　　（1923年2月7日）

122　马林致加拉罕和越飞的信
　　　（1923年2月15日）

126　马林致拉夫斯坦的信（节录）
　　　（1923年2月26日）

128　中国共产党为吴佩孚惨杀京汉路工告工人阶级与国民
　　　（1923年2月27日）

130　共产国际执行委员会就京汉铁路罢工工人流血事件告中国铁路
　　　工人书
　　　（1923年3月3日）

132 维经斯基给共产国际执委会东方部主任萨法罗夫的信（节录）

（1923年3月8日）

135 魏金斯基致斯内夫利特的信

（1923年3月9日）

137 旅欧中国共产主义青年团（中国社会主义青年团旅欧之部）报

告第一号

（1923年3月13日）

145 旅俄中国社会主义青年团支部对于第二次全国大会的意见

（1923年3月20日）

149 维经斯基就中国形势给共产国际执委会东方部的报告（节录）

（1923年3月24日）

153 维经斯基给萨法罗夫的电报

（1923年3月27日）

154 维经斯基致斯内夫利特的信（节录）

（1923年3月27日）

157 关于罢工问题的讨论记录

（1923年3月30日）

159 斯内夫利特致拉夫斯坦的信

（1923年4月3日）

162 东方部就1923年第一季度工作给共产国际执委会主席团的报告

（节录）

（1923年4月4日）

165 陈独秀致胡适函

（1923年4月7日）

166 委派陈独秀等职务令

（1923年4月10日）

167 苏联政府致孙中山电

（1923年5月1日）

169　达夫谦致斯内夫利特的信

（1923年5月5日）

171　孙中山致苏联外交人民委员部电

（1923年5月15日）

172　维尔德给某人的信

（1923年5月22日）

174　孙中山致达夫谦和越飞的电报

（不晚于1923年5月23日）

175　共产国际执委会东方部给其出席中共第三次代表大会的代表指

示草案

（1923年5月23日）

178　布哈林对共产国际执委会东方部给中国共产党第三次代表大会

的指示草案的修正案

（不晚于1923年5月24日）

180　马林致共产国际执行委员会东方部拉狄克和萨法罗夫的信

（1923年5月30日）

182　马林致红色工会国际书记处赫勒尔的信

（1923年5月30日）

184　马林致共产国际执行委员会、红色工会国际、共产国际执行委

员会东方部和东方部远东局（节录）

——关于中国形势和1923年5月15日至31日期间的工作报告

（1923年5月31日）

190　马林致布哈林的信

（1923年5月31日）

193　马林致越飞、达夫谦和季诺维也夫的信（节录）

（1923年5月31日）

195　共产国际执行委员会给中国共产党第三次代表大会的指示

（1923年5月）

198　关于广东省目前形势的报告

（1923年6月12日）

■ **第二部分　三大文件及其工作**

202　陈独秀在中国共产党第三次全国代表大会上的报告

（1923年6月）

207　中国共产党党纲草案

（1923年6月）

214　关于第三国际第四次大会决议案

（1923年6月）

215　关于国民运动及国民党问题的议决案

（1923年6月）

217　劳动运动议决案

（1923年6月）

219　农民问题决议案

（1923年6月）

220　关于党员入政界的决议案

（1923年6月）

221　青年运动决议案

（1923年6月）

222　妇女运动决议案

（1923年6月）

224　中国共产党中央执行委员会组织法

（1923年6月）

226　中国共产党第一次修正章程

（1923年6月）

231 中国共产党第三次全国大会宣言

（1923年6月）

233 中国共产党第三次代表大会致日本共产党的信

（1923年6月19日）

234 中国共产党第三次代表大会致印尼共产党的信

（1923年6月19日）

235 斯内夫利特笔记

——中国共产党第三次代表大会关于国共两党关系的讨论

（1923年6月12日至20日之间）

242 斯内夫利特笔记

——中国共产党第三次代表大会关于国共合作问题的讨论

（1923年6月12日至20日之间）

251 马林致共产国际执行委员会的信

（1923年6月20日）

260 马林致越飞和达夫谦的信

（1923年6月20日）

265 马林向共产国际执行委员会、工会国际和共产国际执行委员会
东方部远东局的报告

（1923年6月25日）

267 马林致季诺维也夫、布哈林、越飞和达夫谦同志的信（附五位
中共中央委员致孙中山函）

（1923年6月25日）

270 马林致勃罗伊多的信

（1923年6月25日）

272 某同志在广州写给李汉俊的信

——党的"三大"的召开，要求他参加工作

（1923年6月25日）

275 中国共产党第三次代表大会

（1923年6月）

277 陈独秀给萨法罗夫的信

（1923年7月1日）

279 马林致达夫谦和越飞的信

——北京危机与孙中山计划

（1923年7月13日）

283 马林向共产国际执行委员会的报告（节录）

——关于中国形势和6月12日至7月15日的工作

（1923年7月15日）

289 马林致越飞和达夫谦的信

（1923年7月18日）

294 马林致越飞和达夫谦的信

（1923年7月20日）

298 马林致廖仲恺的信

（1923年7月21日）

303 中国社会主义青年团第二次全国大会宣言

（1923年8月25日）

306 中国社会主义青年团第二次全国代表大会关于中国共产党第三

次大会报告决议案

（1923年8月25日）

308 中共中央通告第五号

——中央局迁沪后更动

（1923年9月10日）

309 张国焘给威金斯基、穆辛的信

（1923年11月16日）

319 　中国共产党第三届第一次中央执行委员会文件

　　　（1923年11月24—25日）

336 　共产国际执行委员会主席团关于中国民族解放运动和国民党问

　　　题的决议

　　　（1923年11月28日）

339 　中国共产党、中国社会主义青年团中央局对于国民党全国大会

　　　意见

　　　（1923年12月）

341 　第三国际妇女部告中国女学生书

　　　（1923年5月9日）

344 　北京代表李大钊意见书

　　　（1924年1月28日）

348 　同志们在国民党工作及态度决议案

　　　（1924年2月）

351 　中国共产党扩大执行委员会会议文件

　　　（1924年5月10—15日）

383 　中央通告第十五号

　　　（1924年7月21日）

第一部分

大会之前

第三国际与远东民族问题①

（1922年1月26日）

萨法罗夫

同志们，全世界的资本制度是再没有比现在更飘摇的了。

1914年到1918年的这场帝国主义大战，凡作壁上观的或只略为参加的都收了渔翁之利。这番大战，一方面固然毁坏了欧洲一大部分，把欧洲资本制度的根基都摇松，一方面在美国和日本，却因为欧战的缘故，工业上大大的得了发展。查一查日美对外贸易统计表，就可以知道。大战期内，日美资本主义工业莫不突飞猛进，没有人不相信他们确实能享用胜利的果实，而确实是帝国主义大战中的胜利者。可是慢慢的，危机来了。1920年3月，日本的全工业界就起了恐慌。对外贸易突然低落，重要的银行，破产的无数。这恐慌是从日本的缫丝工业中起首的，立刻蔓延到北美洲的合众国。于是资本主义最兴盛，原料最丰富，生产力最强大的美国，第一回看见他自己拥了六百万失业的大军队。据最近的报告，美国的经济情形仍是一点也没有进步。

帝国主义战争既把欧洲资本主义经济的基础掘空了，所以日美帝国主义不得不连带着下水。全世界资本主义的经济业

---

① 此文为萨法罗夫在远东民族大会第八次会议上的报告。萨法罗夫（1891—1942），1921—1922年任共产国际执行委员会东方部部长。

已失掉平衡。一方面是无限制的生产，而一方面，因为欧洲颓败，有多少市场可以给美国销售货品。如是资本制度的基础算是狭小得多了。第三国际第二次大会曾议决一个关于民族和殖民地问题的特别决议案，这决议案清清楚楚的说，欧美帝国主义政策不但摧残全劳动阶级，就是农村小资产阶级也会遭蹂躏的，而且资本主义必定也要维持劫掠的殖民政策，设法征服未经发展的大陆，争夺新殖民地。

既然帝国主义的大战和战后的资本主义危机先后把资本主义生产的基础弄小，殖民地问题就不得不变成帝国主义的世界政策之最重要的问题，远东诸民族既然足供帝国主义竞争和抢夺，自然众目睽睽，都注视到远东来了，为的要利用远东贮藏丰富的天产和低廉的劳动重建他们在政治上经济上的帝国主义的威权了。资本主义这样的危机，是从来没有过的，资本家这样贪得无度亟图抢掠也算无以复加了。

第三国际第二次大会的决议案，直截了当的说，资产阶级德谟克拉西的一切民族形式平等的口号，所谓各国民族不问是工业先进国或工业后进国或独立国，殖民地，一律平等的观念，简直是一种诳语，第三国际的决议很指摘这些诳语，揭破那用伪德谟克拉西语调遮盖的诡谋。

本会远东各国代表报告他们国内状况的时候，和讨论季诺维也夫同志的报告的时候，各位同志已经很深刻的把资产阶级德谟克拉西的所谓一切民族平等的口号，是个什么东西，描写得明白极了。各位同志已经说得很清楚，民族平等在资产阶级社会中，是怎么一回事。在资产阶级的统治下面，在资本主义的统治下面，决不会有民族间的平等，因为强大的资产阶级国家常常想去臣服被压迫的民族，就是强大国家的资本家常常想掠夺工业后进国，以后进国的廉价劳力，略〔掠〕取后进国的天然富源。而尤其要紧，不可不在本会中格外提及的，更要促起大家注意的一桩事实：就是去把〔巴〕结全世界资产阶级和把〔巴〕结帝国主义强国的法门，并不是救助被压迫民族和半殖民地的道路。诸位中间有好多人，一年或十八个月以前，曾信赖巴黎和会，盼望这班帝国主义强盗中的一派或那派去帮助他们的，现在都到我们这里来了，他们现在已经觉悟向这般强有力者呼吁求助的无用了。我们要知道，凡压迫他民族的民族，自身也决不能得到自由；希望一个资本家或地主的政府能够把像日光、面包、空气一样重要的自由，给予被压迫民族，那是没有的事体。

同志们，国际共产党素来与资产阶级的政客们处在对抗的地位，也与欧美资产阶级列强处在对抗的地位，现在向被压迫的民族宣言说：只有你们自己能解放你们。但是你们要得解放，就非和国际无产阶级并肩前进不可。国际无产阶级正在争夺他自己的社会自由，他们彻底明白，要打破全地球上资本主义的圈套，要在全地球上建立起无产阶级专政的政府，现在的力量还不够办到，非把人类中最后进的一层人，最不觉悟的无产阶级，最后的人类生力军，都唤醒过来，加入这争自由的大斗争不可。世界的帝国主义已经把日本、中国、高丽、蒙古、满洲［中国东北］的运命和利害连锁在一起了，要是不与国际无产阶级连［联］络着来共同作战，这些国家没有哪一个能够独力得到自由和独立的民族发展。要明白这一层，我们须先把这些国家中的现状审察一番。

远东各国，大多数是工业后进国，在资本主义发展的路上不过才走最初步。还顶着外国的压力在外族战胜国鞭策之下走这资本主义路途上的初步。这些国家中间的大半是农业现状，是小作农私有制度。忽然外面闯进来了一些海盗，到他们国里去，要剥削他们。那些后进国里又有一种习惯，经过多少世纪的传袭，已把所有劳苦人们的手脚都缚住了，又把他们一切自由和独立发展的机会都阻抑了，简直不能发出一种自觉的势力。工业先进的资本主义便利用中国、高丽和其他远东各国的中世纪式封建制度去剥削他们的天然富源、多量劳力和原料，以为肥润他们自己的用处。把远东被压迫民族的社会和经济发展的步趋弄个明白，是个个共产主义者、个个革命家、个个诚实的德谟克拉西派的责任。

第一：中国本国的资产阶级不过在欧洲资本和本国市场中间做一个媒介物。中国商人是一种买办，欧洲资本家靠他们在本国人中间，在无知无识的农民中间去经营商业，去帮着破坏维持几百兆人民到现在的本国工业。外国的资本，像一种太上制度，威压在无数后进人民和后进劳动群众之上。来参加讨论的中国南方代表①，曾告诉我们，中国的国外资本怎样逐渐地括尽劳动群众根本的生存之源。那位代表曾给我们各种工业的详细报告，并且说明他们被外资摧残到了何等地步。外资捉住了一个工业后进国并在那里巩固他的威权后，一种分工就出来了，贵族的欧洲人的工作和后进的本国劳动群众的工作，简直有天壤之别。中国人将永远成为牢缚在土地上的农奴，他把最后的所有物送给村上的盘剥者，由这盘剥者再把他的血汗送给外国资本家。本地的手艺人必须丢弃他的手艺，他那原始的器具要和欧美大市场中的制造家竞争是不行的，因为这是资本主义社会的法则。这些手艺人，这些破产的农民，于是失掉他们经济上的根本，只得过一种穷苦无告的生活，成为一种半无产阶级，成为一种在欧洲帝国主义宰制之下不能改良他们的贫苦人们。

欧洲资本，把重要的海港、重要的内地交通、重要的政治中心都握在手里，他的权力已经遍处皆是。要证明这种资产阶级的宰制，我们是不妨举出那些在中国根据于所谓治外法权而演成的种种割让来做例子。外国帝国主义把可攫取的都攫取去了，一切政治上经济上机要的权利［力］都被他们攫取去了。外国资本已经把受压迫群众的运命操在手里了，要强迫他们照了他自己的意思去工作。资本主义在外国是尽了一个极大的促成革命的作用，他把散漫的群众聚到工厂里，教他们尽力操作，把他们组织起来，把革命的精神染给他们，然后教他们为自己的利益作战起来；但是在被压迫的民族则不然，资本主义并不开发后进国的工业，不过处处注目在把他们永远监在这种不开发的境地而尽量吮吸他们的原料。在欧洲，资本主义曾把农民变成无产阶级，但是在殖民地，他夺去了他们的生计，使他不得做有用的工，只得流为盗寇，靠劫掠所得去奉赡他的身家。在高丽、在中国，这种情形是实在而且普遍的。从这里面，正可完全暴露出欧美国际资本主义的自私心呵。他们的目的，不是在发展未开发国的工业，反而是在用种种方法阻碍这些国家的工业的发展，丧失大群众的生命膏血，使

---

① 即张秋白。

他们劫掠利益永远继续。所以当这些国中资产阶级民治主义革命党的代表希望在巴黎和会和其他同性质的会议中得到帮助的时候，他们是没有一次不遭过厌恶，藐视，并对于他们利益的完全不了解的。他们的所以不被了解，因为组织这些会议的代表，正是从一个只知道侵略这些国的阶级中选出来的。中国现在的情形就是这样：几个政系维持了一个封建的无政府局面，这情形是从1911年起一直继续到今日的。中国封建制度取一种军阀官僚组织的形式，这种组织，统治一种家长式的小农经济制度。他们常常内讧，外国的资本主义就故意挑拨，鼓动这些国内战争，好把中国弄得四分五裂而在战争中及战争后取得利益。

日本政府的对华政策是一种不知羞耻的强盗政策。要晓得这种公开的武力政策，很可以把帝国主义大战开衅以前日本"黑龙"党内一个黑白爱国团所发出的公文为例证。日本有名的帝国主义政策领袖们在这公文里不要脸的公开说着：

我们必须立刻设法使中国的革命党、帝制派和无论哪种的不满的分子发生扰乱，扰乱起来，就可以推翻袁氏政府。

同时，我们必须在中国人民的上级人物中间，选出一个最有势力的人来，帮助他平定内乱，建立一个新政府。要做这件事，我们非用自己的军队不可，假如我们的军队能对中国人民的生命财产秋毫无犯，那么要他们承认一个愿与日本联盟的政府是不难的事。

要挑拨内乱，现在正是一个机会。现在我们缺少的只有经费。但是日本政府假如肯利用这机会拨出一笔款来，那么暴动立刻就会起来的。以后，我们底政策就可以进行，就很容易达到目的。可是欧洲风云日紧，开衅在即，要做须赶紧做了，因为这种机会真是所谓千载一时，坐失了是不会再来的。

在研究中国政府的现在形式，我们必须考虑共和式政府适合于中国人民的需求到什么程度。从民国成立到现在，我们只听见处处的失望怨恨这共和的政治。就连那些起初赞成共和的，现在也承认他们自己错误了。所以将来假使维持这种现在的政府，中日亲善的目的是难于达到的。其理由如下：自从民国成立以来，一切共和的根本原则、一切道德、一切社会目的都和君主立宪的根本原则和目的相冲突。一切法律一切行政都是不同的性质。所以如果日本利用现在的机会，中国势必改组他的国家组织，模仿日本的样式，只有这样，远东问题才能达到完满的解决。假如这样，那么平定了中国内乱之后，不但建立了一个新中国政府并且在亚东大陆上建立起一个大陆帝国来，而且这帝国是处处和日本的现行制度相合的。日本对华政策，是求中日两国的永久结合，果能达到以上所说，岂不是一举两得的事么？（Der Neue Orient, Vol.V, No.7/8, pp.234–235.[①]）

这些人，说话倒是很老实的。他们底侵略政策还不曾实地经营，或者不如说，还不曾大规模地布置起来，已经把心里的话说出来了，于是把日本政府和日本帝国主义的计划披露出来了：怎么去引起扰乱，怎么去阻止一个有规则的经济发展的一切可能性，并且怎样去取得这受压迫国家里的天然富源。以后出来的事，便是这计划的直接结果了。他庇护中国民族中的渣滓——强盗分子——和督军，使他们延长内乱，造成民国的破坏。国民党的代表有一句话是把中国北方1917年忽兴忽灭的那个北京政府描写得很好的。他说："这些人，什么事也不做，只晓得坐坐汽车，借借外债。他们的第一件事，是卖国，一点一点的卖给外国强盗；他们的第二件事，是每天、每小时、每分钟，他把自己卖给外国强盗。"

自然用不着说，扰乱中国的军阀强盗后面，有外国资本家像走棋一般地在那里把他们搬弄，日本帝国主义用我上面所引的那样老实那样不要脸的公文表出他自己的意思，也是不足怪的。日本帝国主义的利益驱使着他们做出来。由日本到中国的输入，1908年是五十二兆（一兆等于一百万）两，1917年增到二百二十一兆两。1906年，由日本输到中国的货价等于全

---

① 《新东方》第5卷，第7—8期合刊，第234—235页。

输出量14%，到1917年，增加到24%，差不多增了三［两］倍。1917年以后，日本对华输出更是增加不已的。这是趁着其他各国的强盗顾不到的时机，赶快在满洲，在中国北部，建立日本的势力范围，也无非是日本的帝国主义有许多烂货销不掉，要来趁趁机会。欧战兴起，日本本想牵着中国加入战争。过一刻，说是嫌中国贫弱，便老实不客气代中国来担任那个高贵的使命，说是为保护中国的利益，对德宣战，实在不过是一种帝国主义侵掠的外交诡计罢了；占据山东，便是这诡计的证实。

外国资本主义侵入工业后进国——如中国，便造成惨酷的劳动状况，在工厂里面，在各种工业里面，本土工人的待遇，惨酷到极点。譬如1920年在两个雇用六千工人的最大铁路工厂里面，有3%的工人死于肺痨症，矿工之死于肺痨症的达到9%。看了这样的事，人总要以为日本资本主义和其他的同类既然在工业后进国中造起了这样不人道的劳动状况，那么对于他们本国的劳动者总要待遇好些了。岂知不然：在日本，每一千妇人中每年有二百六十六件肺结核案，和二百十七件其他的结核菌病案发生。在丝职［织］工业中，每千人中有三十四件肺结核和四十七件其他结核菌病案；在纺织工业中，肺结核者有二百一十；其他结核有二百八十。在麻丝工业中，肺结核有一百十四，其他结核也有一百十四。可见那些从中国劳动群众中括去的血汗并不是拿去润益日本的农民和劳动者的，全归到日本资本家和地主手里去了，他们是打劫别国肥润他们自己的，而且从这肥润之中使他们更能用更野蛮的手段去剥削他们自己的工人和农人的。现在，日本的工人和中国的工人中间，死亡率渐渐增加到可惊的程度了。看到这样，我们又要想起马克思描写初期资本主义聚敛时代所引述的话了。

现在生原料这样缺乏，全世界都喘息在穷乏下面，尤其是金属工业方面一无所有，自然怪不得英美法日的资本主义都要看着中国眼红起来。我把全世界存煤总数念给你们听听：美洲的合众国，存煤有三千八百三十八千兆吨；坎［加］拿大有一千二百三十四千兆吨；中国有九百九十六；德国有四百二十三；英国本部有一百八十九千兆吨。可见数国之中，若专拿煤讲，美国是最富。同时，你从表上可以看出，一个中国所藏的煤比全欧洲还富两倍。英国做了几十年供给欧洲工业的煤矿，德国因为产煤富，能在工业场上突飞猛进，但是这两个所共有的煤却不过的中国一半。而中国呢，产煤事业刚在开始，而用的又是原始的方法。1900年，产煤额止达五百万吨，1917年才有二千万吨。中国工业，只是现在才开始建设。

1913年，采一点西法的工厂和作场，数目只有一千九百一十三个；雇用的劳动者，只有六十三万零九百六十二名。在二万一千七百一十三个企业之中，有三百四十七个是装着机器的，其中二百九十八个用的是蒸汽机；此外用电力摩托的有一百四十一个，用各种其他发动机的事业有二百一十二个。男的劳动者数目是四十七万八千，女的劳动者数目是二十一万二千。到1913年末了，公司可以说是经营实业的，有三百六十五个了，投资总数是六千九百八十五万七千圆，一百八十五万七千圆的后备费在外。据最近的统计，中国的工厂和作场企业可以分作以下几支：

	（数量）	雇用工人
农具厂	6030	34745
纺织业	4652	249324
食物业	6175	181739
纸及印刷业	2134	64352
金属业	158	4049

Der Neue Orient, Vol.11, No.2, Page10[1]

这些工厂中间，凡属本国人开的，用的大概是手艺人。凡属大规模的工业都在外国资本家手里。假如我们由经济的观察点来观察中国，我们不得不说他。在工艺的发展场上，前途有无限的希望。世界上没有一个别的国有这样的天然富源，世界上没有一个别的国像中国一样人口繁密，更没有一个别的国家像中国那样惨酷的被掠夺，除非除开印度。美国和英国的

---

① 《新东方》第11卷，第2期，第10页。

资本主义，对于抢掠中国的资产原料是一样的关心；可是对于发达中国的实业都是一样的没有关心。例如，华盛顿会议和会议中成立的四国同盟，不但是我们共产党人，就那是中国资产阶级派出来的代表和资产阶级民治派，也不能在那一方面有半点希望。中国的工业和中国的资本主义是不能靠外国的资本主义和美英日的资本主义的扶助来发展的，因为这件事不是这些强国的利益所在，因为这正是和他们的殖民地政策及资本主义的利益相反的。

我们现在还是来打算打算那些放在中国劳动群众前面的事罢。放在他们前面的第一件事便是免去外国人的束缚。凡是中国的政客，若有和无论哪一个帝国主义携手的形相〔象〕暴露时，不但共产党人有严加攻击他们的责任，个个有良心的中国民主主义者都有这个责任。同志季诺维俟〔也〕夫说得不错，中国政治家中现在有不少亲美派。他还有一句话也说得不错的，就是中国的资产阶级也没有想靠英美日资本主义的帮助跻到列强位置的心思。因为尤其是美国资本主义，他的利益所在只是把中国利用作一个劳动蓄积地和原料取汲场，所以这种希望是成立不起来的。中国现在的第一件要事就是举行一个有力量的争斗去推翻那些在国内支持着封建式无政府状态的势力。一切中国的民主主义者必须联合为中华联邦共和国作战，而且他们决不可以只在上级社会——就是所谓智识阶级——中活动为满足，他们必须直入群众中间去，在一个能减低生活费的民主主义政府的标语下鼓吹、活动。无论哪一个钻营谋利者都是想抢劫中国的农民，中国农民是被外国资本家、日本官吏、中国督军和地方上放债人抢掠剥削。现在第一件要事就是去唤醒这一班群众，他们是中国人民的主要成分，他们是中国的柱子，若不唤醒这班农民群众，民族的解放是无望的。假如不唤醒农民群众，不告诉他替代这些毁坏国家的并为未来中国人民掘着坟墓的苛政重税而设立一种一律的税则，并且设立被人民选出和为平民负责任的政府，单是几个劳动小团体和资产阶级民主主义急进分子是成不得什么事的。假如不这样决不能希望什么结果。中国的农民渐渐也在欧洲人所有的耕植地上受欧洲人的剥夺，在本国地主的田地上的，是受地主的剥夺，他们利用他们的土地所有权，来剥夺农民佃户。我们必须提出土地国有和重征外国租借地的租税等呼声。这不但是共产党的呼声，凡属真想替这广大群众做一点事唤起他们来革命的民主主义者都应该主张的。资产阶级民主主义者应该知道不由这种呼声博得广大群众的同情，要革命，要推倒外国人的统治是永远不成功的。在这一件事上，是不该有疑问的，是必须充分了解的。现在中国劳动群众和群众中进步分子——中国共产党——当前的第一件事便是把中国从外国的羁轭下解放出来，把督军推倒，土地收归国有，创立一个简单联邦式的民主主义共和国，采用一种单一的所得税。他们必须为那一面做督军们的牺牲者一面被当做炮灰的中国农民大群众建立一个联邦的统一的共和国。

中国的劳动运动是正在学步的时候，我们不在最近的将来造空中楼阁。我们不希望中国劳动阶级立刻就得到那日本劳动阶级所能在最近的将来得到的指挥地位。但是青年的中国劳动运动是在一天一天长大起来了。现存那些根据于同业偏见或各方面都显出旧行会组织的团体必须重新组织——使他们成为纯正的无产阶级的团体，这是第一课。我们必须极力反对用工头制的旧式掠夺方法，因为他已成为资本主义掠夺勾当之直接先锋。同时我们必须明明白白的说：中国的劳动运动，中国的劳动者必须踏稳他们自己的脚步，不可和任何民主党或资产阶级分子混合。推开窗子说亮话，我们十二分知道，在最近的将来，我们和这些在民族革命组织中组织起来的资产阶级民治分子决不会有若何激烈的冲突的。然而同时，我们必须告诉这些资产阶级民主主义分子说：若果他们要想抑制中国劳动运动，若果他们想利用中国的工会去遂他们零零碎碎的政治活动，想把这些工会限制在旧式手艺组织的精神上或宣传劳资两阶级融洽的论调——在这些范围以内，我们对他们决不饶让。我们是帮助无论哪种民族革命运动的，但是也只看他不致向损害无产阶级运动的方向走去，才帮助他。我们定要说：谁不帮助民族革命运动的，是一个共产主义无产阶级革命的蟊贼。但是同时也要说：谁和无产阶级运动的觉醒为难的，也是一个民族革命运动的蟊贼，谁阻止中国无产阶级站在他自己的脚点上说他自己的语言的，也是一个中华国民的蠹贼。我手里有一张广东中国机器工会的报告，那报告是这样结束的："罗素说：假如有人问我中国怎样可以不用资本主义开发实业，我就要首先答他除非实行国家社会主义。"这个工会的代表，本报告的作者，也和这有名的英国哲学家同具一个见解。罗素是腐败的社会调（和）论的和社会主义的代表，我们知道的，中国劳动者必须拒绝欧洲殖民家这种腐败的调和的社会主义的倡导者所指出来的路，而去走全世界劳动者所走着的路——共产主义。我们知道的，不把中国变成一个真正的共和国而在中国谈什么国家社会主义，不过是一种欺骗。劳动阶级决不可自己与中国农民阶级隔离。他非去和他们携手，给他们光明、教育和共产主义的观念不可。当然的，中国眼前未必能起社会革命，也未必有立刻组织苏维埃的要求，但是同时，苏维埃理想是适合于民众革命争斗和革命民众去压服民治主义势力的最好组织的福音，必须宣传。因为苏维埃是各个国家中劳动群众手里的最好武器，无论他是工业劳动者的国家还是农民的国家。这是近东和中央亚细亚的几次革命运动的经验所能最确信地证明的，这种经验决不能经过远东而不留丝毫影响。

（《向导》周报第9期，1922年11月8日；第10期，1922年11月15日。转引自中共一大会址纪念馆编：《中共首次亮相国际政治舞台（档案资料集）》，上海人民出版社2016年版，第262—272页）

利金就在华工作情况给共产国际执委会远东部的报告（节录）

（1922年5月20日）

利　金

第一部分

上海之行

1921年10月初，根据共产国际执委会远东书记处的决定，或更确切地说，根据舒米亚茨基同志的安排，我被派往广州。在我动身的时候，远东书记处主席团成员同志就完全考虑到，我在哈尔滨暴露之后已不能在除南方之外的中国其他地方从事地下工作。

据远东书记处联络部告知，有英国签证才能去广州，否则去不了。为了拿到签证，我只好停留在哈尔滨，等了几乎整整一个月，最终，我拿到了所需的外国护照和签证，继续了我的上海、广州之行。在上海，我应拿到工作经费和得到必要的情报。

但是，在上海得知：（1）尼柯尔斯基同志处没有所需的经费；（2）根据远东书记处的指示，我应在那里等待新的安排。新的安排不久就收到了，其中包括远东书记处的命令，让我在瓦西里同志（即尼柯尔斯基）出席远东各民族代表大会期间呆在上海。这样一来，我在上海逗留多少时间没有确定。

当地总的情况

远东书记处认为上海是该处在当地全部工作的集合点。这里是朝共中央和中共中央的所在地，也集中了同日本的联系。我的工作开始时，伊尔库茨克在筹备代表大会。朝共中央和中共中央的很大一部分成员都走了，总的工作速度放慢了。都在等待大会的召开，等待着会议的指示和决议。在大会作出决议之前，各地不宜作出什么基本决议，所以总的情况是在等待。

联 系

作为远东革命工作的中心，上海同日本、朝鲜、伊尔库茨克和我们在中国的地区性组织都有联系（确切地说是都应建立联系）。应该承认，同日本和朝鲜的联系并不令人满意，同中国组织的联系令人满意，同伊尔库茨克的联系不太令人满意。

上海联络站

按照远东书记处的方案，建立联系要集中在一个特别的联络站。但这仅仅是方案，而实际上不是这样，不仅不是这样，而且也不可能是这样，因为远东书记处指派的联络员，由于种种情况根本无法完成这项任务。结果"联络站"的全部工作被简化为把电报译成密码和有时到电报局去发密电。实际上，同俄国的联系是通过维尔德同志[1]进行的，同朝鲜和中国的联系是由朝共中央和中共中央负责的，而同日本的联系在我逗留期间中断了。应该说，远东书记处预先设想的，把共产国际全权代表履行的指令职能同集中在联络站的交通职能明确划分开来的做法是荒谬的。

部分联系方向的情况介绍[2]

中共中央同地方党组织的联系，技术上的困难最少，进行得令人满

---

① C. л. 维尔德，全俄消费合作社中央联社驻上海办事处主任会计。——译者
② 同日本和朝鲜的联系情况从略。

意。在中央开展的全国性运动中，做到了行动上的完全一致，也就是地方组织必须服从中央的指令。不过应该说，书籍的传送并非始终都一帆风顺，例如，为纪念李卜克内西出版的一批小册子，就在天津被海关没收了。

最后，同俄国的联系，尽管远东书记处联络部付出可观费用，并设有许多联络站，但进行得还不是令人满意的。我们在远东的联系是不够的，应该承认，其基本原因是远东书记处的整个联络工作所依靠的基本组织前提是错误的。这种组织前提，可以认为是试图建立一些不仅独立于所有苏联驻外机构，而且与它们完全断绝联系的中心联络站。按远东书记处联络部的最初指示，国外联络站应该是毫无例外地脱离所有驻外合法机构，秘密地进行活动。此外，联络站还应与远东书记处的全权代表断绝来往。例如，我们确切地知道，去上海领导联络站的同志得到指示，要尽量少见全权代表，而到上海全俄消费合作社中央联社办事处出差的维尔德同志，干脆被禁止会见全权代表。

不用说，在最初的实际工作尝试中，远东书记处联络部的指示就落空了。为进行联络，联络站常常不得不利用苏俄的一些驻外合法机构。但是主要错误，即对这些机构利用不够，一直保留到最后。我们在远东的联络工作在组织方面的先天不足，正是应该从这一点上去寻找。另一方面，联络工作和其基本网络的设置，考虑得不是很周到。如天津和北京的联络站完全是多余的，因为无论出于保密考虑还是出于节省经费，都不能在天津和北京为非本地同志提供住宅。

从另一方面来说，联络工作在组织方面的很大缺陷是：（1）部分联络站实际上没有双重隶属关系；（2）强行限制远东书记处联络部开展的联络工作。事情是这样：根据伊尔库茨克的指示，联络站只是信件交往和书籍、人员中转的技术性机构。其实，在对保密没有任何损害的情况下，可以并且应该让同一些同志担负一些其他任务，哪怕是情报资料搜集、当地情况研究等工作。最后，应该考虑到，远东书记处本身同中央（即共产国际执委会和外交人民委员部）联系不够，这在很大程度上妨碍了上海同俄国的联系，否则就不好解释，像河南街钱款事件①这样头等重要的问题，为什么我询问多次却不作说明。

综上所述，我认为，为了同远东建立真正的联系，今后必须：（1）最广泛地利用苏俄的所有驻外机构来达到我们的目的。（2）通过把联络工作同某驻外机构的合法工作结合起来，设立兼任职务。（3）建立固定的联络站网络及其互相的隶属关系。（4）让从事联络工作的人员兼做情报搜集、当地工人生活条件研究等工作。（5）必须只挑选那些精通英语的同志从事联络工作。

拨　款

国外工作的拨款无论在我以前还是我在之时都没有完全明确的计划。当然，预算是有的，但是每项预算只有在具备明确的内容，也就是工作本身有严格明确的方案的情况下，才是有效的。上面这一点没有做到，应该预先说明一下，由于秘密工作条件本身的缘故，也不可能有完整的工作方案。

我觉得，某些违背预算的情况是完全不可避免的。只能规定最大限度的开支，而实际的经费分配应由全权代表和中央的有关同志共同来进行。

应当承认，共产国际远东书记处给国外工作的拨款有两个主要缺点：一是组织方面的开支占了大部分，二是给各中央的预算拨款常常变动不定。例如，朝鲜中央得到的是：9月份6000②，11月和12月份4000，1月份2000，3月份1000。在中国工作的条件下，这种波动就会造成直接有害的影响，不会为保持稳定，哪怕是出版工作的稳定留有余地，而如果中央给予即使起码的但经常的拨款这是能够做到的……③

---

① 此事件详情不明，"河南街"为音译。——译者

② 原文未注明货币单位，下同。——译者

③ 关于秘密工作条件和朝鲜情况部分从略。

第二部分：中国

预先几点说明

共产国际在华工作始于1920年春，从最初几个月起，在这项工作中就形成了我们在华工作的两个基本点，一直保持至今。

依靠最有觉悟的工人建立共产主义小组，然后它们联合起来组成中国共产党，这就是对待共产主义小组工作的原则立场。通过党的知识分子团体渗透到工人阶层中去，这是在当地条件下唯一可行的工作策略特点。全部工作的主要支柱，因而是知识分子共产主义小组。它们借助于合法和非法组建的工会，借助于争得青年学生和工人的社会主义青年团，逐步渗透到工人群众当中。上海被选做工作的中心。

中国的共产主义小组

这种状况保持至今，在中国的许多地方都有共产主义小组，与上海共产主义小组有组织上的联系，上海小组被认为是中国共产主义组织中央局。小组的名称最准确地表明了这些组织的性质，不仅是因为这些组织的人数微不足道（所有小组成员总数不超过200人），而且是因为现在，即过去两年之后，已经可以看出中国共产主义小组的一些本质特点，这就是：（1）脱离群众；（2）试图把自己局限在自己的组织范围之内；（3）推崇小组个别成员在小组全部工作中反映出来的个人威望；（4）积极活动能力较差。

我们的工会

其组成部分是清一色知识分子的中国共产主义小组，通常都是与中国工人群众完全隔绝的。试图借助我们成立的工会来争夺对工人的影响的做法，并未收到什么令人满意的效果。在中国成立的工人局脱离群众。真正的工人运动是在没有共产主义小组参与下进行的。这种情况在香港大罢工期间显示得很突出，对于这次罢工，我们的小组不仅袖手旁观，而且也未能采取援助措施。据罢工期间正在广州的马林①同志证明，当地的共产主义小组一直未支持罢工②。因此，需要指出，现在我们的小组确实与中国工人运动格格不入，与其没有联系。

青年团

与此相反，中国共产主义小组在青年学生中间却有很大影响。在一些学校，社会主义青年团是有威信和很大影响的。在中国共产主义小组的组成成分中，有几个有声望的工会，所以很容易解释为什么共产主义小组有这种影响。这种影响在纪念李卜克内西和反基督教的两次运动中部分地得到了证实。中国共产主义组织依靠社会主义青年团，能够轻而易举地在激进的知识分子中间，特别是青年学生中间开展大规模的运动。在广州，青年团的影响特别大，在那里，青年团是合法的，有几百名团员。在北京，可以毫不夸张地说，国立大学处于我们的影响之下。

共产主义小组与中国国民革命运动

脱离中国工人运动的中国共产主义小组，从另一方面来说，与中国国民革命运动也没有联系。这是我们共产主义小组的第二个不幸。这里又

---

① 马林（Maring, 1883—1942），荷兰人，原名亨德立克斯·斯内夫利特（Hendricus Sneevliet）。1902年加入荷兰社会民主党。1918年加入荷兰共产党。1920年出席共产国际第二次代表大会，当选执委会委员，并任共产国际驻中国代表。1921年到上海，帮助筹备并参加中国共产党第一次全国代表大会。后与孙中山多次会晤，并出席中共中央西湖会议，致力于国共合作。1923年被派往共产国际远东局工作，次年回荷兰。1927年脱离荷共。德军侵占荷兰期间，参加抵抗运动。1942年4月被德国纳粹逮捕杀害。在长期的革命活动中，他化名很多，在中国工作期间的常用化名是马林和孙铎。

② 马林在1922年7月11日给共产国际执委会的报告中说："广州共产主义小组与举行罢工的海员没有任何联系，也没有援助罢工，因为它认为它应从事地下工作，而国民党同罢工工人之间联系非常密切，以致在广州、香港和汕头的近12000名海员加入了这个组织。"（见托尼·塞奇：《中国第一次统一战线的起源》第1册，第299、318页）

表现出中国共产主义组织所特有的小组习气。它们把自己局限在单独的独立小组中，不大能从事实际革命工作，满足于像在温室里那样栽培共产主义。中央①曾几次根据我们的主张作出关于在一些场合必须同国民党合作的决定，但都未得到贯彻执行。这在很大程度上是远东书记处的过错，因为从1921年起它就没有在广州设代表。

共产主义小组的活动

尽管中国共产主义小组存在着基本的决定性的弱点，即决定它们一方面脱离工人运动而另一方面脱离国民革命运动的小集团本质，但是应该指出，这些小组过去和现在确实都做了大量有益的工作，这就是出版工作和宣传工作，我在那里逗留时，表现为搞一些宣传运动，其中最有意思的是所谓反基督教运动。

地方小组

在北京、天津、汉口、长沙和广州存在着与上海中央局有联系的小组。这些地方也有青年团。上海小组具有领导作用，不仅因为它是中心组，而且也因为有陈独秀同志参加。青年团根据共产主义小组的指示做工作，而所有运动都是根据远东书记处总的指示或我的指示共同开展的。

北方地区

由于我们的小组设在北京大学附近，对青年学生有很大影响，所以北方地区具有比较重大的意义。由于北京青年团的努力，我们同京汉、津浦铁路工人建立了联系。不过这个地区的主要意义还是在于对北京学校（国立大学、师范学院、高级女子专科等）青年学生的影响。毫无疑问，李守常教授（即北京大学颇孚众望的讲课人）参加我们的小组，起了很大作用。

---

① 原文如此。指中国共产党中央局。

报告所涉及时期的共产主义组织工作

中国共产主义组织在12月至下一年4月间的工作，除出版工作和日常宣传鼓动工作外，可归结为开展四项运动，即：（1）卡尔·李卜克内西被害周年纪念；（2）支援香港罢工；（3）上海新年宣传运动；（4）反基督教运动。

1月15日

纪念卡尔·李卜克内西是中国共产主义组织中央局同青年团一起开展得比较成功的宣传运动。表面上看，这场运动表现为在北京（国立大学）、上海和广州举行群众大会，在广州举行街头游行，中央局专门出版一本小册子，以及各地组织印发传单（包括在上海印发朝文传单）。内部运动吸引了青年学生，只有在广州也吸引了工人。报界几乎未注意到这次运动。这次运动的性质证明，无论社会主义教义还是李卜克内西和罗莎·卢森堡的名字本身，对于广大青年来说都是陌生的。不过对于中国来说，这是很自然的。上海的群众大会不带有示威性质，而好像带有严肃报告的学术性质。但从表面上看，由于听众之多（约有800人）和发言者不光是中国人，而且还有朝鲜人、日本人和印度人，会议进行得很成功。

新年宣传运动

1月底，中国农历新年那一天，成千上万中国普通百姓被吸引到上海"新世界"来了。上海小组利用这种情况以及寄贺年卡的习俗开展了一日宣传运动。他们印发了总共8万份的两种传单：一种是新年贺卡，一面印有老一套的贺词，一面印有告工人书；另一种是唤发民族感情，号召为建立纯一的中国而与苏俄携手战斗的呼吁书。为散发传单动员了中国和朝鲜的青年团团员，散发活动进行得很顺利。

支援香港罢工运动

上面我已谈到，香港罢工，不仅其发动而且进行过程都与我们共产主义小组没有联系。我们的共产主义小组也未能充分开展支援运动。

我们的小组同工人没有很紧密的联系，自然也未能掌握上海和另一些华北中心城市工人群众中出现的声援运动。做出过这种尝试，但未收到多大效果。中央局所拟定的即便是局部的一日声援罢工计划，也未能实现。同样，也未能把部分工厂工人所进行的为罢工工人基金募捐的活动有系统地组织起来。结果是：整个声援运动只限于宣传鼓动，出版了专门的传单和呼吁书；中央局派了一名同志去香港同罢工者取得联系；在上海，中央局同工贼行为进行了斗争。

上海警察局同宣传者展开了激烈的搏斗。许多同志被拘留，部分劳工局①成员被捕，其中包括该局临时领导人李启汉同志。被捕者被提交法庭审判，做了少量罚款处理。

非基督教运动

因此，如果说，想领导支援香港罢工的运动而未取得成功，这再一次证明我们的小组同中国工人群众缺乏联系，它们对工人运动的影响微乎其微，那么所谓非基督教运动则无可争辩地证明，这些小组能够把大批的学生和激进的知识分子吸引到广泛的运动中来，如果这场运动的基本方向涉及当代中国最迫切的问题的话。这证明，靠我们在中国的现有力量，现在已能在很大程度上控制国民革命运动，并使我们的组织处于领导地位。

非基督教运动的普遍性质

从表面上看，非基督教运动是青年学生进行的一场运动，旨在反对4月4日在北京举行的世界青年基督教同盟代表大会。但这仅仅是从表面上看问题。实际上，这场运动是形成一个整体的几个因素的综合反应。应该认为，非基督教运动的基本因素是对外国人的民族抗议运动，这个因素把最

---

① 指中国劳动组合书记部，1921年8月在上海成立，1925年5月在广州成立中华全国总工会后被撤销。

大量的同情者，即政治上不成熟，但具有民族主义情绪的广大青年阶层，吸引到运动中来。第二个因素是与我们更加贴近的一种运动，也就是对基督教在华传教士，即奴役中国的外国资本家的代理人的抗议，同时也是对资本主义制度的抗议。我们的社会主义青年团和直接附属于它的一些团体打出了这些口号。第三，一些无足轻重的阶层，受到对基督教的宗教排斥情感的支配，也可能参加非基督教运动。最后，纯反宗教的知识分子无神论者团体也加入了非基督教运动的总战线。它们试图在运动进行得最激烈的时刻，把它推上科学的反宗教运动轨道。

总之，非基督教运动形成了广泛的战线，上面所指出的这条战线的各个部分，都是站在一条线上齐头并进，并在不知不觉中渐渐地互相转化。运动的总指挥部从第一天起就掌握在共产党中央局手中，它通过青年团成功地控制了整个运动。

组织方面

英国人的报纸，一开始想对这场运动保持沉默，而当运动规模之大已使它们不能保持沉默时，便对运动进行了特别恶毒的攻击。它们断定，整个非基督教运动只不过是一个隐蔽布尔什维克的屏幕，它们的这种看法是完全正确的。运动的基本力量确实是我们的共产主义小组和社会主义青年团。非基督教同盟只不过是一个合法的挡箭牌[①]，使我们能够公开地和广泛地进行宣传活动。

上海中央局建立了由7人组成的专门委员会，来对这场运动进行实际领导。它制定了详细的运动计划，可归纳为以下五点：（1）组建合法的非基督教青年同盟，其中央机构设在上海；（2）制定同盟章程；（3）召开非基督教组织代表大会；（4）通过派我们的同志以基督教代表身份参加会议来从内部破坏基督教代表大会；（5）通过派我们的同志参加基督教同盟地

---

① 非基督教学生同盟是根据中国社会主义青年团的倡议于1922年3月在上海成立的。

方组织来瓦解基督教同盟[①]。

运动的展开

这场运动是从3月初上海非基督教青年同盟发表宣言时开始的[②]。宣言措辞激烈，是针对整个基督教的，特别是针对"殖民主义基督教"的。宣言说，传教士及其信徒，以及基督教同盟成员，都是资本家的警犬。宣言号召：（1）工人的所有朋友和（资本家为其带来死亡的）工人自己起来进行斗争；（2）一切有民族头脑并明了外国统治的作用的中国人起来进行斗争。唯有上海一家报纸《民国日报》同意刊登呼吁书，而且是在预先核实确有合法的非基督教同盟之后才同意的。与此同时，还用电报把简短的号召发给全国最大的几个高等学府。

国内反应

预先做了准备的地方共产主义组织，打着非基督教同盟名义，号召人们参加在上海爆发的非基督教运动。在上海宣言发表3天后，报纸上就报道了北京成立非基督教同盟的消息。过了一周，在广州、汉口等地也成立了非基督教同盟。整个国家被非基督教同盟网所覆盖。广大学生和知识分子立即加入非基督教运动。第一个宣言发表后的3天当中，上海同盟收到20份要求加入同盟的申请书。公布的同盟章程含有涉及盟员资格的三个要点。章程说，凡不仅同意同盟宗旨，而且（1）交纳盟费；（2）参加同盟所有会议；（3）随时随地为同盟做宣传工作，此外还具有盟员证的公民，才能算是盟员。

宣传运动

非基督教同盟所进行的宣传活动，具有完全出人意料的规模。同盟出

---

① 除破坏1922年4月在清华大学举行的世界基督教学生同盟代表大会外，计划的基本条款都实现了。

② 1922年3月9日发表。

版的小册子①及中央和地方委员会发表的宣言，引起了基督教团体的反对。外国报纸不得不划出几乎常设的栏目来报道这场运动。而一些中文报纸，如《晨报》开辟了宗教讨论专栏。在全国范围内，特别是在北京大学，举行了群众大会。仅在北京，盟员人数就超过1500人。一句话，不仅基督教代表大会被搞垮了，而且这场运动形成了由我们共产主义小组中央局领导的强大社会浪潮。

改变运动方向的尝试

许多著名知识分子加入了这场运动，例如北京大学校长②、某些教授等。北京的这些知识分子团体试图使运动转到科学的反宗教宣传方面，它们揭掉了运动的民族革命面纱，而恰恰是这个面纱使运动变得很猛烈。但是中央局巧妙地掌握住了运动的领导权。

结　论

在我看来，非基督教运动的教益在于，这场运动不仅说明我们有可能掌握，而且也证明我们的共产主义小组能够掌握中国社会激进阶层的人民革命运动，而做到这一点，就是实现我们在中国的两大重要任务之一。

中国工作的前景

与朝鲜不同，在中国，我们拥有一些基本的可以依靠的组织，这些组织可以并且也应该被看作是我们今后工作的支柱。上面我所说的中国组织的弱点，就是它们的小组宗派性。然而丝毫不是过高估计它们的作用和它们的分量，必须指出，中国共产主义小组在其存在的两年间确实做了大量组织、宣传和出版方面的工作。仅我在上海逗留期间，就出版了大约16种翻译的小册子，还有中国同志自己编写的纪念卡尔·李卜克内西和反基督

---

①　《非基督教运动》，上海，1922年。

②　指蔡元培。

教的两本小册子，并就华盛顿会议、纪念李卜克内西、庆贺两个新年、香港罢工和一系列反基督教宣言等事件散发了成千上万张传单。我在这里所说的仅仅是中央局的出版物。

在组织方面，中央局建立和发展了一些青年团组织，这些团组织与国内许多高等院校有联系。在广州，青年团已发展成为一个很大的合法组织，约有团员800名。

在本报告所总结的时期里，中央局开展了两大宣传运动，其中非基督教运动规模最大。

最后，对小组人员组成情况的了解表明，在中国共产主义小组组成人员中，有许多同志，如李守常、陈独秀、张太雷、邓中夏、张国焘、李启汉等，不仅是忠诚的革命者，而且也是颇有影响的工作者。

因此，归根到底必须承认，在中国，我们有从事共产主义工作的支柱，今后的工作应归结为两个基本方面：

1. 必须使这些支柱同中国工人组织联合起来，以便从思想上和组织上夺取工人群众。
2. 必须争取使中国共产主义组织成为国民革命运动的首领。

这是两个基本目标，决定了应由共产国际执委会向中国共产主义组织提出的总任务。

中央局迁往广州

我确信，中国目前的形势把对我们小组工作的组织改革问题提到了首位。这次改革可归结为把工作重心转移到广州。这样做有许多理由，最重要的理由是：（1）现在在南方有广泛的合法条件；（2）在广州有最先进的工人运动；（3）最后，广州是国民党的活动中心。

合法条件和广州工人运动的巨大规模，提供了同工人群众建立联系的可能性。这是我们的首要的和基本的任务。社会主义青年团的例子证明了这一点。应该说，广州社会主义青年团取得巨大组织成就，正是因为具有这两种情况：合法条件和工人运动的发展速度。广州共产主义小组之所以至今未与广州工人运动建立密切的联系，只能用其薄弱来作解释。正因为如此，需要从北方派一些能力强的同志到广州工作。在共产主义小组中央局迁到广州和整个工作重心集中在广州的情况下，这是完全可以做到的。

最后，南方是国民党的活动舞台，如果我们共产主义小组中央局迁到广州，这种情况就有助于把国民革命运动的各种联系集中到中央局手中。在南方，中央局较容易把劳动群众从国民党的影响下吸引过来，使之接受共产主义小组的影响。

实际措施

无论东方部针对本报告作出什么决定，也无论它对我们在朝鲜和中国所做的工作作出什么评价，有一点是无［毋］庸置疑的：完全有必要立即加强我们在华的工作，不是通过增加中国工作预算，而是通过派一些同志到各地去做组织、指导工作。最近一个时期，共产国际执委会只有一个同志负责整个中国的工作[①]，这是很不正常的。在中国没有这样的统一的党，其领导权可以集中在中央局的一位全权代表手中。在中国，有一些正在探索前进的地方共产主义小组，至少在北京、上海和广州的三个共产主义小组中，完全有必要设东方部的全权代表。

另一方面，从当地的条件来看，向中国派遣一些同志，并把他们的工作限定在党、工会和青年团的工作范围之内，这是很不恰当的。从秘密工作和节省开支方面考虑，这三项工作应委托同一些同志去做，以便把共产国际的工作同某种合法的国外工作切实结合起来，从联络方面考虑也应这样做。

（中共中央党史研究室第一研究部译：《联共（布）、共产国际与中国国民革命运动（1920—1925）》，北京图书馆出版社1997年版，第81—96页）

[①] 指马林。

中国共产党对于时局的主张（节录）

（1922年6月15日）

中国共产党中央执行委员会

九

好政府主义者诸君呵！你们脚才发出"努力""奋斗""向恶势力作战"的呼声，北京城里仅仅去了一个徐世昌，你们马上就电阻北伐军，据中外古今革命史上的教训，你们这种妥协的和平主义，小资产阶级的和平主义，正都是"努力""奋斗""向恶势力作战"的障碍物。军阀势力之下能实现你们所谓好政府主义的涵义吗？你们观察现时京、津、保的空气，能实现你们政治改革的三个基本原则和六个具体主张吗？清室倒了，统一党章秉［炳］麟便急急主张和袁世凯妥协，反对继续战争；袁世凯死了，进步党梁启起［超］等便急急主张和段祺瑞妥协，反对继续战争，结果都造成了反动的变乱。你们（小资产阶级的和平主义者）又那能不蹈此覆辙！

国民党诸君呀！你们本是革命的民主主义者，应始终为民主主义而战，宁可战而失败，不可与北洋军妥协而失败。民国元年因袁世凯宣誓拥覆［护］共和，你们和袁世凯妥协，上了一次当；五年又以恢复约法国会等条件而与段祺瑞妥协，又上了一次当；现在不可又以恢复国会法统、废督裁兵等条件而与北洋军阀妥协了。在北洋军阀卵翼之下的约法国会将与五六年状况何异？希望军阀自己出来废督裁兵，岂不是与虎谋皮？废督改称总司令，云南、四川、湖南的现状与前何异？军阀间内讧甚烈，正在互相对垒，互相防制，无论那一方面都在增兵，那一个肯裁兵自灭？从前徐树铮（说）："我也赞成裁兵，但必候我的兵练齐了再裁别人的兵。"（现）在张绍曾说："方今赣州一带战事方殷，豫乱虽平，伏莽未靖，沈辽负固，窃发堪虞，军务既待肃清，各省宜有统驭，就直、赣、豫等省论，即或曹、吴诸帅如自解职，试思四郊多垒，指挥究属何人？"他们在实际上不能裁兵废督的苦心，算是由这两位北洋派代表人物老实说出来了。你们唯有一心完成你们民主革命的使命，勿为这些欺人的好听的空话所误！

农民、工人、学生、兵警、商人诸君呵！军阀不打倒，废督裁兵是不可能的；军阀不打倒，想他们不强索军费、不扰乱中央及地方财政秩叙［序］是不可能的；军阀不打倒，想他们不滥借外债做军费政费以增加列强在华势力是不可能的；军阀不打倒，想他们不横征暴敛，想他们绥靖地方、制止兵匪扰乱是不可能的；军阀不打倒，工商业怎能发展，教育怎能维持和振兴？军阀不打倒，想他们不互争地盘是不可能的；因为他们互争地盘战争一次，农人、工人、商人的身家性命便跟着牺牲一次，无辜的兵士、警察便跟着身罹炮弹一次。他们战争无止期，我们要停止这种无止期的牺牲，只有加入民主战争打倒军阀，没有别种姑息的妥协的伪和平方法可以得到根本的真和平幸福的。一切小资产阶级的学者、政客，根据他们姑息的妥协的伪和平论，来反对民主战争，我们万万不可听从。和平自然是我们所不排斥的，但是虚伪的妥协的和平，愈求和平而愈不和平的伪和平，乃是我们所应该排斥的；战争诚然是我们所不讴歌的，但是民主主义的战争，减少军阀战争效率的战争，把人民从痛苦中解放出来的战争，在现在乃是我们所不记［能］不讴歌的。

十

中国共产党是无产阶级的先锋军，为无产阶级奋斗，和为无产阶级革命的党。但是在无产阶级未能获得［受］政权以前，依中国政治经济的现状，依历史进化的过程，无产阶级在目前最切要的工作，还应该联络民主派，共同对封建式的军阀革命，以达到军阀覆灭、能够建设民主政治为止。我们目前奋斗的标目［目标］，并非单指财政公开、澄清选举等行政问题，乃以左列各项为准则：

（一）改正协定关税制，取消列强在华各种治外特权，清偿铁路借款，完全收回管理权。

（二）肃清军阀，没收军阀、官僚的财产，将他们的田地分给贫苦农民。

（三）采用无限制的普通选举制。

（四）保障人民结社、集会、言论、出版自由权，废止治安警察条例及压迫罢工的刑律。

（五）定保护童工、女工的法律及一般工厂卫生工人保险法。

（六）定限制租课率的法律。

（七）实行强迫义务教育。

（八）废止厘金及其他额外的征税。

（九）改良司法制度，废止死刑，实行废止内［肉］刑。

（十）征收累进率的所得税。

（十一）承认妇女在法律上与男子有同等的权利。

上列各项原则，决不是在封建式的军阀势力之下可以用妥协的方法请求得来的。中国共产党的方法，是要邀请国民党等革命民主派及革命的社会主义各团体，开一个联席会议，在上列原则的基础上，共同建立一个民主主义的联合战线，向封建式的军阀继续战争。因为这种联合战争，是解放我们中国人受列强和军阀两重压迫的战争，是中国目前必要的不可免的战争。

中国共产党中央执行委员会

（《中国共产党对于时局的主张》，1922年6月17日；转引自中央档案馆编：《中共中央文件选集第1册（1921—1925）》，中共中央党校出版社1989年版，第42—46页）

党的"二大"关于"民主的联合战线"的议决案

（1922年7月）

人类经济的及政治的进化，自然造成阶级的战争，封建时代与民主时代间，因为经济的及政治的大变动，资产阶级对于封建的战争，是不能免的；民主时代与共产时代间，因为经济的及政治的大变动，无产阶级对于资产阶级的战争也是不能免的。

人类现在的历史，正在阶级战争的奋进途中，不但无产阶级对于资产阶级的战争大部分还未得着胜利，即民主对于封建的战争也并未终了，尤其是东方产业幼稚的国家，不但在社会习俗上，即在国家统治权上，封建的势力仍然大部分存在或完全存在。在这种封建势力统治的国家，人民的生命财产都握在武人手里，法律和舆论都没有什么效力，所以为人民幸福计，民主派对于封建革命是必要的，无产阶级倘还不能够单独革命，扶助民主派对于封建革命也是必要的；因为封建武人是无产者和民主派公共的仇敌，两派联合起来打倒公敌，才能得着出版、集会、结社的自由，任何阶级都必须得着这几种自由方有充分发展的机会。民主派打倒封建以后，他们为自己阶级的利害计，必然要用他们从封建夺得政权来压迫无产阶级，这时他们压迫的程度和无产阶级能够抵抗的程度，乃看无产阶级在民主的战争期间所发挥的组织能力和战斗能力至何程度而定。

中国名为共和，实际上仍在封建式的军阀势力统治之下，对外则为国际资本帝国主义势力所支配的半独立国家。在这种政治经济状况之下的无产阶级，在这种内外两层压迫之下无法得着自由而又急须得着自由的无产阶级，更有加入民主革命运动之必要。我们要知道：无产阶级加入民主革命的运动，并不是投降于代表资产阶级的民主派来做他们的附属品，也不是妄想民主派胜利可以完全解放无产阶级；乃因为在事实上必须暂时联合民主派才能够打倒公共的敌人——本国的封建军阀及国际帝国主义——之压迫，不如此无产阶级便无法得着为自己阶级开始团结所必需的初步自由，所以在民主的战争期间，无产阶级一方面固然应该联合民主派，援助民主派，然亦只是联合与援助，决不是投降附属与合并，因为民主派不是代表无产阶级为无产阶级利益而奋斗的政党；一方面应该集合在无产阶级的政党——共产党旗帜之下，独立做自己阶级的运动。

我们共产党不是空谈主义者，不是候补的革命者，乃是时时刻刻要站起来努力工作的党，乃是时时刻刻要站起来为无产阶级利益努力工作的党。在中国的政治经济现状之下，在中国的无产阶级现状之下，我们认定民主的革命固然是资产阶级的利益，而于无产阶级也是有利益的。因此我们共产党应该出来联合全国革新党派，组织民主的联合战线，以扫清封建军阀推翻帝国主义的压迫，建设真正民主政治的独立国家为职志。我们应该号召全国工人、农人在本党旗帜之下去加入此种战争。我们须告诉他们：此种战争虽不能完全解除工人、农民的痛苦，却是解除工人、农民的痛苦使工人、农民到权力之路的第一步。同时又须告诉他们：无产阶级加入此种战争，不是为了民主派的利益，做他们的牺牲，乃是为了无产阶级自己眼前所必须的自由而加入此种战争，所以无产阶级在战争中不可忘了自己阶级的独立组织。

中国共产党第二次全国大会认定中央执行委员会所发表民主联合战线的主张，是能够应付时势之急迫的要求的，今后更应扩大此主张，并规定进行计画［划］如左：

（A）先行邀请国民党及社会主义青年团在适宜地点开一代表会议，互商如何加邀其他各革新团体，及如何进行。

（B）运动倾向共产主义的议员，在国会联络真正民主派的议员，结合民主主义左派联盟。

（C）在全国各城市集合工会、农民团体、商人团体、职教员联合会、学生会、妇女参政同盟团体、律师公会、新闻记者团体等组织"民主主义大同盟"。

（《中国共产党第二次全国大会决议案》，1922年7月；转引自中央档案馆编：《中共中央文件选集第1册（1921—1925）》，中共中央党校出版社1989年版，第64—66页）

中国共产党加入第三国际决议案

（1922年7月）

　　无产阶级是世界的，无产阶级革命也是世界的，况且远东产业幼稚的国家，更是要和世界无产阶级联合起来，才足以增加革命的效力。现在代表世界的无产阶级为世界无产阶级革命大本营的，只有俄罗斯无产阶级革命后新兴的第三国际共产党。第三国际共产党，是和一方面利用无产阶级，一方面供资本帝国主义利用的第二国际，正立在对抗的地位。中国共产党既然是代表中国无产阶级的政党，所以第二次全国大会议决正式加入第三国际，完全承认第三国际所决议的加入条件二十一条，中国共产党为国际共产党之中国支部。

附：

第三国际的加入条件

　　（一）每日的宣传和运动须具真实的共产主义的性质，并遵守第三国际的纲领和决议。党的一切机关报，均须由已经证实为忠于无产阶级利益的忠实共产党编辑，不要空空洞洞说成"无产阶级专政"为一种流行的烂熟的公式，应当用实际的宣传方法，把每日的生活事实系统的清解于我们报纸上面，使一切劳动者，一切工人，一切农人，都觉得有无产阶级专政出现之必要。

一切定期的或其他的报纸与出版物，须完全服从党的中央委员会，无论他是合法的或违法的，决不许出版机关任意自主，以致引出违反本党的政策。

凡属第三国际的党众，无论在报纸里面，公众集会里面，工团里面，合作社里面，不仅要系统的，严刻的攻击资产阶级，并且要攻击与他通气的各色改良派。

（二）凡要加入国际共产党的组织，必须一律的系统的从一切工人运动的重要地位中（如党的机关编辑部、工团、议院团体、合作社、市议会）排除一切改良派和中央派而代以证实的共产党——在起初的时候，不要顾惜以初出行伍的劳动者代替经验富足的战士。

（三）阶级争斗，差不多在欧美各国家中，已入了内乱时代，在这样情形之下，共产党就不要以适合于资产阶级的法律为能事了，他应该到处创造与合法机关平行的违法机关，以便在决定的时候，完成他对于革命的职务。在施行戒严令或非常法律的国家，共产党一切行动不能合法发展时，合法行动与违法行动同时并进为绝对必要。

（四）在军队中传播共产主义的理想，必须引起一种坚忍的系统的宣传与运动，若因非常法律，公开的宣传困难时，就应当在里面做违法的工作；假使不肯这样进行，便是违背革命的责任而不能加入第三国际。

（五）系统的合理的宣传，在乡村是必要的，工人阶级若是至少得不到乡村劳动者（农业的雇工和极贫的农人）一部分赞助，或至少不能使一部分落后乡村在政治上守中立，他是不能胜利的。故共产党在乡村的工作在今日占非常重要的位置，他应当使共产主义的工人常常与乡村相交接；假若拒绝这种工作，或委托这种工作于可疑的半改良派之手，那就等于抛弃无产阶级革命。

（六）凡愿意属于第三国际的党，应该告发一切爱国社会主义、和平社会主义的虚伪与错误；应该普遍的指教劳动者使其知道除了由革命推翻资本主义外，国际联盟所标揭的什么国际仲裁，宿［缩］减军备，民主主义的改造，一点也做不到，并且绝不能救出人类于帝国主义无穷的战杀之中。

（七）凡愿意属于国际共产党的党，必须承认与改良主义和中央派的政策有完全的确定的分裂之必要，而且必须在党员与组织之间宣传这种分裂。共产党一致的行动，惟有付了这个代价才为可能。

国际共产党命令的，不许讨论的要求这种分裂应在一个极短期间即行成就。国际共产党不能容许著名的改良派屠拉第、考茨基、伊尔辉登、朗格特、马克它兰马、老列尼辈有权自命为第三国际党员，及到这个里面来演把戏。假使这样一来，他们又要飞速的把第三国际弄成为第二国际一样的。

（八）关于殖民地与被压迫民族的问题，凡在资产阶级私有这些殖民地或压迫其他民族的国内的党，应该具一种特列［别］显明的方针。凡愿意属第三国际的党必须严厉告发"他的凶恶帝国主义者在殖民地的威压"；对于殖民地的解放运动不但口头赞助，而且要在实际上赞助他，要求驱逐帝国主义者于殖民地之外，使本国劳动者对于殖民地的劳动人民与被压迫民族发生真实的友爱感情，而且在宗主国军队之中，维持一种继续的运动，反抗其对于殖民地人民的一切压迫。

（九）凡愿意属于国际共产党的党，在工团、合作社及其他一切工人群众的组织里面，必须从事一种坚忍的系统的宣传运动，应以坚忍的工作在其中组织一些共产党的核心，使一切工团都共产主义化。他的责任又应时时刻刻揭破爱国社会党的叛逆和中央派的犹疑。一切共产党核心，应当完全受党的节制。

（十）凡属于国际共产党的党，都应努力坚忍的攻击亚姆斯德登的黄色国际工团，他们都应坚忍的在工团内部传宣［宣传］与亚姆斯德登黄的［色］国际必须分裂的思想，并应以一切势力拥护加入于国际共产党的红色国际工团。

（十一）凡愿意属于国际共产党的党，应审他的议院团体的构造，排除一切可疑的分子，使议院团体不在口头上而在实际上，服从党的中央委员会，务令一切共产党议员将其一切活动，隶属于革命的宣传和运动之真正的利益之下。

（十二）凡属于国际共产党的党，必须建筑于德莫克乃西的中央集权的原则之上。在现在内乱激烈的时候，共产党惟靠极集中的组织、铁的纪律（即采用军队的纪律）和全体战士一致给中级［央］机关以广大的权力、过余的信任，使得执行一种不可抗辩的威权，才能成就他的职务。

（十三）凡在共产主义可以合法争斗的国内，共产党必须定期的洗刷自己的组织，淘汰一些模稜［棱］的和小资产阶级分子。

（十四）凡愿意加入国际共产党的党，必须以全力拥护苏维埃共和国与反革命作战。他们必须不懈的鼓吹劳动者拒绝为苏维埃共和国（的敌人）运送军火军需，并须在派去攻击苏维埃共和国的军队中，努力从事合法的或违法的宣传。

（十五）一切至今还保守在社会民主党旧政纲上面的党，必须立刻根据国际共产党的精神，参酌他们国内的特别情形，建立一个共产党的新政纲。照例，凡属于第三国际各党的政纲，必须经过国际共产党大会或他的执行委员会批准，如某党政网［纲］不及执行委员会批准时，该党有请愿于国际共产党大会之权。

（十六）国际共产党大会一切决议及他的执行委员会一切决议，有强迫加入国际共产党之各党一律遵行的权力。当兹内乱激烈的时代，国际共产党与他的执行委员会，自应计算各国争斗的不同情形才通过各种普遍的决议并且审定其可能才至强迫执行。

（十七）按照以上一切设定，凡加入国际共产党的党，应一律改变他们的名称。凡愿意加入国际共产党的党必须命名为某国共产党——第三国际共产党支部。名称问题不准［仅］是形式问题，而且是个重大的政治问题。国际共产党业已不客气的向资产阶级旧世界和一切黄色的旧社会民主党宣战，所以最要紧的，是要把共产党与旧社会民主党及冒了工人阶级旗帜的官僚社会党之不同，在全体劳动者眼前，弄得极明白。

（十八）各国共产党的中央机关报，必须刊布国际共产党执行委员会一切重要的正式文件。

（十九）凡已经加入及表示愿意加入国际共产党的党必须于尽快的短期间内——至迟不得过国际共产党第二次大会后的四个月——召集非常大会说明这些条件。各党的中央委员会应把国际共产党第二次大会的一切决议宣传、一切地方组织完全了解。

（二十）凡现在愿意加入第三国际而还未根本变更其旧方略的党，必须由在第二次大会前已公然宣言加入第三国际的同志，预先在党的中央委员会及一切重要中心机关中，获得党员三分之二的多数。例外的事须经国际共产党执行委员会核准，才得行使国际执行委员会对于第七条所载的中央派的代表，保留行使例外之权。

（二十一）凡排斥国际共产党一切条件和原则的党员，必须开除出党，非常大会的代表同样处理之。

（《中国共产党第二次全国大会决议案》，1922年7月；转引自中央档案馆编：《中共中央文件选集第1册（1921—1925）》，中共中央党校出版社1989年版，第67—72页）

向共产国际执行委员会的报告（节录）①

（1922年7月11日）

马　林

同志们：

　　在第二次世界代表大会之后，我奉命赴上海，研究远东各国的运动，与之建立联系并就共产国际是否需要和可能在远东建立一个办事处，做一些调查。

　　直到1921年3月我才成行。1920年8月至1921年3月之间，在莫斯科有人告诉我，将在伊尔库茨克建立一个远东书记处，由它在日本、朝鲜和中国从事宣传工作。魏金斯基②同志曾在上海工作，1921年6月，书记处派尼柯尔斯基同志（Нико

---

　　①　本文原件在拉夫斯坦档案中。格鲁勃在《莫斯科控制下的共产国际》1974年纽约版第324—375页曾部分予以公布，译文见我国人民出版社1980年出版的《马林在中国的有关资料》第11—21页。又据安东尼·塞奇教授书稿知在荷兰司法部档案中也收藏了这一文件，但没有附录。

　　②　魏金斯基（1893—1953），又译为维金斯基、维经斯基、威金斯基。俄国人，原名哥里戈里·纳乌莫维奇，又名扎尔欣，中文名伍廷康、吴廷康、胡定康，笔名魏琴、卫金。1920年4月受俄共（布）西伯利亚局派遣来华，会见李大钊、陈独秀、孙中山等人，介绍十月革命并筹备中共建立。1923年1月被共产国际执行委员会任命为远东局成员。参加过中共第四、五次代表大会和决议的拟定。1925年3月在共产国际第五次扩大全会上专门就中国问题作报告。1927年回苏后从事农业、教育和科研工作。签发这个文件时，他正主持共产国际远东支部工作。

пьский）到上海工作，我也同时到达那里，立即和这个同志取得联系，他与我合作一直到12月初。我们几乎每天见面。在这6个月里，虽然我来到上海的事已为人知晓，我又在荷兰领事馆登了记，可是当局并未找我们的麻烦。在此期间，赤塔来的弗莱姆贝格同志（Fremburg）为工会国际工作，我也经常与他合作。

从欧洲经苏伊士到上海的旅途中，警方给我添了许多麻烦。我本要在维也纳取得签证，却在那里被捕了。6天之后，经弗里德利希·阿德勒和一位律师营救，我才获释，旋即被驱逐出境。维也纳警方把我的护照交给当地外交部，结果所有给我签证的国家都得到通知，英国当局在哥伦坡①、槟榔屿、新加坡和香港等港口，对我实行了严格的控制。由于我在维也纳被捕，我到上海的事也通知了日本方面，使得我既不能去日本也不能去朝鲜。当年4月，当我打算经中国东北回来的时候，日本人拒绝给我乘坐南满铁路火车的签证。荷属印度政府立即与上海的总领事馆进行联系，这一做法迫使我不得不一到上海就马上前往报到，公开合法地住在该地。在这个东方大城市里，运动开展很不够，这说明我可以在那儿工作上6个月，同中国、朝鲜、日本、爪哇和俄国的同志们保持联系而不受干扰。此外，在上海的公共租界，人们要与各国当局打交道，而他们的意见常常是不一致的。这种情况使人有可能利用上海与邻近国家建立联系，在此，每周都可以和美国联系，5天之内可到达日本，去菲律宾需要6—7天，去新加坡10天，去爪哇14天。我与伊尔库茨克的书记处并无组织上的联系。书记处的权限仅限于中国、朝鲜和日本，对我来说还有菲律宾、印度支那和荷属印度。虽说可以按照地域划分来联系这些殖民地，可是我在离开此地之前就阐明了我的意见，我认为这些殖民地应和英属印度联系在一起，因为这些地方的运动发展情况相近似，而殖民地政府的反映［应］又是完全一样的。我曾两三次向伊尔库茨克书记处建议，应把爪哇和英属印度联系起来，直到现在我回到彼得格勒后，才听说这件事将要实现。

---

① 即科伦坡。

　　我到上海后过了一些时候，伊尔库茨克来的信使通知我说，执行委员会已指定我为书记处成员。伊尔库茨克那里决定让我留在上海。实际我只是名义上参加了书记处。我从未收到过伊尔库茨克来的任何文件，我收到的少量共产主义文件是来自爪哇。虽然从伊尔库茨克到上海可能只用两个星期的时间，可是在我离开之前，始终没有人给我送过文件。由于我从来没有收到过任何直接寄给我名下的文件，所以我没有参与过书记处的决策和全盘工作。我和尼柯尔斯基同志在上海期间，我只局限于帮助他执行书记处交给他的任务，我从不独自工作，以避免发生组织上的混乱。对于从那时以来书记处取消的策略，特别是对朝鲜人的策略，我不能负任何责任。在伊尔库茨克设一个共产国际办事处，实际上对远东毫无用处。那个城市太偏远了，不可能经过中国东北同东方国家保持经常联系。就连赤塔也不适宜于同东方国家保持经常联系。直到现在，我们在那里收到的文件，经美国、伦敦或汉堡寄来的，要比经过西伯利亚顺利得多、快得多。

从6月初到12月10日期间的工作

　　一、中国。在上海，我是在极为不利的条件下开始工作的。该城虽然是中国最大的工业中心之一，却没有我们所理解的那种工人运动。凡尔赛和约在知识分子中引起的强烈冲动，已经完全消逝，学生运动的领袖们从中国政府得到了出国深造的机会。因此，学生的组织从那时起也就变得没有价值了。除了唯一的北京附近的铁路工人组织外，只有广东省的工人建立了现代的工会组织。中国工人组织的旧形式，行会和秘密结社，如上海的红帮、青帮，倒不如说是开展正常的工人运动的障碍。现代产业工人的人数甚少。固然，现代工业，特别是外国办的工业，发展得相当迅速，可是产业工人仍然是中国人口中很少的一部分。到新加坡、科伦坡、荷属印度、菲律宾等地的移民，都是中国的大资本家，仍然没有人在中国投资。几乎没有统计资料。德国出版的一本关于中国的最新文集中，估计产业工人人数达40万。据上海和香港的判断，这一数字太小。尽管工业中心劳动条件十分恶劣，来自贫苦农民中的劳动力却为数众多。到目前，大部分工人同在农村的家庭保持着联系，而且过几年又回到农村。成群结队的妇女和7岁的儿童在工厂里做工糊口，在纱厂的童工月工资不超过10先令。每昼夜劳动时间达12（18）小时。成年工人月薪不超过2英镑。工人绝大部分目不识丁。

中国人口的大部分是农民，他们虽然穷，但几乎都是小有产者。内地人同外界的资本主义几乎没有联系。对于中国农民来说，没有像俄国农民和印度农民那样的阶级斗争；也不像印度和朝鲜农民那样必须缴纳重税。因此，农民群众对政治完全漠不关心，也不会发挥任何政治作用。他们消极地忍受着频仍的军阀混战。内战已是年轻的中华民国司空见惯的事了。在中国享有利益的外国势力之间的矛盾，很大程度上助长了这些内战。整个生活从政治上看仍在外国势力控制下。还没有一个训练有素的阶级能在当前这个时代指出前进方向。

魏金斯基同志在上海工作期间，在陈独秀同志领导下组成一个中国共产党人小组。陈几年来一直编辑《新青年》杂志。这个小组划分为7—8个中心，在全国的人数也不过50—60人。通过劳动学校（工人俱乐部）开展工作，魏金斯基同志离去了，那里没有经费，学校不得不再度中途停办。陈同志在广州担任省里的行政工作，受委托主管教育。

1921年7月，各地方小组代表齐集上海，并决定建立共产党，即共产国际的支部，虽然建立一个宣传性的小组会更好一些。党只能秘密地进行工作，党要求陈同志放弃广州的工作，担任政治领导。出版了一种共产主义的月刊，在上海、广州和北京重新开始了工会组织的有计划的宣传工作。另外，在工会国际代表的协助下出版了一份周报。在这两个城市和广州又办起了劳动学校，为工会运动培训骨干。一些共产主义小册子译成了中文。上海的七月会议，由于法国巡捕采取行动不得不急忙休会。陈同志应共产国际代表的邀请，在一个共产主义小组进行政治工作。此后，他于8月底来到上海。他在广州的教育工作经历了巨大的困难，特别是有些困难来自国民党人方面。在上海建立了劳动组合书记部，它出版了一种新的周报，并同一些工人小组建立了联系。与此同时，一些秘密会社立即就制造了麻烦。书记部在一些地方的罢工中得到罢工工人的支持，罢工的结果使劳动报酬提高了。但是，在上海本地区还没能建成一个有影响的现代组织。因为共产党只是秘密地工作，它没有取得显著的成果。它同华南的国民运动没有保持联系。我们同这个小组织经常保持紧密联系。尼柯尔斯基同志从伊尔库茨克接到的指示中说，党的领导机关的会议必须有他参加。中国同志不同意这样做，他们不愿意有这种监护关系，而且也未出现过困难。在上海，一段时期中流行着一种看法，按照地方小组的意见，只有经过登记的党员才是坚定的共产党人。后来他们取消了这种组织上的人为的限制，入党更容易了。上海的青年组织，1920年至1921年达到200人，1921年夏大为退步。知识分子中的工作有一段时间完全中断，可是自张太雷同志参加（共产国际）第三次世界代表大会回来以后，有计划地安排了对青年的宣传工作。特别是在华南，对青年的共产主义宣传取得显著的成就。

自从我们得知伊尔库茨克下达的关于从中国、朝鲜和日本派出代表参加远东人民代表大会的任务后，当即同中国党的领导机关，就代表团的组成问题做出安排。派同志到广州和另一些城市去邀请那里的团体。共产国际的代表为此事亲自寻求同孙中山的国民党建立联系，这个党的中央委员会设在上海。会谈期间决定，我于12月离开此地到孙中山设于桂林的大本营去，并同国民党在广州的领袖建立进一步的联系。与此同时，该党派出一名代表赴伊尔库茨克。张太雷同志被派往日本，邀请那里的同志参加伊尔库茨克的会议。①

上海和北京的周报定期出版，以大部分篇幅刊载翻译文章的《共产党》月刊也定期出版。我们打算让青年（团）和共产党的两个月刊合并，因为这两种月刊的内容大体相合。在我离开以前，《共产党》②已停止出

---

① 这里指的仍然是远东人民代表大会。该会会址原为共产国际远东书记处驻地伊尔库茨克，起初代表们也曾在此举行过预备会议（见台湾郑学稼《第三国际史》），后来为增大会议影响，又将会址移莫斯科，正式举行开幕式。闭幕式则在彼得格勒。

② 《共产党》月刊于1921年7月停刊。

版。我同党的领导机构就出版一种政治周报①问题商量了数次，可是这一计划直到今年4月尚未实行。

关于华盛顿会议问题，翻译和发表了执行委员会的提纲。这次会议远不像凡尔赛会议那样，引起那么一场大规模的政治活动。在一些城市里组织了示威游行，我们党也参与了。但是并没有形成一场普遍的反对华盛顿会议的运动，众所周知，孙中山政府没有派代表到华盛顿去。②

共产主义文献的翻译和出版由党办理。例如列宁的《国家与革命》已由一个中国同志③翻译出版。

············

同国民党的联系

1921年12月10日，带着张太雷同志做译员经过湖南，沿内地旅行，去拜访孙中山，当时，他正督师桂林（广西省）。在那里，我作为孙中山的客人停留了9天，后上路做广州之行。海员罢工时，我在广州每天都同国民党的领袖联系。在广州共停留了10天，然后经陆路到汕头。我认为，这次南方之行是我在中国最重要的时期。关于中国的运动及其前途，上海给了我一个悲观的印象。到了南方我体验到，有可能进行有益的工作，而且工作定会卓有成效的。在一些省城我发现中国青年对社会主义问题非常感兴趣。我在长沙、桂林、广州和海丰参加了青年的集会。那里有当地青年学生的俱乐部，他们从事无政府主义和社会主义的理论研究。一般地说，这种青年组织实际上对于工人运动的发展起不了多少作用。只有在长沙，我们青年团组织了反对华盛顿会议的游行示威，并建立了一个纺织工人协会，它于1921年12月底举行罢工。青年团的两个领导人在这次罢工中被

---

① 1922年9月《向导》周报出刊。

② 此处不确切，广州政府派出了一名代表（王正廷）去列席会议。

③ 陈望道译《国家与革命》是我国最早的译本。

捕，并遭到省长的杀害①。要做实际工作，特别是在内地，对于青年来说相当困难，因为那里的社会仍然处于地道的中世纪状态。交通运输十分不便。我到过许多村庄，没有见到欧洲货和日本货，所有东西都靠村庄自己生产。在这种地区当然很难为了达到我们的目的同手工业者打交道。

现在我想首先谈谈国民党组织的性质。在同几个领导人谈话中我明白了，国民党由四种人组成。

1. 起主导作用的知识分子。大部分人参加过辛亥革命。这些领导人中有不少在日本或法国接触过社会主义，自称社会主义者。孙中山也属于这一类，他曾亲自跟我说，他是布尔什维克。孙中山的三名助手组成的一个小组，有一段时间在广州出版了一种马克思主义的月刊，只是在组织北伐以后，这个月刊才停办。同我联系的军官中有不少人对俄国革命和红军组织表示了极大的兴趣。

2. 华侨，即国民党组织中的资产阶级分子。他们总是帮助工人政党改善经济状况，并希望党统一中国，建立秩序和安定，消除军阀混战的影响，捍卫中国的独立自主。中国的这部分资产阶级侨居异乡，直到最近才在中国建立了资本主义企业。他们没有明确的政治目标。国民党的领导人从未表达过这个群体的需要。

3. 南军中的士兵。这些没有社会地位，处境恶劣的人加入了国民党，尽管将领们反对士兵加入政党。身为国民党员的年轻军官在士兵中进行宣传，就连孙中山本人，在到达桂林以后，也多次在集会上谈到国民党组织的宗旨，同时还强调要以俄国军队为楷模。

4. 工人。特别是在广东省和华侨当中，孙中山同工人已经有了长期联系。党的领导人在广州支持工会组织，在罢工中总是站在工人一边。今年1月海员大罢工期间，我清楚地看到工人同国民党之间的联系情况。这个政治组织的领导人指导着罢工的全过程。罢工工人参加了这个党的民族民主主义的示威游行，所有资助都来自国民党方面。广州的共产主义小组同罢

---

① 即赵恒惕指使枪杀黄爱、庞人铨的事件。

工海员完全没有联系，也没有采取任何行动支持罢工，因为那里的党认为只能进行秘密工作。国民党同罢工者之间的联系非常紧密，在广州、香港和汕头大约有12000名海员加入了国民党。

党的纲领为各不同派别的人入党提供了可能性。其性质是民族主义的，奉行的是以反对外来统治，主张民主，让国民的人格受到尊重，过上幸福生活为内容的三民主义。孙中山和他的志同道合者把这最后一个要求解释为民生主义①。1920年孙中山发表了一本论中国经济发展的书②。这本书包含了一个发展国家资本主义经济的计划；前言中说，这种国家资本主义经济必然导致社会主义生产方式。孙中山想借外债来促进中国的发展，但是外债不应导致从政治上干涉中国事务。当国民党组织在第一次革命中败于袁世凯，许多党员投向对手的阵营后，国民党的纲领中加上一条纪律作为第四项准则，即要求对党魁绝对服从。入党时须具誓约，誓愿服从命令③。这就是第四个主义④，它成了在青年知识分子中进一步发展党的障碍。孙中山向我抱怨说，青年知识分子对社会主义感兴趣，成立了一些小的集团和派别，对于中国的政治生活却毫无用处。这个党的另一些领导人告诉我，自从清朝统治者失败以来，党在知识分子中的号召力大大减弱，因为党的民族主义表现得不再那么强烈。纲领中各条款的提法易为社会主义者接受而成为国民党党员，在党员中可以找到各种社会主义倾向的代表人物。自从孙中山组织北伐以来，党的状况就变得不正常了。不举行代表大会。孙中山个人专权，正如在南方政府里一样，他是南方政府的总统。在广州召开的中华民国前议会赋予孙中山

① 孙中山的民生主义，西方和苏联习惯上都译为"社会主义"。

② 指1918年孙中山离穗返沪后用了一年多时间撰写的《建国方略》，其中的实业计划系用英文写成，副题是列强共同开发中国的计划。

③ 这是1914年4月18日孙中山致邓泽如书中所述"发起重新党帜"的意图，书中说："因鉴于前之散漫不统一之病，此次立党，特主服从党魁命令，并须各具誓约，誓愿牺牲生命自由权利，服从命令，尽忠职守，誓共生死。"（见《国父全集》第5集，第171—172页）

④ 原文如此。实际上孙中山从未把这一点与三民主义并提。

独裁的权力。他自己发动了这次北伐，党的书记①陈炯明将军从一开始就表示反对北伐，他认为，国民党暂时必须先治理广东省。他反对选孙中山为南方政府的总统，因为他主张地方分权，而不愿意中国实行中央集权。既然他主张的是联省自治，所以吴佩孚的政策很合他的胃口。广东省几乎要支付北伐的全部费用。陈炯明不愿意承担这次征讨的责任。虽然三次受到就任北伐最高指挥的邀请，他依然滞留广州，拒绝参与北伐。南方军队的精锐部分，即陈炯明的军队，在广州按兵不动。1月，2月，国民党的两个领导人之间还未发生决裂。我与孙中山进行了三次长谈，谈到承认俄国与联俄的可能性。他认为，华盛顿会议给中国造成不利局面，但是，只要他的北伐还未完成，联俄实际上是不可能的。他说，北伐后，他立即同俄国公开结盟。按照他的看法，俄国和中国一起可以解放亚洲。过早地联俄会立即引起列强的干预。他向我阐述的观点是，如果他不联俄，他就能够在不受列强干涉的情况下把中国的事情办好。我指出，他的党进行的民族主义宣传也必然导致这种干涉，而且他不能削弱这种宣传，否则，他就要完全落入受军阀控制的境地，而后者至多只能使他走向第二次南京妥协。一度共事的将领反叛而离去的事件迭次发生。现在陈炯明这个例子就可以证明，孙中山的说法是不能成立的。1月份他已经无路可走，只有同俄国建立非正式联系，他表示愿意派一个最好的同志到俄国去。

在广州，我跟南方政府的一些人员谈过话，他们对俄国革命都持赞同态度。尤其是前议长张继表示赞成中国实行一党专政，并希望要么在蒙古，要么在西伯利亚组织北方的中国革命者来支持南方的运动，只有陈炯明对党的专政不感兴趣，我曾经跟他长谈三次。他也自称社会主义者；作为驻扎在福建省一支革命军队的将领，他完全站在俄国革命一边。俄国的发展却又使他向右转。他认为，在拥有3000万居民的广东省，有可能在经济上实行国家资本主义，遏制私人资本主义，政治上实行一种地方拥有最大自主权的民主的政府形式。他认为，整个中国统一是不可能的，国民党

---

① 原文如此，实际上陈当时是内务部部长。

的纲领是很不够的。他认为，必须建立一个新的社会主义政党。例如，他就资助一家由共产主义者任主笔的日报①，在罢工中他也总是帮助工人。他想派一个代表到俄国去，并表示不反对共产国际在广州建立一个办事处，还希望跟俄国军事顾问一起改组军队。在这几次谈话中他对孙中山虽采取激烈的否定态度，但当时还谈不上会发生公开决裂。及至他的副官遭暗杀，他本人被免去省长职务以后，决裂开始发生。他率部回到省里，静观默察，看孙中山回穗后会采取什么措施。后来便兴兵反孙，致使后者离去，南方政府解体。陈炯明声言与吴佩孚的改组计划完全一致。我在陈炯明那里时，他已经知道，孙中山要跟满洲督军张作霖结成军事联盟。他为这种策略辩护，声称只有这样才能战胜吴佩孚。

直到现在，广东省长在省里仍独揽大权。至今未实行任何社会主义的改革。吸收了几个工人代表参与城市的管理工作，可是工人为数甚少，不能产生影响。就中国情况而言，工会组织大有进展。泥木工人有了一个很大的现代工会。在全省都有一些分会，还为提高工资成功地进行了几次地方性罢工。这个组织在少数几个同志的影响之下，他们试图与其他城市的地方联合会取得联系，并想建立全国的联合会。比这个组织更为重要的是海员工会，它大约有12000名会员，1月份在国民党的帮助下在反对轮船公司和香港英国政府的大罢工中赢得胜利。冶金工人中至今仍然是较老的劳动组织形式，可是他们正在努力建立一个现代的联合会。估计广州约有50000名工人参加工会组织，我认为这个估计不算高。至今他们那里仍得不到工会国际的文件资料。我觉得，广州组织起来的工人与工会国际联系是可能的。那里还有一个工人互助组织，是由一个宣传共产主义的从美国回来的中国同志领导的。1月15日，这个组织和青年团为纪念罗莎·卢森堡和李卜克内西举行了一次旅行，有2000名工人参加。值得注意的是共产主义小组竟然没有参与这次宣传。

省政府还办起了一所为国民党培训宣传人员的学校。那里有广州工人

---

① 显然这里指的是陈秋霖任主笔的《闽星日报》，但陈并非共产主义者。他不过在该报发表过朱执信、廖仲恺以及陈炯明等人的比较进步的文章。

夜校，教学计划中规定要讲授社会主义理论。

结束华南之行之后，我去北京访问苏俄使团，报告情况并提议在南方设立俄国代表机构。使团人员①把我给外交人民委员会和共产国际的初步报告送往俄国。因为我不能取道西伯利亚走陆路，所以4月24日，在我同共产党组织的领导人和国民党设在那里的中央委员会谈过几次话以后，就从上海出发。我建议我们的同志，改变对国民党的排斥态度并在国民党内部开展工作，因为通过国民党同南方的工人和士兵取得联系要容易得多。同时，共产主义小组必须不放弃自己的独立性，同志们必须共同商定在国民党内应该遵循的策略。国民党的领导人告诉过我，他们愿意在国民党内进行共产主义宣传。我们的同志拒绝这个主意。这些共产主义小组若不在组织上同国民党结合，那他们的宣传前景暗淡。只有青年中的情况较好。青年国际的代表，一个俄国同志②到了上海，他和我们的张太雷同志一起在广州筹备一个青年代表大会，这次大会已于5月举行。特别是在南方，青年组织发展得很好；如果他们把这些地方团体合并起来，就有可能建成一个很有影响的青年组织。我还向我们党的领导机关建议把驻地移往广州，在那里至少可以公开工作。在回来的途中，我跟荷兰同志商讨了是否有可能再派几个共产党人到爪哇去，以消除政府政策所造成的恶果。

致以
共产主义敬礼

H.马林
1922年7月11日，莫斯科

（李玉贞主编：《马林与第一次国共合作》，光明日报出版社1989年版，第59—76页）

---

① 原文是"公使"。这里指的是巴意开斯，但当时中苏两国的关系尚未正常化，所以巴意开斯不可能是什么公使，而是苏俄驻华代表团团长。

② 指1922年4月份前来中国筹备中国社会主义青年团第一次代表大会的C.A.达林。

共产国际给中国共产党中央委员会的命令①

（1922年7月18日）

中国共产党中央委员会接短笺后，应据共产国际主席团7月18日决定，立即将驻地迁往广州并与菲力浦②同志密切配合进行党的一切工作。

共产国际远东支部

维经斯基（吴廷康）

（中共中央党史研究室第一研究部编：《共产国际、联共（布）与中国革命文献资料选辑（1917—1925）》，北京图书馆出版社1997年版，第321页）

---

① 这个命令当时用打字机打印在马林（斯内夫利特）的丝衬衣上。荷兰阿姆斯特丹国际社会历史研究所保存着原件。

② 马林曾用名之一。

共产国际执行委员会给其派驻中国南方代表的指令

（1922年8月）①

一、代表的全部活动应以共产国际第二次代表大会关于殖民地问题决议的精神为基础。

二、共产国际执行委员会认为国民党是一个革命组织，它保持着辛亥革命的性质并努力创建一个独立的中华民国。②因此中国共产党人应当有以下任务：

1. 训练能保持独立思想的党员，未来由他们组成中国共产党的核心。

2. 这个党将随着资产阶级、小资产阶级和无产阶级分子间日愈明显的分裂而成长。分裂之前，共产党人应该支持国民党，特别是国民党内代表无产阶级分子和手工业工人的那一翼。

---

① 原件未标日期。据1923年马林给共产国际执行委员会的一份报告，知这是1922年8月由拉狄克主持拟定的。另外，1969年苏联研究中共党史的专家卡尔图诺娃在《共产国际与国民党改组的若干问题》一文中，也曾引用这个指示的大部分内容，并明确指出这是1922年8月共产国际执行委员会给其派驻中国南方的代表的指令（详见《共产国际与东方》1969年莫斯科版，第302—303页）。

② 本条中以下部分《共产国际与东方》一书中未载（见该书第312页）。

三、为完成这些任务，共产党人应该在国民党内和工会内把拥护共产党的人组织成一些小组。靠这些小组形成一支大军去宣传反对外国帝国主义斗争的思想，建立中华民国和组织反对中外剥削者的阶级斗争的思想。

四、为反对外国帝国主义的斗争，需要建立一个专门的宣传组织，它应设法在全国开展工作，其行动纲领应不仅立足于反对日本的公开压迫，而且要立足于反对英美帝国主义的伪善政策，立足于联合苏俄和日本革命分子。①如果可能，这个组织的建立应取得国民党的同意，但是又应该完全不依赖国民党，因为国民党对南方政府负责，有时要回避同帝国主义份子的冲突。

Ⅴ②、中国共产党人最重要的任务是组织劳动群众，这一任务的完成在目前时期只能采取建立工会的形式。但它遇到现有以地方原则为基础的无政府主义的基尔特（行会）的阻碍。与这些行会斗争的最大困难，就在于这类组织不仅仅是只搞互助活动，它们还是祭祖或拜神的组织。鉴于群众中普遍存在的这种宗教迷信活动，同这些行会进行斗争时，应回避这类现象。工人的注意力则应集中于另一方面即这些组织并不十分强大，不致影响工人经济任务的完成，而且正由于这个原因才应当建立工会。

Ⅵ、应在征得已建立工会的工业中心的同意后，实行工会的集中化。工业组织或工会组织是否需要建立的问题，要完全视当地情况而定。

（中共中央党史研究室第一研究部编：《共产国际、联共（布）与中国革命文献资料选辑（1917—1925）》，北京图书馆出版社1997年版，第324—325页）

---

① 本条中由开始至此部分，上引书也予略去（见上书第303页）。
② 档案原件上所用数字前后不一。

中国社会主义青年团中央执行委员会通告第二十二号

（1922年9月26日）

民权运动大同盟

中央认民权运动为中国此时一般民众所最希期、最需求的一种大群众运动。现在北京同志已经首先在北京发起民权运动大同盟的组织，并公布其大纲和宣言，邀请全国的人民一齐加入去干。中央议决本团同志加入这个运动的必要，并且得承认其大纲和宣言，使这个运动的组织一致和民众的势力集中，尤其是这种群众运动的最要条件。

（《先驱》第16号，1922年2月1日；转引自《"二大"和"三大"——中国共产党第二、三次代表大会资料选编》，中国社会科学出版社1985年版，第123页）

民权运动大同盟宣言

（1922年10月15日）

　　我等人民困于水深火热之中，受尽种种强权者的非法摧残，其痛苦已达极点！同人等于忍无可忍之余，起而组织这个"民权运动大同盟"，冀得伸张民权，以解厄运，谨为此宣言，告我全国被压迫之同胞：

　　全国教育家，学生们呀！你们近来不是因为军阀养兵太多，而使你们教育事业累受影响吗？你们所酷爱的集会结社言论出版"自由权"，不是横遭军阀或军阀鹰犬非法的摧残吗？"自由"虽然是与全体人民大家有关的事，可是最感其必要的是你们。临时约法上虽然明订人民有集会、结社、言论、出版之自由，可是为了"但书"之限制，军阀得制定各种特别法——如治安警察法之类——轻轻的把你们天赋的权利澌灭殆尽了。这不是共和国民大耻辱吗？你们甘心情愿忍受吗？你们如果不甘心情愿，为什么一声不响，不起来自卫呢？

　　全国的劳动同胞们呀！你们不是除去受了军阀之害外，还要遭资本家地主的剥削吗？工人为要维持生活，不得不每日到工厂里去作十小时以上的工，冬春两季，整整的不曾见过天日！而且你们都是很小就要过这样生活，因之不能受丝毫教育；迄至成年，家庭的负担增大了，你们于是竟须昼夜兼工！倘若你是个矿工，更有朝不保夕的生命危险，什么

"幸福"，什么"快乐"，你们是不曾梦见过的！如果你们有时为不堪资本家剥削而起小小的反抗——罢工，他们的蜜［密］友军阀，会派军警来干涉，打！杀！又如你若是个贫苦的农人，每年三百六十日的劳苦经营，被地主打发一个管帐的于收获时来说一声要七八成，就只好如数给他送去了！此外更要遭军阀的勒索敲诈，致使你自己要将耕牛和农器押钱来过活！劳动同胞们！这些痛苦，你们情愿忍受吗？你们如果不甘心情愿，为什么一声不响，不起来自卫呢？

全国的妇女们呀，你们不是从不知几何年以来便横遭男子的压制吗？你们不能受教育，不能有财产，更不能参与政治；只是附属于男子，供男子的玩弄，践踏，这是何等可耻，何等不幸的事！你们近年来觉悟了，随时高呼男女要平权了；不准男子独霸教育，要男校公开；不准男子独占财产，要遗产平分；不准男子独握政权，要女子参政；不准男子娶妾与蓄婢，要男女平等。这些，有觉悟的知识者表同情的倒不少，可是军阀因为与他们的利益有绝大的冲突，掀髯大笑道："男女平权"是天地反常的事，国家还成体统吗？他们左一个"姨太太"，右一个"如夫人"，不是强夺民家良女，便是他们趋炎附势的鹰犬买了奉送，这是何等蹂躏人道的事，你们甘心情愿忍受吗？你们如果不甘心情愿，你们为什么一声不响，不起来谋自卫呢？

全国的兄弟姊妹们呀！我们所受痛苦的来源在那里呢？简单说：无法律的保障，比如自由权因宪法上"但书"之限制，遂有治安警察法、报纸条例……之产生，人民实际上没有得到一点自由。又如劳动者因宪法上没有劳动者权利之规定，遂有新刑律上罢工为骚扰罪之产生，劳动者有时不得已为了生活困难而罢工，要受官厅无理的压迫与惩治；又如妇女们因宪法上没有何项权利之规定，要受种种不人道的待遇；又如最大多数的穷苦人民，宪法上剥夺了他们的选举权，所以他们没有呻诉疾苦的地方，只好活活的饿死苦死。

全国的兄弟姊妹们呀！宪法是人民的权利保证书，我们该乘此国会重行制宪的时候，来作一番争夺民权的运动，所以我们组织了这个"民权运动大同盟"。我们揭橥底四大标的，就是——

（一）集会结社言论出版有绝对自由权；

（二）普遍选举；

（三）劳动立法；

（四）男女平权。

全国的兄弟姊妹们呀！我们又要知道光是宪法规定权利还是不够，请看以前种种毁法和阻止宪法成功（如解散国会）的行为，那一样不出自专横的军阀；况且南北战争、直皖战争、湘鄂战争、川鄂战争、奉直战争……以及其他各省内部的地盘战争，那一次不给你们以死亡、离散、掳掠、奸淫的损害？那一次不给你们勒捐、增税、抢劫的赐予；而且战争之后，土匪蜂起，无论何等偏僻的地方，没有能逃其祸的。同胞呀！这些痛苦，不都是军阀赐给你们的吗？故我们真想要争民主国的幸福，打倒军阀，是为必要的。

全国的兄弟姊妹们呀！你们又要知在军阀后面，还有国际资本帝国主义的存在！国际资本帝国主义为要保持在中国的侵略，所以要利用我们国内的纷乱，以妨害我们的实业政治种种的自由发达，于是多方扶持我国无知残暴的军阀，延长扩大的内讧，往事不必举例，即就目前说罢：日本明助张作霖，英美暗助吴佩孚，英国提携陈炯明，那一样不是使中国内讧的延长，那一样不是摧残中国真正民主主义的实现。故我们真想要享受民主主义的幸福，打倒国际资本帝国主义，又是必要的。

我们"民权运动大同盟"，就是以伸张民权，铲除民权的障碍（即军阀和国际资本帝国主义）为职志，希望被压迫的同胞大家起来谋自卫呀！我们在此高高的大呼：

打倒军阀！

打倒国际资本帝国主义！

民主主义万岁！

被压迫的民族解放万岁！

（《先驱》第12号，1922年10月15日；转引自《"二大"和"三
大"——中国共产党第二、三次代表大会资料选编》，中国社会科学出版
社1985年版，第124—127页）

关于中国形势的报告

——在共产国际第四次代表大会上的发言

（1922年11月23日）

刘仁静

同志们，我发言的时间有限，因此我虽然有许多话要说，却只能向你们大概叙述一下中国目前的形势。

我首先要谈谈中国的政治形势。从今年5月到6月，中国有两个政府被推翻了。这两个政府被推翻对中国的革命运动至关重要。

首先被推翻的是南方政府即孙中山的革命政府。这个政府是被他部下的一个军人，一个国民党员推翻的。这是由于在领袖孙中山和他部下的这个军人之间在北伐计划上有意见分歧。这意味着什么呢？这意味着革命的军事计划完全失败。中国的国民革命政党国民党，多年来就已制定了军事革命计划，期望通过武力征服各省，然后在中国建立民主。它没有在国内开展群众性的宣传运动。它没有把群众组织起来。它企图单纯通过武力达到目的。它在1920年取得广东之前就已组织了政府。它希望倾广东全省的物力来装备一支远征部队，去讨伐充当封建军阀及世界帝国主义代理人的北洋政府。

开始，这个计划似乎是可行的，因为全体党员好像都同意这样做。但是一旦广东省被占领后，该省的军事长官，一个国民党党员，就抛弃了全部北伐计划，变得日益保守，日益满足于一省之地，不愿过问外省的一切事情。国民党内这种党员很多。他们在取得政权之前，是革命的；但夺取政权之后，就变得保守了。那位推翻南方政府的将军不过是这类人物的一个例子罢了。大多数国民党员，按其本质来说，都是反动的。如果他们有一天在其他省份取得政权，他们也会像这个军事长官一样，反对军事讨伐的计划。这就表明武力征服的计划的失败。它还证明革命运动必须采取新的方针。这就是说，为了取得革命成功，就必须组织群众并且在群众中进行宣传，切不可单纯依靠武力。这种单纯依靠武力的方法在中国已经行不通了。

在北方，两派封建军阀在4、5月间发生内战。一派军阀亲日，一派亲美。结果是吴佩孚派军阀的亲美集团获得胜利。这个结果对于中国革命运动也是异常重要的。

北洋政府处于日本的影响之下大约有5年之久。日本帝国主义是通过贷款来施加它的影响的，这些贷款使北洋政府有能力继续内战。日本政府贿赂中国北洋政府的官员，以保证它在中国的采矿业中拥有股份和有权在山东建筑铁路等等。所有这些权利都是通过贿赂取得的。所以，中国人民对日本帝国主义和北洋政府中的日本的代理人抱仇视态度。中国人由于痛恨日本帝国主义，就日益支持美帝国主义。由于张作霖控制下的北洋政府十分反动，人民就开始比较同情吴佩孚那派军阀，因为吴佩孚思想比较进步。他主张裁减军队和废除督军制（各省的封建割据），并且得到美国人的支持。最近吴佩孚和美帝国主义在中国得势，这将证明吴佩孚不可能解决中国的政治问题，而且他和张作霖没有多大差别。尽管他支持民主政纲，但他不能实现裁减军队和废除督军制的计划。这将使群众失望并转而反对美帝国主义，这就意味着群众激进化了。人民将会认识到唯有自己才能够实现民主，他们不能信赖任何军阀集团。群众将看到吴佩孚不会履行他在未掌权时所作的动人诺言。和平主义的小资产阶级因为吴佩孚作过改善他们经济状况的诺言而支持他，但这种倾向将日益消失，并且最后在这样的政治变动中完全消逝。

让我们看看吴佩孚的所作所为。他声称不向列强借款，这使他赢得了人民的同情。但他取得政权之后，依靠一帮亲美的知识分子组织内阁，这伙人就立即着手向美国告贷。诸如此类的行为将促使群众觉醒起来。这样的形势将愈来愈有利于中国的革命运动。

其次，我要谈谈工人运动。今年工人运动有了很大的发展。今年初，香港海员罢工50天，开始还只限于经济要求，不久就具有了针对英帝国主义的民族主义因素。这次罢工开始只有海员参加，但是后来发展成为香港殖民地反对英帝国主义的总罢工，并且向北方扩展。接着发生了一直扩展到华中的京汉铁路大罢工。此外，还有香港的钢铁工人罢工、上海的纺织工人和卷烟工业工人罢工以及矿山工人罢工。所有这些罢工此伏彼起，间隔很短。反抗资产阶级斗争的扩展几乎唤醒了工人群众。这说明中国的群众运动并不光是社会主义者的梦想，而是明摆着的现实。这还说明，共产党在群众中的宣传工作是能够获得很大成就的。由此可见，共产党和前几年它还只是一个派别和一个教育组织时的情况相比，今后将会取得很大的发展。今年我们已经有机会看到我们共产党在群众中的影响增长了。

现在我来谈谈中国共产党最近的政治活动。要在中国消灭帝国主义，就必须建立反帝的统一战线，我们党根据这一原则，已决定和国民革命的政党即国民党建立统一战线，其形式是我们共产党员以个人名义参加国民党。通过这样的形式，我们想要达到两个目的：第一，我们希望通过我们在国民党内许多有组织的工人中进行宣传，把他们争取到我们这边来；第二，我们只有把自己的力量同小资产阶级和无产阶级的力量结合起来，才能打击帝国主义，我们打算在组织群众和通过宣传说服群众方面和国民党竞争。如果我们不加入国民党，我们就会孤立，我们所宣传的共产主义就会是一种虽然伟大崇高，却不能为群众接受的理想。群众会宁可追随小资产阶级政党并且被该党利用来达到自己的目的。如果我们加入国民党，我们就可以向群众说明我们也是赞成革命的

卡尔·拉狄克在共产国际
第四次代表大会上的发言（节录）

（1922年11月）

　　或者说中国的情况吧！同志们，请你们想一想事件的过程吧！当吴佩孚同张作霖打仗时，他有长江一线和那里的兵工厂作后盾，但是他没有掌握北方的铁路，控制铁路的人被日本收买了。他是怎么办的呢？他向年青的中国共产党寻求支持，共产党派了一些党代表给他，在战争中间，党代表们牢牢地掌握了铁路，供在那儿进行革命斗争的吴佩孚部队使用。在中国，谁进行反对日本帝国主义的斗争，谁就是为中国的革命发展而斗争。共产党人懂得了这一点，同时也使工人阶级加强了对自己的独立性、自己的重要性的认识。后来，工人向吴佩孚提出了自己的要求，共产党人也使这些要求部分地得到实现。由于这样的支持，由于革命的资产阶级力量实现了自己的历史使命，我们的同志就能够在华北的工人群众中站住脚。第二国际和第二半国际总是对我们说：傻瓜，你们不懂得，有些恩维尔·帕夏、有些吴佩孚实际上一再出卖了你们。我们回答他们说：尊敬的第二国际和第二半国际的先生们，只要还存在小资产阶级（而你们是属于这一阶级的），它总是要动摇于资本和工人阶级之间。而你们，你们这些自称社会主义者的人，已经千百次出卖过工人阶级。尽管如此，在每次出卖以后，我们还是重新争取你们参加统一战线。你们反对统一战线，但历史却和你们开玩笑，你们被迫参加了。不管你们是否愿意，尽管你们也曾经出卖过我们，但是你们不得不再一次同我们合作，并且为我们的事业效劳。

…………

同志们！我现在对报告，对这次会上有关我们东方各党的情况和工作的发言讲几句话。

我还是像往常一样开头。同志们，不要把事情看得太美好，不要过高估计你们的力量。中国同志在这里站出来发言说：我们已在整个中国牢固地扎下了根。我却不得不说：尊敬的同志！在工作开始时感到自己有足够的力量来进行这一工作，这是好的。但是毕竟应当看到实际的情况。我们的中国党是在中国的两个部分发展起来的，彼此是相当独立的。在广州和上海工作的同志很不懂得同工人群众相结合。我们同他们进行了整整一年的斗争，因为许多人认为，一个好的共产党员怎么能干预象罢工这样平凡的事情呢？那里有许多我们的同志把自己关在书斋里，研究马克思和列宁，就像他们从前研究孔夫子一样。几个月前还是这个样子。由于孙中山倒台，革命事业本来已在华南遭到一次打击，它怎么可能一下子就具有强大的力量呢？在北方，一般说来党是弱小的，只能依靠铁路工人，你们在那儿怎么可能是一支巨大的力量呢？塔尔海默同志引用了列宁的一句话：不要事先夸耀胜利。这句话很好，正像古代中国圣贤的话一样，应当学习和好好理解。

中国同志的任务，首先是观察一下中国的运动的可能性。同志们，你们必须懂得，无论是实现社会主义的问题，还是建立苏维埃共和国的问题，在中国都没有提上日程。遗憾的是，在中国甚至连全国统一和建立全国统一的共和国的问题，都还没有提上历史的日程。我们在中国的体验使人想起十八世纪的欧洲、十八世纪的德国，那时，那里的资本主义发展还很软弱，资本主义还没有建立起单一的、统一的民族中心。你们谈到督军，你们喊道：孙中山在这里，吴佩孚在那里——这是什么意思呢？这是说，资本主义是围绕好几个中心开始发展的。一个三亿人口的民族，没有铁路，怎么可能不是这个样子呢？尽管我们有远大的前途，而且你们要以你们年青的共产主义信念的全部热情为之奋斗，但是我们的任务仍旧在于，把工人阶级中正在形成的现实力量统一到两个目的上来：一、组织年青的工人阶级；二、使它对资产阶级分子的客观革命力量采取明智的态度，以便组织反对欧洲和亚洲帝国主义的斗争。我们刚刚开始理解这些任务，因此，同志们，我们必须对自己说：我们必须在那里制定一个具体的行动纲领，使自己更加强大。共产国际对西方的共产党说：到群众中去！而我们对你们讲的第一句话是：走出孔夫子式的共产主义学者书斋，到群众中去！不仅到工人群众中去，不仅到苦力中去，而且也到已被这一切事件激动起来的农民群众中去。

（中国社会科学院近代史研究所翻译室编译：《共产国际有关中国革命的文献资料第1辑（1919—1928）》，中国社会科学出版社1981年版，第63—65页）

少年共产国际第三次大会
东方运动决议案（节录）

（1922年12月）

在过去的一年中，少年共产主义的运动，大踏步地向东方发展。远东青年工人第二次大会，关于东方运动的一切决议案，使远东各国青年工人的组织，都归依到少年国际旗帜之下。

在过去的一年中，中国和高丽，都将原有团体从新改组；日本"少年"亦经改造，成为坚实的组织；蒙古革命青年团——The Revolutionary Youth League of Mongolia——也加入少年国际；土耳其"少年"也和少年国际发生了连锁的关系。但是这点些小的成绩——这些组织——只算得必行工作之初步罢了。少年国际，更当扩张这样的发达，坚实这样的运动。固足引为遗憾的是此种运动只到了亚洲，至于非洲尚是待人耕耘的田园。

东方运动的发生和其组织之结实，使少年国际，在实际活动之坚牢与夫组织之团结上，倚信东方各国的"少年"。

中国　中国社会主义青年团，是在反帝国主义运动最剧烈时产生的。反帝国主义的奋斗是一些富于革命的爱国主义的学生们造起来的，这些学生们要算得中国最有觉悟的社会势力。中国社会主义青年团又是这学生阶级中之最左派组织成功的。虽然如此，但其内部，亦颇有一般学生运动的思想和色彩。差不多可以说，佢［他］们日在种种"倾向的冲突"中。（例如，团员之中，有的是右派的爱国和平主义者，有的是左派的无政府主义者……）

自从开了第一次全国大会之后，这种冲突和竞争才算告了一个段落。而青年团也就可以说是一个思想统一的组织。青年团这样的成功和胜利是原于种种实际的努力而来。在青年团本身组织与其在群众中的活动，工人中的影响看来，我们就知道青年团努力的成绩了。至于今日，青年团差不多是一个很大的团体，而在政治影响之中，亦能进步自如。

中国社会主义青年团更进一步的工作，是要着实努力于扩张范围运动和在青年工人农人队里作一番切实的工［功］夫。因为以前青年团专门注意学生运动，所以此后要实现上项工作，青年团更当大大地努力啊！从青年团底组织看来，可以看到种种现象——严密的纪律和坚笃的信仰之缺乏与夫实际工作与青年农工之隔绝——这些现象，都能防阻本团之发达。

少年国际第三次大会，固然承认中国社会主义青年团前此的成功和胜利，要求中国社会主义青年团对于后此工作，注意下列各点：

（A）中国社会主义青年团应该集中其组织和宣传到工人阶级的青年身上去。因为要吸引青年工人到青年团队里并保护佢［他］们不受一切掠夺和压迫，中国社会主义青年团须注意青年工人们所最需要的——工银增加，工时减少——而努力于经济的奋斗。在另一方面，因为要增工人阶级的地位和知识起见，又须发展青年团关于政治教育的工［功］夫——如设立俱乐部，开办学校等。这样的工作才是青年团正当的工作，必要的工作。这样的工作才能担保青年团合法存在。

（B）因为要使组织的工具坚实有力，所以社会主义青年团须采择许多标准并实行严密的集权制。因为要使内部的纪律严明，训练有方，则团员之间，又当实行精确的分工。每一个团员都要在工人群众之中，努力地宣传和组织。大会相信，中国社会主义青年团团员不可加入任何（非）共产主义的政团。

（C）中国社会主义青年团应当使其机关刊物——《先驱》——成为青年农人工人公共的机关。在《先驱》各栏各类之中，应多载佢〔他〕们底生活和奋斗状况。在将来的时候，中国社会主义青年团底中央执行委员会必须与少年国际的中央执行委员会建立更亲密的关系。

（《先驱》第18号，1923年5月10日；转引自《"二大"和"三大"——中国共产党第二、三次代表大会资料选编》，中国社会科学出版社1985年版，第137—139页）

关于我们在殖民地和半殖民地尤其是在中国的工作问题

——越飞和斯内夫利特的提纲

（不晚于1922年12月）[①]

    1. 在殖民地和半殖民地国家里，绝对不能单纯进行共产国际的工作，因为在这样一些国家里，阶级的分化尚未到达这种地步，单纯进行党的工作是不相宜的，必须把它与支持民族解放运动结合起来。然而，如果没有俄国外交政策的配合，仅仅让共产国际来支持民族解放运动是不够有力的。

    2. 因此，俄国对这些国家的外交政策必须毫不含糊，在民族问题上友好，而且是反对帝国主义的，即使在外表上，也绝不允许与帝国主义国家有丝毫相似之处。

    3. 世界大战之后，民族精神具有十分伟大的作用，迫使帝国主义国家的政策也变得非常谨慎小心，它们遂正式宣称支持各国人民的自决权思想，乔装打扮为被压迫民族的朋友粉墨登场。例如，华盛顿会议就在援助中国的幌子下，推行奴役中

---

    ① 此件原文未标日期。从内容判断，其成文时间当在12月马林离开中国赴莫斯科之前。因自1923年1月17日后（越飞离京赴沪会见孙中山，1月底赴日本），越飞未与马林在中国共事。又据越飞在出使中国期间1923年1月15日寄回苏联的文章（发表于1923年2月22日《消息报》上的《开端》和该报1923年1月5日的《中国混乱的政局》）可知，这份提纲集中代表了越飞、马林二人对中国问题的看法。

国的政策。美国的门户开放政策外表上也是捍卫被压迫民族，尽管这种政策实际上仅仅是为北美合众国的资本主义利益效劳。

4．因此，我们在自己的政策中，不仅要批判帝国主义者，揭露他们的欺骗行径，而且丝毫不可做出任何不当的事，以免使人产生我们实行伪装的帝国主义政策的印象，这样做特别必要，因为俄国的敌人现在正指挥着他们的整个宣传机器，妄图证明俄国也像其他国家一样，推行同样的帝国主义政策。

5．倘若对这些国家进行资本主义剥削的现实可能性继续存在，那么上述帝国主义的两面政策有可能进一步发展，乃至达到帝国主义也乐意赐予殖民地和半殖民地国家以独立的假象的地步。在这当中，所谓"文明民族放弃特权"首先是要针对东方国家，因为在目前的形势下，即使没有司法特权，帝国主义也能实行他们的剥削政策。

6．帝国主义娓娓动听地对东方各国人民表示广泛的让步，在这种形势下，革命思想的吸引力再也不能仅仅停留在思想上，必须有事实作为证明。

7．最有说服力的事实就是那些足以表明革命的俄国和帝国主义者之间的区别，证明只有俄国的政策才真正会使殖民地和半殖民地人民免遭剥削的事实。

8．因为这些被压迫国家的革命运动在很长时间内必将是民族主义的运动，任何在内政方面的合作都会被理解为干涉内部事务，被理解为不正常的，这就增加了工作的困难。

9．因此，只有在国际主义精神比较强的工人运动问题上，才可以进行内政方面的合作。对其他一切问题，则只能在共同反对世界帝国主义的斗争中实行合作。

10．对于中国来说，最重要的政策是把互相争斗的各省联合起来，并揭穿某些自称中国之友的国家（美国）的虚伪友谊。

11．为了证明谁是中国的朋友，俄国的政策甚至要比美国更进一步，必须指明门户开放政策只为美国的资本主义利益效劳，而中国只不过是殖民开发的对象。俄国和中国具有民族主义思想的分子必须反对这种政策。

12. 为了帮助中国实现统一，必须立即着手把中国最大的、真正的政党国民党建设成为一个群众性的政党，不得给各派系那些专谋私利的领袖以任何援助。

13. 俄国必须答应给国民党以援助。

14. 目前，反动分子（即中国的更接近帝国主义者的分子）的势力大于革命分子（即国民党人），因此，我们的政策必须使后者强大起来；利用目前时期，促进各派别联合起来对付共同危险；通过明确的对华友好和反帝政策，壮大亲俄分子的力量。

（中共中央党史研究室第一研究部编：《共产国际、联共（布）与中国革命文献资料选辑（1917—1925）》，北京图书馆出版社1997年版，第404—406页）

共产国际第四次代表大会决议
《中国共产党的任务》

（不晚于1922年12月5日[①]）

中国共产党的任务
（对东方问题提纲的补充[②]）

远东的发展给年轻的中国共产党提出一个巨大的任务，这个任务不仅要求它们竭尽全力组织工人群众，而且要清醒地认识到在它们还没有在斗争中得以巩固和赢得群众的信任之前，历史就给它们提出来的复杂问题。

近几年来，中国的共产主义运动已开始在南方和北方发展起来。中国共产党人开始参加工人阶级的自发斗争，但是他们还未能贴近人民群众。为了做到这一点，他们应该首先更明确地认清中国政治事件的意义以及工人阶级和共产党在其中的作用。

虽然在1911年发生一次建立中华民国的革命，中国目前还处在资产阶级革命发展的准备时期。这种发展的中心任务是联合中国人民和建立统一的资产阶级国家。西欧资产阶级在

---

① 共产国际第四次代表大会闭幕的日期。

② 由卡尔·拉狄克签署，已在托尼·塞奇《中国第一次统一战线的起源》一书中发表（第1卷第377—378页）的该文件英译本与原文有些出入。英译本中没有副标题《对东方问题提纲的补充》。

1871年解决的任务，在中国还没有解决。实际上，中国现在是由一系列掌握在督军手里的独立的区域构成的。但是，如果把这些督军的政权仅仅看作是军阀统治，而看不到这些独立的大公是资产阶级发展的中心，从历史角度看，这是完全没有根据的。他们当中的任何一个人，都在通过剥削人民群众，组建军队，为武装自己的军队建设兵工厂，而扮演着18世纪西欧专制君主的角色，他们那种以文明专制制度而著称的政权，乃代表资本主义建立的时期，代表新兴资产阶级还不能掌握政权的时期。

中国共产党不应该屈从于中国资产阶级所建立的这些中心中的任何一个，即使这些中心的领导者具有半民主的或者甚至民粹派的性质。这些集团的所有代表人物，都在为政权而相互争斗，都与某个帝国主义国家政府保持联系，并企图利用它们，实际上，常常屈从于它们的反动影响。如果说张作霖是日本帝国主义的附庸，因此引起中国所有民族革命分子对他的敌视，那么，一刻也不应该忘记，昔日南方民主政府的首脑——孙逸仙过去和现在都在与张作霖联手合作，因此，支持孙逸仙同吴佩孚作斗争，不仅是支持一个反动派张作霖，而且还是支持日本帝国主义。还应该记住，吴佩孚同美国帝国主义也有联系，对他的任何支持也就是对在中国的美国帝国主义的支持。

中国共产党人的任务就在于，要以在民主基础上实现中国统一的倡导者的身份开展活动。中国共产党人要提出统一的中华人民共和国的口号，为实行同唯一不追求帝国主义目标的大国——苏维埃俄国结成联盟的独立自主政策而斗争，应该在这些集团的相互角逐中，支持那些给予工人阶级以发展和建立组织的充分自由，并拒绝与内外反革命势力联合的集团。在缺少这种保证的情况下，共产党人应该坚决反对军阀集团的任何军事主张，以一支能够联合民主主义因素的力量的姿态开展活动，而民主主义因素的成长可以保证不是通过一个军阀集团战胜其他军阀集团，而是靠下层人民群众取得革命胜利来实现中国的统一。

为了在这场斗争中能代表一种实际的力量，共产党人应该将自己的主要注意力用于组织工人群众、成立工会和建立坚强的群众性共产党方面。他们应该利用中国知识分子的激情，从中挑选最宝贵的坚定的革命分子，用来组织年轻的中国工人阶级。

（中共中央党史研究室第一研究部译：《联共（布）、共产国际与中国国民革命运动（1920—1925）》，北京图书馆出版社1997年版，第161—163页）

共产国际执委会主席团会议速记记录（节录）

（1922年12月29日）

中国问题

马林同志：7月底，我带着共产国际执委会为制定在华工作纲领而任命的委员会所拟定的指示去中国。这项指示的基本内容是，我们共产主义组织的成员加入孙逸仙的国民党，并主动成立单独的工会组织。①

我带着这项指示来到中国，打算去中国民族主义运动的中心、中央所在地广州。然而，当时南方的形势是这样，国民党中央和孙逸仙被逐出广州，我们组织的工作条件非常不利。国民党中央在上海，因此共产主义团体的中央也临时设在上海。我们着手召开我们团体的中央扩大会议，会上讨论了莫斯科委员会的指示。②

主要问题是以个人身份加入国民党组织，这个问题没有遇到激烈反对。参加讨论的执委会委员们一致认为，通过积极参加这个民族主义运动可以为我们的工作创造最有利的条

---

① 见托尼·塞奇《中国第一次统一战线的起源》英文版第1卷，第328—329页。

② 指中国共产党中央执行委员会于1922年8月29—30日在杭州召开的会议。

件，这个运动的特点是它的领袖们不得不诉诸工人；中国的资产阶级至今还在物质上支持这个运动，它还没有形成为一个阶级，其大部分是生活在印度洋群岛的各个殖民地。

因此，我们有可能在国民党组织内进行工作，有可能进行自己的宣传。此外，近年来的经验表明，国民党的领袖们早晚会意识到必须支持罢工运动。

在我们同共产主义组织的中央讨论了进行自己的宣传工作的可能性之后，我们的中央表示赞成以个人身份加入国民党组织。反对意见只是来自我们广州的地方组织，该组织支持陈炯明对孙逸仙的政策，因此该地方组织的领导人①被我党开除。

在我们党内，关于加入孙逸仙党的决定几乎没有遭到任何反对而被通过。依我看，从那时起不仅我们共产主义团体的工作条件有了改善，而且实践表明，通过这种方式可以使我们的力量得到最好的发展。

以前我们没有在中国进行过公开的政治宣传。我们只有一个周刊，那里发表的大部分是国际运动方面文章的译文，也就是说，没有对中国形势进行分析，从而失去了只发表共产主义文章译文以前所曾拥有的部分影响②。

我们已开始出版自己的政治报纸③，已经出版了12期。我们给自己提出的任务是，联合共产主义者以及青年的力量，开展组建民族主义运动左翼的工作，以及引导他们实行强有力的、明确的反帝政策。这份报纸在上海印刷、发行5千至7千份，确实在民族主义运动中引起了人们的很大兴趣。而对国民党某些行动提出的批评，例如对国民党领袖孙逸仙与满洲的张作霖之间的联系提出的批评，在国民党内得到认可，没有给我党造成任何障碍。由于我们的同志加入国民党组织，特别是前国民党员陈度重（音）的

---

①　指陈公博和谭植棠。

②　指1920—1921年间在上海出版的《共产党》。

③　指《向导》周报。

加入①，建立了同国民党领导的新的友好关系，消除了以前国民党组织者和我党组织者之间在工人组织中存在的竞争所带来的麻烦。

在南方和在……②的合作对我们来说是成功的。

我认为，同民族主义运动的接近对于开展工会国际工作是完全必要的。迄今为止，任何较大规模的罢工运动都具有民族主义的色彩，不仅是今年年初的海员罢工，而且最近的矿工大罢工③都变成了有大学生参加的大规模运动，这次罢工仅仅由于英国军队的干预就具有了民族主义的倾向。

我们党今年特别注意各种自发的罢工运动，可以毫不夸大地说，这些运动表明中心城市工人新精神的觉醒，但是这种新精神还没有强大到使年轻的工人阶级表现出阶级觉悟的程度；罢工以后出现的稳定组织还不多。上海、长江流域、香港、××附近和铁路上的罢工层出不穷并在多数情况下以工人的胜利而告终，通常是工资得到了提高。北方铁路员工的罢工基本上是由我们的人领导的，汉口、湖南和上海的罢工不仅由我们的人领导，而且国民党的工人组织者也参加了领导工作。唯一例外的，可以说有某种明确组织的，是北方的铁路员工和汉口的铁路员工。北方现在有4个或5个由各种人员组成的铁路员工组织。在2月，它们将召开统一的铁路员工会议，目的是成立全国的铁路员工组织。我认为，这个尝试将会取得成功。

我们现在还有一个稳定的组织，这就是在湖北的、其中心设在汉口的组织，该组织联合了2.5万工人，主要是五金工人、运输工人、铁路员工。

我认为，最近时期工会国际开展工作的机会是非常有利的。但是，在我看来，其条件是保持同民族主义运动的友好关系。

我还想就我们在国民党组织中的工作再说几句。同志们，从上面的通报④中，大家可以知道，国民党把自己的全部活动集中在军事方面。它试

---

① 可能实际上指的是林伯渠的加入。
② 此处省略号是文件中原有的，下同。
③ 指1922年10月开滦煤矿工人的罢工。
④ 可能是指维经斯基的发言。

图争得一些地盘，在那里建立自己的政府，借助军事措施实现中华民国的统一，与此同时，它极少注意宣传，包括民族主义的宣传。因此，自从同这个组织发生联系以来，我们坚持召开全国代表大会，在代表大会上也会有我们的人员参加，还会明确安排宣传工作。国民党领袖们接受了这个想法，但至今没有实现。国民党组织让我们党的领袖陈独秀参加国民党改组委员会，我认为，考虑到目前的关系，自然可以利用民族主义运动将之与俄国联系起来的希望，甚至可以借助于我们小团体的帮助下使这个运动相信有必要积极开展反战宣传和活动。我认为，这对中国革命的进一步发展是最重要的，而那些希望把我们的力量集中在建立自己的群众性共产党的人，在我看来是完全不顾现实情况的。

民族主义的国民党使我有可能在中央的会议上向党的领导人（大约有10位重要人物）提纲挈领地阐述我们在中国的政策、对那里的民族主义运动活动的看法，并讨论某些具有直接实际意义的策略问题。会上展开了争论，在争论过程中我发现，过去我只是从第三手材料中得知：在民族主义运动中和国民党领导层中有一些具有马克思主义素养的人，他们绝不比在我们共产主义团体中工作的马克思主义者逊色。我认为，这个团体完全有理由说，共产主义团体的活动只有在民族主义运动内部进行才可能得到发展。

在结束我的初步报告时我还要指出，我们制定了共产国际在中国工作的某些提纲，这些提纲为不远的将来指出了方向，是以共产主义运动（如果这样的运动在那里存在的话）与民族主义运动的密切合作为基础的[①]。

最近四个月（时间不长）工作的最重要成果是我们支持了大罢工，出版了政治性周报。我还想提一提我们的同志在三个方面进行的活动：

1. 庆祝11月7日的筹备工作。为迎接这个节日我们的同志非常精心地做了准备，特别是在汉口和北京早在10月10日庆祝中华民国成立的游行期间就进行了。我亲自参加了10月10日在北京举行的庆祝活动，我从我们中央委员会的一位最优秀的委员那里得到关于在汉口举行庆祝活动的详细报

---

① 这个文件没有找到。

告。从这次庆祝活动中我得知，不仅在知识分子中，而且在大工业企业的工人那里，庆祝国民纪念日的活动都具有重大意义，我们应该利用它来进行我们的宣传。

11月7日，在北京和汉口为庆祝俄国革命周年日举行了示威游行。同时在这两个城市里成立了旨在加强中俄两国紧密联系的机构①。这两个中心城市向全国散发了传单和宣言，以求建立同俄国的正式友好关系，挫败来自中国政府和主要来自外交使团方面的阻挠。

我认为，我已经谈了这四个月来的主要事件。关于我们党同民族主义运动的关系问题，如果说这个问题还需要在这里讨论的话，那么是不可能同最近四个月来取得的大量经验割断的。在讨论这个问题时，必须估计到中国当前的现实情况。我们不能把我们在中国的策略建立在我们的一般方针和我们的一般立场上。如果可以拿英属印度和荷属东印度的民族主义运动同中国的民族主义运动相比较的话，那么我认为，对于把我们自己的宣传，即主要目的当然是建立工人组织的宣传，同民族主义运动紧密结合这一点来说，中国具有最有利的和最好的机会。在座诸位，我们大家都知道，将来民族主义运动必然会发生分裂。

我还想报告这样一件事，11月在汉口召开了中华商会会议，会上中国资产阶级制定了自己的、与国民党的纲领没有任何联系的政治纲领。我想，汉口这次会议的结果将建立资产阶级的国民党，那时我们将有可能较为容易地扩大工人阶级和我们的倾向在国民党组织中、在革命社会主义运动中的影响。

（中共中央党史研究室第一研究部译：《联共（布）、共产国际与中国国民革命运动（1920—1925）》，北京图书馆出版社1997年版，第179—184页）

---

① 指主张尽快建立中国和苏俄正式外交关系的中俄协会。

访问中国南方的革命家

——个人印象点滴

（1922年9月7日）

马　林

　　今年一月我得机会去桂林，当时，这个城市是孙中山军队准备讨伐满洲①的大本营。为此，我横越过具有独特的中世纪风貌的广西。

　　孙中山的南方政府视北方政府为非法政府，为了统一中国，他决心再次北伐。

　　桂林是中国最古老的城市之一。它保留着许多纪元前几千年的历史遗迹。这里有一些将军决定支持孙中山，虽则他们并不同意国民党的纲领。孙中山本人和国民党的一批领袖人物也在此地。这些领袖人物是过去主要由知识分子参加的秘密组织的有机延续。国民党是在驱除清王朝之后建立的，这个党所通过的纲领只有三项主张，即：中国的完整和独立，民主的政府形式以及所有中国人应有的生存权利。

　　国民党的领袖多数都倾向于社会主义。他们在考察日本、法国、美国期间，同各社会主义党派建立了联系，曾试图使社会主义理论去适应中国古代哲学。上述国民党纲领，各种人物都可以接受，因为随便哪一派都可以随心所欲地加以解

---

　　①　原文如此。——译者

释。这个党的经历不算复杂，还不致在策略和纲领问题上发生分歧。不可忘记，中国的阶级分化尚不十分明显。属于国民党的南方大资产阶级并不在广东省这个革命运动的中心，而是远在太平洋——从新加坡到美国这一带的各侨民区。这些大资本家——商人、工业家、银行家——之间联系薄弱，他们认为，中国形势不够稳定，所以不迁回中国。他们的意见在党内表现得并不突出，相反，由于这个党在各阶层广大人民中进行宣传，它主要是面向小资产阶级分子、手工业者、产业工人和中国南方军队的士兵。这种宣传的特点带有一定程度的社会主义气味。

各大国对中国政治生活有巨大影响，对他们的恐惧是国民党不敢大力进行宣传的原因。尤其是，国民党在北方的工作很差，甚至在北方的一些大城市都没有建立自己的组织。南方的领袖多是知识分子，他们倾注全力去争取对工人的影响。他们知道，虽然无产阶级还很年轻，人数也很少，但为了实现其民族主义目标，他们需要无产阶级。他们毕竟对俄国革命，对苏维埃俄国抱有很大的同情。至于中国南方政府未能同苏俄建立直接联系，他们仅仅解释说是广东地理位置不便的原因。宣传工作远不够有力，这是国民党的弱点之一。孙中山自己确实也在桂林的军官中进行政治宣传，但高级将领阻挠士兵加入该党。结果，党受制于将军们，这些人心怀叵测，常常谋求私利。最后，很可能仍像一九一三年南京的情况一样。他们会迫使孙中山同温和派分子妥协。

当我到桂林时，满洲的督军张作霖建议南方政府缔结反吴佩孚的联盟。国民党的领袖们（除广东省省长陈炯明外）都认为吴佩孚是主要敌人，一定要将其击败。尽管张作霖反对民族革命运动，还是建立了这个同盟。孙中山希冀着，北方两督军的火并会两败俱伤，南方则坐收渔人之利。

当时，孙中山和广东省长之间还没有发展到公开决裂的地步。他们在经济问题上观点一致，主要在政治问题上有分歧。孙中山首先是着眼全国的民族主义者，而陈炯明在他的军队据有广东以后，则只关心本省的发展。他主张推行广泛的联省自治和全面的地方分权，因而，他接近于其他督军的观点。正是这样的统治方法才会使他们有更大的可能维持其独裁统治。

陈炯明从一开始就反对北伐，他拒绝指挥孙中山的军队。孙中山在下决心公开反对陈炯明之前，长时期犹豫未决。当确实弄清楚陈炯明试图靠拢吴佩孚时，孙中山乃离桂林回师广州，解除了陈炯明的职务。陈炯明带领部队逃逸而去，静待事态发展。他了解到总统决定清洗政府机构以后，就向广州发动进攻，赶走了孙中山，解散了南方政府，公开支持吴佩孚。但据最近的消息判断，桂林的军队正反对陈炯明，力图恢复孙中山政权。

在海员大罢工期间，国民党领袖（多数是孙中山的拥护者）同广东工人的密切关系，颇引起了我的关注。这次争取提高工资的海员大罢工，矛头指向外国航运公司，具有政治色彩。而且，英国政府在这场斗争中支持香港资本家。这种情况就使得国民党领袖有可能在罢工工人中开展民族主义宣传。罢工工人得到了国民党的大力支持。应当承认，党对待这次罢工的路线是符合正确的革命经济斗争路线的。

民族主义理想在罢工工人中得到了广泛传播。黄花岗七十二烈士墓前举行了抗议集会，聚集在这里的约五千名工人情绪激昂地倾听国民党领袖反对外国列强争取中国独立的演讲。罢工之后，广州、香港和汕头的海员开始加入国民党。这个党也得到了冶金和建筑工人的拥护。当前，如能在工会斗争基础上进行宣传工作，中国南方必将取得重大胜利。

红色工会国际在这方面有许多工作可以做。无疑，共产党将在革命的工会运动基础上发展壮大起来。

[《真理报》，1922年9月7日；转引自中国社会科学院近代史研究室编：《马林在中国的有关资料》（增订本），人民出版社1984年版，第214—217页]

中国南方的革命民族主义运动

（1922年）

马　林

翻译资料补遗

今天的中国完全是一派混乱的景象。在中国内地，革命没有改变政治、经济的状况。中国居民的大部分即农民没有参与政治生活，经济关系也看不出有任何发展。旧的所有制及家庭形式目前依然存在，与外部的资本主义世界没有联系，在农民内部没有对立，村庄是一个经济单位，由它来满足居民的一切需要。在中国沿海的一些中心城市发展起来的资本主义对这些农民的生活没有影响。外国势力在这些城市相互斗争，他们在中国各霸一方，寻找投资的场所及推销其工业品的市场。在清朝末年，中国就遭到经济帝国主义的破坏，而在中华民国成立以后，欧洲列强以及日本都想方设法继续推行破坏中国的政策，在这方面美国也有所参与。外国资本主义在被它收买了的中国军阀和政客的配合下，挑起大规模的"内战"。外国的贷款——这些贷款的条件对中国的独立是大有损害的——为进行内战提供了财力。特别是日本在第一次世界大战期间充分利用了不受参战列强干扰的机会，广泛地对中国施加政治及经济的影响。Leonard Woolf在他写的《经济帝国主义》一文中概括叙述了中国目前的状况：

内战在中国像瘟疫一样流行开来，政府腐败到了极点，财政混乱，中国的大片领土被外国军队占领，财政收入都被抵押出去，用来支付外国贷款的利息，这些贷款对中国人来说益处甚少或根本无益，而且常常造成无穷无尽的损失。通过一系列的欺骗与暴力手段，外国列强现已控制了中国的运输工具并掠夺了中国的大部分矿产资源。

自从推翻清王朝以来，中国革命的发展到目前为止已有十多年的历史。虽然在一九一一年，民族主义知识分子及其在军队中的助手有足够的力量推翻清王朝，但是尚未形成能独立地使这一政治革命具有明确内容的各阶级。革命刚一爆发，资本主义列强就起来阻止中国在准备推翻清王朝的南方激进派的领导下实现统一。同时在外国势力的影响下，中国北方的将军袁世凯成了革命的领袖和为外国利益服务的工具。袁世凯没有把他从外国资本主义得到的财政援助用来发展中国的经济，而是用于同南方革命力量的斗争。曾委任孙逸仙为中华民国第一任大总统的南方革命力量开始与袁世凯妥协，为了确保中国的统一，孙逸仙自动退位，但这一妥协促使袁世凯逐渐将宪法及选举出的国会抛在一边，并粉碎南方革命力量的抵抗。于是革命运动的初次胜利果实已所剩无几，而袁世凯想要重建君主政体及当皇帝的企图看得愈来愈清楚了。

袁世凯与南方革命力量的斗争，以国民党的解散及其领袖们逃往国外而告终。在袁世凯死后，他们才有可能回到国内，组织起革命的民族主义力量。当然孙逸仙和他的战友首先聚集到南方，因为在那里还有一大批追随者。由于推翻清王朝和袁世凯篡权时期中国的发展情况，知识分子中的民族主义运动被大大地削弱了。在清王朝统治时期中国的知识分子还能在"驱逐鞑虏"的口号下集合在一起，但后来要想把知识分子团结起来进行一个共同的事业，就变得很困难了。首先，原来的南北对立对他们有很大的影响；其次外国势力的影响，使知识分子对事业持不同态度，在中国已发展起来的资产阶级身上也可以看到同样的现象。中国的知识分子在欧洲的许多国家以及在日本和美国留学。除了在日本留学的这部分人外，一般来说，他们在哪一国受教育就倾向于哪一国，其实就在少年时代他们在国内各派教会学校中已经受到了这方面的影响。那些同外国企业有联系的以及同外国资本家联合开办新企业的中国资本家自然受到外国的很深影响。在中国民族主义革命运动中的主导力量不是这些与外国有密切联系的资产阶级和知识分子，而主要是许多在外国殖民地中的中国流亡者，这些流亡者几乎全是南方各省的人。尽管在战争年代中国的现代工业有了发展，而中国人开的多数新企业都是和外国人合办的。在外国殖民地中生活的流亡者的情况则完全不同，在战争年代他们有机会积累了大量资本，还把这些钱存入所在殖民地国家银行，或向种植园和工业企业投资。他们同时又以独立的身份出现，比如他们试图在荷属东印度同外国联合起来，排挤在殖民地中的欧洲企业与银行。虽然他们还没有打算要把积累的资本用于发展中国的经济，这是由于当时中国正在进行长期的内战，而且有外国势力的影响，政局很不稳定，但他们对中国发生的事情一直很关心，他们同在国内生活的亲属保持着联系，作为中国人，他们一贯乐于支持南方的激进知识分子所作的统一中国，使中国独立自主的尝试。孙逸仙通过海员及特派人员始终和他们保持着联系。但应强调指出，中国的这些分散的大资本家相互之间并没有联系。他们没有开展政治活动。他们具有相同的倾向，但是他们没有积极参加党的生活。这些流亡的大资本家在所在的殖民地国家是土著人的残酷剥削者，毫无疑问他们同从一开始就成为民族主义运动领导者的那些激进知识分子有矛盾。说到这里，要谈谈这些领导者的特点。他们在日本、法国或美国留学期间，全都接触到社会主义思想并受到影响。他们倾向于将现代化的社会主义理论同中国的旧哲学相结合。第一次中国革命之后，孙逸仙立即在"工会运动"一文中声明，革命民族主义者的目的是实现社会主义的生产方式。从此以后他经常发表这一观点，并在一九二一年出版的《中国经济的发展》一书中，阐述了中国下一步要向国家资本主义发展，它是社会主义生产方式的前导。显然，这一纲领不符合支持他活动的大资本家的利益。孙逸仙不得不主要向小资产阶级进行宣传，向手工业者，工人及他的军队中的士兵作宣传。在他的党的纲领中

（此纲领与推翻了清王朝的秘密小组的纲领大体上相同），未表明党的领导人的经济观点。纲领采取了能把各阶层的中国人都能组织到这个党里来的表述方法。在纲领中只提出了三点要求：实现中国的统一和独立；建立民主共和国；使一切人能进符合人类尊严的生活。在较长的一段时期内，国民党限于环境，只能进行秘密活动。一九二〇年国民党夺取广东省之后，才有可能在那里开展正常的活动。但是推翻北京政府的军事计划的实现在最近两年也受到了阻碍。在党的内部对策略问题及纲领的解释展开了讨论。国民党的弱点始终是未开展有力的宣传。列强在中国的影响在这方面起着阻碍作用。孙逸仙及其战友非常清楚，特别是在推翻清王朝以后，民族主义革命的宣传矛头应该针对日益增长的外国帝国主义者的影响。尽管革命迄今的发展也许已使他们明白，中国的事情并不仅仅由中国人来办理，但他们总还是抱有天真的想法；只要他们做到不用自己的宣传来刺激外国人，他们就能实现中国的新生，而不致引起外国的干预。在中国由于阶级尚未形成，因此南方的领导人也打算主要采取军事行动来实现其目的。每次他们在向群众作宣传时，宣传内容总是多少带有社会主义的思想。为了争取工人，手工业者甚至小资产阶级参加他们的工作，这样做是必要的。支持国民党的资产阶级不能阻止其政党进行这样的宣传，这正是国民党的特点。

陈炯明将军的部队占领广东省，南方政府成立，在广州召开国会并推选孙逸仙为南方政府的总统，这一切都说明孙逸仙在南方的手工业者及工人中间拥有众多的信徒。此后，国民党的领袖们通过对工人组织的支持及若干次罢工，进一步扩大其对工人的影响。在开展中国工人的工会运动方面广东省也是名列第一。工人的一切旧的组织形式即"行会"仍然阻碍着工人战斗组织的发展，即使是在工业中心也是如此，例如在上海的大工厂中工人还是按原籍省份组织的。就是在他们被迫联合进行反对厂主的罢工斗争之后，仍然不能组织起现代的工会组织。南方的形势较其他地方好得多，海员、冶金工人、建筑工人已有自己的现代组织，而且自一九二〇年以来，曾多次领导工人进行提高工资的罢工斗争，并且取得了胜利。即使这些罢工是针对中国资本家的，国民党的领袖们还是支持罢工工人的。孙逸仙在这方面不仅同那些可靠的战友合作，也同后来成为他的敌人的陈炯明合作。资产阶级方面提出抗议，反对支持工人，并曾在一九二一年策划全面关闭工厂以反对政府的这一策略。国民党的领袖们还以其他方式支持新成立的工人组织。陈炯明委任前北京大学教授中共党员陈独秀为广东省教育局长，让他组织教育工作。四年前陈独秀创办了《新青年》杂志，该刊物对青年知识分子有很大影响。它直接进行共产主义宣传，并对苏俄及俄国革命表示同情。它对在中国各城市成立从事社会主义问题研究的知识分子小组作出很大贡献。陈独秀在广州时征得省政府的同意成立了宣传员夜校训练班，在工会中任职的工人晚上在这里上课。在陈炯明的领导下能办成这几件事，自然是由于中国资产阶级分子的政治态度还不完全明朗的缘故。

陈炯明曾经完全同意国民党关于中国经济继续发展的计划。但是党的两位主要领袖之间在政治上发生了严重分歧，这使他们成为敌人。在经济方面，陈炯明曾主张在广东推行国家资本主义并且反对发展私人资本主义，为了阻止私人资本主义的发展，他曾鼓励发展工人组织，还声明赞同在工人中进行社会主义的宣传。从陈炯明担任广东省长以后，他的政治观点有了变化。在他还是福建革命军司令的时候，尽管孙逸仙当时比他更为激进，主张采取行动，但他们之间尚无意见分歧。陈炯明固然占领了广东，但只是在孙逸仙的推动下才这样做的。此后，他只想限制在广东省境内，后来他又被迫出兵占领了广西。从而使广东的革命力量与云南、贵州、湖南和四川等省的革命者建立联系。在向北方进行军事讨伐的计划进一步确定之后，孙逸仙就将部队集中到广西的桂林，以便开进湖南。这时，孙、陈之间的分歧就愈来愈明朗了。几乎所有的国民党领袖都站在孙逸仙一边。陈炯明拒绝辞去广东省长的职务，而担任北伐军总司令。他声明反对在中国实行中央集权制并愈来愈接近北方军阀吴佩孚的地方分权思想，各省省长都赞成地方分权，这是当然的。因为这样他们能够保住各自在本省的独裁权。孙逸仙接受了由党实行专政的思想，目的在于统一中国和实现他的经济计划。陈炯明却反对任何形式的专政并表示赞成实行民主管理，而实际上他在省里实行的是个人专政。孙逸仙在采取对付陈炯明的行动之前一直犹豫不决，因为他知道陈手中的军队是南军的精华，他将失去这部分力量。他从其他省得到的军事援助很不够。在桂林的军队是由许多部分组成的，来自各省的士兵每日都要发生斗殴。装备非常不足，常可以看到士兵拿着十九世纪八十年代的武器。其他省对广东省在财政上没有援助，活动的全部经费都必须由广东省开支。孙及其战友在军官中进行政治宣传，而较年长的将军往往阻止年轻军官直接在士兵中进行宣传。很明显，桂林的驻军不是吴佩孚的对手。在湖南省还有几个师支持孙逸仙，但吴佩孚认为没有必要进驻湖南省。孙向广州发出命令，要求陈炯明率兵到桂林，而陈却置之不理。此时，陈的首席顾问在广州被杀，于是陈、孙之间的裂痕加深了。就在这时，北方张作霖和吴佩孚之间的对立也尖锐化。这两个大军阀之间爆发了战争，于是张作霖声明支持南方的反吴斗争。在外交次长伍廷芳由广州到沈阳去时，张作霖及孙逸仙之间公开结盟。其实张作霖从未支持过南方的革命势力，他是日本人的工具，当然不能赞同国民党的革命民族主义思想。孙逸仙和他之间的联盟只能解释为由于孙的军事力量薄弱所致，这是一种投机行为。国民党领袖们认为一定会成功，会使北方的这两个敌人互相残杀，从而为实现南方的计划创造条件。国会和党的领导曾授予孙逸仙在实行北伐时有独裁权，因而有关他和张作霖之间的结盟未经党内讨论。陈炯明也宣布他不反对这一联盟，而就在这时，陈开始与吴佩孚秘密联系。后来孙中山由桂林回到广州时，免去陈炯明的省长职务（由老革命家伍廷芳接任省长）。这时这位卸任的省长率领其部队倒戈，反对孙逸仙，孙被陈的部下困在外交部，后来被迫外逃。陈炯明解散了南方政府，声明同意吴佩孚的政治纲领，包括中国各省自治的分权主义。正如人们所知，在张作霖与吴佩孚的斗争中，后者取得胜利，张作霖回到东北，吴佩孚在北京掌权。在南方孙、陈之间的战争继续进行。在军事上陈占绝对优势，但党内的老领袖们都站在孙的一边。

今年一月爆发的华南海员大罢工典型地表现了革命民族主义运动与

发展中的现代工会运动的关系。这次罢工一开始只是经济性质的，即为了提高沿海航线和通向东印度群岛的航线的工资。远洋航行的海员也举行了罢工表示声援，充分说明海员间的大团结，这次罢工的意义因此也更加重大。在香港港口停泊的大吨位轮船愈来愈多，因为中国海员已离船。唯有无中国海员工作的日本驳船维持着有限的交通运输。当大的航运公司想要雇佣中国北方人、菲律宾人及马来亚人以维持正常的航行时，香港的码头工人也举行了罢工。英国政府当然是站在大航运公司一边的，它禁止香港罢工委员会的活动，迫使海员的领导人将委员会迁往广州，他们在广州受到了国民党热烈欢迎，香港中国海员工会被解散。为提高工资而进行的经济斗争发展成为反对香港英国当局的民族主义斗争，国民党的领袖每天都与罢工者取得联系，为他们提供活动场所并以各种方式支持海员的斗争。国民党也没有放过这一对海员积极进行宣传的有利时机。在大规模的示威游行中，罢工者来到为革命而死难的烈士墓前，国民党的领袖发表演讲并要求工人与外国资本家斗争到底。在海员中进行的宣传非常成功，以致广州、香港及汕头的罢工者全都要求加入国民党。国民党领导人参加这次罢工斗争所采取的方式和我们参加革命工会的方式完全一致。他们在罢工斗争中的态度自然对其他工人也有很大影响，这次罢工的胜利使华南工人运动与革命民族主义运动间的关系更加密切，香港英国当局被迫向罢工者投降，又同意在该地区成立海员工会。

在这些工会中工作的共产党员目前正试图与华北的工人取得联系并建立工人总部，如果他们要想在工作中取得成就，就应注意与华南民族主义运动之间保持友好的关系。中国的无产阶级只是初具规模，事实上我们只能以支持南方的革命民族主义分子斗争的方式在中国贯彻第二次代表大会的提纲。我们的任务是试图将这些革命民族主义分子联合在一起，并将整个运动向左推动。

我们已经指出，由一些同志在那里进行的共产主义宣传，引起青年人对社会主义理论的浓厚兴趣，然而这一宣传目前停止了。孙逸仙曾大大抱怨说，社会主义的青年置身于政治之外。完全可以肯定，在年青的知识分子甚至在一些自称马克思主义者的人中间存在着反对任何政治活动的明显倾向。唯独广州的青年组织例外。在北方只有一些个别的青年人试图与工人取得联系，帮助工人进行工会的组织工作，他们认识到在政治上必须同革命的民族主义者合作。在广州有一个重要的青年组织，它于今年一月十五日与一个工人协会共同组织了一次纪念罗莎·卢森堡和卡尔·李卜克内西的工人示威游行。这个青年组织的任务是与工人组织紧密结合以及在工会中培养出一批工人干部。

中国是列强争夺的场所，这些列强都想争夺太平洋地区的霸权，华盛顿会议基本上未改变这种状况。南方民族主义运动的领袖清楚，在华盛顿会议上并没有改善中国的处境，反而使它恶化了。由四强结成的联盟以排挤日本利用战争期间夺得的在中国的优势地位为目的，很明显，这种联盟在中国只能为帝国主义的利益效劳。帝国主义列强全都对在中国能得到丰富的战利品表现出极大的兴趣。这一情况使革命运动的领袖产生愿意同苏联合作的思想，这样我们共产党人就有可能同他们取得一致意见，在目前就能积极地开展重要的工作。

[《共产国际》（德文版）1922年第22号，第49—55页；转引自中国社会科学院近代史研究室编：《马林在中国的有关资料》（增订本），人民出版社1984年版，第203—213页]

斯内夫利特与陈独秀为孙中山拟定的中国国民党改组计划草案二件

（1923年1月1日）

中国国民党改组计划草案
国民党的组织

——斯内夫利特关于国民党改组的设想

（1923年1月1日）

一、党的执行委员会由21人组成。党的驻地为广州。

二、组织和财政事务由组织部辖理。宣传事务由宣传部辖理。该两部部长服从总理及两位助手的指挥。

三、组织部下辖四个部：

总书记部　——设于广州

情报部　　——设于广州

财政部　　——设于广州

联络部　　——设于上海

四、设于广州、上海、湖南、湖北、四川、北京、奉天、哈尔滨等处和海外的党部归组织部辖理。

五、宣传部下辖六个部：

出版部

工人部

农民部

军事部

知识分子部

海外部

六、出版部辖理下述报刊的出版：上海、广州日报各一种，广州印刷厂和书店各一家，上海周报一种，广州月刊一种，上海通讯一种。

七、党的总理、组织部长、宣传部长、各下辖部部长，各分党部负责人（……主笔）参加执行委员会。

八、设立由党的总理、组织部的三名部长和宣传部的三名部长组成的中央委员会处理日常事务。

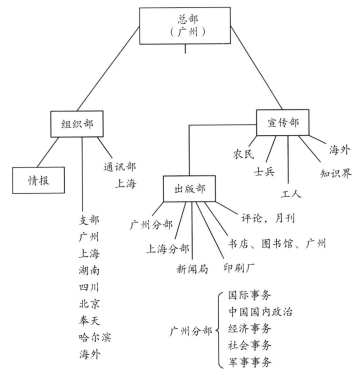

九、组织部部长人选：张继，〔廖（仲恺）〕

联络部部长人选：瞿（秋白）、陈（独秀）、邓（中夏）

情报部部长人选：S.T、刘

出版部部长人选：蔡（和森）

工人部部长人选：张国焘

农民部部长人选：于（树德？）

知识分子部部长人选：陈独秀

军事部部长人选：林伯渠

宣传部部长人选：陈独秀

通讯部部长人选：张太雷

上海支部部长人选：瞿Tz.B.［秋白］

广州支部部长人选：谭（平山？）

张继，瞿　　　　　　　　　日常工作 ⎰ 国际事务
　　　　　　　　　　　　　　　　　　　⎰ 国内事务
　　　　　　　　　　　　　　　　　　　⎰ 经济事务
　　　　　　　　　　　　　　　　　　　⎰ 社会事务
　　　　　　　　　　　　　　　　　　　⎰ 军事事务

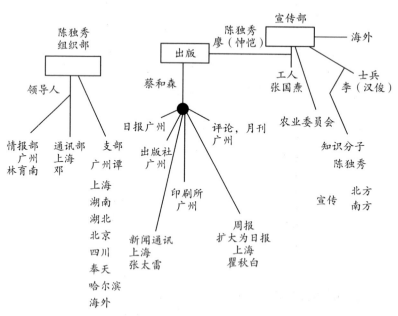

总部广州

中央委员会

陈独秀
组织部

宣传部
陈独秀
廖（仲恺）——海外

出版

领导人

蔡和森

日报广州　　评论，月刊广州

出版社广州

工人
张国焘

士兵
李（汉俊）

农业委员会

知识分子
陈独秀

情报部
广州
林育南

通讯部
上海
邓

支部
广州谭
上海
湖南
湖北
北京
四川
奉天
哈尔滨
海外

印刷所
广州

宣传　　北方
　　　　南方

新闻通讯
上海
张太雷

周报
扩大为日报
上海
瞿秋白

今年年底之前，组织支部之后，在广州召开全国代表大会。

今年年底召集会议。

各相各样的家具。

表 II

建立—160，000

每月预算：

上海月刊	2，000
广州香港日报	5，000
上海日报	3，000
上海周报	800
新闻社	2，000
哈尔滨日报	3，000
不定期	2，000
21人的薪水	6，300
情报部	1，000
书记处	400
通讯	1，000
财务	400
出版	500
工人	1，000
农民	1，000
知识分子	600
士兵	600
海外	600
	31，200
	12
	62，400
	321，000
	374，400

孙中山

陈独秀 廖仲恺 张继

国民党改组计划

一、在一年一度的全国党代表大会上选择由21名委员组成的党的执行委员会。党部设在广州。

二、党的组织部负责组织和财政事务并管理地方分部和地方支部。宣传部指导党的宣传工作。

三、组织部下辖四个部：

1. 总书记部，设于广州。

2. 情报部，设于广州。

3. 财政部，设于广州。

4. 联络部，设于上海。

四、党员人数20名以上的地方可设支部。这些支部的工作分别受广州、上海、湖南、湖北、四川、北京、奉天、哈尔滨、海外地方党部的管理。

五、宣传部下辖6个部：

出版部

工人部

农民部

军事部

对知识分子宣传部

海外宣传部

六、情报部管理党的图书馆和党的印刷所。

七、出版部管理广州、上海、哈尔滨三市各一份日报的出版；广州、上海的印刷厂；上海、北京周报各一份；广州评论月刊一份以及不定期的出版物。

八、执行委员会由党的总理、组织部长、宣传部长、各部长和国内各地方党部负责人组成。党的总理、组织部长、宣传部长和该两部下属两个分部的两名部长参加执行委员会中央局。

九、执行委员会常会每3个月举行一次。总理认为必要，或由执行委员会的7名代表要求时，得召集执行委员会的特别会议。

十、党代表大会每年举行一次常会。可根据执行委员会决定或分党部五人的要求举行特别会议。

十一、代表大会的决议应由正常多数通过为有效。

（李玉贞主编：《马林与第一次国共合作》，光明日报出版社1989年版，第198—205页）

共产国际执委会会议速记记录（节录）

（1923年1月6日）

5. 中国问题。报告人马林同志。

马林： 在上次执委会会议①上，我已经根据当时拟定的提纲②就（1922年）7月以来这段时间在中国开展工作的情况发表了几点简短的意见，那个提纲的主要之点是决定共产党员加入革命的民族主义政党国民党。在执委会会议上，同维经斯基进行了争论。

现在我想指出的是，中国总的形势，工人运动的状况，无足轻重的阶级分化，依我看是制定当时那个指示的主要原因，从那时以来，没有出现要求必须修改这一指示的事实。

四个月的工作表明，首先，我们避免了在工会国际工作中出现大的困难，（但是）由于同国民党民族主义运动领袖们的友好关系，我们在工人组织中引起了日益增长的矛盾。

其次，我们党在民族主义团体内有充分的行动自由。在7月以后的时期里，我们出版了发行量达7000份的周报③，该周

---

① 指1922年12月29日召开的共产国际执委会会议（见第52、53号文件）。

② 见1922年8月通过的共产国际执委会给共产国际执委会驻华南代表的指示（《共产国际与中国革命（文献资料集）》，第25—26页；托尼·塞奇：《中国第一次统一战线的起源》英文版，第328—329页）。

③ 指《向导》周报。

报在民族主义人士当中广泛流传，并经常批评国民党，而且这种批评为民族主义人士所乐于接受。

我认为，中国目前的政治形势表明有必要继续实行以往的策略。可以谈革命的机会主义，但在调整我们同亚洲各国民族主义运动关系的情况下，我们应当在一定程度上把革命民族主义作为原则，并承认它。我们没有别的出路。全部问题只在于如何调整同民族主义政党的关系。

在上次执委会会议上成立了中国问题委员会[①]，但委员会没有召开会议。然而，从那时以来，关于中国共产党和国民党的关系有许多争论，争论的结果是制定了关于国民党和共产党之间关系的几点提纲，提纲强调，我们要留在国民党组织内，经常不断地发展工人组织，在同国民党采取联合行动时，例如，10月10日在汉口和北京庆祝中华民国成立周年纪念日时，我们应该提出自己的口号，表明自己的政治性质，这样在中国阶级分化的危险时刻，我们有可能在国民党大会上表明自己的观点，并在将来建立具有共产主义内容的真正的工人政党。

我以为，在我们的会议上，应该宣读一下布哈林制定的提纲。（宣读提纲。见附件）[②]。如果这个提纲被通过，那么我们就可以根据中国党在8月的党代会上通过的新指示[③]继续像以往那样开展工作。

布哈林：谁想发言。东方部的维经斯基同志发言。

维经斯基：（用英语，没有记录）。

许勒尔：我认为，维经斯基同志的修正意见基本上是正确的。至于第一点，即共产党不仅应该有自己的组织，而且她也应该是真正中央的[④]和共

---

① 参加委员会的有：科拉罗夫、布哈林、马林、维经斯基、麦克马努斯、艾伯莱因、沙茨金。

② 提纲没有找到。

③ 指中国共产党中央执行委员会于1922年8月29—30日在杭州西湖召开的会议，会上在马林同志的压力下通过了关于中国共产党党员加入国民党的决议。

④ 原文如此。

产主义的组织，在听到关于我们党的中国式宣传鼓动方式之后，我觉得这个意见不是多余的。应该消除这种误解，即认为党应该只是国民党组织的一个支部，应该明确，她实际上应该成为中央的组织①。

我认为第二点补充意见更为重要。我指的是关于工会组织和工会工作的问题。我感到惊讶的是，在草案中没有顾及到这一点。工会运动对于中国的工人运动是具有特别重要意义的。那里我们已经有50万工会会员。（马林：不切实际的数字！维经斯基：25万。）是啊，毕竟有25万，这也是一个可观的数字，今年在中国发生的事件表明，那里的工人群众在工会方面也开始觉醒起来。

第三点意见，即共产党应该利用各种国民团体之间的矛盾，这也不是不正确的。

当然，策略应该非常灵活，而提纲中写到的，应该同革命的民族主义政党合作，留在那里，这在原则上也是正确的，但与此同时，应该经常注意到自己原有的共产党，因此应该善于利用各种资产阶级团体之间的矛盾。

总之，我认为，应该采纳吸收维经斯基修改意见的草案。

布哈林：主要的问题是，我们是否留在国民党内；在我看来，这是一个基本的组织问题。我赞成留下，任何一位同志都不会对这种必要性提出异议。这就是说，我们应该采取像我们建议英国党对工党采取的那种策略②——当然要根据现时的特殊条件采取不同的作［做］法。

我们应该明确，中国的主要任务是民族革命。各种对外政策问题也是与此相联系的。我想对同志们说，虽然这从哪方面说都不会提出异议，但

---

① 在1923年1月12日通过的《共产国际执委会关于中国共产党与国民党的关系问题的决议》中谈到，必须保持自己原有的组织和严格集中的领导机构（见《共产国际和中国革命（文献资料集）》，第37页）。

② 1920年共产国际指示英国共产党人参加工党，条件是保持共产主义工作的充分自由和独立性。

我还是把决议中包含的关于对苏俄的政策的话加进决议之中，因为中国的形势迫切要求这样做，要知道国民党在悲观失望的形势下会试图同资产阶级国家结成联盟，因为它需要一个盟友。我们不能不谈谈这些问题。我把关于苏俄的话加进决议之中不是从苏俄的立场出发的，而是从中国总的形势出发的，正因为如此，我把这些话写进了决议。

至于说到一些争论的问题，在我看来，维经斯基的意见总的说来是可以接受的。

至于我们的任务，我只想对维经斯基同志的修改意见作点补充，对于我们党来说，具有特殊重要意义的任务（要知道最重要的任务是中国的民族革命）是成立工人政党。（马林：那就应该勾掉第二个词"重要的"。不，特殊重要的，主要是在自己的活动范围内。在我看来，借助"特殊"这个词，我们才能解决问题。）

至于说到组织工会，维经斯基的意见是可以接受的，马林也不会反对。在决议中只谈对国民党的态度。

至于最后一句话，维经斯基说，我们不应该解散国民革命战线，这是完全正确的。至于利用资产阶级的力量，实际上真正的自由资产阶级还不广泛存在。你们知道，中国的人口几乎有5亿，是地球上人口的三分之一，而无产阶级只有500万。因此，形势是辩证矛盾的。一方面，总的任务是民族革命，因此所有民族革命的、民主的人士，包括无产阶级在内，要结成统一战线来解决这个任务。另一方面，却没有无产阶级的独立运动。我们给自己提出的特殊任务是创立这个运动。这种矛盾的形势产生了矛盾的组织形式。

我认为，我们应该采纳我的决议案作为基础，让马林和维经斯基去商量修改意见。如果他们取得一致意见，那么决议就算是确认了（提议被采纳[1]）。

---

① 决议的最后文本于1923年1月12日由共产国际执委会通过（见《共产国际和中国革命（文献资料集）》，第37—38页）。

马林： 我可以提个问题吗？您在这里① 说："因此，在目前条件下，共产党员留在国民党组织内是适宜的。"我要说，"他们应该"，要知道，同中国同志说话应该用明确的语言。

布哈林： 这样的问题要由任命的两人委员会来解决。

（中共中央党史研究室第一研究部译：《联共（布）、共产国际与中国国民革命运动（1920—1925）》，北京图书馆出版社1997年版，第188—192页）

_____

① 指布哈林的决议草案。

共产国际执行委员会主席团关于建立共产国际东方部符拉迪沃斯托克局的决定

（不晚于1923年1月10日）①

为在日本、朝鲜和中国开展运动的需要，建立由片山潜、马林和魏金斯基（伍廷康）三人组成的共产国际（东方部）远东局。

为指导远东的工作，必须更加接近上述国家，本此原则建立该局。其任务如下：

1. 向这三个国家的共产党和工会提出建议；

2. 向共产国际执行委员会提供关于这些国家的运动形势和总的政治经济形势的情报；

3. 针对这些国家发生的重要政治事件为共产国际执行委员会制订决议；

4. 就出版工作和政治运动给予指示；

5. 建立日本与中国运动的紧密联系；

---

① 该局又称共产国际海参崴局、共产国际远东局。据1923年1月11日共产国际执行委员会总书记布哈林和主席团成员库西宁所签发的委任状推断，该局成立当早于1月10日。

6. 把革命工会置于工会国际的旗帜之下；

7. 监督这些国家的青年运动与妇女运动。

（李玉贞主编：《马林与第一次国共合作》，光明日报出版社1989年版，第109页）

共产国际执行委员会主席团任命参加中国共产党代表大会的代表

（1923年1月10日）

任命马林同志为共产国际东方部符拉迪沃斯托克局的第三名委员。

以前对马林同志的委任予以撤消［销］。

主席团认为，马林和魏金斯基同志参加下一次中国共产党代表大会[①]是适宜的。

马林同志今后的工作由东方部决定。

共产国际执行委员会书记处（印）

科拉罗夫[②]（签字）

（李玉贞主编：《马林与第一次国共合作》，光明日报出版社1989年版，第110页）

[①] 即中国共产党第三次代表大会。

[②] 瓦西尔·科拉罗夫（1877—1950）。保加利亚和国际共产主义运动活动家，1897年加入保社会民主工党，1903年加入紧密派社会民主工党，曾任紧密派党中央委员。1919—1923年，任保加利亚共产党中央委员会书记。参与领导1923年9月的反法西斯起义。自1921年起为共产国际执行委员会委员，曾任共产国际执行委员会主席团委员、共产国际执行委员会总书记。他是保加利亚反法西斯运动组织者之一，并曾任保加利亚共和国临时主席，保加利亚人民共和国部长会议副主席兼外交部长，1949—1950年任部长会议主席。

共产国际执行委员会关于中国共产党与国民党的关系问题的决议

（1923年1月12日）

一、中国唯一重大的民族革命集团是国民党，它既依靠自由资产阶级民主派和小资产阶级，又依靠知识分子和工人。

二、由于国内独立的工人运动尚不强大，由于中国的中心任务是反对帝国主义者及其在中国的封建代理人的民族革命，而且由于这个民族革命问题的解决直接关系到工人阶级的利益，而工人阶级又尚未完全形成独立的社会力量，所以共产国际执行委员会认为，国民党与年青的中国共产党合作是必要的。

三、因此，在目前条件下，中国共产党党员留在国民党内是适宜的。

四、但是，这不能以取消中国共产党独特的政治面貌为代价。党必须保持自己原有的组织和严格集中的领导机构。中国共产党重要而特殊的任务，应当是组织和教育工人群众，建立工会，以便为强大的群众性的共产党准备基础。

在这一工作中，中国共产党应当在自己原有的旗帜下行动，不依赖于其他任何政治集团，但同时要避免同民族革命运动发生冲突。

五、在对外政策方面，中国共产党应当反对国民党同资本主义列强及其代理人——敌视无产阶级俄国的中国督军们的任何勾搭行为。

六、同时，中国共产党应当对国民党施加影响，以期将它和苏维埃俄国的力量联合起来，共同进行反对欧洲、美国和日本帝国主义的斗争。

七、只要国民党在客观上实行正确的政策，中国共产党就应当在民族革命战线的一切运动中支持它。但是，中国共产党绝对不能与它合并，也绝对不能在这些运动中卷起自己原来的旗帜。

（中国社会科学院近代史研究所翻译室编译：《共产国际有关中国革命的文献资料第1辑（1919—1928）》，中国社会科学出版社1981年版，第76—77页）

越飞对同孙逸仙合作的前景和可能产生的后果的看法

（1923年1月26日）

对孙逸仙博士现有计划的几点看法

鉴于最大可能地实现孙逸仙博士计划的一切条件已经具备，即俄国能够在最大限度的范围内履行它所承担的任务，因而孙逸仙博士有可能彻底而毫不妥协地实现自己的计划，但毕竟还需要估计到以下后果：

一、因为彻底实现这一计划需要至少一至两年，那么在这段时间里，可能发生和应该预计到各种可能性，首先是中国内部的重新组合。

1. 从现时中国正在争斗的各派系（主要是军事集团）中，如果认为运动重心甚至向西北方向转移的情况下，张作霖仍然是孙逸仙博士的拥护者的话，则必须预见到，吴佩孚绝不可能不是一个障碍，首先是因为吴本人正处在从南向西北进军的途中，其次是因为吴不可能满足于自己目前的状况，相反，他必然要恢复目前失去的作用和势力，必然要或者向南方，即向与孙逸仙博士正相反的方向扩张，或者向蒙古方向，即向孙逸仙博士所要进军的方向扩张。因此，在两种情况下，后果必然是同孙逸仙发生冲突。

2. 在西北建立根据地的情况下，自然不应忽视南方，相反，整个计划只有当南方完全控制在孙逸仙博士手里的时候才是现实的和慎重的，然而很难设想，在这一两年的间隙中，南方会不发生任何变化，会不产生哪怕实行政变的图谋，例如，从陈炯明方面来说，他可能独立地，或许在英国人的协助下，竭力来恢复自己的地位。

完全偶然的、但不大可能发生的意外事件，如这里某个新将军的行动，并未考虑在内，但必须估计到，上述可以预见到的中国国内生活中的两种情况，在最好的情况下，也可能会大大阻挠孙逸仙博士的计划付诸实现。

二、至于在实现这一国际性计划中的复杂情况和困难，那么：

1. 恰恰最近，国际帝国主义对华北表现出特别的兴趣。例如，最近一年来，在满洲的英国企业的数目（诚然数目还不很大）增加了59倍。北美合众国，特别是日本对满洲和蒙古的兴趣是众所周知的。

在这种情况下，孙逸仙博士向北方的任何行动都会吓坏帝国主义者，并使他们采取某些戒备措施。

2. 世界帝国主义始终企图利用一切有利时机来更加残酷地奴役中国，在这种情况下，近来甚嚣尘上的关于使中国"国际化"和"对中国财政进行国际监督"的议论不可能是完全偶然的。而由于在孙逸仙博士的计划彻底贯彻执行之前确实不可能在国内出现安宁，上面所述世界帝国主义利用一切机会进行更加残酷奴役的企图，如果说由于某些列强之间不能达成协议而不会导致世界帝国主义的坚决行动的话，那么毕竟也会给中国造成经常性的威胁，使孙逸仙博士的运动在广大民众中失去在没有外国帝国主义的经常威胁的情况下所具有的那种吸引力。

3. 外国干涉的这种威胁，随着孙逸仙博士接近俄国，无论是在直接意义上还是在间接意义上的接近，也就是无论在友好交往意义上还是在领土近邻意义上的接近，都将如果不是在事实上，也将在口头上变得越来越严峻。

对于运动的思想领袖来说，这些威胁并不那么可怕，但它毕竟会对广大人民群众的参与造成某种不利的气氛。

三、孙逸仙博士的"最高纲领"对俄国来说必然造成以下后果：

1. 由于俄中谈判，即俄国大使越飞同官方中央政府即北京政府的谈判为国内众人所期待，并在形式上只能推迟到越飞治病结束后，即到3月初，因此谈判的进一步推迟会造成不良印象，特别是考虑到俄国敌人的大规模鼓动宣传工作，会被说成是"苏联政府改变了政策""回到沙皇时代的帝国主义侵略政策上""准备占领满洲"，等等。

2. 此外，在上述鼓动宣传的影响下，进一步推迟谈判可能甚至会导致北京政府向莫斯科提出召回俄罗斯苏维埃联邦社会主义共和国使团的要求。

3. 而莫斯科同北京的公开分裂必然引起相互召回所有使节，会引起关于"战争""俄国对中国使用暴力"等等的议论，并给渴望奴役中国的列强，特别是日本提供口实，以"拯救"中国免受苏联侵略为由进行干涉。

4. 最后，过久地推迟谈判对于俄国来说是不可能的，因为在它感兴趣的两个问题上，即在蒙古问题和中东铁路问题上，俄国不能再推迟解决。

上述一切使得有必要对孙逸仙博士的现有计划提出下列具体细节：

1. 整个计划应保守秘密，在尽可能长的时期内不让任何人知道。

2. 计划应当不仅以军事手段，而且以开展国内最广泛的鼓动宣传方式来实现，以有利于全中国在孙逸仙博士领导下统一和中国向俄国最大限度的接近。

3. 运动不应像上次那样，在广州成立独立的中国政府①，抵制和不承认北京政府。

4. 相反，虽然有可能所有承认孙逸仙博士的省都要被一个由孙逸仙博士领导下的统一的政府联合起来，但该政府应竭力争取做到在军事上占领整个北方及北京以前就取得与它在中国的政治威望相适应的对北京政府的影响，并竭力争取比方说使俄国驻北京的使团代表公开派驻孙逸仙博士的

① 指1921年4月在广州成立的以孙逸仙为首的中华民国政府，该政府于1922年6月16日陈炯明一伙发动政变后不再存在。

政府，并在中俄谈判时相应地有孙逸仙博士政府的代表参加。

上述一切是在假定俄国能够在孙逸仙博士实施其计划时充分满足其要求的前提下作出的考虑，因为这实际上还不得而知，越飞只能通过书信方式（因为即使用密码电报也是很冒险的）征询本国政府，俄国实际上能在多大的规模上和在多长的时期内提供所需要的帮助。

另一方面，最好能在越飞离开前同孙逸仙博士就一些具体问题达成协议。

1．在蒙古（问题）上，协议是清楚的，但在开始实现孙逸仙博士的计划时，必须立即以他所代表的中国各省的名义（非常重要的是争取张作霖也同意这一点）公开宣布，俄国军队不能从蒙古撤离（例如用这样的表达方式："在孙逸仙博士同越飞就俄中两国问题的会谈中，两位政治家取得了完全一致的看法，俄国军队立即从蒙古撤离是完全不符合中国人民的利益的"）。由于孙逸仙博士的威望，这样的声明可以制止对俄国在蒙古问题上的诽谤。

2．在中东铁路问题上也同样如此。这里张作霖参与事先的解决更为必要。

鉴于这条铁路把俄国的滨海边区同其余地区连接起来，目前的状况不可能长久维持下去。必须和平地达成协议，将来在中东铁路问题彻底解决以前，中东铁路理事会作为名义上的理事会要撤销，而铁路管理局要由中国政府和俄国政府共同委任。

只要公开宣布孙逸仙博士和越飞在上述两个问题上原则上同意这些观点，这就非常重要，并会为今后在上述方面的进一步合作提供可能性。

（中共中央党史研究室第一研究部译：《联共（布）、共产国际与中国国民革命运动（1920—1925）》，北京图书馆出版社1997年版，第218—222页）

孙文越飞联合宣言

（1923年1月26日）

　　孙逸仙博士与苏俄派至中国特命全权大使越飞授权发表下记宣言。在越君留上海时，与孙逸仙博士为数度之谈话，关于中俄间关系，披沥其许多意见，对以下各点，尤为注意。

　　一、孙逸仙博士以为共产组织，甚至苏维埃制度，事实均不能引用于中国。因中国并无使此项共产制度或苏维埃制度可以成功之情况也。此项见解，越飞君完全同感。且以为中国最要最急之问题，乃在民国的统一之成功，与完全国家的独立之获得。关于此项大事业，越飞君并确告孙博士，中国当得俄国国民最挚热之同情，且可以俄国援助为依赖也。

　　二、为明了此等地位起见，孙逸仙博士要求越飞君再度切实声明一九二○年九月二十七日俄国对中国通牒列举之原则。越飞君比向孙博士重行宣言，即俄国政府准备且愿意根据俄国抛弃帝政时代中俄条约（连同中东铁路等合同在内）之基础，另行开始中俄交涉。

　　三、因承认全部中东铁路问题，只能于适当之中俄会议解决，故孙逸仙博士以为现在中东铁路之管理，事实上现在只能维持现况；且与越飞同意，现行铁路管理法，只能由中俄两政府不加成见，以双方实际之利益与权利，权时改组。同时，孙逸仙博士以为此点应与张作霖将军商洽。

　　四、越飞君正式向孙博士宣称（此点孙自以为满意）：俄国现政府决无亦从无意思与目的，在外蒙古实施帝国主义之政策，或使其与中国分立，孙博士因此以为俄国军队不必立时由外蒙撤退，缘为中国实际利益与必要计，中国北京现政府无力防止因俄兵撤退后白俄反对赤俄阴谋与抵抗行为之发生，以及酿成较现在尤为严重之局面。

越飞君与孙博士以最亲挚有礼之情形相别，彼将于离日本之际，再来中国南部，然后赴北京。

一九二三年一月二十六日

孙逸仙　越飞签字于上海

（《孙越宣言全文与国共联合》，《外交月报》第2卷第1期，1933年1月15日；转引自中山大学历史系孙中山研究室等编：《孙中山全集》第7卷，中华书局1985年版，第51—52页）

中国共产党对于目前实际问题之计划

（1923年1月）①

世界经济状况已指示世界无产阶级在对于世界资产阶级共同作战之中，分出三种策略：

（一）欧美资产阶级已于一世纪半以前完成了他们推倒封建阶级的使命，实现了他们阶级的政治，这些国家的无产阶级之经济条件也发达到急切推倒资产阶级而自己取得政权之可能与需要；

（二）日本资产阶级只发达到脱离了外国帝国主义者之羁绊而与本国之贵族军阀平分政权的程度，因此日本政治成了一种半封建主义半资本主义之现象，目前日本的无产阶级仍有推进资产阶级与封建阶级作战之需要，而且他们的势力已集中，已有与封建阶级作战之可能；

（三）东方诸经济落后国如印度、中国等，都在外国帝国主义的势力及本国封建阶级的势力勾结支配之下，不但无产阶级没有壮大，即资产阶级亦尚未发达到

---

① 原文未注明时间，此时间是根据内容判定的。也有文献依据《中国共产党目前的策略》俄文稿与英文稿落款"陈独秀一九二二年十一月于莫斯科"，认为本文写于1922年11月，见中央档案馆编《中共中央文件选集第1册（1921—1925）》，中共中央党校出版社1989年版，第125页。

势力集中，对于封建阶级及帝国主义者有自己阶级的争斗之觉悟与可能，因此他们每每有依赖贵族军阀或帝国主义者而生存的倾向，此等国家的无产阶级，在为自己阶级的利益奋斗以外，仍应采取各种政策，促进那涣散而懦弱的资产阶级在他们能够与封建阶级及帝国主义者争斗范围以内的经济势力集中及发展，使他们的经济地位自然唤醒他们了解有与无产阶级建立联合战线，打倒两阶级的公敌——本国的封建军阀及国际帝国主义——之客观的需要与可能。这种联合战线之胜利，自然是资产阶级的胜利，而幼稚的无产阶级只有在此联合战线才能实行争斗，不仅仅是一个主张，亦只有在此联合战线之复杂的战斗过程中，才能使自己阶级独立争斗的力量之发展增加速度。

共产国际第三次、第四次大会，依据世界经济状况发达的程度，为东方的无产阶级指示出目前争斗所需要的两个策略，即民主的联合战线及反对帝国主义的联合战线。

中国无产阶级的目前争斗，应该以这两个策略为不可离的根本原则，应用在各种实际问题，以消除为中国民族发展的两大障碍物——军阀及国际帝国主义。

"政治问题"

A．统一与分治问题：武人依靠外力割据纷争的现状，为资产阶级势力及劳动运动得集中之大障碍，吾人应当反对军阀的分治主张，而赞成资产阶级的国民统一运动，并促进代表资产阶级的民主派互相结合，而极力反对其互相分裂或反与军阀合作；然在国民统一运动未能集中时，若有由一地方人民奋起反对一地方军阀统治的自治运动，及不压迫劳动运动、不依赖帝国主义者之民主的省政府，则吾人亦宜赞助之，以消灭一部分军阀势力及减少一部分帝国主义者之侵略。

B．对于国民党问题：国民党虽然有许多缺点与错误，然终为中国唯一革命的民主派，自然算是民主的联合战线中重要分子。在国民党为民主政治及统一政策争斗时期，无产阶级不但要和他们合作参加此争斗，而且要在国民党中提出反对帝国主义及为工人阶级利益与自由的口号，以扩大其争斗，更要向国民党中工人分子宣传促进他们阶级的觉悟，使他们了解国民党终非为无产阶级利益争斗的政党。若国民党与最反动的黑暗势力（如张作霖、段祺瑞、曹锟等）携手或与帝国主义者妥协时，吾人即宜反对之绝不容顾忌。总之，我们共产党在任何问题的争斗中及与任何党派联合运动中，总要时刻显示我们的真面目于群众之前，更不可混乱了我们的独立组织于联合战线之中。

C. 反对帝国主义的联合战线：以工人、农人及小资产阶级革命的党派或分子为主力军，向一切帝国主义者加以攻击；同时亦可联合半民族运动的党派，向一派帝国主义者作战（例如资产阶级反对日本时）。

D. 国会问题：现在国会已经过十年，无论民八民六均未能代表民意，吾人主张用普通选举法选举而不为军阀势力所支配的新国会，同时亦必须改组一新政府，而对于现有的国会及政府，亦仍要作劳工立法及承认苏维埃俄罗斯之运动。

E. 对俄外交：俄国为现时世界上唯一抛弃帝国主义的国家，所以中国对俄交涉如通商、中东铁路、松花江航权、庚子赔款、蒙古等问题，吾人应主张即速与俄罗斯直接开始谈判，绝对不容第三国之干涉或参加。

F. 蒙古问题：在国家组织之原则上，凡经济状况不同、民族历史不同、言语不同的人民，至多也只能采用自由联邦制，很难适用单一国之政制。在中国政象之事实上，我们更应该尊重民族自觉的精神，不应该强制经济状况不同、民族历史不同、言语不同之人民和我们同受帝国主义侵略及军阀统治的痛苦，因此我们不但应该消极的承认蒙古独立，并且应该积极的帮助他们推倒王公及上级喇嘛之特权，创造他们经济的及文化的基础，达到蒙古人民真正独立自治之客观的可能。

"劳动运动"

共产党是工人的政党,他的基础应该完全建筑在工人阶级上面,他的力量应该集中在工人宣传及组织上面。中国的工人运动,已有由地方的组织进到全国的组织之倾向,由经济的争斗进到政治的争斗之倾向,中国共产党的劳动运动,除普通运动(如减时加薪,劳动立法等)外,应利导此倾向依次进行下列具体的计划,以增加其实际的战斗力:

A. 有系统的巡回政治宣传,此项宣传务使工人阶级由被动的、改良的、单纯经济的运动,进到自动的、革命的、经济与政治不分离的运动。

B. 工厂委员会之运动:单是工会运动,工人的势力终于站在生产机关的外面,其运动之基础恒不巩固。惟有实现工厂委员会之制度,廓清工头、包工及一切居间人之障碍,才能使工人的势力达到生产机关以内。

C. 组织全国铁路总工会及矿工总工会:中国工人阶级只有铁路工人、海员、矿工三个有力的分子,海员已有全国的组织,铁路工人及矿工经数次大罢工,亦有全国的组织之可能。

D. 组织铁路工、矿工、海员三角同盟:在一个大规模的全国劳动总联合中,尤其在工人组织幼稚的国里,若是没有几个大的有力工会为中坚,是不容易团结及持久的,所以在未组织全国工会总联合以前,必须努力先成此三个产业联合的三角同盟。

E. 为巩固及强大劳动阶级之战斗力计,应该提出"全国劳动运动统一"的口号,应该极力指斥无政府工团派以"独立""自治"等名词使劳动阶级之组织及运动分裂的阴谋。因此,在第二次全国劳动大会(一九二一[三]年五月一日)首先要提出"全国劳动统一"的议案及议定关系全国劳动阶级利害的各种共同工作,并组织全国工会总联合会之中央机关,筹划及指挥实施劳动阶级联合战线上各项统一的策略,以防欧美资本进攻之余波或及于中国。

"农民问题"

无产阶级在东方诸经济落后（国）的运动，若不得贫农群众的协助，很难成就革命的工作。

农业是中国国民经济之基础，农民至少占全人口百分之六十以上，其中最困难者为居农民中半数之无地的佃农。此种人数超过一万二千万被数层压迫的劳苦大群众（专指佃农），自然是工人阶级最有力的友军，为中国共产党所不应忽视的。中国共产党若离开了农民，便很难成功一个大的群众党。

中国一般农民之痛苦如下诸端：

（一）外货输入之结果，一般物价增高率远过于农产物价格增高率，因此自耕农民多卖却其耕地降为佃农，佃农则降为雇工，或流为兵匪。此事实造成了两个结果：一是贫农仇恨外国势力之侵入，一是兵匪充斥供给军阀不断的源泉。

（二）水旱灾荒使各种农民一律受苦。

（三）兵乱灾荒农民大为迁徙，其迁徙所致的地方遂至佃农、雇工均供过于求，因同业间竞争，地主及雇主所要求的条件日加苛酷。

（四）因以上三种之结果，农民食用不足，遂不得不受高利盘剥之痛苦，此项痛苦以无地之佃农为最甚。

欲解除此等痛苦，应采用下列政策：

（A）限田运动。限制私人地权在若干亩以内，此等大地主中等地主限外之地改归耕种该地之佃农所有。

（B）组织农民消费协社。中国农民间有合资向城市购物之习惯，应就此习惯扩大为消费协社。

（C）组织农民借贷机关。中国农村向有宗祠、神社、备荒等公款，应利用此等公款及富农合资组织利息极低的借贷机关。

（D）限制租额运动。应在各农村组织佃农协会，每年应缴纳地主之租额，由协会按收成丰歉议定之。

（E）开垦荒地。应要求政府在地税中支用款项，供给过剩之贫农开垦官荒。

（F）改良水利。应支用国币或地方经费修理或开挖河道，最急要者如黄河、淮河等。此等河道之开浚，不但与农民有迫切的利害关系，而且在工商业运输上亦有绝大之影响。

（《"二大"和"三大"——中国共产党第二、三次代表大会资料选编》，中国社会科学出版社1985年版，第140—145页）

马林致加拉罕的信

（1923年2月3日）

马林，北京，1923年2月3日

附二件副本①

亲爱的加拉罕同志：

随信寄上我致托洛茨基同志函副本，其中提到我在赤塔同远东革命委员会两个成员的谈话。

我抵哈尔滨后，因从北京寄出的介绍我赴奉天见张作霖的信件还未到，旋即乘车前往北京。遗憾的是，没有能够再见到越飞。就在我抵达北京之日，他已离沪前往日本，故此未得机会在他返回之前同他交谈。越飞在同孙中山的讨论中，像我过去一样获得了良好的印象。他同孙的联系，即使在日本，对他也至关重要。我深信，关于日本对远东政策的问题，我们可以为俄国在东方同日本建立友好关系创造新的机会。

我已同达夫谦②商定，一俟巴古勤③把我需要的信件寄

---

① 十分遗憾，编者未能在斯内夫利特档案中找到这个信件的副本。但是档案中有一封未标日期的马林致越飞的信，内容就是马林在赤塔与乌鲍列维奇和科鲍泽夫两位同志的谈话。据此推测，马林致托洛茨基的信可能也是这个内容。

② 达夫谦，又译作达夫庆，苏俄外交官。1922年8月随越飞使团来华任参议。

③ 巴古勤Ногогин，又译作波各金、波格丁、包古勤。远东共和国驻中国代表团团长，1922年11月14日因远东共和国并入苏俄，其驻中国代表团部分人员也并入苏俄驻华代表团，巴为其中之一，其他人回国。

回，我立刻去张作霖处。同张作霖商谈后，便去见孙中山。当然，如果有重要情况，我会立即向你报告。

我和赤塔的同志们讨论过孙中山以前提出的在西伯利亚为那里的中国人建立一个国民党办事处的计划。在这一点上，他们打算满足中国国民党人的要求，不过他们提出了一个条件，要把反对张作霖作为办事处的主要任务。我认为提出这样的条件是错误的，并重申了我的看法。对中国国民党人的这种支持有助于他们谅解俄国关于（中东）铁路的政策。万望你密切关注此事，因为这样一来，他们就能够挫败北京当局在西伯利亚华侨中搞的阴谋。

加拉罕同志，还要请你帮助我办一件事。如果我能够合法地住在北京并且具有公开身份，例如在通讯社或其他工作单位担任翻译、顾问，将会是有益的，也能够从而避免一些重大的困难。那样我就可以从你处得到与该工作相应的护照。我原在上海，那里比这里要自由得多。因为越飞要求，我才到北京来，并使共产党中央委员会的驻地移往北京。北京对于一个没有完善证件的欧洲人是很不利的。如果我用马丁·贝尔格曼的名字，1883年5月13日生于雷维尔（即塔林），在使团或通讯社有一个职务和一张工作证，我就可以在这里更有把握地进行工作，可以更容易地奉派到中国各地去。现附上照片一张，在莫斯科可以翻印，望不久能得到你给予的必要证件。按照我们在莫斯科所商定，只持有一张护照是不行的，必须在莫斯科持护照去取得中国签证。而这只有在我能以这样那样的身份编入使团时才能做到，得到完善的证件越早，事情就越好办。

致以
共产主义敬礼

（李玉贞主编：《马林与第一次国共合作》，光明日报出版社1989年版，第119—120页）

中国劳动组合书记部为"二七"惨案告全国工人书

（1923年2月7日）

　　亲爱的工友们！杨以德流了我们唐山工友的血还没有干，现在曹锟的兵，吴佩孚萧耀南的兵，又来流我们京汉工友的血了。我们眼看亲爱的工友们，在京汉铁路，被他们派来的兵打得死的死，伤的伤，有的已经装在棺材里，有的还躺在地下。地下一片血迹，地上一片哭声，是死者父母妻子的哭声！可怜打死工友们的枪枝〔支〕子弹，也都是别的工友们造的。可怜别的工友们在兵工厂里造枪枝〔支〕子弹的时候，以为是用这枪枝〔支〕子弹去抵抗那欺压我们的外国兵队，那想到给军阀用来打死自己的工友、本国的同胞？这是何等悲惨可痛的事！工友们要知道，军阀残害人民也不自今日始，试数以前的事：

　　一、军阀们为了互争地盘，连年打仗，最大的若直皖战争，若直奉战争，我们工人农民被他们强迫送到战线上作工打死的受苦的，计算起来该有多少？

　　二、湖南赵恒惕为了想强占公有的纱厂，杀了工友代表黄爱和庞人铨的头。

　　三、湖北督军萧耀南纵容军警打伤粤汉工友数十人。

　　四、天津警察厅长曹锟的走狗杨以德，带三千保安队杀伤开滦矿工三十余人，封闭唐山职工会、矿务局工会和启新洋灰公司工会。

五、津浦铁路南段段长张电仰承军阀意旨，勾结路局破坏工会。

六、第三师下级军官受陇海路局运动，用武力逼迫洛阳工会秘书游天洋出境被害而死。

七、上海护军使何丰林纵令警察压迫丝厂女工及浦东纱厂的工人；仰承租界意旨，无故监禁帮忙邮差罢工的李启汉，现在还未释放。

凡此种种事实，详细说起来，十日十夜也说不尽。象此次长辛店的大惨杀，江岸大惨杀，更是目不忍睹，耳不忍闻的事了。我们何以受这等的压迫，受人不能受的压迫？乃是因为国家的政权掌握在军阀手里，他们有的是军队、警察、兵工厂、监狱，所以能够横行霸道，为所欲为。我们工人们除了两只手两条腿能做苦工以外，什么也没有，所以才受他们这样的任意蹂躏，任意压迫，这就是国家的政权为军阀们独占了，我们没有一点政权的缘故。现在因为军阀们逼的人民无路可走了，就是向来很冷静的很和平的商界学界，也都不忍坐视军阀们天天拿着枪向国民逼钱，天天跑着向外国借款挥霍，买军械，养土匪兵，打仗，杀劳苦百姓，卖国，将使国家破产而灭亡，人民做外国奴隶，也都要起来干涉政治了！也都要起来裁兵了！也都要起来打倒军阀！我们工人受军阀政治的压迫，比商界学界更甚，应该赶快化除地方的意见，化除行业的意见，把工人阶级组成一个极大极强的团体，再联合农民商界学界，同心努力，打倒大家的公共敌人军阀，建设真正的民主共和政治来代替军阀政治。那时候军阀倒了，人民有政权，真正共和国的军队是保护人民的，那敢作威作福的压迫人民？亲爱的工友们！我们若不起来干预政治，我们若不能在政治上得着相当的地位，我们的身家性命，没有一天能免了军阀拿政治来摧残的危险。全国工友们联合起来呵！想保全我们的工会，想改良我们的生活，都非大家联合起来干预政治，打倒军阀不可呵！

（《京汉工人流血记》，北京工人周刊社1923年版；转引自《"二大"和"三大"——中国共产党第二、三次代表大会资料选编》，中国社会科学出版社1985年版，第148—150页）

马林致加拉罕和越飞的信

（1923年2月15日）

副本给政治局委员

——关于我奉天之行以及与张作霖将军的会谈

密 件

亲爱的同志们：

你们知道，我带着孙中山的介绍信，作为柏林《国际新闻通讯》的代表，到奉天拜访张作霖将军，讨论中东铁路问题以及他与东北地区白俄的关系。为此，达夫谦同志派我到奉天，今晨返回。

我没有带中国译员，为了弄清情况，先到了德国驻奉天总领事馆。这个人是我偶然认识的，他曾和我同船到中国。这个瓦尔特博士早在战前就旅居中国多年，说一口流利的中国话，此地的德国人认为他非常能干。他是德国的国家主义者，从1921年4月就在奉天，有机会研究那里的局势。跟他一起工作的有个屈尔鲍恩先生，通中文和日文，现在由德国政府派往符拉迪沃斯托克任副领事。我跟这两个人进行长谈。应该指出，曾在东方住过的阿斯米斯博士曾建议我去奉天时要设法跟瓦尔特博士取得联系。外间的德国人常常批评总领事馆人员过多。虽然那个瓦尔特博士极力使我相信，他们只是从事商业活动，不搞政治，可是瓦尔特有相当多的工作人员除了在商界搜集情报外，还从事别的活动，这一点也是确凿无疑的。

同这两位先生的谈话取得了成效，他们告诉我：

Ⅰ．一般认为张作霖是日本人的一个工具，这种见解在俄国也常常可以听到：其实这种认识是完全错误的。他们肯定地说，张在东北推行的是他自己的中国政策，从而引起日本人的强烈不满。当日本人试图扩大占地时，以有限的选举权选出的三省制宪会议总是反对他们。在这个会议上，他们也反对延长旅大租地条约。当然，张作霖在涉及日本人的问题上总是很谨慎的。不过，把他看成日本人的工具则是完全错误的。

Ⅱ．在铁路问题上，按照他们的看法，最好是能够通过铁路工人的行动实现管理上的变更。瓦尔特博士说，采取军事行动是最大的蠢事，因为这样他们就会立即引起与日本人关系的紧张化；还会因此把张变成敌人。哈尔滨的朱庆澜①由于同孙中山合作，在铁路上得到很高的地位，可以通过他办成许多事情。孙中山早就对我说过，这样他就为改善张作霖同俄国的关系创造了机会。应该通过朱庆澜来影响张作霖。

Ⅲ．俄国不应认为张作霖会采取侵略行动，也无须担心张会用白俄去进攻。恰恰相反，如果张作霖感到俄国方面对他没有危险，他会非常高兴，这样一来他就可以放手地使用他在华北的军队。

Ⅳ．据说，张不仅很精明，而且有收纳贤达，剔除庸碌之辈的本领。

Ⅴ．如果我要到张那里去，我应该考虑到他的官员都被美国人操纵，不适合参与这次讨论。

Ⅵ．瓦尔特博士认为，张败北②以后，他在东北的地位已削弱。他可能已经不相信手下的将领们。上海的德国商会主席是一个在中国居

---

① 朱庆澜，黑龙江督军，当时任中东铁路督办。
② 指1922年5月张在直奉战争中失败。

住41年的人，经常住在奉天。他告诉我，张的地位仍很稳固，东北的商人支持他，他的奉天省绝对是中国所有省份中最有秩序的省份。另一方面，吴佩孚则因在其辖地内一再榨取钱财而遭到商人憎恨。这位先生还说，吴的重要性总的说来是被人们过分夸大了。他们告诉我，许多事情通过张的长子张将军便可办成。以前我在孙中山那里也听到过这种说法。

拜会张作霖

张作霖于13日接见了我，他解决了翻译上的麻烦，因为他使用他的私人秘书（从哥伦比亚回来的大学生）而不是铁路职员王景春。孙中山的介绍信使我很快敲开了大门，我受到大帅的亲切接待。他把我看成德国人，非常喜欢打听德国的情况。张是有名的亲德而强烈反英的人。我在他那里待了约一小时，谈到我从莫斯科带来的加拉罕的信。

I. 首先谈到铁路情况。张说，情况十分复杂，不仅俄亚银行，还有列强也在插手。他说，因此这是件十分棘手的事。我向他声明，俄国不承认银行对铁路拥有权利，只有俄中两国之间才能缔结协议。在进行正式谈判最终解决问题之前，应该先把参与行政管理的白俄解雇，任用拥护俄国政府的人，就可能大大改善局面。大帅答道，他很愿意跟俄国政府的代表会谈，这代表应该到奉天来，因为他现在与北京的中央政府没有关系，所以不能在北京谈判。关于解雇白俄的问题，他没有表示最终意见，只是再一次指出国际上的纠葛。他很乐意同一位俄国代表在奉天进一步讨论这些事情。

II. 至于俄国仍然认为他支持东北的白俄从事反俄运动一事，他无法解释。这不是事实。他已经用行动表明，他不能容忍俄国人在他的辖地进行活动。对俄国难民的救济费每个月要花掉15000元。他愿意让这些人到北方去，只是不想把他们赶回俄国领土，因为人们告诉他，一到那里他们就会被枪毙或者押回俄国。出于人道主义考虑，他反对把他们驱逐到俄境内。他可以跟俄国代表商谈是否能让这些人离开北满。他知道孙中山给列宁写过一封信，他常常谈起他同孙的密切关系。他表示很想同新俄友好相处。

Ⅲ. 当我问到他是否愿意派代表到莫斯科去沟通情况时，他说，他不能马上这样做。如果孙有代表前往，他很想委以专门的使命。他要我把这种想法告诉孙中山，我会办到的，数日后我就要到孙那里去。大帅还邀请我以后再去访问。

关于会晤情况，就说这些，考虑到奉天的形势，我认为绝对应该尽快任命一个俄国领事或一个能提供情报的人驻在那里。另外我还强烈感觉到，通过孙中山，的确可以在张作霖那里办成很多事情。应该充分利用这一局面。总的说来，张作霖给我的印象并不比民主主义者吴佩孚给我的印象差。尽管吴佩孚发表许多漂亮的宣言，又给俄国同志写信，但他近几日却用最残暴的手段来镇压他自己挑起的一次铁路工人罢工。

致以

共产主义敬礼

（李玉贞主编：《马林与第一次国共合作》，光明日报出版社1989年版，第126—130页）

马林致拉夫斯坦的信（节录）

（1923年2月26日）

亲爱的拉夫：

昨天我将所附文章的副本寄给曾写信给我的鲍曼①。因为他可能收不到这封信（中国的邮政会发生这样的事），所以今天我把抄件寄你，以保证它会寄到。不管怎样我想写信告诉你，我到"麦加"已经晚了，很遗憾未能见到你，并与你倾谈。7个星期之内我长途跋涉出入北京，但我已不是年轻人，难以适应这种漂泊不定的生活。我该定居了，希望不会让我留在中国。我无论如何也学不会汉语，而且远离这儿正在开展的小规模的运动。在莫斯科为符拉迪沃斯托克建了一个局②，安排我与片山潜和一个年青的俄国人伍廷康在其中共事，但是这也只能让我高兴一半。这并不可能吸引我到符拉迪沃斯托克去投身于朝鲜、日本和中国的运动。朝鲜一直很重要。日本稍逊，而中国则全然无足轻重。这还是照搬原伊尔库茨克局③的那一套，不可能有什么大的成效。但不管怎样，我还要在这里待一段时间。我去麦加时正值俄国对远东的政策特别是对中

---

① 鲍曼（1882—1955），荷兰人。1905年参加荷兰全国劳动书记部。1910年建立鹿特丹地方劳动书记部。1916年任荷兰运输工人联合会主席。1920—1927年为荷共党员。1923年成为荷兰辛迪加工会主席。1929年建立革命社会主义党，但1945年他加入荷兰工党。

② 即共产国际执行委员会东方部远东局。

③ 当指1921年在伊尔库茨克建立的共产国际远东书记处。

国的政策颇有失利之势，自然也就减弱了中国对俄国的深厚同情。关于这一点我不拟多谈，因无把握此信能够平安送抵你的手中。在麦加，我一方面发现人们对吴佩孚将军有一种崇拜情绪，可是这个吴却在扬子江畔对铁路工人大开杀戒，另一方面，某些人想入非非，认定一个"群众性的党"必然要在中国发展起来。这样一来，独立于国民党的政策就成了最理想的政策。特别是"莫霍瓦亚的远东"①炮制了这种梦想——这样一种先验图式很难适用于中国实际。约翰·勃莱尔福德曾在此做短暂逗留，他为日本《一周要闻》杂志写了一篇论述中国新动向的饶有兴味的文章。当莫斯科有人攻击前不久发生的某些事件所受的决定性影响时，勃莱尔福德准确地指出，中国的现实完全不受形势的影响，甚至工人遭受的大屠杀，除了对一小部分人之外，也并没有在人民中间引起任何激愤。在中国建立群众性政党，今后许多年内都只能是一种幻想，而独立于现存的尚待改进的国民党之外的想法则使所谓的共产党人干脆孤立并陷入宗派主义。就是这个伍廷康认为必须建立群众性的党。

　　我可以就这些事大做文章。目前日本特别值得注意，我再次提醒你，日本神户有一个日本《一周要闻》杂志，一定会引起你的兴趣。这是东方最好的一个周刊。

　　…………

你的H.M.②

上海，1923年2月26日

　　（李玉贞主编：《马林与第一次国共合作》，光明日报出版社1989年版，第130—131页）

---

①　即位于莫霍瓦亚大街上的共产国际东方部远东局。

②　即亨德利克斯·马林二字的第一个字母。

中国共产党为吴佩孚惨杀京汉路工告工人阶级与国民

（1923年2月27日）

工人们，农人们，全国被军阀和外力压迫的同胞们！二月七日长辛店和汉口的大惨杀，你们已经耳闻目见或身历其境了。这场野蛮残酷的大惨杀，就是前此倡言"保护劳工"的军阀吴佩孚发纵指使的！这个虚伪险诈的武力魔王，"保护劳工"的假面具戴不到几个月，现在已在全国工人之前，毕露其鲜血淋漓逞凶惨杀的真面目了！

中国共产党早已告知全国劳工阶级：惟有共产党是真正保护劳工、为劳工阶级利益而奋斗的党，此外一切标榜保护劳工的党派和势力，都不过是为他们自身的利益或他们阶级的利益而施行的一种政策；但在劳工阶级的势力还未组织成熟及未建设劳工阶级的国家以前，共产党为保护劳工目前利益及完成其组织力战斗力起见，在一定限度内，并不反对那些开明一点、进步一点的党派和势力采用这种假仁假义的"保护劳工"政策；虽然明知他们采用这种政策的用意，虽然明知他们采用这种政策的虚伪，但代表劳工阶级利益的共产党是要毅然决然领导劳工阶级乘此努力成就本阶级的组织，准备并训练本阶级的战斗力；有时并须帮助这样一支较开明较进步的势力，——以劳工阶级利益为前提，打倒其他较黑暗较反动的势力，渐进而推翻一切旧势力，与新兴的敌对阶级斗争而达到劳工阶级革命专政的目的。在这个原则之下，所以中国共产党前此无须公然戮［戳］穿吴佩孚"保护劳工"的假面具，只望京汉各铁路工人极力进行工会的组织，一步一步成就劳工阶级的势力与使命。

可是京汉路总工会要告成立了，这个戴着"保护劳工"假面具的军阀——吴佩孚便害怕起来了！怕什么呢？因为他知道：中国现在除了他们军阀的军队势力外，还没有比他们更集中、更强大的组织力存在；京汉路总工会的出现，就是保障中国人民利益真正势力的出现，这当然要触犯了军阀的畏忌心。所以这个冒称"保护劳工"的军阀便不惜自揭假面具，破坏约法赋与的集会结社自由权，便不惜血肉横飞惨杀赤手空拳以争自由的劳动者。

全国争自由的人民呀！这次汉口的大惨杀，不仅是军阀惨杀工人的意义，乃是军阀惨杀争自由人民的先锋军的意义；这个惨杀凶手吴佩孚不仅是工人阶级的敌人，乃是全国争自由的人民的敌人。"不自由无［毋］宁死"，现在我们三十九个烈士已经惨死了，军阀们从此更将肆无忌惮的向我们不自由的人民进攻了！全国不自由的人民呀，你们应一律准备和争自由的先锋军——工人阶级——起来打倒惨杀工人的军阀吴佩孚、曹锟呀！打倒一切压迫工人的军阀呀！

（《向导》周报第20期，1923年2月27日；转引自《"二大"和"三大"——中国共产党第二、三次代表大会资料选编》，中国社会科学出版社1985年版，第151—152页）

共产国际执行委员会就京汉铁路罢工工人流血事件告中国铁路工人书

（1923年3月3日）

中国铁路工人同志们！

共产国际执行委员会已获悉你们为反对军阀——英、日、美资本的仆从所进行的英勇斗争，谨向你们致意，并相信：你们今后绝不会放弃自己手中的红色工人旗帜。

铁路工人同志们！你们通过最近的罢工斗争和牺牲，已经同为反对各国剥削者而斗争的世界无产阶级联合起来了。你们居于少数是暂时的，你们在反对帝国主义者及其中国代理人——督军的斗争中敌我力量悬殊的情况，也是暂时的。越来越多的中国工人将同你们联合在一起。你们在最近罢工中间提出的"结社和集会自由"口号，以及你们捍卫这些口号的不屈不挠的精神表明，你们已经真正进入了有组织的国际无产阶级的行列。

你们的斗争已经有了一个正确的开端。只有争得组织自己力量的权利，我们才能为中国无产阶级的解放、为中国人民推翻外国帝国主义者及其仆从——本国封建势力的统治，进行进一步的斗争。

年青的中国共产党同你们战斗在一起。现在它正遭受着军阀的残酷迫害，而这些军阀在汉口和北京也枪杀过你们的同志。从这时起，你们就同中国共产党更加亲密起来了。你们会从斗争经验中发觉，你们同这个党走的是同一条道路。这个党不仅捍卫铁路工人的利益，而且也捍卫整个工人阶级的利益。你们既然同中国共产党一道前进，你们也就进入了领导全世界革命无产者斗争的共产国际的战斗行列。

中国无产阶级万岁！

中国共产党万岁！

共产国际执行委员会

（中共中央党史研究室第一研究部编：《共产国际、联共（布）与中国革命文献资料选辑（1917—1925）》，北京图书馆出版社1997年版，第437—438页）

维经斯基给共产国际执委会
东方部主任萨法罗夫的信（节录）

（1923年3月8日）

敬爱的同志：

....

我收到马林从中国发来的电报，他现在在上海，打算到广州去见孙逸仙。从我附上的关于近来工人罢工情况的报告中，您可以判断出目前中国工人运动的规模和意义。确实，党积极参加了罢工①，并在最重要的地方领导了罢工。由于罢工而开始对工会组织的破坏，以及对工人和革命学生的镇压，未能驱散罢工的气氛。从中国最近（3月初）的报纸中可以看出，正在酝酿一场可能遍及华中和华北的新的大罢工。我觉得，中共中央作出的关于迁往广州的决定②现在恰恰是不妥当的。在诸如汉口、上海、北京这样一些作为罢工运动主要据点的城市里，必须有最大数量的中央委员。总之，应该使自己永远明白，华中和华北是中国当代工人运动的主要基地。同业和行业的联合组织是强大的，主要在南方，不算英国港口香港。

如果说中央委员会是在香港还是在上海和北京，这在去年还可能有怀疑的话，那么现在，在经过最近一些罢工以后，依我看在这个问题上不可能有两种意见了。

---

① 指1923年2月被吴佩孚军队镇压的京汉铁路工人的罢工。

② 中共中央关于迁往广州的决定没有找到。

我不能想象，中央将如何从广州领导运动，广州与上海、汉口和北京没有铁路交通，而通过海路到上海大约需要走5天时间。建立书面联系也是相当困难的。但这不仅仅是中央在地理位置上脱离华中和华北的工人运动。依我看，离国民党的中心很近也同样会对中央产生有害的影响；在广州可能造成我们党对孙逸仙党的过多依赖性，而最令人担心的是，年轻的中国共产党通过自己的中央将深深陷入军阀的派系斗争之中，而这是不可避免的，因为国民党政府由于它给我党的"好处"，让我们在它的地盘上合法存在而要求我们党给予无条件的支持。然而，不应忘记，中国共产党现在已经有了可以丢掉一些东西的条件了，他的声望在工人群众的眼里是完全清白的。当然，应当利用在南方合法工作的机会，但不应把整个中央委员会搬到那里，把全部工作的重心转移到那里去。为了使党能够利用真正的批评自由，根据共产国际执委会通过的决议（诚然是非常妥协的）①，中央委员会不应在广州孙逸仙的鼻子底下，而至少应在上海的某个地方。

关于这一点我还没有给党写信。我认为现在写这一点不合适，因为搬迁是马林倡议的，早在去年他就打算把中央迁到广州，他当时提出的理由是，党在华中和华北没有适当的基地，因为中国根本没有真正像样的工人运动，因此党应该把自己的活动重心转移到南方，那里有民族革命运动的土壤②。

在结束这封信的时候，我想再一次谈谈今年春天以孙逸仙、段祺瑞（安福派首领）和张作霖为一方，以吴佩孚为另一方即将展开的争斗。我在从赤塔写的第1份报告（1月25日）中，已经指出今春中国军阀间即将展开的争斗。

当然，我党的策略将取决于我们是否认为有可能通过中国军阀之间的争斗真正统一中国，或者形势还像近11年来那样，军阀派系的背后是帝国

---

① 指1923年1月12日通过的《共产国际执委会关于中国共产党与国民党的关系问题的决议》。

② 共产国际执委会主席团在同意马达的建议后于1922年7月18日向中国共产党中央执行委员会发出关于迁往广州的指示（见托尼·塞奇《中国第一次统一战线的起源》英文版，第1卷第327页）。

主义者，而中国的统一在每次武装斗争以后变得比以前更加不可能。迄今为止国民党还没有成为全国性的政党，而继续在以军阀派系之一的身份活动。它甚至没有利用最近的工人罢工、对工人的枪杀和对学生的镇压来开展政治宣传，吸引广大劳动人民阶层、青年学生和知识分子参加反对北方军阀（吴佩孚集团）的斗争。看来，国民党首领们继续把希望主要寄托在同著名的军阀派系结盟并借助同样著名的军国主义国家的帮助[1]来取得军事上的成功。我们党能否无条件地支持孙逸仙的联盟呢？我断言，不能。孙逸仙可以得到我们党的支持，如果他声明，第一，他的政治纲领以共产党在去年夏天提出的原则（见《新东方》第2期）[2]为基础；第二，他与他现在的同盟者张作霖和段祺瑞划清界限。必须在中国建立民族革命政党，这是对的。但必须让这个党明确说明，它希望什么，它跟谁一起走。当群众知道孙逸仙是张作霖和段祺瑞的同盟者时，任何漂亮的言辞都无济于事。必须尽快作出党在这个问题上的指示。对于党来说时机是非常重要的。许多事情都将取决于党如何对待中国当前这场斗争问题。或者请您将党的指示发电报给我，或者（也通过电报）委托我来做这件事。

致共产主义的敬礼！

维经斯基

（中共中央党史研究室第一研究部译：《联共（布）、共产国际与中国国民革命运动（1920—1925）》，北京图书馆出版社1997年版，第227—230页）

---

[1] 暗指张作霖派系和日本。

[2] 指1922年6月15日《中国共产党关于目前时局的声明》（见《先驱》，上海，1922年6月20日第9期，第1—3页）。该文件的俄译文有遗漏和歪曲，曾发表在《新东方》杂志上（莫斯科，1922年第2期，第606—612页）。

魏金斯基致斯内夫利特的信

（1923年3月9日）

亲爱的马林同志：

一、接奉来函、来电，获悉最新消息。看来尊意在把中国共产党全部积极分子迁至南方。当然，你处于更合适的地位，知道在罢工之后最宜做什么事情。但是就我所知，现在十分需要有一些积极性很高的同志留在汉口、上海和北京。据中国报端揭载的内容，显然目前仍笼罩着罢工的气氛，最近的将来华中和华北也许会成为发生新罢工的区域，很难设想你将如何从广州给予指导和安排联络。望在下次信中将各该情况相告。

二、昨日我已按3月份的预算给党送去经费。因我手头没有钱，不能送更多的钱去。但我已致电莫斯科申请3个月的经费。现寄送的300元系电报费，150元给你，150元给V[①]，因为他还要替你转发电报。

三、请多写一些消息——来自广州。

四、中国共产党对即将发生的（也许是春天）孙中山、张作霖、段祺瑞和吴佩孚之间的斗争究竟持何态度？中国共产党是否无条件地支持孙中山？为什么国民党对罢工被镇压和工人学生惨遭迫害没有提出正式抗议？

---

① 即维里杰。

五、请寄一份中国共产党的宣言①。

致以共产党主义敬礼!

你的

魏金斯基

又及:

绝对需要一个同志（瞿秋白）来此在苏联远东地区华工中为中国东北工作。

魏（金斯基）

（李玉贞主编:《马林与第一次国共合作》，光明日报出版社1989年版，第132—133页）

---

① 可能指1923年2月《中共中央为吴佩孚惨杀京汉路工告工人阶级与国民》。

旅欧中国共产主义青年团
（中国社会主义青年团旅欧之部）
报告第一号

（1923年3月13日）

"中国社会主义青年团"

中央执行委员会诸同志：

我们旅欧共产主义少年团体，在去年十一月二十日曾以"旅欧中国少年共产党"名义与同志们去过一封公信，诚恳地声明：我们愿附属于国内青年团，为其旅欧之部，同时并向团中建议三事。此信当由同志李维汉（罗迈）携带回国，并委他为旅欧少共的代表，向团中正式接洽，计时当已达到。

罗迈行后，我们在此静待好音期中，忽得到中国赴共产国际和少年共产国际的代表已抵赤都的消息，由不得我们不立即去信表示我们诚恳的敬意，同时并切实声明我们此间团体加入国内青年团一案亦已正式提向国内，毫无犹疑。其后代表团由重辅［仲甫］同志复我们一信，希望我们"旅欧少年共产党"改名为"中国共产主义青年团旅欧之部"，在此名称组织之下，向称的"中央执行委员会"应改为"执行委员会"；同时并指示我们对于团中纲领的误解和在欧行动的方略。我们在今年一月得着这封信后，益觉我们团体的名称组织有急于改换的必要，于是乃有多数同志提议不待国内信至即实行改组，立即归属国内本团，以明我们去年六月大会组织旅欧少共团体的始衷，执行委员会因此更进一步于二月间召开临时代表大会，实行改组。会期自二月十七日至二十日，地点在巴黎郊外。会议内容，报告、演说后，第一案即为：依据去年十月总投票结果加入"中国社会主义青年团"，遵守其纲领并章程上重要原则，以确定本团体在欧之名称与组织。我们当即依此议定了我们旅欧之部的名称为"旅欧中国共产主义青年团"，并随即遵守国内本团章程上重要原则，依据我们旅欧特殊任务，议定旅欧之部的章程（原文见附件一），明白规定"中国社会主义青年团中央执行委员会为本团上级机关"。至于旧日托罗迈同志带回国的三个提议，名称况已不成问题，纲领修改更由此次大会自动地决议撤销了。章程旧提者已多不适于用，现此新定者乃为我们正式向中央提出请求认可的现行条文。

同志们，这便是我们旅欧少年同志依着共产主义的纪律向你们表示极诚恳的归依。我们更坚信你们必能欣然承诺，来指示我们旅欧的行动方略——在我们看，这实是毫无疑义的。

在此次大会中，我们讨论的事件非常之多，详细的报告，不久将誊印有团务报告出来，此处不及详写，只先写个大概如下：

1. 旅欧青年团的团员在开大会时总数已达七十二人，到会的代表为四十二人，全体人数之分配为：旅法五十八人，旅德八人，旅比六人。

2. 开会时，同志赵世炎为主席，同志任卓宣、薛世纶、赵光宸、穆清四人为记录，四日大会均如此未变。

3. 通过案件约二十项，重要的为：

一、改组案——决定名称、议定章程（详情见前，不及）。

二、本团旅欧之责任及今后应有之活动——大体规定为共产主义的教育工作，换言之，即是列宁所谓"学，学共产主义"。

三、学生运动问题——主张维持勤工学生的总团结，同志们活动须量力而为，特别注意于宣传主义吸收同志。

四、华工运动问题——决定维护现在我们同志所主持的"华工总会"，实力援助《华工旬报》——工会机关报努力图华工教育实现，以便吸收同志。

五、内部训练问题——以进行"共产主义研究会"为最要之事。

六、《少年》出版问题——因留法勤工俭学学生界中有无政府主义出版物《工余》杂志和基督教《青年会星期报》的猖狂惑众，是为我们宣传障碍，另一方我们少年团体在此实有为第三国际和国内共党解释战略并传播共产主义学理于不甚能读外国文主义书报之勤工生和华工中之必要，于是乃仍决定继出《少年》月刊。

七、经济问题——每个团员月担任十二方月费。

八、通过撤销前向国内中央希望修改名称改正纲领的两个提议（本来我们对于纲领内容怀疑之处早已打消了，此不过作一番形式上的撤销而已）。

九、请议决以后本团团员有加入各所在国共产党者，必须得本团执行委员会之许可案——交新执行委员会审议。

十、请开除张伯简（红鸿）案——此为不服旧执行委员会警告红鸿决议提向大会之抗议，但结果仍被否决，接受执行委员会警告原议。

十一、弹劾张申府案——在大会中旅柏林同志们的代表伍豪（周恩来），声言因大会①及执行委员会②仍认R（张申府）为团员，而R在柏林地方会确已屡次声明退出少共，伍豪自己亦曾向中央报告过他持不同态度，因此无法为大会仍为团员的R做代表。因此遂有团员提议，成立弹劾案，继追究R为何在地方会声言退出少共，乃推论到年前执行委员会因其于弹劾红鸿案罗织罪状过甚，且有迫胁中央之言，与以劝告，R不接受。嗣经执行委员会多次讨论，将此案不再追究，惟R仍不满意，辞"共产主义研究会"书记，置执行委员会不理，最后至大会

---

① 大会认旅欧少共全体人数为七十二人，申府确在此数之内。

② 前执行委员会总书记乐生报告，执行委员会永未接柏林地方会书记报告他R退出少共团体，且其报告信中更常言张申府出席发言建议，却未道及他退出少共事，直至此次大会，伍豪替柏林地方会廖焕星向大会报告柏林地方会事务，方始说出。

始更发现其又有退出少年之声言。准此情形，大会认定R在少共团体中实处处违反共产主义的纪律，乃决议将R除名于少共团体之外，惟R本为中国共党党员，此种决议如何，实有报告中央，请转达中国共党之必要，因此我们对于此事仍将有详细报告寄上，此处只不过先说个大概。

十二、弹劾旧中央执行委员乐生（赵世炎）、雷音（王若飞）、伍豪（周恩来）、石人（尹宽）、林木（陈延年）案——准上项情形，大会当认旧执行委员五人处理R事，过于懦弱疏忽，决议成立警告案。

4. 选举新执行委员五人：提掀（任卓宣）、伍豪（周恩来）、石人（尹宽）、裸体（汪泽楷）、觉奴（肖朴生）当选，候补委员三人：大冶（刘伯坚）、戈般（王凌汉）、钟声（袁子贞）当选。

大会过后，执行委员会立即组成，推选伍豪为书记，石人主任"共产主义研究会"事；裸体主任"学生运动委员会"事；觉奴主任"华工运动委员会"事；提掀主任"出版委员会"事；并依大会一切决议，循序进行。本此，我们先写此第一封报告信寄上，至其他进行事项，与中央希望我们在欧期中应有之外方报告，自当陆续报告无误，兹先在此声明一下。

又本团旅欧团员在开大会时数目为七十二人，其中除R已为大会除名外，余七十一人中，有同志刘清扬亦已准备回国，同志赵世炎、王若飞、陈延年、陈乔年、佘立亚、高风、陈九鼎、王凌汉、郑超麟、袁庆云、王圭、熊雄十二人已预备起程赴俄入东方劳大读书，除最后三人外，余人均为入德事稍有阻碍，现正多方设法，想不久将可成行。

再，我们要慎重声明的，在我们此次大会将开会前，我们得到中央一月二日寄我们的信件，希望我们依中央第十次会议议决国外组的办法加入青年团，我们当时因为我们正式代表亦已派回国去接洽加入事件，到莫的中国代表团又曾和我们表示过前述的改组希望，而我们自己又正在自动地召开改组的大会，于是我们乃在大会中诚恳地接受了你们希望我们的好意，而实行改组成上述的组织，附依于你们为"中国社会主义青年团旅欧之部"。同志们，这个办法，我们想你们一定予以谅解！

巧了，在我们这封信尚未写完之时，我们竟得着一月二十九日中央许可我们加入的公信，我们看着后，真欣喜无量！我们现在已正式为"中国社会主义青年团"的旅欧战员了，我们已立在共产主义的统一旗帜之下，我们是何其荣幸？你们希望我们"为本团勇敢忠实的战士"，我们谨代表旅欧全体团员回说："我们愿努力毋违！"至中央命我们更改章程的六项和停刊《少年》的事，在纪律上我们当然是接受无疑，一俟执行委员会全体（我们现时止［只］有三人在巴得见此信，余二人尚在他地）观齐后，便当正式答复，迟缓处，尚望原谅！

专此，同志们，愿接受我们的敬礼！

旅欧中国共产主义青年团

执行委员会

书记伍豪（周恩来）

附件一：

旅欧中国共产主义青年团章程

（中国社会主义青年团旅欧之部）

一九二三年二月代表大会通过

第一章　团员

第一条　凡旅欧中国青年愿加入本团为团员者，必须：

　　A. 对于共产主义已有信仰；

　　B. 承认本团纲领及章程，并愿服务本团；

C. 绝对不信奉宗教，不属于任何宗教性质之团体；

D. 经团员二人之介绍与担保及本团执行委员会之通过。

第二条　国内团员在其旅欧期内，得入为本团团员。

第三条　团员加入时，须在本团书记处登记，呈报中央，并由本团执行委员会盖章发给团证。

第四条　团员加入后，按月须缴常费二方。

第二章　组织

第五条　本团集合旅欧全体团员组成之。

第六条　本团代表大会选出执行委员会委员五人，任期一年，并选出候补委员三人。

第七条　本团执行委员会互选书记一人，总理本团事务。

第八条　本团于执行委员会之下设书记部，掌理团中组织、财政、搜集报告、发给通告等事。

第九条　本团于执行委员会之下设共产主义研究会，凡团员均须加入研究。

第十条　本团依据旅欧特殊任务，于执行委员会之下组织三种委员会：（1）学生运动委员会；（2）华工运动委员会；（3）出版委员会。凡团员必须加入一种以上之委员会服务。

第十一条　旅欧各地有团员三人或合相邻之地得团员三人，即组织一地方委员会。

第十二条　地方会设书记一人，由地方会全体团员公举之。

第十三条　地方会及各委员会办事细则由其自定，但须经执行委员会之认可。

第三章　纪律

第十四条　中国社会主义青年团中央执行委员会为本团上级机关。

第十五条　本团代表大会为本团最高机关。

第十六条　在团代表大会闭会期间，执行委员会为最高机关。

第十七条　本团代表大会或执行委员会之决议，须为大会或委员会多数之公意，少数须服从之。

第十八条　地方会书记受执行委员会之指挥，司理地方事务。

第十九条　本团执行委员会在任期内如不称职，得由本团临时代表大会议决即时撤换。

第二十条　地方会书记有失职时，执行委员会得取消之。

第二十一条　本团团员对于执行委员会决议有抗议时，得团员五分之一的赞成者，得提出中央执行委员会或本团代表大会判决，但在抗议期内，仍须服从执行委员会之决议。

第二十二条　本团团员违背纲领、章程或决议案时，得由执行委员会开除之。

第二十三条　本团团员泄露团务，无故连续至二次不到会或三月不缴月费者，得由执行委员会开除之。

第四章　会议

第二十四条　本团每年须开代表大会一次。

第二十五条　本团执行委员会认为必要时，得召集临时代表大会；有团员三分之一之请求，执行委员会必须召集临时代表大会。

第二十六条　开代表大会时，每人所代表之人物，至多不得过三人。

第二十七条　各地方会每月至少须开会一次。

第五章　报告

第二十八条　本团执行委员会每月须向中央执行委员会报告一次。

第二十九条　地方会书记每月至少须向执行委员会报告一次。

第六章　机关

第三十条　依照本团现时特殊情形，对外暂设华工组合书记部与中国书报社。

第七章　经费

第三十一条　本团经费以团费、特别捐及其它收入充之。

第八章　机关报

第三十二条　本团每月刊行《少年》杂志一次，印刷费由团员担负。

第九章　附则

第三十三条　本章程依据本团旅欧特殊情形，遵守中国社会主义青年团章程上重要原则，由本团代表大会议决之。

第三十四条　本章程得由本团代表大会过半数之决议修改之。

（伍豪按：此项章程在现时依本团通告五第一项之规定，绝对不得向外公布）

（《"二大"和"三大"——中国共产党第二、三次代表大会资料选编》，中国社会科学出版社1985年版，第155—164页）

旅俄中国社会主义青年团支部
对于第二次全国大会的意见①

（1923年3月20日）

中国社会主义青年团中央执行委员会：

中国社会主义青年团第二次全国大会之会期将近，本支部认此次会议对于青年团将来工作的进行有重大的意义。所以特于本月十二日召集全体会议讨论对于此次会议上所应注意的意见，并派代表赴会事。（当日会中共产少年国际东方部主任大林和西方部主任Tsomp Oickuu关于中国青年团将来进行的方略均有报告）今将其当日会议所讨论的结果照录如下：

一、对于青年团第一次会议的议决案。自第一次会议后，时期虽近一年，环境也经过许多的变化，然我们现在将第一次会议的议决案重新检查，觉得其中无论理论的叙述或实际的条文，都没有多大变更的必要。不过就一年来运动所得的经验，与新环境的适应，稍加以补充或切实而已。所以我们认第一次会议的议决案仍有继续进行之效力。

二、加入民党问题。中国在经济方面，大部分还建筑在中世纪手工业和农业的基础上，同时又为国际帝国主义的殖民地、销货场与原料出产地；在政治方面，完

---

① 原题为《对于第二次全国大会的意见》。

全是封建阶级、军阀居统治地位，同时封建阶级又受国际帝国主义者的指挥和支配，我们劳动阶级，无论为目前的利益计——如各种集会，出版，罢工……等自由权，或将来的发展计——建设社会主义的社会，唯一出路只有促进民主派的革命，消灭国内的封建阶级，打倒国际帝国主义，才有可能。所以中国共产党在第二次会议上，就决议加入民主联合战线，继又决定命令党员加入民党。我们青年团是有［为］青年工人和农人……等的利益而奋斗的先锋队，我们随共产党之后全体团员加入民党，是必然无可疑义的。不过当加入民党或已加入之后我们应该特别注意下列三点：

（A）加入民党须以个人名义。加入之后在民党中仍须按小组有独立的组织，特别的训练。团体各机关，尤须独立的努力进行，不得与民党机关混合。

（B）加入民党并不是消极的助其张扬声势，而应积极的为之组织群众，训练群众，领导群众向革命的正执［轨］进行，以促成真正民主革命早日实现。同时对民党首领之错误倾向，尤须特别纠正。如近时孙中山国内四大势力妥协之宣言，及与段祺瑞、张作霖之联盟等，须毫不客气的据理加以攻击。如遇民党对于工人有不利益时，尤须极力反对。

（C）本团团员诸系青年，意志未免不坚强，一旦突然加入最复杂之民党，难免不受腐败空气之影响。对于此点，我们应特别注意。在这种民族革命之过程中，我们尤须防止其自由派与爱国主义派的倾向。

三、青年工人运动。青年团的基础是筑在青年工人身上的，故此后青年团应特别注意各工业区青年工人的组织与训练，促其自动的独立的去作经济和政治的奋斗。同时仍须到工会中组织 Cekyus（支部），一方面训练青年工人，一方面帮助工会作组织与宣传的运动。

四、青年农人运动。在农民占最大多数的中国，青年农民对于青年运动有绝大的意义。以前青年团对此点未免轻忽，此后我们应实际到农村去组织与训练青年农民，第一步须注重教育，灌输一些政治常识，使之觉悟其自身地位的价值，然后冲进于经济奋斗和政治奋斗（如反抗加租运动等）。

五、学生运动。在半殖民地的中国这样经济和政治状况之下，学生是容易趋向革命的，故我们对学生运动绝不可轻视，尤当引导其向工农群众中去。但同时应该注意到学生之本来的智识阶级的危险性。

六、青年军人运动。十余年来封建阶级——军阀所以横行无阻的，完全是凭着一部分失业的游民无产者为其雇佣［用］军队。在这种军队中，青年无产者确居大多数，我们想推翻军阀，对此一部分无产者的青年，非加以特别宣传和组织不可。

七、组织与纪律问题。组织与纪律是团体一切进行成败的关键，故应特别慎重。此后对于组织与训练应注意的是：

（A）青年团以前是以地方支部为基本单位，此后应改为以工厂或学校……等中的小组织为基本单位。（统按现在本团正采此种组织，只是实行的结果不好。）

（B）各地方执行委员会须严密分配各团员工作。

（C）中央执行委员会或地方执行委员会之委员除智识阶级外须有工人若干。

（D）上级机关应当派代表到各地方调查活动情形，同时各地方须报告其活动于上级机关。

（E）此后中央或地方执行委员会宜特别严格执行团体一切规［纪］律。

八、青年团与共产党。以前青年团的活动，未免全为共产党的活动所摄收，太偏于政治活动。以后青年团与共产党的活动范围，应有严明的规定。青年团除政治运动——反对军阀及帝国主义外，须有自己独立的工作——经济改良和教育工作等。

九、出版物。出版物为宣传最重要之武器，此次须特别扩充其分量。同时对于内容须力除浮薄的理论注重实际问题。尤须引起青年工人和农人投稿。

十、青年团须协同共产党及职工会进行劳动立法运动。同时须提出关于自己利益之青年工人年龄限制，及青年工作时间减少等问题。

以上数条我们认为在第二次会议上须特别注意的，故提出于此。其余关于教育、经济及与各团体的关系等种种详细问题，我们以为在第一次会议的议决案里很为恰当，只在切实施行而已。总之我们远居国外，对于国内情形，已属模糊，虽略有所闻，亦不过东鳞西爪，不能有所贡献，但我们希望在第二次大会上，应特别注意三个要素：（一）各地一年来运动的经验。（二）现在国内政治的经济的状况。（三）青年国际第三次大会的精神。本此三者，审慎地详细地而运用之是在我们最亲爱的代表诸同志。

旅俄中国社会主义青年团支部

一九二三年三月二十日

（《先驱》第22号，1923年7月1日；转引自《"二大"和"三大"——中国共产党第二、三次代表大会资料选编》，中国社会科学出版社1985年版，第210—213页）

维经斯基就中国形势给共产国际执委会东方部的报告（节录）

（1923年3月24日）

致共产国际执委会东方部主任萨法罗夫同志

敬爱的同志：

…………

中国问题

日前收到马林从上海寄来的一封详细的信，最近他打算去广州。同时也收到越飞从东京发来的电报，他在电报里坚持让马林留在中国，并请求我给马林寄去应给中共的经费。我不知道发来这封电报是出于什么原因，因为我从来没有给马林写信，也没有给越飞写信谈起马林离开中国的事，而且根本没有给马林作过任何指示或建议，今后也不打算做。我认为，这只是共产国际执委会东方部职权范围内的事。

实际上，马林和中国共产党最近关于中国情况的通报并没有使您得到比我上封信中告知的更多的东西。新的东西也许只是：听马林说，在汉口罢工遭到破坏后①，我们的人②情绪非常沮丧，对今后工作的前景看得过分悲观。这是中央在几星

---

① 指1923年2月京汉铁路工人罢工遭到破坏。

② 指中国共产党领导人。

期内作出关于中央所在地和党的力量分布问题的自相矛盾的决定①的部分原因。而中央在这两个问题上的决定在当前是有重大意义的。顺便说一句，依我看，过分惊慌失措的结果是工人运动的中心脱离了我们的积极分子和张国焘不知为什么被派往莫斯科去报告罢工情况。在他往返莫斯科的这两个月里，他本来最好应该待在汉口和北京，组织工会的剩余力量。向莫斯科报告罢工的情况本来可以用书面形式，或者甚至可以从海参崴发电报，这要比张去莫斯科花费的钱少得多，而且不会使党和工会的一位领导人在这样重要的时刻离开工作岗位。

中国共产党打算在5月份召开工会和党的代表大会。依我看，工会代表大会应该这样来进行：鉴于已有历次代表大会的总纲领，目前代表大会可以分别在广州和北方召开，因为在广州召开一个规模较大的全国性代表大会是做不到的②。既在南方又在北方召开代表大会的政治意义将是巨大的。这种召开代表大会的方式所需要的经费比在广州召开全国性代表大会要少。

早在收到勃利克的电报③以前很久，我曾写信给您谈到我反对将中央迁往广州，正如我去年反对这一点一样，现在也反对在广州召开党代会。我认为，尽管存在一定的困难，党代会应该在北方召开，或者至少在上海召开，而且不要与工会代表大会同时召开，而要早些时候召开，这样使得党在工会代表大会上有在中国工会运动的策略问题和组织问题上的坚定方针。同样，青年代表大会也应该在党代会以后召开，比方说在5月中旬④。

马林在信中要我参加4月份的党代会。请萨法罗夫同志在接到这份报告

---

① 中国共产党中央执行委员会的决定没有找到。

② 第二次中华全国工会代表大会于1925年5月1日至7日在广州才得以召开。

③ 勃利克的电报没有找到。C.K.勃利克自1921年至1920年代中期先后任共产国际执委会东方宣传局局长、东方部副主任。

④ 中国共产党第三次代表大会于1923年6月12日至20日在广州举行，而中国社会主义青年团第二次代表大会于1923年8月20日至25日在南京举行。

后以东方部的名义正式给我发去中国参加党代会的电报指示。我之所以请求电报指示是因为，我认为有必要去中国，至少在党代会召开的几周前去中国，以便能和中央一起认真地准备材料和报告，同时也有可能直接考察党的日常工作。我也想利用这次出差机会了解一下日本和朝鲜的情况。

附上关于中国3月中旬前总的政治形势的简要报告[①]。孙逸仙在南方的处境还可能出现各种意外，因为他那个先联合西南各省然后再以最短的路线经湖北或绕道四川准备北伐的计划，现在进行得不顺利。在孙逸仙鼻子底下又出现了小规模的军事阴谋和倾轧事件，尽管看来他十分渴望联合，并在南方得到疲于中国"不断革命"的居民的支持。与此同时，很遗憾，迄今为止还看不出，国民党和孙逸仙试图在国内建立政治运动，并以此使广大群众了解他们的军事行动的意义。而没有这种政治运动，孙逸仙的军事讨伐将会引起中部和北部各省广大城乡居民的怀疑，并为北方的军阀们提供口实，说孙从南方入侵，必须加以防卫。

随信附上致中国大学生的呼吁书[②]，其中阐述了我们对当前中国革命学生斗争策略的看法……

在结束这封信时，我认为有必要补充以下一点：如果继续在这里工作，那就应该加强远东局的机构，补充一名精通英语的同志。这对我们的出版工作很有必要。我们可以在这里用所有三种东方语言印刷材料并散发到相关的国家去。

还有必要在满洲开展宣传鼓动工作，主要是在中东铁路沿线。

鉴于目前在这里除我以外没有任何别的远东局成员（马林看来不会来这里，片山潜也不会来），所以这里应该有这样一位同志，一旦我离开去各地或莫斯科时可以替代我。我认为法因贝尔格就是这样一位同志。因此请求您派他到海参崴来，他的薪金可从远东局的经费中支付。

---

① 附件没有找到。

② 呼吁书没有找到。

致共产主义的敬礼!

维经斯基

（中共中央党史研究室第一研究部译：《联共（布）、共产国际与中国国民革命运动（1920—1925）》，北京图书馆出版社1997年版，第233—236页）

维经斯基给萨法罗夫的电报

（1923年3月27日）

建议在党代会和工会代表大会①结束前让马林留在中国，指示他不要无条件地支持国民党，而要向孙逸仙提出条件：第一，不要把主要精力放在与督军建立军事联盟上，而要放在建立全国性的政党上；第二，支持工人和学生运动；第三，断绝同张作霖、段祺瑞的联系。

维经斯基

（中共中央党史研究室第一研究部译：《联共（布）、共产国际与中国国民革命运动（1920—1925）》，北京图书馆出版社1997年版，第238页）

---

① 指中国共产党第三次代表大会和工会第二次代表大会。

维经斯基致斯内夫利特的信（节录）

（1923年3月27日）

亲爱的西蒙斯同志：

几天前，收悉你3月3日、12日两函，经哈尔滨来的信，也于前不久收到。

关于我们的活动，这里没有太多的内容要告知。即提交莫斯科的所有报告，也均为有关各国政治经济和工人问题方面的报道通讯。全部以俄文书写，所以对你也没有任何用处。

············

关于朝鲜就说这么多。

现回答你向我提出的各个问题。在这之前想澄清一点，我很奇怪为什么你会得出我想从海参崴指导中国共产党工作的结论，你的结论依据的理由是完全不合逻辑的。我确实在给斯列帕克①的一封私人信件中提到，在莫斯科时瞿秋白曾同意和我一起到符拉迪沃斯托克工作，陈独秀同志在莫斯科时②也曾同意瞿可以去该市。我在给斯列帕克信中提到这件事时，本意是让瞿秋白在党内提出这个问题，并且当然要听从党的决

---

① 华俄通讯社记者，北京分社社长，曾在共产国际工作，充当维经斯基的助手。

② 指1922年11—12月陈在莫斯科出席共产国际第四次代表大会的那段时间。据苏联学者格卢宁考证，陈参加了共产国际四大《东方问题总提纲》的起草工作。见《共产国际与东方》1969年版，格卢宁《共产国际与中国共产主义运动的形成》。

定。这只是问题的形式部分。从本质上说，因为瞿秋白精通俄语，当然希望他能同远东局一起为中国东北和（苏联）沿海省份工作，后一地区大约有20000华工，其中有些已加入工会。我们至少应找到一个通晓俄语的好同志，才有可能从这里沿铁路线做东北的工作。同时，懂俄语在中国境内是完全没有用的。因此，我现在正式提出这个问题，只要党认为有可能，就应立即派瞿秋白到这里来。

我同意你的看法，广州的劳动大会不会很成功，因为会议不能充分代表华中和华北有组织的工人。因此，可以考虑5月份党的会议①结束之后召开华南的劳动大会；同时，参加党代表大会的华中和华北代表回去之后，可再在长沙召开华中和华北的劳动大会，这样会更好些。

关于青年团代表大会，我已给青年共产国际去电，一有答复，立即电告。

关于你申请的每月1600元经费，我将向莫斯科提出并支持这个建议。希望这几天能收到东方部的电汇，然后我将立即电汇与你。

片山潜至今未到，但我仍想出席党的代表大会。如果4月中旬前去比较合适，请来电。那就能和朝鲜人商量一些事情。我已电邀王若素（音）来此。但如果我4月中旬去，就让他等我到达后再说。

我完全同意你关于日本问题的意见，正按你的建议物色两位同志。收越飞电报一则，他坚持让你留在中国，并要求寄钱给你。我尚未回电，因不明了该电报来由。我从未对越飞说你不应留在中国，也从未说将不给你寄钱。

还当告你：我们在这里安排了一所很好的印刷厂，有一个日本人，一个朝鲜人，但还需要一个中国人。

随信附上我起草的一份给中国学生的呼吁书和一份青年共产国际的电令。请注意，这些东西应予翻译和分发，致女学生书也是如此。给上海学生会的短电请交给他们原始电稿。

① 当指原拟在6月举行的中国共产党第三次代表大会。

我想，以上就是我要告诉你的全部内容。

又：铁路工会的书记已到达。与此同时，我收到张国焘同志一信，他要求尽快送这位同志到广州。这里很难安排他，因他的英语不太好。但同时，这里很需要一些人。请党告诉我应为他做些什么。

共产主义敬礼

你的

魏金斯基

（李玉贞主编：《马林与第一次国共合作》，光明日报出版社1989年版，第140—143页）

关于罢工问题的讨论记录①

（1923年3月30日）

邓—蔡②—张太雷讨论湖北代表与张国焘之间的分歧。

一、罢工。批评张国焘的态度，因他要停止罢工，而停止罢工则失去了工人的信任。

有人建议复工。

回答：（关于7日的总形势）如果这些情况正确，可去劝说张国焘。

问题：当局目前对罢工的态度同过去一样。

答：问题不在于当局的态度，而在于我们的力量和机会。如何创造机会报仇。在党的会议上进一步讨论党的策略。

问题：既然张国焘是一个人，那么应由大多数人作出决定。

回答：现在提出这个问题没有意义。会上应讨论湖北代表团的报告。

问题：分歧只是张国焘想停止，地方领导人没有坚持。

回答：没有自己的见解。领导人必须领导。

问题：2日曾有秘密签署的协议，一直等到7日——（罢工）开始，一天后便停止，丧失威信。虽下命令，无济于

---

① 本件原在马林的笔记本上，因系会议记录，多有不完全句。

② 可能是邓中夏、蔡和森。

事。故作姿态。

回答：领导在7日提出建议，领导又于8日收回，——

接收为湖北成员　郭平伯

　　　　　　　　郭寄生

还有一个铁路上的人——被查封的报纸的编辑和收藏者。

问题：张国焘报告

中共中央二大决议；谨慎；莫存偏见。

（李玉贞主编：《马林与第一次国共合作》，光明日报出版社1989年版，第143—144页）

斯内夫利特致拉夫斯坦的信

（1923年4月3日）

亲爱的拉夫：

继二月底关于京汉铁路工人大罢工的文章之后，今天，我又通过运输工人联合会发出一篇关于中国政治形势的文章，在此随信附上①，这样你或许可以在收到载有该文的《论坛报》之前就得到这篇文章。我的文章在评述反日运动时没有提到哈尔滨的群众集会，这个集会名为反对日本在中国东北实行的政治方针，实则反对俄国占领蒙古，反对俄国妄想占有满洲里—哈尔滨—符拉迪沃斯托克铁路（中东铁路）。我想我在给你的信中已经写到过，我的第4次莫斯科之行（1922年12月23日—1923年1月11日）旨在讨论俄国对华北的政策，尤其着眼于俄国对吴佩孚、孙中山和张作霖应取何种态度。（共产国际）第四次代表大会时，远东局发现，从一个大约有250名中国共产党人参加的独立的政治运动中，可以孕育出一个共产主义的群众性政党。这就要求修正4个月前制定的共产党人加入孙中山的国民党的政策。对于采取新政策的解释工作多少已准备就绪，为此而在符拉迪沃斯托克设的那个局也即将成立，它将指导日本和中国的运动。我坚决反对改变政策。如果要在中国采取建立独立的共产主义政党的政策，既和国民党一

---

① 档案中未见所附文章。

道工作，但又对其保持独立，这必然会使那个小团体①的人们成为一个毫无意义的小宗派。权且将印度、爪哇和朝鲜农民的处境与中国农民进行一番比较，将印度、爪哇的现代工业与中国的状况进行一番比较，情况就一清二楚了；在中国，建立一个工农政党的可能性较之印度等国要小得多。拉狄克曾解释说，督军和军阀间无休无止的战乱主要是由几大现代经济中心间的利益冲突引起的。想想云南、贵州、四川、江西、广西连绵不断的战乱，请明确告诉我，如何能从中得出拉狄克的结论。我们当然希望遵照马克思主义对中国所发生的事件进行分析，但是，有的人轻率地提出意见，这很容易引出荒谬的结论。在东西伯利亚，就是从各路督军和东北张作霖的矛盾中，得出了推崇吴佩孚的结论。某个叫威廉斯基②的人，长期待在东西伯利亚，而只在北京住过很短的一段时间，他在俄国的报纸，如《共产国际》③（德文版，第23期）和《国际新闻通讯》④发表了若干文章⑤，明确提出吴佩孚是中国军阀中最开明的人士。这样的观点，甚至在吴佩孚一手造成对铁路罢工工人的大屠杀之后竟然还在我们共产党人的杂志上传播。《国际新闻通讯》显然给读者造成这样的印象：吴佩孚无疑将与孙中山联合，并承认他是民国的总统。然而，与此同时，吴佩孚正纠集各路军

---

① 马林在函电中讲到中国共产党时经常使用诸如小组、小团体一类的词汇。

② 指威廉斯基-西比利亚科夫，1920年代初任俄共（布）西伯利亚局东方分部负责人。

③ 共产国际的机关刊物，用俄、英、德、西、中等语言出版。该杂志俄文版1922年第23期也刊载了他的《中国的政治派别和政党》一文。

④ 共产国际的机关刊物，其内容多为反映西方国家情况的报道。只用德、英等语种出版，无俄文版。

⑤ 威廉斯基在发表过高评价吴佩孚的文章前，还在《共产国际》杂志上发表过一味赞扬陈炯明的文章，如在《中国共产党成立前夜》一文中他把陈称为共产主义者，甚至认为中国共产党当以陈的大同党为基础建立起来。（该杂志俄文版，1921年3月15日出刊第16期）。就在吴佩孚对京汉铁路工人大开杀戒前不久，《消息报》（1922年9月12—14日）也登载过威廉斯基力主孙吴联合的文章，如《中苏谈判的前景》。甚至有褒吴贬孙的意图。另外，类似论调在《共产国际远东书记处通报》上也出现过，如1921年第4、7期。

阀，又一次兴兵讨伐孙中山。俄国报刊对于中国政治形势完全错误的评述助长了某些人，如东西伯利亚的人们，把这个吴佩孚看成民族英雄，而对于国民运动领导人的同情却减低了。我当然已经向莫斯科写过这些情况，越飞也不赞成威廉斯基等人写的东西。我给《论坛报》写的文章当然不是要挑起论战，我还打算为《国际新闻通讯》写一篇类似的文章。有些俄国朋友，在中国不过呆了短短的几个月，就迫不及待地要写出大部头著述，可他们用马克思主义对现实及未来发展所作的分析，却实在太幼稚浅薄了。我坚决反对发表诸如此类的著述，因为据此而可能采取的措施，只会使中国出现第二个袁世凯……我给布哈林写过一封长信，言及我很想在西欧参加我们的工作，最理想的是参加罗易在柏林从事的有关印度的工作，他也很乐意与我共事。倘能如此，我与爪哇的联系可能比目前更为密切。如果这个意见不可行，或者我可以参加工会国际在荷兰——德国的工作。其结果如何，尚不得而知。发自三宝垅的一封电报告诉我，贝茜①带着两个孩子于7月乘"伦勃朗号"海轮前往欧洲。她不可能再回来了，而因为她已年过40，要在荷兰找工作也是个大问题。我简直不知道该如何解决这件棘手的事。如果越飞不坚持要我留在此地的话，我将力争7、8月间再次返回荷兰，尔后看看能做些什么。至少，我可以同阔别已5年之久的妻儿3人重逢。问候尊夫人。令郎现在想必已懂事了。祝一切安好！并向怀恩·科普致意。

你的　马林

（李玉贞主编：《马林与第一次国共合作》，光明日报出版社1989年版，第145—148页）

---

①　马林的夫人。

东方部就1923年第一季度工作给共产国际执委会主席团的报告（节录）

（1923年4月4日）

萨法罗夫、勃利克

　　在共产国际第四次代表大会期间，许多委员会和东方国家党的代表团制定了这些党在本次大会年度内的详细行动纲领。已经过去的三个月使我们完全有理由指出，我们对大多数东方国家的形势所作的估计是正确的，各种指示符合政治日程的直接需要。但是在第四次代表大会期间在着手制定日历行动纲领时，我们不得不对许多意向进行猜测和模模糊糊地进行摸索；目前，才有可能对某些问题看得比较清楚、比较明确。遵照去年12月底向主席团提交的1923年工作计划（见附件①），兹将在我们感兴趣的国家里所取得的成绩和近期的展望陈述如下：

　　　　…………

　　在中国方面，需要指出的是工人运动的革命浪潮正在迅速高涨和发展。我们的中国共产党一年前还是个知识分子的宣传团体，目前已经同中国工人大群紧密而牢固地联系在一起了。在共产党的影响下，中国的工会运动具有鲜明的阶级形式。去年10月15日和11月7日的罢工以及最近京汉铁路的

---

　　① 附件没有找到。

罢工，明显表明中国无产阶级处于最高发展阶段。已经不是个别的经济要求，而是广泛的阶级性口号（结社和言论等的自由）、政治性口号（反对督军、反对外国和本国的军阀）甚至国际性口号吸引着广大的中国无产阶级投入斗争。在短暂的京汉铁路罢工期间，显示了中国无产阶级的觉悟性和组织性的迅速提高。在不远的将来可望我们共产党的人数和威望迅速提高。

与此同时，中国资产阶级的资产阶级民族意识没有摆脱乡土气息的狭隘框框。督军们的激烈争斗各有胜负。所有这些军阀的力量大致相当。我们习惯把孙逸仙看作是思想上的民族革命的代表，他试图依靠个别督军来实现军事上的计谋。国民党不是居领导地位的民族资产阶级的政党。国民党联合小资产阶级知识分子和"市井"小资产阶级，在主张自治的广州小资产阶级中间有着现实的基础。后者支持孙逸仙是因为他客观上保证了南方的独立地位，并且以许诺进行金融改革来向广州资产阶级讨好。孙逸仙没有独立的武装力量，指望跟最反动的北方军阀——张作霖和段祺瑞结盟。国民党由于这一结盟使自己在中国各界自由派人士的眼里威信扫地。至于说"三方联盟"（孙—张—段）的军事前景，那么其结果对于中国的民族统一来说则更加令人怀疑。

这一联盟的完全胜利（而这是有可能的）将把优势地位和在华北和华中的实际权力不是给予软弱无力的孙逸仙，而是给予北方的军阀张作霖和段祺瑞，也就是日本。

在这种情况下，必须十分清楚地认识到，中国民族革命的胜利将不是某个督军的成果。在他们中间无须再寻找中国的俾斯麦。

认清这一点，就必须指出以下的现实危险：对于居领导地位的中国资产阶级（上海的、香港的、汉口的）来说，内部瓦解的因素（督军、匪团活动和孙逸仙的政策）是比外国帝国主义更大的威胁。中国资产阶级同外国资本主义结成联盟来反对本国封建主，这是完全有可能的。

在军事集团的斗争中，中国共产党应该一如既往采取公开反对的立场，并号召中国无产阶级和激进的知识分子（特别是大学生）来开展世界性行动，抵制军国主义的阴谋勾当，不管这些勾当是在什么口号下进行的。

必须要求国民党与军事集团彻底决裂，并转向联合中国的自由派社会人士。

国民党在尚未将民族资产阶级的有威望的团体团结在自己周围之前（即在获得现实基础之前），不应卷入军事联盟，在这之前，国民党应是积极的反对派政党。

鉴于以上所述种种情况，就产生了一个关于今后把我党限制在国民党范围内是否适宜的问题。今后必须坚持采取由共产党领导的独立自主的工人运动的方针。

这就是我们最近一个时期里形成的总的原则性结论。希望尽快实行与修改原则性论点有关的组织措施。这里还包括：撤销对马林同志的委任，在广州创办我们的报纸，等等。

中国共产党在过去一段时期里建立的联系和取得的阵地必须加以巩固和扩大。最近时期应当进行大量的与扩大出版和宣传鼓动活动紧密联系的业务工作。

在不久前华中工人运动遭到破坏之后，必须加强对中国共产党的物质支援。

…………

萨法罗夫

勃利克

（中共中央党史研究室第一研究部译：《联共（布）、共产国际与中国国民革命运动（1920—1925）》，北京图书馆出版社1997年版，第239—242页）

陈独秀致胡适函

（1923年4月7日）

适之兄：

弟已于前月廿六号到广州，一切平安，勿念。秋白兄的书颇有价值，想必兄已看过。国人对于新俄，誉之者以为天堂，毁之者视为地狱，此皆不知社会进化为何物者之观察，秋白此书出，必能去掉世人多少误解，望早日介绍于商务，并催其早日出版为要。此间局面尚称巩固，决不似京、沪各报所传之恶。孙公政策以锐意裁兵为天下倡，一时决无向外发展计划，鄙亦以此计良佳，特不知北方能否容其实行此计耳。《努力》出版，望每期赐寄一份为叩。

弟实庵白
四月七日

（水如编：《陈独秀书信集》，新华出版社1987年版，第380页）

委派陈独秀等职务令

（1923年4月10日）

大元帅令

　　派陈仲甫、谭平山、马超俊为宣传委员会委员。此令。

　　　　　　　　　　　　　　　　中华民国十二年四月十日

　　（《大本营公报》第7号；转引自中山大学历史系孙中山研究室等编：《孙中山全集》第7卷，中华书局1985年版，第304页）

苏联政府致孙中山电

（1923年5月1日）

接本年5月1日越飞自热海来电

请转孙中山博士[①]：

今收到我国政府对我们两人当初就您的长远计划（而非应急计划）面议的一些具体问题的答复。

第一，我们认为广泛的思想政治准备工作是不可以须臾离开的，您的革命军事行动和在您领导下的尽可能集中的机构的建立都应以此为基础。

第二，我们准备向您的组织提供达200万金卢布的款额作为筹备统一中国和争取民族独立的工作之用。这笔援款应使用一年，分几次付，每次只付5万金卢布。

第三，我们还准备协助您利用中国北方的或中国西部的省份组建一个大的作战单位。但遗憾的是我们的物质援助数额很小，最多只能有8000支日本步枪，15挺机枪，4门Opucaka（奥里萨卡）炮和两辆装甲车。如您同意，则可利用我国援助的军事物资和教练员建立一个包括各兵种的内部军校（而非野战部队）。这就可以为在北部和西部的革命军队准备好举办政治和军事训练班的条件。

第四，恳请将我国的援助严守秘密，因为遇公开场合和官方场合，即令在今后，对国民党谋求解放的意向，我们也只

---

① 这件电报是马林接到，然后转给孙中山的。

能表示积极同情而已。

充分相信您终将成功。愿您尽快摆脱暂时的困难，并只能在广州同您面谈上述建议的细节。如果您愿尽快进行这样的谈判，那么可通过马林同志同我们代理人①进行。

您的越飞

（中共中央党史研究室第一研究部编：《共产国际、联共（布）与中国革命文献资料选辑（1917—1925）》，北京图书馆出版社1997年版，第414—415页）

---

① 指达夫谦。

达夫谦致斯内夫利特的信

（1923年5月5日）

绝密！

我的德文写得不好——但我希望你看得懂。

亲爱的西蒙斯同志：

近连接4月16日尊函二件和4月19日一件。今又接5月2日、4日从广州拍发的电报二封。接读电报后方知孙已电告汪（精卫）嘱其力争张作霖同意我们的要求。这很好。我在上海曾同国民党的领导人进行3次长谈。他们答应我电告孙，并再派汪到奉天，后者必然要与我（在天津）见面，并向我讲述事情的结果。

我希望孙博士认清形势，理解我们的要求。在当前形势下——在中国没有一个全国性的政府，张作霖也非国民党人——我们不能信任这些人。为了中国革命的利益（也是为了国民党的事业），我们必需［须］有一个可靠的机会来捍卫我们的利益。因此，在委员会①中，我们务必要拥有多数。如果国民党在北京和东北能够主宰形势——那就完全另当别论。届时我们即可径直把情况告诉他们。但现在还不到那种程度。

另一方面我认为，张作霖可能很容易接受这一要求，因为只有这样他才能指望得到我们的支持。我们认为，我们会继续支持国民党的事业，但是国民党必须明白，我们不可能违背

---

① 指中东铁路的管理委员会。

我们的利益去支持它。在当前情况下，我们不能肯定外国势力不会干涉铁路事务。因此我们必须防患于未然。

请务必坚持这一要求——因莫斯科不会改变立场。所有这些我在上海已经讲过，他们赞同我们的说法。但是又担心，如果国民党这样施加压力，则会招致张作霖的不满。我不这样看。张现在除了同孙携手，别无出路。他不能不认真对待国民党及其要求，继续处于国民党的影响之下。

现在我正等待汪从奉天返回，继续商谈。张询问是否可以派两个代表到莫斯科去，我们已经接受。代表将于一周后前往莫斯科①。我认为，他们在那里不可能作出什么决定。显然只是一个礼节性访问。这也不坏。直接接触总会有好处。

关于孙的计划——你已经从越飞给孙的电报中有所了解。请把一切情况都谈与他，然后告知我还需要做什么和怎样做。请坚持，国民党应在北方（还有东北）尽量多做些政治工作。在这里，他们必须有一个稳固的、纪律性很强的组织。仅仅靠军事工作是不够的，必须把军事行动同政治工作结合在一起。我肯定，你比我更理解这一点。

等待你关于形势的资料。如果可能，也望将孙在军事方面的情形一并详告。

致以

敬礼

我的妻子嘱代笔问候

你的达夫谦

又及：我接到红色工会国际和共产国际的3500美元，和近300英镑。随信寄往上海给V.（维里杰）

（李玉贞主编：《马林与第一次国共合作》，光明日报出版社1989年版，第171—173页）

---

① 实际上，一周后并未有代表赴苏。

孙中山致苏联外交人民委员部电

（1923年5月15日）

　　你们5月1日的电报给我们很大希望。一、我们感谢你们慷慨的许诺；二、我们接受你们的全部建议；三、我们将竭尽全力实现这些建议。我们将派代表前往莫斯科，以便讨论细节。

孙逸仙

　　（中共中央党史研究室第一研究部编：《共产国际、联共（布）与中国革命文献资料选辑（1917—1925）》，北京图书馆出版社1997年版，第415页）

维尔德给某人的信

（1923年5月22日）

亲爱的同志：

匆匆写这封信，因为离开船只有半小时了。

您寄往日本的全部邮件，包括书籍在内，明天通过专门的信使送去。

张国焘同志已从莫斯科抵达这里，明天他将去广州。

为什么没有格里高里①的任何消息？他什么时候去参加党代会②？

昨天收到远东银行9600③，我不知道是谁汇来的和作什么用的。盼告。

工作重心移到了广州，这里几乎一个中国工作人员也没有留下。

我还收到从莫斯科寄给中国共产党的278英镑和3500美元。并附有详细分配数额的指示。

随信附上从广州寄给您的邮件。

随志愿船队的每次航班给您寄通报。您每次都收到吗？

我通过"基希涅夫号"和"辛菲罗波尔号"轮船寄去的邮件都收到了吗？我寄给您的朝鲜印刷品是否顺利到达了？

---

① 即维经斯基。

② 指中国共产党第三次代表大会。

③ 没有说明什么货币。

请来信详细说明。

致共产主义的敬礼！

维尔德

（中共中央党史研究室第一研究部译：《联共（布）、共产国际与中国国民革命运动（1920—1925）》，北京图书馆出版社1997年版，第249—250页）

孙中山致达夫谦和越飞的电报

（不晚于1923年5月23日）①

致驻北京（代理）全权代表和越飞电

我将立即开始改组党，在广州、上海、哈尔滨办日报，在北京、上海办周报；在上海设立通讯处；在北方士兵中尽快开展宣传。

望支付已承诺的援款中的第一次付款。请立即电告莫斯科。

关于在西北边界组织军事力量的事，代表们很快将赴莫斯科详细磋商。

关于铁路协定事，为使张（作霖）接受，已再次向奉天代表提出强硬抗议。

孙中山

（李玉贞主编：《马林与第一次国共合作》，光明日报出版社1989年版，第178页）

---

① 这是根据斯内夫利特笔记中关于收发电报的记录确定的日期，原电未标日期。

共产国际执委会东方部给其出席中共第三次代表大会的代表指示草案

（1923年5月23日）

致共产国际执委会东方部代表

敬爱的同志：

在即将召开的第二次代表大会上[①]，您应该严格遵循共产国际第四次代表大会和共产国际执委会在大会后通过的关于中国问题的决议和决定[②]。

鉴于中国近半年来发生的一系列新的事件，共产国际执委会东方部认为有必要在即将召开的代表大会之前向您作如下的政治指示：

1. 中国共产党的基本任务仍然是积聚力量，组织和教育工人群众，建立和恢复工会并把它们集中起来，以便扩大革命运动的基地和建立群众性的共产党。

2. 最近四五个月来发生的铁路工人、烟草工人、弹棉工人等的罢工运动的性质明显表明，中国工人运动的

---

① 原文如此。此处应为第三次代表大会。中国共产党第二次全国代表大会是1922年7月16—23日在上海举行的。

② 指第49号文件以及1923年1月12日《共产国际执委会关于中国共产党与国民党的关系问题的决议》。

意义不仅在于它是促进阶级形成和阶级分化的一个因素，而且也在于它是反对外国帝国主义的民族革命运动的重大因素。

3. 因此，要坚持我们早先采取的立场，即："中国的中心任务是进行反对帝国主义及国内封建走狗的民族革命"[①]，同时对民族民主政党国民党的基本要求应该是无条件地支持中国北方和南方的工人运动。

4. 在孙逸仙和北方军阀的内战问题上，我们支持孙逸仙，但要求国民党通过坚持不懈的宣传鼓动工作，使人们领会孙逸仙军事行动的意义并吸引中国最广大的民主派人士在国家独立、统一和民主的纲领基础上参加反对北方军阀和外国帝国主义的斗争，以此来建立广泛的政治民族运动。

5. 另一方面，我们应该千方百计地在国民党内部，反对孙逸仙同以英美和日本资本为靠山的军阀们的军事结盟，因为这种结盟有可能使国民党的运动蜕化为一个军阀集团反对另一个军阀集团的运动，这必然不仅导致民族阵线的惨重瓦解，而且也会使工人组织和共产党威信扫地，因为目前他们为了反对帝国主义及其在中国的代理人而与国民党有着密切的联系。

6. 为了防止国民党（尤其是孙逸仙）的类似倾向，中国共产党应该要求尽快召开国民党代表大会，大会的中心问题应是建立广泛的民族民主运动。

7. 目前，由于中国民主派要求废除众所周知的21条[②]而在中国再次掀起了抵制日本的运动，我党应尽一切可能加以利用。我党应竭力使这一运动扩大为中国民主派共同的反帝运动，不仅要求废除日本，而且要求废除英美和其他帝国主义国家强加给中国的条约和义务（治

[①]　见《共产国际和中国革命（文献资料集）》俄文版，第37页。

[②]　21条是1915年1月日本向中国提出的，目的是达到对中国的统治。1915年5月许多要求（除总的政治性条款以外）为中国政府所接受。

外法权、义和团赔款、关税等等）。

8. 中国共产党应该把抵制日本的运动也看作是在反对为讨好外国帝国主义而残酷镇压工人和学生运动的北方军阀政府的民主统一战线的一个因素。

9. 我党应当竭力寻求相应的形式，以便在这一反帝运动中把中国的广大民主阶层联合起来（行动委员会或国民委员会，等等）。首先应该把国民党和革命学生组织吸引到这个运动中来。

共产国际执委会东方部主任　拉狄克

共产国际执委会东方部副主任　维经斯基

（中共中央党史研究室第一研究部译：《联共（布）、共产国际与中国国民革命运动（1920—1925）》，北京图书馆出版社1997年版，第251—253页）

布哈林对共产国际执委会东方部给中国共产党第三次代表大会的指示草案的修正案

（不晚于1923年5月24日）①

关于中国问题的决议草案
（给中国共产党代表大会的指示）

1. 在中国进行民族革命和建立反帝战线之际，必须同时进行反对封建主义残余的农民土地革命。只有把中国人民的基本群众，即占有小块土地的农民吸引到运动中来，中国革命才能取得胜利。

2. 因此，全部政策的中心问题乃是农民问题。无论出于何种考虑而回避这一基本点，都意味着不理解这个社会经济基础的重大意义，而只有在这个基础上才能顺利地进行反对外国帝国主义和彻底消灭中国封建制度的斗争。

3. 所以，共产党作为工人阶级的政党，应当力求实现工农联盟。只有通过坚持不懈的宣传工作和真正实现下述土地革命口号，才能达到此目的：没收地主土地，没收寺庙土地并将其无偿分给农民；歉收年不收地租；废除现行征税制度；取消各省间的包税和税卡；废除包税制度；铲除旧官僚统治；建立

---

① 日期根据通过《共产国际执行委员会给中国共产党第三次代表大会的指示》最后稿的日期确定。

农民自治机构，并由此机构负责分配没收的土地；等等。

4. 必须根据这些基本要求，并利用关税收入、盐业垄断以及部分财政操于外国资本之手等事实，使全体贫苦农民懂得同外国帝国主义进行斗争的必要性。只有给反帝战线的口号找出土地问题的根据，我们才能有希望取得真正的胜利。

5. 毫无疑问，领导权应当归于工人阶级的政党。最近的工人运动事件（大规模罢工）清楚地表明了中国工人阶级的极大意义。巩固共产党，使其成为群众性的无产阶级政党，在工会中聚集工人阶级的力量，这就是共产党人的首要任务。

..........①

8. 共产党必须不断地推动国民党支持土地革命。在孙逸仙军队的占领地区，必须实行有利于贫苦农民的没收土地政策，并采取一系列其他革命措施。只有这样，才能保证孙逸仙的革命军队取得胜利，才能保证得到农民的支持，并扩大反帝革命的基础。

..........②

（中共中央党史研究室第一研究部译：《联共（布）、共产国际与中国国民革命运动（1920—1925）》，北京图书馆出版社1997年版，第254—255页）

---

① 第6条为前文拉狄克与维经斯基致共产国际执委会东方部代表一信中的第3条，第7条为前信第4条。

② 第9—13条对应前信第5—9条，并有所修改。

马林致共产国际执行委员会东方部拉狄克和萨法罗夫的信

（1923年5月30日）

广州　1923年5月30日

莫斯科　拉狄克和萨法罗夫同志

亲爱的同志们：

前赴莫斯科的中国张国焘同志昨回抵广州。他告诉我，在中国的工作问题上，你们两位属于左派，布哈林属于中派，而我则是右派。我12月至1月在莫斯科逗留期间，并没有和你们谈过话，也没有得到你们关于我寄去的信的任何消息。靠书信讨论是很困难的，因为你们有许多事要做，而通信要浪费很多时间。我希望，6月10日党的代表大会开幕之后，我不会留在这里太久，那时我将有机会申述，为什么我不能苟同上述划分左与右的做法。张国焘解释道，没有人反对我们的人加入国民党，然而问题是：我们在多大程度上能保持我们的独立自主？为国民党的发展，我们合作到何种程度？应在哪些问题上批评国民党等等。他还说我有过错，因为我没有拒绝接受"日本代理人"张作霖对罢工罹难者眷属的救济。

随信寄上一篇关于中国国民运动文章的副本，这是为党的月刊《前锋》写的，将发表在第1期上。①寄文章给你们

----

① 指马林以孙铎笔名在《前锋》创刊号上发表的《中国国民运动之过去及将来》一文。

的目的，只是想表明，我并不像你们认为的那样热恋于国民党。希望你们能有机会审读，并将高见告知。我敢肯定，如果你们了解这里的情况，倘若你们看到，若同印度和荷属印度相比，这里的状况是多么落后，那么你们就会坚信：如果我们想防止中国党今后不致仍像现在这样派系林立，防止我们的人脱离政治生活，那么我们在国民党内工作时，就必须充分利用现有的一切可能性，通过我们的批评和帮助，把这个国民革命的政党引到新的轨道上，从而为一个真正的共产党的诞生做好准备。我绝不会建议把我在这里为之辩护的策略运用到印度和荷属印度去。

如果你们认为可把这篇关于中国运动情况的文章转载到某家报纸上，请略作必要的修改。

致以衷心的问候！

（李玉贞主编：《马林与第一次国共合作》，光明日报出版社1989年版，第180—181页）

马林致红色工会国际书记处赫勒尔的信

（1923年5月30日）

亲爱的同志：

　　昨在穗接第204号尊函，系张国焘同志从北京—上海带来。①我早已得知款项已到的消息，现已将款交由中国共产党中央委员会使用，对于整个中国的工会工作来说，2000金卢布为数并不算多；可是以前我们的中国朋友没有这笔钱，所有的开支都不得不从党的经费中支付。

　　1000金卢布作为第二次全体大会②的费用是绝对不够的，尤其是从张国焘带来的信中知尊意在召开一次大型会议，特别是在铁路工人罢工失败之后。今天中午我们进行会商。大家认为，中国虽疆土辽阔，但广州是南方唯一可以举行大型会议的城市。会上讨论了召开代表大会的事，这次大会应有400—500名代表出席。估计还要花费15000—20000。不可能弄到这么多钱作大会费用；可是即令大大削减代表的数目，接到的这笔款子也只够应付准备工作。6月〔5月〕20日，邀请了几个较大的联合会的7名代表开了一次预备会议，即湖北全省工团联合会、湖南工团联合会、广东工会联合会、京汉铁路总工会、铁路总工会筹备委员会、中华海员工业联合总会以及劳动组

――――――――――

① 此句原义不清。

② 指第二次全国劳动大会。

合书记部。他们认为有可能从国民党那里得到一大笔钱来资助会议，那就可以邀请许多代表，但此事尚无把握。在湖北，我们的同志又开始积极工作了。上次罢工以后，一些骨干遇到了困难，当然最严重的时刻已经过去了。不过为救助罹难者而做的事情并不多。数目太大了，京汉铁路1200多名优秀分子被解雇，要找到新的就业机会是个很困难的问题。你大概已经知道，几周来，党的中央委员会就在广州，因为他们可以在这里合法地工作。为广州和香港的工人出版了一种周报，我给你寄去前7期。上星期日在广州举行了一次集会，纪念铁路工人罢工中的死难者。在这次集会上，几个中国同志和我都讲了话。在香港，目前正对冶金工人和海员进行宣传。下星期，来自全国的代表将抵达这里举行党的会议。我将利用这一时机，给你搜集详细的情况。随信寄上两份湖北同志出版的关于罢工的小册子，里面有许多参加这次罢工遇难者的照片。我给共产国际执行委员会和你寄的关于这里的形势和工作的报告，不知是否已按时收到？

　　致以
共产主义敬礼

　　（李玉贞主编：《马林与第一次国共合作》，光明日报出版社1989年版，第181—182页）

马林致共产国际执行委员会、红色工会国际、共产国际执行委员会东方部和东方部远东局（节录）

——关于中国形势和1923年5月15日至31日期间的工作报告

（1923年5月31日）

季诺维也夫　符拉迪沃斯托克

萨法罗夫　共产国际执行委员会

达夫谦　工会国际

亲爱的同志们！

一、中国的形势

近两星期，广东省的政治形势发展对孙中山不利。第一，他的财政状况更加困难；第二，军事形势更加不利。显然，孙中山从南方华侨那里得到的援助是微不足道的。这些人住在香港、广州和澳门，虽然看到了困难，但对孙中山表现不信任。不过他们有能力给予财政援助。军事开支每月要300万元（中国元）。但是孙中山（每月）的收入不会超过200万元。他谒〔竭〕尽全力集资，不言而喻，他不得不卖地、卖公共建筑，不得不妥协和避免同港英当局发生冲突。因为华侨们和英国人关系很好。所以孙中山在开展宣传工作时很受影响，他担心港英当局和华侨会直接反对他。每当孙中山南来，并且所谓控制广东，总是呈现这种可悲的局面。他只好让党的优秀分子去做政府工作，拉拢英国人喜欢的人。因此，上星期他又任命伍廷芳的儿子（伍朝枢）当外交部长，而伍廷芳在上届南方政府中也担任这个职务。当我同孙中山谈及此事并试图指出从革命的国民党的立场看，这样一个人是很不理想的人选时（这个伍廷芳和陈友仁博士曾经主张中国参加世界大战，陈现在也辅佐孙中山），他说，他现在需要伍朝枢来同英国人打交道，别无他择。我批评他的香港讲话时，他说的话与这次雷同，这一点我在上一个报告中已经谈到了。国民党自己在广东没有开展什么宣传，而惠州（现在陈炯明军队控制的地区）的知识分子则在广州从事反对孙中山的工作。到现在为止，从张作霖那里得到40万元，以维持广东的战争。另一方面，吴佩孚不断派兵丁，即所谓改编了的土匪，都是一些散兵游勇，这样对河南（吴佩孚的省份）来说就没有危险了。南方的战争本来就是张作霖反对吴佩孚的战争。张在北方并没有进攻吴佩孚，直系的天津保守派与张作霖的代表正在上海举行谈判。他们以曹锟的名义通知张作霖，他如果与直系和解，便可以当中国的副总统，并保留他在东北的一切头衔。这里的国民党认为，张在今后3个月内不会打仗。若果真如此，我认为孙中山不可能靠自己的力量在南方控制局面。因为自从我上几次报告以来，事实已表明，他在汕头的部队没有多大价值。汕头已失陷，虽然陈炯明的军队也不得不提防孙中山从广州派兵向北进攻。今晨，我从广东省长处得悉，这两天形势严峻起来，因为陈炯明从东面来的军队已经到达离省城只有一小时路程的一个火车站。我们至今还没有把握，能否如期于6月10日在广州召开党的代表大会。

在中部省份四川，军队正进逼吴佩孚的部将杨森，云南督军派兵入川打击杨森。

土匪袭击京沪路上的快车①使北京政府和直系处于窘境。两个外国人被杀，一个外国人被绑架，现在还为匪徒所扣。匪徒们要求政府招募他们为正规军，发给一年军饷。外交使团则要求惩办负有责任的山东省省长②，甚至要求该省更高一级的上司曹锟辞职。问题尚未解决。外交团意欲派兵保护铁路。他们提出建议，在中国的军事和财政状况改善之前，不要履行华盛顿会议有关中国问题的决定。原拟解决提高中国进口税的会议也要推迟召开。上海商会要求不得给北京政府提供财政支持。这便清清楚楚地表现了中国资本家的精神状态。美国公使就是在这个商会里发表演说的，他呼吁中产阶级参与政治，以此来促使中国成立一个好的政府。香港主要英文报纸要求广州商人出资建立自己的军事组织，进行自卫，防范军队的骚乱。

二、代表大会之前的中国共产党

代表们已陆续前来广州参加代表大会。这次大会是绝对必要的，因京汉铁路发生罢工，形势不利，代表大会未能更早召开。罢工也给党本身带来困难。我们的团体还一直这么小，谈不上是一个政党。几乎没有工人党员，党组织只在一些大城市的工会里与工人有些联系。党员人数还不足250名，大部分是学生。知识分子中间产生了很多问题，组织得不到发展，其原因之一就是月刊长期停办。曾有一个时期，这个小的组织受我们陈独秀同志办的《新青年》杂志的影响，在中国的生活中发生了直接的作用。这个刊物抨击中国的旧观点，从而引起人们强烈的兴趣。《新青年》小组曾经是中国的思想中心，它在中国的学生中起了重要作用。随后便是陈独秀和几个朋友为俄国革命所吸引，开创了一个以翻译我们的文献为主进行共产主义宣传的时期。党就是在这个时期建立的。当时几乎没有什么论述中

---

① 指临城劫车案。

② 即山东督军田中玉。

国政治的文章。能够用我们的观点论述政治和经济事件者寥若晨星，所以我认为月刊的长期停办，其部分原因应归咎于这一点。因此我感到有必要通过撰写有独到见解的论述中国问题的文章去寻求与中国社会的结合。可是几乎没有人能胜任此事。《新青年》杂志原有的影响业已丧失，单靠译载文章无法挽回这个影响。优秀分子开始在一些大城市进行工会工作，目前在铁路工人和湖北、湖南两省已初见成效。在上海、天津和香港，迄今收效不大。人们不做政治宣传，直到去年8月才开办一家周报①，在广州印刷3000份，北京又加印3000份，利用这个刊物，通过我们的宣传，完成了在中国国民运动中和国民党中建立左翼的任务。因为我们的月刊自1922年7月以来就不再发行，理论宣传和启蒙工作当然仅限于翻译外国的文献。这个小小的组织中，也有各种各样的冲突，问题并不在于涉及策略上的不同派别，而首先是关于集中制的问题。李汉俊是最有理论修养的同志。他曾在湖北工作，强烈主张不要集中制，而且认为，现在想靠少数人去争取大多数群众是策略上的错误。他尤其主张在知识分子中进行宣传，主要是理论宣传。罢工之后，这种思想更加突出。中央委员间的人事冲突导致了他退党。这样我们就失去了一个优秀的理论干部。另一方面，在杭州（浙江）也有一个党员退党，他与李汉俊过从甚密。不过，他指责中央委员会只局限于在工人中进行宣传，而忽视了农民。在下一次党的代表大会上将讨论土地问题，我们将会从浙江、直隶和湖南的代表那里得到一些材料。杭州的部分同志单独建立了一个小组，他们已完全埋没在地方政治里。在资助罢工殉难者的问题上，汉口的一些党员对中央委员会表示不满。他们派遣代表到广州来争取孙中山的支持，不过由于陈独秀和我的阻止，他们没有如愿。一位优秀的同志被派到汉口去，现在那里又有一个小组在工作，它与中央委员会关系很好。湖北的不满分子和上海的一些人企图在北京另立组织，这种危险是存在的。据说这个组织得到一位国会议员的支持，这位议员既不反对共产主义又与曹锟保持良好关系，可是此后不久，

① 《向导》周报。

曹锟就对京汉路工人大开杀戒。他（这位议员）利用推荐人到政府机关任职的手段，拉拢了一些人。我认识他，给我的印象是，跟这个人在一起什么事也干不成。现在，他企图通过反对我们的同志与国民党联合的办法来发展他的组织。此公似乎属于左派。我在中国还没有听到其他同志原则上反对联合国民党。唯独张国焘有梦想建立一个群众性共产党的倾向。但是几乎所有同志都认为现在这样做将一无所获。相反，我们听不到如果我们共产党把国民革命看作主要任务并让党员参加国民党，我们党就会消失的说法。我们在代表大会上也许会讨论如何贯彻1月份共产国际执行委员会关于中国工作问题的提纲。[①]

鉴于代表大会即将召开，我便有可能搜集到有关各大城市形势的材料，那就一定会比现有材料详细得多。届时我会把材料寄给你们。

新的月刊《前锋》第一期将于6月20日编辑完毕。我为这家杂志写了一篇批评中国国民运动的文章。上星期日，在广州召开了一次悼念京汉罢工死难烈士的大会，除中国同志外，我也讲了话。

我们在广州有充分的行动自由，而且只能在这里公开举行党的代表大会和劳动大会。曾问及湖南代表，是否可在长沙举行青年代表大会，也曾问及北京代表，回答是：只能召开一个秘密的小会。

劳动大会正在筹备，6月20日[②]将在广州举行，届时将有湖南、湖北和广东的工会代表、海员工会的代表、京汉铁路的代表、全国铁路总工会和劳动组合书记部的代表与会。党中央同意工会国际的见解，认为铁路大罢工失败以后，最好举行一次盛大的代表大会，但是现收到的1000金卢布几乎不敷筹备大会之用。陈独秀认为，召开一次400名代表参加的大会须有

---

① 指1923年1月12日的《共产国际执行委员会关于中国共产党与国民党的关系问题的决议》。其全文最早发表于米夫和卡拉-穆尔扎合编的《共产国际关于民族和殖民地革命中（例如在中国）的战略与策略》（1934年莫斯科版）一书第112页。译文见《共产国际有关中国革命的文献资料第1辑（1919—1928）》，第76—77页。

② 这次劳动大会未能如期举行，由于国内政局的动荡，直到1925年5月1日才在广州举行第二次全国劳动大会。

15000墨西哥元，因此必须设法得到国民党的财政支持。如果孙中山能够控制广东局势，也许能够得到资助。

陈独秀和我向孙中山提出了改组国民党的计划，在一次讨论中，孙中山采纳了这个计划。计划中把主要注意力放在宣传问题上。我担心，因孙中山至今一直倾全力于控制广东省上，这个计划无法实施。

…………

致以共产主义的敬礼！

亨·马林 于广州

（李玉贞主编：《马林与第一次国共合作》，光明日报出版社1989年版，第188—193页）

马林致布哈林的信

（1923年5月31日）

亲爱的布哈林同志：

　　3月21日曾致函与你谈我的私事和困难，至今未见回信。我不得不下决心。无论如何必须让我的妻子启程到俄国去，因为从她的情况看，再晚些时候就不宜长途跋涉了。4月底我到广州一行。一来同孙中山建立联系，他控制着广东省的一部分地区；二来党的中央委员会已到广州。那是中央委员会可以合法存在的唯一城市，可以在那里举行会议。会议将于6月10日开幕，会后，也就是7月初我将考虑踏上归途。张国焘同志由莫斯科返回，我从他那里得知，在共产国际执行委员会中，对我们的人同国民党联系这件事，还是进行了严厉的批评。对于1月份通过的提纲①，他们在那里仍然那样解释，我简直不明白究竟怎么样才能认真对待同国民党的关系。就在同时，政治局决定给国民党的支持，要比共产国际执行委员会的工作所能给予的支持大许多倍。在共产国际执行委员会中，他们谈到在中国问题上有左派（魏金斯基、萨法罗夫、拉狄克）；中派（您）；还有右派（越飞和我）。他们认为我们这里的人在南方应该在国民党里工作，可是在北方对这个党却毫无办法，因为它在北方没有影响。我不知道从国外归来的中国人告诉我的

_____

　　①　即1923年1月12日《共产国际执行委员会关于中国共产党与国民党的关系问题的决议》。

细节是否正确。可是至少我明白，在共产国际执行委员会的东方部里，他们仍然想要在中国成立一个群众性的党，我们的党。因此，在莫斯科住上一段时间，每4个月讨论一次策略问题也就不错了。共产国际执行委员会也只能做到这一步。

你知道，7月以来我就住在这里，他们当时是跟越飞联系。而我总是听到有人议论，说共产国际执行委员会与外交人民委员会不同，共产国际执行委员会存在着关系问题。7月份以后我可以使用的钱，到7月份就要完了，所以我跟越飞商量了以后怎么办这个问题。越飞住在日本，他想让我留在中国并决定让我接手广州的罗斯塔通讯社。这样一来，松散的关系就有了明确的形式，我们就会听到共产国际执行委员会更多的批件。我当然不愿意为了罗斯塔社的工作而在中国偏居一隅，也不愿意丧失同共产国际执行委员会的联系。

孙现在已经得到巨大的支持，如果我能留在这里专门致力于帮助国民党的改组和开展一个强大的反帝宣传运动，那会是有益的、重要的工作。我认为，只有我还像以前那样作为共产国际执行委员会的人员留在这里，才能做到这一点。孙要我参加国民党，直接代他从事党的改组工作。当然我的生活问题这样可以得到解决，可是如果没有取得共产国际执行委员会的同意，如果我不能仍然作为共产国际执行委员会的代表（即不是由共产国际执行委员会付工资），我是不愿意这样做的。那么共产国际执行委员会的另外一个人就会带着建立中国群众性政党的美梦前来，这种谬论将以共产国际执行委员会的名义得到宣传，我的处境就会非常尴尬。我认为，共产国际执行委员会对中国问题的态度，仍然是没有经过深思熟虑，仍然是不明确的。根据你的观点，我可以参加国民党，做他们希望我做的工作，可是如果因此可能导致我同共产国际执行委员会脱离关系，那我是不会同意的。我完全是为共产国际执行委员会工作，我不愿意为了中国的运动而动摇我在共产国际执行委员会中的立足点。对我来说，我个人的一切困难问题，尤其是我的经济困难问题，都将因我接受孙的建议而得到解决。但是，在收到你的信，了解你的意见之前，我不会作出最后决定。这个意见对我至关重要。如果我加入了国民党，参与改组工作（我已经替孙拟定了一个计划），我愿意同时也担任共产国际执行委员会驻中国的代表，那么我可以无偿地为共产国际执行委员会工作，并能照旧完成我现在的工作。此外，我还可以解决以往共产国际执行委员会中的经济问题。

随信寄上我为我们的新月刊《前锋》写的一篇关于中国国民运动的文章。从中你会看到我严厉批评了国民党。这个党的缺陷，我了如指掌。但是，我坚决主张，如果国民党因其领导上的种种错误而垮台，那就一定还要另建一个革命的国民党。共产党人在这个党里应做的事情与在国民党里所做的事情完全相同。与印度和荷属印度相比较，中国极为落后。从经济状况看，要在当前建立一个共产党，只能是一种乌托邦，只有在国民运动进一步发展时才能产生共产党。中国同志首先需要的是一个农业纲领。即使是国民运动，如果它不面向农民，它也就几乎不可能成为一支主宰力量。

请考虑我的情况，尽快告知你的意见。最好能让我在党的会议后到莫斯科去，至少我可对共产国际执行委员会在中国问题上制定明确的政策做出贡献。此外，我是否有可能参与罗易在印度的工作，也望一并告知。

致以

衷心问候

你的斯内夫利特

（李玉贞主编：《马林与第一次国共合作》，光明日报出版社1989年版，第194—196页）

马林致越飞、达夫谦和季诺维也夫的信（节录）

（1923年5月31日）

亲爱的同志们：

在5月15—31日这段时期的报告中，我写了广东的形势，它对孙中山仍然十分不利。张作霖在上海同曹锟的代表进行谈判，对方提出，张作霖可以当副总统。这一谈判给人的印象是，张之所以资助南方的孙，是因他想利用这种办法向直系提出于己更加有利的条件。对伍朝枢的任命表明孙为了避免招惹港英当局而不得不让步。伍朝枢肯定不比吴佩孚内阁的前总理兼外交总长王宠惠强。廖仲恺现在当了省长，又是国民党最优秀的分子之一，他今晨告诉我，他的主要任务就是为将领们筹款。只要能得到钱，将领们就支持孙。华侨有能力从经济上帮助孙，可是他们不愿意。虽然孙已表示同意党的改组计划，认识到通过反帝宣传建立思想战线的必要性；可是，如果倾全力于保持他对广东的微弱控制的问题，那就不能不令人担心上述两项工作是否会取得很大成效。

即使目前来自东北西三方面的威胁都解除了，对于宣传革命的民族主义来说，局势也不见得更加有利。为了驾驭广东，孙必然会陷入那些拉他右转的人的包围之中。我看到，国民党的优秀分子一想到南方兵燹不断，都很悲观。

……我个人认为，如果（我们的）援助只是有利于旧策略的继续，供养那些与革命的国民党毫无关系的将领们，如果这种危险存在，就不要给予援助。

最好是在对方保证不把援款用于南方的军事行动之后，再开始提供援助。陈独秀和我在这里草拟了改组计划，并同孙讨论过，他已接受这一计划。计划中考虑把援款的三分之一用于重新组织革命的国民党和反帝宣传，余款用来在北方或西部地区建立一个军事组织。为了这件事，一个代表团已经前往莫斯科。①

在中东铁路问题上，今天我得到消息说，汪精卫与张继已从奉天返回，七比三②的要求未被采纳。张作霖说，俄国希望（把代表人数）对半分配，他认为，如果他接受七比三，吴佩孚就很容易煽动人们反对他。他已经派了一个代表团到俄国去阐明他的立场。如果张不愿反吴，他就很难得到比对半分配更多的好处。这里有人认为，如果不是由国民党人汪精卫这个局外人谈俄国给予援助的事，而是由俄国在谈判中直接提出来，那倒可能会取得一些效果。据说，张作霖周围的人肯定会挑拨张作霖去怀疑俄国人，认为后者虽然愿意帮助国民党，可是对他张作霖却只是想利用而已。对半分配的建议打算要一个俄国人来当督办③

（李玉贞主编：《马林与第一次国共合作》，光明日报出版社1989年版，第197—198页）

---

① 现尚未查到赴莫斯科代表团的情况。

② 指苏俄提出的中东铁路管理委员会内中苏代表人数的分配比例为苏：中=7：3。

③ 信的末尾遗失。

共产国际执行委员会给中国共产党第三次代表大会的指示

（1923年5月）

一、在中国进行民族革命和建立反帝战线之际，必须同时进行反对封建主义残余的农民土地革命。只有把中国人民的基本群众，即占有小块土地的农民吸引到运动中来，中国革命才能取得胜利。

二、因此，全部政策的中心问题乃是农民问题。无论出于任何考虑而回避这一基本点，都意味着不理解这个社会经济基础的重大意义，而只有在这个基础上才能胜利地进行反对外国帝国主义和彻底消灭中国封建制度的斗争。

三、所以，共产党作为工人阶级的政党，应当力求实现工农联盟。只有通过坚持不懈的宣传工作和真正实现下述土地革命口号，才能达到此目的：没收地主土地，没收寺庙土地并将其无偿分给农民；歉收年不收地租；废除现行征税制度；取消各省间的包税和税卡；废除包税制度；铲除旧官僚统治；建立农民自治机构，并由此机构负责分配没收的土地；等等。

四、必须根据这些基本要求，并利用关税收入、盐业垄断以及部分财政操于外国资本之手等等事实，使全体贫苦农民懂得同外国帝国主义进行斗争的必要性。只有给反帝战线的口号找出土地问题的根据，我们才能有希望取得真正的胜利。

五、毫无疑问，领导权应当归于工人阶级的政党。最近的工人运动事件（大规模罢工）清楚地表明了中国工人运动的极大意义。巩固共产党，使其成为群众性的无产阶级政党，在工会中聚集工人阶级的力量，这就是共产党人的首要任务。

六、因此，我们应当坚持过去的立场，即"中国的中心任务是反对帝国主义者及其在中国的封建代理人的民族革命"①。我们对民族民主主义的国民党的基本要求，应当是要它无条件地支持中国北方和南方的工人运动。

七、在孙中山与北洋军阀内战的问题上，我们支持孙中山，但是，我们要求国民党通过有系统的宣传鼓动建立广泛的民族政治运动，阐明孙中山军事行动的意义，并以国家的独立、统一和民主为行动纲领，吸引中国最广泛的民主力量参加反对北洋军阀和外国帝国主义者的斗争。

八、共产党必须不断地推动国民党支持土地革命。在孙中山军队的占领地区，必须实行有利于贫苦农民的没收土地政策，并采取一系列其他革命措施。只有这样，才能保证孙中山的革命军队取得胜利，才能保证得到农民的支持，并扩大反帝革命的基础。

九、另一方面，我们应当在国民党内部竭力反对孙中山与军阀的军事勾结。这些军阀是敌视苏俄的外国资本的代理人，而苏俄则不仅是西欧无产阶级的盟友，而且也是东方被压迫民族的盟友。这种勾结有使国民党的运动堕落成为军阀混战的危险，从而不可避免地不仅要导致民族阵线的彻底瓦解，而且要导致工人组织和共产党的信誉扫地，因为目前它们为了进行反对帝国主义者及其中国代理人的斗争，正在同国民党保持密切的联系。

十、为了防止国民党（特别是孙中山）发生类似的倾向，中国共产党应当要求尽快地召开国民党代表大会。关于建立广泛的民族民主运动问题，应当是这次代表大会的中心议题。

---

① 见1923年1月12日《共产国际执行委员会关于中国共产党与国民党的关系问题的决议》。

十一、由于中国民主力量提出废除臭名昭著的二十一条的要求，目前在中国又掀起了抵制日本的运动，党应当千方百计地利用这个运动。我们党应当尽力扩大这个运动，直至使其发展成为中国民主力量的普遍的反帝运动，并要求废除英、美以及其他帝国主义国家强加给中国的条约和债务（如治外法权、庚子赔款、关税抵押等）。

十二、中国共产党应当把抵制日本的运动视为民主统一战线反对北洋军阀政府的一部分，因为这个军阀政府为了讨好外国帝国主义而正在残酷地镇压工人运动和学生运动。

十三、我们党应当尽力找到适当的形式（如行动委员会或民族委员会等），把中国广泛的民主阶层联合在这个反帝的运动中。应当首先把国民党和革命学生组织吸引到这个运动中来。

（中国社会科学院近代史研究所翻译室编译：《共产国际有关中国革命的文献资料第1辑（1919—1928）》，中国社会科学出版社1981年版，第78—80页）

关于广东省目前形势的报告

（1923年6月12日）

马　林

亲爱的同志：

你还未接到我6月8日的信，在那封信里，我谈了对广州罗斯塔社工作的看法。5月31日以后，我再没有收到什么函电，既没有给斯托杨诺维奇的信，也未得悉你是否收到6日的电报。如果我应得到你对于委任张太雷为罗斯塔社工作这个建议做出的决定，我可能会一直等待着，看能否采纳我的建议，然后再把你决定的内容告诉他，因为我看到他未能令人满意地弄到你所需的消息。最初的考查至多是建议他工作，我们并没有采取更进一步的行动。这样可能白花钱。目前他在寄送新闻简报，本地报纸没有刊登那些新闻简报，那些报纸很不好。

昨天李（大钊）教授到我这里来，告诉我，你期待着更多的消息，尤其是近日的最重要的消息。情况又有所好转，从"可靠方面"获悉，来自北方的威胁还是很严重。沈鸿英将军的士兵不超过10000人，并没有20000兵士。看来吴佩孚没能派出更多的人马。这10000人把孙的军队赶出了韶关，并一直打到英德附近。一部分滇军同一部分没能用来直接同陈炯明作战的粤军联合在一起，战胜了北方军队，现已进占韶关。预计最近两天他们还会继续北进。

东部大城市惠州现在已完全被孙的军队包围，被陈炯明军队赶出汕头的孙中山部许将军带着15000人快速进军到惠州附近①，跟孙的军队汇合。也就是说，人们估计惠州就要陷落，但这不意味着陈炯明的垮台。如果他被迫退兵，就很可能会把军队集中到汕头附近。今天上午我遇见省长，同他谈起局势。他清楚地向我说明，许将军的军队同孙的军队的联合固然改善了战局，但另一方面，经济形势却更加困难。他现在必需设法为许的军队筹款。虽然拿下惠州可以从当地居民中再筹得一些款项，可是不能过分强制，因为陈是惠州人，惠州居民现在反孙，拥陈。广州商人和资本家的资助微乎其微，这样一来反倒要比以往拿出更多的钱。对于将领之间的倾轧来说，许的到来意味着什么？特别是对滇军将领杨希闵的影响又将如何？他的住处在我附近，两天前他的家眷突然启程赴香港，他的家成了闲散的将官们聚集的场所。这个事实说明这位将军不久约将撤回。财政状况的确十分拮据。我同熟悉的国民党领袖们谈话时，他们总是一开口就提筹款的巨大困难。那位决定建立一个新的省银行的人今天早晨告诉我，现在看来这项工作没有意义，因为形势不稳。

西部战线目前无战事，只有沈鸿英在北部地区获得胜利，广西军队才会重新发起进攻。

这里被孙中山解职的海军将领②已到汕头去，打算从那里带几只军舰回广州。因此沿河的港口已经采取措施迎候温将军。

你可能在上海报纸（上海《民国日报》）上看到，国民党就临城事件给北京的外交使团发了一个电报，要求他们不再承认北京政府，并给中国人民提供一个建立受全民拥戴的政府的机会，中国这个革命的国民党的态度真是奇怪。我已经为此事批评了"最高层领导"。这是本月3日的事，我6日的电报中已述及。中国国民党用这种方式委托"外交使团"帮助建立一

---

① 5月25日陈炯明部林虎率队攻陷潮安、汕头后，许崇智部退向揭阳。

② 因广州海军谋叛，孙中山于5月31日发布命令："海军司令温树德不奉命令，擅离职守，应即免职。"（见《陆海军大元帅大本营公报选编》，中国社会科学出版社1981年版，第73页）

个好政府。固然可以就临城事件抨击北京政府，但是不能利用外交使团来抨击，要把这一点向人们讲清楚并非易事。国民党既然犯了这种严重的错误，那么商人之类的组织及外国的外交官进行干预也就不足为奇了。

我还要指出，在我以前的报告中就提到过，国民党在这里几乎没有开展什么工作去争取人民对孙的支持，以达控制广东的目的。数周前，孙任命了一个三人委员会，让陈独秀在其中领导宣传工作，可是由于广东的将官食不果腹，从来拿不出钱用于委员会的工作。这事要等待胜利后再说，看来一切都要推迟到南方的最后胜利。

我还要说的是，据香港报纸载，香港同广州、惠州、梧州的全部贸易停滞，结果许多商人处境极为困难。《南华早报》则向广州商人献策，让他们扩大民团以自卫，免受军队滋扰。广州商会已经有了一种民团，但是迄今尚未起多大作用。

国民党的一些领导人物认为，香港政府仍在支持陈炯明，可是他们又拿不出证据。

我再一次请求在罗斯塔社问题上做出最后决定。明天汪精卫博士从上海到这里来。我打算立即同他取得联系，并期望他直接赴惠州。孙如今还待在那里。

我的信于15日或16日发出。困难的是会议期间①不易找到合适的人。

致以
共产主义敬礼

（李玉贞主编：《马林与第一次国共合作》，光明日报出版社1989年版，第224—226页）

---

① 指正在进行的中国共产党第三次代表大会（1923年6月12日至20日）。

三大文件及其工作

陈独秀在中国共产党第三次全国代表大会上的报告

（1923年6月）

　　现在我代表中央委员会作关于上届代表会议以来的工作报告。中央委员会的人员太少，搜集不了很多材料。由于遭受迫害，许多材料也遗失了，所以概述得不可能全面。

　　中央委员会的成员只有5人，因此，代表会议以后，杭州委员会建议扩大中央委员会，再增加两名委员。可是上海和北京反对这个建议。当上海的迫害更加厉害时，北京的政治局势还可以使我们在那里进行工作，因而中央委员会迁到北京。我们开始改善机构。但是，我们还没有来得及着手执行我们的计划，在京汉大罢工以后，猖獗的反动派就迫使我们离开北京返回上海。改善机构的计划未能实现，因为上海的迫害非常厉害，又加上我们要准备召开党代表会议，所以我们把中央委员会迁到广州，那里的局势也不稳定，因此，改善中央机构还是不可能的。

　　上海和广州小组由这两个市的一些地方小组组成。北京、汉口和长沙（湖南）的许多地方小组已联合成地区小组。郑州小组在京汉铁路罢工时被破坏了。

　　党的经费，几乎完全是我们从共产国际得到的，党员缴纳的党费很少。今年我们从共产国际得到的约有15000[①]，其中1600用在这次代表会议上。经费是分发给各个小组的，同时还用在中央委员会的工作上，用在联络上和用在出版周刊上。我们只能提出最近几个月的详细报告，因为其余的材料落到了上海法国巡捕的手里，由于一个同志被捕，这些材料全部遗失了。

现在共有党员420人，其中在国外的有44人，工人164人，妇女37人，另外还有10个同志被关在狱中。

去年我们只有200名党员，今年入党的大约有200人，其中有130个工人。

杭州会议以后，我们间断地出版了日报[②]，这种间断的情况是罢工造成的。报纸只出了28期，每期平均印5000—6000份。然而在初期我们的日报遭到了批评，现在它才得到同情。北京、湖北、广州和上海等地也出版了周刊。

关于京汉铁路罢工事件，我们出版了小册子，在很多场合，我们发表了宣言。《新青年》杂志以前每月出版一次，现在改为三个月出版一次。出版《前锋》月刊，刊登有关中国政治经济情况的一般性的文章和国际政治形势问题的文章。

在上届代表会议上，我们同意东方民族大会通过的关于共产党与民主革命派合作问题的决议。情况的发展表明，只有联合战线还不够，我们又接到了共产国际关于加入国民党的指示。在上届党代表会议以后，我们不能很快地再召开代表会议来讨论这个问题，所以中央就和共产国际执行委员会的代表一起讨论了这个问题。

起初，大多数人都反对加入国民党，可是共产国际执行委员会的代表说服了与会者，我们决定劝说全体党员加入国民党。从这时起，我们

[①]　原文无货币单位。

[②]　此处俄文稿为“ежедневник”（日报），德文稿为“Die Woechentliche Ecitung der Partei”（党的周报）。

党的政治主张有了重大的改变。以前，我们党的政策是唯心主义的，不切合实际的，后来我们开始更多地注意中国社会的现状，并参加现实的运动。

关于第二次代表会议上决定的"民权"运动，北京、广州、上海、山东和江西等地都成立了"争取民权同盟"。在北京，参加这些新团体的大部分是学生；在山东和广州，大部分是工人。

我们始终是反对军阀的。有个时期，我们忙于组织京汉铁路员工，要与"交通系"作斗争，而吴佩孚也反对"交通系"，那时我们没有反对吴佩孚。但是从罢工时起，我们就猛烈地反对了吴佩孚。然而，中央委员会与吴佩孚有过来往，这是不恰当的。

我们是在"打倒帝国主义和军阀"的口号下工作的。打倒军阀的口号已得到中国社会上大多数人的响应，而打倒帝国主义的口号还没有产生很大的影响。党员应该更加注意反对帝国主义的口号。

现在我谈谈工会的宣传工作。先从上海谈起，上海的工业最发达和最先进。可是那里的工人组织却很落后，开展运动很费力。有很多工人组织，可它们只是空有其名。我们与一个不大的五金工人小组有联系。国民党与海员和制烟工人有联系。我们对于上海应该更加注意。

在北方的铁路员工中，我们在京汉线上有较好的组织，可是在罢工期间被破坏了。津浦路的组织只是一个空架子，实际上并不存在。京奉路的组织是秘密的。津浦路上的工人还严重地分成各个同乡会。京奉路上至今还很难把不同部门的工人联合起来。

湖南、湖北和广东的联合会与我们有联系。湖北的炼铁、制烟和纺织等产业部门的工会，以及人力车夫组织，也与我们有联系。汉阳工会很有希望，是中国最大的工会，可以作为榜样。萍乡矿工工会在二月罢工中受到了损失，但组织仍然保存下来了。

湖南几乎所有拥有3万人以上的工会，都在我们的影响之下。加入这个联合会的还有萍乡的矿工。粤汉路的组织也参加了这个联合会。其余的组织是由手工业工人组成的。广东的大部分工人工会是手工业工人工会。建筑工人的组织也在我们的影响之下。

我们党的女党员只有13人。中国的妇女运动还很不发展。我们对广州和湖北的"女权联合会"有一些影响。北京和上海也有这种联合会。

现在我想就我们最近一年的工作提出批评意见，首先我们忽略了党员的教育工作。我们遇到的许多困难，都可以归咎于这一点。许多知识分子抱着革命感情加入了我们党，但是对我们的原则没有认识。工人表现出脱离知识分子的倾向，常常缺乏求知的愿望。

宣传工作进行得不够紧张，我们很少注意农民运动和青年运动，也没有在士兵中做工作。要在妇女中进行工作，女党员的人数也还太少。在工会的宣传工作中，我们没有提出任何口号。现在我们在工人中只能提出成立中国总工会的口号，而不能提出无产阶级专政的口号。还应当在工人中进行拥护国民革命的宣传。

我们党内存在着严重的个人主义倾向。党员往往不完全信赖党。即使党有些地方不对，也不应当退党。我们应该纠正我们的错误。此外，党内的同志关系很不密切，彼此很爱怀疑。

现在谈谈中央委员会的错误。实际上中央委员会里并没有组织，5个中央委员经常不能待在一起，这就使工作受到了损失。

中央委员会也缺乏知识，这是罢工失败的原因。我们的政治主张不明确。大家都确信中国有实行国民革命运动的必要，但是在究竟应当怎样为国民革命运动工作的问题上，我们的观点各不相同。有的同志还反对加入国民党，其原因就是政治认识不够明确。

我们不得不经常改换中央所在地，这使我们的工作受到了严重损失。

现在我想对个别中央委员提出批评意见。陈独秀由于对时局的看法不清楚，再加上他很容易激动，犯了很多错误。

张国焘同志无疑对党是忠诚的，但是他的思想非常狭隘，所以犯了很多错误。他在党内组织小集团，是个重大的错误。

邓同志①在唐山和科乌②矿工罢工时犯了严重错误，并且在广州造成了很多困难。就地区来说，我们可以说，上海的同志为党做的工作太少。北京的同志由于不了解建党工作，造成了很多困难。湖北的同志没能及时防止冲突，因而工人的力量未能增加。只有湖南的同志可以说工作得很好。

广州的同志在对待陈炯明的问题上犯了严重错误，最近他们正在纠正错误。

（中央档案馆编：《中共中央文件选集第1册（1921—1925）》，中共中央党校出版社1989年版，第167—173页）

---

① 根据陈独秀在本文中说，"想对个别中央委员提出批评意见"，而在党的第二届中央委员中，姓邓的只有一人，即邓中夏，故判定为邓中夏。

② 音译，俄文为"Koy"。

中国共产党党纲草案

（1923年6月）

一、帝国主义与中国旧经济

近代资本主义的发展，自然的结果，乃产生帝国主义；把殖民地变做他经济机体的附庸，就是帝国主义的最终目的。中国旧时的宗法社会，因为受了帝国主义的侵略，——如割地赔款，强辟商埠，接受外债等，——就开始崩坏。帝国主义的列强在中国既已取得了治外法权、协定关税等等优越的权利，他们便支配了中国重要的经济生活和政治生活。

二、中国之资产阶级的发展及其性质

外货之输入，虽然使中国的手工业生产适应了他而渐渐趋向着集中，但是外国大资本生产品之占领中国市场，几乎同时断绝了中国的大工业发展之可能；原料之输出，虽然使特种农产物的收集和流通渐渐进到了新式的组织，但这样便紊乱了中国旧时经济基础之宗法社会的农业。因为这个原故，中国国内国外的商业便独作偏畸的发展，基本农业的生产力一天一天退步，工业被外力阻住不得正当发展，手工业工人和农民等小生产者渐渐失掉了他们的生产资料，失业的手工业工人和失地的农民，他们人数之众多和失业失地之迅速，比起国内工厂等新式生产机关的发展来，不知要超过若干倍，这些新式生产机关自然容不了他们。

这种经济的大变动，只有极少数的官僚和极少数的大商人（财阀）趁火打劫得了些便宜；大多数的中产阶级和大多数的劳动平民便一天一天失掉了他们生活的保证，他们遭受贱价劳力的剧烈竞争，他们遭受一切政治上的压迫和经济上的剥削，使他们无法生活。商业经济的市场越开展，外货之输入原料之输出越增多，而同时生产方法之改进甚少，宗法社会崩坏之过程因而甚缓。而且国家在对内对外的新环境内，令政府不得不滥征各种苛税，故生产事业更因之而毁坏日甚。

三、现代中国的政治现象

失业的人越多，极幼稚极少数的工业生产越不能收容，兵和匪就越多，中国最初因为要抵抗列强而采用近代的军事技术，添设"新军"这本不是积弱的中国所能担负，尤其不是宗法式的皇帝所能驾驶〔驭〕；而且中国旧时的经济生活极其散漫，并没有成为一个集中的经济区域，这些散漫的半独立的区域，到处都能够将财阀的经济力去供给军事长官或土匪，使他们都有所凭借，因此就造成了军阀统治的政治形势。中国军阀之存在及发展，又大有赖帝国主义的列强，他们便不惜向列强低首，甘心做列强统治中国的代理人。各军阀有此种种凭借，便互争雄长，引起不断的内乱；帝国主义的列强各谋利用中国一派军阀，相互争夺其势力范围，又酿成了无穷的冲突。军阀之间，帝国主义列强之间的争斗日趋剧烈，中国国民反对帝国主义及军阀的争斗也日趋紧迫，不但如此，因为中国的资本主义已经稍为有一点发展，劳资的争斗也就稍为有了一点萌芽。

这种种争斗的表现，到欧战以后就更发显著了。

四、欧战后中国社会中各种争斗的形势

帝国主义的列强各自尽量的发展，而又相互攘夺，因此酿成欧战，结果暴露了世界资本主义的大危机；但在各殖民地却恰好趁此机会勉强地

发屏［展］了他们的工业；一面世界的社会革命时期从此开始，打断帝国主义战争的横流，许多苏维埃共和国成立，做许多殖民地革命之自然联盟者。中国系处于"国际殖民地"的地位，欧战以前列强在华虽然互相恶斗，但尚能勉强维持其均势，中国的政权也就因为这个均势尚能勉强保存于本国军阀之手；固然亦因此而中国在欧战中之经济发展仍是横受各方牵制，并未能有长足的进步，然在这一期中国工业极小的发展中，毕竟露出了少数的无产阶级，渐渐可以加入世界革命的反对帝国主义战线。但在另一方面，帝国主义因防御社会革命而力求恢复资本主义的威权。更竭全力来侵略中国这个唯一的"自由"市场，其侵略方法，愈进于攫取财政权及移植资本之倾向，愈要勾结军阀煽助［动］内乱；于是辗转相因，使"游民化""兵匪化"更成为中国之普遍的经常的现象。——在这种情形之下无产阶级的势力自然不免涣散。况且中国经济生活中骤起骤落的危机，无一不受正在崩坏的世界资本主义之影响——列强大资本生产品之倾轧，原料之垄断，机器购买之限制以及关税金融之操纵，都使幼稚的中国工业发展受莫大的障碍。再则欧战后列强间的均势时有破裂之虞，已屡屡引起其代理人（军阀）中间的战争；其经济上政治上的冲突更将引起太平洋上的世界大战。因此种种，可以证明中国之经济力，在帝国主义及军阀统治之下，永无独立及充分发展之可能，中国幼稚的无产阶级自然亦极难发展集中其争斗力。因此而反对帝国主义及军阀的民族民主的总争斗就日趋激厉，日益迫切。

五、中国之国民革命及无产阶级和 农民在此革命中所占的地位

中国处于现时这种状况之下，资产阶级不能充分发展，因之无产阶级也自然不能充分发展，阶级分化不充分的全国人民，皆受制在资本帝国主义及本国军阀之下，不能不要求经济发展而行向国民革命，第一步且仅能行向国民革命，这种革命自属于资产阶级的性质。但是在这个革命中间，

无产阶级却是一种现实的最彻底的有力部分，因为其余的阶级，多为列强的经济力所束缚，一时不易免除妥协的倾向，有些还囚在宗法社会的陷阱里。至于农民当中国人口百分之七十以上，占非常重要地位，国民革命不得农民参与，也很难成功。

六、中国无产阶级的责任

此时中国重要的工业机关，大部分都在列强或军阀官僚手里，很少在中国资产阶级手里；农民正面的敌人，更是列强与军阀官僚，故中国的无产阶级应当最先竭全力参加促进此国民革命，并唤醒农民，与之联合而督促苟且偷安的资产阶级，以引导革命到底；以军［革］命的方法建立真正平民的民权，取得一切政治上的自由及完全的真正的民族独立。还应当努力扫除宗法社会的余毒，以增加国民革命运动进行之速度。

七、中国无产阶级之争斗及其最终目的

中国民族要求政治经济独立的革命，在世界社会革命的进程中，不期而与世界无产阶级的战线相联合，故中国无产阶级参加此种反对帝国主义、反对军阀、反对宗法社会的国民革命，其意义实在就是中国无产阶级反对世界资产阶级的阶级争斗。中国之资产阶级的发展与国际帝国主义及军阀根本上不能不冲突；而劳动平民及无产阶级的解放，尤其与军阀及国际帝国主义根本上不相容；国民革命之进行，是必不可免的。但是中国资产阶级大部分依赖帝国主义的列强或军阀，极易妥协而卖平民；所以中国无产阶级更当参加此种国民革命，以先锻炼集中其能力而取得政治争斗中的位置，方能于世界社会革命的进程中，联合世界的无产阶级和各殖民地的被压迫民族，协力缩短自政治革命到社会革命的过程，而达到共同的最高目的——建立无产阶级独裁制，创造世界的苏维埃共和国，以进于无阶级的共产社会。

八、中国无产阶级争斗之方式

凡属工人阶级反对资本主义的剥削之争斗必是政治的，中国工人阶级现在反对帝国主义的争斗，当然也是一样。工人阶级要反对资本主义而无政治上的自由权，必不能实行其经济争斗发展其经济组织，中国劳动平民反对军阀制度的意义也就在这里。但是，工人阶级必须取得政权方能将生产资料归之于社会公有，达到他最高的目的，所以中国无产阶级又必不当以"国民革命"自限。

九、共产党之任务

中国无产阶级，同时须从事国民运动及阶级运动这种复杂的争斗，其职任非常困难，而其发展程度又非常之稚弱，所以他（的）争斗必与世界无产阶级的争斗有最密切的关系。此种自中国国民革命进而至世界社会革命之争斗，必须是有觉悟的、统一的，并且了解其必然的目标；而锻炼此种觉悟力、统一力及指示此种必然的目标，就是中国共产党及共产国际之任务。

中国共产党根据上述的理由，特定出最小限度的党纲，以为目前的要求如下：

1. 取消帝国主义的列强与中国所订一切不平等的条约，实行保护税则，限制外国国家或个人在中国设立教会、学校、工厂及银行。

2. 肃清军阀，没收其财产，以办公益的生产事业。

3. 铁路、银行、矿山及大生产事业国有。

4. 实行无限制的普遍选举，选举期当在休假日。

5. 保障人民集会、结社、言论、出版之自由权，废止治安警察条例及压迫罢工的刑律。

6. 公私法上男女一律平权。

7. 平民须有建议权、罢官权、撤回代表权及废止法律权；中央地方重要的国家职员须民选。

8. 西藏蒙古，新疆青海等地和中国本部生关系由各该地民族自决。

9. 实行都市和乡村自治。

10. 划一币制，禁止辅币之滥发及外币之流通；财政公开。

11. 废止厘金，征收所得税及遗产税；每年审定租税一次。

12. 实行义务教育，教育与宗教绝对分离。全国教育经费应严重保证。教员应享受年功加俸；到相当年龄应享受养老年金。

13. 改良司法，废止内〔肉〕刑和死刑，免除一切诉讼手续费。

14. 废止雇佣军队制度，改行民兵制。军饷公开。

15. 供给并改良都市贫民之住宅；规定限制房租的法律。

16. 限制一切日常消费品的最高价额。

17. 农民利益的特别要求：

A. 划一并减轻田赋，革除漏〔陋〕规。

B. 规定限制田租的法律；承认佃农协会有议租权。

C. 改良水利。

D. 改良种籽、地质；贫农由国家给发种籽及农具。

E. 规定重要农产品价格的最小限度。

18. 工人利益的特别要求：

A. 废除包工制，承认工会的团体契约制（工会议定雇佣条件）。

B. 实行八小时工作制；禁止做日工者续做夜工。

C. 每星期应有三十六小时以上的继续休息。

D. 女工与男工之工资待遇一律平等；生产期前后六星期之休息，不扣工资。

E. 禁止雇用十四岁以下的童工；十四岁至十八岁者每日工作不得过六小时。

F. 工厂卫生及劳动条件以法律规定，由国家设立监查〔察〕机关监督执行，但工人有权参与之。

G. 制定强迫的劳工保险法（灾病死伤的抚恤等），工人有参与办理保险事项之权。

H. 救济失业之工人。

此草案通过于第三次中国共产党大会，作为底稿；并议决令各地方郑重讨论后，尽一九二四年一月前将批评、修改及增补之条文意见等，汇交中央局，以便交由出席国际大会代表带往第五次世界共产国际大会作最终之决定。

（《中国共产党第三次全国大会决议案及宣言》，1923年7月；转引自中央档案馆编：《中共中央文件选集第1册（1921—1925）》，中共中央党校出版社1989年版，第135—143页；参见中共中央党史研究室、中央档案馆编：《中国共产党第三次全国代表大会档案文献选编》，中共党史出版社2022年版，第7—12页）

关于第三国际第四次大会决议案

（1923年6月）

听了赴第四次国际大会代表报告之后，大会决议：

（一）对于第四次大会所议决各案愿切实履行。

（二）现时的世界大势是：世界革命潮流日益低落，反动的势力弥漫全欧，苏维埃俄罗斯的生存及发达日受国际帝国主义者的威胁。全世界无产阶级此时的重要任务是在要求资本家政府承认俄国与俄国恢复和平的通商关系，以拥护他们的唯一祖国，免受帝国主义者的摧残。

（三）世界的资产阶级的进攻，使劳动阶级的地位沦落，劳动阶级十小时以上的工作所得工资尚不能维持其生存，同时劳动阶级内部有改良派分裂无产阶级，力助资产阶级破坏罢工及示威运动。所以全世界无产阶级奋斗的口号是为劳动运动的统一。

（四）对于东方问题的决议案：大会特注重其在各殖民地及半殖民地的二种工作：即一面为国民革命，为达到殖民他〔地〕的政治的独立奋斗，一面须组织工人及农民，利用资产阶级间之冲突，执行为他们特别的阶级利益的争斗。

（五）大会承认第三国际执行委员会此次由联合的基础之组织，改组到集中的基础之组织，并以为这是进到组成一个集中的国际大共产党的第一步表现。

（《中国共产党第三次全国大会决议案及宣言》，1923年7月；转引自中央档案馆编：《中共中央文件选集第1册（1921—1925）》，中共中央党校出版社1989年版，第144—145页）

关于国民运动及国民党问题的议决案

（1923年6月）

（一）在被国际帝国主义压迫之殖民地及半殖民地，只有实现国民革命加帝国主义者以有力的打击，是他在世界的革命之工作中所应尽的职务。

（二）此时统治中国的是封建的军阀，不是资产阶级。军阀政府名为独立政府，其实事事听命于国际帝国主义的列强，不啻是他们的经理人，财政、交通、工业几完全操于国际帝国主义者之手，中国资产阶级所占者仅仅日用品之极小部分，帝国主义者利用其在华政治势力，妨碍中国工业之自由发展，所以半殖民地的中国，应该以国民革命运动为中心工作，以解除内外压迫。

（三）依中国社会的现状，宜有一个势力集中的党为国民革命运动之大本营，中国现有的党，只有国民党比较是一个国民革命的党，同时依社会各阶级的现状，很难另造一个比国民党更大更革命的党，即能造成，也有使国民革命势力不统一不集中的结果。

（四）以产业落后的原故，中国劳动阶级还在极幼稚时代，多数劳动群众之意识，还停顿在宗法社会，非政治的倾向非常之重，只有少数产业工人已感觉国民运动之必要，真能了解共产主义及共产党组织的更是少数，因此工人运动，尚未能强大起来成功一个独立的社会势力，以应中国目前革命之需要。

（五）工人阶级尚未强大起来，自然不能发生一个强大的共产党——一个大群众的党，以应目前革命之需要，因此，共产国际执行委员会议决中国共产党须与中国国民党合作，共产党党员应加入国民党，中国共产党中央执行委员会曾感此必要，遵行此议决，此次全国大会亦通过此议决。

（六）我们加入国民党，但仍旧保存我们的组织，并须努力从各工人团体中，从国民党左派中，吸收真有阶级觉悟的革命分子，渐渐扩大我们的组织，谨严我们的纪律，以立强大的群众共产党之基础。

（七）我们在国民党中，须注意下列各事：（1）在政治的宣传上，保存我们不和任何帝国主义者、任何军阀妥协之真面目。（2）阻止国民党集全力于军事行动，而忽视对于民众之政治宣传，并阻止国民党在政治运动上妥协的倾向，在劳动运动上改良的倾向。（3）共产党党员及青年团团员在国民党中言语行动都须团结一致。（4）须努力使国民党与苏俄接近，时时警醒国民党，勿为贪而狡的列强所愚。

（八）我们须努力扩大国民党的组织于全中国，使全中国革命分子集中于国民党，以应目前中国国民革命之需要。同时我们特别的工作，须努力促成全国总工会之独立的组织，从事经济的及政治的争斗。我们须努力引导劳动群众由日常生活的争斗到政治的争斗。目前政治的争斗，自然只是国民运动——排除外力及军阀的运动，因此，在劳动群众中须有大规模的国民运动的宣传，扩充国民革命的国民党，同时凡已了解国民革命之必要更进而有阶级觉悟的革命分子，当尽量加入我们自己的组织；并当于群众中普遍宣传"国民运动中拥让［护］劳动阶级利益的必要"。

（《中国共产党第三次全国大会决议案及宣言》，1923年7月；转引自中央档案馆编：《中共中央文件选集第1册（1921—1925）》，中共中央党校出版社1989年版，第146—148页）

劳动运动议决案

（1923年6月）

（一）中国目下劳动运动方取守势，党的活动须多于工会活动，恢复工会口号须在被封工会各工友中宣传引起压迫下之工人作政治的斗争。

全国铁路总工会筹备委员会应从速召集全国各路代表会议讨论各路统一之工作，改造筹备委员会及讨论救济"二七"被难工友之方法。

（二）哈尔滨及山东两地在产业上及地位上皆甚重要，该两地方之劳动运动不可忽视。哈尔滨方面之劳动运动更宜作与苏俄工人联合之宣传，现时反对苏俄之趋向亟宜纠正。

（三）广东方面劳动运动，须注意新式产业之工人。至进步的手工业工人组织同时亦须整顿，促进其阶级觉悟。

省港澳三方面产业的及手工业的工人组织，须适用国民运动口号作统一运动。

香港地方在产业上甚为重要，在该地方之劳动运动须设法改职业组织为产业组织，以增加工人势力及（反）抗英国帝国主义及资本主义之压迫。

南洋华工为数极大，须设法使其与国内工人发生密切关系，但须纠正其省界国界分别之趋向。

（四）中国妇女劳动运动以上海、天津等处为最盛。中国劳动组合书记部须附设妇女部，由女同志负责担任此种工作。

（五）工厂劳动运动须通用下列口号：（1）男女工资平等，（2）废止未满十四岁之童工，（3）推翻包工制，（4）星期日休息。以引起男女工人争取自身利益之觉悟。

（六）为养成劳动运动人才起见，在适当地点设立劳动教育机关，以启发工人宣传及组织之智识。

（七）劳动组合书记部今后之责任为组织天津、哈尔滨、山东、上海等处已组成之路矿等工会以外之各种工会。

（八）在半殖民地之中国手工业工人占多数，在手工业中之劳动运动中除加薪减时口号外，消费合作运动或要求红利运动亦宜注意，但须纠正劳资妥协之趋向。

（九）大的产业工会，尤其是海员工会，须设法引起其与赤色职工国际联合。

（《中国共产党第三次全国大会决议案及宣言》，1923年7月；转引自中央档案馆编：《中共中央文件选集第1册（1921—1925）》，中共中央党校出版社1989年版，第149—150页）

农民问题决议案

（1923年6月）

　　自从各帝国主义者以武力强制输入外货以来，一般日用品的价格增高率远超过于农产价格增高率，从前的农民副业（如手工彷［纺］织等）也全被催［摧］残。又自辛亥以后，军阀争地盘的战争连年不息，土匪遍于各地，再加以贪官污吏之横征暴敛（如预征钱粮额外需索等），地痞劣绅之鱼肉把持，以致农民生活愈加困难。因此种种压迫农民自然发生一种反抗的精神，各地农民之抗租抗税的暴动，即其明证，故我党第三次大会决议认为有结合小农佃户及雇工以反抗牵［宰］制中国的帝国主义者，打倒军阀及贪官污吏，反抗地痞劣绅，以保护农民之利益而促进国民革命运动之必要。

　　（《中国共产党第三次全国大会决议案及宣言》，1923年7月；转引自中央档案馆编：《中共中央文件选集第1册（1921—1925）》，中共中央党校出版社1989年版，第151页）

关于党员入政界的决议案

（1923年6月）

凡党员之行动带有政治意义者，中央执行委员会有严重监督指导之权。党员遇有不得已须在政界谋生活时，必须请求中央审查决定。

（《中国共产党第三次全国大会决议案及宣言》，1923年7月；转引自中央档案馆编：《中共中央文件选集第1册（1921—1925）》，中共中央党校出版社1989年版，第152页）

青年运动决议案

（1923年6月）

　　第三次大会认青年运动为本党重要工作之一，所以对于社会主义青年团应极力加以组织上指导上之援助。

　　社会主义青年团应以组织及教育青年工人为其重要工作，在出版物上应注意于一般青年实际生活状况及其要求。

　　社会主义青年团对于青年学生应从普通的文化宣传进而为主义的宣传，应从一般的学生运动引导青年学生到反对军阀反对帝国主义的国民运动。

　　社会主义青年团应开始从事于农民运动的宣传及调查。

　　社会主义青年团应根据本党第三次大会关于国民运动与国民党之议决案极力参加国民运动。

　　（《中国共产党第三次全国大会决议案及宣言》，1923年7月；转引自中央档案馆编：《中共中央文件选集第1册（1921—1925）》，中共中央党校出版社1989年版，第153页）

妇女运动决议案

（1923年6月）

（一）**劳动妇女运动**　在去年的蓬勃罢工运动之中，已表现劳动妇女在阶级斗争中之重要与意义。但同时男工（间）女工间之冲突亦随而发见。此种冲突之来源大致由宗法社会轻蔑妇女之习惯与成见，还保留于男工之中，以致女工在工会中常感男工压迫侮弄之痛苦，因而另思组织女工会，此实为工人阶级分裂之危机，本党关于此点应尽力宣传，不仅要号召男女工亲密团结，而且要扫荡男工轻侮女工之习惯与成见。至接触女工初步方法，或办工儿院，或办女工夜学，亦方法之一，并可斟酌情形因时制宜。

（二）**一般的妇女运动**　一般的妇女运动如女权运动，参政运动，废娼运动等，亦甚重要。此等运动年来在各处皆已发生，但是既不统一，又不活动。本党女党员应随时随地指导并联合这种种运动，口号应是"全国妇女运动的大联合""打破奴隶女子的旧礼教""男女教育平等""男女职业平等""女子应有遗产承继权""男女社交自由""结婚离婚自由""男女工资平等""母性保护""赞助劳动女同胞"。这些口号之外，还应加入"打倒军阀""打倒外国帝国主义"两个国民革命运动的口号，以引导占国民半数的女子参加国民革命运动。至我们指导此等运动的态度，亦宜注意：第一，不要轻视此等为小姐太太，或女政客们的运动；第二，阶级的主义的色彩不要太骤太浓，至［致］使她们望而生畏。

（三）妇女运动委员会及出版物　为集中本党女党员之活动及系统的指导全国妇女运动起见，应设立妇女委员会以外，要在全国妇女运动中树立一精神的中心，应创办一种出版物，以指导并批（评）日常的妇女生活及妇女运动。

（《中国共产党第三次全国大会决议案及宣言》，1923年7月；转引自中央档案馆编：《中共中央文件选集第1册（1921—1925）》，中共中央党校出版社1989年版，第154—155页）

中国共产党中央执行委员会组织法

（1923年6月）

（一）中央执行委员会由本党常年大会选出。其一切行动对大会负责，在两大会之间为本党最高指导机关，管理各区各地方之行动，发行用本党名义之出版物；并管理派遣做青年、妇女、劳工、农民等工作之职员。

（二）中央执行委员会以九人组织之。中央委员缺职时应以候补委员补缺。大会后之中央执行委员会第一次会议，即应分配工作，并选举五人组织中央局。其余四人分派各地，赞助该地方委员（会）一同工作，每星期将所在地情形报告中央局一次。

（三）中央局以中央执行委员会名义行使职权，由执行委员会选出委员长秘书及会计三人其职务如下：

委员长主席一切中央局及中央执行委员会之会议，遇委员长缺席时，由中央局互推一人代理委员长之职权。

秘书员（负）本党内外文书及通信及开会记录之责任，并管理本党文件。本党一切函件须由委员长及秘书签字。

会计在中央督察之下，管理本党财政行政，并对于各区各地方及本党一切机关之财政行政负责。

（四）中央执行委员会常会每四个月开一次，中央局每星期开会一次。中央局自己或经中央执行委员四人之请求，可召集特别会议。在请求书上须说明开会讨论之问题及其理由。

（五）执行委员会之一切会议，须由委员长与秘书召集之，附加会议之日程。

（六）中央执行委员会及中央局之一切决定，以多数取决，但召集临时全党大会之议决，须以三分之二的多数取决。

（七）中央执行委员会，须在全党大会开会日期前至少两月通知召集，附寄议事日程草案，并请地方于通知后一月内交齐议案。各地方议案须互换。

（八）中央执行委员会之报告，在开会一月之前寄与地方。

（九）中央执行委员会财政报告，由大会指定审查委员会（中央执行委员不得当选）审查后报告大会。

（十）如有本党三分一之区代表全党三分一之党员之请求时，执行委员会必须在接到请求书之一月内召集本党临时大会。请求书上必须说明请求召集临时大会之理由。

（《中国共产党第三次全国大会决议案及宣言》，1923年7月；转引自中央档案馆编：《中共中央文件选集第1册（1921—1925）》，中共中央党校出版社1989年版，第156—157页）

中国共产党第一次修正章程

（1923年6月）

第一章　党　员

第一条　本党党员无国籍性别之分，凡承认本党党纲及章程并愿忠实为本党服务者，均得为本党党员。

第二条　党员入党时，须有正式入党半年以上之党员二人之介绍，经小组会议之通过，地方委员会之审查，区委员会之批准，始得为本党候补党员。候补期劳动者三个月，非劳动者六个月，但地方委员会得酌量情形伸缩之。候补党员只能参加小组会议，只有发言权与选举权，但其义务与正式党员同。

第三条　凡经中央执行委员会直接承认之党员，当通告该党员所在地之地方委员会，亦须经过候补期；凡已加入第三国际所承认之各国共产党者，经中央审查后，得为本党正式党员。

第四条　党员自请出党，须经过区之决定，收回其党证及其他重要文件，并须由介绍人担保其严守本党一切秘密，如违时，由区执行委员会采用适当手段〔段〕对待之。

第二章　组　织

第五条　各农村、各工厂、各铁路、各矿山、各兵营、各学校等机关及附近，凡有党员五人至十人均得成立一小组，每组公推一人为组长，隶属地方支部，不满五人之处，亦当有组织，公推书记一人，属于附近之区或直接属于中央。如各组所在地尚无地方支部时，则由区执行委员会直辖之，未有区执行委员会之处，则由中央直辖之。

第六条　一地方有十人以上，经中央执行委员会之许可，区执行委员会得派员至该地方召集全体党员大会或代表会，由该会推举三人组织该地方执行委员会，并推举候补委员三人——如委员因事离职时，得以候补委员代理之，未有区执行委员会之地方，则由中央执行委员会直接派员召集组织该地方执行委员会，直接隶属中央。区执行委员会所在地，得以区执行委员会代行该地方执行委员（会）之职权。

第七条　各区有两个地方执行委员会以上，中央执行委员会认为有组织区执行委员会必要时，即派员到该区召集区代表会，由该代表会推举五人组织该区执行委员会；并推举候补委员三人，如委员因事离职时得以候补委员代理之。中央执行委员会认为必要时，得委托一个地方执行委员会暂时代行区执行委员会之职权。区之范围，中央执行委员会规定并得随时变更之。

第八条　中央执行委员会由全国代表大会选举九人组织之；并选举候补委员五人，如委员离职时，得以候补委员代理之。

第九条　中央执行委员会任期一年，区及地方执行委员会任期均半年，组长任期不定，但均得连选连任。

第十条　中央执行委员会执行大会的各种决议，审议及决定本党政策及一切进行方法；区及地方执行委员会执行上级机关的决议，并在其范围及权限以内审议及决定一切进行方法。各委员会均互推委员长一人总理党务，其余委员协同委员长分掌职务。

第十一条　大会或中央执行委员会议决之各种议案及各地临时发生之特别问题，区及地方执行委员会均得指定若干党员组织各种特别委员会处理之；此项特别委员会开会时，须以各该执行委员会一人为主席。

第三章 会 议

第十二条 各小组每星期至少须开会一次，由组长召集之。各地方每月至少召集全体党员会议一次（其有特别情形之地方，得改全体会议为组长会议，但全体会议至少须两月一次）。各区每三月由执行委员会定期召集该区全体党员代表会议一次，每五人有一票表决权。全国代表大会，每年由中央执行委员会定期召集一次。中央执行委员会，每四月开全体委员会一次。

第十三条 中央执行委员会认为必要时，得召集全国代表临时会议。有三分一之区代表全党三分一之党员之请求，中央执行委员会亦必须召集临时会议。

第十四条 全国代表大会或临时会议之代表人数，每地方必须派代表一人，但人数在四十人以上者得派二人，六十人以上者得派三人，以上每加四十人得加派代表一人。每地方十人有一票表决权。未成地方之处，中央执行委员会认为必要时，得令其派出代表一人，但有无表决权由大会决定。

第十五条 凡一问题发生，上级执行委员会得临时命令下级执行委员会召集各种形式的临时会议。

第十六条 中央执行委员会得随时派员到各处召集各种形式的临时会议，此项会议应以中央特派员为主席。

第十七条 中央及区与地方执行委员会，均由委员长随时召集会议。

第四章 纪 律

第十八条 全国代表大会为本党最高机关；在全国大会闭会期间，中央执行委员会为最高机关。

第十九条 全国大会及中央执行委员会之议决，本党党员皆须绝对服从之。

第二十条　下级机关须完全执行上级机关之命令；不执行时，上级机关得取消或改组之。

第二十一条　各地方党员半数以上对于执行委员会之命令有抗议时，得提出上级执行委员会判决；地方执行委员会对于区执行委员会之命令有抗议时，得提出中央执行委员会判决；对于中央执行委员会有抗议时，得提出全国大会之［或］临时大会判决；但在未判决期间均仍须执行上级机关或［之］命令。

第二十二条　区或地方执行委员会及各组均须执行及宣传中央执行委员会所定政策，不得自定政策，凡有关系全国之重大政治问题发生，中央执行委员会未发表意见时，区或地方执行委员会，均不得单独发表意见，区或地方执行委员会所发表之一切言论倘与本党党纲宣言章程及中委［央］执行委员会之议决案及所定政策有抵触时，中央执行委员会得令其改组之。

第二十三条　凡党员若不经中央执行委员会之特许，不得加入一切政治的党派。其前已隶属一切政治的党派者，加入本党时，若不经特许，应正式宣告脱离。

第二十四条　凡党员若不经中央执行委员会之特许，不得为任何资本阶级的国家之政务官。

第二十五条　本党一切会议均取决多数，少数绝对服从多数。

第二十六条　凡党员有犯左列各项之一者，该地方执行委员会必须开除之：

（一）言论行动有违背本党党纲章程及大会各执行委员会之议决案；

（二）无故联［连］续二次不到会；

（三）无故欠缴党费三个月；

（四）无故联［连］续四个星期不为本党服务；

（五）不守纪律经中央执行委员会命令其停止出席留党察看期满而不改悟；

（六）泄漏本党秘密。

地方执行委员会开除党员后，必须报告其理由于中央及区执行委员会。

第五章　经　费

第二十七条　本党经费的收入如左各项：

（一）党费：党员月薪在三十元以内者，月缴党费两角；在三十元以上至六十元者缴一元；六十元以上至百元者缴二十分之一；在一百元以外者缴十分之一。失业及在狱党员均免缴党费。

（二）党内义务捐。由地方（执行委员）会酌量地方经费及党员经济力定之。

（三）党外协助。

第二十八条　本党一切经费收支，均由中央执行委员会支配之。

第六章　附　则

第二十九条　本章程修改之权，属全国代表大会，解释之权属中央执行委员会。

第三十条　本章程由本党第三次全国代表大会（一九二三年七月十日[①]至二十日）议决，自中央执行委员会公布之日起发生效力。

（《中国共产党第三次全国大会决议案及宣言》，1923年7月；转引自中央档案馆编：《中共中央文件选集第1册（1921—1925）》，中共中央党校出版社1989年版，第158—164页）

---

① 此处之"七月十日"有误，中共三大于1923年6月12日至6月20日召开。

中国共产党第三次全国大会宣言

（1923年6月）

中国人民受外国及军阀两层暴力的压迫，国家生命和人民自由都危险到了极点，不但工人农民学生感觉着，即和平稳健的商人，也渐渐感觉着了。

目前北京政局之纷乱儿戏；北洋军阀统治之下工会学生会日在压迫摧残中；山东河南兵匪之猖獗，外人借端要挟，并要拿回华盛顿会议所赏的利益；沙市长沙日本水兵之暴行；外人强令棉花出口；吴佩孚、齐燮元争相制造广东之战祸；吴佩孚、萧耀南合力助成川乱；又若未来的奉直战争及直系军阀之内哄；——在在可以证明内忧外患交加于国民之身，除集合国民自己之势力，做强大的国民自决运动，别无他途可以自救；也在在可以证明本党一年以来号召的"打倒军阀""打倒国际帝国主义"之国民革命运动，不是一条错误的道路。

中国国民党应该是国民革命之中心势力，更应该立在国民革命之领袖地位；不幸中国国民党常有两个错误的观念：（一）希望帝国主义的列强援助中国国民革命，这种求救于敌的办法，不但失了国民革命领袖的面目，而且引导国民依赖外力，减杀国民独立自信之精神；（二）集中全力于军事行动，忽视了对于民众的政治宣传。因此，中国国民党不但会失去政治上领袖的地位，而且一个国民革命党不得全国民众的同情，是永远不能单靠军事行动可以成功的。

我们希望社会上革命分子，大家都集中到中国国民党，使国民革命运动得以加速实现；同时希望中国国民党断然抛弃依赖列强及专力军事两个旧观念，十分注意对于民众的政治宣传，勿失去一个宣传的机会，以造成国民革命之真正中心势力，以树立国民革命之真正领袖地位。

中国共产党鉴于国际及中国之经济政治的状况，鉴于中国社会各阶级（工人、农民、工商业家）之苦痛及要求，都急需一个国民革命；同时拥护工人、农民的自身利益，是我们不能一刻疏忽的：对于工人、农民之宣传与组织，是我们特殊的责任；引导工人、农民参加国民革命，更是我们的中心工作；我们的使命，是以国民革命来解放被压迫的中国民族，更进而加入世界革命，解放全世界的被压迫民族和被压迫的阶级。

中国国民革命万岁！

全世界被压迫的民族解放万岁！！

全世界被压迫的阶级解放万岁！！！

（《中国共产党第三次全国大会决议案及宣言》，1923年7月；转引自中央档案馆编：《中共中央文件选集第1册（1921—1925）》，中共中央党校出版社1989年版，第165—166页）

中国共产党第三次代表大会致日本共产党的信

（1923年6月19日）

日本共产党中央委员会：

　　获悉关于依据军国主义反动政府的命令逮捕大约一百名同志的消息以后，中国共产党第三次代表大会对于你们与统治贵国的黑暗反动势力不断进行的英勇斗争，表示极大的同情。

　　当帝国主义列强在太平洋上准备发动新的世界大战的时候（这次战争的破坏和灾难必将超过上次的战争），中日两国政府便竭尽全力镇压工人运动和工人阶级的组织。我们，日本和中国的共产党人必须共同奋斗，以共同的力量反抗共同的敌人。

　　代表大会对被捕的同志表示同情，并希望日本的党一时一刻也不要削弱自己在日本劳动群众中的革命活动，劳动群众的阶级组织在不久的将来定会成为粉碎军国主义势力和统治的革命运动的最重大的要素。

中国共产党中央执行委员会
广州一九二三年六月十九日

　　（《"二大"和"三大"——中国共产党第二、三次代表大会资料选编》，中国社会科学出版社1985年版，第196页）

中国共产党第三次代表大会 致印尼共产党的信

（1923年6月19日）

印度尼西亚共产党中央执行委员会：

获悉关于谢马奥纳和谢马朗哥两位同志被捕、爪哇岛铁路员工罢工，当局残酷迫害和逮捕三十余位地方组织的领导人等消息以后，中国共产党第三次代表大会对于你们为反对荷兰殖民政府的压迫所进行的英勇斗争，表示极大的同情。

一切殖民地和半殖民地国家的工人阶级必须高举起国际工人团结的旗帜，为反对共同的敌人——国际帝国主义而斗争。

为了自己国家的民族解放而进行斗争的爪哇和中国的共产党人，必须团结自己的力量，为共同的目的一同奋斗。

中国共产党第三次代表大会仅［谨］向被捕的同志和爪哇兄弟党致以最好的祝愿，并望你们迅速的恢复工人阶级的组织。最后胜利是属于我们的。

中国共产党中央执行委员会
广州一九二三年六月十九日

（《"二大"和"三大"——中国共产党第二、三次代表大会资料选编》，中国社会科学出版社1985年版，第197页）

斯内夫利特笔记

——中国共产党第三次代表大会关于国共两党关系的讨论

（1923年6月12日至20日之间）

　　Ⅰ．我想了解中国同志的想法，便向瞿秋白提出了一个问题："请告诉我，我应该怎样阐述共产国际提纲①中的观点和我在会上对提纲的解释？我是否需要对中国形势做一番分析并将其与其他东方国家加以对比？"他回答道："不用这个办法。必须很具体。一些同志倾向于尽可能疏远国民党，必须看到支配他们思想的细微论据。"

　　尽管我不拟做什么深入的理论分析，而且也会尽可能注意那些较细微的论据，但我不能完全依从这个建议。

　　Ⅱ．首先我表示强烈反对说什么陈独秀或我想解散我们的党这样一种观点。会上没有明说，但不管怎样，这样的观点已经显现出来了。我在这里充当的是共产国际执行委员会的代表，我懂得对共产国际执行委员会应守的纪律。我从未想要搞垮中国共产党。我为什么要在中国工作？我以为若相信我打算搞垮党，那简直是愚蠢的。

　　另一方面，崇拜国民党——是绝对错误的。

　　Ⅲ．我要严肃警告那种把同志们划分为左派和右派的做

━━━━━━━━━

　　①　指1923年1月共产国际执行委员会关于中国共产党与国民党关系问题的决议。

法。这是张国焘在讲话的最后做出的，而且尽管很容易划定张三左李四右，我还要说明一个实情，即在一个年青的组织里很少有同志能解释清楚为什么他认为张三左李四右。

Ⅳ．陈独秀发言之后，在整个这次讨论过程中有些东西不对头。共产国际执行委员会的提纲本应是讨论的基础。共产国际执行委员会是国际运动的总参谋部。共产国际执行委员会发出的指示应是党必须遵循的命令。而张国焘和蔡（和森）在讨论时的发言证明他们把这些指示忘得一干二净，反倒设法去寻找开展党的工作的可能性。

张国焘对于共产国际执行委员会让那些已参加国民党的人留在国民党内的命令所做的解释是绝对错误的。然而，我们还记得，上年8月共产国际执行委员会就已经命令共产党员（不仅是南方的党员）加入国民党。今年1月指示中"中国共产党党员留在国民党内是适宜的"。这句话又肯定了8月的指示。共产国际执行委员会认为中国共产党人遵循了它的指示。共产国际执行委员会认为不可能发生下述情况：中央委员会的委员们既然已决定接受上年8月的指示，现在又竭尽全力去让全党都认为共产国际执行委员会的总指示均属无效。而共产国际执行委员会也不可能同意这些同志的意见，不可能认为他们一面在北京帮助建立一个新的国民党组织，同时又建议，既然北方没有国民党支部，我们的党员同志就不必去努力发展支部。共产国际执行委员会料想，甚至在中国共产党内也有某种纪律，它不会模棱两可地为中国制定决议，而使这样或那样足智多谋的发明者得以炮制论据，让消极抵制及破坏共产国际执行委员会决议的行为得逞。

Ⅴ．共产国际执行委员会提纲中的第二条说，中国的中心任务是国民革命，所以国民党和年青的中国共产党的活动应当协调起来。蔡和森与张国焘的发言中小心翼翼地回避这一点。共产国际执行委员会（的提纲）指出"工人阶级尚未分化为一支完全独立的社会力量"，可是和森却反其道而行之，设想建立一个独立的工人党。我同意共产国际执行委员会的马克思主义的结论，不同意和森的幻想主义。

Ⅵ．这届党代表大会的任务只是以共产国际执行委员会的提纲为基础勾勒党明年的策略。我们应努力予以回答的问题，并不是应否加入国民党，我们的党员是应通过加入这个国民党去完成共产党的任务抑或是应将我党人力集中起来去为尚未分化成完全独立的力量的工人阶级建立一个工人党。共产国际执行委员会的两个决议解决的并不是加入国民党的问题，所以我建议像张国焘在共产国际执行委员会内以及他与国际运动最重要的领导人多次讨论之后所说的那样——执行既定指示。

Ⅶ．我们面临的是一些很具体而实际的问题：我们应该怎样在国民党内工作。我们应该给予他们什么样的帮助？我们应当用什么办法来说服同志们接受同样的做法？我们应当怎样把本来就不大的力量分开去做工会工作和政治工作？我们怎样才能使大家相信，我党领导人的教育工作也是不容忽视的？

Ⅷ．在对这些实际问题谈出自己的想法之前，我必须对张国焘与和森的讲话另做几点说明。我依据的是我得到的译文，所以要有言在先，我的回答中可能会有错误。

和森极力坚持关于工人党的思想，他力图证明中国的大资产阶级对国民革命没有价值。和森只见到昨天，甚至只看到今天，但看不到明天。他的思维方法是静止的而不是能动的。虽然中国的资产阶级部分地是从封建分子、官僚和军阀发展而来，虽然他们在发展过程中与外国资本家经常有密切联系，但中国资产阶级自身的民族利益与外国资本家是对立的。在国内政治中，商会的要求是完全革命的要求。他们希望消灭辛亥革命未予摧毁的封建政权。废除督军制和建立立宪制的愿望都已经表现出来了。他们企图用妥协的办法达到实施这些要求的目的。但是不管怎样，他们的要求是革命的，而且马克思很早以前就指出"民主、共和国对于无产阶级来说，是把劳工运动的革命力量集聚起来的最好的政权形式"。这是千真万确的。我们不能断言中国资产阶级对国民革命没有价值。和森同志不能辩证地分析形势，他错误的思维方式的特点在于他打算建立一个独立工人党，以为在中国只有无产阶级革命，因此他应该懂得，工人作为一支政治力量的发展与资产阶级的发展是有依附关系的。

Ⅸ．张国焘认为我们现在只能做反日运动而不能做反英运动，这种说法是令人惊奇的。我们不难理解，国民运动本身表明它就是一场反日运动。中国的资产阶级与日本产品的竞争要比与其他国家工业的竞争激烈得多。日本帝国主义的方法更加露骨而且更加严重地伤害中国的民族感情。但是在英国人败北之前，中国的国民运动只能是反日运动这一点对我是很新鲜的。一旦中国的工业进入产品竞争领域，中国人就会发现英国人是对手，便要像现在反日一样采取反英立场。我们应该指出下述事实：提高税率的要求是针对各外国资本家的。法国要求用金法郎支付庚款与上海英国巡捕虐待童仆唤起了与现在的反日情绪相同的反对英法的反帝感情。

事实上，国民党的宣传工作太肤浅太片面，它把英帝国主义的罪恶忘得一干二净，这并不意味着不管宣传多么得力，都不能传播对帝国主义的清醒认识，不能导致全面的反帝运动。

Ⅹ．和森和张国焘两人将把我党的策略建立在幻梦的基础上。

列宁的重大作用乃在于他密切结合俄国实际，在于他善于运用革命策略。拉狄克论述过这一点。

在布列斯特—立托夫斯克谈判中的列宁与反对派；马克思论革命者的任务。

Ⅺ．夸大我们在工人运动中的成绩是可笑的。我们接触到的工人状况怎样呢？我很惋惜，我与他们接触不太多。我只是调查了我们的工作方法和接触工人较多的那些同志的想法。我要说明一个事实即毛（泽东）、王（荷波）、邓培和王用章同志所提供的情况有一个共同点：工人们关心改善生活条件的问题，他们对政治和阶级斗争的认识较肤浅。

目光敏锐的王觉察浦口工人中有拥护君主制度的倾向，工人内部至今仍认为政治不是他们的事。王又说香港工人在中国属最先进者，他们的政治感情是民族主义的。

毛对我解释说，最高利益当是日常生活问题，并不是什么政治上的利益。

我从邓培和王用章谈的情况里也得出同样的印象。

即令湖北有了成绩，我们也不能忘乎所以，我们是怎样组织铁路工会的？联络部指定的能真正胜任组织工作的是些什么样的同志？我们为什么不打出共产党的旗帜而打着劳动组合书记部的旗帜到工人当中去？

几万产业工人聚居的上海、天津工作的成绩又怎样呢？

我们可以说我们取得了经验，能进一步开展工会工作，但是我们不能把建立工人党的想法与工会混淆起来而犯错误。

张国焘向往工人掌权，他愿意同千百万人一道工作。毛同志告诉我，湖南有3000万人和3万—4万现代工人。他对工会组织已拿不出任何办法，所以十分悲观，甚至认为欲拯救中国唯有靠俄国的干涉。

这140万工人分布情况怎样？纺织业和烟草业有多少女工和童工？这些工业部门的生产有哪些是外国列强所控制（这意味着工人中的民族感情会自然发展）？

这些现代工人的政治利益应居于国民运动中一切利益的首位。

XII．我们办了一份小的周报，试图靠它去培养国民运动的革命性，现在也仅只几个月的时间。一旦我们认真把这个任务抓起来，那就一定会有成绩。我不像毛那样悲观，认为中国国民运动唯有在发生世界革命之后才能成功。无论如何我们不该推测哪一个首先发生，但不管怎样我们应像现在这样去实干。

XIII．工会的发展是可能的。真正的工会联合会取代劳动组合书记部的时期很快就要到来。我们在这些工会里继续工作以发扬革命精神并对来自各方面的改良主义倾向持反对的立场。

我们的工会工作也处于困境。第一次发动①之后，许多起罢工迭遭失败。基督教青年会不断地在工人中制造改良主义倾向。

我们将与之斗争，同时向工人证明，只有通过革命斗争方能发展自己的势力。

这种革命斗争在目前时期将主要具有民族革命的性质。

---

① 指1923年2月的京汉铁路工人罢工。

XIV．现在既然已有了提纲，我们就应该加入国民党，我们要把国民运动作为中心任务，另一方面我们必须发展工会和发扬革命精神，这对于完成我们的中心任务是有好处的——这些都没有疑问。问题是怎样在国民党内工作？

陈独秀的提纲中做出了回答。反对国民党的纯军事活动，反对它与帝国主义列强及其封建代理人的勾结。持这样的立场我们就能推进革命宣传和革命活动，我们促使国民党把国民运动领导起来。一些同志想稳操胜券，某些十分谨慎的人则要等待国民党变好了我们才给予帮助。这些同志从而放弃了完成我们首要任务的可能性。革命者既不能采取这样的做法，也绝不能据推测做出决定。

XV．听说有人担心我们让工人加入国民党就扼杀了他们的革命精神。共产党人加入国民党时是因为考虑到可用这种策略最有效地增加工人阶级的利益才去加入的。国焘说，我们的精神力量很强大，因此，我不怕跨党的中国共产党党员接触其他的倾向。既然共产党人可以跨党，为什么工人、商人就该在国民党之外呢。我相信我们的精神力量，我相信凭这个策略我们能取胜。当我们培养强有力的国民党左翼时，我们应该考虑后果，但是我们不必如此缩手缩脚，担心这会妨碍国民党成为国民革命的政党。

XVI．各次讨论证明我们自己的组织里对马克思主义知之甚少，我们出版自己的宣传材料以扩大对马克思主义的了解，在这方面我们有三重任务：靠教育工作加强我党党员的精神力量；靠我们在中国最重要的工业中心进行强有力的工作去发展工会；最后但并非最次要的一点，就是靠我们坚决支持国民革命运动的发展使国民党这个国民革命的政党得以发展——这样我们就把全中国的力量动员起来，它们将在反对世界帝国主义的国际斗争中做出重要贡献。

在这项工作中我们要特别注意动员农民，做这项工作时，我们保持我们共产党人的名义。即使考虑变换名义那也并不是机会主义性质的。以我们的名义可以去完成我们应完成的任务。一些同志急于取消共产党以建立一个"群众性的工人党"或如他们梦幻中的工农党，这些同志说，能集中全力做国民运动的并非只有一个政党。我们也这样想，而且正是因为这个理由，国民革命的推动力中国共产党才将存在并发展下去。

XVII. 必须使陈的提纲获多数票。提纲的特点与共产国际执行委员会的提纲是绝对一致的。作为一个有严明纪律的集中组织，共产党有责任向共产国际表示，党凭其精神力量能够发展起一场有强大的国民党参加的气势磅礴的国民运动。

（李玉贞主编：《马林与第一次国共合作》，光明日报出版社1989年版，第227—233页）

斯内夫利特笔记

——中国共产党第三次代表大会关于国共合作问题的讨论

（1923年6月12日至20日之间）

I

瞿（秋白）：

一、虽然资本家来自封建阶级，但他们在这个社会里已成为一个独立的因素。

二、没有无产阶级参加，任何资产阶级革命都不会成功。

三、中国资产阶级的利益不尽相同，可分两种。

四、尽管现在小资产阶级和大资产阶级是不革命的，但为了自身利益，他们将会革命。

五、只有国民党能把不同的利益统一起来。

六、不要害怕资产阶级的壮大，因为与此同时无产阶级也在壮大。我们不能采取与他们分离的办法阻止他们的发展。

七、任何事情都在发展；我们不能证明国民党不再发展。国民党从一个没有纲领的政党成长为一个有纲领的政党，现在已接近于一支真正的社会力量。虽然危险，却是正确的通路。它已觉察到工人的力量。

八、我们的职责是领导无产阶级推动国民党，使其摆脱资产阶级的妥协政策。

九、我们已经阐明只有无产阶级才是革命的。如果我们不引导无产阶级参加国民党，那怎么能希图国民党发展呢。

十、如果我们等国民党发展以后再参加进去，这是不合理的。假如我们希望壮大力量，假如我们有明确的目标，我们会有充分的机会在国民运动中壮大自己，走俄国十月革命的路。

十一、如果我们——作为唯一革命的无产阶级，不去参加国民党，后者就势将寻求军阀、资产阶级和帝国主义的帮助。

十二、国民党的发展，并不意味着牺牲共产党。相反，共产党也得到了自身发展的机会。

十三、在建立国民党支部时，我们不要去抓取组织权和指导权，这是在助长老国民党的办法得以发展。我们要发展的是一个将改变其策略的组织。

十四、工会运动不同于国民党开展的运动，工会从事的国民运动是有利而无害的，他们可以宣传反对军阀，反对帝国主义的纲领，这和我们的纲领是一致的。

十五、我们不会放弃对工人进行的宣传，它同国民党的工作没有矛盾，可以继续下去。

十六、要么我们不许工人参加国民党，让国民党得到资产阶级、军阀等给予的帮助从而日趋反动，要么我们领导无产阶级加入国民党，使后者具有革命性，哪种办法更好？

广州，邓（中夏）：

一、如果我们不在北方发展国民党，那么我们为什么要加入国民党呢？

二、我们的重要问题是应否让国民党得到发展。

三、国民党是一个内部利益迥异的政党，很难改造。

四、让孙中山听取新党员的意见十分困难。

五、国民党改组形势日趋好转，因孙中山和其他人现在意识到自己的错误，愿意改革。

六、批评国民党热衷于搞军事行动是不公正的，我们不能不加防卫而让沈鸿英得逞。

七、批评国民党轻视群众也是不对的，因为我们看到他们的党内有群众。

八、没有人反对我们与国民党合作，但我们不是为国民党工作，以后我们应改变合作的政策。

九、建议劳动组合书记部承担我们的工会工作。

毛（泽东）：

一、国民党是否就不能发展——这是个问题。

二、在中国，资产阶级革命行不通。所有反帝运动都是由饥寒交迫者而不是由资产阶级发动的。

三、资产阶级不能领导这个运动。不推翻资本主义国家的资产阶级，国民革命不可能出现。所以中国的国民革命只能在世界革命后进行。

四、希望在中国实现国际合作，出现一个和平时期，那时资本主义发展将非常迅速，中国无产阶级人数也会大量增加。

五、小资产阶级控制了国民党。他相信目前小资产阶级能够领导。这就是我们加入国民党的原因。

六、我们不应该害怕加入国民党。

七、农民和小商人是国民党的好成分……

唐山，邓培：

他同意陈的观点。

李（大钊）：

一、过去和将来国民运动的领导因素都是无产阶级，而不是其他阶级。

二、由于这个原因，我们不要害怕参加国民运动。我们应站在运动的前列。

三、我们已加入国民党，但还没有工作。没有迹象表明我们没有希望。

林（育南）：

一、我们讨论中的分歧点在于工会工作和党。

二、资产阶级不可能是革命的因素，无产阶级必须领导。

三、工会运动令人乐观。

四、两党共存时，不要怕分裂，他们能够为同一目标合作。

五、国民党重要人物的观点是，资产阶级和工人阶级之间可以合作。

六、我们不能牺牲自己的利益站在他们一边，不能对他们的改组抱有希望。他们不会听取我们的意见。

七、反对工会运动。

八、我们必须由一个政党，资产阶级政党或是无产阶级政党来领导运动，因为单纯由一个阶级组成的政党是一个强大的政党。

九、如果国民党失败，应为成立一个新政党打好基础。

十、必须让群众知道我们党的存在。

十一、不加入国民党我们也能帮助做国民运动。

十二、如果我们在北方对国民党（的改良主义倾向）让步，我们便向北方工人介绍社会民主党。

十三、我们应该揭露国民党的改良主义倾向，有必要成立一个工农党，因为不能用我们共产党人的名义。

十四、反对替国民党介绍党员。我们应该为我们的党保存力量。

十五、他同意加入国民党。因为在南方加入国民党可使我们得以开展工作。

十六、他介绍了共产国际二大和四大关于殖民地问题的提纲。

II^①

一、中国目前的任何革命运动都必将是一场国民运动。

二、任何殖民地半殖民地的民族革命运动都具有国际性。

三、国民运动要取得胜利，就必须有一个国民党，不赞成这种必要性的人会陷入无政府主义倾向的错误。

四、可以向党外而决不应向党内宣传中国工人力量的强大，在党内宣传会使我们产生错觉。

五、是我们的党员加入国民党，而不是我们的党加入国民党。

六、无论是国民运动或工人运动，都需要联合行动。

七、我们不应因怕加入国民党有危险，而留在党外。这不是革命的工作方法。

八、因为我们要发展国民党，所以我们加入国民党；如果我们现在不为国民党工作，加入国民党就毫无价值。

九、工会不同于党，但我们可以把二者统一起来看。

十、我们一方面有责任发展国民运动，另一方面也有责任建立工会。

十一、我们不是同国民党争党员，我们只是吸收有阶级斗争觉悟的工人。

广东支部：

提出在全国范围内发展国民党。

长辛店：

国民党是资产阶级的政党，是我们的敌人，我们不能帮助他们。不能扩大他们的影响。

---

① 原件未标日期，没有标题。

北京：

在北方我们有机会发展我们自己的组织。

蔡（和森）：

根据共产国际执行委员会的决定：

×^①1．与国民党联合，组成统一战线。

2．必须保持我们的独立性。

×指责陈把工人置于国民党的旗帜下，认为这是违反上述决定^②的。

中国有四种力量：

1．军阀（排除在革命军之外）。

2．大资产阶级——商会。

3．小资产阶级，要打倒军阀，也想要和平。

4．工人——可从他们去年的行动如唐山罢工和上海纺织工人罢工来了解他们。

×大资产阶级由军阀和官僚组成，因此不反对军阀。

上海实业界求助于军阀，他们的财政资本依赖于军阀政府。他们的政治要求是废除督军，裁军，宪法，清理国家财政。这些要求在性质上并不是革命的。他们要求政府和军阀作出让步。例如俄国1905年后大资产阶级能和军阀妥协，中国大银行的资本是国际资本。中国资本和国际资本合作的可能性大于他们之间冲突的程度。国际资本将对中国资本让步，例如华盛顿会议期间英美资本家对于提高中国关税问题的态度。

？？上海商界对严刑拷问和临城事件的态度。

小资产阶级和无产阶级是真正的革命力量，二者要联合起来。

在统一战线中无产阶级如果不能全部掌握领导权，至少应拥有部分领导权。

不能说除国民党外，没有其他的民族主义政党，当然国民党是民族主

---

① 本件所用的"？""×"等符号和黑体字均系原档案所有。

② 指1923年1月的决议。

义政党。

孙中山不仅倾向于向军阀妥协，而且也向帝国主义妥协。

国民会议比国民党更具有国民革命性。

如果目前中国的国民运动非常高涨，那么工人就不需要独立的政党。

例如在爱尔兰，民族精神太强烈以至不能组织工人运动。

建立一个独立的工人政党，不是破坏国民运动，而是促进这个运动。

没有证据说明在国民运动中不能有两个政党存在。

大部分工人知道什么是资产阶级，什么是无产阶级。

陈独秀的回答：

1. 关于反革命军阀和大资产阶级的一切情况都是确实的，但他的结论是错误的。

他的结论应该是，我们要为民族革命而工作。

2. 小资产阶级和无产阶级这两个阶级，正如蔡（和森）所说，是革命的。

但是他却不想建一个能容纳广大农民……和实业家等人的政党。

3. 国民运动非常高涨时，我们才能加入国民党，这是机会主义思想，我们的责任是为开展国民运动而工作。

4. 只有国民党才能容纳那些半革命的资产阶级，小资产阶级，农民和无产阶级，没有其他途径。

5. 当谈到国民党的缺点时，他犯了和过去广州同志犯的一样的错误。重建国民党是我们的职责。

6. 共产国际执行委员会的决定不是联合战线问题，而是在国民党内工作。

7. 我们应在国民党内工作，因为国民党软弱涣散，而不是如蔡（和森）所说等国民党情况好转时，我们再加入。

张国焘：

如果国民运动允许无产阶级存在，我们可以**牺牲**无产阶级的**利益**，参加国民运动。

我们必须仔细研究，在中国开展国民运动的条件是否已经成熟。英美资本的影响使中国资本家不具有民族革命的性质。我们现在只能发动反日运动，不可能发动反英美的运动。建立一个反对日本的政党是可能的，反日运动对我们无产阶级有利。

将来，只有当英美帝国主义败北，中国反对英美的国民运动才可望掀起。

国民党不可能同英美斗争，即使得不到英美援助，也是如此。如果国民党开展反日运动，他们就能得到英美的支持，但将失去同盟者张作霖和段祺瑞。

如果国民党反对英国，它就将成为一个非法组织，这是国民党不能接受的。

虽然中国反军阀的气氛非常强烈，**但因为各帝国主义国家的利害冲突，在此基础上开展一场革命是不可能的**。只能有一场妥协的革命，它将得到某些军阀的支持。与印度和土耳其不同。

如果国民党成为一个反对一切帝国主义和一切军阀的政党，它将会成为一个非法的政党，这样，就很难有机会发展。

改变国民党的老政策是不可能的，没有力量能迫使它就范。

如陈向共产国际第四次代表大会报告中所说，我们有140万产业工人。**在中国没有哪一支力量的发展速度能与工人力量的发展相比**。海员和铁路工人罢工显示了他们的重要作用。

我们的党在北方工人中占有主导地位。农民至少有1600万，他们是消极的。他们反对战争，组织了自卫队。要注意农民。虽然我们是弱小的，但我们的精神力量比其他任何阶级都要强大。

至于小资产阶级，我们促使他们组织起来。

在许多地方我们可以控制工会工作，那里没有国民党的影响。

马林从莫斯科带来一个指示，命令我们加入国民党，后来他又带来了经过充分讨论而作出的这个决定，指示说，那些**已经加入国民党的同志，留在国民党内是适宜的**。

发展共产党的唯一途径是独立行动，而不是在国民党内活动。

如果我们不能改组国民党并被迫退出国民党另组一个政党，而后者又与国民党发生冲突，这将是一种损失。

？如果我们建立一个独立的政党，我们就能避免和国民党发生冲突。

！我们至少应在北方打出共产主义或劳动组合书记部的旗帜去独立开展工会工作。李（大钊）教授在北京的工作证明把国民党老党员容纳在区党支部内是很困难的。

也许我们是错误的，但我们宁可保持左，左的错误比右的错误容易改正。

希望这次会议将通过略左一点的决定。

（李玉贞主编：《马林与第一次国共合作》，光明日报出版社1989年版，第234—242页）

马林致共产国际执行委员会的信

（1923年6月20日）

H.M.　广州　1923年6月20日广州

致季诺维也夫、布哈林、拉狄克同志

复印件交萨法罗夫亲启！！！

亲爱的同志们：

我想把中国共产党第三次代表大会上关于策略问题的讨论情况函告你们，同时也谈谈共产国际执行委员会的工作与俄国外交人民委员会在中国的工作之间的关系问题。

中国共产党第三次代表大会已告结束，事实表明，党现有党员420名，其中工人160名，但应指出以下情况：（1）缴纳党费的党员不到十分之一；（2）因此，整个工作几乎都是依靠外国经费；（3）党内的财政管理状况至今不明；（4）多数党员没有职业，所以党同在职的工人、职员、教师等几乎没有联系。

党是个早产儿（1920年诞生，或者说得更确切一点，是有人过早地制造出来的）。这个事实一直对党产生影响。陈独秀同志致闭幕词时就已经指出，党在第一次代表大会时还没有纲领，甚至没有规章，党的要求——无产阶级专政——悬在半空，到第二次代表大会时就脚踏实地了，有了规章，找到了与中国实际的联系并决定了党要走的道路。

最近一年的情况表明，党在组织工人加入工会方面有了进步。在政治方面党也做了工作，办了一份周报。然而党的组织又很不健全，对党员的教育完全被忽略了。这一年党内同志间不断发生冲突，首先是党内组织了一个以中央委员会委员张国焘为首的"小团体"，张把党员分为好坏两种，想通过这个小团体去加强党的活动。1922年8月我第二次来到中国时，中央委员会的5名委员中有4名是这个小团体里的，所以陈独秀递交的一封信里说，他不想再担任中央委员会的职务。青年（共产国际）代表达林去年4月以来也从事党的工作，他留下了一句话，说党在第二次代表大会之后就分裂成了两派，我在中央委员会的第一次会议上获得成功：使陈独秀恢复任职（他是唯一有领导能力的同志），并取消了那个小团体。不过应该说，在这次会上，我仍然看得出来，张国焘同志尽管有许多好的品质，但对工作的看法是破坏比建设好①。一些支部内的大部分冲突就是这个小团体的恶作剧酿成的，所以在第三次代表大会上选举中央委员会时，张国焘只获得40票中的6票。他和这个小团体的另两名组织者也未进入中央委员会。只有一个人即周报的主编蔡和森留在中央委员会内，他比其他4个人好得多。早在代表大会开幕前就已经清楚，各支部应当就是否愿意改变党的涣散状态以改善党内的组织做出回答。表决与策略问题上的分歧是没有关系的。

我已经说过，最重大的进步是在工会组织方面。已组织过几起著名的罢工。大多数罢工使组织遭到破坏，因而在工人中产生了很强烈的畏惧心理。当然，罢工显示着这里的劳动运动已开始，但是仅此而已。第一次冲突后，各地工资都有了提高。但去年秋，失败时期开始了。这首先是由于外国资本家受其阶级意识的支配而进行坚决抵制造成的。不仅罢工失败了，而且开滦煤矿工人的整个组织差不多被破坏殆尽，铁路大罢工之后，几乎整个湖北省工团联合会和京汉路沿线的铁路工会组织全都遭到破坏。在代表大会上工人们解释说，只有工厂和铁路部门的工人才能建立工会；只应谈他们的生活条件并隐瞒自己的共产党员身份。据报告，天津工人要

---

① 原文如此。

求逮捕共产党员；虽然湖南尚存在的最好的矿工工会是在我们同志的领导之下，但同时不能忘记，那里的严重失败并没有过去。实际上我要特别强调一点即迄今工会工作并没有在共产党的旗帜下进行，工人们只是接受共产党人对工会的宣传，就像广东泥木工会的工人一样，那里之所以这样，是因为承认我们共产党人是他们最好的助手。

两年之前我们建立了劳动组合书记部，它至今依然存在，但这是一个没有真正工人的书记部（我为这个书记部写了宣言），因为我们不能把工人置于共产党的旗帜之下，况且至今青年组织还叫社会主义青年团，而不是共产主义青年团，因为青年知识分子不是共产主义的狂热追随者，反倒害怕共产主义。青年团内之所以有这么多超龄团员，是因为这些人不想参加共产党。相反，共产党内倒有许多人应该加入青年团，因为党早产并过多依靠外国的资金维持。

现在谈策略问题。自从8月份以来，党被迫去帮助国民党从国民运动。当时拉狄克写了指令[①]，我带着它到了中国。我想指出，这个指令是以我提供的有关中国的情况为依据的。外交人民委员会与此无关。根据我在（中国共产）党第一次代表大会上和以后在南方与党共事的经验，因当时看到南方的国民运动毫无起色，我曾建议共产国际执行委员会只支持工会国际的工作，而不要理睬共产党提出的不切实际的要求。现在我想提出这样的建议：为了开展政治活动，我们要鼓励同志们到国民党中去，并把用这个办法支持国民革命看做中国共产党人的主要任务，这也是一种特殊的方法，因为在同情我们的知识分子中间有一种不从事政治活动的危险倾向。8月份之后，首次发行了一份党报，但没有用党的名义，因为这样党报能销售出去——目的是为了完成促进国民运动进行革命宣传的任务。后来共产国际举行了第四次代表大会，莫斯科的意向是让党在共产主义旗帜下进行独立的政治活动。这样，中国就应当尽快有一个群众性的政党。我们在中国已经形成为一股力量了——不是有这样的观点吗？在（共产国际）第四

---

① 即1922年8月共产国际执行委员会给其派驻中国南方代表的指令。

次代表大会上不就是拉狄克根据不真实的情报这么说的吗？代表大会之后我立即回莫斯科了，我为继续执行8月份采取的策略进行了辩护，结果一月份共产国际执行委员会通过了以下决议："国民革命是我们共产党人的中心任务；共产党人留在国民党内；应将工会运动置于我们独立的旗帜下，这样便为群众性的共产党打下基础；如果国民党与帝国主义及其代理人勾结，则批评它。"①我带着这个决议回到中国。而现在（中国共产）党第三次代表大会要讨论这个决议②并据以安排党的工作。当时京汉铁路工人的工会和湖北的工会已遭到破坏。

布哈林的决议③自然地引起了争论，它可能是对这类问题的一次实际讨论：我们应该如何在国民党内工作？应该派多少人去工作？应该在哪里和派多少人到工人中去进行宣传？但是这种宣传很容易变成对下面这样一些问题的讨论：我们虽已加入国民党，但是否还要集中全力完成我们特殊的任务从而为国民革命运动服务？我们是否应当寄希望于建立一个群众性的工人政党上？中国资产阶级是否有革命性，或者说是否遇事都要以工农为出发点？——到头来就成了这样一场争论。占主导地位的看法是愿大力支持国民党，党的领导人陈独秀就持有这个看法。李大钊教授和他们最好的助手年青的瞿秋白同志与他看法相同。瞿秋白曾在俄国学习两年，他是唯一真正懂得马克思主义理论的人，回国后他发表了一本关于我国的书④，该书起初获陈独秀的极好评价。瞿的确是唯一能按马克思主义的方法分析实际情况的同志。另一方面是张国焘，两个月前他到过俄国（为抚恤罢工

---

① 即1923年1月12日"共产国际执行委员会关于中国共产党与国民党的关系问题的决议"（见《共产国际有关中国革命的文献资料第1辑（1919—1928）》，第76—77页）。

② 指上述决议，而不是"共产国际执行委员会给中国共产党第三次代表大会的指示"。后者是在代表大会闭幕后，于7月18日才到达中国共产党手中的（见《共产国际与东方》，1969年莫斯科版第262页）。

③ 这个决议和本文中下面说的"布哈林的提纲"指的都是1923年1月12日的决议。因系布哈林主持制定，故有此简称。

④ 即《赤都心史》。

受难者的事），同他一起的有周报的编辑蔡[1]和姓刘的年轻人[2]（他从共产国际第四次代表大会后至4月份曾在俄国逗留）。陈独秀根据布哈林的提纲拟出了一份详细的提纲，在其中强调，我们的任务是把国民党发展到全国去，要批评国民党内的封建主义策略，因国民党的领袖只管军事并为军务同北方的封建军阀建立联系，似乎他需要联络与革命的国民党水火不容的帝国主义者。陈独秀说，我们应当迫使国民党走上革命宣传的道路，为此必须建立由工农组成的国民党左派。建立群众性的工人政党是一种乌托邦。目前只能争取农民（他就农民运动发表了一席有趣的讲话）参加国民运动。我们继续做组织工人加入工会的工作，但是我们应当看到，工人的政治利益首先就是国民运动的利益。为了自身的政治利益，工人应在国民党左派问题上支持我们。我们党将作为一个强有力的集中的组织继续存在，它同样主张在全中国各地做国民运动。我们要开展对同志们的教育工作。

与此相反，张国焘说，我们应朝着群众性工人政党的方向努力。因此只要国民党与群众有联系，同志们就支持它，北方没有国民党组织，也就谈不上支持它。我们不能期望中国资产阶级会起革命作用，会去反对帝国主义者。我们认为会发生反日运动，而不是发生反英运动，在英帝国主义遭到失败之前，反英运动是不会发生的。我们应该在工人中开展独立活动。虽然现在还没有促使工人阶级形成独立社会力量的明显的分化迹象，但是不管怎样，我们能够把工人吸收到共产党内来。

蔡和森同志也强调说资产阶级没有革命性。他想建立一个独立的工人政党，取名为"独立工人党"。

近日内你们将收到关于讨论情况的报告。同志们认为陈独秀和我想葬送党，这种看法有许多原因，其中之一是中国人轻率地把幻想当成现实。经过激烈争论，这个观点被彻底否定了。这时他们同意了陈独秀的提纲，

---

① 即《向导》周报主笔蔡和森。

② 即刘仁静。

但想改动三处，这些改动只不过企图使决议含糊其辞。在讨论时，张国焘"俏皮地"解释说，布哈林的提纲只是想要让那些已经加入国民党的人留在国民党内，相反我则指出，共产国际执行委员会期望所有同志都去贯彻你们对中国的指令，而不是由少数人去贯彻。

提纲中有一项在决议（起草）委员会中受到攻击，对这一项作出决议时，陈独秀的意见以21票赞成16票反对获得通过。有10票是湖南的。（湖南）代表说，在中国不仅共产党，而且国民党也不可能建成群众性的政党；中国若有资本主义，也只能是外国资本主义；中国若发生革命，也只能由俄国军队从北方发动。另外有6票是汉口的，有强迫命令的味道。工人代表、罢工领导人张连光同意陈独秀的意见。

辩论情况表明这个小组织至今仍多么不成熟。因此，在这里中文资料如此之少，能读西文文献的人极少也就毫不足奇了。

要想从中国现实情况中归纳出具体趋向并非轻而易举的事。有一些俄国同志曾娓娓动听地阐述过一些与现实毫不相干的趋向。反对派说，中国资产阶级在国民革命运动中没有革命性，这种说法与列宁在《国际新闻通讯》上发表的"做什么"一文中的观点是绝对冲突的。我个人的观点与外交人民委员会在中国的任务无关。我认为，在外交人民委员会讨论如何支持中国的国民运动这个问题之前，我们的人不应离开国民党。我是把中国形势与爪哇、印度和土耳其做过一番对比之后得出这个看法的。我看到，与这些国家相比，中国在经济上或政治上（或者仅仅在政治上）都是很落后的。中国现代工人（也包括其家属在内）只占人口总数的百分之一，而且其中在纺织业做工的是许多妇女和儿童。这些现代工人保留着极为顽固的旧传统。他们坚持地方主义（甚至铁路工人也如此），无论从数量和质量上说，他们都不是建立群众性共产党的好材料，而对于国民革命来说则是有用的。湖南就有一个最好的组织。我们的工人在那里用现代的方式组织了3万人。全省人口是3千万，湖南代表声称，他为组织工人绞尽脑汁。在外国帝国主义暴露最彻底的地方才有现代工人。从政治上看，他们是被迫去参加国民运动的。他们持有这样的一种看法：南方是国民党的天下，而我们党，群众性政党的势力在北方。最进步的工人阶级在南方、在香港。而在北方，宗法社会的影响要强烈得多。湖南省会的革命分子只希望有一个好省长，因此他们反对现任省长。

中国的政治形势要比土耳其糟的多，后者有一些经济关系可以同中国比较。中国未经深入宣传便发生了一场革命，所以封建主义保存下来了。革命后只有国民党始终在坚持军事活动，它完全忽视了对群众的宣传和教育。这与印度和爪哇是大相迳［径］庭的。罗易在《国际新闻通讯》上撰文写道："在这种情况下，资产阶级掌握着国民运动的领导权，工人群众有可能在国民运动中独立活动。在中国，国民党进行宣传工作的时期刚刚开始，这项工作主要是由小资产阶级知识分子掌管的，资产阶级作为一支能领导国民运动的独立社会力量至今还没有从阶级分化中产生出来，而印度的发展进程要比中国深入得多。在像中国这样的形势下，我们的人应该参加国民党。类似爪哇伊斯兰联合会所面临的那种时刻将要到来，那时的国民运动，要么需要共产党要么需要国民党，二者必居其一。由于我们同志的错误，这样的时刻可能被人为地提前，从而导致我们的损失，在中国，这样的时刻还没有到来。

如果没有国民党，那我们应该建立一个好的、所有立志于革命斗争的人都可以加入的国民党。但是现在已经有了一个始终发挥某种作用的国民党。为了它的现代化，我们的同志必须在国民党内坚持反对帝国主义的观点。这样，我们就可能尽快地从工、农、小资产阶级和知识分子中发起一场强有力的国民革命运动。到那时，我们就可以防止把俄国对国民党的援助消耗在毫无意义的军事行动上，我不懂，为什么共产国际执行委员会的策略是阻止国民革命的发展。我已经引用拉狄克论述列宁的那篇文章强调过，我们党应联系实际，不应凭想象去工作。我希望共产国际执行委员会绝对不要改变我们从8月以来在中国所遵循的方针。从上面布哈林的提纲中只能说明，工会的目标应是宣传原则，而且是在阶级斗争的旗帜下，绝不要为此目标打出共产党的旗帜，在很长一段时期内也不能在工会的宣传中利用这面旗帜。在这里没有理由削弱俄国同中国国民党人的合作。

现在我来谈谈这封信的最后一点。在共产国际执行委员会东方部内，如果有中国同志在场，谈话时在一定程度上要谨慎。一位同志（我指的是张国焘）回来后，特别在那里的同志们中间引出了"这样一些论点"，例如，在中国问题上拉狄克和萨法罗夫是左派，布哈林是中派，越飞和马林是右派。这样的情况本不该发生。这位张同志是小团体的领导者，他特别喜欢把小团体的人分为好的与坏的两种。共产国际执行委员会的同志为什么要进一步施展这种本领？我们不应该忘记，中国同志太年轻，没有经验，大多数人缺乏知识。

要谨慎。我们已经在朝鲜问题上领教过一次了：同伊尔库茨克和赤塔的联系系统地导致了朝鲜同志之间冲突的加深和对朝鲜运动的损害。张国焘从莫斯科回来后，本可以十分秘密地告诉北京少数几位同志说，因为共产国际执行委员会的同志们不满意马林的工作，将发电报来把他从中国召回，但东方部同这样一些年青同志的谈话却缺少这些东西。

我看不出，我的工作由于与越飞的共事而受到了损失。相反，在越飞来之前，我一度想遵循与外交人民委员会不往来的这种方针。起初在12月21日戈尔特①告诉我，俄国把（共产）国际作为其政治工具从而损害了革命时，我曾回答说共产国际应保证苏俄的存在。在西欧，共产国际和外交人民委员会的方针是不同的，在那里他们也有一些共同的关系。在日本（那里一般说应致力于尽快建立一个群众性的共产党），共产国际执行委员会和外交人民委员会之间那种比较密切的关系，目前也完全适用于中国。如

---

① H.戈尔特（1864—1927），荷兰共产党员。1897参加荷兰社会民主工党。1918年加入荷兰共产党。最初曾支持共产国际的建立并为之做出贡献，但很快就持极左立场，反对共产党人加入工会和做议会工作，1920年发表致列宁同志公开信。1921年脱离荷共，建立荷兰共产党持不同政见者小组。同时开始不断批评俄国人对共产国际的控制。

果共产党人尽量设法利用俄国对国民党的援助，那它不会有什么危险。我一有机会将在俄国重新为我的观点辩护，并把因我与越飞共事而对这里党的工作究竟造成什么损失调查清楚。

致以
共产主义的敬礼

H.马林

瞿秋白同志写的有关中国形势的俄文信一并附上[①]。

（李玉贞主编：《马林与第一次国共合作》，光明日报出版社1989年版，第242—251页）

[①]　斯内夫利特档案中未见瞿信。

马林致越飞和达夫谦的信

（1923年6月20日）

越飞、达夫谦同志启

广州　1923年6月20日

亲爱的同志们：

为期10天的党代表大会，现在闭幕了，会议占去了我的全部时间。关于策略问题的讨论，我将另写报告，5天后由下一个交通员带去。现在谈谈南方的形势和在此期间与孙中山的两次、与汪精卫的一次会晤。

由于开大会，我不能派其他同志去，只好等这些忙碌的日子过去。

一、南方的形势

南方的形势没有多大变化。许（崇智）将军现在正领导进攻惠州的战斗，这座城池迄未攻克。据我得到的最后消息，他曾败退至石龙附近，不过现在又把总部安扎在博罗。他写信说，未来3天之内可望攻克惠州。我们过去也常常收到这类消息。现在虎门炮台的大炮已运往博罗，这样，形势变得对许有利一些。昨日，孙中山又很乐观，今天他去博罗，也许是为了一起攻打惠州。遇军情紧急，他一般都亲赴前敌督师，然而这次似乎稳操胜券了。这次进军（我已经报告过）也并不意味着与陈炯明战斗的结束，陈可以撤退至汕头。孙中山告诉我，一个月之内可将陈赶出汕头，这我们还要再看。

孙中山上星期去北部，他的部将杨希闵率兵进攻失利，一直退到英德。但后来沈鸿英又被击退，现双方在争夺韶关。我从军界得知，杨不甚可靠，想走自己的路，也就是说，要打回云南去，不过，这对他亦非易事，因为他在广西的两大对手已经联合起来。

闽督经上海去杭州，谋求与浙督安福系卢永祥和解，这个消息很重要。此间有人说，闽浙两督军想联合抗吴。这个消息若属实并达成和解，则孙中山不久后可望平定陈炯明。你们知道，这位浙江人与天津的段祺瑞关系密切，段正想利用目前局势在北京取利。

通往广西方面的西线没有特别情况。汪精卫博士来过这里，现已赴天津，他负有什么使命，我不得而知；肯定与张作霖采取的对北京的政策有关。廖仲恺给我解释道，如果张作霖现在与曹锟达成和解，这是很自然的。不过，孙中山的政策是阻止他们和解。我问：用什么办法？廖对我说，对此他无可奉告。孙中山昨天告诉我，"只要我不增兵，张作霖就不会打仗，因他担心第二次失败"。但是他也认为张作霖与曹锟和解没有指望。但他并未深说。廖仲恺经常提供肯定的消息。孙中山却几乎从来就没有肯定的消息。

孙中山认为，现在北京事态的发展并不重要。照他的看法，政局一时不会明朗化。一个月之后，他就能腾出手来，广东省将完全在他的控制之下。这一切看起来都再好不过了；30天内可能会有很多变化。他在上一次北伐时答应，如很快夺回韶关，他就拨20万元。然而，许诺比拨款容易得多，钱的问题在这里一直是一个棘手的问题。

廖仲恺经常对我讲，钱的问题是他最大的忧虑，几乎唯一的忧虑，他一筹莫展。

关于南方的形势发展，听一听廖的见解是不无兴味的，他希望孙中山在南方失利；而胡汉民则认为，控制广东对整个事业没有什么价值。我问过汪精卫，他这样斡旋于天津、奉天和杭州之间履行外交使命难道不感到厌倦，再者他的奔忙又有什么用处？他回答说："我自己也不知道。"这三位国民党的要员只爱干，因为他们唯孙中山之命是听。

二、与汪精卫的谈话

汪精卫和张继从奉天回来后未去天津与你晤谈，因为他们在（中东）铁路问题上没有得出什么结果，再者，从奉天派代表赴莫斯科一事，将由奉天与莫斯科之间直接解决。你们知道，张作霖曾表示，他完全同意达夫谦起草的方案，即管理委员会由5名中国人和苏联政府指定的5名俄国人组成。同时，由一名俄国人担任督办。张认为。这样一来，俄国人就实际上掌握了领导权。他不同意莫斯科提出的（苏联）7∶3（中国）的要求，倒不是因为这个要求他绝对不能接受，而是因为他知道，吴佩孚已派王正廷到哈尔滨去调查张作霖在铁路问题上想达到什么目的。如果张作霖同意了，结果必引起吴佩孚反张作霖的宣传鼓动。因此，他不能让步。张已派代表团前往莫斯科，解释他的难处。廖仲恺和汪精卫同意我的看法，认为只有张、吴交战，张才会接受俄国的要求。

三、与孙中山的两次谈话

因为孙中山长时间在石龙，我和廖仲恺遂于（6月）3日前去访他。我曾电告孙，我开了一次不能令人满意的会议。孙中山在全神贯注地研究"我能不能征服陈炯明并保住地盘"这个问题。他只关心军事形势。我去他那里，批评国民党拍给外交使团的那份关于临城事件的电报。电报要求撤回对北京政府的承认，从而为中国人民组成一个"好政府"创造机会。这是一封中国国民党的电报，不言而喻，其内容与孙中山回广州前在香港发表的讲话一样坏。孙不谈他是否同意伍朝枢（现任广州外交部长）在上海炮制的这份电报。伍不是党员！后来我问孙谈了改组国民党和政治宣传的必要性问题。这次的回答是：在解决广东问题之后，我们就能着手进行。我建议他尽快派代表到莫斯科。他未置可否。相反，他声明，现在南方迫切需要财政援助。显然，他最感兴趣的是这一点。现在已经过去14天了，我不愿意重复所有那些令人不快的、他在进退唯［维］谷的处境中说过的话。然而，我比以前更加坚定地认为，如果不进行党的改组，就不能给予援助，无论如何不能支持在广东的战争。关于这个问题，我在6月5日已经发了电报，但迄今不知电报是否已到。

在石龙，孙中山再次产生奢望：如果有可能，他要挺进江西。在这之后，张作霖就会进攻吴佩孚。于是他就可能作为一个胜利者进入北京。我太熟悉这种手法了，我太熟悉这种腔调了。我冷静地发问，如果没有一个现代的强大的政党，他们将在北京干什么。这个问题当然得不到回答。现在他已经回到广州，并且和廖仲恺谈过话，认为如果没有一个政党，把北京的领导权夺到手也属徒劳。也就是说，党的改组又成为绝对必要的了，而且他想立即开始这项工作。他对李大钊说了同样的话，李是通过廖仲恺被引见的。张继终于回电报，说他不能去俄国。但无人了解他何以这样决定。孙中山告诉李大钊说，等解决了广东问题之后，他应该亲自前去，预计在一个月之后，他就要……

昨天我访孙，指出，鉴于目前北京的危机，必须往上海一行，必须设法抓住反对北庭运动的领导权。但是他说，这并不重要。他想在两个月之后去俄国，再由莫斯科前往柏林。现在，他的伟大抱负是："我们的主义和德国的技术"。他想借助这个口号，"在5年之内"建立新中国。当我对斯汀尼斯①和列宁结合起来的可能性表示怀疑时，他解释说，除了斯汀尼斯外，还有别人。"日本的维新需要50年，我们将在5年内实现。"我建议他留在中国，派一位像廖仲恺或汪精卫这样的亲信去莫斯科。随后他请我通知你们，他想在3周以后派汪精卫和我去莫斯科，而他自己在两个月之后也要去。汪精卫试图争取蔡元培博士来参加这一工作。我在这个问题上满足了他的要求。

---

① 胡果·斯汀尼斯（1970—1924），德国垄断资本巨头。

　　我认为，3周以后是否真正能有某人成行去莫斯科，还很难说。不过我想强调指出，能否改组国民党，使之发展成为一个革命的政党，在很大程度上取决于中国同志的合作。他们在两年前为时过早地组织了个"共产党"。正如孙中山抱有幻想一样，共产国际东方部也同样抱有幻想，都希望中国不久会发展起一个群众性的共产主义政党。感谢上帝，中国的领导同志陈独秀、李大钊在年轻的瞿秋白同志帮助下，在代表大会上取得了一致意见，大家想在国民党内引导这个政党去执行国民革命的政策。瞿秋白曾在俄国学习过两年，他是这里最优秀的马克思主义者。经过很长时间的讨论，才作出这个参加国民党的决定，因为共产国际东方部的幻想家们得到了少数"论据"！对于国民党的革命发展来说，会上通过的策略是很重要的，因为我想，只有像陈独秀这样的人物才能通过在国民党内部展开宣传去促进国民党的新生。

　　关于罗斯塔通讯社的事情，我还一无所知。自从5月31日以来，我一直在等待消息，但是毫无音讯。应该在今后两周内作出决定：或者把罗斯塔通讯社关闭，或者任命另一位代表，因为我必须在7月15日之前踏上归途。务必使共产国际执行委员会坚信所采取的策略是正确的，朝鲜的事件不能重演。关于罗斯塔的事，请立即电告，因事关重要。不容拖延。

　　致以共产主义敬礼！

H.M.

　　（李玉贞主编：《马林与第一次国共合作》，光明日报出版社1989年版，第259—264页）

马林向共产国际执行委员会、工会国际和共产国际执行委员会东方部远东局的报告

（1923年6月25日）

致共产国际执行委员会、工会国际、共产国际执行委员会东方部远东局

马林，广州，1923年6月25日

尊敬的同志们：

现函告关于中国共产党第三次代表大会的下述情况以补充我昨天[①]的报告。

出席大会的代表来自北京、唐山、长辛店、哈尔滨、山东（济南府）、浦口、上海、杭州、汉口、长沙和平江、（湖南）、广州和莫斯科（旅莫学生支部）。

选举新的中央委员会的投票情况是：

陈独秀	40票	蔡和森	37票
李大钊	37票	王荷波（工人）	34票
毛泽东	34票	朱少连（工人）	32票
谭平山	30票	项德龙（工人）	27票
罗章龙	25票		

---

① 档案中未见6月24日的报告。

中央候补委员是：

邓　培⎫
张连光⎬工人
徐梅坤⎭
李汉俊
邓中夏

在大会上，陈独秀演讲了中国时局和国际政治形势，我回顾了第一、二、三国际的历史。

后来我参加工会工作的讨论。在分析过中国工人运动的现状后，我指出了为克服目前的不景气状况而进行宣传的途径。

昨天，新的中央委员会讨论了北方的政治危机。如我给你们的报告所述，这种危机是因为总统、内阁已不复存在的情况引起的，而且目前实际上也没有国会，又兼曹锟、吴佩孚为一方，黎元洪、段祺瑞为另一方，都在设法控制全中国，张作霖与黎段直系有联系，孙中山又组南方政府。上海的各马路商会联合会（小商人）希望召集国民会议，从而以此办法建立一个新政府。中央委员会昨天决定：（1）发表一个对于时局的主张[①]；（2）以中央委员会诸委员的名义联名致函孙中山，要求他在华南停止军事行动，到上海去，组织工商学的国民会议，把现有的各（农民）联合会组织成为农村自治政府；（3）尽快在上海召集一次劳动大会；（4）指示各地方支部组织学生工人和商民参加的游行以支持国民会议的要求。

谨致
共产主义敬礼

H.马林

（李玉贞主编：《马林与第一次国共合作》，光明日报出版社1989年版，第264—266页）

———————

① 即《中共中央第二次对于时局的主张》，最初发表于《先驱》1923年3月1日第24期。

马林致季诺维也夫、布哈林、越飞和达夫谦同志的信（附五位中共中央委员致孙中山函）

（1923年6月25日）

1923年6月25日　　广州

致季诺维也夫、布哈林、越飞和达夫谦

亲爱的同志们：

现将中国共产党中央委员会5名委员以国民党员身份就中国的政治危机事今天寄给孙中山信的德译文①寄给你们。李大钊和陈独秀同志仍在设法同孙谈一次话，尽快做出一个决定。关于这件事，我早已经常同国民党左派领导人谈过。如果这些人和孙一道不能同意朝新的方向前进，因为他们至今还不相信能建成一个现代化的有群众基础的党，李大钊在北京和其他城市的其他同志就要着手去把国民党的地方支部争取过来，采取党的这个新策略。

此致
共产主义敬礼

H.马林

---

① 这封信是马林从英文译为德文的。

陈独秀、李大钊、蔡和森、
谭平山和毛泽东同志致孙中山的信

北方的政治危机正处于最后阶段，很快即可见端倪。公众舆论表示出日渐增长的积极性，这给我党的发展提供了难能可贵的时机，我们万不可坐失。我们以国民党员身份要求您裁决下列两个问题：（1）在上海或广州建立强有力的执行委员会，以期合力促进党员的活动和广泛开展宣传。为此，应特别注意北京、湖北、湖南、上海和广州等地。如果这些中心地区的组织不完善，整个工作就会肤浅分散。（2）最近的北京危机不是近几天来事态发展的结果。早在黎元洪在北京出任总统前曹锟就觊觎政权。安福系（段祺瑞）不能与直系和解。吴佩孚、冯玉祥与曹锟的关系和黎元洪、张作霖与段的关系实质相同。甚至即使派系内发生什么变化，其斗争也仍将是在北洋军阀头目曹锟和段祺瑞之间进行。这场斗争与民国的改进并无关系。直系是我党的敌人，这是很清楚的，但是我们不能屈从于段和黎元洪。再者，我们不能沿袭封建军阀用武力夺取政权攻占地盘的同样的方针。这会给人们造成我们与军阀是一脉相承的印象。用旧方法旧军队去建立新中国不仅不合逻辑，而且在实践中也绝对行不通。旧军队有10倍于我们的兵力。我们只能用新手段，采取新方针，建立新的力量。对于国民，我们应联合商民、学生、农民、工人并引导他们到党的旗帜下。从人民中建立的新军队将用新的方法和新的友好精神捍卫民国。起初，我们的力量不会强大，但我们会发展成一支劲旅。列强每天都在处心积虑剥削我们并寻找一个强有力的人作他们的代理者。用空话央求他们的承认来壮大我们自己，不仅会伤害我们的运动，而且会丧失革命气节。我们不能采取这样的办法，议会在全国人民眼中一钱不值。北庭议会是曹吴豢养的。如果我们试图让国会议员来穗，那么人民怎么能把我们看得比吴和曹锟好呢？

南方诸省的将领们扩张军队、压迫人民而犯下的罪恶并不比北方军阀稍逊。即令我们把这些人烧掉，在他们的骨灰里也找不到丝毫的革命民主的痕迹。即令我们用一切办法把这些将领们联合起来，那么南北方之间的斗争依然存在，而绝不会是封建主义与民主主义之争。我们岂能让千百士兵为此丧生并把沉重的负担加于百姓身上？这样也还会有危险，即因为我们在中国这一隅的地方主义而把国民革命的速度减缓下来。我党当前的主要任务是结束广州的战事，这样我们才能在国家政局危急之时去胜任我们的主要任务。我们不能囿于一方的工作而忽略全国的工作。我们要求先生离开广州前往舆论的中心地上海，到那里去召开国民会议（如先生在"五权宪法"中所阐述，而不只限于群众游行）。这样，一支解决全国问题的集中的军队便能建立起来，一支国民革命的集中的军队便能建立起来。如果我们这样做，我们就不会丧失我们在国民革命运动中的领导地位。这是居于首位的重要任务，唯有您可为之，因您是四年前护法运动的领导者。我们深知中国尽快获得解放和我党获得发展的必要性，特致函先生，望能采纳我们的建议。盼复。

（李玉贞主编：《马林与第一次国共合作》，光明日报出版社1989年版，第266—268页）

马林致勃罗伊多①的信

（1923年6月25日）

H.马林　广州　1923年6月25日

亲爱的勃罗伊多同志：

　　真可谓若见其果，便知其树。今顺便寄上一封中国（共产）党中央的信②。该信出自瞿秋白手笔。现要奉告的是，瞿秋白其人已证明，你们的大学③办得相当出色，它对于东方的宣传将会成绩卓著。瞿的表现在很大的程度上已显示出他是中国党最优秀的马克思主义者。是这个组织里唯一能用马克思主义分析问题并想以此给中国党奠定巩固基础的人。有些像陈独秀那样的同志，他们早就感到，这个年轻的党飘悬在空中，他们没有估计到，在东方殖民地和半殖民地国家中，中国是最落后的。现在中国有一种凭感觉下论断的倾向，梦想着在民族主义运动尚未开始、现代政党尚未建立的时期，就能在中国建立一个群众性的共产党；陈独秀他们尚未坚决表示反对这种倾向。对于中国的国民革命，国民党里的一些真正革命的分子看

---

　　①　即布罗伊多（1885—1956），俄国人，原为孟什维克，1918年加入布尔什维克党。1921年回莫斯科担任斯大林副手做民族人民委员兼东方劳动者共产主义大学教师，在该校任课至1926年。1934—1941年负责出版工作。

　　②　档案中未见此信。

　　③　指东方劳动者共产主义大学。

不到别的道路，只能步北方封建军阀的后尘，在中国的旧社会中捍卫他们的权力，这当然不是偶然的。

瞿在最近这一次代表大会期间做的工作太多了，他负责筹备新的月刊《前锋》创刊号，起草纲领，积极参加讨论，现在他已精疲力竭，在一个较长的时间内绝不能从事繁重的工作。可惜他的健康这么糟糕。在广州的德国医生为他做了检查，结论是他只能做一点翻译工作。

亲爱的同志，我希望在不久的将来，你能再送几个像瞿秋白这样的人到中国来。倘若你有办法再派一些同志去莫斯科学习，希望强调务必严格挑选，请责成中央委员会特别是陈独秀负责此事。我们与之打交道的人，很多是极不成熟的，去年，这个年轻的组织曾因此受到很多损失，必须非常仔细地进行选拔。

还有一项请求，请你与伊布拉辛·唐·马拉卡商议一下，是否可能派几个爪哇人去那所大学深造。旅费昂贵，只能派很少的人。殖民政府的魔掌沉重地打在我们组织的身上，随之而来的是一个压抑低沉的时期，应该利用这个时期，在莫斯科培养一些优秀的新领袖。

不久就可在莫斯科相会，希望届时能有机会与你交谈。

祝好并问候尊夫人。

你的同志

（李玉贞主编：《马林与第一次国共合作》，光明日报出版社1989年版，第268—270页）

某同志在广州写给李汉俊的信

——党的"三大"的召开，要求他参加工作

（1923年6月25日）

亲爱的李汉俊（Lihandjien）同志：

今天，我们的李大钊同志离广州去北京，我利用这个机会给你写上一封信。在大会①期间你不能前来参加，使我感到非常遗憾。你自己也知道，组织的成员非常少，了解情况的人不多，因而在会议召开之前，我们几次要求你到这里来参加会议。我认为，这次会议比我们前二次所开的会议好得多，工作进行得相当顺利。

我想，北京支部的工作困难，已经以这样一种方式解决，你再没有什么理由站在组织之外了。在第一次会议上，小组在上海对你的态度是错误的，在那时候我已经表示了这种意见，并且自那时以后说过多次。现在，我们的同志都同意这种意见。正因这个理由，我们想尽一切办法要求你到这里来。

关于在北京接受一个官职的通告，已被取消。这一决定，当时是在错误情报的基础上作出的，而主要的是，这种决定不能成立。这种错误的命令，是在那时作出的。那时我们不能在一起讨论，并且在调查研究之前过早地作了决定。在这次大会上已经证明，去年有许多事情是错误的。我希望，新

———————

① 指1923年6月12—20日在广州举行的中国共产党第三次全国代表大会。

的中央委员会能更好地进行工作，比老的中央委员会有更大的信心。但当然，许多工作依靠党员和支部的帮助，没有密切的合作和好的集中制，要建立一个好的组织是不可能的。认为中国应该与别的国家不同，这是没有道理的。

现在，通告已经收回，我认为，你要立即参加工作。即使你在北京，你可以用许多方式帮助我们的工作。去年的一个最大错误是：每月的教育工作被完全忽视了。今年在这方面将作得好一些。新的月刊《前锋》[①]的第一期，现在正在付印。这一期是由Tschue Tsze-bo（瞿秋白）同志负责编辑的，他的健康状况很坏，在这次大会之后需要进行休息。他过分地把他的力量放在组织工作方面，现在他已精疲力竭，需要长期的休息。正由于这个理由，我希望李同志帮助陈出版一种好的月刊，陈同志也非常需要你的帮助。除了办月刊之外，还要办一个季刊。月刊应该是一种结合实际的刊物，文章应该绝大部分有关中国形势的报道，而不应像以前那样是一种理论性的刊物，而应该是一种战斗性的刊物。但当然应该比周刊的文章站得更高，看得更远一些。请你帮助陈出版《前锋》刊物，同时帮助李大钊同志在北京完成政治任务。为了发展国民党的左翼力量，应该在北京出版一种政治周刊。要把国民党改组为现在的民族革命政党，必须吸收北方的新党员，因此开展一个好的宣传工作是可能的，并且能获得成功。北京不久将建立一个民族革命的国民党支部。

在中国的条件下，革命政治应该是革命的民族政治，国民党绝不可能发展成为现代政治战斗团体，甚至最进步的国民党员，也怀疑建立一个民族革命性质的群众党的可能性。因此，他们坚持封建办法，采用北方军阀相同的手段。即使现在，他们不敢走另外一条路，不敢放弃在广州的荒谬的战斗，认为有必要控制一个地盘作为反对北方的基地，与北方封建势力作斗争中作为他们有政权的证据。他们将按照过去的方式来建立新中国。因此，当我们带着革命理想加入国民党时，我们是为了改组这个党。

---

① 中国共产党机关刊物《前锋》，于1923年7月1日创刊，主笔是瞿秋白。

完成这一任务的可能性是有的，中国的革命分子不是空想，而要完成这个任务。

我们必须坚持和改进我们的组织，以保证我们在同一条战线上搞政治工作，尽可能地扩大我们的影响。

上海的怀疑分子企图自行其是，在二月失败之后，在工人中建立一个新的组织来分裂工人，其结果只能是出现一个更坏的小组织。他们为了发展成一个大的组织，就忽视参加组织人员的质量。他们之中最好的成员可以参加我们的小组，但他们的行动清楚地表明，他们要搞分裂。今后会证明，这些没有原则的政客，正在组织一个反对共产主义和共产党的工人组织，和把一些优秀分子开除出这一组织。我应该迫切地要求你，尽你一切力量阻止这些冒险分子对汉口工人组织的破坏。项得龙（Han Te-lon）在党中央委员会之内，张连光（Chan Lin-kwan）是候选人。程潜（Chen Tjen）在进行多次会谈之后，同意与我们进行合作。你回到汉口之后，就能对湖北许多有困难的同志进行帮助。但是不管你到什么地方，不要忘了经常地给《前锋》杂志供稿。你对杭州的Yu Sho-te（于树德）同志也可能进行一些帮助，他对土地革命工作特别感兴趣，我们在这方面必须着手搞起来。我们要收集资料，有可能的话在月刊上进行讨论。前进吧！请帮助我们！在离开之前，我希望能见到你。请来信并写明你的地点，使我能经常给你写信，即使我在国外，也能给你去信。

致以敬意

你的同志

（中央档案馆、广东省档案馆编：《广东革命历史文件汇集（中共广东区委文件）（1921—1926）》，1983年内部发行，第9—13页）

中国共产党第三次代表大会

（1923年6月）

　　中国共产党第三次全国代表大会于一九二三年六月十二日开幕，历时八天，至六月二十日闭幕。出席这次代表大会的共有三十多位代表，其中有表决权的十九人，有发言权的十余人。来宾和非正式代表十余人。参加大会的除了北京、上海、湖北、湖南和广州各地的代表以外，还有浙江、山东、满洲和莫斯科的代表。这次大会的代表共代表中国共产党员四百多人。共产国际的代表也参加了代表大会。议事日程的主要问题是讨论全体共产党员加入国民党的问题。讨论的依据是共产国际的决议。共产党员加入国民党的目的：第一，改组国民党为左翼的政党；第二，在中国共产党不能公开活动的地方，扩大国民党；第三，把优秀的国民党员吸收到我们党里来……这个问题经过两天热烈地讨论，最后通过了。

　　关于劳动运动的决议：成立铁路总工会、矿工总工会和各省的工会。劳动组合书记部只领导其他地方的劳动运动，对香港、哈尔滨、山东等地的劳动运动应当注意，并应注意改进工会。

　　关于青年运动的决议：社会主义青年团应为青年工人和青年农民的利益而奋斗；中国社会主义青年团和中国共产党必须实行分工。

　　关于妇女运动的决议：女同志应在一切妇女联合会和妇女团体中进行工作，并且不要忘掉女工的令人难以忍受的状况。

农民运动：代表大会对农民问题只是在理论上进行了讨论，没有作出实际的决定。

劳动运动的口号：恢复（被封的）工会，集会自由，星期日休息，工资照发，男女工人待遇平等，禁止使用童工。

农民运动的口号：人民投票选举地方自治机构，打倒富农，土地收为国有，并分给最贫困的农民。

总的口号：打倒帝国主义和军阀。

中共中央委员：陈独秀、李大钊、（罗）章龙、谭平山、毛泽东、王荷波（京×铁路[1]工人），项德隆[2]（京汉铁路工人），朱少连（萍乡煤矿工人）；

候补委员：李汉俊、徐梅坤、邓中夏、邓培（京奉铁路工人），张良工（译音）[3]（京汉铁路工人）；其中陈独秀是中央委员会委员长，毛泽东是秘书。

中国共产党的机关刊物有：《新青年》季刊（每三个月出版一次）、《前锋月刊》和《向导》。此外，还有《工人周刊》（北京）、《警钟》（湖北）、《劳动周报》（广东）、《新建设》（上海）和《新时代》（湖南）。

（《"二大"和"三大"——中国共产党第二、三次代表大会资料选编》，中国社会科学出版社1985年版，第198—199页）

---

① 应为津浦铁路。

② 即项英。

③ 译音有误，应是"张连光"。

陈独秀给萨法罗夫的信

（1923年7月1日）

敬爱的萨法罗夫同志：

民族革命不仅对中国，而且对整个世界革命都是必要的。根据经济条件和中国的文明程度只能进行国民革命。中国70%以上的人口是农民；农民的发展水平很低。把农民吸引到国民革命运动中来不是轻而易举的事。

城市小资产阶级和知识分子开始懂得开展国民运动的必要。新兴的中国资产阶级强烈反对中国军阀的统治，在这个资产阶级中存在着反对外国帝国主义的倾向。大部分工人还是老式手工业作坊中的手工业者。他们的思想还完全是宗法式的，对政治持否定态度。他们不问政治。现代化工人的数量很少，尽管在这些工人中政治觉悟开始发展，但他们的要求充其量只是直接改善他们的状况和本组织的自由。如果我们想要同他们谈论社会主义和共产主义，他们就会害怕而离开我们。只有极少数人加入我们的党，即便这样也是通过友好关系。懂得什么是共产主义，什么是共产党的人则更少。

在这种情况下，我们希望建立革命力量，我们能够做到这一点，但这只能在国民革命的旗帜下进行。在共产主义的旗帜下，我们只能使工人离开我们，站到敌人的一边。共产党在国民革命运动中只会是非常严肃的、强有力的小团体。我们不能允许国民革命运动与帝国主义敌人妥协并向右转。

中国国民党当然还不是一个很好的党，因为在这个党里还存在着许多旧思想，但这个党已有多年历史；其中有许多革命人士。在当今的中国，只有国民党是革命的政党。我们应该把开展国民革命运动看作是我们的中心任务，因此我们应该扩大和改组国民党。如果该党领导执行错误的政策，我们就来纠正错误。如果我们不加干预，不与他们合作，国民党人就会犯更多的错误。在许多城市，恰恰是我们能够组织国民党的地方团体并把它们掌握在我们手里。目前，国民党虽还不是一个群众性的政党，但我们应该将群众吸收到国民党里来，因为只有国民党才能领导国民革命运动。我们应该利用这个党并且还要改善这个党。如果我们不这样做，我们就不能开展国民革命运动，而国民革命也就不能迅速实现。

只有在国民革命取得胜利后，在阶级分化明朗后，我们共产党才能取得基本的发展。

既然共产党第三次会议①表示赞同这一主张，我希望您也同意这一点。

我们将利用这一策略，对国民革命施加巨大的影响。

依我看，可以无条件地接受所有人——军阀、资本家——对京汉铁路罢工运动受难者的帮助。没有这种帮助，我们对受难者就无所作为。这样，我们就从张作霖那里得到1万元的帮助。我们认为，这种办法对于工人没有什么不好，而对恢复组织只有好处。

由于我党还很年轻，我们希望经常得到您的来信。

致共产主义的敬礼！

陈独秀

（中共中央党史研究室第一研究部译：《联共（布）、共产国际与中国国民革命运动（1920—1925）》，北京图书馆出版社1997年版，第261—263页）

---

① 指中国共产党第三次代表大会。

马林致达夫谦和越飞的信

——北京危机与孙中山计划

（1923年7月13日）

亲爱的同志们：

中国共产党中央委员会决定迁往上海一事，前已电告在案。同志们将于近日启程，只有陈独秀留在这里，直到本月底。在中央委员会的上次会议上我曾提出让陈（独秀）与蔡和森同志担任《向导》周报编辑，应该到孙中山那里去探问一下，关于北方的危机他有些什么明确的打算。在今晨举行的会议上，同志们告诉我，孙做了如下说明：首先，他不会同曹锟联合，另一方面他不会参加那个高级专员委员会，即那个由不在北京的部分国会议员倡议成立的委员制①。你们知道，被提名参加那个委员会的有黎元洪、唐绍仪、张作霖、段祺瑞、浙江督军②、孙中山，还有一个人的名字我忘记了。孙说，这种组合没有意思，所以他不参加。此外，他也不想按照各方面的建议把国会召至广州。他说，必须建立一支自己的革命力量。虽然他不反对党员以个人身份支持商人的行动，可是他不能支持商人的行动。不会有什么结果，所以党不应该插手。如果商人们的计划成功，他们就会到他那里去。在抵制的问题

---

① 即部分国民党人士如徐谦等所提议建立的"委员制"，旨在联合各派系以打倒军阀曹锟，主张由国会产生政府，实行委员制。

② 即卢永祥。

上，党也不能表态，因为不久我们可能必须与日本合作。党员个人，就像支持国民会议运动那样，也可以支持抵制运动。当陈问道，孙在谈到建立一支自己革命力量时有何想法，回答是：党只有在危急关头才应该出面。必须以广东省为基地在西南地区建立起一支革命的军事力量，在西北或东北也必须这样做。这样就可以为胜利做好准备。

一再重复相同的想法，这些想法无非是：我，孙某人仍然走我的老路。若论行动，则只能是军事行动，党不应该插手人民中的运动，至少不要以党的名义去插手。党员作为个人可以这样做。党只有在关键时刻才能亮相。老头子坚持这种立场。人们希望他能够保住广州，这一希望现在又强烈起来，更加有了信心。如果孙在东线解决了陈炯明（现在还没有达到这种程度，他的军队现在驻汕头附近），那么他就会比目前更少地从事一般的政治活动。国民党给外交使团一份电报，继之而来的是外国声明，这一电报已经被《字林西报》①利用来反对承认北京政府，这样就更早地招致了早已料到的不可避免的干涉。正如孙中山所说，国民会议运动目前显然没能取得成就。毫无疑问，出现了有利时机，国民党可以进行广泛的宣传并推动党的发展壮大。上次同廖谈话，他告诉我，总是把党抬出来，这不是中国人的做法；可是我一点也不明白，如果不通过参与政治和经常性的宣传来发展壮大党，它怎么可能突然地就去从事决定性的斗争呢。在国民运动中政党应起到什么样的作用，这个问题在我们同国民党领导人之间的确存在着很深的分歧。

我们的中国同志已经决定把驻地迁往上海，因为他们在广州做不了很多事情，想在北方建立新的组织，后者的任务将是：或者使国民党急剧地改变当前的看法；或者建立一个新的国民党。此外，同志们打算通过学生运动以及现有的工人组织支持商人们关于召开国民会议的倡议。为此，他们想在上海举行一次学生代表会议和一次劳动大会，但最大的困难是没有经费来进行大规模的宣传。据我看，从经济上支持孙在南方的军事计划并

---

① 1923年7月7日《字林西报》有《孙中山博士呼吁不承认（北京政府）》的文章。

无益处，那些计划其实并没有革命意义。我认为，支持我们的同志进行召开国民会议的宣传倒可能很有益处。我希望你们能做到。至于对国民党的这种宣传提供援助的决定，如果国民党能进行这项工作当然好；但如果它只打算在关键性的斗争中才出面，那就必须由别人来接手它的这一工作。

未接到你们对我2日和7日电报的答复之前，我自己不会到孙那里去。他当然只关心资助的问题，我去他那里之前，很想知道你们的看法。《密勒氏评论报》上，编辑部激烈反对孙在广东进行的无休止的战争。6月30日，专门有一个编辑撰文猛烈抨击他。

今天我致函北京罗斯塔社，让他们在7月20日以后不要再给我寄新闻简报。无论如何我月底一定要离开广州。殷切地等待你们的消息。我在这里手头无钱，也没有收到北京寄来的钱。关于这件事，我已经给你们发了两次电报。

致以
共产主义敬礼

H.M.

单独给你们寄上一份为召开国民会议进行宣传半年内所需费用表，该表系陈独秀所造。

为支持拟议中的国民会议进行宣传工作所需费用

哈尔滨、北京、济南府、汉口和长沙五地政治周报需要

·· 每月1000墨西哥元

在这五个城市的其他宣传和建立政治组织 ········· 每月1500墨西哥元

为促进宣传工作，在上海设一个新闻处 ··········· 每月1000墨西哥元

每月小计 ···················· 3500墨西哥元

半年合计 ···················· 21000墨西哥元

在上海或杭州召开一次劳动大会 ·························· 3000墨西哥元

召开一次学生代表大会 ·························· 4000墨西哥元

共计 ·························· 28000墨西哥元

联络和行政管理 ·························· 2000墨西哥元

半年总计 ·························· 30000墨西哥元

（李玉贞主编：《马林与第一次国共合作》，光明日报出版社1989年版，第281—284页）

马林向共产国际执行委员会的报告（节录）

——关于中国形势和6月12日至7月15日的工作

（1923年7月15日）

亲爱的同志们：

联系前次报告，我想首先说明

北方的危机

前几个星期，北方的危机如何发展呢？迄今为止，北京还一直没有总统，而且没有一个健全的内阁，议会则由北京、天津和上海三分天下。议会工作无法进行，因为不能达到法定人数。曹锟的代理人企图拼凑足够的议员到北京，迄今未见成效。在这种形势下，直系的各督军和将领要求推选曹锟为总统的电报也没有什么作用。非法驱逐黎元洪出总统府遭到抨击，致使曹锟不得不声明，只有经过合法选举，他才出任总统；而如果这许多议员都不想到北京，那是不可能进行选举的。在危机中，直系的地位极为艰难，几乎想象不出有什么好办法可避免这一派系的公开破裂。假如曹锟当选为总统，保定府督军的位置就空缺。要谋求这个职位是很困难的。吴佩孚将军，冯玉祥，直隶的督军和曹锟之弟（曹锐）都在争夺这个职位，现在已有报道说吴佩孚已转向他从前的敌人，天津的段祺瑞，企图与他联合起来的段祺瑞这个老头目是反曹的主要人物。辛博森已经在他的报纸上指出，有吴佩孚的支持，段祺瑞可能很快会被选为总统。张作霖与段勾结在一起，而直系的天津集团（曹锟之弟）则企图与张联系，争取张支持曹锟作为总统的候选人，并许诺给张以民国副总统的职位。曹锟想"合法"任职，他声明，他愿同孙中山和解，并且已经派了一个代表到南方。

天津的议员声明，主张成立一个在黎元洪领导下的7人委员会，其中有段祺瑞、张作霖，也有唐绍仪和孙中山。唐绍仪支持这个计划，说明这位南方政治家想争取南方帮助黎元洪。迄今孙中山表示反对邀请议员前来广州，上海曾就此问题发出若干电报，征询孙中山的意向。

与政治家们的阴谋相比，上海的资产阶级和小资产阶级的行为堪称朝气蓬勃而激进的。商会声明，不能接受曹锟为总统候选人，并迫切要求外交使团不要给"北京政府"提供钱财。小商人的联合会要求召开由商人、各省议会和各种自由职业团体的代表组成的国民会议。这种想法得到上海一些工人组织的支持。时至今日，只有上海工人对危机表示了态度，从他们的要求看得出来，这些工人也是很落后的。例如，他们打电报给外交使团要求后者主持正义，要求募捐，以支付刽子手吴佩孚和曹锟的费用。

国民党作为政党，不关心危机。在临城事件（匪徒袭击一列火车）之后，他们在一封给外交使团的电报里要求列国不再承认北京政府，要求保证中国人民有可能在不受干涉的情况下建立一个为人民所信赖的政府。我在一次同孙中山的谈话中严历〔厉〕批评这份电报，但是他不同意我的批评。南方政府实际上还不是政府（只有三四个部长，也没有总统）。它在北京危机之后向列强发表一个宣言，要求撤消〔销〕对北京政府的承认。由于外国的承认，中国的无政府状态得到控制。"它们（列强）也许是无意识地做了它们自己声明不想做的事，即干涉中国的内政，实际上，把一个该国不愿接受的政府强加给这个国家。"在宣言中这样写道。上海最大的报纸《字林西报》当然利用这个声明，要求撤回承认，这样一来，就更容易导致外国的干涉。在整个危机中，这个党是消极被动的。党员以个人身份在商会和学生联合会里活动——但是，在如此有利于宣传的时机，党没有发表自己的见解。我同孙中山谈话时，曾多次试图改变他的观点，然而毫无所获。另一位领导人声明，凡事总让党首当其冲，不合中国的传统。照孙中山的看法，党不介入是件好事，因为局面还不可能明朗化。

我曾建议，《向导》周报的编辑们应去同孙中山谈一次话，摸清他对近期前景的看法。因为我们党的中央委员会决定最近几天就把驻地迁往上海。中央委员会宁愿在上海处于非法地位，也不愿在广州公开活动，因为上海的运动意义更加重要。这次会晤业已举行。孙中山声明：（1）他不想与曹锟有任何关系；（2）他不想进入拟成立的7人委员会；（3）他不想邀请议员前来广州。他说，国民党必须建立自己的革命力量，陈独秀问："如何建立？"回答是不可思议的："党只有到紧急关头才能一马当先。现在我们必须发展我们的军事力量，在南方广东可建立根据地，然后我们必须设法在东北或西北得到一支军事力量。靠这些力量的协作将使革命取得胜利。召开国民会议是不可能的；商人们会理解这一点，然后会站到我这边来。我不反对他们试试看，党员可以以个人身份从中帮助。党不能介入。召开国民会议的运动不可能是一场严肃的运动。党也不能介入抵制日本的运动，只有党员个人可以这么做。也许不久之后，党不得不与日本合作，以对抗英国和美国。"

这一类观点我在以前与孙中山的谈话中已经听惯了，凭这种观点，就不可能期望国民党的领袖们会很快采取主动，把国民党变为一个现代的政党。孙中山的观点对于领导来说是举足轻重的。广东的军事形势对孙中山有利多了，因为北方的将领们对他们在南方的走卒并没有给予什么支持。因此，与离穗前和回穗后初期相比，孙中山更不愿意改组国民党了。

我们中央委员会的同志未来几天内就启程赴上海，他们想在北方通过新的地方组织去推动国民党的现代化。现在搞一场声势浩大的、强有力的国民党的宣传必然会有成果。党散发了8000份关于目前时局的宣言，要求召开由工商学各界和乡村自治政府代表参加的国民大会。此外，《向导》

还就危机问题出版一期专号①，印制4000份。现寄上几份这两种材料的副本。为了周报之故，中央机关不得不离开广州。《前锋》创刊号将在几天内出刊；这家月刊如同周报一样，主要进行国民党的宣传。过去的《新青年》杂志3个月出一期。《前锋》第一期由瞿秋白同志主编，其中有一篇关于共产国际第四次代表大会发言情况的总结②，着重谈了东方问题。

关于中国的军事形势，可报告如下：

1. 在广东，孙中山已把他北面的敌人赶回广西。东面仍呈与陈炯明对峙之势，但是，孙中山又能够从北线调兵去对付陈炯明了。在西部，同广西军队的战斗正在进行，现在形势对孙中山有利。

2. 我上次向你们报告说，福建的督军想接近浙江，看来这条消息是错误的。他访问直系的江苏督军以及吴佩孚之后，又回福建去了。

3. 贵州的军队已抵四川，去支持四川的将领们反对吴佩孚的干将杨森，杨进退唯〔维〕谷，无力招架。

4. 直奉间最近还不会发生新的战争，因为在山海关举行的谈判中，重申了1922年的停战协定。

有人存心干涉

我曾经向你们报告过，津浦线上的火车在临城附近遭到袭击之后，曾经掀起一场广泛的、主张干涉的运动。英国人和美国人在很多城市里提出现在应该对中国进行国际管制的要求。他们为此向伦敦和纽约发了很多电报。特别值得注意的是此间美国人腔调的改变。克门在张家口附近被边防哨兵枪杀之后③，这种腔调就开始改变了。比如，人们再也认不出《密勒

---

① 指1923年7月出刊的该报"国民会议专号"。

② 指《前锋》创刊号上署名屈维它（瞿秋白）的文章《中国之资产阶级的发展》和《帝国主义侵略中国之各种方面》。

③ 指1923年美国商人克门偷运军火在张家口附近被枪杀之事。

氏评论报》了。它的主笔巴登·鲍维尔被山东的土匪绑架，关了6个星期，他疯狂掀起主张干涉的运动。他企图怂恿那些在国外留学的中国人为了自身的利益请求干涉。6月30日，他猛烈攻击孙中山，说这位在广东打游击战的人，并不比那个坐镇奉天的土匪稍强。他指出，美国报界支持在华美侨的要求，英国必须与美国携手合作。也许主要因为正在进行抵制日本人的运动，它们还没有着手这样做。日本商人抱怨蒙受了重大的损失。因为美国对华贸易又在发展，美国政府还不想让步。中国报纸对美国的改变方针已经表了态。卓有成效的抵制告诫美国政府慎重从事为宜，但是，它驱使在华日侨和日商发表声明主张干涉。他们指责中国当局和军人支持抵制运动。

此刻尚无确定的干涉计划。据报，美国驻北京的代表机构赞成选举曹锟为总统。在北京，信奉基督教的冯玉祥支持曹锟也表明这一点。我认为，在目前欧洲的艰难处境下，列强也许不会对中国进行大规模的干涉，但是，他们更可能会向曹锟这样的软弱者施加间接的影响。象顾维钧和颜惠庆博士这样的外交官可以从中给予很多帮助。辛博森的报纸建议成立一个国际高级委员会，由朱尔典①（前任英国公使）、胡佛或伍德（菲律宾总督）和后藤子爵（日本）（等组成）。

…………

党（我们的党）将开始在农民中进行宣传，广东、山东、湖南和浙江等省有些同志与农民有联系。

中央机关讨论过是否有必要支持召开国民会议的宣传，讨论了不久将召开劳动大会和学生代表大会的问题。主要的困难在于择定会址和筹集款项。召开一次学生代表大会特别有益，因他们在各大城市很有影响。但是，眼下还没有费用。

---

① 朱尔典，即约翰·纽厄尔（1852—1925），英国外交官。1876年来华，在使馆习汉语，两年后在牛庄、上海、广州、琼州、厦门等地领事馆任通译。1960年继萨道义为驻华公使，1920年夏退休回英。

青年团的代表会不能早于9月10日召开。因为莫斯科的青年（共产国际）代表尚未到来。关于莫斯科青年代表，我们这里一无所知。[①]

我想在本月底离开广州，8月初返回莫斯科。1922年7月，我奉派来此，任期一年。现已届满，因此我要回莫斯科去。

致以共产主义的敬礼！

你们的H.马林

（李玉贞主编：《马林与第一次国共合作》，光明日报出版社1989年版，第286—191页）

[①] 这里指的是拟议举行的中国社会主义青年团的中央全会。该会后来于1924年3月22日至4月1日举行，青年共产国际再次派达林前来参加。

马林致越飞和达夫谦的信

（1923年7月18日）

广州　1923年7月18日

致东京越飞／北京达夫谦同志

续7月13日信——关于孙中山的地位。

亲爱的同志们：

今天我先同廖仲恺首长谈话，后又与孙中山谈话。廖告诉我，收到一份电报，汪精卫通知说，达夫谦让爱内德报告说（他想由东京经符拉迪沃斯托克和奉天，然后去北京）①，若能得到一个外交官应得的礼遇，他将在奉天拜访张作霖。他（达夫谦）问，汪精卫或张继是否想来奉天。但是汪精卫在电报中说，他去没有什么用处，因为他在那里将一无所获，张作霖已经表示不同意他插手铁路问题。孙中山业已决定，不让汪精卫去，但是认为应该往奉天拍一份电报，建议张作霖按达夫谦所希望的那样接见他。

此外，廖仲恺昨天还受孙中山的委托，询问能否专门成立一个由5名中国人组成的小组，对西伯利亚华裔乡镇的人员结构进行调查，以便判断由这些人组建军事组织的可能性问题。5个中国人当中有4个国民党党员，但是没有一个是有

---

① 括号里这句话在手稿里没有，是从内容完全一样的打字稿里译出的。

名的。我问孙中山，他这样做有何意图，他本人是否认识这些人，因为廖仲恺告诉我，他对这些人没有把握。孙与廖的话相同，这已经是在为他的北方计划做的一种准备了。他对这5个国民党员的召集人说，不许向张作霖透露关于这个计划的任何情况。我向孙中山指出，他可以做得更好些，第一，不要派这么多人，第二，只让有名的领导人去同赤塔当局的官员会谈。总参谋长蒋介石将军①已去上海休假，据廖仲恺说，他不再回来，因为他对继续参加广东无休止的军事行动已感厌倦。5月12日的电报已提到这个蒋介石。我提议派他到赤塔。这已不可能了，因此整个事情暂时搁置下来。

现在广东的形势是这样的：北部的沈鸿英部已被打退至江西；曾在那里为孙中山打过仗的杨希闵将军留在北部，虽然早已报道过，他将派兵到东线进攻一直为陈炯明盘踞的惠州，香港（英文）报纸报道，孙中山在攻克韶关之后没有履行支付20万元的诺言，因此滇军军官很不满意。在西线，敌对的桂军被驱逐到梧州；魏邦平将军得到两艘小战舰的支持，攻克粤桂边界线上的梧州指日可待。

主要的问题是东部的局势。陈炯明亲自率领军队进驻惠州；可是他的一位将领还在汕头，处于部分来自闽南的军队的威胁之中。对惠州的总进攻业已发动。早该如此了。但是人们向我解释，首先，要把从虎门运去的大炮布入阵地（不能期望有太大的效果）；第二，由于财政拮据，孙中山要集结军队极端困难。因此不能预言，许（崇智）将军是否终将开赴惠州。据说，陈炯明军队也有困难。因东线长时间沉寂，遂有许多传闻再起，说陈炯明和孙中山将媾和，然而双方提出的要求却相距甚远②。这当然不是说，不能实现和解。无论如何，究竟陈炯明是否能守住惠州，未来几天将见分晓。

---

① 蒋于1923年6月16日被孙委任"大元帅行营参谋长"，至7月16日辞职。

② 以下半句不可辨认。可勉强译为：恐怕比为了北萨哈林岛到底要交付1亿5千万还是10亿的差距还大。

　　孙中山可望控制广州，把握大多了，因为他的对手没有得到北方的援助，尤其因为英国和香港政府不再那样强烈反对他。《京报》有一篇论及在这方面英国政策巨大变化的文章称，可以认为，自1912年以来，伦敦政府首次对孙中山怀有友好感情。文章提出的事实没有充分的说服力。但是我不得不说，在俄国可能提供援助的问题上，孙中山现在的情况与两个月以前可谓今非昔比了。当时他打电报①（我保存了他的手稿）说，莫斯科的决定使他感到大有希望。对于一个政党来说，这些决定至关重要，但对一个已在广东立足并能驾驭局势的统治者来说，并不那么重要。如果越飞认为，他已为孙中山做了很多事情，那么，他总是忘记，孙中山虽然能如此轻易地在广东耗费这200万元，然而他在广东的地位与其说取决于这一点，莫如说取决于港英当局对他的评价。《密勒氏评论报》上对孙中山进行猛烈抨击，7月7日那一期上说，孙中山本人在一次答记者问时声明："如果外交使团和中国人民选他（孙中山）当总统，他的整个计划就实现了。"我当然立即追问此事。《密勒氏评论报》是东方最好的周报。虽然没有说6月21日采访孙的人是谁，但是谁也不能故作镇静，仿佛什么事都没有发生。巴登·鲍维尔②利用这种说法为干涉主义做宣传。无疑，他已把他在评论中写的内容告知美国。因此，孙中山亲自出面声明是至关重要的。我首先找廖仲恺谈，在这类事情上他总是充当中介人。他认为，孙不会说这种话，相反，孙对美联社的安德逊说，如果英美采取联合行动，中国将不得不公开接近俄国。但是对于这一点，我还没有把握。尤其是我还不知道，谁在6月21日采访孙，但是后来我得到消息说，伍朝枢将宣布，《密勒氏评论报》的报道失实。直至此刻，我们仍等待着消息。因为很难接近孙中山去讨论这类问题，这意味着批评他的政策。

　　这一点再次清楚地表现在我最后一次谈话里。孙用汉语与廖仲恺谈论

---

　　①　指孙中山接到越飞1923年5月1日电报后于5月12日致越飞的回电。

　　②　美国报人，即约翰·本泽明·鲍维尔，第一次大战后来华，任上海《密勒氏评论报》编辑。后接密勒为该报主笔（1922年至1941年12月）。太平洋战争爆发后，他因同情中国人民抗日而被日军逮捕，狱中受尽非刑。1942年被遣送回国，1947年故于华盛顿。

一份关于钱的电报，但是他突然用英语说：像陈独秀那样在他的周报①上批评国民党的事再也不许发生。如果他的批评里有支持一个比国民党更好的第三个党的语气，我一定开除他。如果我能自由地把共产党人开除出国民党，我就可以不接受财政援助。他说得很激动。在这种时候，象廖仲恺和胡汉民这样的人都悄悄地溜走了，一个个噤若寒蝉。给我的印象是，廖仲恺成了他自己的影子。我为陈独秀辩护，并声明，有几篇批评国民党消极被动的文章出自我的手笔。但是我也说，援助问题与共产党人能否留在国民党内毫无关系。我感到必须这样说，至少应该以口头形式分说清楚。我们（指陈独秀和我）认为，孙中山的行为是由于香港报纸批评中国共产党的宣言②而引起的。这个党第一次为欧洲报界所评论。报纸要求孙中山禁止这类挑衅性出版物在广州印制。也许英国领事杰弥逊③已经跟他的好友伍朝枢谈过了。陈独秀的报刊登载（对国民党的）批评，持续时间太长了，不能认为这个老头子仅仅因此而反对陈独秀。

你们看见，孙中山更希望留在广东，而不乐意同我们接近。现在，我对他毫无办法。你们随时可以通过上海找到他。我们的中央委员会感到，不能寄希望于通过健忘的孙中山改变态度去把国民党的宣传推上新的轨道。为了开展群众工作，我们的人也不能总在广州束手以待。现在的问题是，不能为了孙氏王朝控制广东再把200万元塞进南方将领们的腰包，最好是用21000万元④帮助为数不多的共产党人从事国民党的宣传，看看他们在这方面会有什么作为。现在，我从汪精卫和廖仲恺那里听到达夫谦的未来计划。与孙中山的联系现在通过俄国驻上海办事处进行。在这种情况

---

① 《向导》周报这个时期内发表的这类文章有：《羞见国民的中国国民党》（春木［张太雷］，第29期）和《北京政变与各派系》（和森，第31、32期）等。

② 即这年7月"中共中央第二次对于时局的主张"。

③ 杰弥逊爵士，全名詹姆斯·威廉·贾米森（1867—1946）。1886—1888年为驻华使馆翻译实习生。1909—1926年任驻广州总领事，其间1919—1920年署上海总领事。1926—1929年任驻天津总领事，1930年退休返英。

④ 此数字有误，估计应为21000元。

下，当然绝对没有必要把我留在这里处理同包括孙中山在内的外交联系。关于共产国际执行委员会的工作，共产国际执行委员会可根据我送去的情报决定是否需要派人前来。但是，无论如何，请回答我本月发出的电报，况且，不该让我总这样滞留此地，不管我打多少电报，你们还是照老样办事：只寄新闻简报，而不给我一分一文生活费用。给我新闻简报表明你们知道我在这里，即使一个老共产党员，也需要钱维持生活。

致以

共产主义敬礼！

H.马林

我将于26日或27日去上海，希望在一周内安排我的下一行程。但这取决于是否能最终答复我的多次请求。为什么我们不能痛快地、比较迅速地解决这桩事情？

（李玉贞主编：《马林与第一次国共合作》，光明日报出版社1989年版，第291—296页）

马林致越飞和达夫谦的信

（1923年7月20日）

1923年7月20日　广州

致北京达夫谦/东京越飞同志

尊敬的同志们：

中国共产党中央委员会昨晚（在广州的最后一次）会议上，讨论了我们的同志在国民党中的处境问题。讨论这个问题出于三个原因：（1）上海的国民党员抱怨我们《向导》周报上的批评太苛刻。该报本来只是进行国民党的宣传，现在却又试图推动国民党进行改组并采取另外的工作方法。（2）广州国民党地方小组负责人曾声明（在邀请该小组参与抵制日本的运动后），陈独秀只想利用国民党。他的宣传工作只考虑共产党的组织，干的是同国民党决裂的事。（3）孙中山告诉我（我已向你们报告过），这个周报上的批评是无法接受的，如果陈独秀不放弃批评，孙一定要把他开除出党。

在讨论中，一则强调不希望跟国民党决裂，二则强调为了发展国民运动，必须批评国民党在政治上的无所作为和它的错误行动。讨论中，有些人不赞成国民党的策略：即首先实现国家的统一，然后再进行反对帝国主义的斗争。有两点意见获得通过：按照1922年8月以来遵循的路线工作下去，在批评上避免激烈词句。必须加强国民党的宣传，在华北、华中建立国民俱乐部，这个看法得到了承认。那些俱乐部半年后就可以请求国民党举行一次党的代表大会，这种会议已多年没有举行过了。现已按照我前天向你们报告的意思拟定了一份宣传计划。实现这个计划需要钱，为了取得你们的帮助，已经派李大钊和瞿秋白同志到北京去。上海新闻通讯社的事也列入了这一计划。我热切盼望宣传工作开展起来，因为这项工作顺手可做，局势是有利的；而国民党却不利用这一局势，不进行宣传。只要孙中山仍然身在南方，在这里，他关心的唯一问题就是控制广东，以前拿钱支持国民党是不负责任的，那些钱都白白扔掉了。

事实是，只要孙仍然坚持他的一个政党的观点，只要他不请共产党人去工作，就根本不可能指望国民党会现代化，不可能指望他们进行反帝宣传。虽然廖仲恺曾告诉陈独秀，党的工作将委托上海的一些人去做，然而只要一拿到俄国的资助，他首先就会说，在著名的领导人中，只有他清楚党的工作和党的现代化的必要性。其次，这些领袖对孙中山的依赖性太大，如果孙仍坚持己见，不离开南方，一心依附于英国势力，就不能指望会发生大的变化。如果孙委托一些党员做党的政治工作，而其中我们的人一个也没有，那就不能保证严肃认真地推进国民党的反帝宣传。

既然必须开展这种宣传，所以我觉得俄国最好把钱用来资助我向你提出的那个计划。

廖在今晨跟陈独秀的谈话中还说，国民党在铁路问题上不能再对张作霖施加影响。如果孙或者汪（精卫）再紧逼一步，张作霖就会怀疑他们，就会觉得他自己是被国民党人利用了。我还要重复我以前信中写的：孙对张的影响是有限的，孙以前说，应该通过他跟张作霖谈判，他夸大了自己的影响和作用。关于这里的形势，还要谈如下几点：

1．建设部长，前湖南省长谭延闿离职，因要入湘讨伐赵恒惕。这里有消息说，吴佩孚无法给赵派援军，湖北督军也力量有限。因为湘军中大多数人拥谭，现在可望将赵赶走。

2．虽然吴佩孚元帅现在能够借助贵州的军队，但他已无力左右四川局面。

3．广东方面，东线汕头一带和惠州战事正在进行，闽军离厦门进军广东，迫使陈炯明更为加固汕头阵地。迄今闽军仍占上风，已进至距城10里之处。

孙攻惠州之役进展迟缓。大炮已进入阵地，但孙的大本营秘书长今天对我说，没有经过训练会使用这种炮的士兵……这种15厘米口径的大炮大概太老，威力太小。杨希闵将军如今在广州，正与孙中山进行重要磋商。同时有消息说，杨希闵的一个团，如果不能得杨优遇，则不愿开赴东线。

我试图把总参谋长，孙最亲密的助手蒋介石将军赴沪的原委①打听清楚，可是得到的消息都未能说明真情。秘书解释说，将军要走，是因为现在这里的局势稳定了，是因为他不能长期局限于一个工作。孙中山则不愿与我谈及此事，而廖说，蒋已厌倦广东这里徒劳无益的争斗，由于诸将领间的争执，他的计划无法实现。人们把蒋介石看作孙最优秀的将领之一（他曾留学日本），最优秀的国民党员。他从不争地位，也从未参与权柄之争。

关于6000兵士离赣赴粤支援沈鸿英的消息，尚未得到证实。

一周之内，我党中央委员会的成员将全部离穗赴沪。陈独秀也要走。我们认为，留在南方继续争取孙本人对进行政治宣传的支持是白费力气。特别是他迄今仍然自以为牢牢地控制着广东。我本人也将在下星期内离开。

如果你愿意拿少量的钱支持我提出的宣传工作，我认为派一个共产国际执行委员会的工作人员驻在中国的这个地方是有益的。这样，人数不多的共产党组织可以富有成效地进行工作，我们不用再为孙在南方毫无胜利希望的军事纠葛耗费金钱，如果你们让孙保持控制权，那对于整个运动将是有害的。如果不能给我们（共产党）小组以资助，那就不值得在中国长期安排一个共产国际执行委员会的工作人员。在第三次党的代表大会上，我们的组织已经找到了实际工作的正确道路。它将沿着这条道路走下去，

---

① 据毛思诚《民国十五年以前之蒋介石先生》第5册第40页载，蒋任大本营行营参谋长时不为人谅，反遭齮龁，愤而辞职，避往香港，于7月14日由香港回南京。

如果共产国际执行委员会的代表到这里来只是为了参加党的会议，这也就够了。我希望你托维里杰给我拿一些钱来，包括我的上路川资和7月底以前我应得的钱。

　　我在上海只停留数日，望立即解决这些问题。

　　致以

共产主义敬礼

H.马林

　　（李玉贞主编：《马林与第一次国共合作》，光明日报出版社1989年版，第296—299页）

马林致廖仲恺的信

（1923年7月21日）

1923年7月21日　*广州*

亲爱的廖仲恺同志：

　　值此准备离华之际，想同你谈谈我对国民党的印象。因为：一、对国民党和国民革命运动未来的发展会有所补益；二、我和你一向关系最好，确信你是国民党内对改善该党状况能真正有所作为的少数几个人之一。

　　我要十分坦率地向你陈述我的意见，只有这样，此信才能产生作用。

　　从（1921年）11月21日起我开始接触国民党领导人，力图了解这个党的整个组织和工作体系。如果你能看到我1922年6月回莫斯科后发表在《共产国际》杂志上的文章[1]，那你会了解，我对国民党的地位和发展前景曾有相当好的印象。海员罢工事件及国民党对罢工的支持，对我当时的看法产生了很大影响。

　　我从事社会主义运动达20余年，从事东方国家的工作也已有10年。俄国十月革命爆发时，我正在爪哇组织革命群众运动反对荷兰殖民政府和反对剥削爪哇人民。我以为俄国革命对

————————

　　① 《共产国际》杂志俄文版1922年9月13日出刊第22期登载了马林的《中国南方的国民革命运动》一文。

整个东方具有重大意义，有必要把东方的革命民族运动和劳农共和国联系起来。

作为反对资本主义的世界革命机构，第三国际于1919年成立伊始就认识到殖民地和半殖民地国家革命民族运动的重要性。1920年召开的共产国际第二次代表大会特别重视殖民地问题，随后，讨论中近东问题的巴库会议和讨论远东问题的伊尔库茨克会议①均突出了这个问题。1922年召开的共产国际第四次代表大会对东方各国革命工作的成果作了比较，并制定了新的提纲以指导实际工作。一旦你能摆脱繁重而收效不大的省长职务，读一读这些大会和会议的记录，你将清楚地看到，在共产国际眼中，附属国的民族主义斗争对于世界革命的意义并不亚于西方国家工人和贫苦农民反对资本主义的革命斗争。你也将了解为什么东方国家的共产党人会明确提出"反对本国封建分子和外国帝国主义者合谋统治"的口号而参加民族革命运动。这个口号（很清楚）纯粹是民族主义性质的口号。在东方各国的经济发展尚未造成明显的阶级分化的情况下，为上述目标而奋斗的共产党人都可成为真正革命的民族主义政党中的优秀分子，中国也完全属于这种情况。基于这个原因，我建议并促成中国共产党人参加了国民党，通过这种方法使他们有可能参加实际活动，也吸引同情共产党的青年靠近国民党。

现在，当我开始批评国民党时（你也可以在我给你的那篇《前锋》杂志上署名孙铎的关于中国国民运动的文章中见到），我要着重指出的是那种认为我的思想方法不是中国人的思想方法的论调，它看来似乎有理，实际并无真正的价值。我敢肯定，例如胡汉民就会用这种论调来反对你的思想。8年前，我在爪哇也听到过同样的指责，说我的思想方法不是"爪哇的思想方法"。经济发展情况的不同使各国的思想也不同。对于不同国家的经济情况作一番比较之后，就有可能对各国国民运动和民族主义政党的策略作出判断。我知道，传统的力量是强大的。将来和现在，正如现在和过去一样连接在一起。然而，我认为我下面所说的内容基本反映了客观实际情况。

---

① 指1921年11月在伊尔库茨克举行的远东人民代表大会预备会议。

Ⅰ. 中国经济状况的落后，决定了辛亥革命的失败，虽然建立了"民国"，却保留了封建阶级对中国社会的统治。

Ⅱ. 那时，外国对中国的控制弱于今天，革命者很自然地认为不用触动外国在中国的势力，就有可能建立一个新中国，由中国人自己决定中国的一切事务。

Ⅲ. 经济情况如此落后，政治生活尚未发展，这就很容易理解急进知识分子和他们的拥护者（华侨中的资产阶级分子）为什么只靠军队推翻清王朝而未进行更多的政治宣传，也很容易理解为什么军事势力在新的民国中获得了控制权，而外国势力对巩固军阀的统治起了很大作用。

Ⅳ. 第一次革命行动纯属秘密行动，其组织也就很自然地采取了符合于家长制传统的个人领导方式，这种个人领导方式延续至今，对党的发展极为不利。

Ⅴ. 辛亥革命后，现代工业和交通运输业在中国某些地区得到了发展，然而与此同时，外国帝国主义在中国的势力也变得日益强大。

Ⅵ. 这些变化本应使国民党产生新的思想，但是国民党的体制，国民党从不召开代表大会或代表会议，以及它政治宣传工作的薄弱等都不利于党的新策略思想的产生和发展。

Ⅶ. 事实上，虽然国民党的三民主义是革命的，然而在实际行动上却日益封建主义化。虽然党纲规定党应采取新的斗争形式，动员资产阶级、知识分子、农民和工人参加国民运动，但实际上党只依靠军阀，依靠那些和他们在华北的敌人毫无区别的军阀。

Ⅷ. 烽火连绵迫使党不断向封建军阀和外国帝国主义妥协。而这种策略的结果则是党完全忽视了政治教育和鼓动工作。由于同样的原因，国民党对许多重大问题（例如世界大战、1919年五四运动、华盛顿会议召开时的运动、对京汉路大罢工的大屠杀、抵制日货运动）采取了既不领导也不参与的态度。党没有成为国民运动的领导者，却与各封建军阀为伍。

Ⅸ. 急进知识分子所进行的努力，如戴（季陶）在《星期评论》和另几位在《建设》杂志方面的工作，由于以下三个原因而夭折：（1）把这些人误用去搞封建冒险；（2）家长制观念代替了党的纪律；（3）特殊的义气，从而把讲义气置于主义和公众生活之上。

Ⅹ. 国民党难以控制某些地区，从这个事实上可以清楚看到国民党组织体制上的缺陷和策略错误的不良后果。违犯党义的现象司空见惯；贪婪的军官将公共财产窃为己有；借贷政策把自然资料置于外国帝国主义控制之下；苦力的遭遇有如奴隶；某些公民权利被取消。在对列强的关系方面，革命的国民党人想靠外国的帮助和干预求得生存。利用北方的土匪提出不承认北方政府的要求，虽然同时南方土匪也会以同样理由对待南方的领导人。这样做产生的不良后果是，国民党今天的所作所为使其领导人的辉煌历史大为失色，也败坏了那些为主义而献身者的声誉。

Ⅺ. 国民党内的急进分子应回答：他们是否还将继续把精力和声望用于那些与党义格格不入的活动上。对这个问题的回答只有一个：当务之急是立即改变党的方向和着手党的改组，在几个月内为革命的政治宣传做好准备。目前形势对开展政治宣传特别有利。

Ⅻ. 为实现上述任务，必须清除服从个人和朋友义气的旧观念。真正的革命者决不做违背革命信念的事情。

亲爱的廖同志，我十分理解你的困难处境。我不同意那种说我的思想方法不是中国式的"论调"。我认为友谊决不能建立在服从的基础上，友谊只应是平等相待的。我要指出的一点，是国民党目前的状况正把党员驱向两个极端。我看到，有一些难能可贵的人，如张继，虽为政界所不可须臾离开，但他们消失了，另些人因不信任国民党领导转而反对国民党，成为反动分子和背叛者，如陈炯明。

当然，这两种人都是错误的。但是，如果明明看到事态正朝错误方向发展并常有违背党义之事发生，却还去盲目追随，则肯定也是错误的。我认为现在是为那些识时务的党员寻找第三种可能性的时候了。这就是拒绝履行那些违背党义的义务，担负起改组党的任务，进入政治宣传的领域。时机已经成熟，长期等待决非上策。

考虑到眼下没有可能让我如愿以偿地参与国民党的改组和宣传工作，我很快将离此赴莫斯科。我希望同你保持联系，并希望当形势有所改善即国民党组织清除了封建主义和家长制传统以后，当党的策略有了改变之后，我能再有机会来此参加工作。关于党的策略，只要领导人相信单纯依靠军事行动和军队将领（采取与他们在北方的武人相同的封建方式），就可能建立一个新中国，那么，党的前途就肯定是暗淡的。新中国，一个真正独立的共和国的诞生，只能依靠一个强大的、具有坚定革命信念和远见卓识的党员组成的现代化政党的不懈的革命斗争。

　　致以

最诚挚的问候

你的S.

（李玉贞主编：《马林与第一次国共合作》，光明日报出版社1989年版，第301—305页）

中国社会主义青年团第二次全国大会宣言

（1923年8月25日）

全国青年工人、农民、兵士、学生们：

中国今日的时局，内忧外患纷至沓来，全国的一大危机正在酝酿之中，全国人民的灾难已横在我们的眼前！

最近什么"最高问题"之猛烈进行，直系军阀将正式攫取政权准备屠杀人民的南北大战；江浙称兵，道路正在宣传；吴佩孚祸川扰粤，至今绝无懈志；奉系积极招兵，跃跃欲动；湖南谭赵之争，待触即发。湖北、安徽、山东、河南等处，土匪遍地。国内军阀之失统治能力，由此已足证明；而其屠杀人民和制造战争，尤足使人愤慨！列强复利用时机，乘临城劫案之后，大倡增驻军舰军队、铁路共管之说。新银行团着手整理外债，准备将无担保的用于战争的外债重新由中国人民的血汗给以优良的担保。美国正预备借款，扶助曹锟登极，宰割中国。他暗中运输军火，助长中国之内乱；昭然袒护土匪，阻碍军队之进剿，都是列强向中国平民进攻的最显的证例！中国国民压服在这军阀和列强两重势力之下，呻吟憔悴，实已痛苦不堪言状！

中国的关盐二税，紧握于列强手中，因之国库空虚，内政不修，而血淋淋的庚子赔款却不能不还。全国的公共财产抵押，盗卖殆尽。国民经济横遭列强和军阀的蹂躏，生棉原料自由出口，逼得纱厂亏本停业。苛税重征，内乱连绵，因之中国无和平发达工商业之希望。外国纸币充斥中国市面，吸收中国现金，使中国的金融紊乱。中国的工厂雇用不满十岁的儿童，实行惨酷异常的剥削。大烟遍地种植，农产品价格低廉，农民的生活状况沦落于悲惨之境。中国的经济退化，中国人民的穷困不堪，真令人处处触目惊心。

中国的社会，伏莽遍地，失业流离。各地人民毫无政治集会言论之自由，外国帝国主义者可以随意在租界禁止学生最小的集会和反对列强的文字宣传。各地教育因经费支绌，进行停顿。英美帝国主义利用此种良机，在各地建立教会学校，星罗棋布，教育一班个人主义的，麻木不仁的机械式的学生，养成一般柔顺服从歌颂洋大人恩德的国民。要求退还赔款以兴学，造就依赖外国以拯救中国的人才。多数的中国青年一面是受本国官僚式的教育，一面是受教会洋奴化的教育，活泼有为的青年精神，屈服于此双轮推动之下，磨灭渐尽。

国际帝国主义现正借口中国军阀无统治能力，准备铁路和财政的共管。军阀又在制造未来的普遍全国的大战争。中国人民除了为大战牺牲财产生命外，还要遭遇比军阀更凶狠更难打倒的外国强盗的统治。中国人的穷苦状况，因此又不知要延长许多年。中国全国的危机，此时正在发展之中，中国人民应一致团结起来，抵制这种反动的军阀与列强的进攻！

全国青年工人、农民、兵士，学生们！

全国国民所感觉的痛苦，你们更应该锐敏的深刻的感觉着了。几十万青年工人，每日替资本家作十二小时以上的牛马苦工，所得有时不过数枚铜子。几千万青年佃农和雇工每年汗流不息，耕种所得的，尽为军阀、官僚、地主、盗匪席卷而去。几十万青年兵士，欠饷数月不发，备受官长虐待，莫名其妙的挡炮子，为军阀战争，为军阀争地盘、财富和尊荣。几十万青年学生受腐败的洋奴的教育之恶化，或没有安心读书的机会。这些都是军阀和资本主义的罪恶。你们应该做打倒军阀打倒列强之最勇敢的先锋，以解除自己的厄运啊！

中国社会主义青年团是拥护青年利益的团体，中国的青年农民、工人、军人、学生等应当集合在他的旗子下面，为他们的目前利益奋斗。并且与全国国民携手合作，造成雄厚的国民革命势力，推倒帝国主义及军阀的强权。全国被压迫的青年群众，联合起来呀！

打倒军阀！！！

打倒侵略中国的国际资本帝国主义！！！

国民革命万岁！！！

［中国新民主主义青年团中央委员会办公厅编：《中国青年运动历史资料》（一）；转引自《"二大"和"三大"——中国共产党第二、三次代表大会资料选编》，中国社会科学出版社1985年版，第214—216页］

中国社会主义青年团第二次全国代表大会关于中国共产党第三次大会报告决议案

（1923年8月25日）

听了中国共产党代表报告第三次中国共产党大会结果之后，大会决议：

（一）对于中国共产党第三次大会之决议，本团愿努力协同中国共产党诚实执行。

（二）"对于国民运动及国民党问题的决议案"，大会完全承认中国共产党这个决议案最合中国实际情形，并承认中国共产党决议所指示的，是中国目前革命的唯一道路。本团应努力协助中国共产党"扩大国民党的组织于全中国"，"在劳动群众中须有大规模的国民革命宣传，扩充国民革命的国民党"。同时大会指出本团尤须注重强烈的国民运动宣传，以促进国民革命的实际行动（如示威及政治罢工等）。

本团团员加入国民党，当受本团各级执行委员会之指挥，但本团之各级执行委员会，当受中国共产党中央及其各级执行委员会对于团员加入国民党问题之种种指挥。本团团员在国民党中：

1. 应赞助中国共产党党员之主张，与其言语行动完全一致。

2. 本团应保存本团的独立的严密组织。

（三）本团对劳动运动及农民运动，应与中国共产党合作抵御军阀的对人民的进攻；进行各地之恢复工会及组织工会运动；并教育、引导、团结农民执行改良经济地位之斗争。

（四）大会完全承认中国共产党对青年运动之决议，并愿接受中国共产党之组织上及行动上之指导及援助。

（中国新民主主义青年团中央委员会办公厅编：《中国青年运动历史资料（1915—1924）》，1957年内部发行，第361—362页）

中共中央通告第五号

——中央局迁沪后更动

（1923年9月10日）

　　中局组①自迁沪后略有更动，即派平山同志驻粤，而加入荷波同志入中局。又润之同志因事赴湘，秘书职务由会计章龙同志兼代。特此通告。

委员长T.S.Chen

秘书D.I.Lo②

　　（《"二大"和"三大"——中国共产党第二、三次代表大会资料选编》，中国社会科学出版社1985年版，第219页）

---

① 原文如此。

② 签名是陈独秀和罗章龙。

张国焘给威金斯基、穆辛的信

（1923年11月16日）

亲爱的威金斯基、穆辛同志：

你们二位给我的亲笔信，我已先后收到。我非常感激你们对我应该如何在党内进行工作的忠告。同时，也感到非常抱歉，因为我没有经常地、全面地把中国的情况写信告诉你们。因此，我在莫斯科的朋友很可能会对我产生误解。

当然，要我用自己的观点来全面地回答你们二位信中提出的一切问题，这对我恐怕太困难了。因为我的英语很差。不过，我将尽力简单地回答你们的问题。

一、我们同国民党的关系

当我们同国民党的关系问题提到三次党代表大会上讨论时，我们许多同志没有把他们对这个问题的看法谈得很清楚。为了阐明我和我的对立面之间的意见分歧，可以把我和马林的观点，作一个比较。

马林的观点如下：

中国的劳动运动太软弱无力，实际上等于没有。中国共产党是人为地组织起来的；而且也产生得过早。目前在中国只能发展国民运动。国民党是代表国民运动的，但是它必须进行改组。现在我们有了改组国民党的机会，也有了这种可能。共产国际以为国民运动是当前中国共产党的中心任务，苏维埃俄国应该支持国民党。因此，中国共产党人一定要集中自己的力量改组国民党，在国民党内工作和发展国民党。除了马克思主义的宣传教育工作之外，中国共产党的一切政治宣传工作都应当在国民党内进行，全国的工人都必须参加国民党。只有在国民党内的工人的阶级觉悟提高之后，才能产生国民党左翼。只有到那个时候，一个真正的中国共产党才能形成。中国革命运动只能这样发展。

不错，中国的劳动运动和中国共产党都还太年轻，太软弱，目前在中国只能开展国民运动，国民运动是中国共产党目前的中心任务。这些我们都同意。但是，国民党代表国民运动吗？改组国民党的可能性存在吗？中国的革命运动只能这样发展吗？这些就是我们所怀疑之点。

当我们在讨论这个问题时，我的对立面的同志就叫嚷说："要忠于国民运动。""不要怕国民党，劳动运动不会在国民党内迷失方向的。"他们不以客观分析，而是用许多这类主观的词句表达他们的意见，以证明自己说法的正确。甚至有些领导同志也说出这样明显的错话，如："中国没有劳动运动。所谓劳动运动实际上就是国民运动。""谈论阶级斗争就是破坏国民运动的统一"等。由此你们可以看到，这个策略被曲解到何种地步。

我在这次党代表大会上发表的主要论点是：

（一）中国的民族运动受其复杂的政治、经济条件所限，同其他殖民地国家如印度、埃及的情况不完全一样。直到现在，我们还谈不上已经有了一个纯粹的民族运动。我们只是有了一个反对日本帝国主义的民族运动。而这个运动却多少被美国帝国主义所利用。现在的民族运动不但不反对美国和大英帝国，反而出现了一种保护他们的倾向，这种倾向是由他们自己制造出来的。而一直只顾组织政府、进行军事行动的国民党，则被迫同这个或那个外国帝国主义以及国内的军阀搞妥协；因此，它已称不上是一个民族主义的政党了。

（二）中国资产阶级（即工业资本家、银行家及商人），在各方面仍然十分依赖外国资本家，尤其是在经济方面。即使在外国帝国主义和国内资产阶级之间存在一些矛盾，但是，国内的资产阶级除了反对日本的压迫之外，还远不是一支反对外来压迫的自觉力量。

（三）即使工人阶级还很年轻，力量还很弱，但是它在斗争中已经显示出相当力量，这支力量不可完全被忽视。这是劳动运动，不能把它说成国民运动。

（四）我们不能指望，一场意味着反对世界上所有列强的民族运动，会轻而易举地到来，这是需要几年时间的。而且，一个真正的民族主义政党也不可能像人们想象的那样容易产生。再说，工人已经有了相当力量，它将成为即将到来的民族运动的一个强大因素。

（五）国民党现在并不代表国民运动，必须予以改组。问题在于，我们需要有一种力量去迫使国民党进行自我改组。如果我们没有这种力量，我认为就很难有改组国民党的可能。

（六）因此，当前我们共产党人首先要对国民革命的思想继续进行一般的宣传，特别要做大量的工作，把工农民众组织起来，引导他们投入到国民革命运动中来。然后下一步，我们再运用自己的力量去改组国民党，或采用其他任何形式使我们参加到联合的国民运动中去。

（七）与此同时，我们将留在国民党内，为国民党组织支部，并设法改组国民党。这就是说，我们留在国民党内工作的目的，是为了创造改组国民党的可能性，或者一般地讲，是为国民运动寻找新的动力。这项工作不是压倒一切的，但它和上述的第六条同样重要。有人提出：马上对国民党进行改组；如果失败了，就离开国民党，哪怕是短时间的。我们不能同意这种意见。我们应当在国民党内再待几年，因为我们要使国民党做些事情。

（八）由于国民党还没有进行改组，它仍然集中力量于军事行动和组织政府，我们共产党一方面要作为一个独立地对我们关于中国目前时局的政治主张进行宣传的组织而存在，另一方面，不要把工会运动从我们的手中转到国民党手中。

（九）我们不要忘记，组织工人，提高他们的觉悟，乃是我们党的特殊任务。同时，我们对中国革命运动的进程还不明确，也许从一开始，工人队伍就是联合的国民运动的左翼。所以，在现阶段，只有在共产党有强大力量控制的工人集中的地区，我们才能自行组织国民党支部；而在共产党力量依然十分薄弱、国民党也没有什么影响的工人集中区，我们就不必为国民党在那里组织支部，也不让其影响渗入。只有在广州和汉口，我们的职工运动工作才不得不在国民党内进行。

这里我还要向你们指出几点：

（一）前一阶段，我们的同志过多地期待国民运动的统一。可是国民党不但不是一个真正的民族主义的政党，而且也不是一个有组织的党。因此现在谈论国民运动的统一还为时过早。现在只能说为国民革命创立某种基础，从而为其打开新的局面，然后再把各种不同因素联合起来，组成一个联合的国民运动。

（二）事实告诉我们，组织一个真正的中国国民政党还需要几年时间。首先要做许多初步的宣传工作。中国人民，甚至革命者，至今还没有感到组织政党的必要性。他们把革命工作看得非常狭窄，认为只有军事行动才是革命工作。孙中山先生本人一直坚持他的陈旧观点，认为革命进程首先是军政，然后才是训政阶段。他和他的追随者也都认为，首先他们必须掌权，然后再建党。

如果国民党是一个有作为的党，它的领袖们首先必须完全放弃组织政府和搞军事行动的主张，诚恳接受首先建党的思想。在国民党的领袖们还没有放弃其陈旧观点和老一套的行动方式的时候，苏维埃俄国却去支持他们的斗争，这是很不明智的。因为国民党的军事行动是决不会成功的。一旦国民党在反对北方军阀和陈炯明的斗争中取得胜利，孙中山就会马上被他自己的将领们所抛弃，广州政府也就会马上彻底垮台。所以，对广州政府的支持不仅毫无价值，反而会延误国民运动向正确的方向发展。只有当国民党遭到失败，放弃旧的主张并接受新的做法后，方可给予支持。

（三）三次代表大会之后，新的中央委员会曾试图改组国民党，但遗憾的是没有成功。这之后，新的中央委员会就认为："自上而下的改组国民党是没有希望的，我们必须对它进行自下而上的改组。"在我看来，中央执行委员会目前正热心于组织一个国民革命青年团。最近我收到陈独秀同志本人的来信，说他现在感到三次党代表大会通过的关于我们同国民党关系的政治论断，不太切合实际。这很清楚地证明，陈独秀和马林同志的计划遇到了困难，目前不能兑现。而且，这些困难并非来自我们党内的反对派，而是现实状况造成的。

（四）当中国共产党提议召开全国代表大会的宣言传到上海时，我正在那里。上海市党员大会开会讨论了这个宣言。我在会上发表了以下几点看法："宣言中计划召开的全国代表大会不可能立即组织好。我们一方面必须宣传关于召开全国代表大会的主张，并且坚持不懈地要求这样做；另一方面，我们要赶快把工人、农民组织起来，并深入到地方的国民运动的组织中去，以便完成宣言中所提出的计划。"虽然一些同志认为全国代表大会应立即召开，并认为我的意见是"破坏"（"破坏"这个词在三次代表大会上曾多次出现），但经过短时间的讨论以后，大会采纳了我的意见。这清楚地表明，当我们着手进行某种政治运动时，每个中国同志就会懂得，把工人农民组织起来是何等重要。这同组织或改组"国民党"一样重要。我们不能等待真正的国民政党产生之后，再去着手组织工人和农民。

（五）有人会说，中国共产党如何幼弱，如何不能把工农组织起来。是的，我们对中国共产党的情况是很清楚的。但是，我们仍然想建立一个群众性的民族主义的政党，所以现在我们只能促使幼弱的共产党来承担这双重的任务，即建立一个民族主义的党和把工农民众组织起来。

不过，现在形势起了一些变化，我们讨论的这个问题又出现了一些新的情况，上面所说的，只是这个问题在三次党代表大会上讨论时的概况。上周以来，得到这样的消息：国民党将于一九二四年一月十五日举行全国代表大会。因此，我们必须密切注意即将召开的国民党全国代表大会。我在上封信中提到，想给你们写一篇论述这个问题的文章，现在我想把这篇文章推迟一下，改为同你们讨论关于即将举行的国民党全国代表大会的问题。

据悉，要求各省派六名代表参加一九二四年一月十五日于广州举行的国民党全国代表大会。六名代表中，三名要由孙中山先生指派，三名由各省的支部选举产生。

在上星期一举行的北京市党员大会上，我就即将召开的国民党代表大会问题作了一个报告。我把报告的要点向你们介绍一下，这些要点可以表明我对大会的看法。我报告的要点如下：

一年前，我们所要求召开的国民党全国代表大会，将于两个月以后举行。虽然我们还未接到中国共产党中央执行委员会有关这件事的通知和指示，但是我们必须抓紧进行讨论并作好准备。

代表大会是否能如期召开，这取决于广州的战局。可是，关于广州战局的现状如何，前途如何，现在北京没有人能说清楚。

这次大会能否成功，确实难说。不过，据说每省只派六名代表，那么这些代表可能多数是国民党的将官，能代表普通国民党员思想的代表极少，故而会议不会取得什么好结果。

所以，首先我们必须要求增加代表名额，尤其像广东这样的省份，名额应增加得更多些。我们应该提议：国民党的知名党员，那些虽不是国民党员，但却是国民党的朋友的革命者，以及各种民族主义的和革命的团体的代表，都应被邀请出席这次大会。这样的结果，就会增强群众对大会的影响。

其次，我们必须要求国民党在各地的党员召开会议，讨论即将举行的代表大会。国民党所有的报刊都应该动员起来讨论和宣传这次大会。尤其是我们党的报刊，应该立即开始讨论这个问题。

中国共产党中央执行委员会应当邀请一些进步的国民党员和非国民党员的革命者，一起为即将举行的国民党代表大会草拟一个纲领，并把它提交大会讨论。这次大会将表明我们同国民党应该是一种什么样的关系。假如我们这个纲领被大会采纳则很好，如果不被采纳，那些和我们一起起草纲领的革命者，就会作为国民党的左翼，同我们站在一起。

此外，在这次代表大会上，我们至少要把首先用武力攻占一省，继而攻占多省，然后再发展国民党的主张，改变成首先组织一个坚强而集中的党，然后再进行革命。这就是我们对这次大会的主要要求。

北京市党员大会已采纳了我的报告，并决定报送中国共产党中央执行委员会。同时推选我草拟前面提到过的纲领草案，作为下次地方党员大会讨论的基础，然后再送交中央执行委员会作最后决定。

关于这个问题，这里我还要告诉你们一个事实。从上月起，上海的一些国民党员中出现了一股反对我们留在国民党内的情绪。李守常同志还为这件事去了一趟上海。看来，国民党员中对我们加入国民党产生了意见分歧，而且日趋尖锐。但是由于近来没有得到任何消息，所以无法告诉你们确实的情况。

二、我们党的目前状况

在这次广州党的全国代表大会闭幕会上，马林在祝贺大会成功时一方面说，大会排除了在解决党的组织问题上的"障碍"，另一方面，他希望我们这些对大会结果表示不满的同志不要"不合作"，不要搞"破坏"。值得庆幸的是，这些"障碍"不仅没有"不合作"，没有搞"破坏"，相反，他们仍然同过去一样积极工作。如果马林真的把中国共产党内的这些"障碍"排除了，我不知道他将会如何地向那次大会的成功表示祝贺呢！

代表大会一结束，其错误就暴露出来了。在中国共产党的一些支部中，对我们同国民党关系问题抱反对的情绪有了发展，反对者可能占多数。再者，像长沙、汉口和北京这样一些大的支部，曾设法要求马上再召开一次党的代表大会，以解决我们同国民党关系的问题。那时，我们不仅没有利用这个机会去反对上届代表大会和新的中央执行委员会，而且由于我们的帮助，使这种情绪平息下来了。因为我们深深懂得，我们幼弱的党根本经受不住这种打击。

在党的三次代表大会上，当我们热烈讨论关于同国民党的关系问题时，有些同志根本不对中国的实际情况进行客观分析，而且他们在那次激烈的讨论中，不去避免产生困难，甚至还在会内会外利用我们党在组织问题上存在的一些纠纷，对我进行攻击。我不知道莫斯科是怎样谈论我的。我要公开地答辩："的确，由于我们年轻，我们都犯过许多错误，甚至于犯过一些很愚蠢的错误，这是难免的。但是，有些错误我们过去没有犯过，将来也绝不会犯。"

你们二位提醒我，要我注意维护幼弱的中国共产党的团结，穆辛同志甚至还表示相信我不会在党内设法制造任何新的困难和分裂。确实，我在过去和现在，一直是维护我们幼弱的党的团结的。我决不会亲手损害我视为自己生命的共产主义事业和从一开始我就参加的年轻的中国共产主义运动的。

总的说来，党的三次代表大会并未给我们党带来任何困难。至于某些支部出现的一些小纠纷也只是因为我们党的组织还不够完善、党员太年轻又有些个人主义的东西所致。最近我们党的工作没有多大进展，因为遇到了诸如缺乏办法等实际困难。有些决定，新的中央执行委员会还没有贯彻执行，但这决不意味着它受到了同志们的阻拦。现在，根据我自己的看法，简单地向你们谈一谈关于我党的工作情况。

自从我们代表大会决定了同国民党关系的政策以来，我感到我们党的机关现在并没有加紧宣传工作，也没有对国民党问题提出什么要求。甚至对于我们党公布的关于召开国民党全国代表大会的宣言，也没有作什么宣传，我们党的刊物不能按时出版。

譬如长沙支部，这是我党最好的支部之一，也由于战局的影响，和长沙工会一样，都处于几乎无法开展活动的境地。

长沙支部领导机关遭到了军阀赵恒惕的镇压。汉口外交后援会过去是反日的民族主义组织，近来已把矛头转向英帝国主义。我们在汉口开展国民运动多少还得依靠它为基础，可是最近它也遭到了湖北督军的镇压。

有些地方的工会运动有了进展，但由于我没有得到全面的消息，所以现在还不能告诉你们确实情况。但目前也出现一些危机。上海一些或多或少反对我们的工人领袖，打算举行全国工人代表大会、全国铁路工人代表大会和京汉铁路工人代表大会。当然，有些政客是支持这些工人领袖的计划的。我们也打算召开这些代表大会。但我们是否能同他们顺利合作，目前还很难预料。交通系的政客和张作霖大帅以及其他一些人，正企图利用工人为其反对直系的斗争效劳。有些工人领袖也想从某个政客身上寻求支持。倘若这些工人领袖一方面同某些政客或张作霖建立了密切的关系，另一方面又得到工人的信任，那么这在今后很可能会成为分裂中国中部和北部工人运动的主要原因。因此，在这些领袖尚未和任何政客有任何联系之前，我们要委派两名同志去奉天揭穿他们的企图。过去我们因为派同志去奉天而犯过错误，因此，现在我们也许还会受损失。

最后，我们不能不看到中国共产党好的一面。我们看到出席党的三次代表大会的同志们对政治问题都能切实地积极讨论，这表明了我们党在成长。为此我感到非常高兴，并在大会上多次提到这一点。我们中国共产党，是由一群年轻的、赤诚的、以马克思主义为行动指南的革命者组织起来的，是唯一具有远大前途的党。我希望共产国际和赤色职工国际给我们以更多的支持，尤其是对工会运动的支持，以使中国革命能得到更快的发展。

现在再说几句关于我个人的情况。我现在在北京工作，我的任务是编辑北京《劳动周刊》，每周的发行量为二千五百份。同时我还担负中国共产党北京支部政治委员会的工作，并在为组织全国铁路总工会的一个委员会里工作。我还经常为我们党的报刊和国民党的报刊写些文章。可是我现在不是党的专职工作者，所以还得抽些时间搞自己的事务。我个人动用了一部分共产国际东方部为购买中国刊物寄来的款子。当然，我将尽快于短期内归还，并且要给你们多寄一些刊物。我每两周给你们寄一次刊物，寄去的刊物想均已收到。

希望你们能给我寄些书刊来，并告诉我一些关于莫斯科的情况。希望你们能马上给我回信，对我上面所写的问题，请多多提出批评。

致以兄弟般的问候。

张国焘

一九二三年十一月十六日于北京

（《"二大"和"三大"——中国共产党第二、三次代表大会资料选编》，中国社会科学出版社1985年版，第220—231页）

中国共产党第三届第一次中央执行委员会文件

（1923年11月24—25日）

第一次中央执行委员会开会纪要

　　第一次执行委员会本定于十月二十日召集，嗣因与劳动大会时间冲突，改在十一月十五日，又以候驻粤委员，延期到二十四日始开会。十一月二十四日上午九时开会，二十五日下午四时闭会。到会者中局委员四人，驻京驻鄂委员各一人，S.Y.①代表一人，特别招待同志一人，共八人，驻湘驻粤委员未到，中局委员一人因事赴湘亦未到。议事日程如左：

　　（一）中局报告大会后进行事项；

　　（二）各委员报告地方工作情形；

　　（三）国民运动进行计划；

　　（四）劳动运动进行方针；

　　（五）教育宣传问题；

　　（六）第五次国际大会准备事件；

　　（七）郭平伯、郭寄生、周无为、张子余、张绍

---

　　①　社会主义青年团（Socialist Youth League）的英文缩写，下文再次出现时不再赘注。

康、陈天①党籍问题；

（八）胡鄂公等党籍问题；

（九）党证问题；

（十）中局会计报告。

讨论的结果：第（六）催取各地方对于党纲草案之意见，原选出席代表张同志失踪，届时由中局另派。第（七）郭平伯、郭寄生、周无为、张子余四人，执行大会决议，开除党籍；张绍康陈天均已登报脱离，亦应开除。第（八）胡鄂公②，在未能证明其确未帮忙贿选以前，仍旧停止出席小组会议；熊得山、汪剑依因与胡有连带关系，亦应同样办理。第（九）暂行从缓。其余报告及决议案另录。

中局报告

（一）政治 大会后即发生北京政变，中局随即发表对于时局的主张（印汉文六千，英文三百），主张召集国民会议解决时局，只香港各英文报发生反感，在国内舆论上无什么影响。同时并函请孙中山赴沪召集国民会议，亦无结果。

（二）宣传方面 因中局及出版机关迁移之故，《新青年》应出二期，只出一期；《前锋》应出五期只出一期；《向导》应出到四十九期，

---

① 郭平伯，即郭聘伯，曾任湖北省工团联合会刊物《真报》社长，1927年被武汉国民政府处决。郭寄生，曾任《真报》总编辑。周无为，曾任湖北全省工团联合会顾问和《真报》编辑。张子余，曾任湖北全省工团联合会顾问和《真报》编辑，大革命失败后在武汉负责中国共产党的地下工作，1928年被国民党反动派杀害。张绍康，曾任共产主义青年团武汉区委委员，1923年登报脱党。陈天，曾任湖北全省工团联合会委员长，1923年登报脱党。

② 当时是北京的国会议员，和熊得山、汪剑农等办《今日杂志》，要求加入中国共产党，并在党的领导下进行了弹劾二七惨案凶手、劳动立法运动及反帝大联盟等活动。

只出到四十六期，小册子无。在三种定期刊物中，《向导》在社会上稍有影响，因此社会上反帝国主义的空气大会后比大会前渐渐浓厚起来。

（三）与国民党关系　大会决议案，尚未能充分执行者，一，因同志中对于决议案有多少疑虑；二，因国民党本部办事不敏决；三，因同志们和国民党党员间的猜疑及政治观念不同；四，因本党经济困难。有此四因，原拟在最短期间成立北部中部各重要支部之计划遂未能实现。此时惟北京已有组织；天津，哈尔滨，湖南也在进行，湖北，南京方与国民党交涉中；山东，四川国民党本有组织，对于我们的同志加入工作者颇信任。安徽国民党分两派，均不得社会的信仰，现需有能力者前往另行组织。此时国民党中有一派人拟实行改造，并决于明年正月十五日在广州召集大会，又一派人反对之，将来或酿成重大的变化。

（四）劳动运动　中局直豁〔辖〕之劳动运动，惟路工，兹据铁委报告如左：

一，正太路　正太情形最好，因为彼方有九个C.P.①同志，二十余S.Y.同志，人都很好，并且都勇敢努力，他们对于工会的组织潜在外进行，执行委员会不断地开会。二，京奉路　京奉情形也很好，唐山山海关天津丰台等工会都还秘密存在，这四处尤以唐山和山海关更好。三，京汉路　京汉以江岸郑州比较好一点，该两处都有秘密小组。信阳亦由江岸派有专人负责。（长）辛店比较差一点，但现在亦找了几个工友常来京谈话，屡次教他们把小组组织起来，但他们都很怕，前两三星期他们虽已组织十余人，但现在又无形消灭了，不过大多数对于工会还信仰，只不敢出头；今日（长）辛店又来了一位工友，教他回去活动小组织，他已应允了，或者从此后，（长）辛店可有中心了。四，津浦路　津浦南段浦镇已有了三十余人的小组织，不断地开会；北段亦有人接洽了，但一时都不敢出来，有几个活动分子都很好，但被工贼崔某监视，不敢动作。五，胶济路　此路现在已组织一个一千六七百人的工会，此间已与他发生了关系，工刊每期

---

① 共产党（Communist Party）的英文缩写，下文再次出现时不再赘注。

寄去二百份。六，京绥路　京绥车务工会还好，对于我们还时常有信来。七，道清路　道清情形比较差一点，因为那方面的工人，刚把工会组织起来，便遇了二七事件，所以工友更（格）外的胆小，但有一同志在彼处，亦有相当活动和宣传。八，陇海路　此路至今还由林之英魏某等把持工会，王同志久无信来，彼间情形不大清楚。

（五）**农民运动**　新起的农民运动，一在广东省之惠州，一在湖南省之衡山，惠州各属有一万户以上的组织，衡山也有万余人的群众运动，两处都是S.Y.同志在那里指挥，现在都已失败了。失败的原因是：一，我们的同志在农村中尚无深的根基，一时经济的煽动，遂召中农多数的反抗，勾结军阀官僚，加以武力的压迫。二，惠州在陈军反动的势力之下，衡山在赵军反动的势力之下，政治也是一个原因。

（六）**党务**　大会后党员增加不过百人；新发展的地方，一是济南成立了地方会，一是哈尔滨成立了一组，也只有□两个地方工作最力，湖北的工作最松懈，官厅的压迫和同志们的萎顿两个原因都有。南京，杭州，四川，江西，福建均可望有新的发展。

各委员报告

（一）京区

（A）**国民运动**　初因同志中政策怀疑，继因与民治主义同志会[①]有龃龉，民党本部又有人利用同志会从中阻挠，故无速效。现拟派得力同志加入该同志会，其障碍当可去。同志会疑忌我们，与我们同志受民党委托在京沪办杂志也有关系，现已解释清楚。前此王安二同志[②]在京时，内部稍有精神，现范高[③]亦甚努力，惟因内部意见不协，进行上颇多障碍。现亟须加

---

　①　民治主义同志会为当时国民党右派谢持、邹鲁等在北京建立的一个小组织。

　②　王仲一、安体诚。

　③　范鸿劼、高君宇。

派新同志担负工作。天津方面已有数同志在组织讲演会及国民党。

（B）**劳动运动**　亦缺乏人力财力，此时最困难的是应付失业工人及在狱同志及其家属。

（C）**学生运动**　自韦青云为王正廷收买，造谣损坏范、高二同志在学生会的信用，并借以使学联分裂，此项工作吾人应急加入得力分子去整顿。

（二）湖北区

（A）**国民运动**　武汉近来突起的爱国运动，忽然沉寂下去，外交协会已为官厅封禁，官厅对于外交委员会虽尚未封禁，而明示以勿许工人团体参加，该会虽未遵行，而态度转为消极了。国民党有成立支部的可能，但多为工学界的新分子，旧党员可靠者极少。

（B）**劳动运动**　武汉工联虽解散，近来暗中尚极团结，惟缺乏负责之人出头组织，党中现设一劳动运动委员会，即为从事此项工作。武汉失业工人多无大希望，今后须向工厂去寻勇敢分子以教育训练之。

（C）**青年运动**　学联毫无群众，近令各同志借各种机会向各学校活动。

（D）**党务**　负责者少，事多照顾不到，前时工作都是向外发展，对于内部教育训练工〔功〕夫，太没有注意，故同志精神颇不振。学生好批评而不努力工作，工人思想过于幼稚，不能独立担任工作，区委拟今后向此方努力。

（三）沪区

大会后，本区专力整顿上海地方之内部，因前此内部涣散，等于没有组织，现在内部的组织稍有头绪，党费已能收到应收数一半以上。上海为中国第一大都市，可是我们的工作仍然毫无起色。关于国民运动，因为我们的同志多是无职业的外省人，和本地的社会隔绝得厉害，所以不容易进行；关于劳动运动，上海为全国工人最多的地方，而工人运动并不发达，其原因是：（一）交通便利，劳动者供过于求，同业间竞争甚烈，遂不敢与雇主竞争；（二）丝厂、纱厂、香烟厂之女工占全埠工人半数以上，这也是上海劳动运动不易振起之原因；（三）工人籍贯复杂，地方观念也是阻碍团结的原因；（四）原有的青红帮，不但无形中阻碍工人团结，并还自引捕房恶探，侦察工人的主〔行〕动，无微不至。我们办的机器工人俱乐部，因为他们生活利害关系太不相同，他们居住距离也相隔太远，似此散漫不相粘结的分子，如何能够团结起来，所以上海的机器工人组织，前此已数次失败，现在这个俱乐部也无形消灭了。邮差运动前此尚好，现因受压迫而停顿。现在着手吴淞及高昌庙的部分运动，吴淞设一工人学校，已开过一次工会预备会；高昌庙亦拟组织一个工人夜学。店伙组织已着手联络，一二月后即可成立。南京党务比前此略有起色，现拟合浦镇成立一地方会。杭州同志太少，尚不能成立一地方会。沪宁、沪杭铁路工人都立有进德会，会员为熟练工人及员司头目等，颇为工会运动之障碍。

（四）湖南区

（A）政治　自七月初，湖南局面即成"讨贼""护宪"之争，北军未入湘以前，谭[1]已拥有湘南湘西全部，赵则仅据长沙、湘阴、岳阳、平江、浏阳五县以相抗；攸、醴则在或得或失之间，自中立军鲁[2]挥戈附谭，湘谭〔潭〕随之以去。上自湘谭〔潭〕，下迄湘阴林泚〔临资〕口，谭赵[3]之兵皆夹河而阵，战争之重心，则在攸醴之间。九一之变[4]以后，赵氏虽得回复长沙，然各军溃散及倒戈而去者过半，原驻防地尽失，形势过弱，赵

---

① 谭延闿。

② 鲁涤平。

③ 赵恒惕，当时任湖南省长。

④ 一九二三年八月底湖南谭延闿与赵恒惕的战争中，赵部二师十五团团长朱耀华倒戈并于九月一日攻占长沙，赵恒惕败退醴陵。后称为"九一之变"。

乃升十四团长为旅长，叶、贺、唐、刘（钏［铜］）①尽编成师，招兵买马，勒捐强借，竭译［竭泽］而渔，长沙市民独当其冲，或捐或借，搜索在十次以上（房捐抽收三四个月，田赋征收到十四年）上自富商，下及车夫走卒，无一幸免者。加以内河交通断绝，生意凋零，商家陆续倒闭，工厂尽数歇业，人民之苦于兵，为民国以来未曾有。赵氏知民不附己，索性撕去护宪假面，延引北军，南北夹攻，谭军遂不支而撤退赴粤，赵乃重握政权。

（B）**党务**　四个月中，同志增加者，长沙十四人，安源二十余人，水口山十余人。教育进行，长沙较好，同志颇喜于政治及问题之讨论，安源次之，水口山又次之，常德数人太幼稚，目前无办法，衡阳数人亦幼稚。

（C）**劳动运动**　长沙因各厂歇业，工人竭蹶求生，且多星散，纺纱，造币，黑铅诸业俱乐部，顿形冷寂，惟整理其中S.Y.的组织而已。其他各手工业工会，则只能保持原状。安源四个月来，现状颇好。工人颇能在工会指挥之下，练习自治生活，地方军警均失其作用。工会对于社会亦不似从前之隔阂。合作社亦渐有起色。工人补习学校虽未得适当之人主持，然工人居领袖地位者，现有特别班，专事主义与政治上之训练。工人子弟学校有七：惟株、醴二校，受战事上之影响，维护颇不易。在安源可虑之点，则三公司（汉冶萍）资本素仰给于日本，自震灾发生，来原［源］断绝，安源工资，积欠已二阅月，或竟停工亦未可知。然安源煤矿可以独立，汉冶歇业，萍煤有不歇业之可能。但有何方法，做到此着，此间尚无把握。水口山工会尚能保持现状。合作社已成立，因交通断绝，尚未正式开办。衡阳之白果，组织了一个农会，会员约二三万，但因水陆交通断绝，无法加派得力人去主持。距长沙四十五里之靳家河之矿亦有数千工人，曾派人去调查接洽过，一俟战争停止，便可进行。

①　叶开鑫、贺耀祖、唐生智和刘铜当时分别被赵恒惕任命为第三、一、四、二师师长。

（五）山东

（A）党务 十一月十一日下午二时开第二次地方全体大会，同志十三人，又新介绍同志三人，共十六人。第一组因吴同志辞组长，故未开一次会，殊属失当，此后仍请吴同志负责进行。第二组虽开过几次会，亦未见精采〔彩〕，以后希努力进行。党费务于本次大会后一星期内由组长收齐汇交。

（B）劳动运动 理发工会已就绪。自王同志去青岛，彼方面劳动界中已着手活动，现正努力进行。张店方面，已由同志联络路工十余人，不久即可成会。津浦路亦有车务工人与我们连络，将来一定也有头绪。不过最近胶济路全路工人因待遇不良，要起大风潮，这是我们应特别注意的。

（C）将来进行计划 （1）关于党务方面，要通告青岛方面同志，迅速发展一地方，张店方面亦然。努力发展使山东成立一区。（2）关于劳动方面，先以全力注重胶济路，因有机可乘也。胶济路组织好了，则青岛工人与沿路矿工即不成问题。（3）关于国民革命方面，要督促国民党正式成立山东支部，大加打充起来，借以改造腐败的学生会。（4）关于宣传方面，努力扩充《向导》报及各种宣传品，并相机组织研究主义的团体。

又对于最近发生的事件，由学生会发起的国民大会——于十四号开，决计一致加入，并主张不承认北庭，打倒国贼梁浩如〔如浩〕，严惩猪仔议员，追悼留日被害同胞。

（六）哈尔滨

1. **民校**① 民校事，张同志的部长委任状已接到，我们现开始活动。事务所将租妥，以后预备以三十人为基本，从事有意义的组织。

2. **《晨光报》** 此报的销数在哈埠现已占第一位，一个月以后，可归我们主持。

3. **青年学院** 官厅已批准。现正在特警处粮捐下活动经费。青年学院

---

① 指中国国民党。

半月刊——《青年》——下星期内正式出版。

4. 劳动运动

A. 有京汉高牌［碑］店分会得力工友来此，他是天津人，又在东路做工多年，会俄语，现已由俄友供给生活费，办东路华工部事。

B. 此间友人每月出八十元，办《劳动周刊》，此报由我们办，下星期出版。

5. 通信社

现已有了两个办公处，电话等都全备，与无线电收发处合办。仍加力进行津贴，俟根基在握，在此希望再调一同志来专办，以保持这块招牌。

6. S.Y.

基本人已有六人（C友出外）努力于商人学生两方面，从事组织。

7. 已发起一群众对外的组织，下星期日开大会。

拟乘机鼓吹反帝国主义的联合，促进中俄会议等……内幕由我们主持。此间同志皆以"参加团体组织团体"为唯一方法。

（七）广东区

（A）国民运动 本自某方面代表①于十月到广东，国民党改组之事遂实际进行。某代表到广东即召集C.P.及S.Y.执行委员及两中局驻粤委员开会讨论国民党改组进行方法，力劝孙中山召集改组会议。孙中山毅然召集此会议，同志出席此会议者五人。会议的结果，大多数并不反对改组，国民党临时执行委员会遂于十月二十八日正式成立，由孙中山特派九人为委员（内有同志一人②），特派五人为候补委员（内有同志一人③），是日开第一次会议，提出讨论者：（一）广州市分区组织问题（现已分为十二区，同志有势力者有四区）；（二）召集全国代表会议问题（定于明年正

---

① 指鲍罗廷。

② 指谭平山。

③ 指李大钊。

月举行——每省六人，海外华侨有支部者代表一人）；（三）筹办国民党周报问题（已出版）；（四）党纲起草问题（已由廖仲恺起草草案，载在周报）；（五）经费问题。又另组临时委员会上海执行部，推定汪精卫、张继、戴季陶、胡汉民、叶楚伧五人为委员，并已派廖仲恺到上海克日召集成立云。广东未来的国民运动，是收回海关主权问题，此时国民党及广州政府都有此倾向，倘真能有点运动，便是国民党和帝国主义冲突之第一步。

（B）**劳动运动**　广东劳动运动到今日渐将回复其原始状态，三年来带经济性质之运动已普遍做过，加薪减时之口号，在现在很难适用。目下唯一的工作，只有内部组织，而各工会因成立时组织形式太涣散或太旧，又因会员已失工会之需要，多数不能号召会员，其散漫状态与其原始未有成立工会时之状态相同。范围小的人数少的职业不甚重要的，已经无形中自行解休［体］，或仍留其躯壳而已。其比较稍有组织者，只建筑工会、油业工会、机器工会、粤汉路机料工团而已。

（C）**学生运动**　自第三次大会之后，四个月以来，在广州方面虽有新学生社为公开的学生运动。但非S.Y.的社员不甚多，而活动分子则更少，故新学生社的组织，只得到对外发表主张，发起或加入各社团之群众运动等作用：尚未做到能左右广州学生的地步。凡曾参□群众的同志，无论是谁，都觉得我们在学生群众中势力之薄弱。每次都要假借别的团体的力量或政治势力，才能得到较好的结果。故此次S.Y.区代表会有"扩充新学生社"之决议案。现已由各地方会先整顿各S.Y.支部，进而整顿新学生社各支部，再进而扩充之。新学生社出版之《新学生》半月刊虽未能得到多数学生的同情，但于广州的麻木群众当中总有些少影响。虽销行不多——在广州学生方面连社员三百余份，但稍有研究精神，有读书兴趣的学生，都已知道这个刊物。至其不能多销的原因：（一）因政治批评太多，关于文化运动及学生切身问题的批评太少，不能引起他们的注意；（二）因没有确定的编辑负责者。故此次区代表会曾讨论及此，通过了应多发表关于文化运动批评的文章，并举定罗绮园同志担任编辑。可惜他又就了兵工厂的事，故至今仍无负责人。今天［年］九月间全国学生大会，虽然通过了许多关于国民革命的议决案，广州学生会代表且提出拥护中山组织政府案，可是闭会之后，他们又回到原校去读死书，把所有议决案都忘记了。最重要的是实行赞助三民主义者的三种办法，如召集该地方的学生大会进而召集该地方的国民大会宣布学生大会的主张，他们都完全没有做一点工［功］夫。其他关于威海卫问题，天津汉口租界问题，铁路共管问题，长江警备舰队问题，任由英美帝国主义者，猛烈进攻，都完全没有表示。即反对曹锟贿选，请愿北伐的示威运动，虽由我们拉他们加入发起，亦只得一个名义加入，毫无实力。至于根据全国大会议决的章程，改组广州学生会一事，更丝毫没有提到。此次区代表会认定现在的广州学生会实不能领导学生群众做国民革命的工［功］夫，非改组不可，故有"改组广州学生会"的议决。但我们势力所能支配现已加入广州学生会的代表，实缺乏活动力量，故拟先组织法大学生会，俟他加入之后，然后提出改组。现法大的同志已极力活动，且已有头绪，组织学生会事大约不久可成功。

（八）S.Y.

开过全体中央执行委员会一次，最重要的是对于各地方团问题，均有相当的决议，各地答复大致尚能实行。宣传方面，《团刊》十月已出两期，《中国青年》已出六期，《青年工人》已出一期。各地工作，以广东最佳，各项运动，S.Y.均参加。山东近因派专人前往已改组，青岛已快成地方。农民运动，湖南狱［岳］北农民自遭地主联合官厅高压后，被捕者数人，死一人，现农会尚存在，有决议案数起，以排斥洋货反对军阀为口号。太原哈尔滨济南等地十一月七日的运动甚好。现S.Y.分子缺乏真正青年，尤缺乏青年工人，故实际上无什么独立工作，此应设法改正。

国民运动进行计划决议案

国民运动是我党目前全部工作。因为目前的中国劳动运动，农民运动、学生运动、妇女运动，在政治上的意义都只是国民运动。兹根据大会议决案，议定国民运动之进行计划如左：

（一）国民运动，当以扩大国民党之组织及矫正其政治观念为首要工作，因为大规模的国民运动不可无一个有力的公开的党为之号召指挥。

（A）扩大其组织：（1）国民党有组织之地方，如广东、上海、四川、山东等处，同志们一并加入；（2）国民党无组织之地方，最重要的如哈尔滨、奉天、北京、天津、南京、安徽、湖北、湖南、浙江、福建等处，同志们为之创设；（3）新创设之组织，须遵用国民党中央（党）部所发之党纲章程及党证，其名称则暂随当地情形自定之。（B）矫正其政治观念，根据三民主义中之民族主义，促其做反帝国主义的宣传及行动。反帝国主义的运动，在中国国民运动中，比反军阀运动更为切要，在军阀与帝国主义者有冲突时，吾人得助军阀以抗外人，断不可借外力以倒军阀。

（C）我们与国民党之关系：（1）我们的同志在国民党中为一秘密组，一切政治的言论行动，须受本党之指挥；（2）我们预〔须〕努力站在国民党中心地位，但事实上不可能时，断不宜强行之；（3）我们的同志倘站在国民党中心地位，其经费受诸国民党者，应公开的支配，其帐〔账〕目只报告国民党；受诸本党者则对本党负责。

（二）国民运动之主要动力固然是国民党，而国民党之力量必须建设在各种人民的组织上面，必须以国民党的名义去创造或参加各种人民的组织：

（A）**农民** 农民在中国国民运动中是最大的动力，中国国民党的基础便应该建设在农民上面，各省支部应竭力推广其分部于乡村。运动之策略，以教育及自治入手，以"全农民利益"为号召，如水利、防匪、排洋货、抗苛税等，不宜开始即鼓吹佃农的经济争斗致召中农之反抗。

（B）**工人** 工会的组织应与党的组织并重，对于近代产业工人，更应发展其阶级的意识。

（C）**商人** 注意地方商会及大都市商会中，对于官僚分子之反对派。

（D）**店伙** 上海、汉口、天津等大都市急应进行此项组织。

（E）**各机关职员**　即衙署局所雇用之下级人员，此项组织与店伙组织在都市中均极有威力。

（F）**学生**　应以之为各种人民的组织及宣传之媒介，初级师范生对于农民运动尤为重要。

劳动运动进行方针决议案

自"二七"工潮以后，中国北部中部之工人织组〔组织〕大部分破坏了，工人阶级内部的精神，亦因此而涣散、胆怯，有的还堕落了。全国工业中心——上海——以种种特殊原因，劳动运动仍旧毫无起色。南部——广东——大部分是手工业，海员因缺乏宣传与组织，总会职员素不为会员所信任，又以经手财政不清，互相冲突甚烈，内部危机一日迫一日。依此状况，大会所议决的全国总工会及其他类似之组织一时均不易着手，兹拟先行选择最重要的产业工人，如铁路、海员、矿工，集中我们的力量，加以切实的各个组织或整顿。候这三个产业工人都真有了全国的组织，然后再谋这三个产业工人的联盟；即使彼时有组织全国总工会之必要与可能，亦须十分注意于这三个产业工人的联盟以为之中心，方免涣散。

组织整顿这三个产业工人之目前计画〔划〕：

（一）**铁路**　由现在之铁路委员会派人分往各路接洽，俟各路能够派出有力代表（以在职工友为限）担负组织责任，即应择相当地点召集各路会议，以议决各路公开的或秘密的组织方法及各路公同〔司〕的关系。在此会议前，上海、杭州、山东及广州同志对于该地铁路工人之组织，须特别努力。

（二）**海员**　（1）由上海及留法同志努力于宁波海员之联络及宣传；（2）上海汉口天津同志，努力于北洋及长江航路之船员组织；（3）由广州同志用国民党的力量设法改造中华海员总工会，并在香港特设国民党海员部，以便开始宣传及改良其组织。上海香港新加坡间之文件输送，亦海员运动中重要工作。

（三）**矿工** 以奉天直隶山东河南湖南（湖北江西包含在内）为主要区域。湖南已有组织；直隶之唐山应由京区及唐山地方设法进行，并各指定同志主持此事；山东之坊子，溜〔淄〕川博山，峄县等处矿工运动，山东同志应把他和津浦胶济路工运动同时并重；奉天以设法成立本党组织，河南以恢复本党在彰德组织，为入手办法。

教育宣传问题议决案

A．宣传方针

一、政治 最近期间可略偏重于下列几种政治上的及外交的宣传：

1. 反对英美帝国主义之各方面的宣传。

2. 中俄亲善及承认苏俄（以爱国主义为立足点之分数当加多；中国可以利用俄国抵制英美日；俄国实际上决不能侵略，而必须经济的政治的合作）。

3. 国民党之改组（反对非政党说，提倡健全的国民运动的政党，当就现有的国民党着手）。

4. 反对曹吴及外交系（当注全国目光于直系，对其他军阀不必与以同等之攻击；不可落于普遍否认的稚气，当以竭力求变更现状为宣传的最近目标）。

5. 反对研究系——宪法派（证明宪法非民众实力不能保证；研究系借"法律条文"投机与外交系借"西餐礼节"卖国有同等的罪）。

6. 各省的现实政治之批评（如省区及地方组织尤当注意如山东哈尔滨等有C.P.所能支配之新闻机关者）。

7. 地方自治之实际建设（如职业选举之类，当以能实行为前提：如哈尔滨市议会——中国、日本、俄国平民——之选举权等，都可借此相机引起中国商人、工人等的政治运动）。

8. 五权宪法的研究——（应当借革命的一权说，民党所谓五权宪法，不过组织上的问题而并非"权")。

9．其他各殖民地及半殖民（地）的革命运动之宣传及介绍。

10．近时德国革命形势之论述。

此中尤以反对英美及直系为最重要。

二、劳动　劳动群众中，除上述的政治外交问题当以极浅近的口号宣传外，并须特别注意下列几项：

1．经济斗争（须有组织有步骤之坚决斗争，勿作孤注一掷）。

2．经济斗争与政治及外交之关系（当取中国实际经验作例，如海员唐山京汉等）。

3．自然及社会科学之常识，共产主义之浅释（当与工人以整个的科学的奋斗的人生观）。

4．普通集会组织的方法。

5．世界劳动运动史略及现势。

已有的《工人周刊》及《劳动周报》当尽力推销于工人及党员之间。凡能与工人接触之党员当尽力运用《前锋》《新青年》《向导》社会科学讲义等之材料，使用口语，求其通俗化（Popularization）。

当尽力编著通俗的问答的歌谣的小册子。

有可能的地方当设贫民学校。

三、农民　农民间之宣传大致与工人中相等，但材料当取之于农民生活；尤其要指明农民与政治的关系，为具体的经济改良建议之宣传，如协作社、水利改良等，尽可以用外国译语，只求实质能推广农民运动。

四、文化　文化思想上的问题亦当注意，这是吸取知识阶级，使为世界无产阶级革命之工具的入手方法。

1．反对东方文化派（纯粹的东方派是幻想的退步的思想；纯粹西方资产阶级文化是个人主义，伪慈善主义；共产派当宣传为斗争而互助，斗争乃为将来全人类之互助；无斗争即无生活）。

2．文学的及科学的宣传主义。

3．反对宗法社会之旧教义。

4. 反对基督教的教义及其组织（如青年会）。

5. 健全的唯物主义的宇宙观及社会观及"集体主义"的人生观（反对个人主义；各个人当择一宗旨，结为团体，服从其分配工作以达共同目的，亦即自己之目的；个人生活当然因此得一部分的满足，同时亦当自求生活保证，求身心的强健；结团体本是为着各个人的目的；个人的安全亦是为着团体的工作。既有团体（或社会）便有各团员间之相当关系（或新的习俗），非此不能维系；决不应以为共产主义便真是"过激主义"——蔑视一切个人私德）。

共产党员人人都应是一个宣传者，平常口语之中须时时留意宣传，在这一时期，大家都当以上述的方针为标准去实行。至于材料，可以取之于C.P.（和）S.Y.之出版物。出版物及团体内的宣传教育方法亦另定暂时的办法，见教育宣传委员会的组织法。

B. 教育方法

甲

一、各地方之政治讨论（每次大会由教育委员选择《前锋》或《向导》论文作材料）

二、各小组之政治讲演（除现时政治问题外，最好每组以党纲草案为根据逐段讨论研究——此于新加入之同志有大益处）。

三、各小组之组织原理讲演（以章程为材料）。

乙

四、国内劳动运动及各地现实的劳动生活，每小组均当加以讨论（以《工人周刊》等为材料）。

以上各种材料及讲演员之分配当由各地方教育委员负责——每月报告中央教育委员会。

各地C.P.及S.Y.各推一教育委员合作——可以共同报告——（但S.Y.所用材料当注重青年方面，如《中国青年》《青平［年］工人》及S.Y.之章程纲领；C.P.党纲却亦为S.Y.所必须研究，此为两团体之政治的共同精神）。

丙

各地有可能时，设社会科学的研究会（任取何名，如哈尔滨之青年学院），大致可如下法组织：——（亦可利用其他学会，掺入自己材料）新青年，社会科学讲义，译著的关于主义之书籍为材料（党员的新译著随时报告中央）；每月召集会员几次，预指材料及问题，或请人讲演或共同问答；结果若有疑问，可寄到名义上的"社会科学会"（即中央教育委员会）令答复。再则可令会员从事实际调查各种中国现实问题如劳动状况等。

（《中国共产党党报》第1号，1923年11月30日；转引自中央档案馆编：《中共中央文件选集第1册（1921—1925）》，中共中央党校出版社1989年版，第183—208页）

共产国际执行委员会主席团关于中国民族解放运动和国民党问题的决议

（1923年11月28日）

一、民族政党国民党所领导的中国解放运动，目前正经历着建立组织和集聚力量的阶段。国民党曾酝酿和发动推翻清王朝的辛亥革命，但没能把这个反对封建主义的斗争进行到底，这主要是因为，这个党没有吸收城乡广大劳动群众参加斗争，而把自己的计划寄托在能在军事上战胜那些已成为世界帝国主义工具的国内反动势力上。

二、共产国际主席团满意地指出，以孙中山博士为首的国民党革命派已认识到必须接近劳动群众，必须通过广泛的宣传和组织工作同他们保持最密切的联系，从而巩固和扩大中国革命运动的基础；同时相信，从国民党建党起就奉为该党基础的三民主义——民族主义、民权主义和民生主义，将通过下述解释，表明国民党是一个符合时代精神的民族政党。

三、民族主义，就是国民党依靠国内广大的农民、工人、知识分子和工商业者各阶层，为反对世界帝国主义及其走卒，为争取中国独立而斗争。对于上述每一个阶层来说，民族主义的含意是，既要消灭外国帝国主义的压迫，也要消灭本国军阀制度的压迫。

如果对于工商业资产阶级来说，民族主义意味着更好地发展国家的生产，那么，对于国内各劳动阶层来说，民族主义就不能不意味着消灭封建专制的压迫，就不能不意味着，不仅要消灭外国资本的残酷剥削，而且也要消灭本国资本的残酷剥削。

对于中国广大人民群众来说，在民族主义口号下进行斗争的全部含意是，既要摆脱帝国主义的压迫，也要不致遭受本国资产阶级的压迫。

国民党应当实际上表明，在那些由于进行民族斗争而削弱了帝国主义的地方，群众能够立即顺利地发展和巩固自己的组织，以便进一步进行斗争。国民党只有通过增强、支持和组织国内各个劳动人民阶层来放手发动全国的力量，才可以向群众表明，这个民族主义体现的是健康的反帝运动的概念。只要国民党能深入地联系中国群众，就能保证取得国家的真正民族独立。

这个主义的另一方面应当是，中国民族运动同受中国帝国主义压迫的各少数民族的革命运动进行合作。国民党在宣布中国境内各民族一律平等的原则时应当记住，由于中国官方的多年压迫，这些少数民族甚至对国民党的宣言也持怀疑态度。因此，国民党不要忙于同这些少数民族建立某种组织上的合作形式，而应暂时只限于进行宣传鼓动工作，随着中国国内革命运动的顺利发展，再建立组织上的联系。国民党应公开提出国内各民族自决的原则，以便在反对外国帝国主义、本国封建主义和军阀制度的中国革命取得胜利以后，这个原则能体现在由以前的中华帝国各民族组成的自由的中华联邦共和国上。

四、国民党的第二个主义——民权主义，不能当作一般"天赋人权"看待，必须看作是当前中国实行的一条革命原则。

这里必须考虑到，在资产阶级社会的条件下，民权主义可能蜕变为压迫劳动群众的制度和工具。因此，国民党在向群众灌输民权主义的原则和解释其含意时，应使其有利于中国劳动群众，即只有那些真正拥护反帝斗争纲领的分子和组织才能广泛享有这些权利和自由，而决不使那些在中国帮助外国帝国主义者或其走狗（中国军阀）的分子和组织享有这些自由。

五、民生主义，如果解释为把外国工厂、企业、银行、铁路和水路交通收归国有，那它才会对群众具有革命化的意义，才能在群众中得到广泛的反响。

至于中国的民族工业，国有化原则在现在也可适用于它，因为这将有助于进一步发展国家的生产力。民生主义也不能解释为国家实行土地国有化。必须向缺乏土地的广大农民群众说明，应当把土地直接分给在这块土地上耕种的劳动者，消灭不从事耕作的大土地占有者和许多中小土地占有者的制度，因为他们一部分人经营商业，一部分人担任国家官吏，他们以现金地租和实物税来盘剥农民。国家还应当减轻农民的赋税负担，应当大力帮助农民解决灌溉、由人口稠密地区向人口稀少地区移民、开发荒地等问题。

六、当前，中国工人阶级是全国各地区（北起满洲，南至南方各省和帝国主义者盘踞的港埠）在经济上和政治上利益一致的唯一的阶级，因而必然会在统一国家和争取中国独立的反帝运动中，起到自己一份重大的作用。

共产国际相信，革命政党国民党将更多地考虑中国工人运动日益发展的情况，为了加强全国的解放运动，将放手发动工人阶级的力量，全力支持它的经济组织及其阶级的政治组织——中国共产党。

七、就自己方面而论，共产国际曾经而且还将指示中国共产党、工人阶级和劳动农民，必须全力支持国民党，因为它所进行的反对外国帝国主义和本国封建主义的斗争，将有助于工人阶级的解放、成长和壮大，因为它将在使用土地和管理国家方面，把农民从封建专制的条件下解放出来。

八、国民党应当把全国的解放运动建立在广大人民群众支持的基础上，尽力利用侵华的帝国主义者的内部矛盾，使之有利于争取独立的斗争，同时还应当理解，必须同工农国家苏联建立统一战线，以反对帝国主义者及其在华势力，必须使中国的解放运动同日本工农革命运动和朝鲜民族解放运动发生接触，建立联系。

共产国际执行委员会总书记（科拉罗夫）

莫斯科1923年11月28日

（中国社会科学院近代史研究所翻译室编译：《共产国际有关中国革命的文献资料第1辑（1919—1928）》，中国社会科学出版社1981年版，第81—83页）

中国共产党、中国社会主义青年团中央局对于国民党全国大会意见

（1923年12月）①

现在及最近的将来，我们确实有在国民党内竭诚的和国民党合作之必要。在原则上，当此时期我们与国民党并无主义上政策上冲突之实质；在事实上，或因国民党未能了解国民主义的实质，或因彼此感情的疏隔而有所冲突。于前者（特于对外恢复国权，对内民众的政治宣传及为人民利益奋斗的表示），我们决不能让步，但须依据其党纲与主义以委婉诚恳的态度出之，尽量避免使其恐怖或疑忌的态度与术语。于后者，我们须抑制一切感情并抛弃鄙视国民党之旧观念，努力深入其群众，以期达到国民革命的联合战线之目的。C.P.与S.Y.两中局及国际代表的联席会议，因上情由，并知道幼稚的国民党初次全国大会，代表分子非常复杂，不愿以希望过奢，致碍我们合作的初幕。所以只议决左列各项最低限度的主张：

一、对于党纲草案，我们大致赞同，惟关于民族主义内容的解释，我们主张是：对外反抗侵略主义的列强加于我人之压迫……

二、对于章程草案，亦大致赞同；惟对于实际的地方组织，我们主张应就当地选人，不得由旅粤或旅沪党人遥领。

---

① 原件未注明时间，此处根据文件内容判定。

三、对于政纲议案，我们宜拥护国际代表的八条意见。

四、对于中央执行委员选举案，我们同（意）选谭平山同志。

五、对于宣传事业，我们应主张于党的主义政策外，须兼及关于人民利害的每个实际问题。

出席此大会的同志们，在每次会议之前，须秘密集议，以便对于上列五项及其他意见，主张一致，更须注意联络国民党之进步分子，使之表同情于我们的主张。

C.P.中央局

S.Y.中央局

（《"二大"和"三大"——中国共产党第二、三次代表大会资料选编》，中国社会科学出版社1985年版，第257—258页）

第三国际妇女部告中国女学生书

（1923年5月9日）

中国女学生同志们！

中国的军阀受了外国上司的命令，又正在摧残中国革命的学生。种种残暴的屠杀，使你们奋起反抗，力争民主独立——此等困苦斗争的时候，我们对于你们极表同情，谨致热忱赞助之意。

国际共产党的世界妇女书记部——是女劳动界的唯一奋斗机关，日方注意于中国平民和中国妇女解放运动。

我们很知道，你们的运动是处在极困苦的环境之中。中国军阀，既受外国强暴者的贿买，又复自相仇视。12年来弄得国内战祸不止，平民国民受尽苦痛。

你们的乡村，屡屡受军阀兵匪的焚烧杀掠。你们农民饥寒困顿，买男鬻女，不得不逃入城市，男的做乞丐、苦力、洋车夫，女的到工厂妓馆。

我们知道中国几百万男女工人怎样的困苦——受尽外国资本家的压迫，外国资本家正趁着中国内乱拼命的剥削你们呢。

英法美日订了四国协定，要想吸收中国人的血汗。他们用金钱借给军阀，使他们互相争战。他们的工厂就是我千万男女工人的坟墓——工人一面做工仍旧是受尽饥寒，受尽病痛。他们把富有天产的中国变到如此的穷困，几百万人民尽成了他们的奴隶。

"华人与狗不准入内"——这是他们挂在你们"国内的外国公园"门上的告牌。他们还要用手杖赶着洋车夫走。他们把中国人不当人。中国婢女在外国人家里还要羡慕太太心爱的狗呢。

虽然，受压迫的中国革命运动却亦一天一天的发展，中国的男女学生及先进工人能做这革命的领袖——这是我们看着有非常之大的希望的。

我们早已听见你们对于山东问题的呼声，听见你们号召劳苦群众抵制华盛顿会议与凡尔赛和会，听见你们号召他们起来反抗欲壑难填的外国帝国主义，听见你们号召他们起来争中国的自由独立。

我们已经看见你们在最近一次铁路工人奋起的时候，曾经积极地参加援助——可恨卖国贼军阀竟任意杀戮，只顾了讨英法等国帝国主义者的喜欢。

军阀及外国资本家非常之恨你们，下令禁止你们的宣传，枪毙你们的工人先驱，逼走你们敬仰的大学校长，洋文报纸上乱造你们的谣言——凡此种种，更足以证明你们对于革命运动有一定的价值，对于国内的反动派及国外压迫者有一定的可怕的意义。我们知道，现在中国学生界是民族革命运动及劳工运动的大动力——最近已有极激昂的罢工运动将来必定扫除外国帝国主义的霸占局面。

然而此等在开始的斗争，若是没有女劳动界的参预〔与〕，是不能得完全的胜利的。

女劳动者无组织无觉悟，容易受人欺骗，一到紧急关头她们或是竟不能加入斗争，一同来反抗压迫者。所以中国之革命的女学生负有极大的责任——就是应当竭力援引几百万女工群众，使加入有组织的斗争，反对外国资本家，与帝国主义者。

你们在此种运动上已有经验，因为你们已有妇女的爱国团体。然而几千万的女人们还没组织，还没觉悟，并且非常之窘迫穷困。应当在他们之中多用功夫。应当教他们和中国无产阶级的斗争结成密切的关系并解说给他们听：男女工人及革命学生界在目前的利益是相同的，只有劳动界战胜外国强暴者之后，中国受剥削的女子方能得到解放。

　　俄国大革命之经验，俄国女工农妇反对资本国家阴谋干涉的斗争以及俄国劳动界全体，已经证明：只有无产阶级专政下妇女方有真正的自由，真正的平权，而不仅是纸上的空谈。

　　你们，中国女界之花，女学生革命家，实有极重大的责任，就是做中国女工的前导者，努力奋斗，经由民族的独立以达到自己的解放。

　　请领导妇女的民众勇猛进行以达到革命之最终的胜利。

　　你们有你们的权利，你们有全世界女劳动界援助。

　　中国被压迫人民解放运动万岁！

　　中国女劳动者——中国解放运动中之健将，万岁！

　　中国革命的女学生——女工群众的良友，万岁。

国际共产党世界妇女书记部东方科

　　（《向导》周报第24期，1923年5月9日；转引自中共中央党史研究室、中央档案馆编：《中国共产党第三次全国代表大会档案文献选编》，中共党史出版社2022年版，第54页）

北京代表李大钊意见书

（1924年1月28日）

　　原编者按：本文系李大钊同志一九二四年在国民党第一次全国代表大会上的发言。国共合作的实现是同国民党右派斗争的结果。在筹备改组国民党时，一九二三年十一月二十九日，邓泽如、林直勉等人曾以中国国民党广东支部的名义，向孙中山提出"弹劾共产党案"，诬蔑共产党员加入国民党是一种"阴谋"，反对孙中山容纳共产党的政策。一九二四年一月二十八日，当国民党"一大"会议讨论《中国国民党章程》时，国民党右派又跳出来捣乱，竟提出"本党党员不得加入他党应有明文规定"，极力反对共产党员"跨党"。这一问题在会上引起了争论，李大钊同志代表中国共产党作了发言，并印发了这份"意见书"（原件为油印件，藏中国革命博物馆）。大钊同志的发言光明磊落，理直气壮地批驳了国民党右派的谬论，挫败了他们的阴谋，实现了以国共合作为基础的革命统一战线，使之成为第一次大革命高潮的起点。

诸位同志们：

　　兄弟深不愿在改造的新运中，潜植下猜疑与不安的种子，所以不能不就我个人及一班青年同志们加入本党的理由及其原委，并我们在本党中的工作及态度，诚恳的讲几句话。

　　兄弟们到广州来，承本党总理及党中先进诸同志欢悦的接受，令我们在国民革命的工作上得有尽其棉［绵］薄的机会，我等不能不服本党总理及党中先进诸同志热诚的促进负有国民革命的使命的国民党的精神。但有少数先进的同志终不免对于我等加入本党致其怀疑者，使此怀疑不能涣然冰释，则于本党改造的新机中即预伏一种妨害将来发展的危机。此断非吾辈之所愿想，亦非先进诸同志之所愿用，是不能不将我等加入本党的理由开诚布公的讲出来，以求得一共同的了解而消除那方在潜萌的危机。

我们相信，在今日列强的半殖民地的中国，也就是本党总理所说的次殖民地的中国，想脱除列强的帝国主义及那媚事列强的军阀的二重压迫，非依全国国民即全民族的力量去做国民革命运动不可。若想完成此国民革命的事业，非有一个统一而普遍的国民革命党不可。我们认在这种国民革命运动中，不宜使国民革命的势力分歧而不统一，以减弱其势力而迟阻其进行，非以全民族之心力集中于一党不可。我们环顾国中有历史、有主义、有领袖的革命党，只有国民党。只有国民党可以造成一个伟大而普遍的国民革命党，能负解放民族，恢复民权，奠安民生的重任，所以毅然投入本党来。我们觉得刚〔光〕是革命派的联合战线力量还是不够用，所以要投入本党中间，改编成一个队伍，在本党总理指挥之下，在本党整齐纪律之下，以同一的步骤为国民革命的〔而〕奋斗。我等之加入本党，是为有所贡献于本党，以贡献于国民革命的事业而来的，断乎不是为取巧讨便宜，借国民党的名义作共产党的运动而来的。因为在今日经济落后沦为帝国主义下半殖民地的中国，只有国民革命是我民族唯一的生路。所以国民革命的事业便是我们的事业，本党主张的胜利即是我们的胜利。我们以此理由，不但自己愿来加入本党，并愿全国国民一齐加入本党。这种发展本党的责任，是要先进诸同志与我们共同担负的。

有一部分同志疑惑，因为我们加入了本党，本党便成了共产党，这亦是一种误会。我们加入本党，是来接收〔受〕本党的政纲，不是强本党接受共产党的党纲。试看本党新定的政纲丝毫役〔没〕有共产主义在内，便知本党并没有因为我们一部分人加入，便变成共产党了。

又有一部分同志提议，本党章程应规定不许党内有党，党员不许跨党，这或者亦是因为我们加入本党而起的。我们加入本党是一个一个的加入的，不是把一个团体加入的，可以说我们跨党，不能说是党内有党。因为，第三国际是一个世界的组织，中国共产主义的团体是第三国际在中国的支部，所以，我们只可以一个一个的加入本党，不能把一个世界的组织纳入一个国民的组织。中国国民党只能容纳我们这一班的个人，不能容纳我们所曾加入的国际的团体。我们可以加入中国国民党去从事于国民革命的运动，但我们不能因为加入中国国民党便脱离了国际的组织。我们若脱离了国际的组织，不但于中国国民党没有利益，且恐有莫大损失。因为现代的革命运动是国民的，同时亦是世界的。有我们在中国国民的组织与国际的组织的中间作个联络，作个连锁，使革命的运动益能前进，是本党所希望的，亦是第三国际所希望的。由此说来，我们对于本党实应负着二重的责任：一种是本党党员普通的责任；一种是为本党联络世界的革命运动以图共进的责任。所惧我们的才力不胜，不能担当此任，还望先进诸同志不吝指导而匡助之，是我们的欣幸。

总之，我们加入本党是几经研究再四审慎而始加入的，不是胡〔糊〕里胡〔糊〕涂混进来的；是想为国民革命运动而有所贡献于吾党的，不是为个人的私利与夫团体的取巧而有所攘窃于本党的。土耳其的共产党人加入土耳其的国民党，于土耳其国民党不但无损而有益。美国共产党人加入美国劳动党于美之劳动党不但无损而有益。英国共产党人加入英国劳动党，于英之劳动党亦是不但无损而有益。那磨〔么〕我们加入本党，虽不敢说必能有多大的贡献，其为无损而有益亦宜与土、美、英的先例一样。我们加入本党的时候，自己先从理论上、事实上作过详密的研究；本党总理孙先生亦曾允许我们仍跨第三国际在中国的组织。所以，我们来参加本党而兼跨固有的党籍，是光明正大的行为，不是阴谋鬼祟的举动。不过我们既经参加了本党，我们留在本党一日，即当执行本党的政纲，遵守本党的章程及纪律，倘有不遵本党政纲、不守本党纪律者，理宜受本党的惩戒。我们所希望于先辈诸同志者，本党既许我们以参加，即不必对于我们发生疑猜而在在加以防制。倘认我们参加本党为不合，则尽可详细磋商，苟有利于本党，则我们之为发展本党而来者，亦不难为发展本党而去。惟有猜疑防制实为本党发展前途的障害，断断乎不可不于本党改造之日明揭而扫除之。自今以往，我们与先辈诸同志共事之日正长，我们在本党中的行为与态度，当能征验我们是否尽忠于国民革命的事业，即以尽忠于本党，愿我先辈诸同志提携而教导之。

（《党史研究资料》1980年第6期；转引自《"二大"和"三大"——中国共产党第二、三次代表大会资料选编》，中国社会科学出版社1985年版，第259—262页）

同志们在国民党工作及态度决议案

（1924年2月）①

（一）在此次国民党改组以后，为求本党同志与国民党能圆满的合作，以督促国民党切实执行此次全国国民党代表大会议定之章程及其他决议案；中央希望全国同志务须明了，本党所以必须与国民党合作，因就中国眼前之经济状况，必须经过民主主义的国民革命，这是国民党对于中国的历史的使命。国民党亦曾倡导三民主义，亦曾与反动的军阀势力相抗争；但其内部组织纪律，颇不完密，故使中国的国民革命，不能应民众的需要而早日成功。本党为欲促成国民革命的成功，于本届全国大会已经决议党员加入国民党，从种种方面，督促国民党实践其国民革命的工作。今以国民党明达领袖的决心，我们素所期待的改组国民党的理想，竟一一开始进行，这实在是中国革命前途的幸福。我们在国民党改组以后更加以努力扶持他们，不可因他们以往的缺点，预存嫌恶藐视的心理。他们的党员当中，自然不免有于心性习惯上，未能全改旧日的状态的人；但我们只徐为掖进，不应有不屑与之为伍的成见，以惹起他们的反感。即对他们中间极腐败的分子，亦宜

---

① 这个文件，是作为1924年4月团中央扩大会《关于国民党工作及态度决议案》的附件登在《团刊》第7期上的。根据团中央扩大会的决议说，这个文件是"C.P.中央委员会第二次全体会议"的决议案。又据1924年5月14日中央扩大会执行委员会上中央局的报告中说，第二次中央执行委员会是1924年2月底召开的。

取敬而远之的态度，须尽力避免不必要的冲突。

（二）对于国民党此次大会的圆满结果，我们同志不可过于乐观。对于国民党比较不接近我们的分子，应多方加以联络，以逐渐改变他们的态度。我们切不可把那样的分子，统认为他们是所谓"右派"，这是一种错误的认识。无论国民党的旧党员与新党员，他们比较疏远我们，还曾经一二次反对我们的主张，他们不一定对我们有恶意，或者是不了解我们的原故，我们不要遽目为右派，把这样的党员目为属于统一的一个派别，因而嫌恶疑忌他们。因为这样，必致惹起他们的反感，促成他们的实际联合。这将不但使我们与国民党的合作发生困难；且徒然使革命势力内部发生些不必要的分歧，以妨害中国革命的发展，而使国民党不能免左右之分歧。我们应采取种种策略化右为左，不可取狭隘态度躯〔驱〕左为右。

（三）国民党开会时，我们的同志均应按期到会，在国民党的各种工作中，我们的同志均应努力工作。这可以表示我们对国民党忠诚的合作，亦可以因我们的努力，使国民党改组的计划，得以圆满的实践出来。但同志们必须注意的，对于国民党员我们仍应设法诱导他们到会或工作，即对国民党不努力的分子，于诱导无效之时，亦不可有嫌恶貌〔藐〕视的态度，亦不可有骄矜自炫的辞色，以引起他们的反感。

（四）我们的同志在参与国民党每种组织每种工作时，应于该项组织或工作详细讨论办法，以为我们一致努力的根据；以免临时慌张分歧，不能收良好之效果。教育本党同志在国民党进行组织及工作的事，如关于开会报告议事、表决分配工作、考核成绩、进行党员教育、向外活动方法等之教育事项，应由区及地方委员会负其责任。本党同志在国民党能尽所职，引起国民党员都能尽职，使其成为一个有组织能行动的党，我们加入国民党之目的才算达到。

（五）国民党此次议定之宣言书，为国民党精神之所寄托。我们的同志，应站在国民党立脚点上，根据此宣言书，努力向国民党党内党外宣传。我们要使国民党真成为国民主义的党；不可听其为（少）数党员仍如以前忽视旧有的党纲一样，使宣言书又成为一种具文，党的活动及中国的政治上不生关系。所以他〔我〕们须常引起国民党党内党外的人，对于此宣言书的注意。

（六）我们的同志，加入国民党各种机关内，以扶助督促其党务之进行，自为应尽之职务。但我们必须注意下之三点：（1）加入之人，必须选择能干而且适宜于国民党某种工作的同志；使他的工作成效，可以引起国民党对于我们同志的尊重与信任，同时亦可使国民党党务有进步。（2）能力较为薄弱，或不适宜于国民党某项工作的同志，不可轻于使之担任国民党各种职员，以引安置私人与包办的嫌疑，同时亦使国民党党务，及国民党对于本党的信任，俱受不良的影响。（3）在时机不相宜时，不可勉强援引我们的同志，以惹起国民党的反感，致妨害以后我们与国民党的合作。

（七）本党以后一切宣传、出版、人民组织及其他实际运动，凡关于国民革命的，均应用国民党名义，归为国民党的工作。此因一可减省人力财力，二可使国民党易于发展，三可使各种努力的声势与功效比较扩大，而且集中。但对于我们所认为必要事项，而国民党不愿用其名义活动的，仍作为本党独立的活动。

（八）在发展国民党组织之时，关于本党组织之发展，当然不能停止，但介绍新分子入本党时，须十分慎重选择，凡非对于本党主义、策略及党之纪律充分明了其〔并〕恳切的愿意服务本党者，不必轻率加入。轻率加入多数不健全的分子，不使国民党误会我们有意拉去他们的党员，且使本党的组织日渐松懈紊乱。

（《团刊》第7期，1924年4月11日；转引自《"二大"和"三大"——中国共产党第二、三次代表大会资料选编》，中国社会科学出版社1985年版，第263—266页）

中国共产党扩大执行委员会会议文件①

（1924年5月10—15日）

此次扩大执行委员会之意义

此次召集扩大执行委员会，有三个重大的意义。

第一个意义是：我们在国民党中和在国民党外，做种种复杂的工作，即在比我们强大的党，也很容为［易］有不偏于"左"倾即偏于右倾的危险，何况是我们这毫无经验的党。因此，我们越发感觉在国民党工作的重要，更越发感觉认识国民党及巩固我们党的重要。

第二个意义是：劳动运动，尤其近代产业工人运动是我们的党之根本工作，我们在国民革命运动中若忽视了这种工作，便无异于解散了我们的党。

第三个意义是：青年运动也是党的重要工作之一，以前党及S.Y.在此项工作上都做了种种错误，不可不急于救正。

此次扩大执行委员会是在上述三个意义上召集的，全国同志对于他的一切议决案都要即刻努力执行；同时，如有疑议及实施方法也可向中央局充分讨论。

---

① 此标题为《"二大"和"三大"——中国共产党第二、三次代表大会资料选编》编者命名，以下收录文件登载在《中国共产党党报》第3、4号上。

共产党在国民党内的工作问题议决案

国民党于第一次大会之后，思想上及组织上都渐渐的形成起来，大半是因为我们党员积极的参加工作。然而在这种国民革命的运动里保存阶级斗争的成分却亦因此而更难了。京汉罢工失败后一年多以来，中国的产业工人，尤其是路工和矿工，已经重新倾向自己的阶级组织，要在比以前更扩大的基础上恢复工会。同时，国民党内一大部分党员本来很明显的属于工业及农业的有产阶级的倾向，并且回避反帝国主义的争斗，他们的阶级利益和劳动平民的利益，将来当然不能一致；他们的阶级性每易趋于妥协，也很难必其能为中国民族完全独立奋斗到底。既如此，国民党内——对于反帝国主义、民权主义、农民问题的改良政策，对工人利益的让步问题——便发现两派的力量。共产党自然在孙中山及现时愿意实行已通过之"宣言"里的政纲的一派方面。照现在的状况看来，国民党的左派是孙中山及其一派和我们的同志——我们的同志其实是这派的基本队；因此所谓国民党左右派之争，其实是我们和国民党右派之争。所以假使现在我们因为巩固扩大国民党起见而取调和左右派的政策，那就是一种错误。

这并不是说我们立刻要求机械式的开除右派，也不是对于右派之人身的攻击与冲突；我们乃要求国民党内的批评自由，我们便能在国民运动的根本问题上指摘右派政策的错误（最重要的，就是回避反帝国主义的争斗）——在我们自己的机关报上，在国民党的机关报上，在种种集会的时候。

同时我们应当用种种方法于思想上和组织上巩固左翼。

为达这些目的起见，我们应当了解下列几项，以为指导我们工作的方针：

一、国民党依他的社会成分（阶级分子）及历史上的关系看来，客观上不能有严格的集中主义及明显的组织形式。他既有各阶级的分子在内，决不能同等的代表各部分的利益，只有反帝国主义和民权主义可以做大多数平民群众的斗争的共同政纲。可是也因为这一共同点（民族主义与民权主义——参看《党报》第二期附录《三民主义之意义》），并不能十分联络党员，使他们永久觉得党是他们特殊利益的保护者。同时也因为这一共同点不限于一阶级的性质，虽能影响到中国极大多数的群众，却不容易吸收在这党的组织里。

国民党的性质既然如此，所以共产党的责任，就是使国民党不断的有规划的宣传"宣言"里的反对帝国主义及军阀，要求民权的原则。决不能先要求国民党数量上的扩大，而后宣传反对帝国主义及军阀；亦不能认机械式的组织与宣传鼓动是同等重要的。应当对于国民党证明：一个政党的扩大，只能经常不断的普遍全国的反对帝国主义及军阀的宣传及行动的过程里；再则，要不徒托空言，而实际上在国民党政府领域之内实行农民问题的改良政策，实行赞助工人组织。我们如此的进行国民党工作，同时就是巩固国民党左翼和减杀右翼势力的最好方法。要达这一目的，必须我们能在事实上参加国民党的宣传部——每次不要放过反帝国主义的宣传机会，使国民党真正形成代表那次大会（宣言）的国民党。无论怎么样好的组织系统不能代替这种宣传的。

当然，我们当赞助国民党办好组织机关，引进思想上接近国民党的分子，然而这不能作为我们在国民党里的唯一主要工作；这种工作在国民党正在国内战争中之南方与国民党当取得同情以备响应南方解放运动之北方，亦不能有同样重要的分量——宣传更重要于组织。

二、中国北部及中部的产业工人，尤其是路工及矿工，要他们赞助国民党左翼，我们的政策应当结合他们于经济的阶级组织（即工会）里，再指导他们去帮助国民党反对帝国主义——每逢国民党对于反对帝国主义及军阀政府有所行动或表示都加以赞助。这种赞助甚至于可以为国民党的军事利益起见而罢工。同时我们应当反对国民党右派思想在工人里的影响——这与我们反对其他小资产阶级及反手［对］工人阶级意识的一切党派是一样的。别一方面我们应当要求国民党赞助工会反对外国的及本国的资本家苛待工人。

三、为帮助国民党取得中部及北部人民的同情起见，我们应当使国民党抛弃反对北方政府为唯一要义的宣传政策——这种政策其结果往往客观上反而为帝国主义所利用，并且使南北意见及地方主义格外深入——我们应当使国民党的宣传政策注重反对帝国主义，而指斥北京政府是帝国主义者的工具。

四、应当使国民党特别注意军队里的宣传，自己的军队及仇敌的军队都要注意；尤其要注重吴佩孚、张作霖、冯玉祥的军队。

五、为扩大革命战线起见，必需［须］使国民党注意去调查研究国民党势力与北部及中部的帝国主义报纸上所谓"土匪"的势力相结合及宣传的可能问题。

六、为使国民革命运动深入起见，为拥护广东政府起见，要使南方农民参加国内战争，我们应当要求国民党实行废除额外苛税并禁止大地主对于贫苦佃农之过分的剥削。此外，还要武装沿战线的农民——直接与北方军队相接触的农民。第一种方法若能实行，这第二种方法便使农民无形之中直接参加南方的解放运动。

工会运动问题议决案

一、中国无产阶级至今还是全国人民中很少的成分。可是中国最近二十年来的工业化的速度，在欧洲大战时以及大战后头几年里很有些增进的现象——因此在几个大都市里及几种职业里产业的工人增多起来。虽然地方辽阔，交通不便，力量不能集中，而在数量上，单是纺织业、矿工、路工、航路上的工人，至少有六十万。这些工人都是我们党的基础，只有联结这些工人，我们的党才能发达而成一政治上的势力。

二、产业无产阶级的经济上、政治上的力量，必定要和他的组织力同时生长，因此党的最重要的职任，便是继续不断在产业的工人里有规划地创设工会的组织。因此，最主要的工作，便是应当注意铁路工人、矿工及海员。

（甲）造船业、铁路、河海运输及矿业里，外国资本的势力最大。组织这些工人，是反抗外国资本势力、反抗帝国主义最真切有力的方法。

（乙）将来反抗帝国主义斗争里，铁路、河海运输及煤业工人势力，必定有极重大的甚至于有决定胜负的意义。组织这些工人便是保证将来的胜利。

这些政治上的原因之外，产业无产阶级，聚集在大生产里，有近代的高等技术，有共同的利益，同样受大资本家，尤其是极大的外国资本家的压迫——各方面看来都是工会运动最好的材料——我们必须努力去在他们之间工作；这种工作，是我们党的事业。

三、组织之形式

（甲）只要有可能，到处都应当努力去组织大工会，这种大工会的基本组织就是工会小组，这种小组织应按照每个工厂内的各部分去组织（人数无定，如过多不便开会时，小组得分组十人团，但不能误认十人团为基本组织）。全厂各小组代表大会（按每十人举一代表，每小组不足十人时也得举代表）便是高一级机关。各厂委员会由该厂小组代表大会选举组织之。至于每一企业的最高机关，应当是代表全体之大会所选出之总会。我们的党应当特别注意下级的小组，这些小组的性质，足以决定全工会的战斗力。只要有可能，到处都应当吸引这一企业（工场，或铁路的制造厂）里尚未加入组织的工人，来出席这种小组的大会，——这是宣传工会组织的最好方法。就是军警压迫很重的地方，也必须教导工人去召集多数人的大会，就算集会几分钟，也是好的，只要趁工厂或官府方面还没有觉察，或者还没有来得及干涉镇压的时候，就散会。为召集这种集会起见，应利用种种很明显的压迫事实——譬如工人被殴打，被无理的待遇，以及无理的开除——不管他是不是已经加入组织的工人，——都可以做这种集会的理由。在这种集会上，小组的干事会，应当预先预备议决案，这种议决案，在几分钟便可以说明，假使议决案能在大会通过，那就可以做更广泛的工会宣传和鼓动。这种工会小组，渐渐建筑基础，留意群众的心理，不要太冒险——使已有的成绩完全抛弃，应当让步的时候，亦可以让步，然而时时刻刻不断的利用种种小机会向前进行——如此，小组便能渐渐扩大，为着本工厂一切工人的屈辱而发起反抗，他的影响便不限于小组内的工人，而且普遍深入全工厂。

（乙）不能组织工会的地方，应当先组织互助会、俱乐部、合作社、普通教育学校或技术教育学校等。这种种机关里，必须先有了可能，才可以开始组织工会小组。工会小组的第一次胜利，在每一企业（矿坑、工场、铁路制造厂、轮船等）里，拥护本企业工人的利益，而能得第一次的成功——那就必定有开展组织的可能，使大多数工人加入工会运动。

四、工人的经济组织——工会是独立的，这就是说：要做矿工、海员，或铁路工会的会员，只要他是矿工，是海员，或是铁路工人就够了——只要他是一个生产企业里做工的。党籍问题、国籍问题、帮口问题，不当应对于加入工会或在工会里的地位发生影响（党及工会应在工人中打破地域和帮口观念）。工会的责任是发展会员的阶级意识，扩大他们的眼界，使日常的斗争问题，都和工人最切身的利益联结起来，譬如工资、工作时间（每日的时数、每星期或每月的日数）、每星期的休息，人道的待遇等，这样日常的争斗，应发展而且能发展成为总的民族斗争与阶级斗争。

只有这样，工会才能成真正的阶级组织，真正的阶级斗争的学校；亦只有这样，我们的党和工会运动才能有思想上的联结。至于党与工会的组织上的联结，那就应当经过工会里的共产党小组，这种党的小组，直接受党的某一机关指导。

五、国民党也和其余的政党一样，都是要想取得政权的——必定想影响北部及中部的铁路工人及矿工的工会运动，国民党这种工作的成败，要看我们党的行为怎样。凡在可能的范围内我们不必帮助国民党组织上的渗入产业无产阶级，不然，就是一个很大的错误。这不但是使先进的无产阶级内心搀入混乱的种子——产业的无产阶级，是我们党的基础——而且使无产阶级自己的阶级斗争要发生很大的困难，各国的先例很多。不仅止此，在中国的情状看来，更使工人阶级在国民革命运动里的力量减杀。

我们的党，对于国民党的最好的帮助，在工会运动方面并不是帮助他设立国民党的铁路工会及矿工工会，或者使已成（立）的工会全体加入国民党，这可以使工会沉溺在国民党里而失去阶级的性质；我们对于国民党的最好的帮助，却是先组织纯粹阶级的斗争的工会，于每次用得着的时候，指挥这些工会赞助国民党所指导的国民革命运动。

此外，国民党还有许多手工厂的无产阶级、手工业者及工商业的职员，可以做很广泛的行动的基础。我们党的能力现在很有限，很不容易在这几种民众里有很大的工作；而且这许多民众里，大致都适宜于用国民党的宣传。一方面不妨碍阶级斗争，一方面帮助国民党组织店员及手工业工会，对于巩固及扩大国民革命运动很有意义。

关于这些工会的组织形式，大概可以说，手工业组织应当依职业为标准；店员可以以地域为标准——假使有必要的时候可以在店员联合会之下组织各种分部（烟草部、衣服部、鞋业部等）。

六、我们的党必须进行海员工会里的工作——这是运输业里最重要的一部分。我们应当经过国民党整理海员工会使成一有组织的群众工会。同时我们应当在海员里发展党的小组，只有共产党的工作有相当的成效时，海员工会方能成为无产阶级组织。

七、纺织业工人的组织不能再缓了。这是数量最多的一种产业工人，尤其集中在上海，我们的党在纺织工人里曾经进行组织，都失败了。当然是因为种种困难的情形，不能进行工会的工作，第一便是大多数是女工。然而纺织业内的屡次罢工，往往有很激烈很一致的行动，可见我们底工作基础已经有了。

八、为执行这种工会运动里的职任起见，我们的党应当有下列的办法：

（甲）中央委员会工农部内应特设一工会运动委员会，指导上述的各种运动，并负切实调查劳动状况之责任做成统计。

（乙）每一地方委员会之工农部，亦应特设一工会运动委员会专管工会运动，执行中央工农部的命令。负工会运动责任的地方委员应当和当地各工会里的共产党小组发生经常的联结关系，供给他们以定期出版物、传单等，指挥他们。

（丙）因为中国地域很大，路工、矿工散布各地，所以必须特派巡行各路矿的人员，使中央机关熟悉一切消息，同时便［兼］做工会运动的指导员。地方工会运动委员和中央的工会运动巡行指导员，每月或每次工作的成绩须向中央报告。遇必要时中央得召集全国或某区域之工会运动委员和工会运动巡行指导员开工会运动讨论会，审查过去成绩，并规划以后进行的方法。

（丁）中央机关报里，工会运动也要占第一等的地位。

（戊）各地宣传部应当常常注意当地工会运动里的需要。

（己）我们的党应当竭力介绍同志到国民党的工人部里去工作，以便经过这种国民党的工人部影响到阶级斗争的发展而筑成统一的工人战线。

S. Y. 工作与C. P. 关系议决案

我们的青年运动，在过去的经验上看出一个最大的缺点，就是S.Y.的工作和党的工作未能分开。这个缺点之原因：（一）是同志们忽视了青年运动本身在社会改造上有重大的意义。（二）是在第三次党之大会以前未规定候补党员制度，各地方委员会对于倾向本党或办事有能力而意志尚未坚定者，虽年长亦只令加入S.Y.，以为候补察看地步，遂使S.Y.组织不明显，实在是党的错误。此种错误并及全国地方，在安源及长沙尤为显著。（三）是党中工作繁多而同志不敷分配，并且因上述第二原因有些地方只有S.Y.组织而无C.P.组织，S.Y.之中又有许多成年团员，遂不得不令S.Y.担任党的工作。其结果，一方面因为工作相同，使S.Y.日渐党化，于党的工作统一及直接指导上发生障碍，政治运动方面与工会运动方面都是如此（譬如安源路矿工人俱乐部的组织）；一方面因为S.Y.容纳多数成年分子，缺乏青年情绪，不能代表青年本身利益，因此与青年群众隔离。

我们已看出这个缺点及其所必至之危机，不得不采行左列救济诸策：

（一）S.Y.各地方应速吸收二十岁以内的青年，下届全国大会应修足〔定〕年龄，至多不得过二十五岁。

（二）已过S.Y.法定年龄的团员，应由C.P.地方执行委员会会同S.Y.地方执行委员会组织审查委员会，审查此项团员，于三个月内尽量加入C.P.退出S.Y.。

（三）C.P.同志在S.Y.担任职务者，须经C.P.之认可，其既经担任S.Y.之工作，非特别需要时，经C.P.中央或地方委员会之指派，不得兼任C.P.工作。

（四）S.Y.应专任以青年为本位的青年运动，例如在工人中做青年工人教育、宣传、娱乐、体育乃〔及〕其他关于青年工人本身利益之运动，而不担任组织工会及其他工人运动（在青年工人之中应注意去宣传阶级组织，已经有工会的地方可在工会中组织青年部，S.Y.并且应当为青年工人组织体育会及娱乐部等）。在农民中做青年农民教育娱乐等运动，而不担任组织农会及其他农民运动（因为工人农民的运动是C.P.的工作，不是S.Y.的工作）。学生多在青年时代，学生运动可由S.Y.专任之（至于一时的政治示威宣传，乃属一般市民运动，各地方S.Y.应在C.P.指导之下参加之）。

（五）在目前最短之过渡期间，如有特殊情由于事实上必需S.Y.兼任工会农会及其他工人农民运动者，此项工作必须受C.P.之直接指导。

（六）S.Y.应以青年本身运动为中心工作，参加政治运动次之，参加国民党组织工作更次之。

（七）S.Y.现在工作大部分是学生运动，此后S.Y.必需渐次动员全体团员，做普通的平民教育运动，尤其注意乡村，以图扩大S.Y.与群众接触及宣传之机会，此项运动为S.Y.目前重要工作之一。

此外，S.Y.因客观情形，既为共产主义的团体，不能集引学生及手工业的青年群众（他们因为自己的社会地位及心理不能集中到S.Y.旗帜之下），所以应以S.Y.为中心，就各地方情势，组织各种公开的普通青年团体，以便扩大青年运动，以便S.Y.得与各地的青年群众接触合作。至相当时期，更宜联合各地方各种青年团体，成一个全国的统一组织。

党内组织及宣传数问题议决案

一、我们的党，在国民革命运动里的总职任及对于幼稚的产业无产阶级之训练和集合其群众的职任，要求数量上及质量上有相当的组织，——此次扩大执行委员会认为必须使我们的党及其各个机关能有更明显的组织形式，在宣传和鼓动方面是如此，在党务组织方面亦是如此。

我们在资产阶级性的民族主义和民主主义的政党里工作，而这一政党的性质——根本上便有组织形式上的浮动性，对于我们自己的党也就有大影响，——因此我们自己的党更要有非常之明显的组织形式。

二、产业的无产阶级，尤其是北部及中部之铁路、矿山、大工厂的工人群众，已经开始表示阶级的觉悟，——我们的党在这些工人里便有扩大自己的基础（之）前提。因为帝国主义的压迫，所以中国人民普通都在发展民族的感情，然工人更有自己的阶级意识，不必一定要先经过民族民主的政党之政治训练，然后才可以加入无产阶级的政党。在半殖民地的民族独立及民权运动的斗争里，工人阶级虽然可以得着初步的权利，而不能得着阶级的解放。即以民族解放论，工人阶级参加争斗防止资产阶级的妥协性，民族解放才能彻底。因此民主主义的政党内，阶级利益的调和不但不能增加民族解放运动的力量，而且足以使之减少。中国产业无产阶级，他们的阶级意识愈发达，则参加民族解放运动必愈扩大。民族解放运动中渗入此阶级的性质，这个运动才能格外深入，才能增加他的革命性质。我们的职任，便在于训练产业无产阶级群众的阶级精神及阶级意识，同时这就是帮助民族解放运动的最好的方法。假使上面的原则，我们的党不能充分的了解，那就会失去我们党的基础，而且对于民族解放运动的前途亦没有正确的观察。

因为在大产业的工人里扩大我们的党，是现时的根本职任之一，必须使我们的党，不但是工人的阶级斗争的指导者，而且是工人最初觉悟时取得自己的政治训练的唯一组织。此次扩大中央委员会对于我们的党及无产阶级的观点是如此，认为以前我们虽然没有阻滞工人进党，却没有十分努力去吸收工人。因为我们的党过分严守闭关主义，使许多工人同志留在S.Y.之中——其实照他们的年龄，已经不能在S.Y.了。为着使工人容易进党起见，所以照章只规定三个月的候补制度努力去征求铁路、矿山、工厂里的工人。应当立刻从S.Y.之中把廿八岁以上的工人收入我们的党。

为履行种种职任起见，党的组织应当采取下列的形式及办法：

（甲）地方委员会由三人组织之：委员长兼宣传部，秘书兼组织部，组织部之下另有"统计分配"及"交通"的职务——"交通"的职务便是发送秘密宣传品，组织群众大会及示威运动等。第三人管理工农部（如遇有特别情形，各委员之兼职得互换之）。地方委员会对于在当地国民党中工作的同志负指导的责任——凡在国民党工作之同志都应当由地方指派。为增进某一部的工作成效起见，地方委员会得组织各种委员会。

中央及区亦应分设宣传、组织、工农等部分担责任。

（乙）小组的工作，除教育党员征求新党员外，还应常常在工人群众里做宣传的工作。必须按照章程，凡有可能时从地域的组织进于产业的组织，学校及工商企业都在内。

中央的各部之中应当特别注意宣传部和工农部。为运动起见，中央的各部得从任何机关里征调最有力的同志。中央宣传部应当在党报上加重党内教育的工作，并且指导马克思主义研究会——这研究会不要纯粹由智识阶级分子组织。中央工农部应当添一两个工人办事，进行工会的宣传并指导各地方实行组织工会小组（基本队）——在上海以及其他城市无产阶级之中，尤其是在我们还没有工作之处。

党内教育的问题非常重要，而且要急于设立党校养成指导人才。再则政治宣传亦急于有全国的进行规划。所以中央必须特别设一个编辑委员会（主持中央一切机关报的编辑委员会），以七人组织之，其中四人必需在中央所在地。中央机关报的编辑委员会只对中央全体大会报告，遇有必要时更可以向全国大会报告。中央机关报编辑委员会同时指导各地参与国民党报纸的同志。中央机关报编辑委员会应当是真正工作的集合体，指导并训练政治及策略问题的全党思想。

农民兵士间的工作问题议决案

一、第三次大会的国民运动议决案里曾经说明，反对国际帝国主义及国内军阀的国民运动里大多数农民群众的加入是最有力的动力。

中国享有土地及使用土地的制度在经济上有一种半封建半宗法的阶级关系，而政治上便是一种官僚军阀任意凌虐农民的景象，因此，农民经济破产得不堪言状，而农民变成失业游民的速度非常之快（民国三年有五九·〇〇〇·〇〇〇农户，民国七年只剩了四三·〇〇〇·〇〇〇户；民国三年只有荒地三五〇·〇〇〇·〇〇〇亩，民国七年便增加到五五〇·〇〇〇·〇〇〇亩）。

农民破产的速度既然如此之高，城市里的苦力工人便大大增加，竞争剧烈，工资低落；别一方面，军阀都利用他们来做炮灰（兵士），同时便造成掠夺乡民的独立的武装失业农民（所谓土匪）。

二、帝国主义是这种现象的罪魁——和其余一切中国劳动平民受苦的现象一样，都是帝国主义应当对中国人民负责的。帝国主义经常的惹起中国政治上的纠纷破裂，贿买军阀，用财政经济上的压力扼制中国的生产力——交通、矿业、工业及输出的国际贸易关系都是如此，于是运输那些欧美没有销路货物到中国来，使中国的生产不能发展，尤其是农民的手工业受他的影响而崩坏。

三、我们的党知道这种种因果，使国内行政的分裂叫农民的利益范围不出一县，至多不过一省。所以应当指导农民对切身利害的地方性质问题的奋斗，同时我们也就应当渐渐的做全国问题解释，宣传反对帝国主义及军阀制度的必要。

我们的党对于农民里的宣传应当注意地方政府征收田税的问题。应当要求订定税额须经乡民会议的同意（农民会），同时要反对预征钱粮，拒绝交纳陋规及一切不法征收。

同样亦应当在大多数小私有者的农民之间，鼓动他们反对土豪劣绅——这种前清官僚的遗孽大半是乡村里实际上的政府。为解决一切地方经济行政问题起见，应当在农民之中宣传选举代表农民机关的主张（乡村自治会）。

四、佃农及自耕兼佃农之间，应当宣传反对苛租。佃农问题与反对劣绅问题里都可以提出佃农协会及雇工协会的主张。

农民和佃农之间都可以宣传组织乡团，武装农民以防匪祸。

五、国民党政府的领域之内，除上述的种种宣传之外，还应当要求政府兴办水利，创立农民借贷银行——免除高利借贷之苦。

六、为实行上述的种种宣传起见，应当有下列的办法：

（甲）中央当注意全国范围的农民问题。做总的政治宣传的时候，特别预备对农民的通告，提出具体的要求和口号。应当开始选派宣传员到乡村里去。

（乙）地方机关应当常常注意地方范围内的农民问题，执行中央所指示的宣传口号——无论那一种农民运动起事的时候，立刻应当响应，特别为这种问题发传单，派人到当地去指导。

（丙）要求国民党做经常的有规划的农民宣传，印送鼓动农民的图画（花纸画片）、幻灯等；广东应当出一种《农民周报》，沿战线（的）乡村里可以张贴"壁上新闻"。

七、中国北部及中部的兵士里的宣传，最先便要注意军官学校，至少要组织小小的C.P.小组织，除此之外，必须印发关于兵士利益的出版物，最好是这种出版物上有我们队里的同志，记载军界生活的新闻消息。这种出版物，不必一定是定期的，再则应当时时向兵士发传单，反对帝国主义和军阀，宣传国民革命，尤其要趁国内各种政治运动式的纪念日。

广东政府的领域里，应当要做国民党军队里的有规划的宣传，便（使）在"军人"手里的兵士变成真在［正］拥护民族解放运动的战士——要求国民党做这件事。

中央局报告

（五月十四日在扩大执行委员会）

（一）组织

大会后新增之组织为济南地方会，南京地方会，哈尔滨独立一组，杭州独立一组，成都独立一组。哈尔滨组因受压迫现只有四人，成都因政局变动，同志亦多涣散。解散之组织为水口山地方与常德地方。取消之区为湖北区及上海区、广东区。湖北区取消后，汉口、武昌两地方均直隶中央，惟武昌地方同志极其涣散，至今中央尚未接到地委改选报告；上海区取消后，上海、南京两地方及杭州组均直隶中央；广东区本只广州一地方，亦无设区之必要。将成立之组为香港与青岛，可由中央委任广州、济南地方就近指挥。

党内小组织问题。C.P.及S.Y.两大会前后，很引起纠纷，近数月已渐安定，自二月底第二次中央执行委员会议发通告以后，此种纠纷现象更完全消灭了。中局现敢保证所谓小组织的结合，确已无此事实，今后同志间绝不可妄启猜疑，致［窒］碍党之进行。

（二）宣传

宣传因人力不足，《新青年》季刊应出三期，只出二期；《前锋》月刊应出十期，只出三期；《社会科学讲义》应出五期，只出三期；《向导》尚能按［期］出版。铁委之《工人周刊》亦未能按期出版。

北京政变时发表之时局主张小册，汉文印六千份，英文三百；去年双十节散发传单五千份；今年"五九"散发传单一万七千份。

关（于）工人农民兵士宣传的小册，因同志担任起草者均未送来，故至今未能印出。

党报告出过两期，每期五百份。

（三）政治运动

自去年七月北京政变后，政局上形成直系与反直系两大势力。自十月曹锟贿选成功后，研究系一部分有反直倾向的即附曹锟，政学系一部分反直的也软化了，段系也有一部分与直系妥协了；只剩下奉张、浙卢因地盘关系不便投降直系，大势上尚和广东政府联合在反直的阵地。在直系方面，因本系胜利及曹锟左右亲幸忌妒吴佩孚的缘故，也形成冯、王、齐联合和吴佩孚之对抗，即吴之旧部鄂萧、豫张亦和吴极不融洽，吴佩孚新征服之四川、湖南，内部尚多问题，军事上财政上均不能为吴之助，吴氏在山东之新企图，尚未能完全达到目的。在此形势之下，又加以北京政府财政之奇窘（军费政费共需一万二千八百万元，收入只七百万元，每年入不敷出者一万二千一百万元，每月约短少一千万元以上），军人索饷之凶猛无情，直系首领曹锟当然没有久握政权之可能。直系倒后，或为吴佩孚拥段和奉浙以图南方之局面，此局面亦不为极短的时期，新的政争即随之而起，因吴与奉张终不能两立。

我们在目前反直的局面之下，固然对于联广东政府（的）奉、浙，表面上宜于缓攻；同时，应提醒国民党国民革命的宣传在奉、浙、京、津尤急于加紧用力，不可误认奉、浙真是友军。

我们在国民党的关系，孙中山及其他目前少数左倾分子（国民党中极其重要的人物），尚有意联络我们；其余大部分右倾即不主张和国际帝国主义反抗的分子，则极力明白（的）或暗的排挤我们。我们政策是：（一）向目前的左倾分子宣传，使他们左倾观念坚固不至摇动；（二）向国民党员中工人学生宣传，使之左化；（三）努力介绍革命分子进国民党，以增加左派的势力；（四）在一般社会做反帝国主义之广遍的宣传，以迫全［令］国民党全体左倾，此层更是根本政策。

我们政治的宣传，自一九二三［二］年起，即是打倒国际帝国主义及国内军阀两个口号。在一九二二与一九二三年间，"反对军阀"已成了全国普遍的呼声；到一九二三与一九二四年间，列强对华进攻日急，全国知识阶级中进步分子，已采用"反抗帝国主义"的口号；而且最近在北京、上海、汉口、广州、奉天等处，已渐渐有反帝国主义的民众运动发生。

（四）劳动运动

自"二七"后，重要的产业工人工会，大半封闭解散了，其未封闭的也只得取守势，但去年"五一"至今年"五一"三十六次罢工中，除水口矿夫〔工〕及湘潭锰矿运工两个罢工外，其余大半是手工业工人小规模的罢工。

第一次执行委员会的劳动运动议决案是集中我们的力量于铁路、矿工、海员三个运动，且由中局直接指导；路工方面已开始工作，矿工、海员运动，因人才及经济之缺乏尚未能进行。

地方劳动运动，湖南、广东尚能维持前状；已破坏的湖北工团联合会，此时已开始整理；上海地方亦特设劳动运动委员会着手进行，开会时中央局亦派人参加计划。其详见各地方报告。

山东，在路矿工人运动均为重要，应加派同志前往工作。安源工人中之洪会及合作社两个危机，宜设法救济。

上海地方报告

（五月十四日在扩大执行委员会）

（A）党内情形

上海地方执行委员会委员，从全国大会到现在已改选了四次。从前是兼区的，自四月份起撤销了。现在上海地方内部情形，可大略分四〔三〕项叙述如左：

（一）人数：上海党员中，有固定职业的，也有没有固定职业的；更或有因别的关系时去时来，所以因党员有一部分属于流动的，而总数遂时增时减。最近以前有党员五十六人，但现在确数只有四十七人，一方面新党员的增加率却也非常迟缓。现党员四十七人中，以职业分述之：学生十三人，工人八人，商人三人，教员、编辑或其他职业的有二十三人。

现在新党员一时实不见增加，其原因大概是：（1）因同志现注意国民党中的工作，所以对于一般人，都介绍他进国民党去了；（2）介绍为本党同志，务在严极，故新党员人数自然不易骤增；（3）同志宣传自亦有不曾用力的地方。惟第一组还很努力吸收同志，其余都消沉濡滞得很。

（二）小组：上海以所有党员，划分五组：第一组在上大有同志十六人；第二组在闸北有同志十人；第三组在西门方面有同志六人；第四组在法界有同志七人；第五组在虹口有同志五人。在最近一月来，惟第一组开了三次会议，第二、三组只开过一次会议，第四、五组一次会也没有开过。地方委员因轮流参加各小组会议未编入小组。

（三）党费：合计本地方全数党员的党费每月可收一百十元，但实际上不能按月收清，上月收到的仅三十元。

（B）国民运动

关于国民运动可分三项报告：（一）在民校中之活动；（二）所组织的团体；（三）所参加之运动。

（一）在民校中之活动：执行部方面，如组织部、宣传部、工农部、青年妇女部有我们的同志在内办事，且有任要职者。区党部方面，闸北及南市两处都有我们同志在内主持。淞沪线则有S.Y.的同志主持。区分部方面，则有闸北各区及南市之大同、职业二区，公共租界之上大、中华书局，法租界之新建设杂志社，有的是我们同志所组织，有的有我们同志在内活动。

（二）所组织之团体：有闸北之市民外交协会，南市之市民对外协会及店员联合（会）。闸北市民外交协会，出对外旬刊一种。店员联合会今已有会员一百六十余人，不日即可正式开成立会。

（三）所参加之运动：加入国土维持会，参加"五一"、"五九"纪念会，发起"五四"、"五五"纪念会。

（C）工人运动

上海工人为全国最多的地方，尤其是新式机器下的工人比别处特别多，照理自然上海的工人运动应该很可观；但是实际除了几种手工业工人有几个行会外，只有一大批的招牌工会，此外即有一二个工会组织，还是提倡什么劳资妥协的。

为什么会造成这样局面呢？上海的工商业发达是外国帝国主义向中国发展成功的，上海简直是国际共管地，所以受帝国主义的压迫也最利〔厉〕害。同时上海的流氓也是比什么地方都多（拜老头子的青邦〔帮〕与红邦〔帮〕有十数万人），并且和帝国主义所设的捕房底巡捕侦探勾结起来，这些都是工人运动最大阻碍，上海工人比他处（广东、湖南等）更没有组织也是为此。

我们党在上海也算做过几次工人运动（书记部及上二届地方），但是所做的究竟是极少部分，同时我们所做的工人运动是没有钻到里面去，只立在工人群众外面的，所以做几次，失败几次，到现在还是等于零，这是我们不能不承认是很大的错误。

现在的情形

一、邮差方面

邮差前年为要求加薪组织邮务工会（非我们组织），不久无形消灭。至去年六七月后由我们同志运动组织，经三四月，加入工会有七八十人，进行稍有成绩，但邮局方面也就注意起来，严重监视，同时侦查我们做运动的同志。在这样的时候，那个运动也就不得不停止了，一直到现在没有去活动过。现在邮差方面仅有S.Y.同志五六人，可做我们以后活动的起点。

二、机器工人方面

我们对于机器工人曾经组织过一个机器工人俱乐部，还是前年书记部时组织起来的，做了一年多工［功］夫，加入的人到有四五百了，但是这个组织很散漫，能召集开会及交费的只有数十人，我们知道这种利害不一致的职业组合要想组织怎样好，实在是不可能的。并且这个组织里面都是广东人，各种工业里的工人广东虽也有不少，但照工人总数看起来，毕竟还是很少数。那广东人因言语的关系，很难和别处工人接近。同时我们也没有人负责去训练他们，所是［以］到现在不过加上四五个C.P.兼S.Y.同志，并且这四五人连开会和交费也没有做到。

最近要进行的

1. 教育方面

我们知道从前的工人运动，都没有使工人自己觉悟，所以这些运动都是外表的，在工人群众以外的，我们现在感觉这些运动，实际上是没有用处。但是照中国现在多数工人的知识程度，现在不能使他们觉悟，那要使他们觉悟，自然非多做教育功夫不可。现在我们先将民党办的工人夜校（平民夜校）努力。已开办的：

（一）杨树浦　学生六七十人，预备分二教室，还可增加多人。此校都是新式大工业底工人。

（二）吴淞　学生四五十人，此校中华铁工厂工人最多，铁路工人也有几人，此外糖厂及杂工。

（三）南市西门内（此校非民党办）学生五六十人，多是手工业工人，有几个黄包车夫。

（四）上海大学约有二百多人，童工有五分之一。

要进行的：

（一）虹口　虹口住的广东工人很多，都在造船厂、船坞、工部局等处做工，所以工人夜校是很需要的。

（二）浦东　浦东有日华纱厂及英美烟厂，工人二万多人，此二厂工人曾由我们组织工会，后因罢工失败都消灭，且浦东码头工人也很多，所以也有办补习学校的必要。

2. 改造工团联合会

上海工团联合会虽是几个招牌工会所组成，于工人没有多大关系，但影响于工人的宣传和组织是很利〔厉〕害的；并且因上海地位的重要，还影响到全国，所以我们不得不竭力想法改组。上海地方已决定在二三月内，组织或恢复十个左右的工会加入改组。

上海处于全国最重地位，工人至少总有四五十万，就是新式产业下工人，也有二三十万，而工人运动这样没有成绩，这是我们上海同志最说不过去的一件事。同时我们也要说明：我们同志做运动的经验原来是很幼稚，照目前的情形，就是上海同志个个能努力做事，对于各项工作亦实不够分配。上海是最受帝国主义压迫的地方，而工人群众又是这样庞大复杂，自然决不是少数没有经验的同志所能够做得起来的。我们希望中央能在别处多调几个有经验的同志来，或者特别训练一般同志出来做这上海工人运动，同时我们上海也须有一部分同志来学着同做，这是我们上海地方急切的要求，而且是不得不如此的要求！

汉口地方报告

（一）概况

自武汉区执行委员会取消，即改组汉口地方委员会，因汉阳、江岸、徐家棚三处工作均归汉地委管辖，故汉地委的事务，较武汉区委时代，并未减少。近因民党工作开始，并较以前事务更繁，又因地委负责各同志，均有通缉，对于公开活动上，很感困难。

（二）党内组织

汉口党员的训练异常缺乏，以人数而论，计：

汉口两组共十四人；

徐家棚一组十二人；

江岸一组九人；

汉阳一组八人；

轮驳工会一组七人。

虽共有四十七人，而懂组织与党义的占最少数，同志们不知服从纪律与党纲为党员应尽职责，并忽视小组会议，故意不出席，甚至有成年不为党任事，此种弱点固然是同志间的幼稚病，但因为没有开大会的地方，不能使同志有互相观磨［摩］砥励［砺］的机会，也是一个很大的原因。

（三）劳动运动

汉口原以劳动运动为主要工作，在武汉区委时汉阳钢铁厂、江岸、徐家棚均组织有工会委员会，计江岸十余组共百余（人），汉阳约三百人，徐家棚约四五十人，惟江岸工会委员会分于［子］，尽属小工，帮［工］匠也很少，故在工人中能力很薄弱。高级工人其所以后（没）有加入的原因，第一因安徽帮高级工匠反动分子，本地帮即有少数项［倾］向我们的工匠，我们因环境压迫，不敢放心去和他们接洽，俟压力稍减时，还可设法进行。汉阳方面工匠较多，亦因压迫比较和缓，而汉冶萍总工会安源分会，每月拨八十元给汉阳作经常费，人力财力较江岸为好，故能力亦较优。北方工作以工人同志陈春和尽力极多。徐家棚工会委员原有四十余人，亦以工匠为多数，负责分子，分两派，一派因李（书染）同志在徐工作关系对李感情颇好，人数较多，但观念不甚明了；一派因刘（易华）同志在徐工作关系，对刘感情颇好，比较观察明白而人数太少。故此间工作，此时极其停滞，前汉地委决议仍在徐办一所平民学校，请一个有力同志长驻徐埠，负专责进行，惟经费一途，尚无把握。汉口方面"二七"以前工会达二十余个，现在消灭的消灭，即没有消灭的，也不过名存实亡，现在工厂工人组织，只有桥口上的染织工人，较有希望。工会委员会，加入分子已达二十余人，以青年工人为多。他如英美烟草工人，数目虽达三千有奇，以女工童工占十分之八九，组织上很感困难。非工厂工人以人力车夫与运货工人为中枢，运货工人向无团结，人力车与此项工人有密切关系，车夫能够转移运货工人，故人力车夫非常重要。车夫数目约近六千人，原组有车夫工会，为伯高同志主持，自"二七"后，组织破坏，目前由同志们招集十个码头代表会议，到了九个码头，只二十八人，重行改组车夫工会委员会，现已成立，进行尚称顺利。

湘区报告

（一）党务

总括说来：这半年中，许多固有事业失败了，在失败中，我们的知识却因之增高了。如岳北农会之失败，自修大学及水口山俱乐部之解散，都由于行动过激烈，色彩太显露所致，客观方面固由于军阀势力之不可抗，主观方面，是由同志之不当及执行委员指导之不力。以前我们同志的知识多由书报得来，没有看清中国实际情形，而又色彩显露，致有些同志在社会全不能立脚，以后我们应该注意此两点，不然，怎样知道去改造社会及从何处下手改造社会呢？又以前本党工作几专作经济奋斗，工会之存在完全基于增加工资的运动上面，此后应同时趋重政治争斗。此关于大概的，还有几点，应该分别报告：

A. 小组织问题：去年安源曾因小组织问题开［向］区报告，谓有些同志，怀疑本党中尚有小组织存在，其实小组织在两年前，上海曾有此事，已经中局解散，现在并无何项小组织。同志中万不可互相猜疑，应该互相信任，更宜努力工作，从行动上证明自己是一个忠实的党员，不要闹无谓的意气。

B. 组织系统与纪律问题：以前往往有别区未经本区同意即在本区行动，亦有本区各地方同志之调动，不报告区委，此实不懂本党之组织及纪律。现按中央通告，以后本区同志往他区及他区同志来本区与本区各地方同志之调动，均应先报告区委决定。

C. 本区党员人数，安源增多，长沙略增，水口山已无形解散，党员应由长（沙）地方管辖。安源现有党员六十人，内有候补党员六人；长沙现有党员八十九人，内候补党员七人，在狱者一人，留党察看者一人，不明行止（水口山失败后之一部分）及与党无甚关（系）者约二十人。

（二）政治

在此半年中，本区曾经赞助民主革命派之运动及国民革命反对英美帝国主义之宣传，亦尝组织政治运动委员会，但开会仅两次。本区同志已完全加入国民党，S.Y.同志加入者，已十分之八。现在中国政治大部分在直系宰制之下，反直派如奉张、津段、浙庐[卢]均意存观望，孙中山所领导之军事势力，目下亦难发展，湖南现已在曹吴支配之下，而军人政客尚欲利用省宪以维持其假面具，目下局势，恐无多大变化，赵氏势力尚可维持。本党同志，惟有在国民党中努力工作，从民众中发展国民党之组织，及宣传国民党之党纲及政纲（根据国民党第一次大会宣言），以矫正民众的错误观念（如和平、联省、宪法各主张），并引导民众做国民运动。我们之参加国民革命，因为适应中国目前实际情形之政策，同时也含有世界革命的意义，因此我们反对帝国主义，比反对军阀还要注重。又对于军阀，不必予以同等之攻击，不可落于普遍否认的稚气，当以力求变更现状，为最近之目标，故目前有注全力反对直系之必要。

（三）劳动运动

A．劳动运动委员会，曾与S.Y.共同组织，但因种种原故，未能按时开会。

B．手工业工会如缝纫、泥木，因财产为总管值年把持，会务毫无发展。

C．从前未加入工联之工会，现在已加入者，为石印工会。铅印工会，因劳工会关系，尚未加入，不过由工联会暗中主持。

D．辗〔碾〕谷工会，被政府封禁，并缉拿代表，已无形解散。

E．水口山工人俱乐部解散，开除工人二千余人，工人在狱者二人，被枪毙者二人。

F．茶居工会，因生活状况尚优，不能发展；黑铅炼厂因久经歇业，亦已停顿；造币厂俱乐部，现在设法恢复中。

G．粤汉路，仅在新河办工人子弟学校一所，工会因环境关系，只能维持现状。

H．人力车工会较好，工人对工会亦有信仰，但所收用费，因开支太大，所存无几。

I．纱厂自职工俱乐部因甲工系（职员）破坏停顿后，同志潜在活动甚努力，渐渐取得群众信仰。

J．铜官陶业工会，已开办学捐设学校一所。

K．工人教育，在长沙仅工联办有学校，工人教育之困难，在教员难得其人，每不能合工人心理。

（四）会计

各月收人〔入〕总数

十二年八月	一八三·一 元
九月	二二〇·八 元
十月	一四四·二五元

十一二月	一〇三·二　元
十三年一月	六二·八　元
二月	三八七·八　元
三月	六二　　元
共	八一〇·一五元

各月支出总数

十二年八月	二一〇·三五元
九月	一八七·二三元
十月	一八四·〇三元
十一二月	一五一·七　元
十三年一月	一一八·〇五元
二月	六三·八　元
三月	七四·二一元
	共九八九·〇七元
两抵不足	一七八·九二元
存中央补助费一九〇	元①

附：安源地方报告

一、工会情形：工会各股，以文书股较涣散，工人睹〔赌〕风颇盛，总代表百代表亦不能免，工会禁赌，极感困难。整顿出产问题，由（于）矿局职员不负责任，也感困难。工会对路矿两局，是取调和的态度，但亦不示弱，对路局多让步，对矿局暗中维持职员中（东洋派、西洋派）两派之势力。工会对内，对上级代表的意见尊重，对下级代表的意见多不理，这是错误的。又工人犯事，每每由俱乐部罚工，因此，工人也不满意。

二、合作社情形：以前组织不集中，各股各自为政，是无政府的状

---

① 收入和支出的总数同各月的数字均不符。

态，又股本不足，而营业范围太大，价格标准不适宜，每高出市价或比市价更低，价低者被商人贩卖渔利，价高者引起工人怀疑，失去主顾。又营业员多态度直率，也影响于销路。最大的错误，是服务股经理陈梅生欠公款千余元，事前合作社总经理及工人职员毫未发觉，现因此事，大失工人信仰，现在合作社组织已改，较以前有系统，但营业方法，尚待讨论改革。

三、学校情形：办有六个学校，子弟学校比较好，工人补习班因教员难得适合于工人心理之人才，成绩转劣。以前仅有夜班，因此做夜工者须缺课，现在预备开办日班。又设女子职业学校一所，已在筹办中。

四、党务：自去年八月后同学〔志〕已由四十人增加到六十人，组织方面比较有进步，小组会议除俱乐部一组因工作太忙，难于按期开会外，其他各组，都能按时开会。月费去年八月以后亦能按时交纳，以前积欠，尚有未还清者。

五、洪匪情形：安源洪匪颇发达，工人加入者，已一千余人，此事由安源同志在工人各种会议中将土匪问题详细提出演讲，说明土匪之原因及其方法之错误与吾人对土匪之态度。即是以教育方法，纠正工人入匪党的错误，工会并应作广告声明，如有工人犯抢劫者，工会不负保护责任；工会发觉，即捆送官听〔厅〕究办。

国民运动进行计划

（甲）同志一律在本党指挥之下，做国民运动之工作。

1. 速组织国民党湖南省党部。

2. 注意组织各重要县市党部。

3. 湖南国民党，事实上系新造，须注意基础之稳固，故介绍同志须慎重，在最近时间内，有特别注意吸收有觉悟的及有组织和宣传能力之分子之必要。

4. 一切社会运动，如劳动运动、农人运动、妇女运动、学生运动、外交运动、平民教育运动等概统一于国民党之下；外交后援会、学生会，及平民教育运动……宜避免本党主义色彩将它扩大起来。

5．办一种出版物，为宣传机关。

6．国民党对外尚守秘密。

（乙）C.P.与国民党之关系

1．C.P.在国民党中为秘密的组织。

2．C.P.同志在国民党中宜取得中心地位，但办事宜公诚，态度宜周到，免招包办操纵之嫌疑。

劳动运动进行计划

一、经济斗争，只在相当时候举行。

二、已成立工会之工厂北（矿）山都须设法创办工人补助［习］教育事业。

三、手工业工会，须特别注意补习教育运动，并与平民教育促进会设法联络，使得相当的助力。

四、凡有工人群众的地方，须设法创办工人补习教育以为组织工会之初步。

五、湖南劳动运动，宜趋重矿工方面：凡未成立工会之北（矿）山，须有步骤的组织起来……最好能办到公开的合法的组织。

六、凡新成立工会，如基础未定，不可遽令其加入工联；或由工联公开的帮助，免致牵动根本。

农人运动进行计划

一、一切工作，都建筑于国民运动的意义之上。

二、运动之策略，以教育及自治入手，以"全农民利益"与［为］号召，如水利、防匪、排洋赁［货］、抗苛税；不宜自主，即鼓吹佃农的经济斗争，致召中农之反抗。

三、利用旧组织，做平民教育活动……最好推广农村补习教育社的活动。

教育宣传进行计划

一、小组会议之教育工作，根据《党报》第一号所载中央第一次会议关于教育方法之规定，其纲要如左：

（甲）各小组之政治讲演（除现时政治问题外……最好各小组以党纲草案为根据，逐段讨论研究）。

（乙）各小组之组织原理讲演（以章程为材料）。

（丙）国内劳动运动及各地现实的劳动生活的讨论（以《工人周刊》为材料）。

二、地方执行委员会，每月须召集党员大会一次，讲演时事或主义及本党政策诸问题。

三、推行党之刊物。

四、对外宣传注意立于唯物史观上面之文化运动（如反对东方文化派，反对宗法社会之旧教义；反对基督教教义及其组织，宣传健全的唯物主义的宇宙观及社会观及集体主义的人生观，文学的及科学的宣传主义）及国民运动。

五、参加平民教育活动，以发展农工补习教育，同志宜多去担任平民学校的教员或编辑职务。

京区报告

一、党务

北京区委，三月八日改组：守、和、昆、孟、鸿①为委员。区委分工：守委长，和秘书，昆劳动运动，孟国民运动委员会秘书，鸿任会计。

北京地方情形比前略好之处：为内部精神之一致；同志皆努力工作；委员会能管理并指挥一切行动。至于组织及训练则还未至于完善。

---

① 即李守常、蔡和森、张昆弟、何孟雄、范鸿劼。

北京现有党员三十二人（工人同志仅一人）；新加入候补十四人。

唐山现有党员八人（皆工人）；候补工〔二〕人（系交大学生）。石家庄有党员七人（工人）。

唐山、石家庄皆早已成立地委。惟石家庄现因缺人主持，有等于无。唐山情形颇好。

天津有候补党员四人，党员一人，已成立一组，以树[①]为组长。天津情形很好，S.Y.地方新成立，市民极活动，纱业工人亦不少，此地颇有发展希望。保定有候补及党员五人，已决定成立小组。此外，山西有候补党员一人，热河一人。全区合计七十五人。工人占四分之一强，余皆学生。

至于政治宣传：《向导》可销八百多份。区委新出一《政治生活》，第一期在京销三千份，重印两千份。现在出至第三期，影响还好。关于反对太戈尔[②]的宣传，除《政治生活》外，又散了几千份传单。李义元案参与中央公园之集会并发散传单。"五一"在工刊上发了一个布告，在京只有个小集会；但在民党印了四种传单。此外，各种政治宣传问题，皆提交民党照办。

二、民党情形

市党部筹备委员会允执行部成立。清查党员千二百余人；现从新登记未完竣。执行部难产之经过，叠经报告，至最近才告成立。

北京小团体林立，然应付得宜，亦不甚成问题。

直隶临时省党部已成立，为我们同志主持，情形最好。河南我们无人。山西缺人主持。三特别区杭同志能主持。

两月中之政治宣传：中俄交涉决裂举行示威运动一次，"五一""五四""五七"等运动，关于各种政治问题，皆发了传单。

---

①　即于树德。

②　即印度诗人泰戈尔。

山东地方报告

自一九二三年十月六日正式地方会后，党务及一切活动方面，均有发展希望，不意于一九二四（年）一月三日突有吴案之变，引起当地重大反感，在济南的同志，几乎逃亡殆尽！幸此案已作结束（以军法判决四年十月徒刑），周围反感渐消，又因民校改组后，进行顺利，于无形中促起本党同志自动的加倍努力，竞争作工，原状已复，兹将一切情形次第报告如下：

1. 本党情形：现住在济南的同志有八人（请假回家二人、病假一人、在狱一人均在内），住青岛的三人，溜〔淄〕川炭矿二人，张店一人，济宁一人，离济者二人。关于开会问题：常月会及小组会，因受吴案影响，四个月未曾正式开会，也就是没有房子的原因。关于党费问题：除复同志按月交特别费三元外，余均四个月未交了。

2. 民校情形：自全国大会后，即筹备改组，最近已成立了临时省党部及济南、青岛的两个临时市党部了。由市党部临时委员共同（与）省党部临时委员办理登记及组织各区分部的事情。现在济南方面划为五区，每区皆有四个区分（部）以上，人数至多者三十余人，至少二十人、十人、七八人不等，统计将近百人。至于工作情形，却是与组织并行的，最近的市民运动——如"五四""五七"皆有较好之成绩。并且在"五四"的那一天由各校学生提议恢复学生联合会，现已推定筹备九人（有民党七人），成立了临时执行委员会，预计不久可正式成立。现在官府对民党，因熊炳琦位置不稳以及调换警厅之际，他们对于这些事，也就无暇顾及了。所以民党的活动——如集会散传单等事，差不多是一个半公开的形势。至于其他政党（如省议员），一因党派纷歧，组织散漫，一因捧高拥熊东西奔走，因为民党不干涉他们，他们亦就不来为仇了。只有青岛有一部分人（其为首者为王静一）单独的反对王乐平个人。青岛方面民党虽有根基，而王乐平不在那里，急切极难发展。至于民校对于本党之态度，分新旧两派，旧的（所谓老资格者）现在对我们感情尚好。新的更是不成问题，简直可说是无所适从，因为我们的势力战胜故也。新加入的党员差不多皆拿我们来做标榜的。现在我们的同志（连S.Y.在内），对于国民运动及学生运动所表现的东西，完全以全力纳入民校工作了。至于劳动运动，事实上属于我们自己去办，因为他们和门外汉差不多。现在我们在内努力的结果，很得一般人的信任。最近五月的纪念日——"五一""五四""五七"，除"五七"纪念性质稍差外，余皆由民党名义发的传单，并且参与演说者，亦以国民党名义。最近的市民大会皆是民党主动，在市面上却没有引起人们的反感，也就是民党在工作上下了工〔功〕夫！

3．劳动运动：（一）青岛方面，四月有铁总委员为四方工会被开除的四人善后事，赴青埠一次。决定留二人在青埠活动，并由铁总供给其生活费，余二人拟在别处找工作。但最近又接到该地报告云：该四人拟组一商店（工友集资），假此为活动机关。现在青岛一带如水道部、电灯部、港工……对于该四人极信仰，尤其是沧口至青岛一带之纱厂工友——二万余人，亦信仰其圣诞会及郭某之个人，所以也有组织的希望。现在青岛恩同志为该四人的秘书，在该会代表会与铁总委员开会时通过的。按现在四方全场工友，自开除四人后，路局压迫日甚一日，以前在厂自由开会，现在如稍一偷闲，被监工人看见，即重罚不贷。现在该厂工作的比较，按路局方面报告，较以前增加两倍之多。所以路局认为压迫手段是对的，愈加（压）迫了。在工友方面的精神，比较以前觉悟了许多，因为以前太骄傲了。（二）张店方面，因受四方此次影响，不得不暂趋于消极，在这消极期间，未免有了错误的地方，铁总委员到该地审查后，来济南责成我负其指导错误之责。遂由我函指该会秘书尤超玄（已介绍为候补C.P.）到济，改正其错误如下：（1）开会系统及组织皆不完备。（2）该会对于青年工人太重用了（因为实际上的权不在青工手里）。（3）反对工会空气太盛，须设法制服其反动分子。并限期速将此三种改正。现在已得该地报告，认为极大之错误了。（三）济南胶济车房——二百余人，亦因四方风潮，以致将成立之会而未成。现在内之重要分子，就是张店首先发起会的人——赵秀实经路局拨在此地为司机领班，颇得人们的信仰，将来对于全路统一组织，一定是很得力的地方。（四）溜〔淄〕川炭矿，促成工会原因，已报告中央，现在该会已发展至千余人，会费皆能缴齐，其会长为顾炽——浙江人，是一个知识阶级——工业专门毕业，现充该矿画图员，对于我们感情却也很好，但其主张太右了。现在本党决定责成该地同志麒宪工人在该矿充民校区分部。（五）济南理发会，进行颇顺利，关于一切市民运动皆参加，并且在济南方面发起了第一次的"五一"纪念会。会员已发展至二千余人，地面扩充七八县的范围。唯经济一层，因救恤费需用太多，经济无甚基础。（六）济南印刷工人，最近加入民校甚多——十四五人，其活动人物为C.P.同志一人，S.Y.同志数人。五月一日假理发（会）开一纪念会，开会时并提议组织一俱乐部，决定于七日开成立会，基本会员有六七十人。

4. 学生运动：（一）济南方面，因S.Y.沉寂了数月，只可以民校为学生运动中心，现在多数学生在民校中对我们信仰颇好，所以对于学生的事，皆纳入民校作了。（二）青岛方面，由恩同志负责，S.Y.学生同志发展至十七八人，因该地文化不甚发达，又因高洪恩新到青岛甚厉害，所以对五月的几个纪念日，也无甚大动作。（三）青州方面，有三个中等学校——十中、四师、甲种，学生精神尚活泼，该地民校之平民学会甚发达，会员有五十人。最近该地已成立了S.Y.支部了，现已发展至十数人，最近可有二十余人之希望。该支部之同志已完全加入平民学会，一切活动皆以平民学会名义去作。现在他决定的工作：（1）反对基督教。（2）在学生会活动。（3）到各通俗演讲所演讲，并按期轮流到乡间去演讲。（4）在本校刊物作宣传的文章。中有两个行将毕业的学生，决意要作劳动运动，现在介绍他到张店工会参观过一次。（四）济宁方面，有两个中等学校——七中及中西中学（德国的教会学校）现由候补党员郭同志，在该地作民校活动，并组织平民学分会，会员已有二十余人。

（以上各报告原载《中国共产党党报》第3、4号；转引自《"二大"和"三大"——中国共产党第二、三次代表大会资料选编》，中国社会科学出版社1985年版，第267—303页）

中央通告第十五号

（1924年7月21日）

各区委各地委各独立组组长诸同志：

我们在国民党的工作，甚重要而又极困难，各地同志应有不断的注意与努力！

自吾党扩大执行［委］会后，国民党大部分党员对我们或明或暗的攻击、排挤日甚一日，意在排除我们急进分子，以和缓列强及军阀对于国民党的压迫。此时国民党只极少数领袖如孙中山、廖仲恺等尚未有和我们分离之决心，然亦决不愿开罪于右派分子，已拟定于秋间召集中央执行委员会全体会议，以解决对我们的关系。我们为图革命的势力联合计，决不愿分离的言论与事实出于我方，须尽我们的力量忍耐与之合作。然为国民革命的使命计，对于非革命的右倾政策，都不可隐忍不加以纠正，我们应作之事如左：

（一）应由我们所指导的各团体或国民党党部，对于国民党中央执行委员会表示不满于右派的意见。右派重要的错误是：

（A）不愿反对帝国主义的列强；

（B）反对中俄协定，并且根本反对苏俄，说是国民党之敌；

（C）压迫兵工厂工人组织工会，阻止圣三一学生退学；

（D）纵容江门、佛山商团摧残工人农人；

（E）排斥共产党。

（二）我们同志应在国民党各级党部开会时提出左右派政见不同之讨论。

（三）今后凡表示左倾的分子，我们不应介绍他入国民党。

（四）须努力护［获］得或维持"指挥工人、农民、学生、市民各团体的实权"在我们手里，以巩固我们在国民党左翼之力量，尽力排除右派势力侵入这些团体。

（五）各地急宜组织"国民对外协会"，一方面是建筑反帝国主义的联合战线之中坚，一方面是形成国民党左翼或未来的新国民党之结合。此项组织，必须个人加入，加入时，必填写入会（志）愿书，万不可团体加入；加入分子目前不必急求数量之增多，而应注意质量之明确，当以不满意国民党右派主张为重要标准。此会为社会运动一种独立团体，不可与国民党团体混合，尤不可受国民党支配；惟在国民党不能公开地方，完全由我们造成国民党党部，可用此协会名义，对外公开；但此协会内万不能容留右倾观念的分子在内。

各区委、各地委、各独立组组长接到此通告，应按照当地情形切实讨论并执行，并将讨论及执行情形详细报告中央局。此项通告对外严守秘密。

委员长T.S.Chen

秘书T.T.Mao[1]

（《"二大"和"三大"——中国共产党第二、三次代表大会资料选编》，中国社会科学出版社1985年版，第304—305页）

---

[1]　签名是陈独秀和毛泽东。